Excel
会计与财务实战技巧精粹辞典

全技巧视频，支持手机端
+电脑端双模式在线观看

王国胜 / 编著

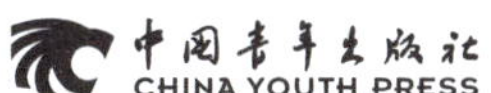

律师声明

北京市中友律师事务所李苗苗律师代表中国青年出版社郑重声明：本书由著作权人授权中国青年出版社独家出版发行。未经版权所有人和中国青年出版社书面许可，任何组织机构、个人不得以任何形式擅自复制、改编或传播本书全部或部分内容。凡有侵权行为，必须承担法律责任。中国青年出版社将配合版权执法机关大力打击盗印、盗版等任何形式的侵权行为。敬请广大读者协助举报，对经查实的侵权案件给予举报人重奖。

侵权举报电话

全国“扫黄打非”工作小组办公室　中国青年出版社
010-65233456　65212870　010-50856028
http://www.shdf.gov.cn　E-mail: editor@cypmedia.com

图书在版编目（CIP）数据

Excel 2016会计与财务实战技巧精粹辞典：全视频版/王国胜编著. 一 北京：中国青年出版社，2017.10
ISBN 978-7-5153-4856-8
I.①E… II.①王… III.①表处理软件-应用-会计-词典 ②表处理软件-应用-财务管理-词典
IV.①F232-61 ②F275-39
中国版本图书馆CIP数据核字（2017）第192842号

策划编辑　张　鹏
责任编辑　张　军

Excel 2016会计与财务实战技巧精粹辞典：全视频版
王国胜／编著

出版发行：中国青年出版社
地　　址：北京市东四十二条21号
邮政编码：100708
电　　话：（010）50856188 / 50856199
传　　真：（010）50856111
企　　划：北京中青雄狮数码传媒科技有限公司
印　　刷：北京九天众诚印刷有限公司
开　　本：880 x 1230 1/32
印　　张：14
版　　次：2018年1月北京第1版
印　　次：2018年1月第1次印刷
书　　号：ISBN 978-7-5153-4856-8
定　　价：69.90元（附赠1DVD，含语音视频教学+案例文件+办公模板+海量实用资源）

本书如有印装质量等问题，请与本社联系　电话：（010）50856188 / 50856199
读者来信：reader@cypmedia.com　投稿邮箱：author@cypmedia.com
如有其他问题请访问我们的网站：http://www.cypmedia.com

Rev. Roll

启卷

让 Excel 成为好帮手

众所周知，Excel是微软办公套装软件的一个重要的组成部分，是为Windows和Apple Macintosh操作系统的电脑而编写和运行的试算表①软件。利用它可以进行各种数据的处理、统计分析和辅助决策。因此，被广泛地应用于管理、工程、统计、金融、财经等领域。

目前，最新版本为Microsoft Excel 2016，该版本拥有全新的设计界面和强大的数据处理功能，最大限度帮助用户快速获得具有专业外观的结果。在出版一系列办公辞典后，很多读者强烈反应需要一本关于Excel财务与会计方面的图书。因此，我们组织一线教师和Office办公专家共同编写了本书。全书紧紧围绕行业内的典型应用展开介绍，旨在用最通俗的语言、最恰当的举例、最高效的方法传授从业经验与心得。

① 试算表：定期地加计分类账各账户的借贷方发生及余额的合计数，用以检查借贷方是否平衡，暨账户记录有无错误的一种表式。

全书共343个技巧，各章节内容安排如下：

章节	主要内容	技巧个数
第1章	财务报表的格式化设置技巧	001~036
第2章	财务报表数据的输入技巧	037~075
第3章	财务报表数据有效性的设置技巧	076~095
第4章	财务报表数据的查看与显示技巧	096~136
第5章	财务报表中函数的应用技巧	137~172
第6章	Excel在固定资产管理中的应用技巧	173~198
第7章	Excel在进销存管理中的应用技巧	199~243
第8章	Excel在企业薪酬管理中的应用技巧	244~278
第9章	Excel在会计报表管理中的应用技巧	279~318
第10章	各类报表的打印与输出技巧	319~343
附　录	必会Excel操作快捷键、财报报表中常用函数汇总	

书中技能全面具体地对Excel 2016在财务与会计方面的应用做了详细介绍。虽然本书的写作版本为Office 2016，但由于Microsoft Office办公软件具有向下兼容性，因此有些技能仍适用于Office 2013及2010版本。另外，本书全部实例均在Windows 10/7操作系统上通过了验证，因此，无论您使用的是哪一款主流操作系统都无需担心它的实用性。

本书适合经济管理部门人员、企事业公务人员、学校教师，以及电脑爱好者学习使用，也适合大中专院校相关专业学生或社会培训班作为教学教材。在学习过程中，欢迎加入读者交流群（QQ群：59505680）进行学习探讨。

在工作之余，让我们静下心来，为自己充电吧！鲁迅曾说过：时间，就像海绵里的水，只要愿挤，总是有的。我们每天只需拿出几分钟的时间，即可掌握一个技巧的应用。经过不懈的努力，定能成为职场办公高手，且能晋身办公达人行列！

最后，祝大家学有所成！

Success belongs to you!

Contents 目录

第3章 财务报表数据有效性的设置技巧

第4章 财务报表数据的查看与显示技巧

第5章 财务报表中函数的应用技巧

第6章 Excel在固定资产管理中的应用技巧

第1章 001~036

财务报表的格式化设置技巧

Question 001

快速合并工资表的标题栏

● Level ◆◆◆

2016 2013 2010

实例 应用“合并后居中”功能合并工作表标题栏

在制作员工工资表时，通常需要将标题合并居中，使工资表更美观。将工资表标题合并，就是将工资表标题所在行的多个单元格合并成较大的单元格，并将新单元格内容居中。

1 在Excel中创建员工工资表后，首先选中需要合并的单元格区域，此处选中A1:E1单元格区域。

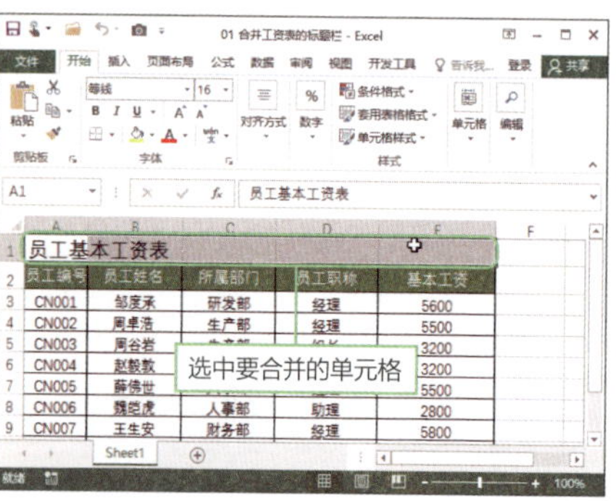

2 在“开始”选项卡下，单击“对齐方式”选项组的“合并后居中”下三角按钮，选择“合并后居中”选项。

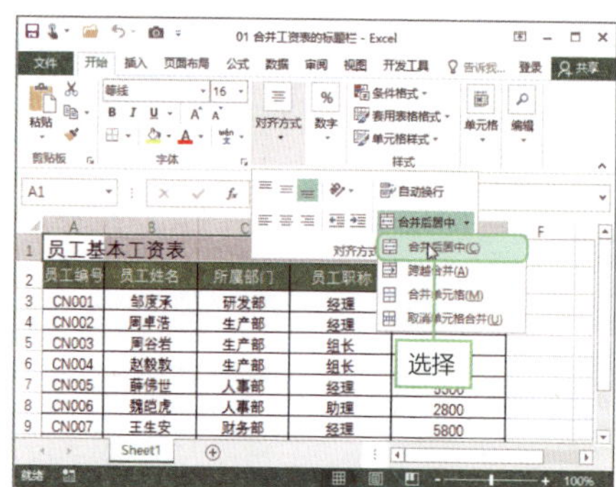

3 设置完成后返回工作表中，可见选中的单元格区域变为一个单元格，里面的内容为居中对齐方式。

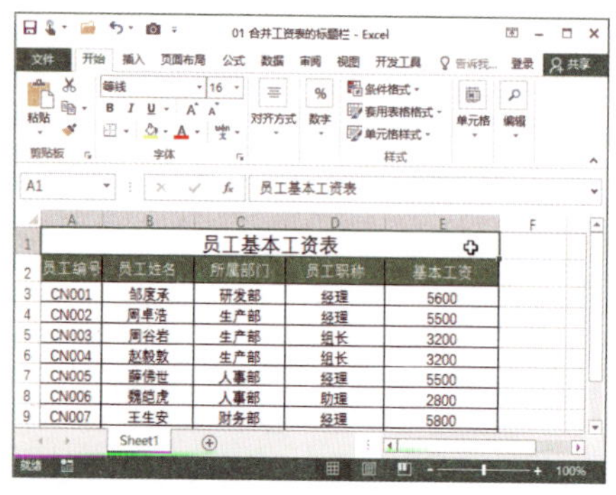

查看合并单元格的效果

在对话框中设置

选中要合并居中的单元格区域，按Ctrl+1组合键打开“设置单元格格式”对话框，在“对齐”选项卡中设置合并居中的相关选项。

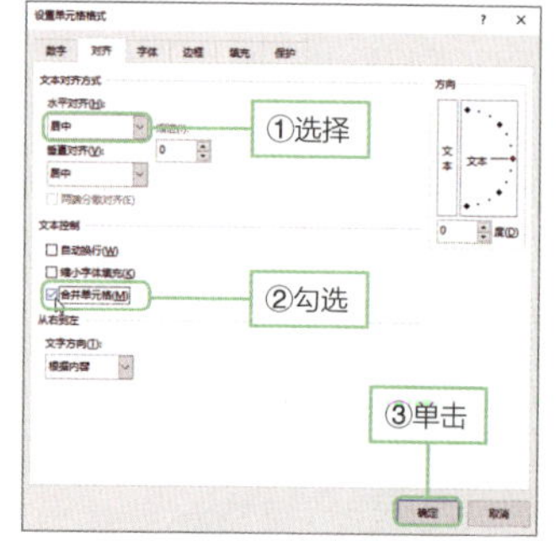

Question 002

快速设置报表中的文本格式

Level ◆◆◆

2016 2013 2010

实例　为工资表标题设置文本格式

工资表制作完成后，若觉得报表样式不够美观，可以对表格文本格式进行设置，如对字体的设置，其中包括字体样式、字号大小、加粗、倾斜、下划线以及字体颜色和填充颜色等等。

最初效果

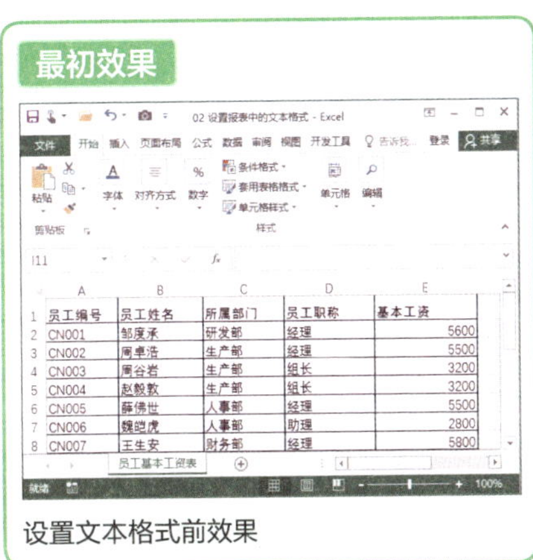

设置文本格式前效果

最终效果

设置文本格式后效果

1 打开工作表后，首先选中需要设置文本格式的单元格区域，此处选择A1:E1单元格区域。

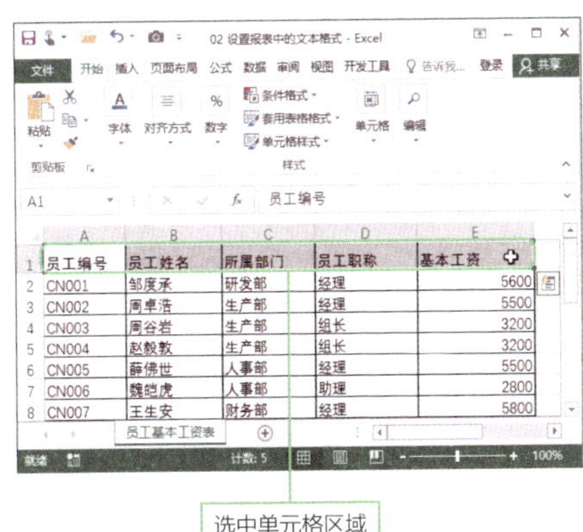

2 切换至“开始”选项卡，单击“字体”选项组中“字体”下三角按钮，在列表中选择“黑体”选项。

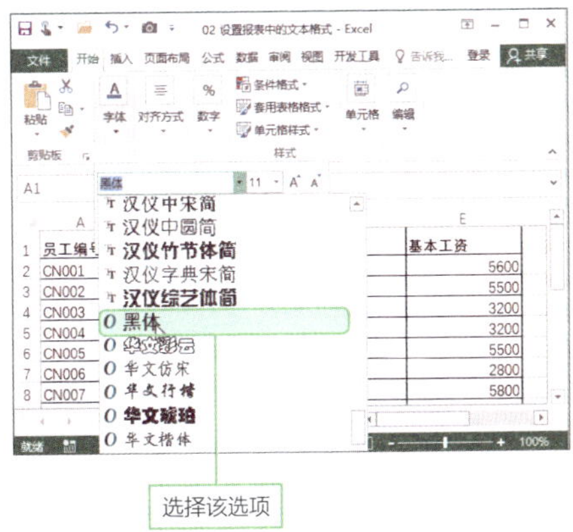

3 在“字体”选项组中的“字号”数值框中输入12，然后按下Enter键，对字号进行设置。

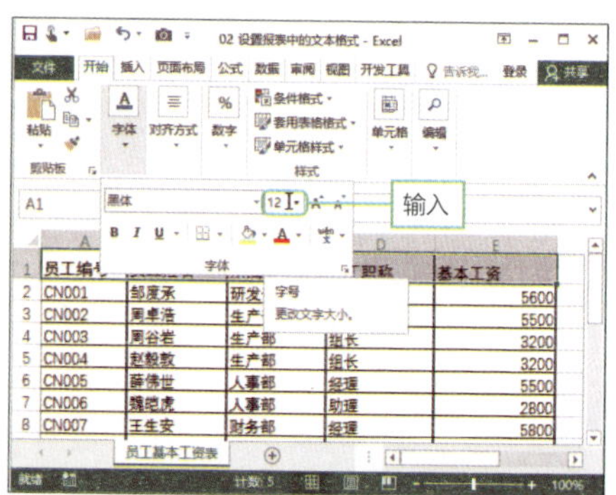

4 单击“字体”选项组中的“加粗”按钮，对文字进行加粗设置。

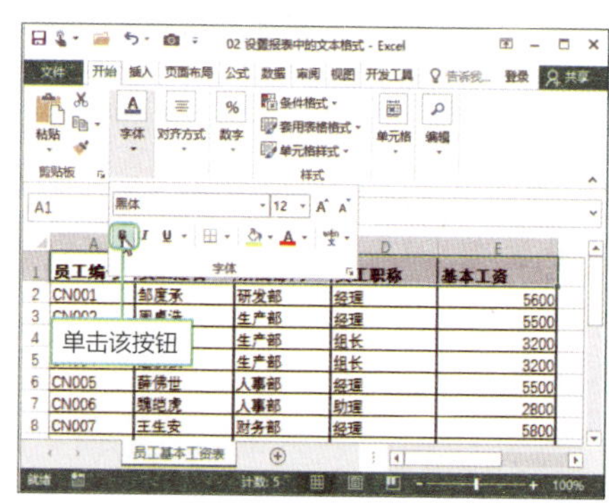

5 单击“字体”选项组中“填充颜色”下三角按钮，选择浅绿色颜色选项。

如果在列表中没有满意的颜色，可以选择“其他颜色”选项，打开“颜色”对话框，在“自定义”选项卡中设置所需的颜色。

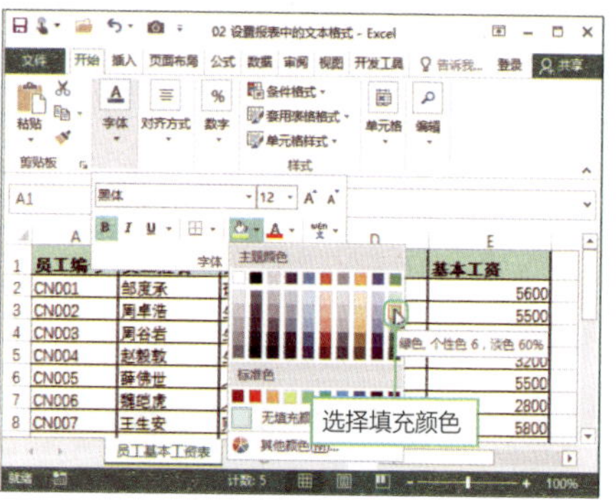

6 单击“字体”选项组中“字体颜色”下三角按钮，在列表中选择所需的字体颜色。

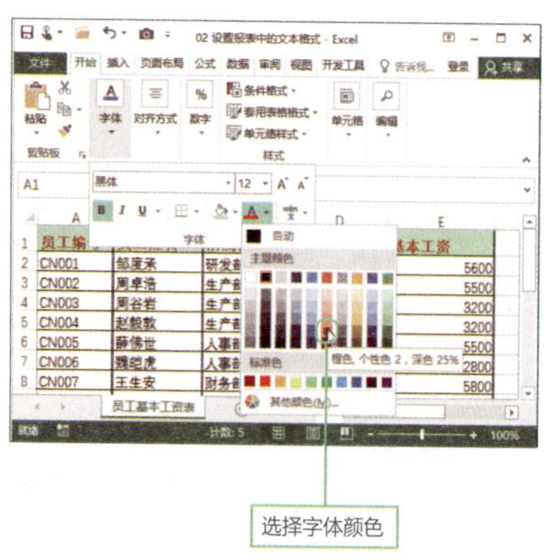

Hint

在对话框中设置

打开“设置单元格格式”对话框，在“字体”选项卡中设置所需的文本格式。

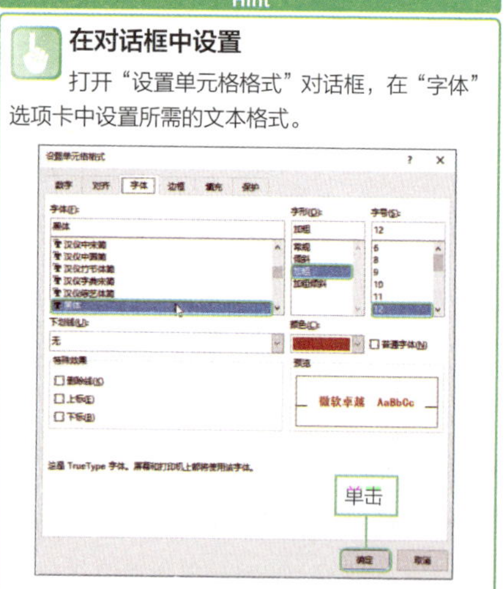

Question

003 员工加班单边框的设计妙招

Level ◆◆◆

2016 2013 2010

实例　为员工加班单添加边框并设置边框样式

在Excel中制作员工加班单后，若直接打印，则不显示网格线的，影响表格的美观。用户可以为表格添加边框并设置边框的样式，使表格看上去更美观。

1 在Excel中制作员工加班单，单击“字体”选项组的对话框启动器按钮。

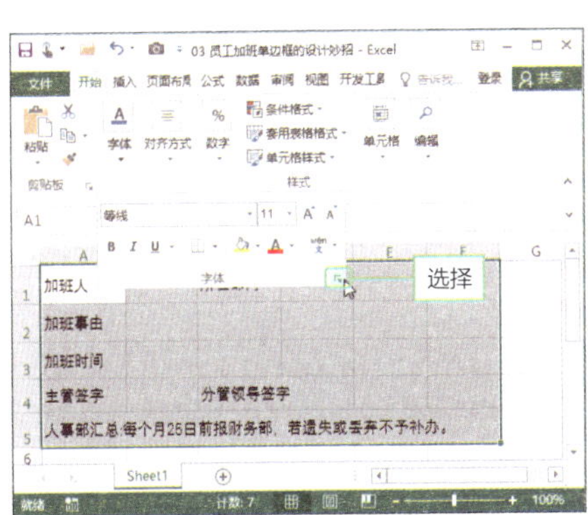

2 弹出“设置单元格格式”对话框，在“边框”选项卡中设置内部线条的样式。

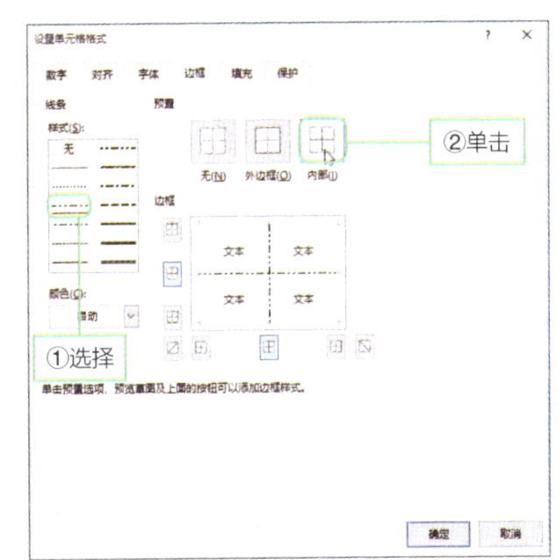

3 单击“颜色”下三角按钮，选择所需颜色选项，然后再选择外边框的样式。

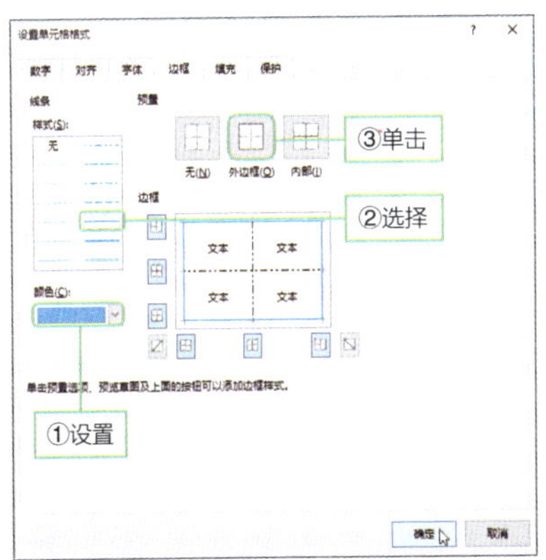

4 设置完成后，单击“确定”按钮返回工作表中，可见已经添加了边框。

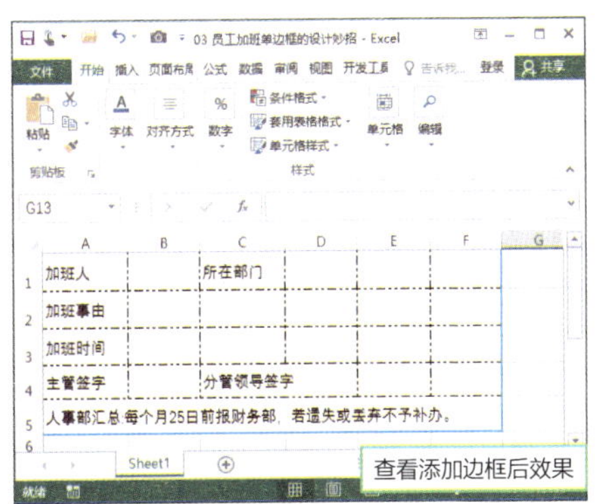

Question

004 灵活设置应收账款的单元格属性

语音视频
教学004

Level ◆◆◆

2016 2013 2010

实例 将金额栏数字设置为货币属性

财务报表中都会涉及到金额数据，金额有很多货币符号，如人民币符号、美元符号等等。

例：在应收账款报表中，在金额列的数据前添加人民币符号。

最初效果

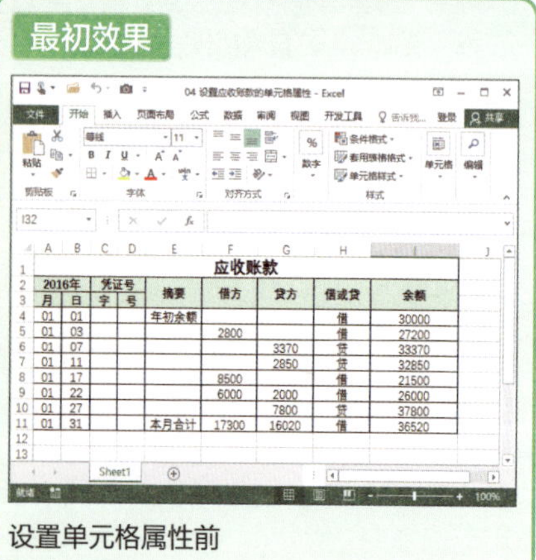

设置单元格属性前

最终效果

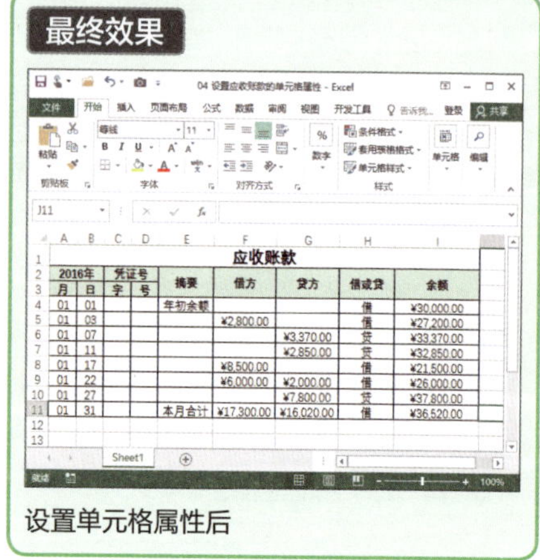

设置单元格属性后

❶ 打开报表，按住Ctrl键的同时选中所有需要添加货币符号的单元格区域，按下Ctrl+1组合键，打开“设置单元格格式”对话框。

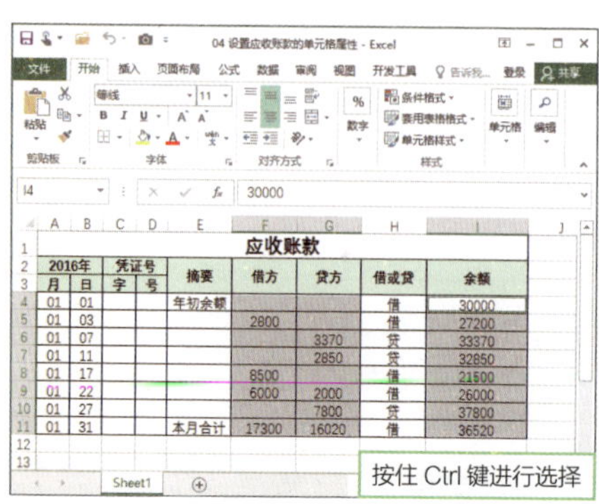

❷ 在“数字”选项卡下对货币符号的相关属性进行设置后，单击“确定”按钮。

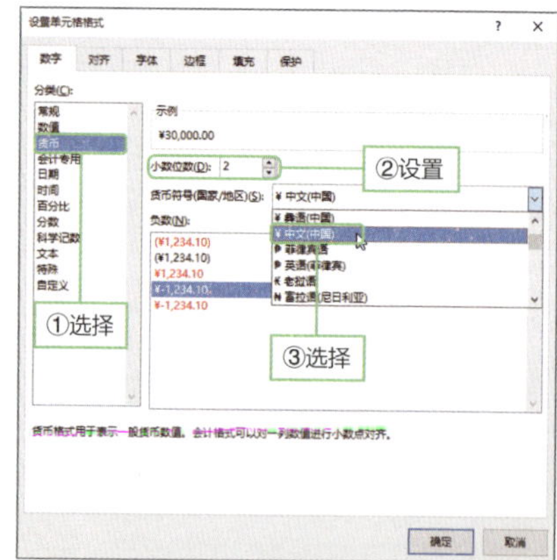

Question **005**

快速调整会计报表中文本的对齐方式

语音视频教学005

Level ◆◆◆

2016 2013 2010

实例　设置费用统计表中文本居中对齐方式

在Excel中，不同文本格式默认的对齐方式也不一样，文本型数据默认左对齐，日期型和数值型数据默认右对齐。我们可以根据需要设置文本对齐方式，如设置所有的文本为居中对齐。

① 选中表格中任意单元格，按Ctrl+A组合键全选表格，然后切换至“开始”选项卡。

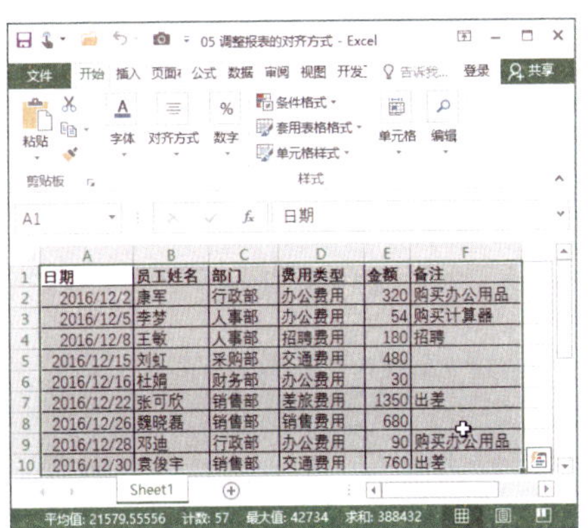

全选表格

② 在“对齐方式”选项组中分别单击“垂直居中”和“居中”按钮。

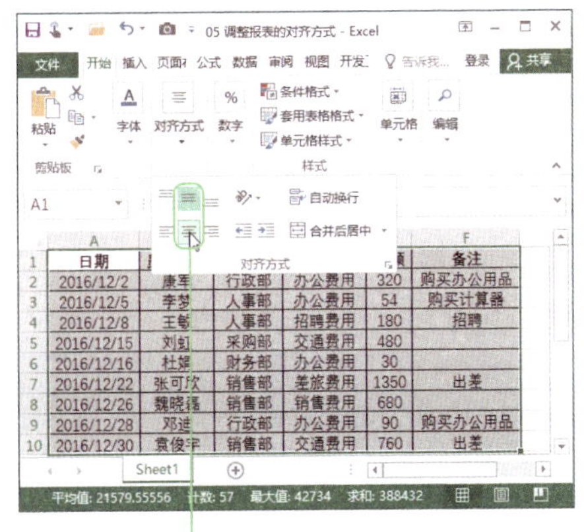

单击

③ 返回工作表中，表格内的所有内容都居中显示，看起来比较整齐。

日期	员工姓名	部门	费用类型	金额	备注
2016/12/2	康军	行政部	办公费用	320	购买办公用品
2016/12/5	李梦	人事部	办公费用	54	购买计算器
2016/12/8	王敏	人事部	招聘费用	180	招聘
2016/12/15	刘虹	采购部	交通费用	480	
2016/12/16	杜娟	财务部	办公费用	30	
2016/12/22	张可欣	销售部	差旅费用	1350	出差
2016/12/26	魏晓磊	销售部	销售费用	680	
2016/12/28	邓迪	行政部	办公费用	90	购买办公用品
2016/12/30	袁俊宇	销售部	交通费用	760	出差

查看设置居中对齐的效果

Hint

在“设置单元格格式”对话框中设置

选中单元格区域，单击鼠标右键，在快捷菜单中选择“设置单元格格式”命令，打开“设置单元格格式”对话框。在“对齐”选项卡下的“文本对齐方式”选项区域，设置文本的水平对齐和垂直对齐方式，设置完成后单击“确定”按钮即可。

Question

006 巧为报表添加美丽的背景

实例 为利润表添加背景图片

Level ◆◆◆

制作完报表后，不仅可以为表格添加填充颜色，还可以将自己喜欢的图片作为报表背景，使报表更改美观。

1. 打开工作表，切换至“页面布局”选项卡，单击“页面设置”选项组中“背景”按钮。

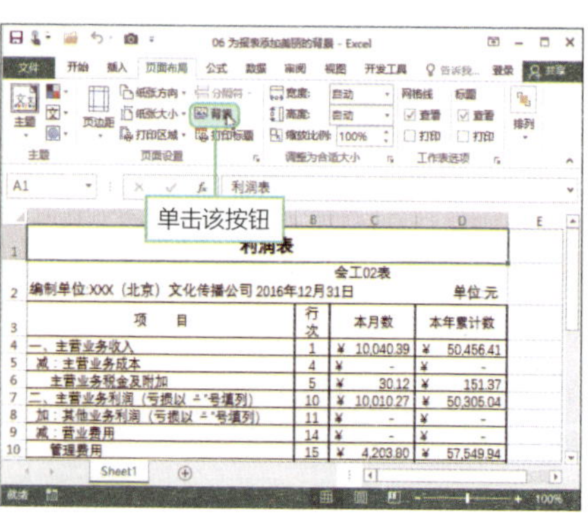

2. 打开“插入图片”面板，单击“来自文件”右侧的“浏览”按钮。

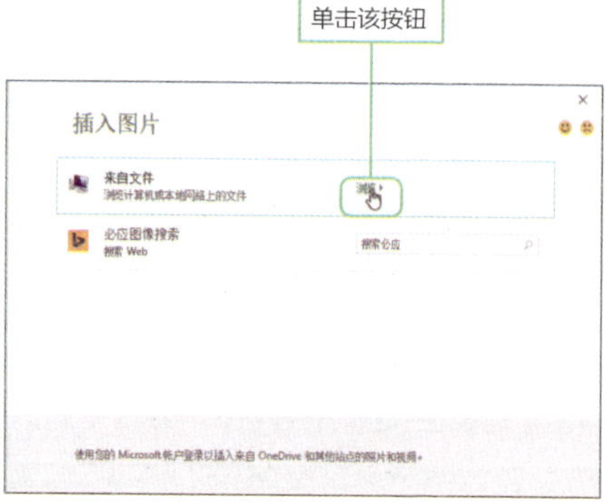

3. 打开“工作表背景”对话框，选择所需的背景图片。

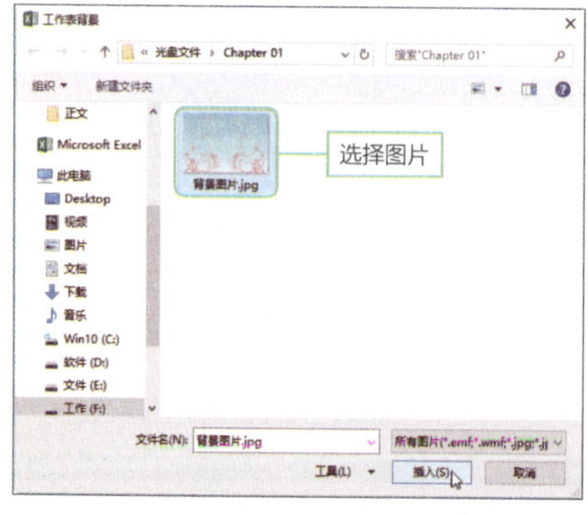

4. 单击“插入”按钮返回工作表中，可见为工作表添加的背景图片，很美丽。

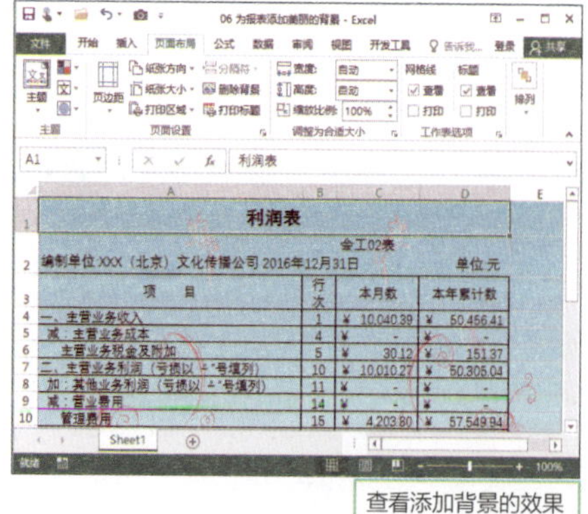

查看添加背景的效果

5 若需要删除背景图片，切换至“页面布局”选项卡，“页面设置”选项组中的“背景”按钮变为“删除背景”按钮，只需单击该按钮，即可删除添加的背景图片。

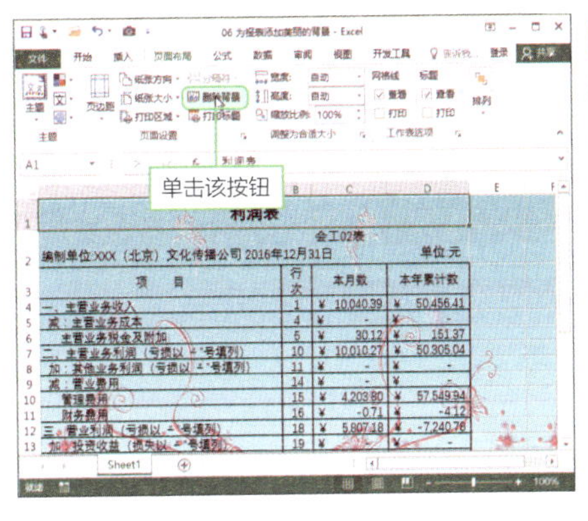

6 如果只为数据区域添加背景图片，则单击工作表左上角的倒三角按钮，全选工作表区域。

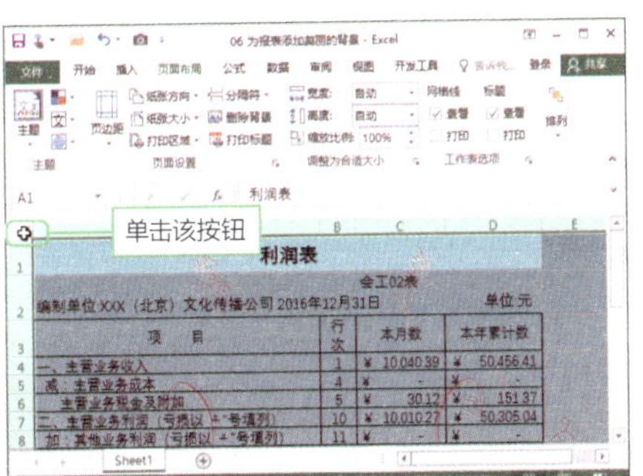

7 切换至“开始”选项卡，单击“字体”选项组中“填充颜色”下三角按钮，选择白色选项。

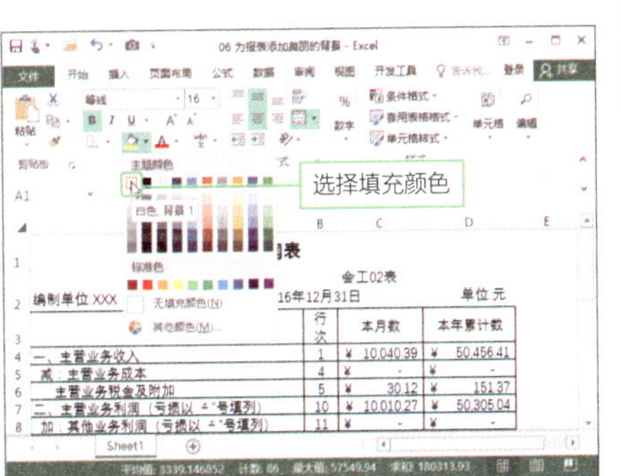

8 选择数据区域，单击“填充颜色”下三角按钮，选择“无填充颜色”选项。

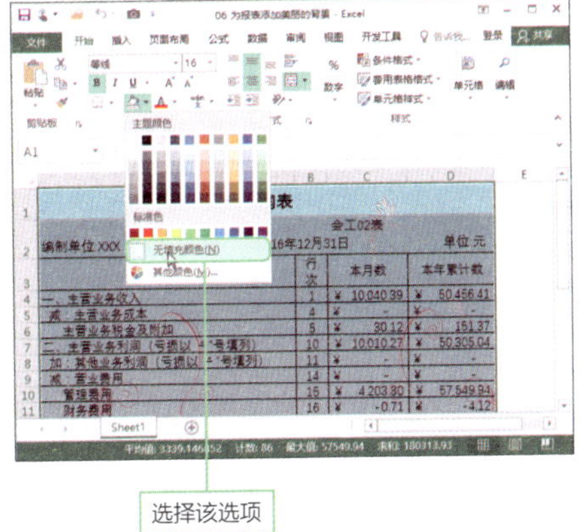

9 返回工作表，分别在表格左侧和顶端插入空白行，使效果更明显。

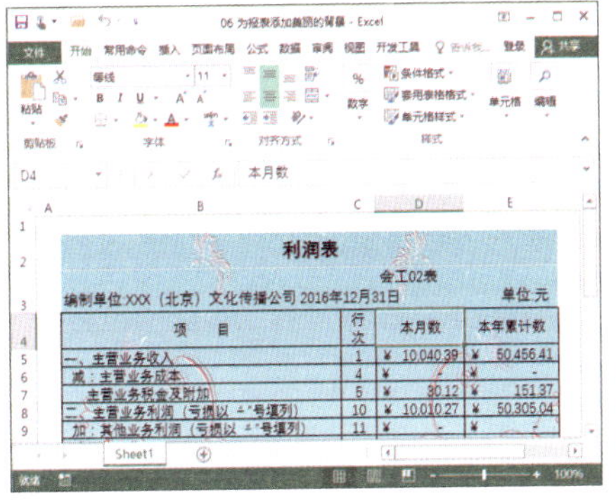

查看只填充数据区域的效果

Question

007 快速统一应收账款的表头格式

Level ◆◆◆

2016 2013 2010

实例 使用格式刷快速格式化单元格数据

如果需要为多个表格设置相同的单元格格式，可以使用Excel提供的格式刷功能快速实现，既提高工作效率又准确无误。下面介绍使用格式刷功能，设置多张应收账款明细表表头格式的操作方法。

1. 打开工作表，选择设置好格式的表头，双击“开始”选项卡下的“格式刷”按钮。

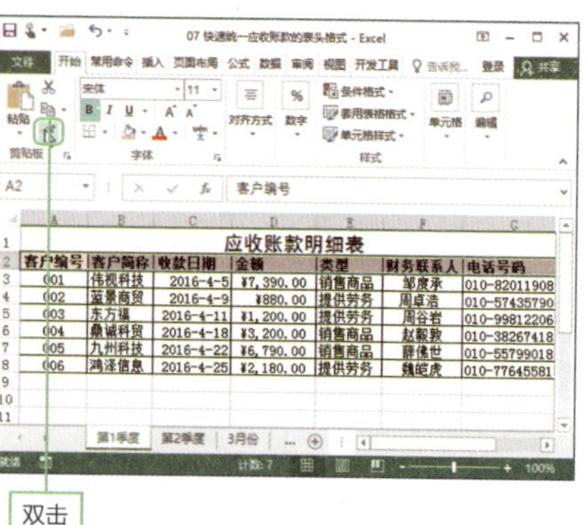

双击

2. 切换至“第2季度”工作表，当光标变为扫帚形状时，选择工作表表头区域。

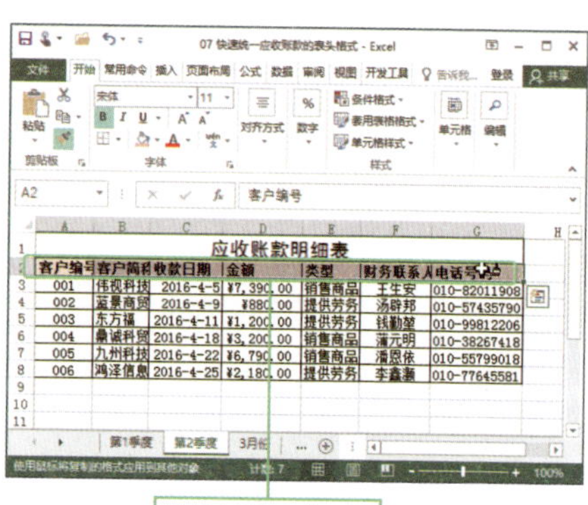

选择表头单元格区域

3. 按照相同的方法设置其他表格表头格式，设置完成后，再次单击“格式刷”按钮即可。

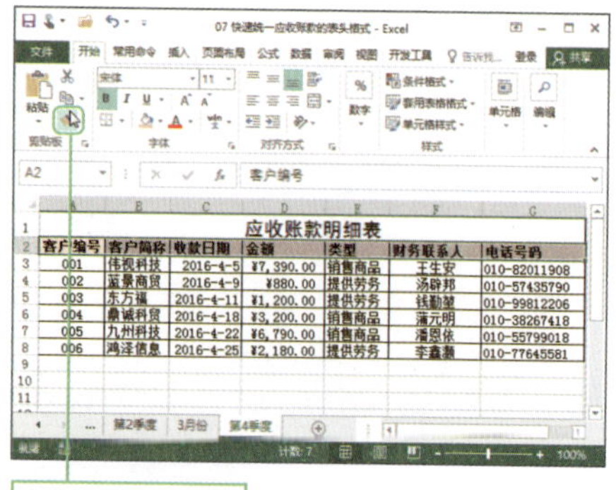

单击退出格式刷模式

Hint

格式刷的应用

如果只需要使用一次格式刷，则单击“开始”选项卡下的“格式刷”按钮，完成复制格式操作后，将自动退出格式刷模式；

若要多次使用格式刷，则双击“开始”选项卡下的“格式刷”按钮，完成复制格式操作后，再次单击“格式刷”按钮，或按Esc键退出格式刷模式。

Question 008

一键实现奇偶行颜色填充

Level ◆◆◆

2016 2013 2010

实例 为奇偶行设置不同颜色填充

对超大的财务报表数据进行分析处理的时候，如果表格数据行数特别多，有时候看得眼花，就很容易出错。如果每隔一行对单元格添加不同的颜色，看起来更醒目，而且便于阅读。

1 选中单元格区域，在“开始”选项卡下单击“条件格式”下三角按钮，选择“新建规则”选项。

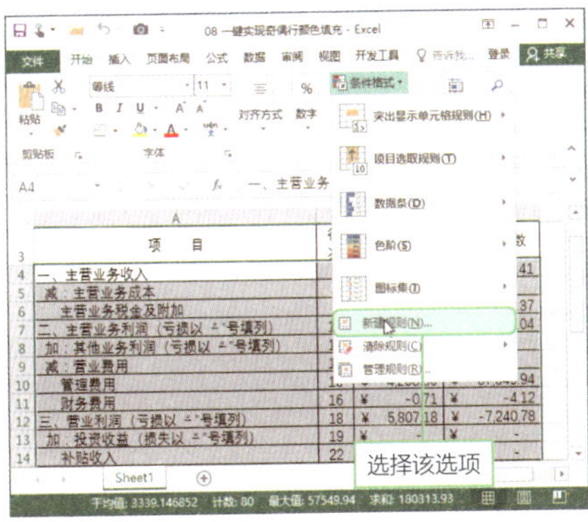

2 在打开的“新建格式规则”对话框中，设置格式规则。

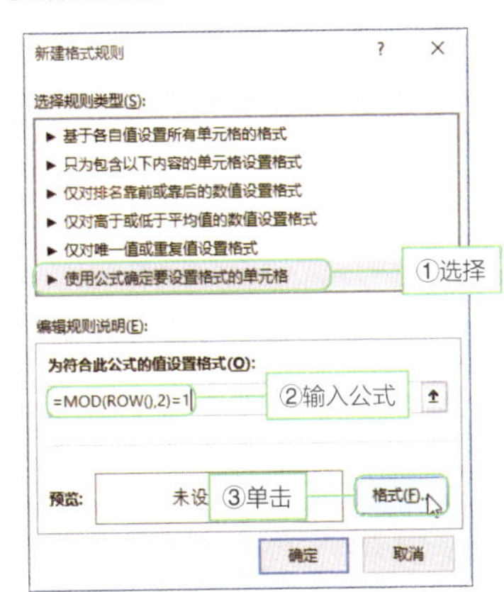

3 打开“设置单元格格式”对话框，切换到“填充”选项卡，设置填充颜色。

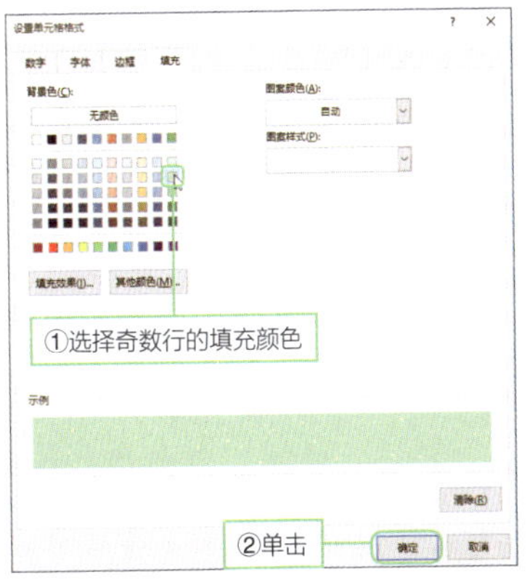

4 依次单击“确定”按钮，返回工作表中可以看到选定区域奇数行的背景色已经改变。

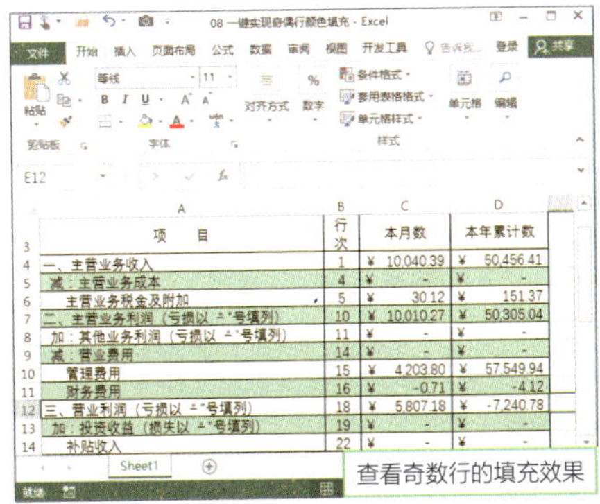

5 选中设置填充颜色的单元格区域，再次打开“新建格式规则”对话框，在“为符合此公式的值设置格式”文本框输入公式“=MOD(ROW(),2)=0”，单击“格式”按钮。

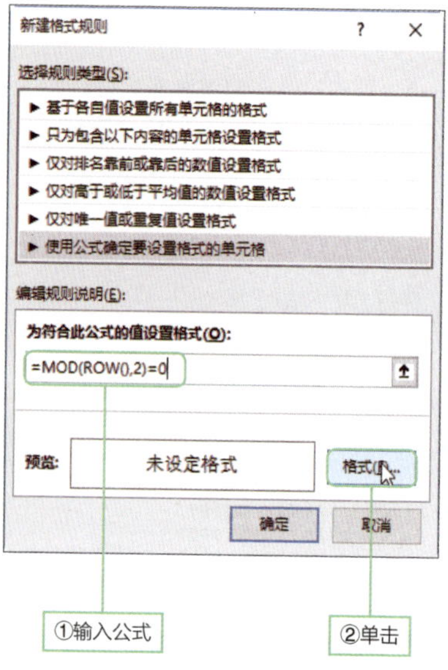

6 再次打开“设置单元格格式”对话框，切换到“填充”选项卡，在“背景色”选项区域中选择要显示的颜色，然后单击“确定”按钮。

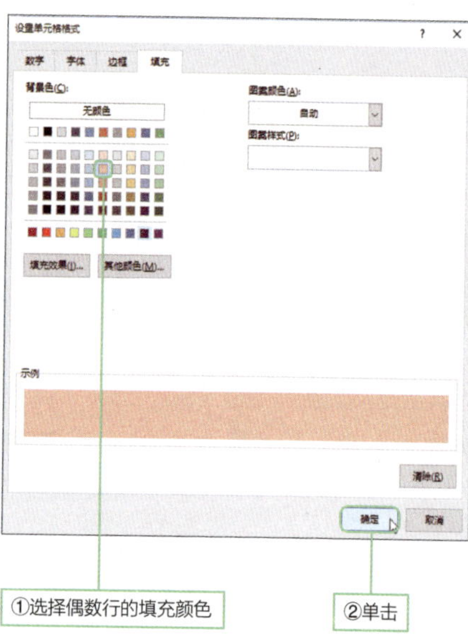

7 返回“新建格式规则”对话框，单击“确定”按钮，返回工作表中，可以看到奇偶行的背景色各不同。

如果需要设置奇偶行字体的格式，可以在“设置单元格格式”对话框中的“字体”选项卡中进行设置。

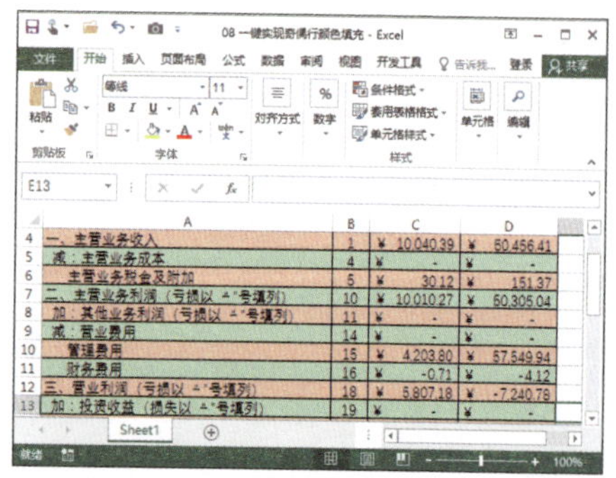

Hint

公式含义

公式“=MOD(ROW(),2)=1”表示查找指定区域中，行号是奇数的单元格。公式“=MOD(ROW(),2)=1”表示在指定区域，行号为偶数的单元格区域。

Question 009

巧用间隔填充的方式区分相邻员工的工资记录

语音视频教学009

Level ◆◇◇

2016 2013 2010

实例 为工资表套用表格格式

当财务报表的内容比较庞大时，用户可以直接套用Excel提供的表格格式，对相邻行数据记录的单元格格式进行设置，便于用户查看。

例：为员工工资表套用表格格式，以便于查看相邻行的数据。

1. 打开工作表，选中A1:G17单元格区域，在“开始”选项卡中单击“套用表格格式”下三角按钮，选择合适的样式选项。

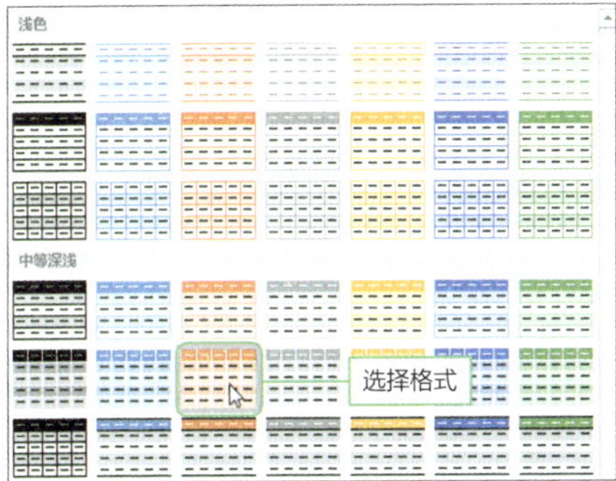

2. 弹出“套用表格式”对话框，保持“表数据的来源”文本框中的引用不变，勾选“表包含标题”复选框，然后单击“确定”按钮。

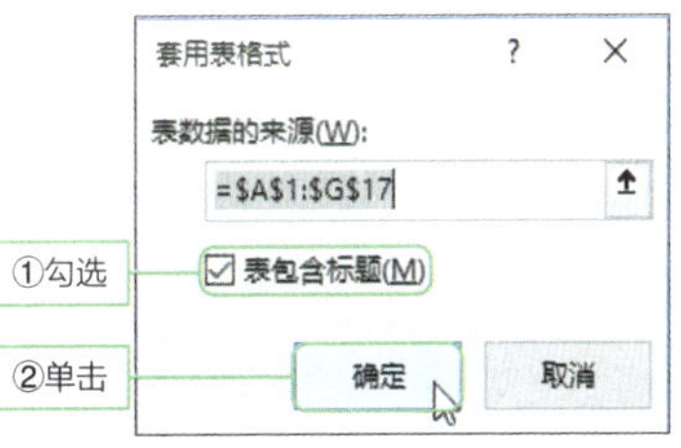

3. 切换至“表格工具-设计”选项卡，在“工具”选项组中单击“转换为区域”按钮。

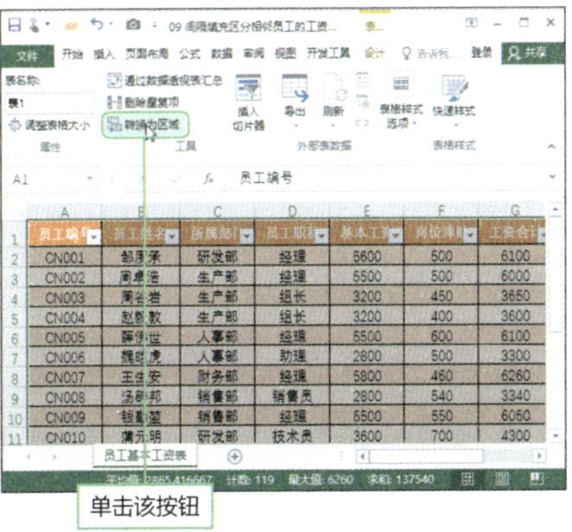

4. 在弹出Microsoft Excel对话框中单击“是”按钮，将表转换为普通单元格区域，查看效果。

员工编号	员工姓名	所属部门	员工职称	基本工资	岗位津贴	工资合计
CN001	郜晟承	研发部	经理	5600	500	6100
CN002	周卓浩	生产部	经理	5500	500	6000
CN003	周谷砻	生产部	组长	3200	450	3650
CN004	赵毅敦	生产部	组长	3200	400	3600
CN005	薛侍世	人事部	经理	5500	600	6100
CN006	魏皓虎	人事部	助理	2800	500	3300
CN007	王生安	财务部	经理	5800	460	6260
CN008	汤醉邦	销售部	销售员	2800	540	3340
CN009	钱勤堃	销售部	经理	5500	550	6050
CN010	蒲元明	研发部	技术员	3600	700	4300

查看最终效果

Question

010 轻松制作财务报表的斜线表头

Level ◆◆◆

2016 2013 2010

实例 通过插入直线的方法绘制斜线表头

在财务报表中，有时需要绘制带有斜线的表头，使表格更专业。绘制斜线表头的方法很多，我们将介绍一种最简单的方法。

例：在“2016年口罩销量表”中为表头绘制斜线表头。

1 打开工作表，在A1单元格中输入“品牌 季度”文本，中间用空格隔开。

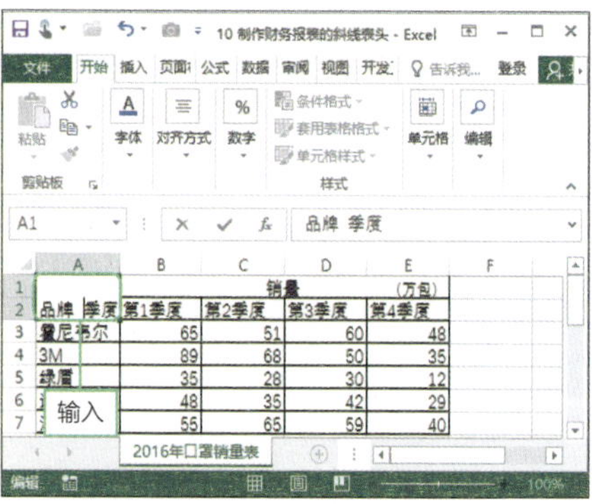

2 切换至“开始”选项卡，在“对齐方式”选项组中单击“垂直居中”按钮。

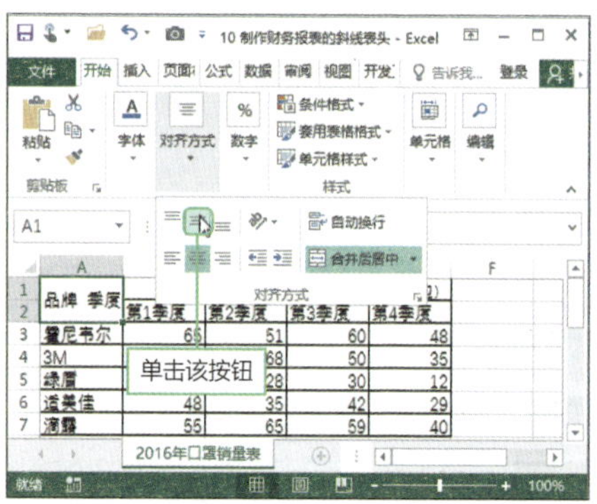

3 切换至“插入”选项卡，单击“形状”下三角按钮，在下拉列表中选择“直线”形状选项。

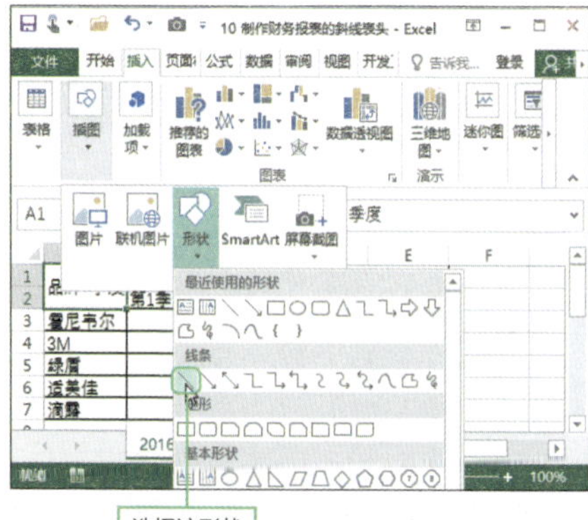

选择该形状

4 在A1单元格中，从左上角至右下角绘制斜线，在“绘图工具-格式”选项卡中设置斜线格式。

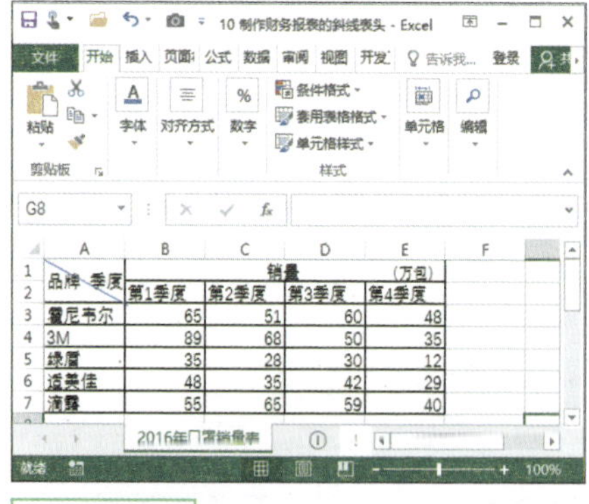

添加斜线后效果

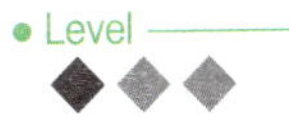

2016 2013 2010

让员工姓名个性化显示

语音视频教学011

实例 设置员工姓名文本的方向

制作财务报表时，有时需要突出某些数据，让数据更具有个性化，用户可以通过设置文本方向来实现。

例：在员工工资表中，设置员工姓名文本的方向。

1. 打开工作表，选中A2:A17单元格区域，在“开始”选项卡中，单击“方向”下三角按钮。

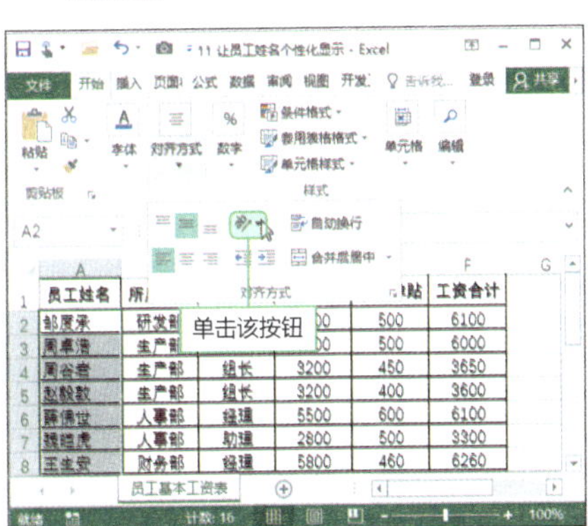

2. 在列表中选择“逆时针角度”选项，返回工作表中，可见员工姓名发生的变化。

查看设置文本方向的效果

3. 保持该区域为选中状态，按Ctrl+1组合键打开“设置单元格格式”对话框，在“对齐”选项卡下设置角度值。

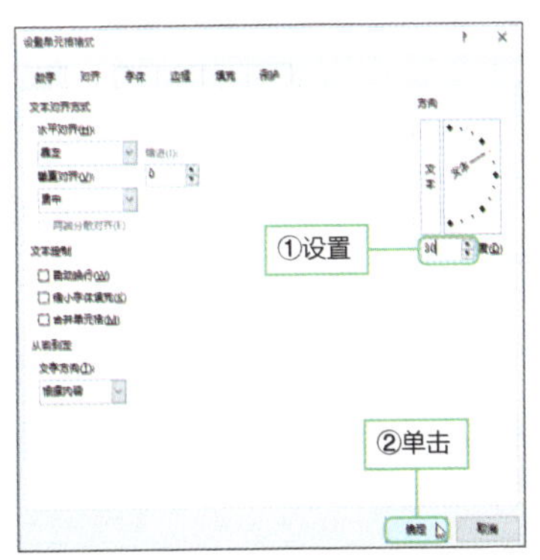

4. 单击“确定”按钮返回工作表，可见员工姓名文本的显示方向发生了变化。

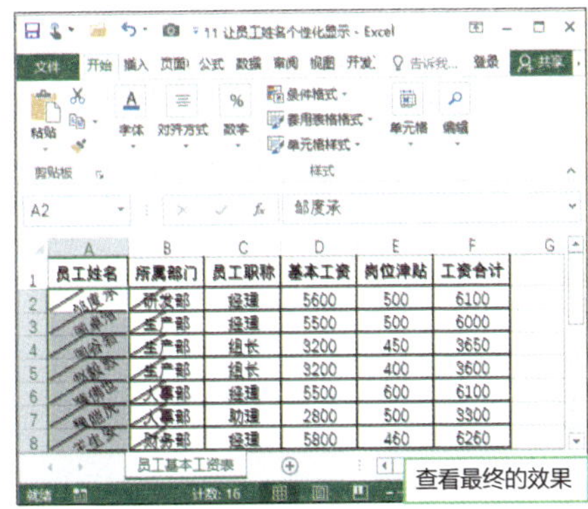

Question

012 以不同方式显示利润表中的数值

语音视频教学012

● Level ◆◆◆

2016 2013 2010

实例 将表格中正数、负数、零值以不同形式显示

在Excel工作表中设置自定义代码，可以为表格中的数值设置丰富多彩的数字格式，增强单元格中数据的表现力和可读性。

例：在利润表中设置正数常规显示，负数红色显示，零值不显示。

最初效果

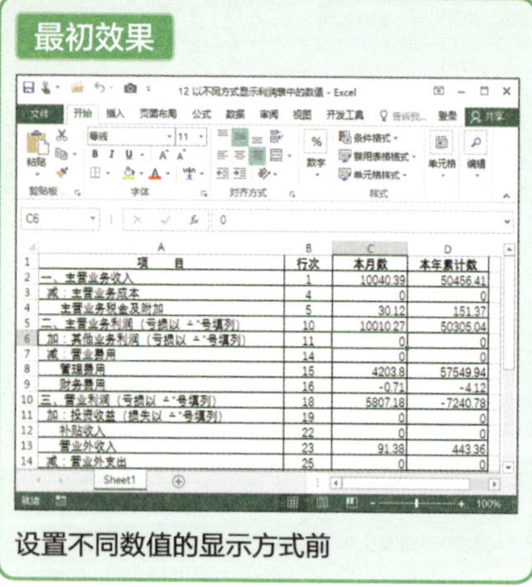

设置不同数值的显示方式前

最终效果

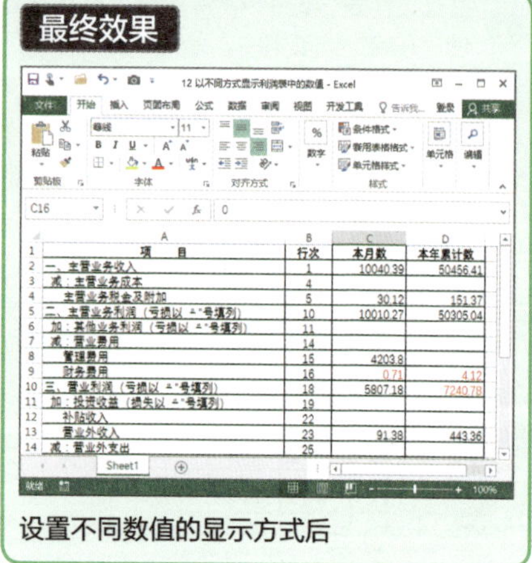

设置不同数值的显示方式后

1. 打开工作表，选中C2:D17单元格区域，然后单击“数字”选项组的对话框启动器按钮。

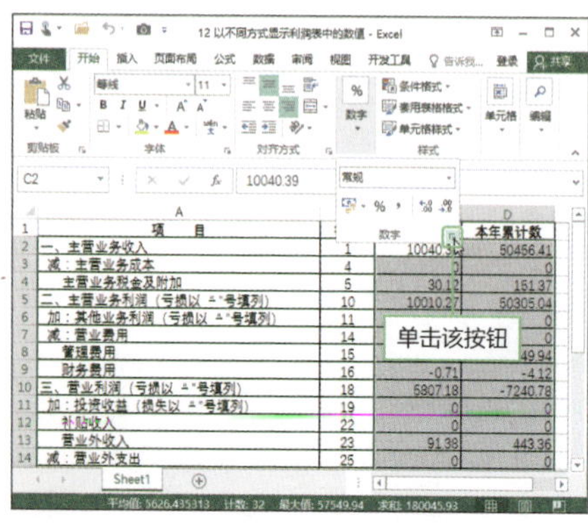

2. 打开“设置单元格格式”对话框，在“数字”选项卡中选择“自定义”选项，设置“类型”为“G/通用格式;[红色]G/通用格式;”。

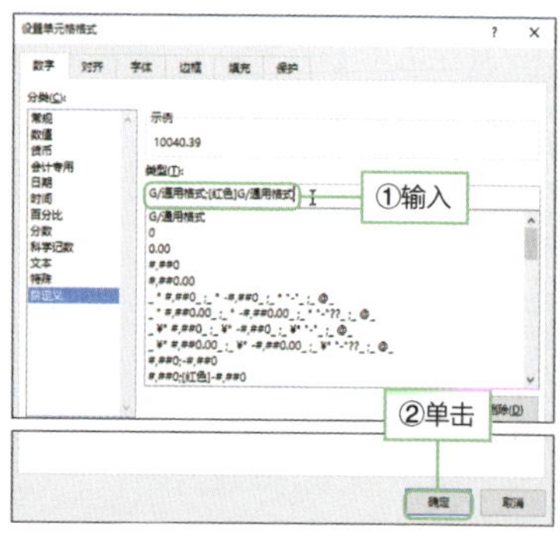

Question 013

为不同工作表标记不同的标签颜色

语音视频教学013

Level ◆◆◆

2016 2013 2010

实例 设置利润表标签颜色

在财务报表的管理中，可以通过设置工作表标签颜色来突出显示某一工作表。如何快速为工作表的标签设置颜色呢？

例：将利润表的标签设置为浅黄色。

最初效果

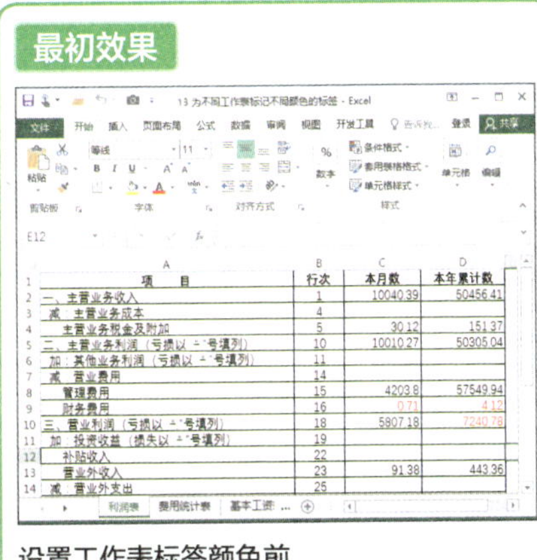

设置工作表标签颜色前

最终效果

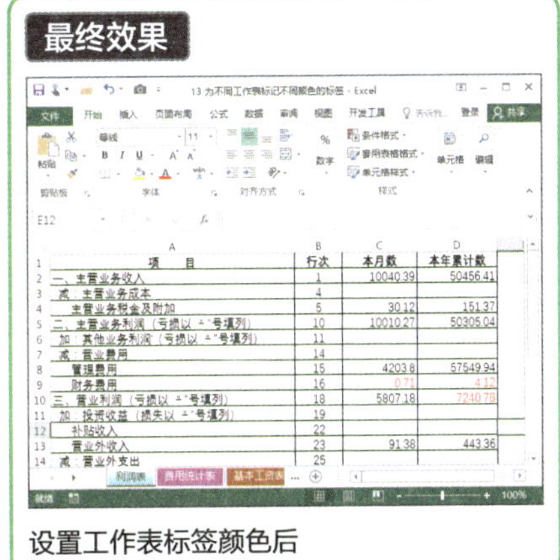

设置工作表标签颜色后

1 打开工作表，选中利润表标签并右击，在“工作表标签颜色”子菜单中选择浅蓝色选项。

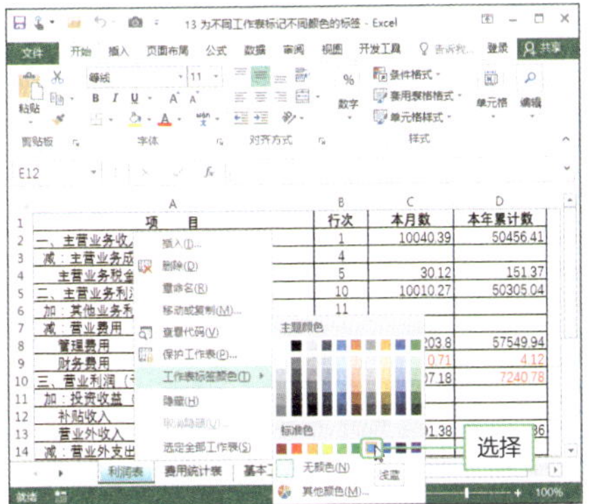

2 用户也可以在“工作表标签颜色”子菜单中选择“其他颜色”选项，在“颜色”对话框中设置自定义颜色。

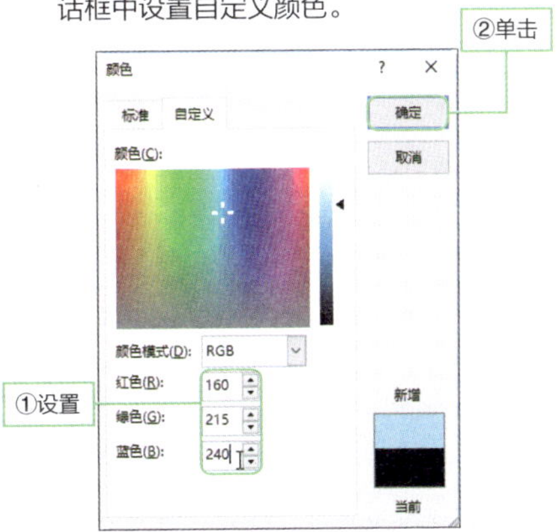

Question

014 将重要的财务报表隐藏起来

语音视频教学014

● Level ◆◆◆

2016 2013 2010

实例 将“利润表”隐藏起来并加密保护

当工作簿中包含多个工作表时，其中有重要机密的工作表用户可以将其隐藏起来，以保证数据的安全。

例：将“利润表”工作表隐藏起来。

① 打开工作簿，选中“利润表”工作表标签，单击鼠标右键，在快捷菜单中选择“隐藏”命令。

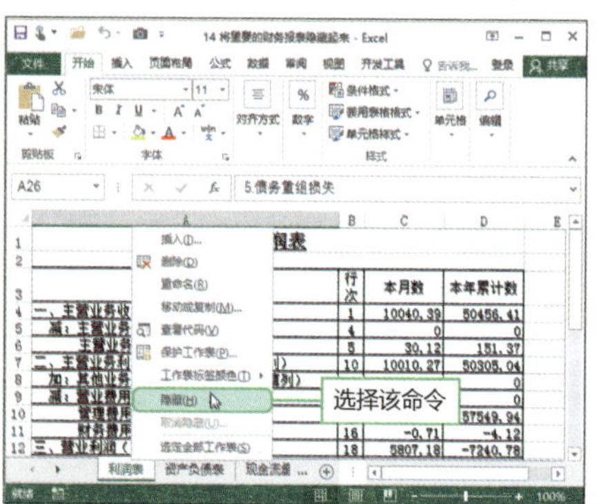

② 返回工作簿中，发现“利润表”已经被隐藏了，这时无法查看“利润表”的相关信息。

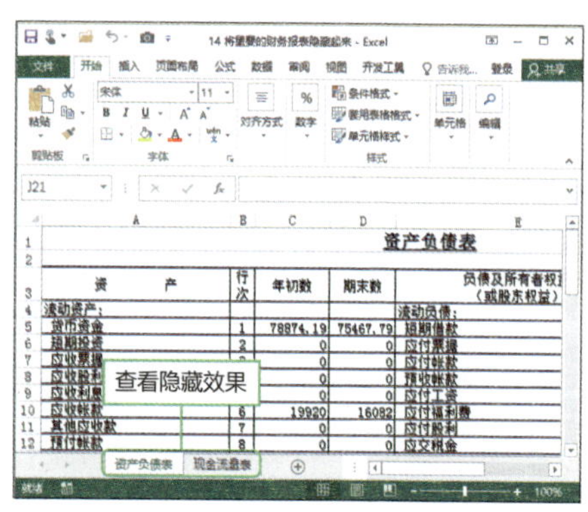

③ 要想显示隐藏的工作表，则选中任意工作表标签，单击鼠标右键，选择“取消隐藏”命令。

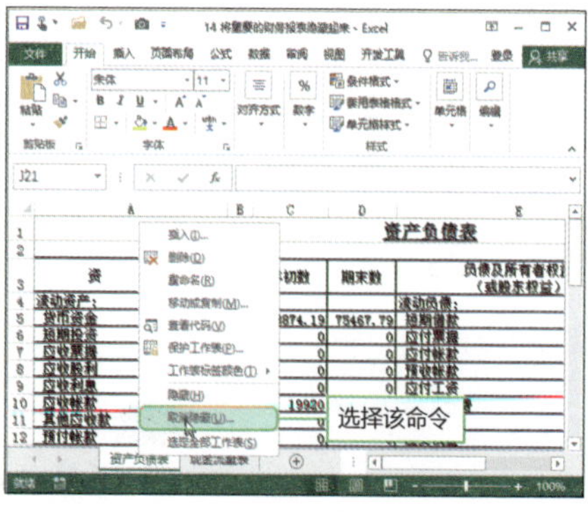

④ 打开“取消隐藏”对话框，在“取消隐藏工作表”列表框中选中“利润表”选项，然后单击“确定”按钮。

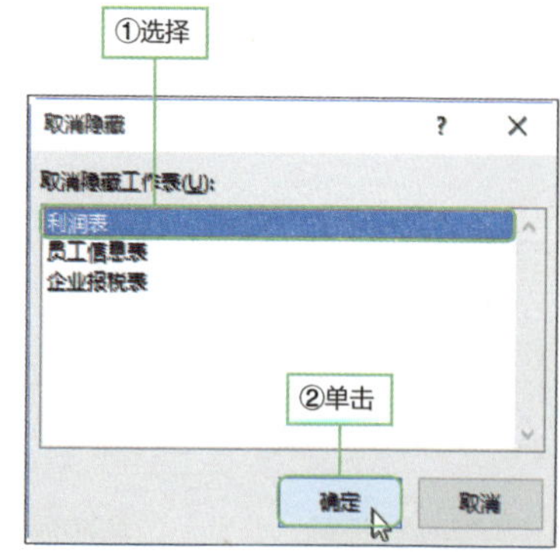

5 要想确保隐藏的工作表万无一失，用户可以隐藏工作表后为其加密，切换至“审阅”选项卡，单击“更改”选项组中“保护工作簿”按钮。

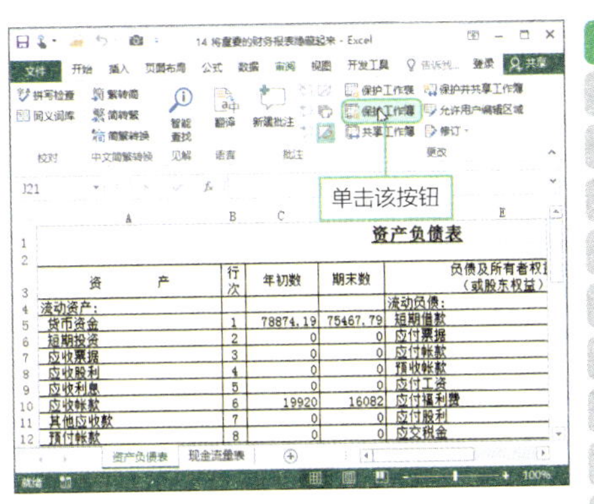

6 打开“保护结构和窗口”对话框，在“密码”数值框中输入123，单击“确定”按钮。

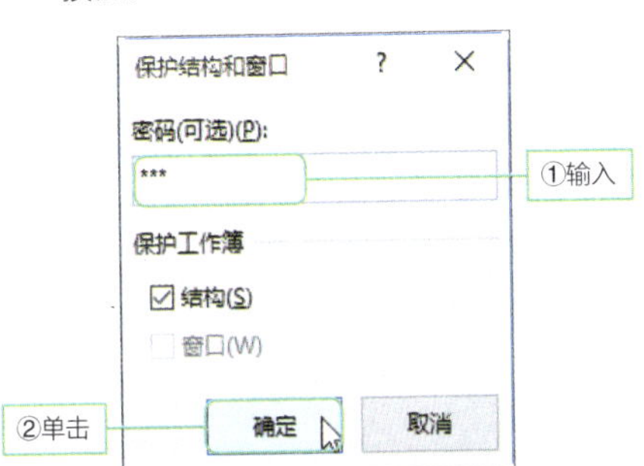

7 打开“确认密码”对话框，在“重新输入密码”数值框中输入123，单击“确定”按钮。

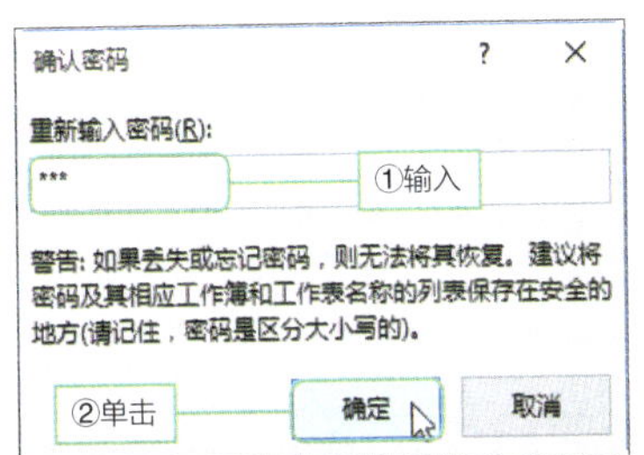

8 返回工作表中，选中工作表标签并单击鼠标右键，可见在快捷菜单中“取消隐藏”命令为灰色，表示该命令不可用。

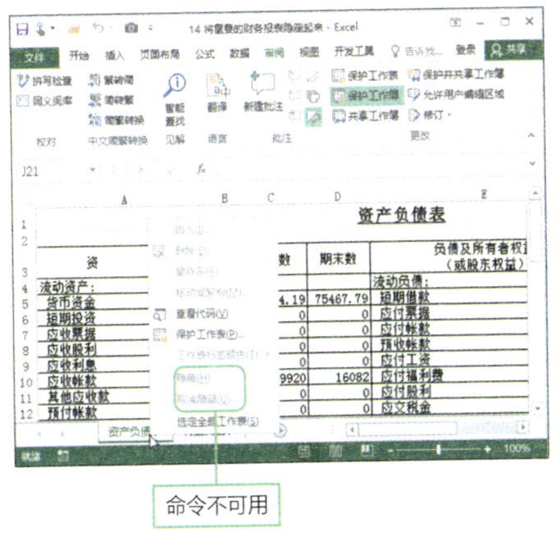

9 若需要取消密码保护，再次单击“保护工作簿”按钮，打开“撤消工作簿保护”对话框，输入原来设置的密码123，单击“确定”按钮即可。

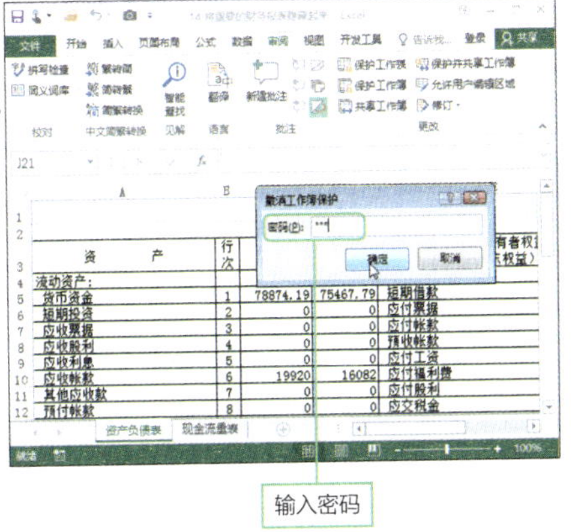

Question

015 让文档窗口不显示滚动条和工作表标签

Level ◆◆◆

2016 2013 2010

实例 隐藏滚动条和工作表标签

默认情况下，Excel的滚动条和工作表标签是显示的，以方便数据的编辑操作，有时为了更方便地查看报表信息，我们可以将其隐藏起来。

1 打开工作表，单击“文件”标签，选择“选项”选项。

选择该选项

2 打开“Excel选项”对话框，选择“高级”选项，在右侧“此工作簿的显示选项”区域取消勾选相应的复选框。

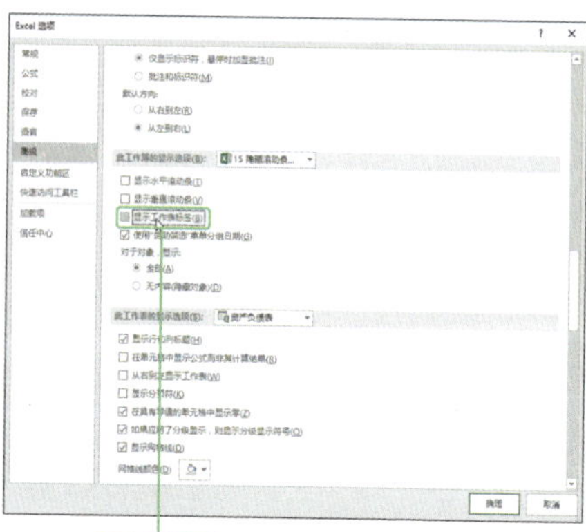

取消勾选

3 设置完成后，单击“确定”按钮返回工作表中，可见隐藏了滚动条和工作表标签。

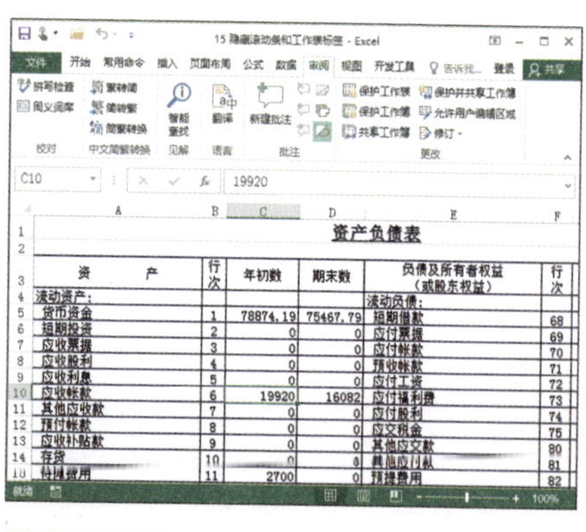

查看隐藏效果

Hint

显示工作表标签和滚动条

如果需要显示滚动条和工作表标签，则再次打开“Excel选项”对话框，选择“高级”选项，在“此工作簿的显示选项”区域中分别勾选“显示水平滚动条”、“显示垂直滚动条”和“显示工作表标签”复选框，然后单击“确定”按钮即可。

Question 016

根据需要选择性地隐藏报表中的数据

语音视频教学016

Level ◆◆◆

2016 2013 2010

实例 隐藏单元格中的内容

若财务报表中的部分单元格包含保密信息，我们可以根据需要隐藏包含保密信息的单元格内容。

例：将资产负债表中年初数和期末数的数据隐藏起来。

1 打开工作表，按住Ctrl键的同时选中所需数据区域，单击鼠标右键，选择“设置单元格格式”命令。

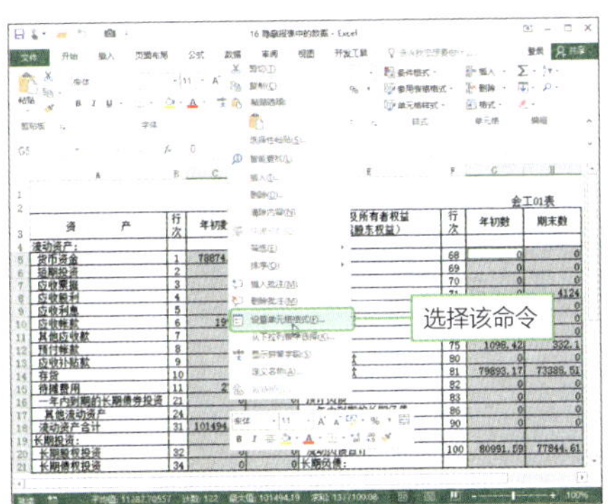

2 在“分类”列表框中选择“自定义”选项，将“类型”文本框的字符改为“;;;”（3个分号）。

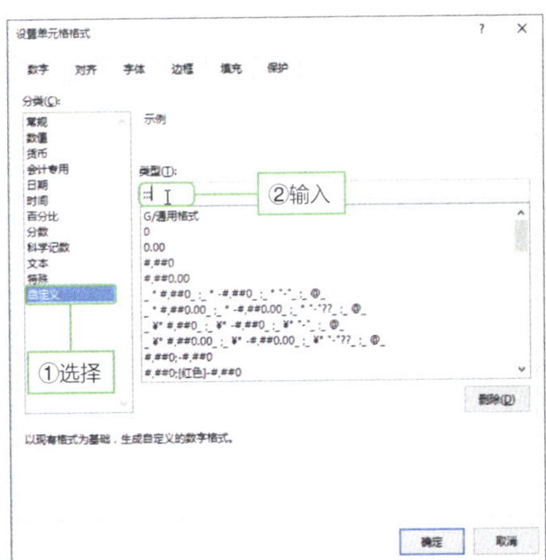

3 单击“确定”按钮返回工作表中，可以看到所选单元格区域的内容已经隐藏了。

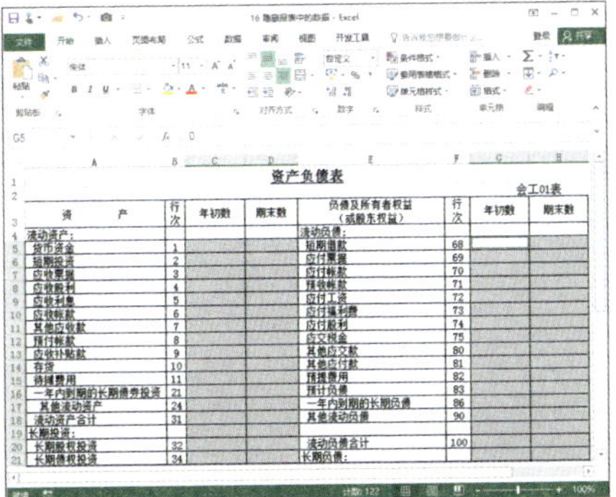

查看隐藏效果

Hint

显示单元格内隐藏的数据

如果需要再次查看数据，则选中隐藏数据的单元格区域，打开“设置单元格格式”对话框，选择“自定义”选项，在“类型”文本框中输入“G/通用格式”文本，单击“确定”按钮即可。

Question 017

根据需要隐藏报表中的0值

语音视频教学017

● Level ◆◆◆

2016 2013 2010

实例 设置不显示单元格中的0值

在Excel中处理数据时，经常会遇到0值，当该数值在进行运算时不具有任何意义时，用户可以将其隐藏起来。

例：将利润表中的本月数和本年累计数为0的值隐藏起来。

1 打开工作表，单击“文件”标签，选择“选项”选项。

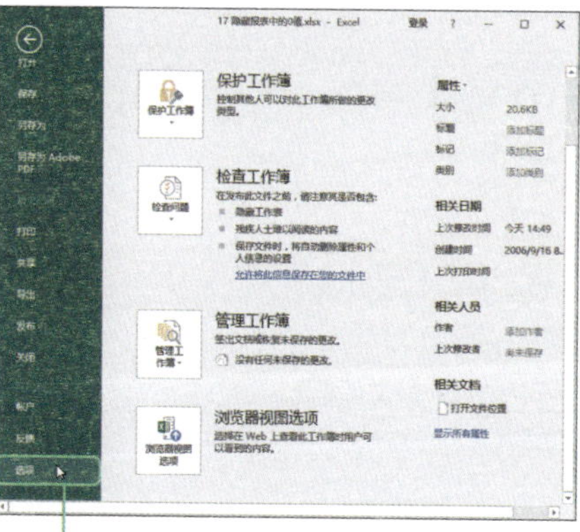

选择该选项

2 打开“Excel选项”对话框，选择“高级”选项，在右侧进行相关设置。

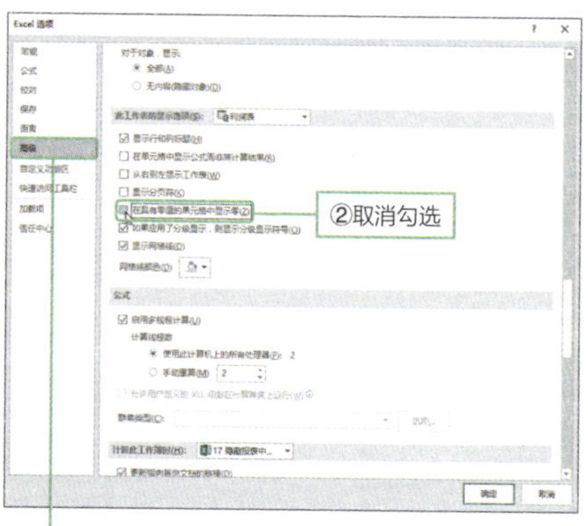

①选择

3 单击“确定”按钮返回工作表中，可以看到所有的0值已经隐藏了。

	A	B	C	D
1	利润表			
2	项　　目	行次	本月数	本年累计数
3	一、主营业务收入	1	10040.39	50456.41
4	减：主营业务成本	4		
5	主营业务税金及附加	5	30.12	151.37
6	二、主营业务利润（亏损以“－”号填列）	10	10010.27	50305.04
7	加：其他业务利润（亏损以“－”号填列）	11		
8	减：营业费用	14		
9	管理费用	15	4203.8	57549.94
10	财务费用	16	-0.71	-4.12
11	三、营业利润（亏损以“－”号填列）	18	5807.18	-7240.78
12	加：投资收益（损失以“－”号填列）	19		

查看隐藏 0 值的效果

Hint

隐藏0值的其他方法

除了上述介绍的隐藏0值的方法外，用户还可以通过设置0值所在单元格的字体颜色来隐藏，首先按住Ctrl键分别选中表中0值所在的单元格，切换至“开始”选项卡，单击“字体”选项组中“字体颜色”下三角按钮，选择白色即可，所选的颜色和底纹颜色一样。

Question

018

自动对现金日记账进行备份有妙招

语音视频教学018

Level ◆◆◆

2016 2013 2010

实例 设置现金日记账的自动备份

对于一些重要的财务报表，我们都要进行备份，保证数据不会轻易丢失。但是编辑完报表内容后还要重新备份，很繁琐，如果对报表设置自动备份，编辑后会自动备份，可以提高用户的工作效率。

1 打开工作表，执行“文件>另存为”操作，然后双击“另存为”选项列表中的“这台电脑”选项。

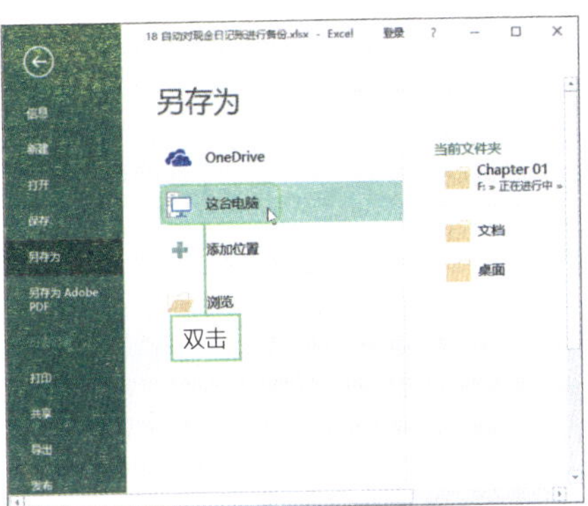

2 打开“另存为”对话框，单击“工具”下三角按钮，选择“常规选项”选项。

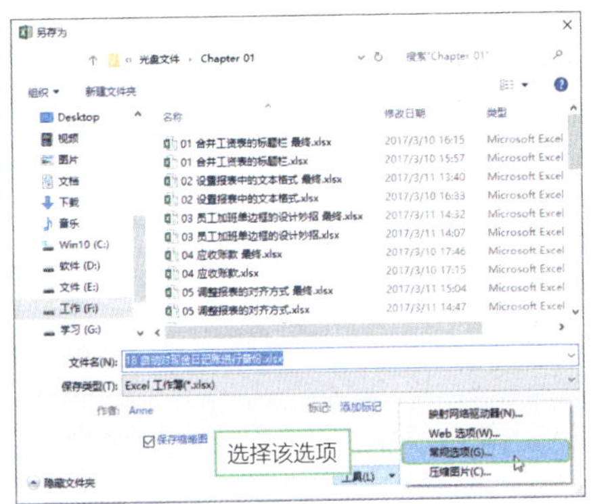

3 打开“常规选项”对话框，勾选“生成备份文件”复选框，然后单击“确定”按钮，返回“另存为”对话框，单击“保存”按钮。

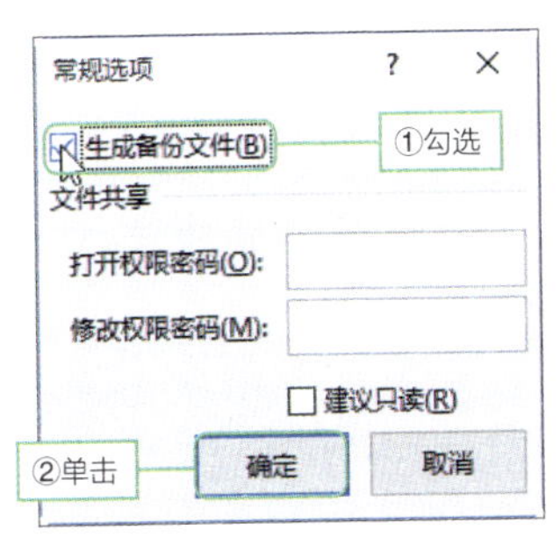

4 修改原文件后并保存，在设定的文件夹中查看设置自动保存后的效果。

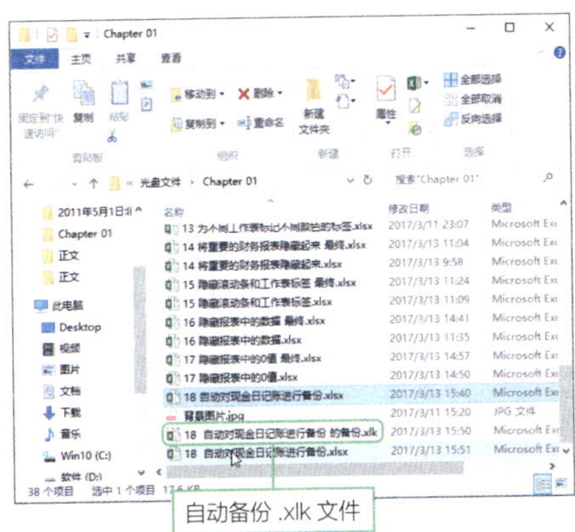

Question 019

一把钥匙开一把锁

● Level ◆◆◆

2016 2013 2010

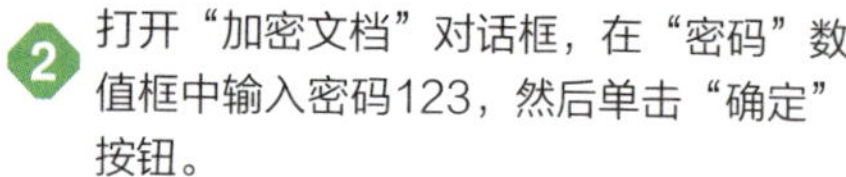

创建完财务报表后，为了避免他人随意查看或修改数据，用户可以对工作簿设置密码。只有授权密码的读者才能打开浏览报表内容，未经授权的用户不能打开工作簿。下面介绍两种对工作簿加密的方法。

1 通过保护工作簿加密。打开工作簿，选择“文件>信息”选项，单击“保护工作簿”下三角按钮，在列表中选择“用密码进行加密”选项。

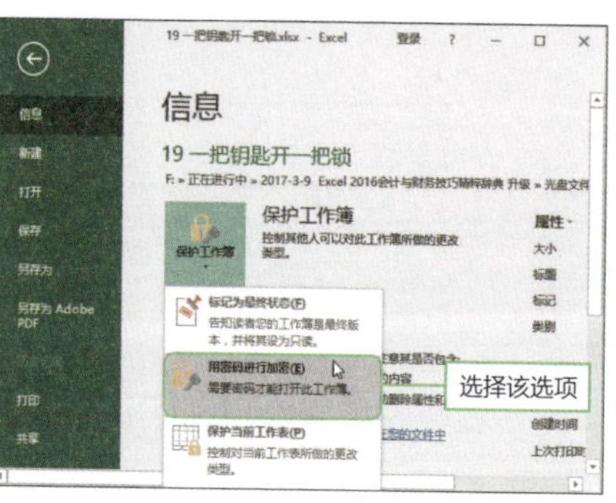

2 打开“加密文档”对话框，在“密码”数值框中输入密码123，然后单击“确定”按钮。

3 弹出“确认密码”对话框，在“重新输入密码”数值框中输入刚才设置的密码123，然后单击“确定”按钮。

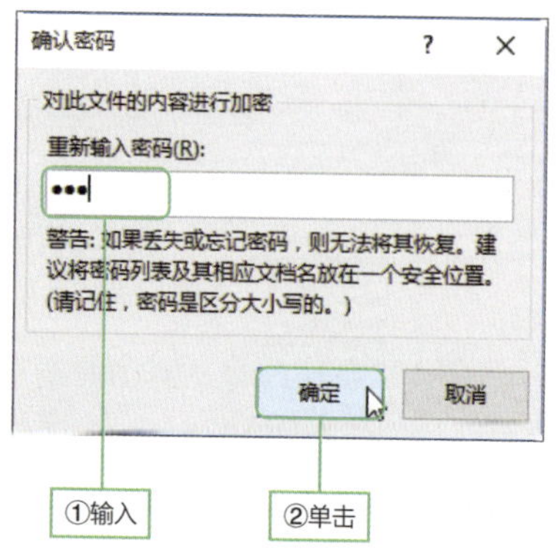

4 关闭工作簿并保存操作，再次打开该工作簿时，弹出“密码”对话框，在“密码”数值框中输入123，单击“确定”按钮，即可打开该工作簿。

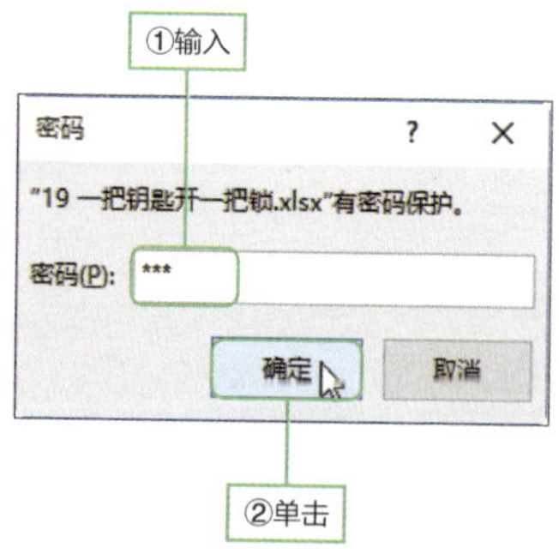

5 通过对话框加密。打开工作簿，编辑完成后，选择“文件>另存为”选项，双击“这台电脑”图标。

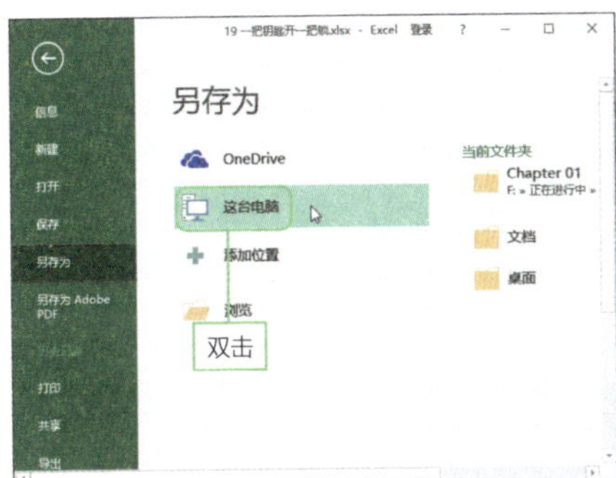

6 打开“另存为”对话框，选择合适的文件保存位置，并输入文件名，单击“工具”下三角按钮，选择“常规选项”选项。

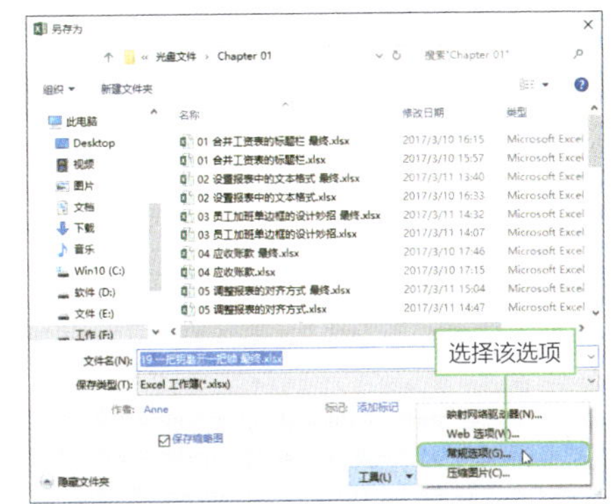

7 打开“常规选项”对话框，在“打开权限密码”和“修改权限密码”数值框中分别输入123和321，然后单击“确定”按钮。

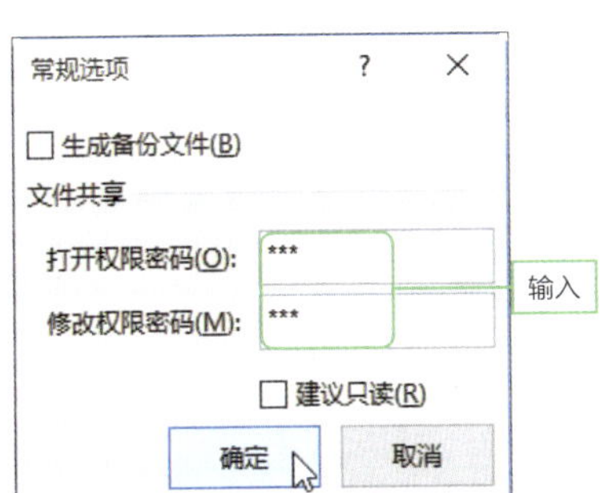

8 打开“确认密码”对话框，输入之前输入的密码，并单击“确定”按钮，返回“另存为”对话框，单击“保存”按钮。

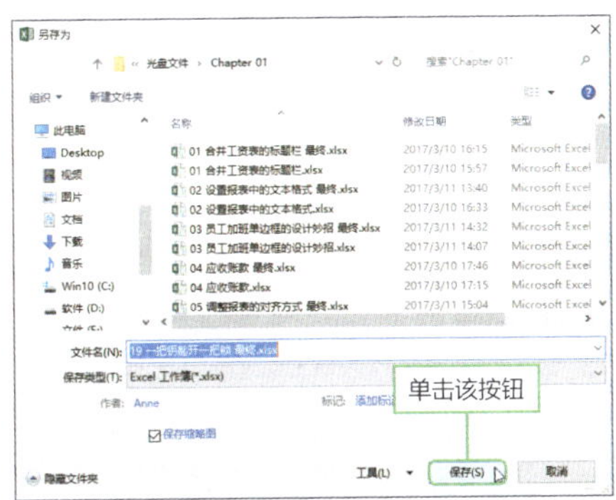

9 关闭工作簿并保存操作，当再次打开该工作簿时，将弹出“密码”对话框，输入打开密码后，单击“确定”按钮。

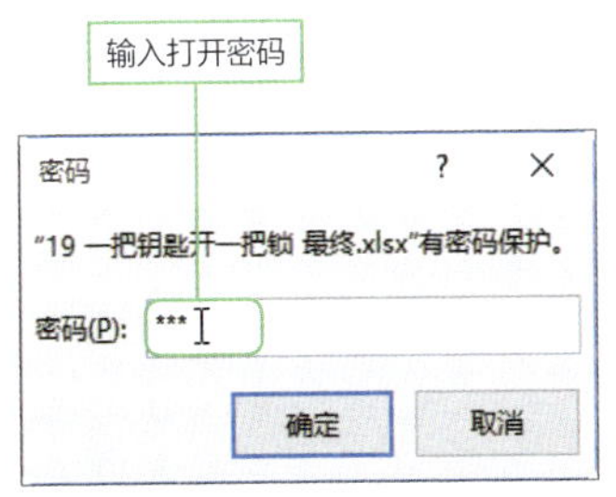

10 打开“密码”对话框，在“密码”数值框中输入修改密码，若不知道密码可单击“只读”按钮，以只读方式打开该工作簿。

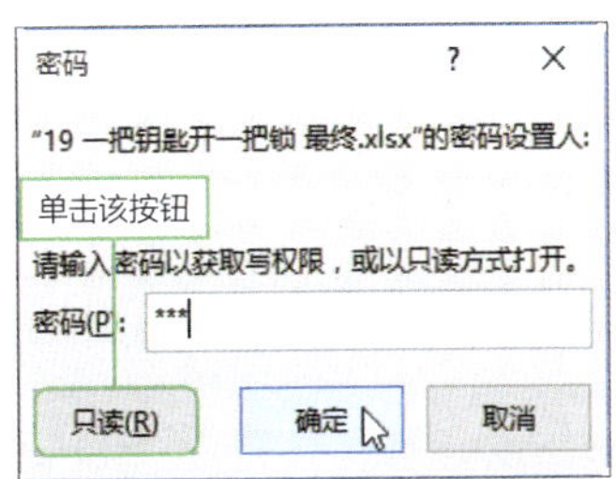

Question 020

Level ◆◆◆

2016 2013 2010

保护财务报表中的数据区域

实例 设置借方、贷方和余额单元格区域数据不被修改

现金日记账制作完成后，用户想在传阅的时候对表格中的数据区域进行保护，不允许浏览者修改，以保证数据的正确性，可以对工作表中某区域进行保护并加密码，下面介绍具体操作方法。

1. 打开工作表，选中所有单元格并右击，在快捷菜单中选择“设置单元格格式”命令。

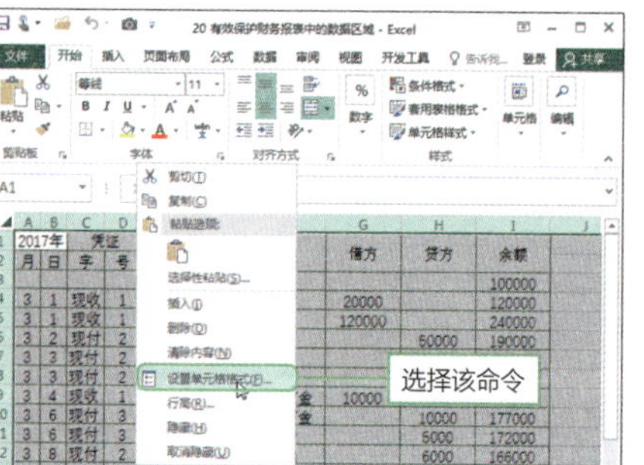

2. 弹出“设置单元格格式”对话框，在“保护”选项卡中取消勾选“锁定”复选框。

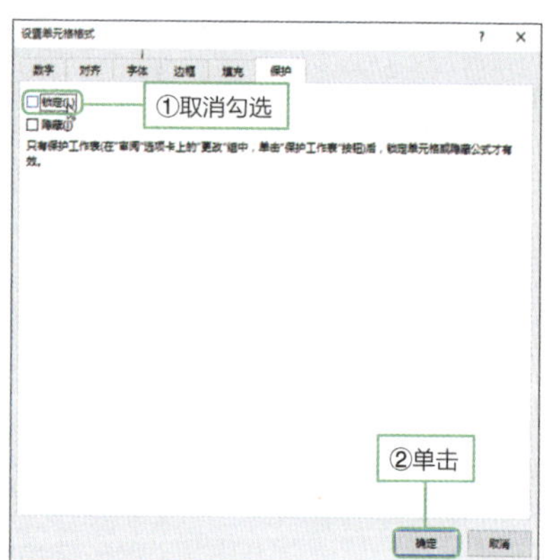

3. 返回工作表，选中要进行密码保护的数据区域，按Ctrl+1组合键，打开“设置单元格格式”对话框。

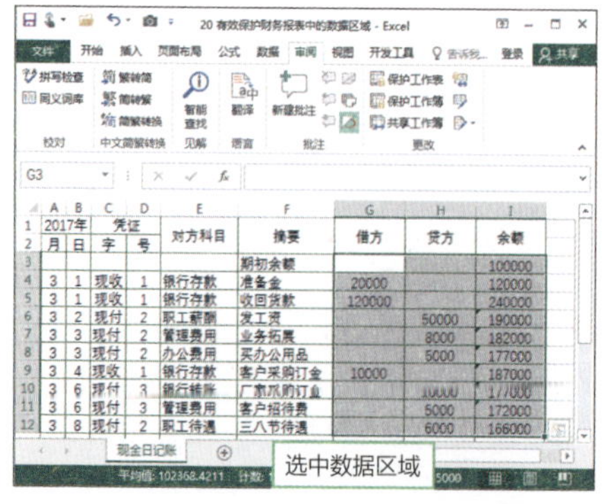

4. 在弹出对话框的“保护”选项卡中勾选“锁定”复选框。

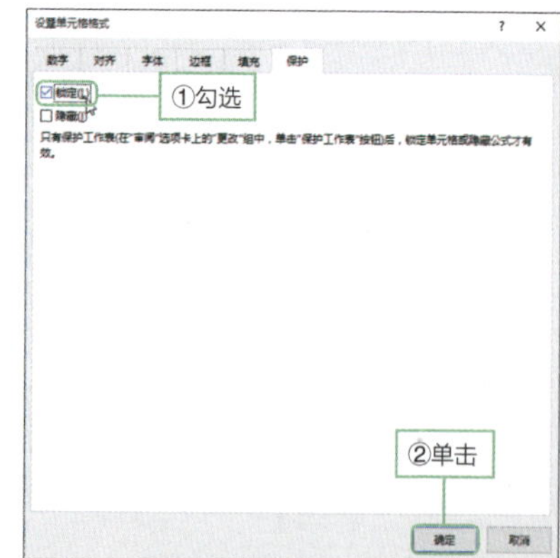

5 返回工作表，切换至“审阅”选项卡，单击“更改”选项组中“保护工作表”按钮。

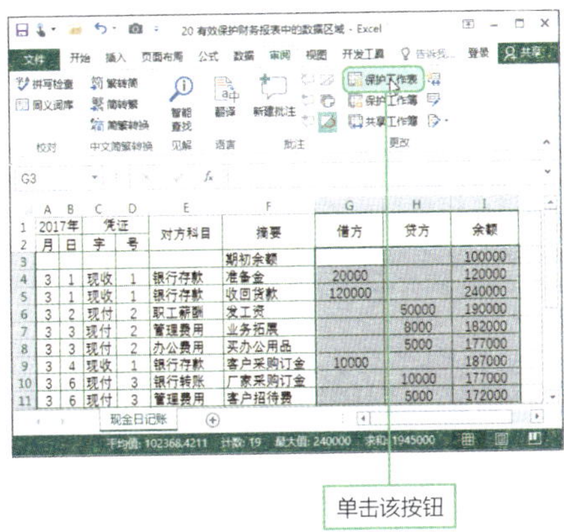

6 在弹出的“保护工作表”对话框中设置密码为123，然后单击“确定”按钮。

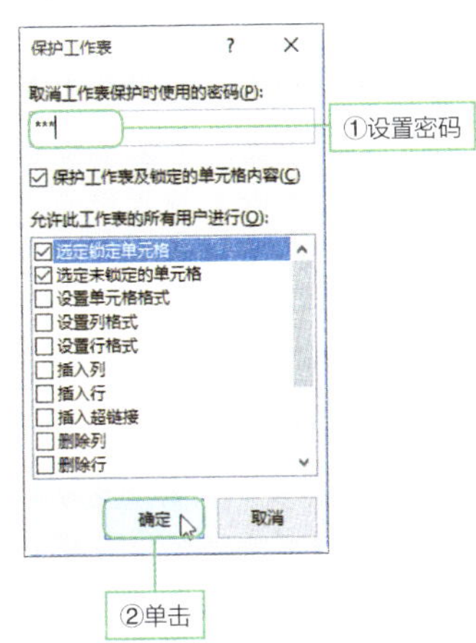

7 在弹出的“确认密码”对话框中再次输入相同的密码。

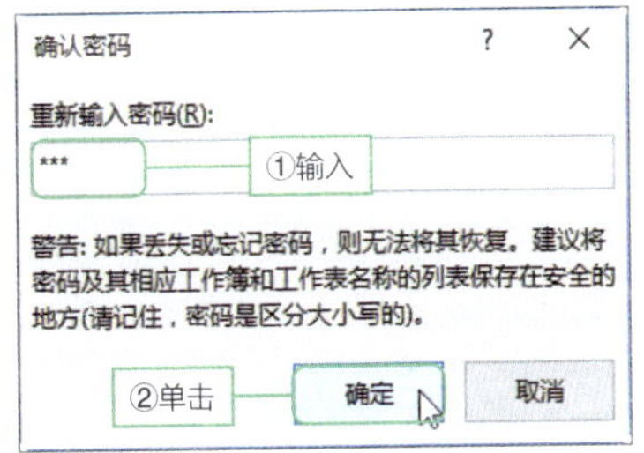

8 单击“确定”按钮返回工作表中，对受密码保护单元格区域中相关数据进行修改，将弹出提示对话框，提示如果要修改必须撤消保护，输入正确的密码。

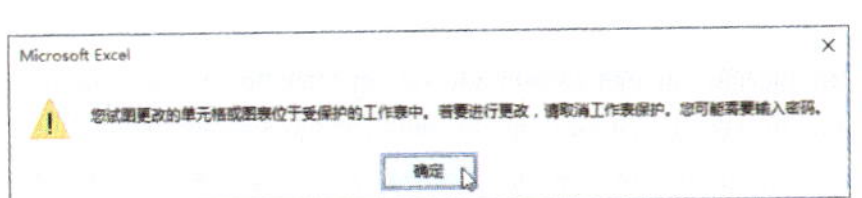

9 要撤消对单元格区域保护，则在“审阅”选项卡中单击“撤消工作表保护”按钮。

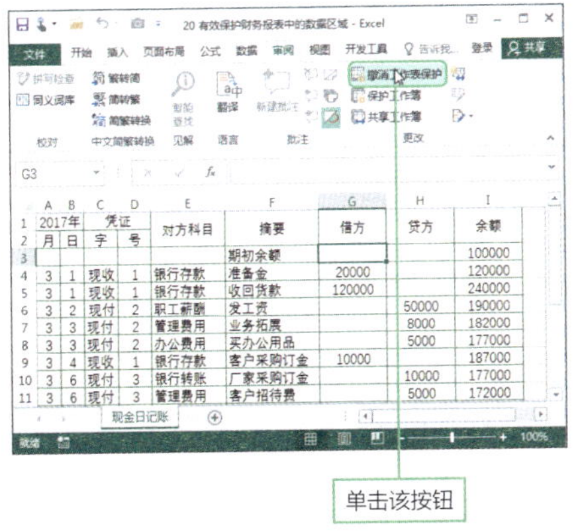

10 弹出“撤消工作表保护”对话框，在“密码”数值框中输入设置的保护密码123，然后单击“确定”按钮即可。

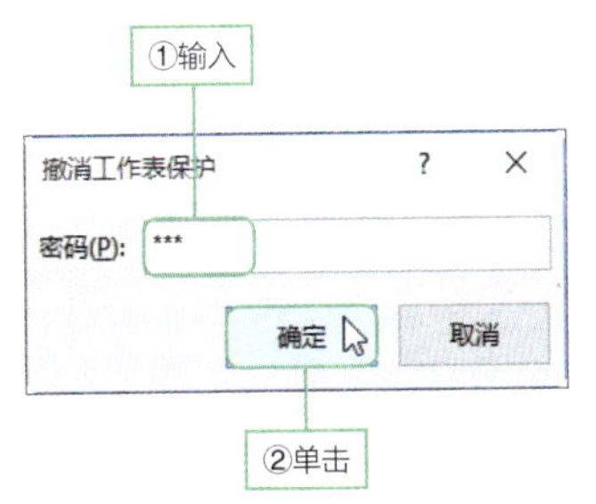

Question **021**

● Level ◆◆◆

2016 2013 2010

允许用户编辑损益表中指定区域

实例 设置损益表中允许编辑的区域

在制作财务报表时，有时为了保护表格的整体性和统一性，用户可以设置报表中某区域为可编辑，其他区域为不可编辑。

例：在损益表中，只允许财务人员修改损益表中各项目的数值。

❶ 打开工作表，切换至“审阅”选项卡，单击“允许用户编辑区域”按钮。

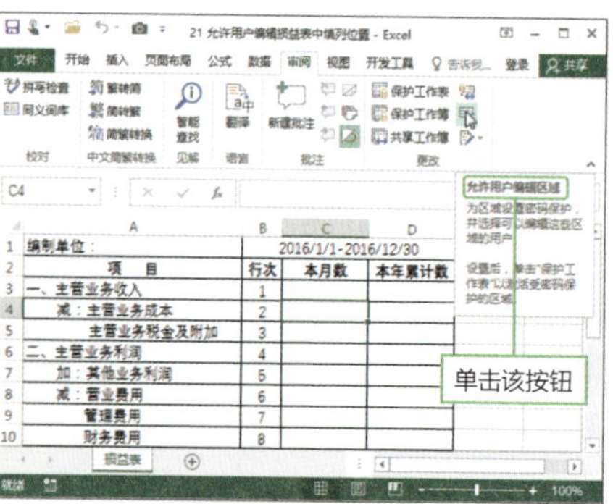

❷ 弹出“允许用户编辑区域”对话框，单击“新建”按钮。

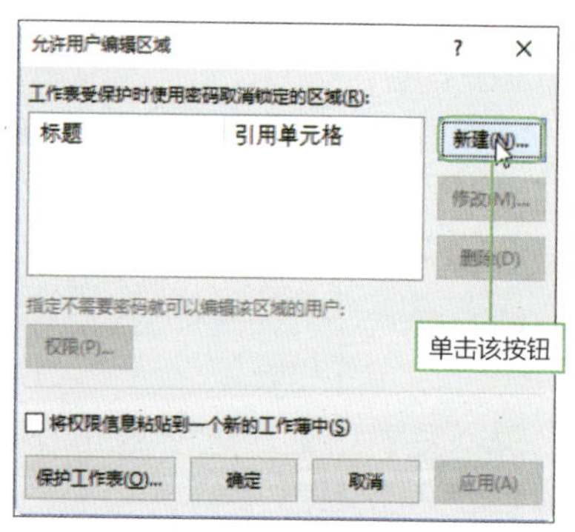

❸ 弹出“新区域”对话框，单击“引用单元格”右侧的折叠按钮。

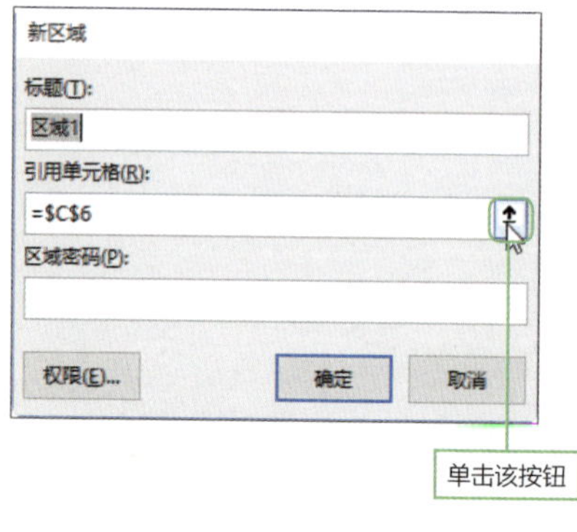

❹ 返回工作表中，选中损益表中允许修改的单元格区域，单击“新区域”折叠按钮。

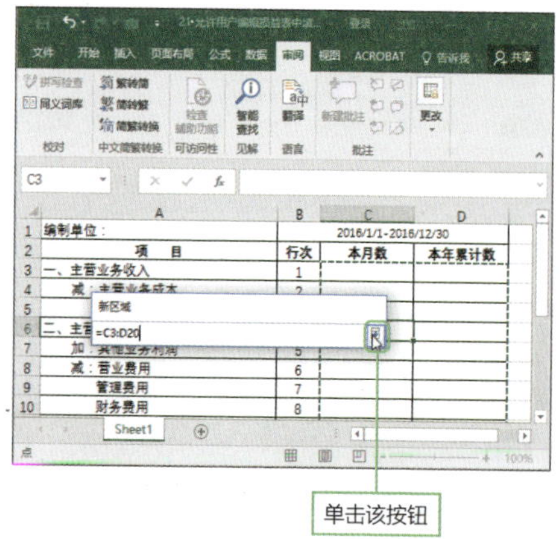

5 返回“新区域”对话框，然后单击“确定”按钮。

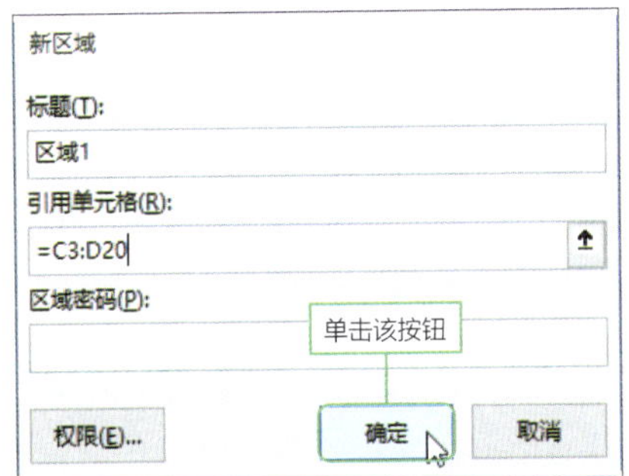

6 返回“允许用户编辑区域”对话框，单击“保护工作表”按钮。

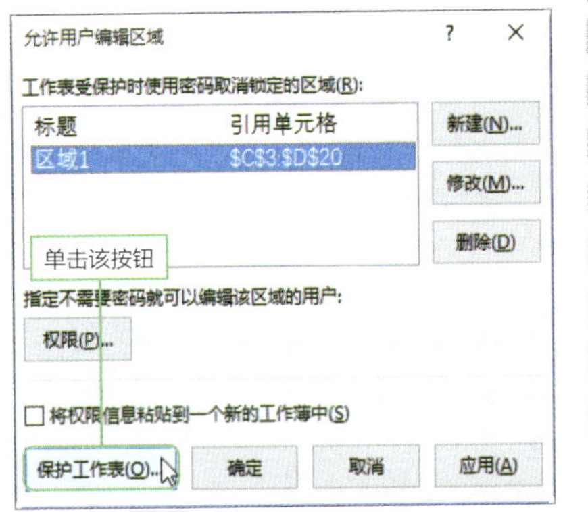

7 在“保护工作表”对话框中输入密码123，然后单击“确定”按钮。

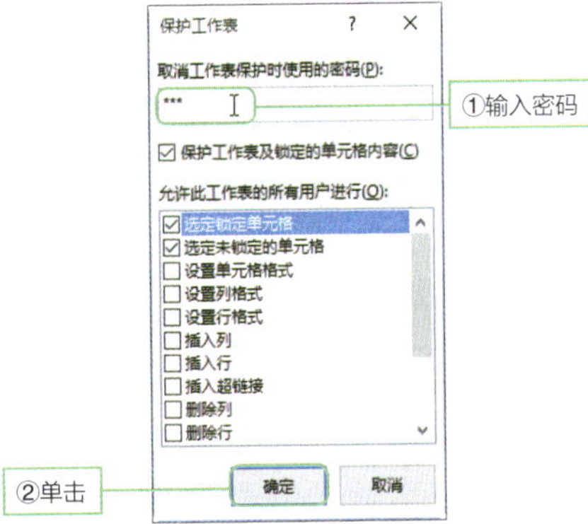

8 在“确认密码”对话框中再次输入密码并单击“确定”按钮。

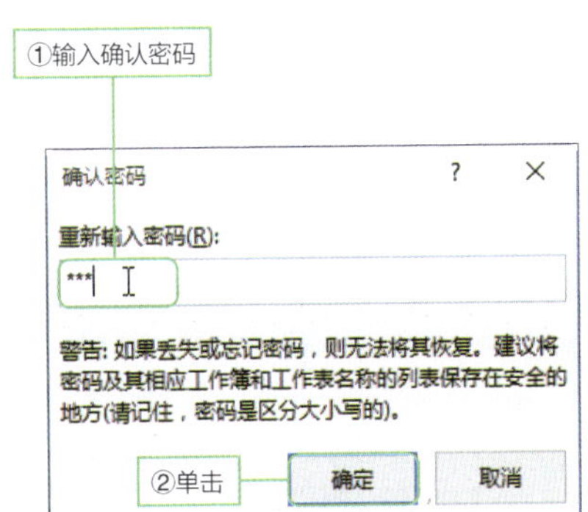

9 返回工作表中，在允许编辑区域填写数据，可以正常输入。

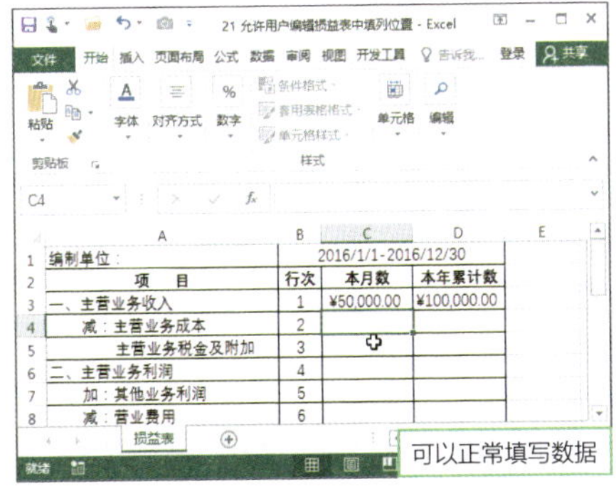

10 如果在允许编辑区域外修改损益表的内容，系统将弹出提示对话框，表示该区域受保护，先取消保护后才可输入数据。

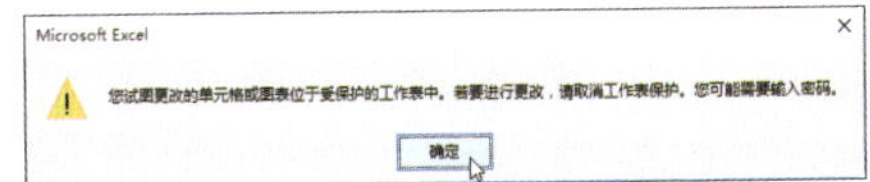

Question

022 如何避免他人填制差旅费报销单时修改计算公式

语音视频教学022

● Level ◆◆◆

2016 2013 2010

实例 隐藏工作表中的公式

在财务报表中，我们常用公式自动计算。有些报表需要员工填写，为了避免公式被修改，得到错误的结果，我们可以把公式隐藏起来。

例：将差旅费报销单中的公式隐藏。

最初效果

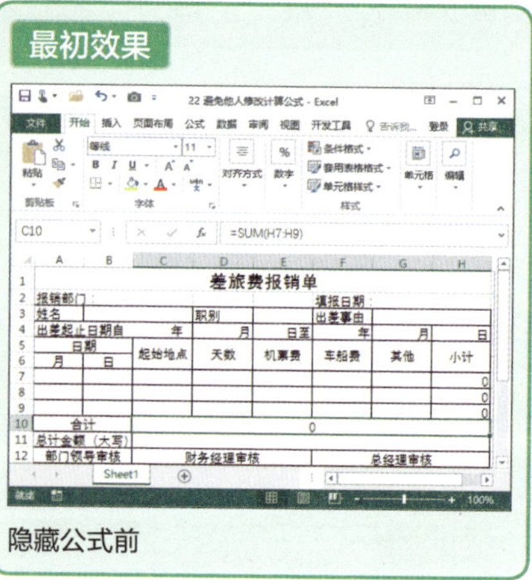

隐藏公式前

最终效果

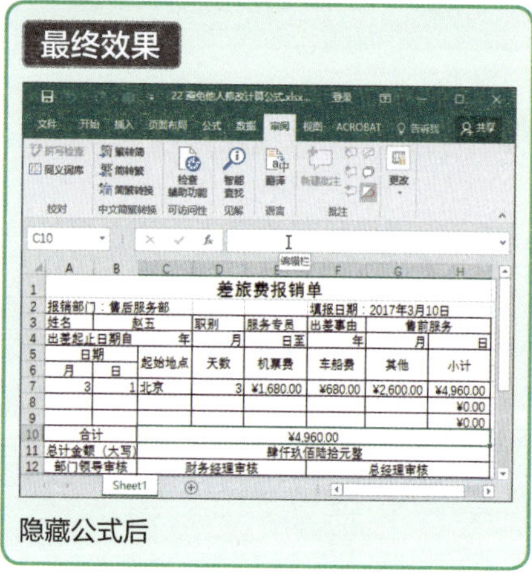

隐藏公式后

1 打开工作表，选中包含公式的单元格。单击“开始”选项卡中的“查找和选择”下三角按钮，在下拉列表选择“定位条件”选项。

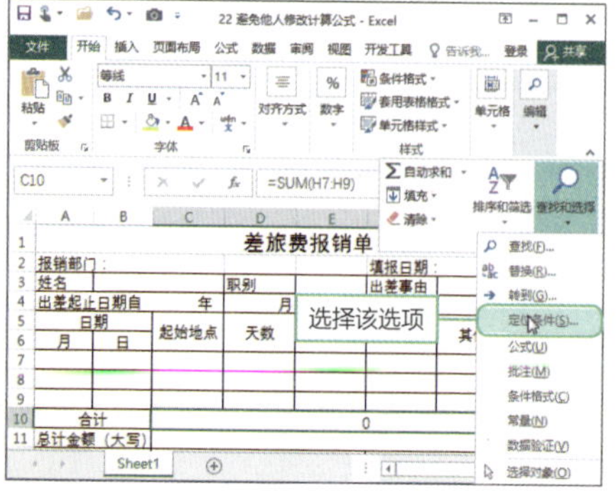

2 弹出“定位条件”对话框，在“选择”区域选中“公式”单选按钮，然后单击“确定”按钮。

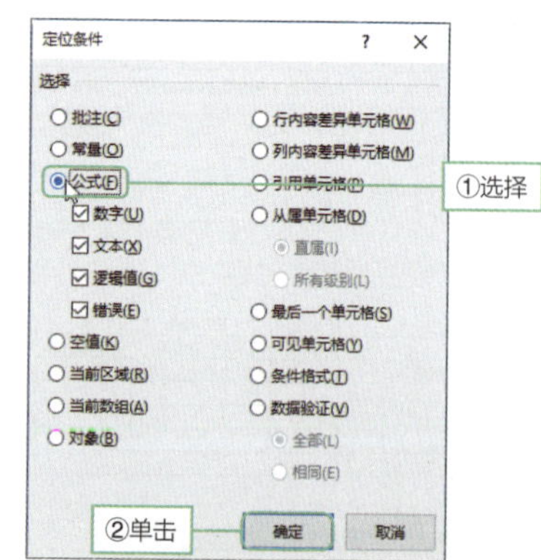

3 返回工作表中，可见选中所有包含公式的单元格，然后按下Ctrl+1组合键。

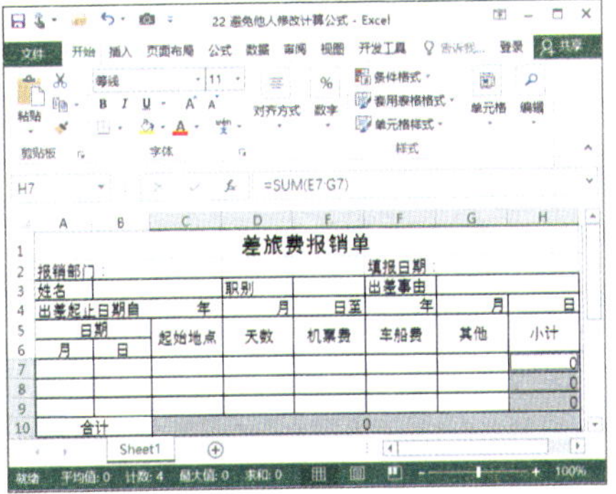

4 弹出“设置单元格格式”对话框，在“保护”选项卡中进行相应的设置，然后单击“确定”按钮。

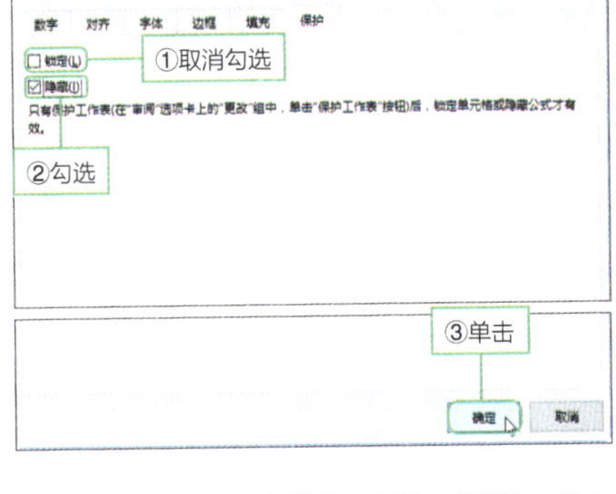

5 返回工作表中，切换至“审阅”选项卡，单击“允许用户编辑区域”按钮。

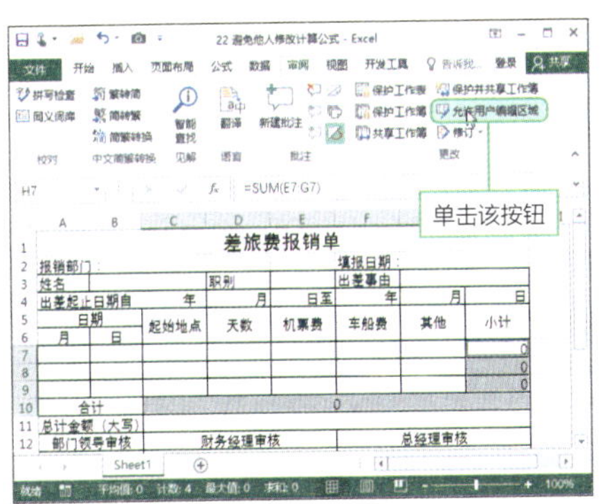

6 弹出“允许用户编辑区域”对话框，单击“新建”按钮，打开“新区域”对话框，设置引用的单元格区域。

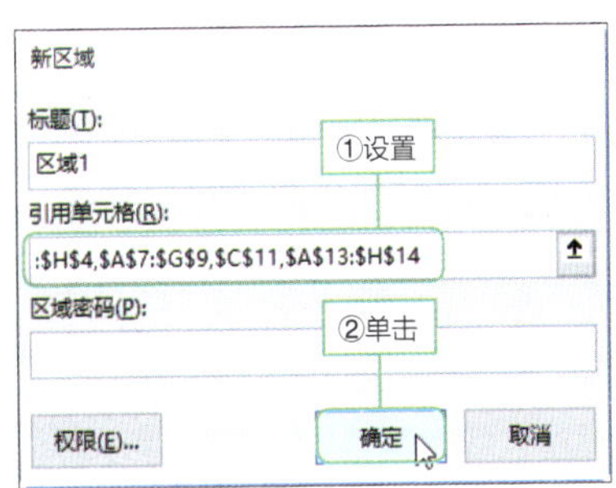

7 返回“允许用户编辑”对话框，单击“保护工作表”按钮。

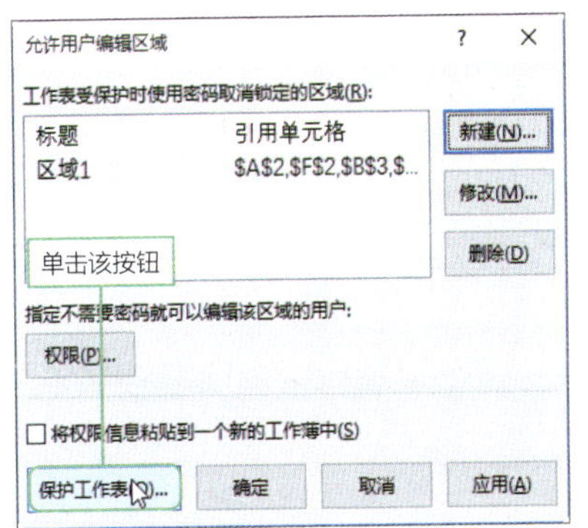

8 根据以上方法设置保护密码，然后单击“确定”按钮即可。

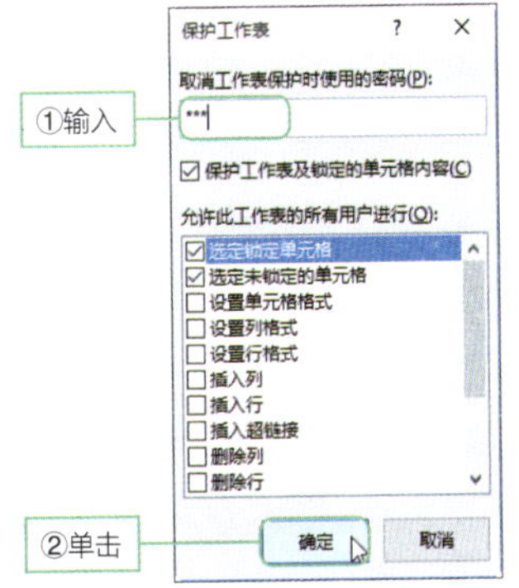

Question

023

● Level ◆◆◆

2016 2013 2010

为工作表加密但不影响设置格式

语音视频教学023

实例 为利润表加密保护后允许设置表头格式

为某工作表设置加密保护后，是不可以修改工作表中的数据或格式。用户可以进行相应的设置，在传阅加密的工作表时，让浏览者根据个人爱好设置格式，但不允许修改工作表中的内容。

1 打开工作薄，切换至“审阅”选项卡，单击“保护工作表”按钮。

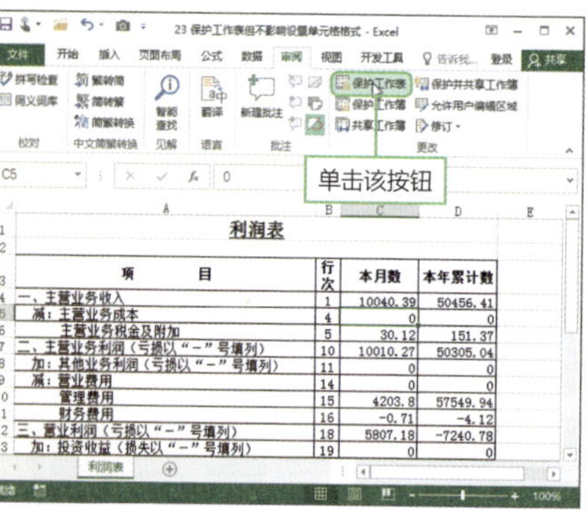

2 打开“保护工作表”对话框，勾选“设置单元格格式”复选框并设置密码。

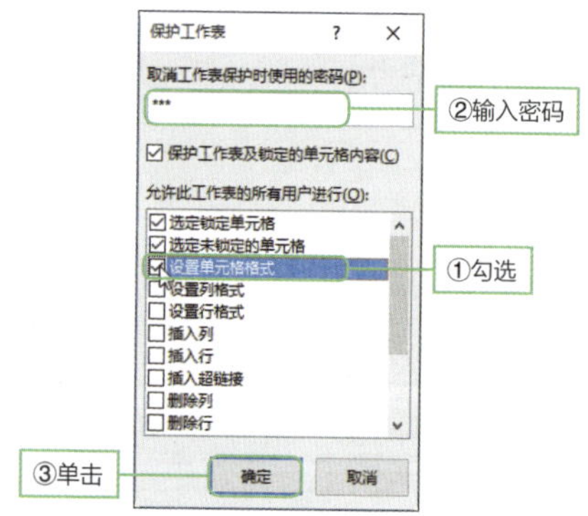

3 打开“确认密码”对话框，重复输入密码，单击“确定”按钮。

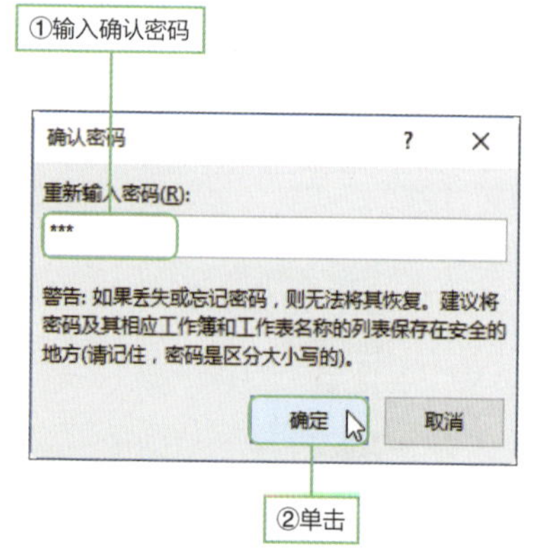

4 返回工作表中，选中表头区域，在“开始”选项卡中设置相应的格式。

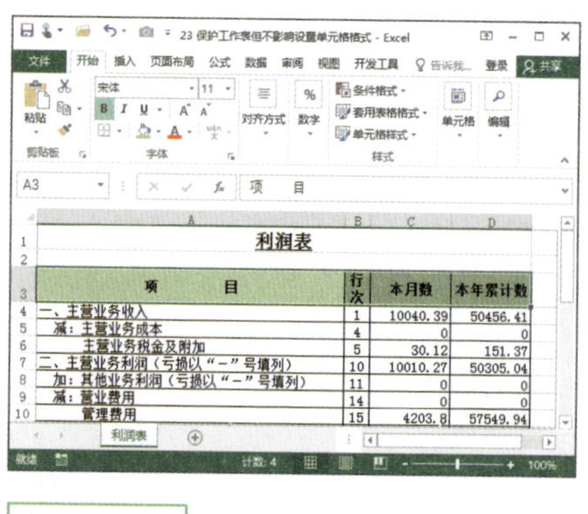

查看设置的效果

Question

024 将工资报表设置为最终状态

语音视频教学024

● Level ◆◆◆

2016 2013 2010

实例 快速将工资表设为只读模式

财务报表制作完成后，为了避免浏览者修改表格中的数据，用户可将工作簿设置为最终状态，即功能区的编辑命令不可使用，以确保浏览者不会修改数据。

1. 打开工作表，选择“文件>信息”选项，单击“保护工作簿”下三角按钮，在下拉列表中选择“标记为最终状态”选项。

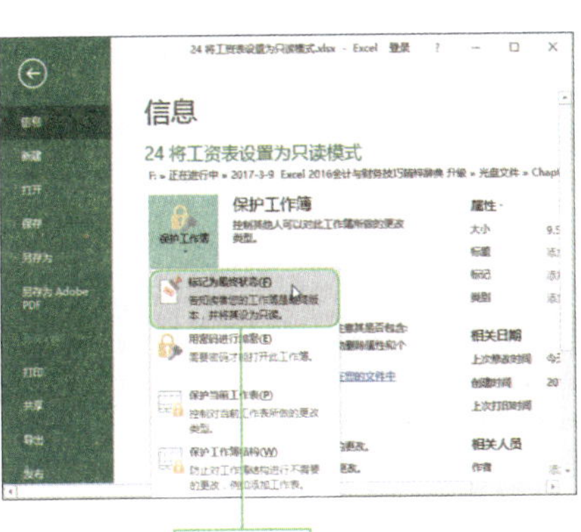

单击该按钮

2. 弹出提示对话框，单击“确定”按钮，再次弹出对话框确认设置为最终状态，再次单击“确定”按钮，即可将工作簿设置为最终状态。

单击该按钮

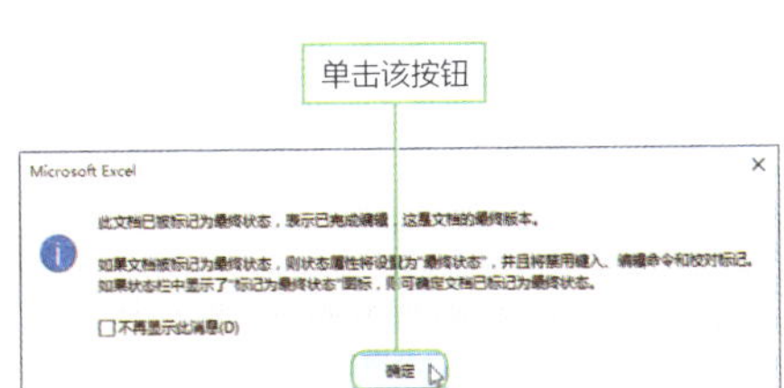

3. 返回工作簿中，可见在工作簿名称右侧显示“只读”字样，工作簿的功能区将不显示。

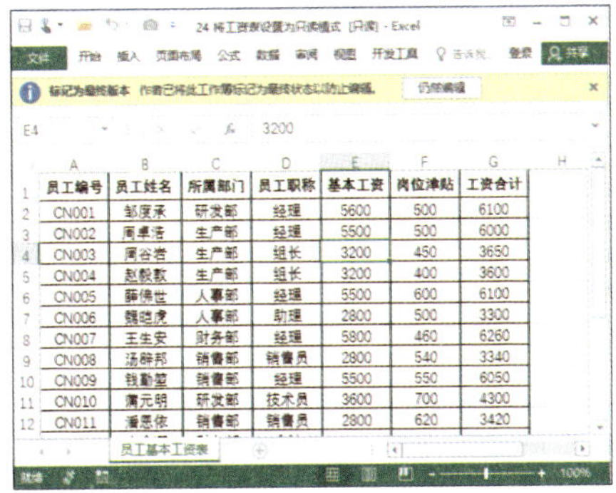

员工编号	员工姓名	所属部门	员工职称	基本工资	岗位津贴	工资合计
CN001	邹度承	研发部	经理	5600	500	6100
CN002	周卓浩	生产部	经理	5500	500	6000
CN003	周谷岩	生产部	组长	3200	450	3650
CN004	赵毅敢	生产部	组长	3200	400	3600
CN005	薛佛世	人事部	经理	5500	600	6100
CN006	魏晓虎	人事部	助理	2800	500	3300
CN007	王生安	财务部	经理	5800	460	6260
CN008	汤静邦	销售部	销售员	2800	540	3340
CN009	钱勤堃	销售部	经理	5500	550	6050
CN010	蒲元明	研发部	技术员	3600	700	4300
CN011	潘恩依	销售部	销售员	2800	620	3420

查看标记为最终状态的效果

Hint

标记为只读模式的其他方法

如果需要将文件设置为只读模式，打开工作表所在的文件夹，选中工作表，单击鼠标右键，在快捷菜单中选择“属性”命令，在打开对话框的“常规”选项卡中勾选“只读”复选框，然后单击“确定”按钮即可。

Question

025 快速制作三个内容完全相同的报表

语音视频教学025

● Level ◆◆◇

2016 2013 2010

实例 制作一式三联的订货单

在Excel中，当需要在多个工作表中输入相同数据时，一个一个操作会比较繁琐，下面简单介绍如何在多个表中输入相同数据。
例：快速制作一式三联的借款单。

1. 打开Excel工作薄，按住Ctrl键同时选中需要制作一式三联订货单的三个工作表。

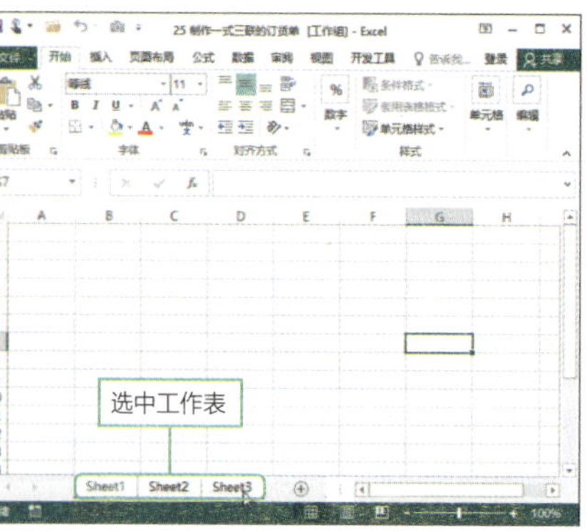

2. 然后在Sheet1工作表中输入订货单的相关内容。

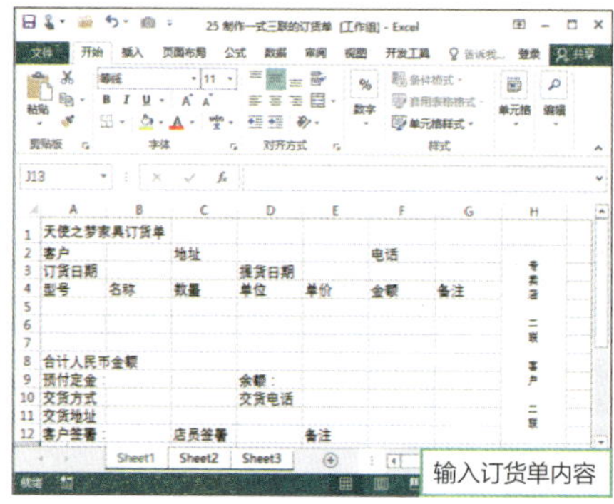

3. 根据需要，对表格进行设置，使其更完美。

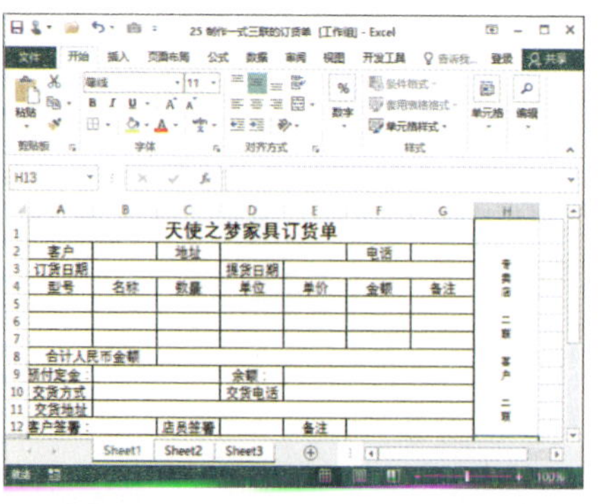

设置表格格式

4. 制作完成后，切换至其他工作表，可见选中工作表输入的内容完全一样。

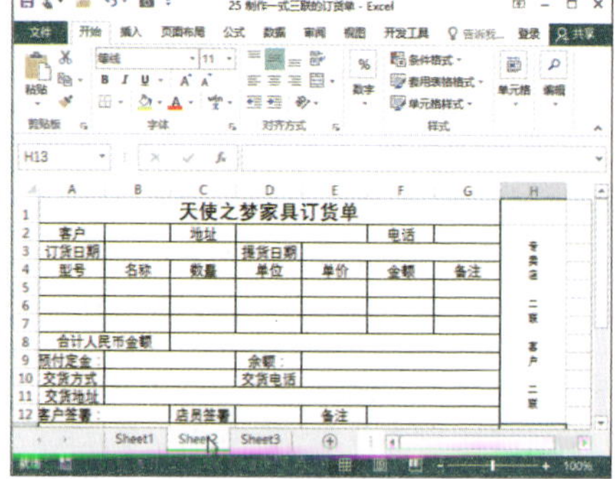

查看效果

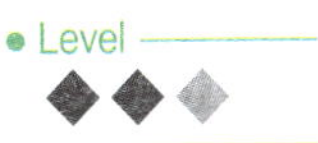

026

查看现金日记账时始终显示表头

语音视频
教学026

• Level ◆◆◆

2016 2013 2010

实例　冻结工作表中的指定行

工作表中包含大量的数据时，在向下查看数据时往往不显示表头信息，使浏览者很困惑，下面介绍将冻结表头的操作方法，使查看数据时可以更加清晰准确。

最初效果

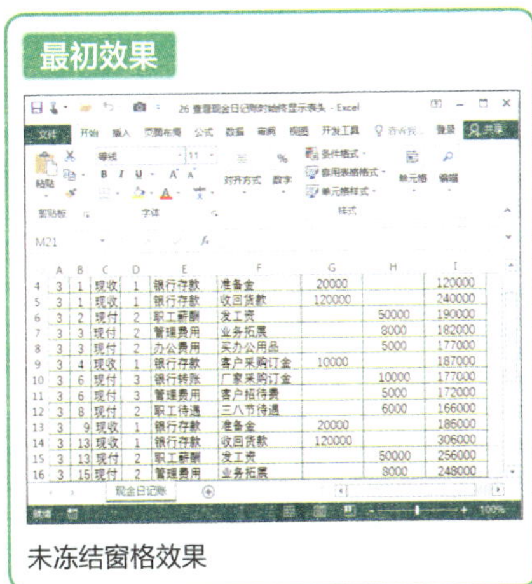

未冻结窗格效果

最终效果

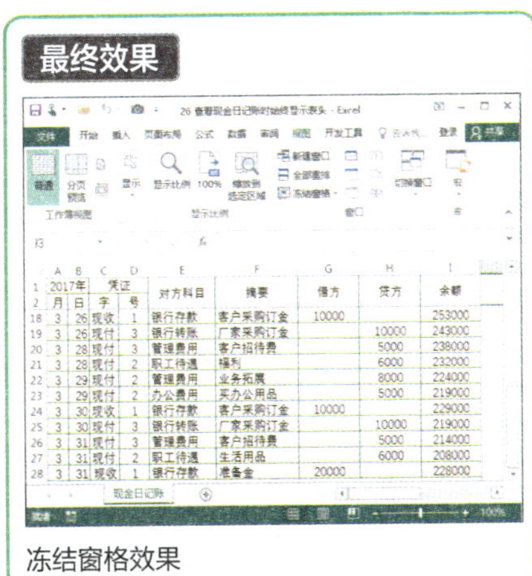

冻结窗格效果

1. 打开工作表，选中J3单元格，切换至“视图”选项卡，单击“窗口”选项组中“冻结窗格”下三角按钮，选择“冻结拆分窗格”选项。

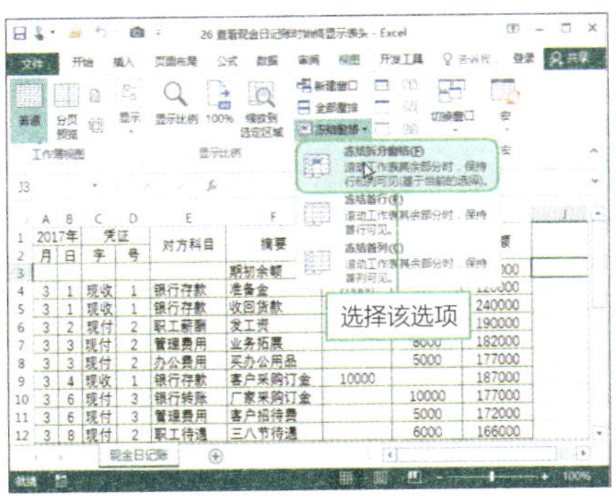

2. 如果取消冻结窗格，再次单击“冻结窗格”下三角按钮，在列表中选择“取消冻结窗格”选项即可。

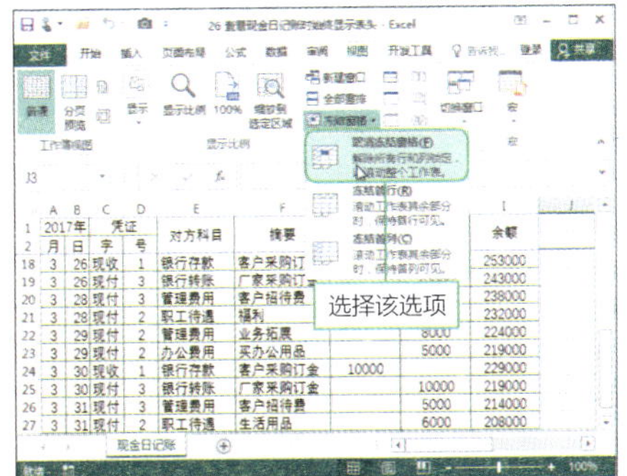

Question 027

Level ◆◆◆

2016 2013 2010

快速让工作簿不可见

语音视频教学027

实例 隐藏应收账款工作簿

用户除了可以将重要的工作簿加密保护外，还可以将工作簿隐藏起来，这样其他用户就看不到了。下面以隐藏应收账款工作簿为例，介绍具体操作方法。

1 打开需要隐藏的工作簿，切换至“视图”选项卡，单击“窗口”选项组中的“隐藏窗口”按钮，即可将其隐藏。

单击该按钮

2 如果要显示工作簿，则打开任意工作簿，切换至“视图”选项卡，单击“窗口”选项组中的“取消隐藏窗口”按钮。

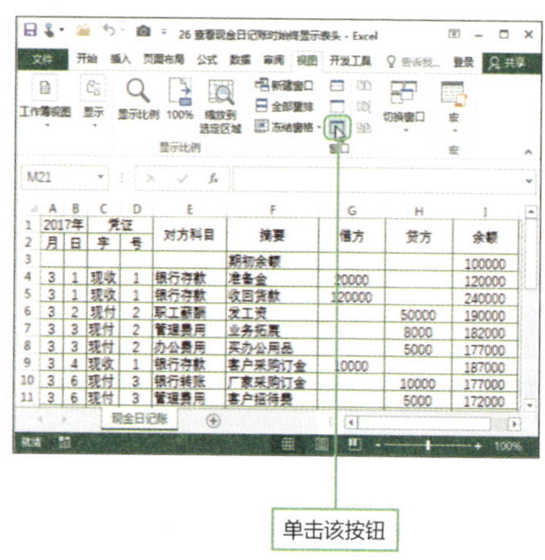

3 打开“取消隐藏”对话框，在“取消隐藏工作簿”列表框中选择需要显示的工作簿，单击“确定”按钮即可。

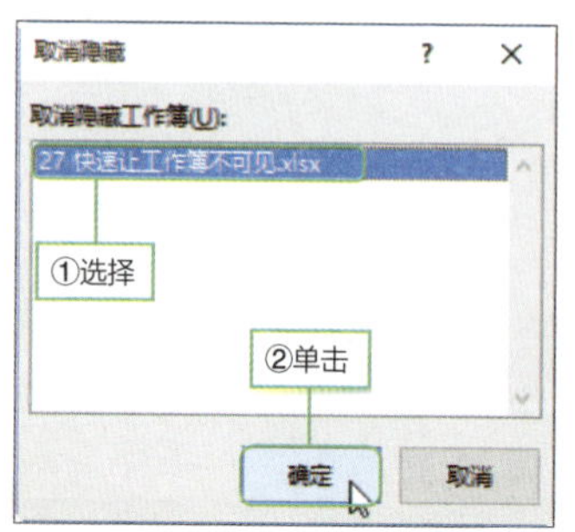

Hint

保护工作簿的结构

如果不希望他人随意在工作簿中插入或删除工作表，用户可以对工作簿的结构进行保护。打开工作簿，切换至“审阅”选项卡，单击“更改”选项组中“保护工作簿”按钮，打开“保护结构和窗口”对话框，输入密码，勾选“结构”复选框，然后单击“确定”按钮即可。

Question

028 快速让利润表结构左右互换

语音视频教学028

实例　更改工作表的显示方向

Level ◆◆◆

2016 2013 2010

默认工作表的显示方向是从左到右的，如果用户需要从右到左显示，可以按以下方法进行操作。

❶ 打开工作簿，可见工作表从左至右显示，选择“文件>选项”选项。

	项　目	行次	本月数	本年累计数
2	一、主营业务收入	1	¥ 10,040.39	¥ 50,456.41
3	减：主营业务成本	4	¥ -	¥ -
4	主营业务税金及附加	5	¥ 30.12	¥ 151.37
5	二、主营业务利润（亏损以“-”号填列）	10	¥ 10,010.27	¥ 50,305.04
6	加：其他业务利润（亏损以“-”号填列）	11	¥ -	¥ -
7	减：营业费用	14	¥ -	¥ -
8	管理费用	15	¥ 4,203.80	¥ 57,549.94
9	财务费用	16	¥ -0.71	¥ -4.12
10	三、营业利润（亏损以“-”号填列）	18	¥ 5,807.18	¥ -7,240.78

设置前的效果

❷ 打开“Excel 选项”对话框，切换至“高级”选项面板，勾选“从右到左显示工作表”复选框，单击“确定”按钮。

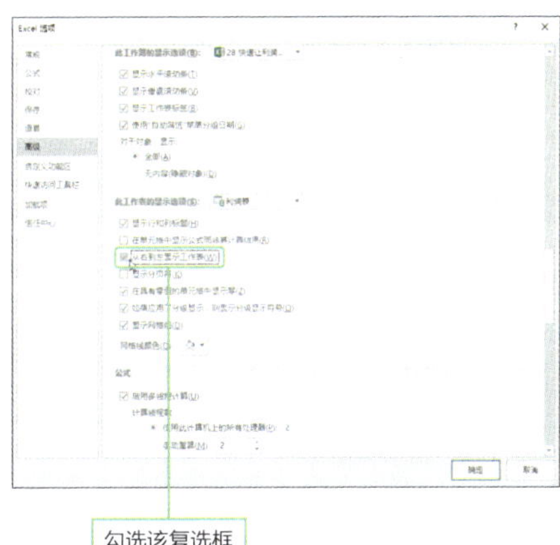

勾选该复选框

❸ 返回工作表中，可见工作表中的数据、行号和列标等都是由右向左显示。

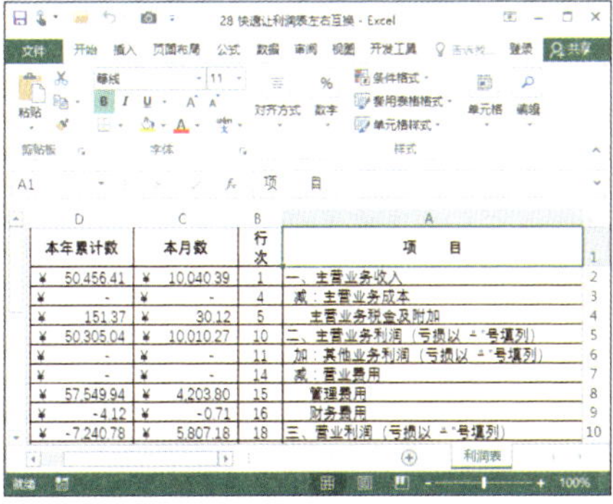

查看设置后的效果

Hint

隐藏工作表中的网格线

如果需要隐藏工作表中的网格线，则打开工作表，单击“文件”标签，选择“选项”选项，打开“Excel选项”对话框，选择“高级”选项面板，取消勾选“显示网格线”复选框，然后单击“确定”按钮即可。

Question

029

● Level ◆◆◆

2016 2013 2010

应用Excel模版快速创建专业化的财务报表

实例	快速创建资产负债表

在Excel中，用户可以利用模板快速创建所需的表格，大大减少制作表格的时间，从而提高工作效率。

例：利用Excel模板快速创建现金流量表。

1. 启动Excel软件，在开始面板中的搜索文本框中输入“财务”文本，单击“开始搜索”按钮。

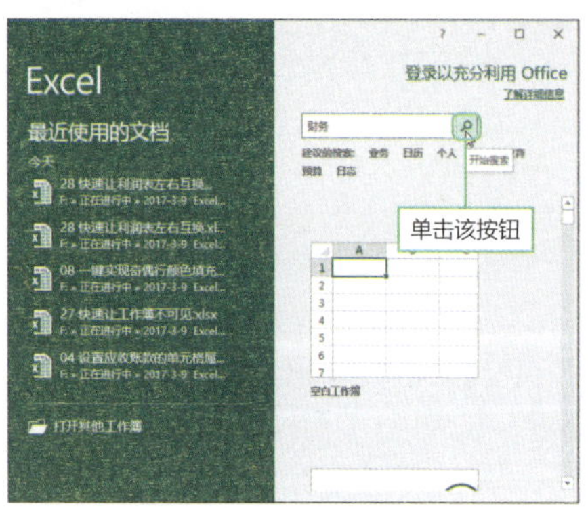

2. 在搜索到的财务报表模板列表中选择所需的模板样式，如“现金流量表”，然后单击该模板选项。

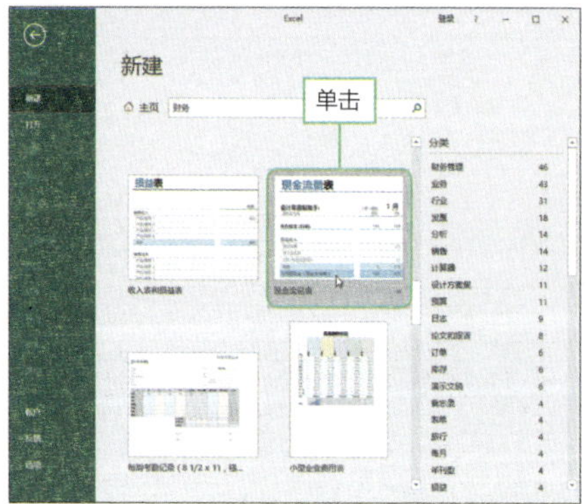

3. 在打开的创建面板中显示该模板的预览效果，如果确定下载，单击“创建”按钮，显示下载状态。

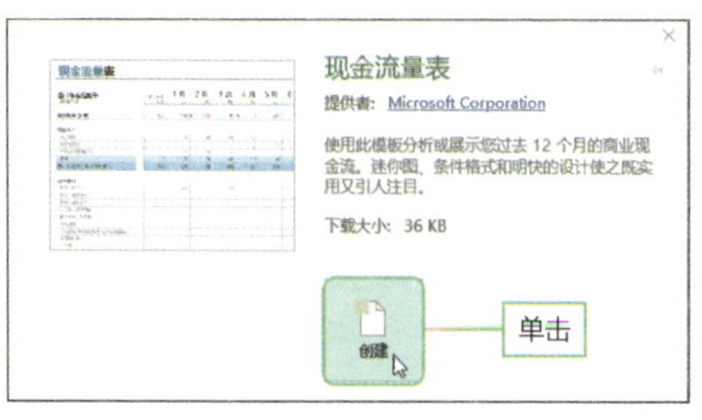

4. 下载完成后，在新打开的工作表中查看模板效果，根据需要填写各项内容。

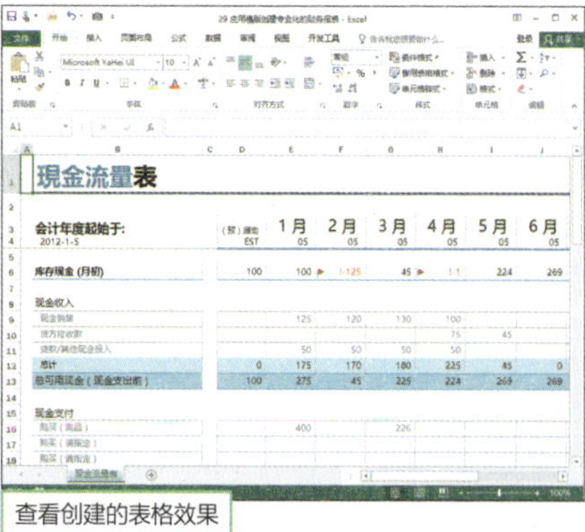

查看创建的表格效果

Question

030

快速计算员工的工资总额

● Level ◆◆◆

2016 2013 2010

实例 使用“快速分析”工具进行计算

当选中某些字段时，可以通过“快速分析”工具对所选内容进行分析，如添加图表、表和迷你图等，也可以进行汇总计算。

例：计算工资表中各个数据的总和。

1 打开工作表，选中E2:G17单元格区域，在选中区域右下角出现“快速分析”按钮。

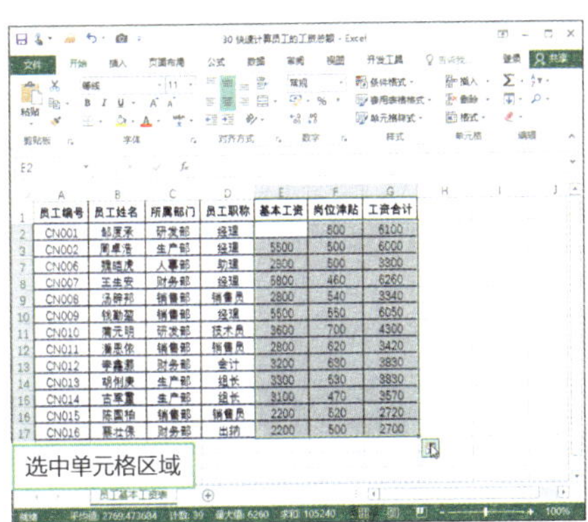

2 单击该按钮，在打开的面板中切换至“汇总”选项卡，单击“求和”按钮。

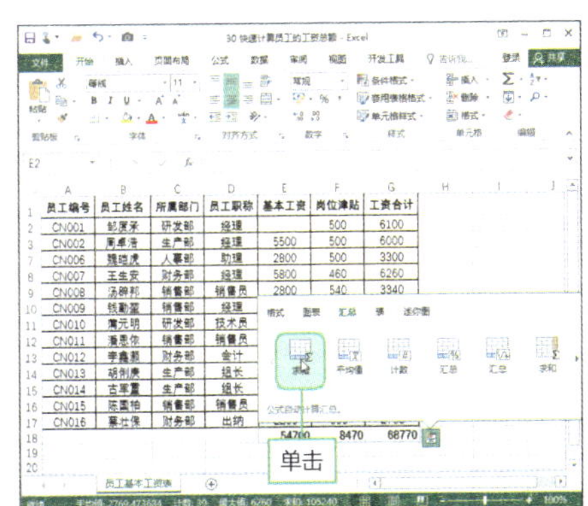

3 返回工作表中，在选中单元格区域下方自动进行求和运算，并显示求和结果。

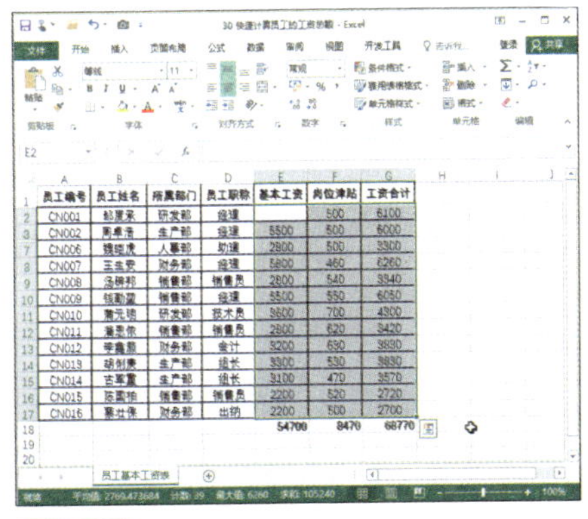

4 如果需要求平均值，只需在“汇总”选项卡中，单击“平均值”按钮即可。

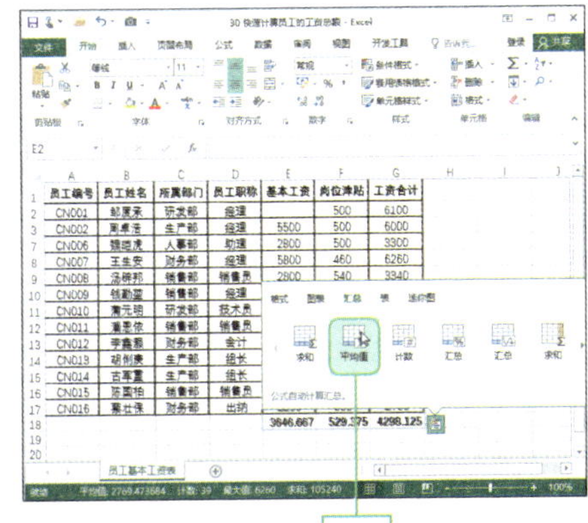

Question

031 将“打印预览和打印”功能添加到快速访问工具栏

Level ◆◆◆

2016 2013 2010

实例 将常用命令添加到快速访问工具栏

Excel的快速访问工具栏放置了最常用的命令按钮，我们可以根据自己的需要和操作习惯，将一些常用命令添加到快速访问工具栏，操作起来会更加方便。

1 打开工作表，单击“文件”标签，选择“选项”选项。

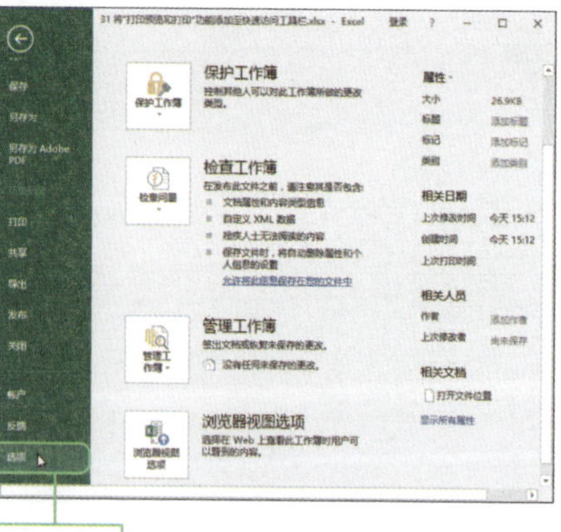

2 打开“Excel选项”对话框，在“快速访问工具栏”选项面板中添加相应的命令。

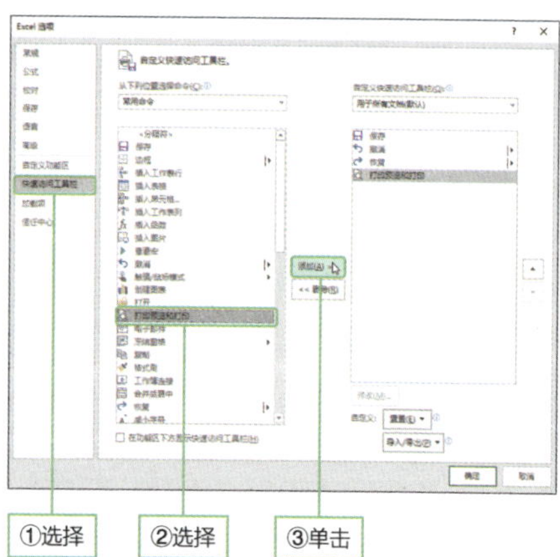

3 单击“确定”按钮返回工作表中，在快速访问工具栏中出现“打印预览和打印”按钮。

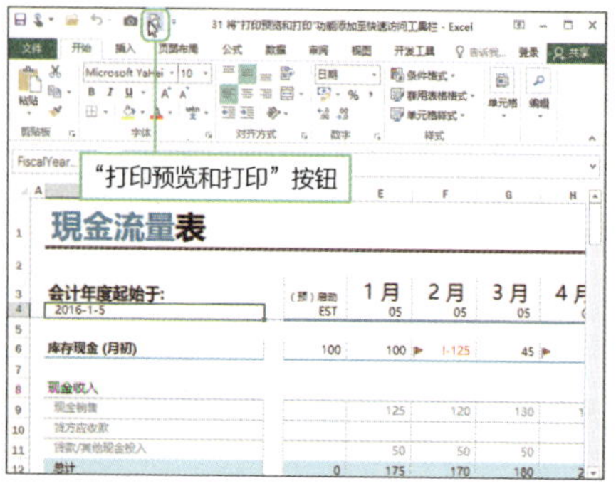

Hint

将功能区功能添加至快速访问工具栏

将光标移至功能区中需要添加到快速访问工具栏的命令按钮上，单击鼠标右键，在快捷菜单中选择“添加到快速访问工具栏”命令即可。

选择该命令

制作适合自己的“菜单”

实例　在功能区中添加“常用功能”选项卡

• Level

Excel的功能区包括“文件”、“开始”、“插入”、“页面布局”等不同的选项卡，并排列在窗口的顶端，用户可以根据个人需要将常用的命令添加至“常用功能”选项卡中。

1 打开工作表，单击“文件”标签，选择“选项”选项。

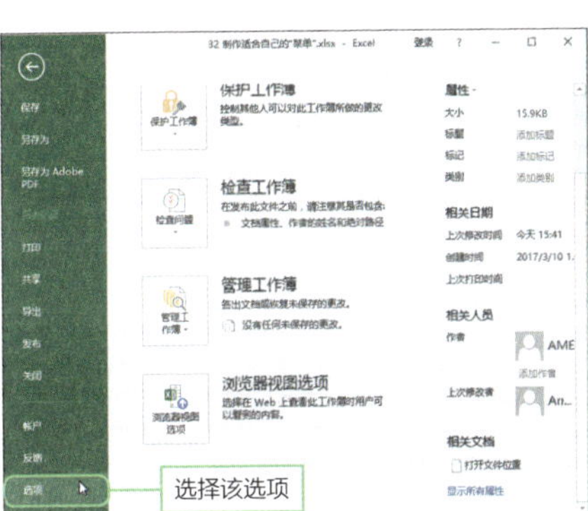

2 打开“Excel选项”对话框，在“自定义功能区”选项面板中单击“新建选项卡”按钮。

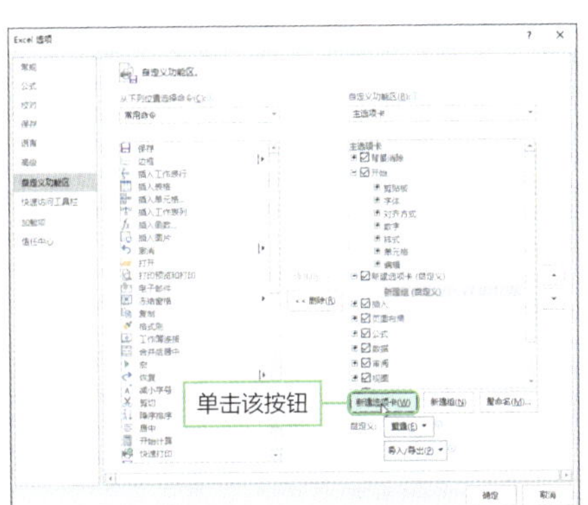

3 选中新建的选项卡，单击鼠标右键，在弹出的快捷菜单中选择“重命名”命令。

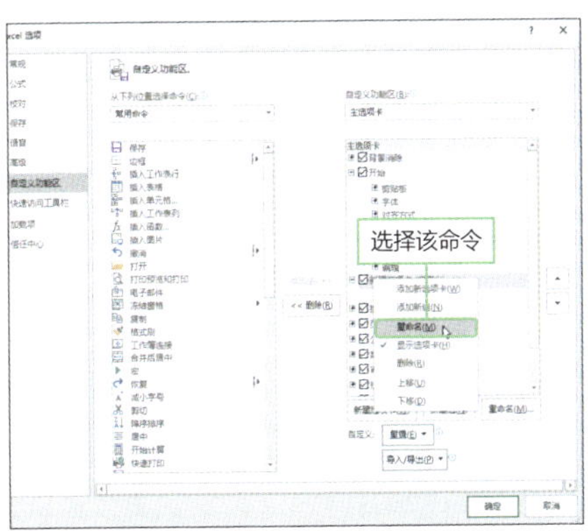

4 在弹出的“重命名”对话框中输入新建选项卡的名称后，单击“确定”按钮。

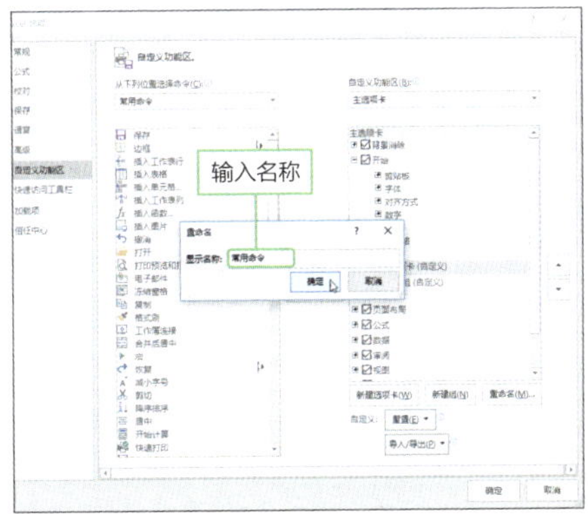

5 选择“新建组（自定义）”选项，然后单击“重命名”按钮。

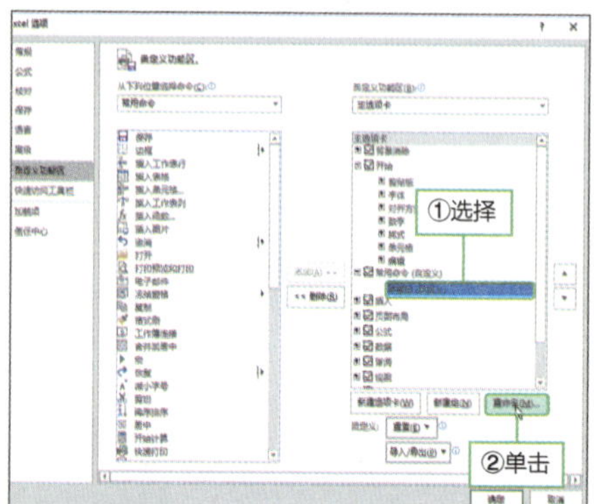

6 在打开的“重命名”对话框中设置选项组名称。

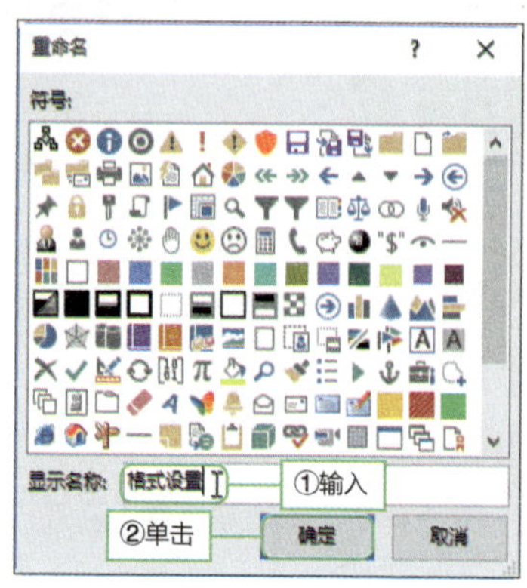

7 在左侧“从下列位置选择命令”列表中选择需要的选项，单击“添加”按钮。

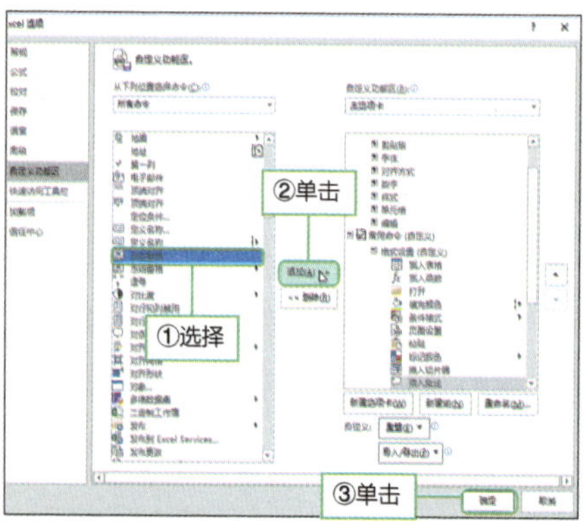

8 单击“确定”按钮返回工作表中，切换至“常用命令”选项卡，可看见添加的命令。

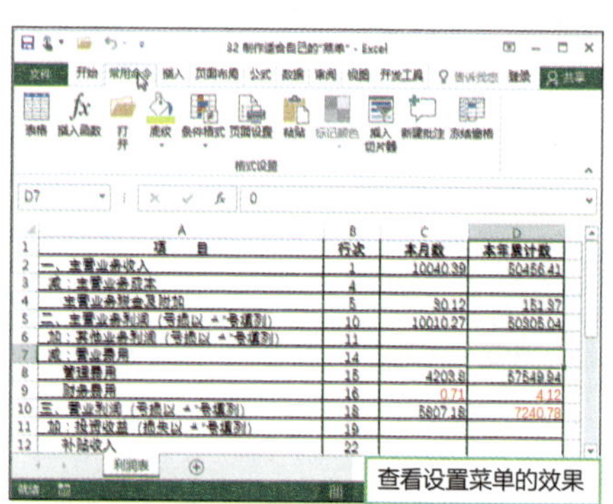

9 若需要删除新建的选项卡，则再次打开“Excel选项”对话框，执行删除操作。

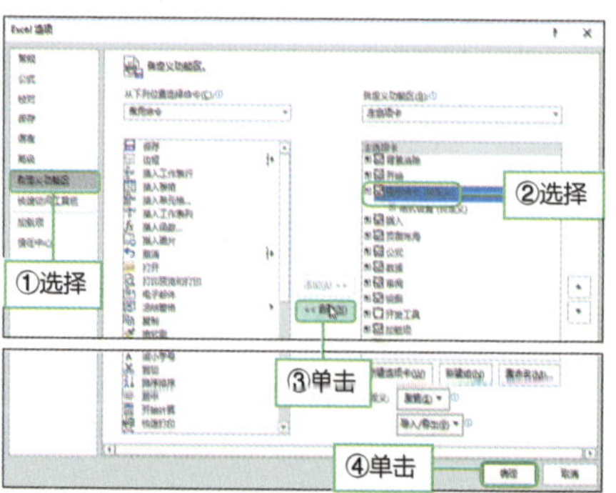

Hint

删除快速访问工具栏中的命令

如果需要删除快速访问工具栏中的命令，则选中该命令，单击鼠标右键，在快捷菜单中选择“从快速访问工具栏删除”命令即可。

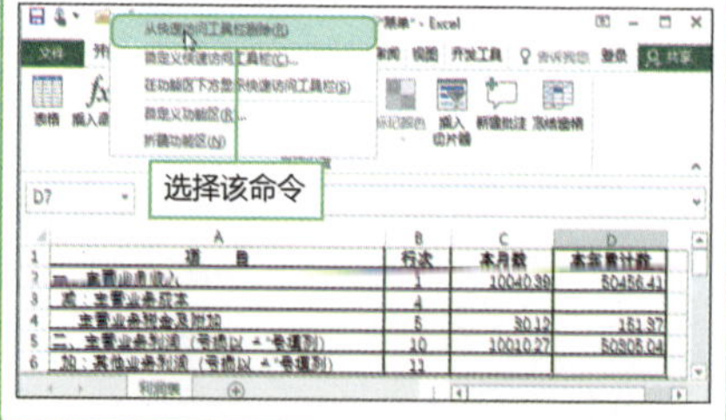

Question 033

快速创建共享工作簿

语音视频教学033

Level ◆◆◆

2016 2013 2010

实例　共享员工基本工资表工作簿

应用Excel的共享功能，可以让多人同时打开并编辑同一个工作簿，提高工作效率，也使多人在工作中的沟通更加便捷，可以随时查看各自所做的改动。

1. 打开工作簿，切换至“审阅”选项卡，单击“更改”选项组中“共享工作簿”按钮。

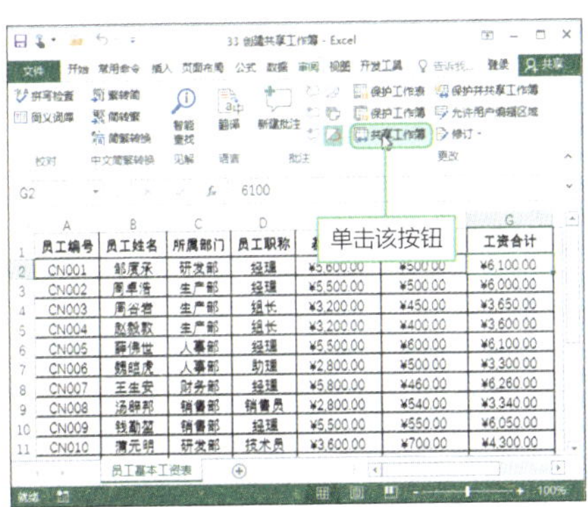

2. 弹出“共享工作簿”对话框，勾选“允许多用户同时编辑，同时允许工作簿合并”复选框。

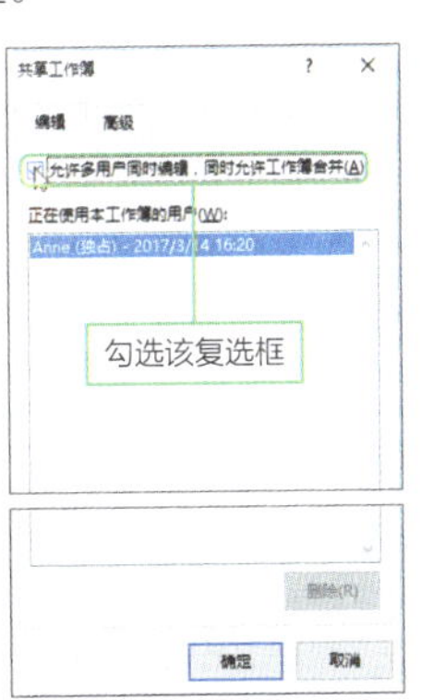

3. 切换至“高级”选项卡，设置自动更新的间隔时间，然后单击“确定”按钮。

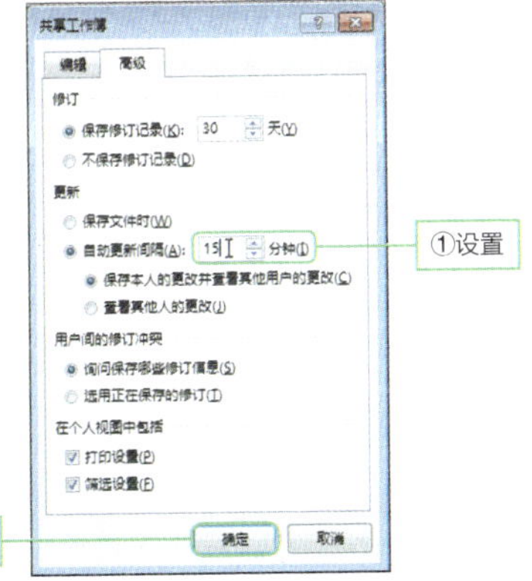

4. 弹出系统提示对话框，单击“确定”按钮返回工作表，在工作簿名称后将显示共享字样。

查看设置共享的效果

Question
034

● Level
◆◆◆
2016 2013 2010

设置Excel工作表的信任区域

语音视频教学034

实例 修改工作表受信任位置

将Excel工作表存储在受信任区域，再次打开该工作表时，信任中心安全功能就不会检查该文件，否则将对文件进行检查，使操作速度变慢。

① 打开需要设置信任区域的工作表，执行“文件>选项”操作。

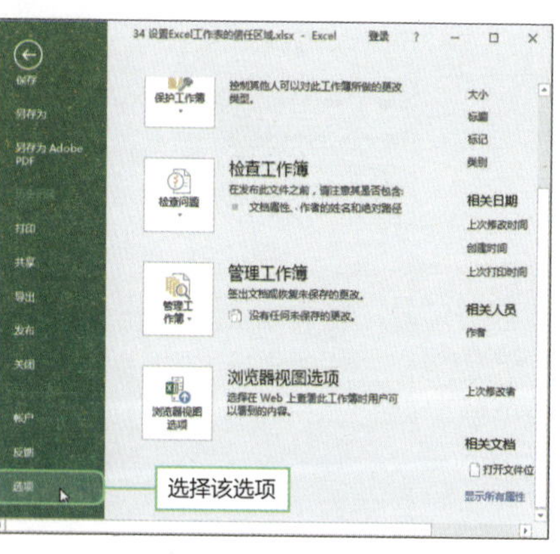

② 打开“Excel选项”对话框，选择“信任中心”选项，单击“信任中心设置”按钮。

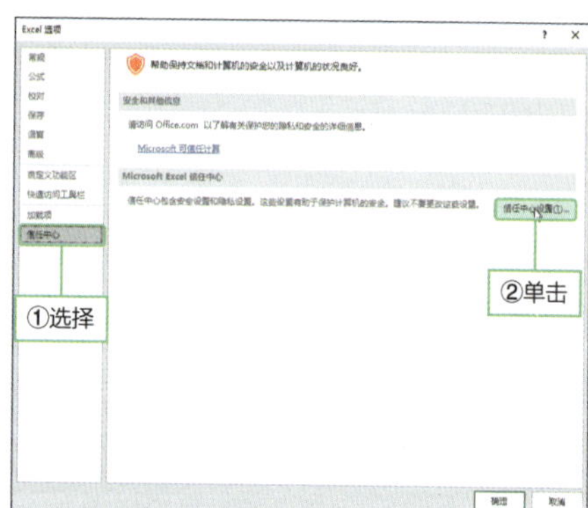

③ 打开“信任中心”对话框，在“受信任位置”列表中选择需要修改的路径。

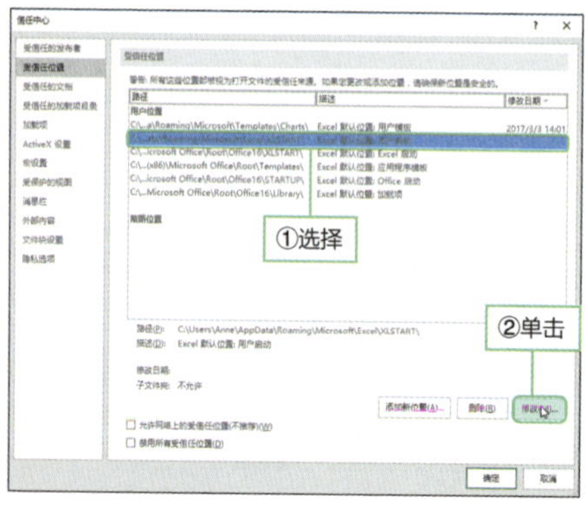

④ 打开“Microsoft Office受信任位置”对话框，单击“浏览”按钮重新设置路径，设置完成后，单击“确定”按钮即可。

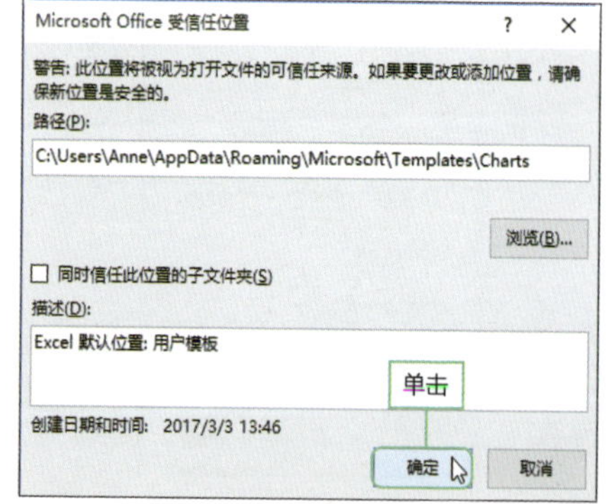

全部查看多个财务报表

2016 2013 2010

实例　让多个财务报表重排显示

用户在使用工作簿时，有时需要同时打开多个财务报表进行比较查看，在查看时被覆盖的工作簿无法查看完整的信息，很是困惑，此时用户可以使用“全部重排”功能。

1 2 3 4 5 6 7 8 9 10 财务报表的格式化设置技巧

1 打开需要查看的工作簿，可见上层的工作簿覆盖下层工作簿的内容。

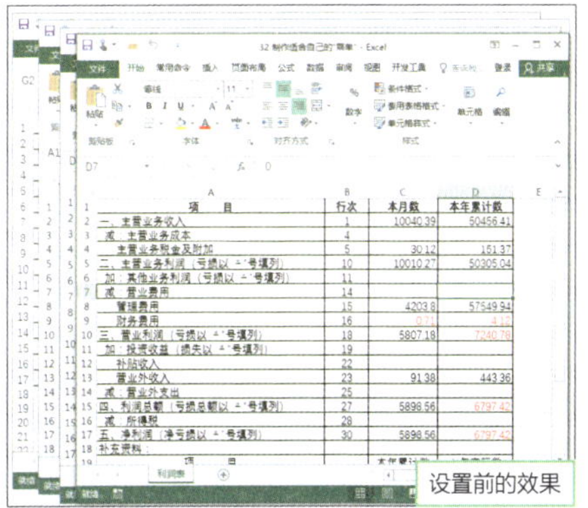

2 选中任意工作簿，切换至“视图”选项卡，单击“窗口”选项组中“全部重排”按钮。

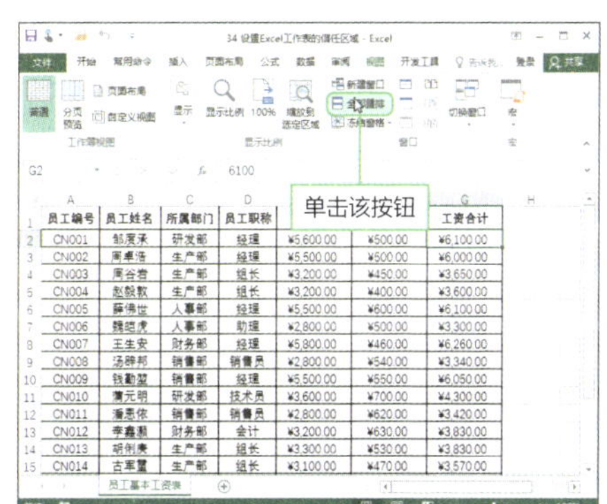

3 打开“重排窗口”对话框，选中“平铺”单选按钮，然后单击“确定”按钮。

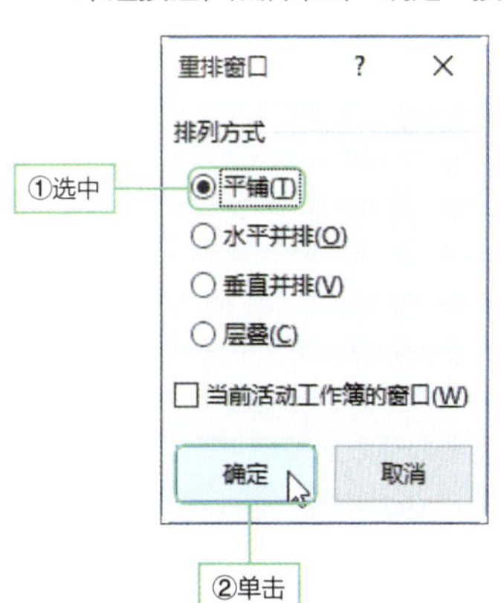

4 可见4个工作簿以平铺形式排列在显示器上，单击即可切换当前活动的工作簿。

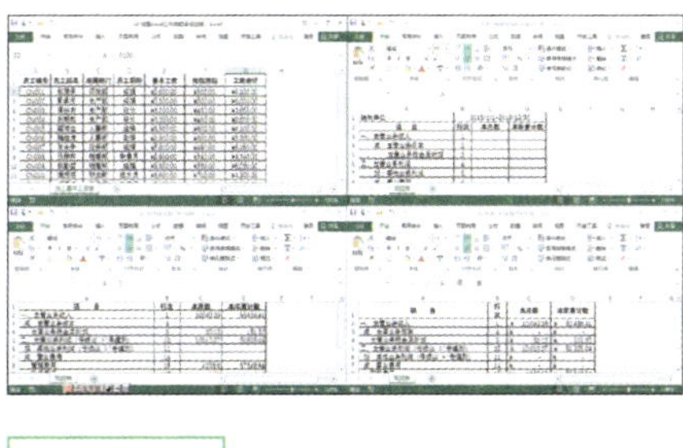

查看重排的效果

Question

036 并排查看两个财务报表

语音视频教学036

Level ◆◆◆

2016 2013 2010

实例 “并排查看”功能的应用

如果需要同时查看两个财务报表，而且需要同步滚动查看时，用户可以使用“并排查看”功能实现。

❶ 打开两个工作簿，切换至“视图”选项卡，单击“窗口”选项组中“并排查看”按钮。

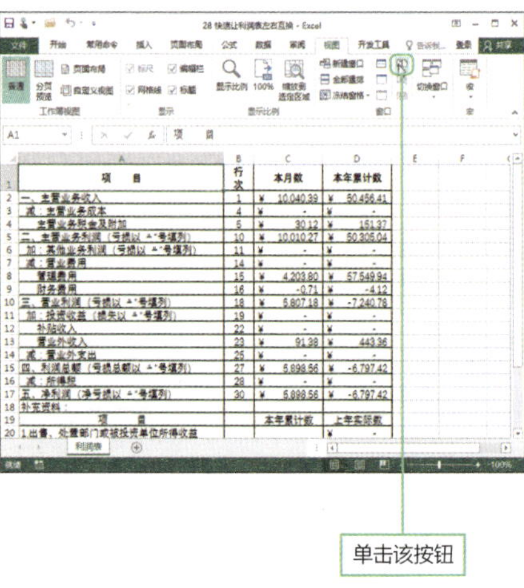

单击该按钮

❷ 打开“并排比较”对话框，在“并排比较”列表框中选择需要查看工作簿，单击“确定”按钮。

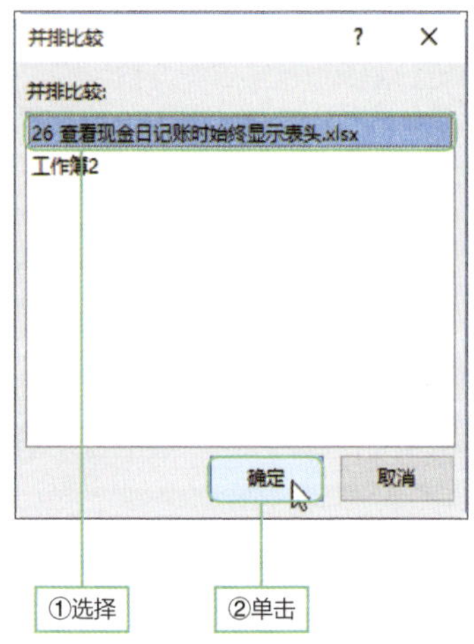

①选择 ②单击

❸ 两工作簿并排显示，当滚动滚动条时，两个工作簿同步滚动。

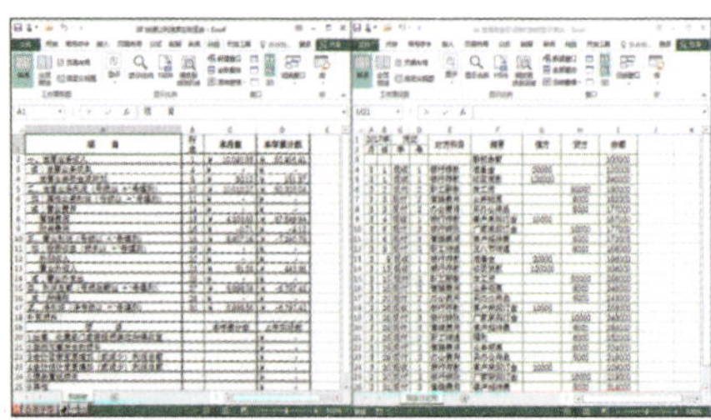

查看并排显示的效果

Hint

取消并排查看

若需要取消并排查看功能，可切换至“视图”选项卡，再次单击“窗口”选项组中“并排查看”按钮即可。

单击工作簿中的“最大化”按钮，不会取消并排查看功能。

第2章 037~075

财务报表数据的输入技巧

- 巧妙输入以0开头的数据
- 快速为员工信息表填充连续的工号
- 记忆性填充功能好厉害
- 手动填充等差序列
- 横向填充很容易
- 在列中自动填写递减数字
- 从后向前进行日期自动填充

Question

037

Level ◆◆◆

2016 2013 2010

巧妙输入以0开头的数据

语音视频教学037

实例 在财务报表中输入员工的工号

在处理各种财务表格时，经常需要输入账号、序号等以0开头的数据，可是直接在单元格中输入以0开头的数据，确认输入后0会自动消失。下面介绍输入以0开头数据的方法。

1 打开工作表，选中A2:A18单元格区域，单击“数字”选项组中对话框启动器按钮。

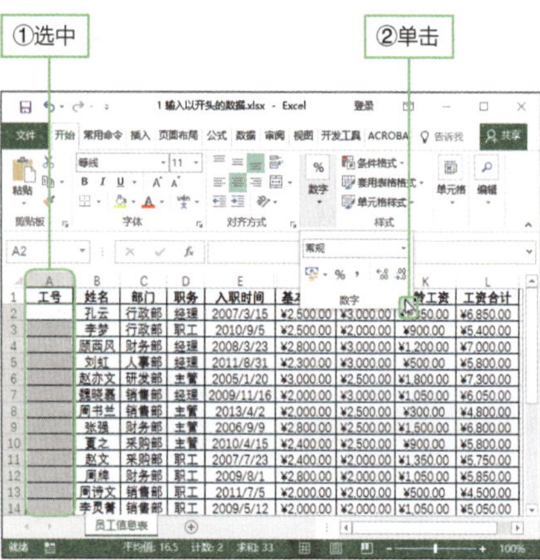

2 打开“设置单元格格式”对话框，在“分类”列表框中选择“自定义”选项，在右侧的“类型”文本框中输入“00#”，设置完成后单击“确定”按钮。

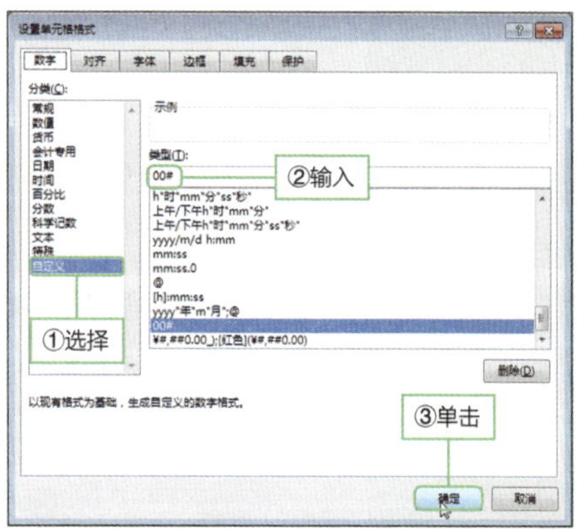

3 返回工作表中，在A2单元格输入1，在A3单元格中输入002，查看效果。

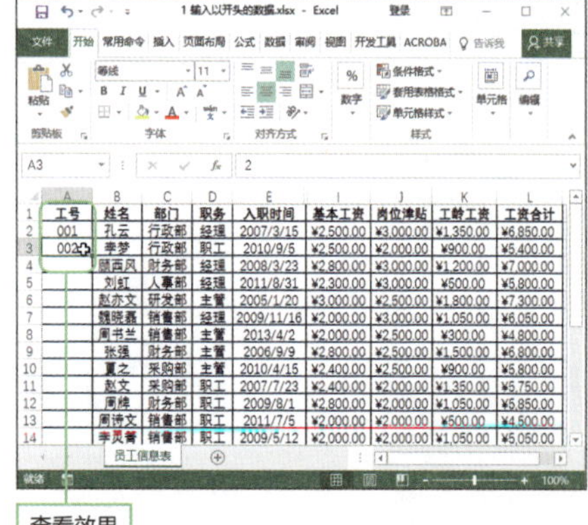

Hint

设置0的个数

在“设置单元格格式”对话框中设置数据的位数与显示的位数相同，当输入位数不够或过多时，Excel会自动显示设置的位数。如本案例中，输入1、01、001、00001等在单元格中都显示001。若需要输入0的位数不固定，可以在“设置单元格格式”对话框的“类型”文本框中输入“@”，则单元格中显示的数据，即输入的数据。

038 快速为员工信息表填充连续的工号

语音视频教学038

Level ◆◇◇

2016 2013 2010

实例　使用自动填充功能快速输入有规律的数据

财务人员在制作员工信息表的过程中，若需要为报表输入连续有规律的工号，可以使用Excel的自动填充功能，快速输入，以提高工作效率。下面介绍如何快速填充连续的工号。

1. 打开工作表，在A2单元格中输入员工工号001，按住该单元格的填充柄向下拖曳至A18单元格。

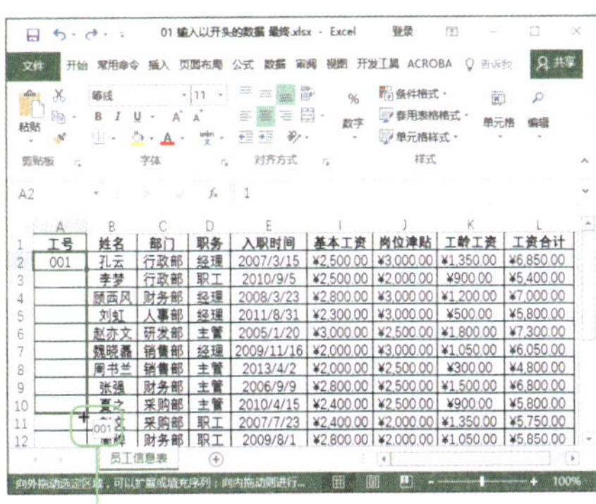

拖曳填充柄

2. 单击单元格区域右下角的“自动填充选项”下三角按钮，在列表中选择“填充序列”单选按钮。

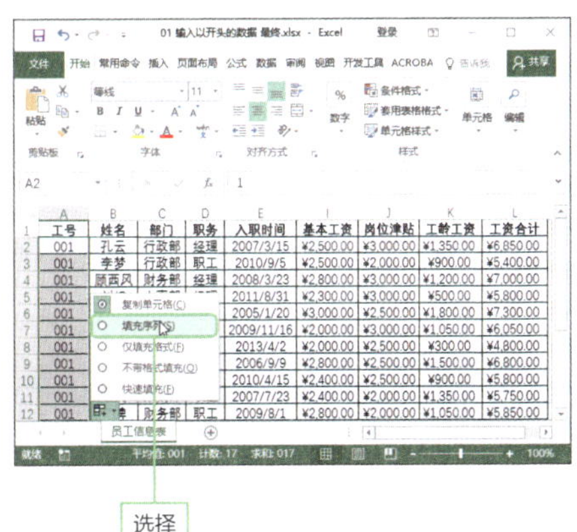

选择

3. 设置完成后，可见选中单元格区域将填充连续的工号。

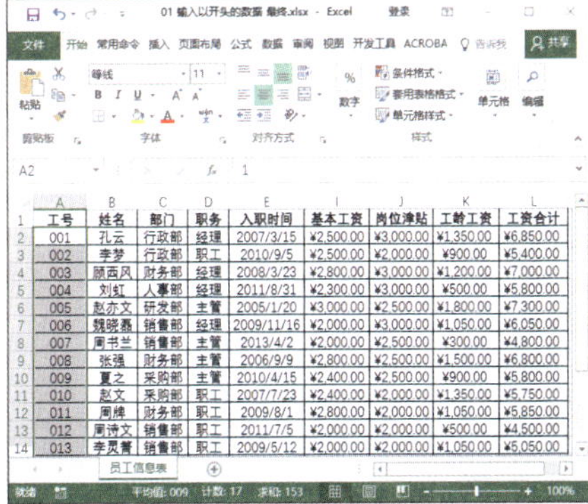

查看自动填充工号的效果

Hint

在“序列”对话框中填充等差序列

在A2单元格中输入001，选中A2:A18单元格区域，切换至“开始”选项卡，单击“编辑”选项组中“填充”下三角按钮，在列表中选择“序列”选项，在打开的对话框中进行设置，然后单击“确定”按钮即可。

Question

039 记忆性填充功能好厉害

语音视频教学039

Level ◆◆◆

2016 2013 2010

实例 启用单元格的记忆式键入功能提高录入速度

在制作各种财务报表的过程中，当需要录入大量的数据信息时，通常会出现相同或相近数据的输入情况。为了避免重复录入，提高输入速度，我们可以启用单元格的记忆式键入功能，实现数据的快速录入。

最初效果

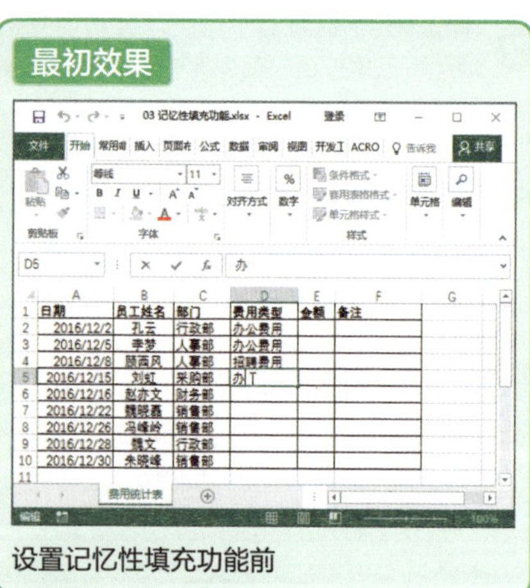

日期	员工姓名	部门	费用类型	金额	备注
2016/12/2	孔云	行政部	办公费用		
2016/12/5	李梦	人事部	办公费用		
2016/12/8	顾西风	人事部	招聘费用		
2016/12/15	刘虹	采购部	办		
2016/12/16	赵亦文	财务部			
2016/12/22	魏晓磊	销售部			
2016/12/26	冯峰岭	销售部			
2016/12/28	魏文	行政部			
2016/12/30	朱晓峰	销售部			

设置记忆性填充功能前

最终效果

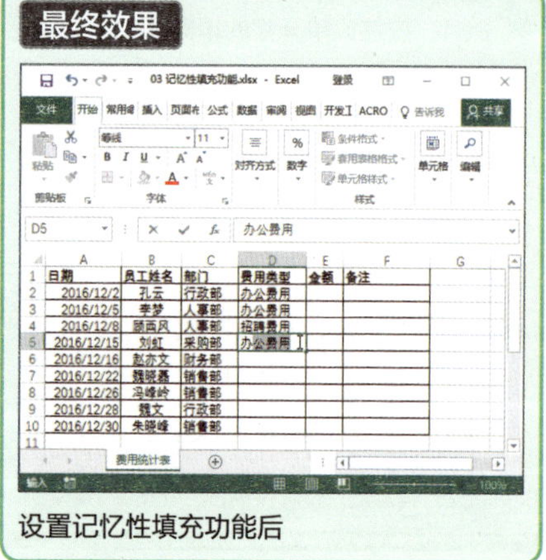

日期	员工姓名	部门	费用类型	金额	备注
2016/12/2	孔云	行政部	办公费用		
2016/12/5	李梦	人事部	办公费用		
2016/12/8	顾西风	人事部	招聘费用		
2016/12/15	刘虹	采购部	办公费用		
2016/12/16	赵亦文	财务部			
2016/12/22	魏晓磊	销售部			
2016/12/26	冯峰岭	销售部			
2016/12/28	魏文	行政部			
2016/12/30	朱晓峰	销售部			

设置记忆性填充功能后

1. 打开工作表，单击“文件”标签，选择“选项”选项，打开“Excel选项”对话框。

2. 选择“高级”选项，勾选“为单元格值启用记忆式键入”复选框，即可启动该功能。

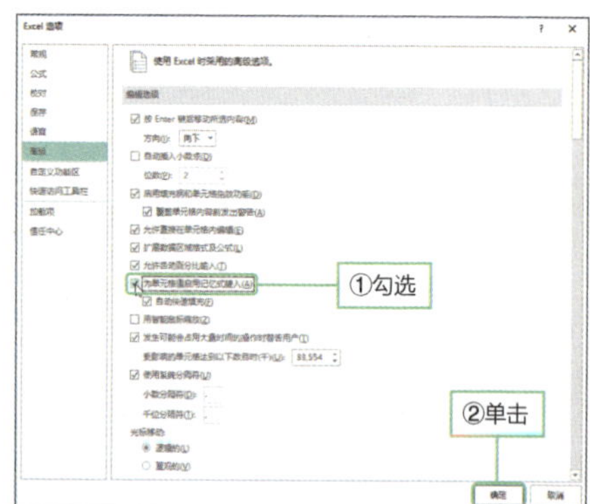

Question 040

Level ◆◆◆

2016 2013 2010

手动填充等差序列

语音视频教学040

实例　使用鼠标拖动填充的方法生成等差序列

在制作各种财务报表的过程中，当需要录入大量的数据信息是呈等差序列规律时，可以应用填充功能快速输入数据，从而节约输入时间，减少输入错误。

1 打开工作表，在A2、A3单元格分别输入CGHT001和CGHT002。

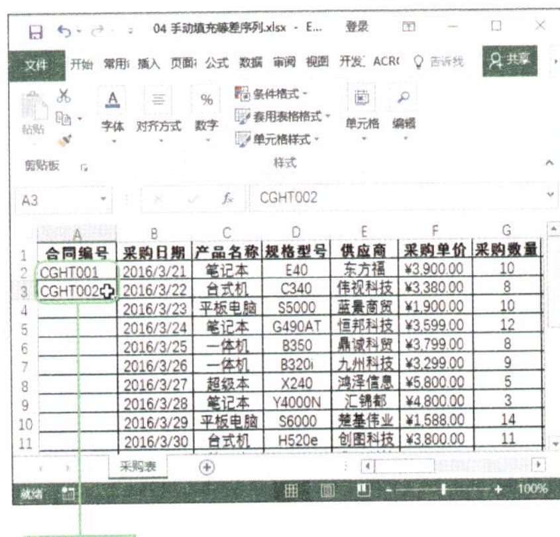

2 选中A2:A3单元格区域，拖曳填充柄至A22单元格。

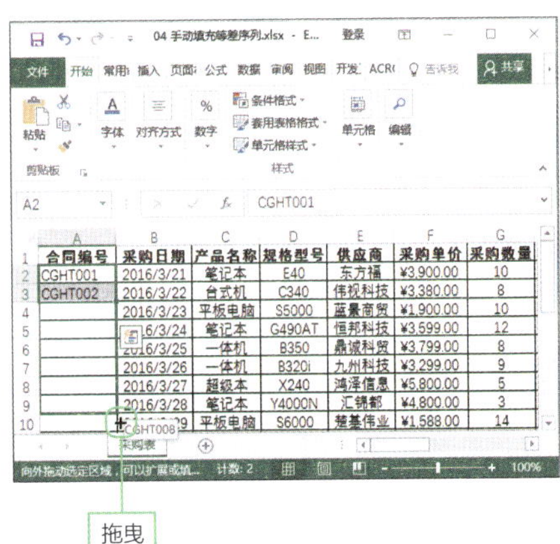

3 然后释放鼠标左键，即完成等差序列的填充，查看结果。

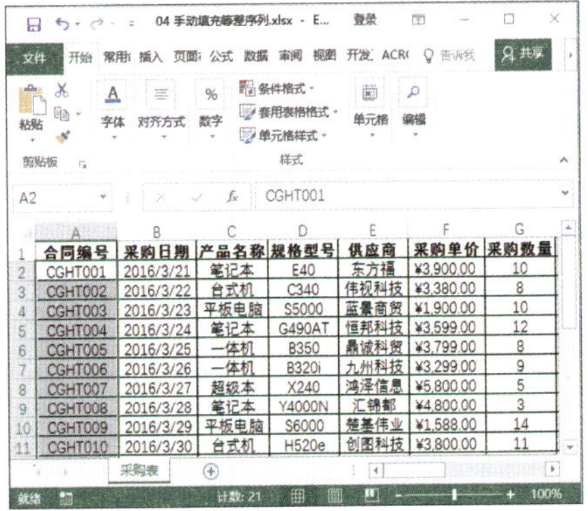

Hint

如何填充等差不为1的序列

本案例介绍等差步长为1的序列，如何填充步长不为1的序列呢？在B3和B4单元格中输入500和1000，然后选中B3:B4单元格区域并拖曳填充柄向下填充，即可生成步长为500的序列。学会了该知识点，在实际应用中根据需要设置步长值。

Question
041 横向填充很容易

Level ◆◆◆

2016 2013 2010

实例 按行进行等差填充

某企业统计各电子产品每个季度的销量，比较旺季和淡季。财务人员在输入季度文本时，可以采用填充的方法快速输入，即准确又快速。下面介绍按行进行填充的方法。

1. 打开工作表，在C1单元格中输入“第1季度”文本，然后选中该单元格。

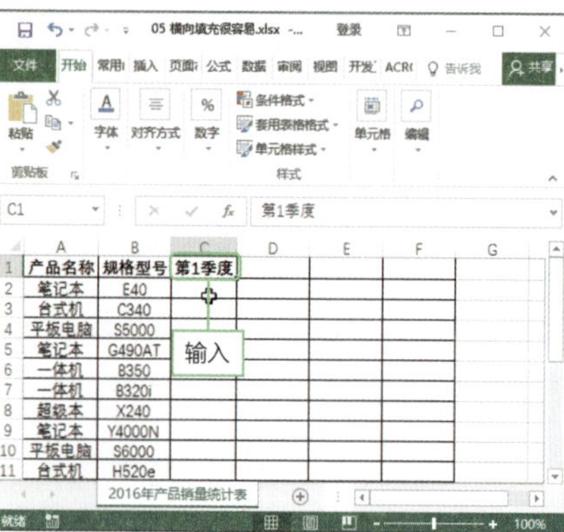

2. 拖曳填充柄至F1单元格，单击“自动填充选项”下三角按钮，选择“填充序列”单选按钮。

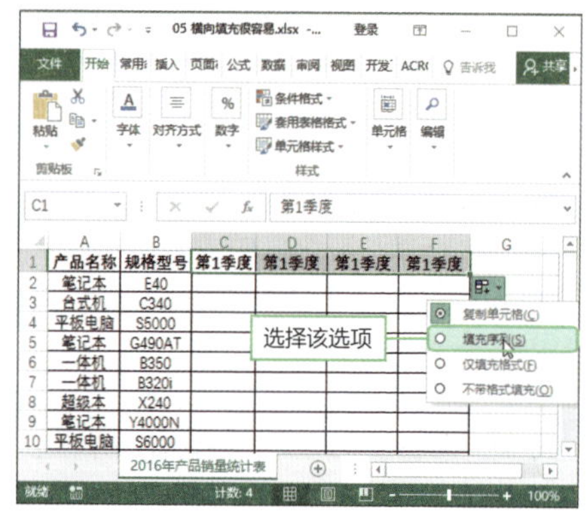

3. 即可完成等差序列的填充，查看结果。

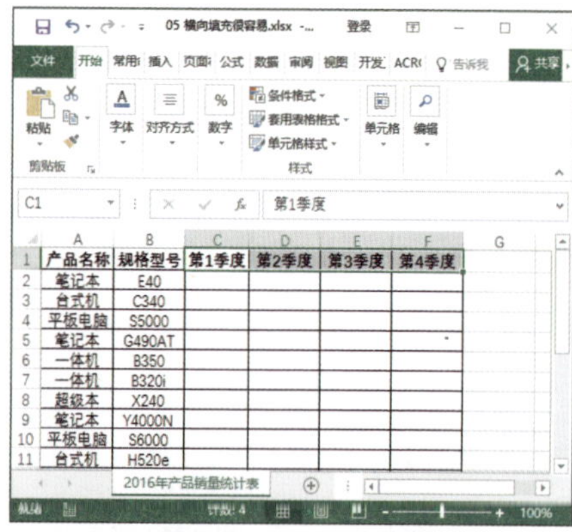

自动生成的等差序列

Hint

通过对话框实现按行填充

首先在单元格中输入数字，并选中该单元格，在“开始”选项卡，单击“编辑”选项组中“填充”下三角按钮，选择“序列”选项，打开“序列”对话框。选中“行”和“等差序列”单选按钮，在“步长值”数值框中输入步长值，在“终止值”数值框中输入终止数值，单击“确定”按钮，即可完成按行填充操作。

Question

042 在列中自动填写递减数字

语音视频教学042

Level ◆◆◆

2016 2013 2010

实例 应用“序列”对话框自动填充递减序列值

在制作各种财务报表时，若需要录入有规律的递减序列数据信息，我们可以利用序列填充功能，快速又方便地自动填充递减序列值，而不必一一重复地输入这些数据。

1 在B2单元格输入职称补贴的最高值3500，选中B2单元格，在“填充”下拉列表中选择“序列”选项。

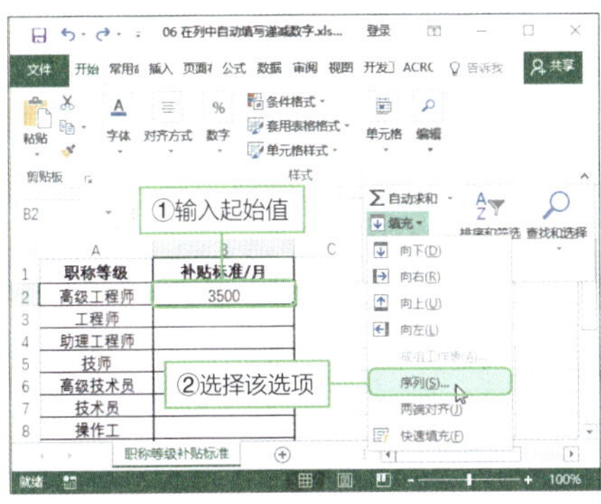

2 在“序列”对话框中选中“列”和“等差序列”单选按钮，输入“步长值”为-500，“终止值”为0，然后单击“确定”按钮。

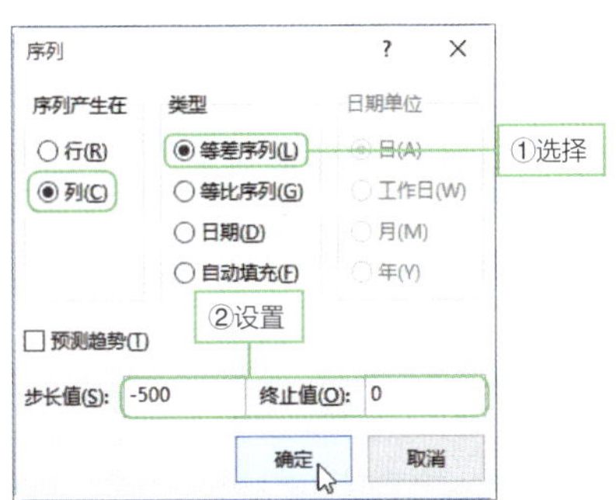

3 返回工作表中，可以看到所选的单元格区域自动填充了递减序列值。

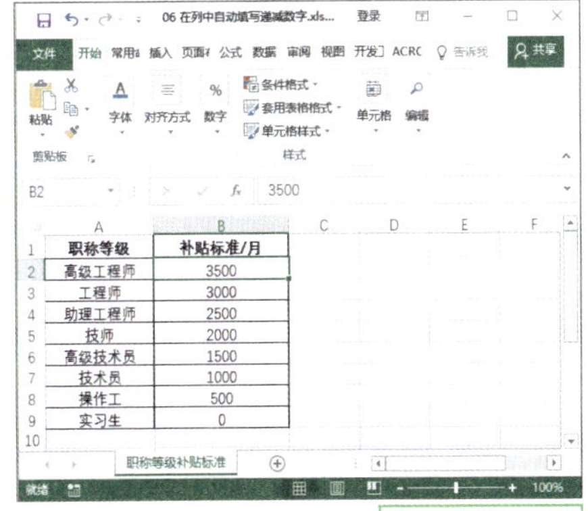

职称等级	补贴标准/月
高级工程师	3500
工程师	3000
助理工程师	2500
技师	2000
高级技术员	1500
技术员	1000
操作工	500
实习生	0

查看自动填充效果

Hint

使用鼠标拖动填充递减序列值

在B2、B3单元格分别输入递减等差的起始值，选中B2:B3单元格区域，拖曳填充柄至合适位置，释放鼠标即可。

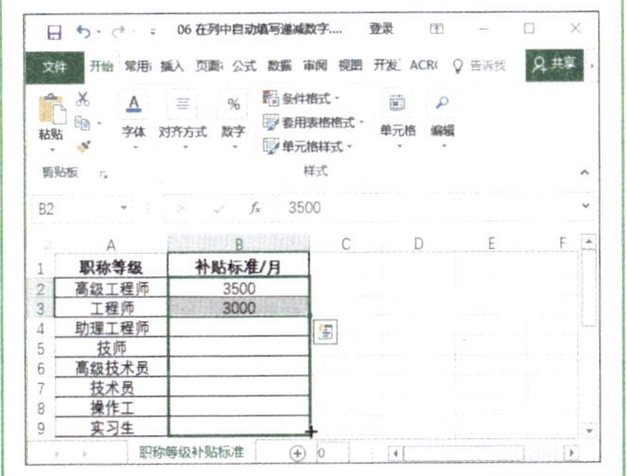

Question

043 从后向前进行日期自动填充

Level ◆◆◆

2016 2013 2010

实例 应用"序列"对话框进行日期填充

在制作各种财务报表的过程中，日期输入是必不可少的。有时候需要从后向前进行日期填充时，我们可以应用自动填充功能，提高录入的速度。例：应用"序列"对话框填充输入费用统计表的日期。

1 打开工作表后，A2单元格中输入日期"2017/3/28"后，选中A2单元格。

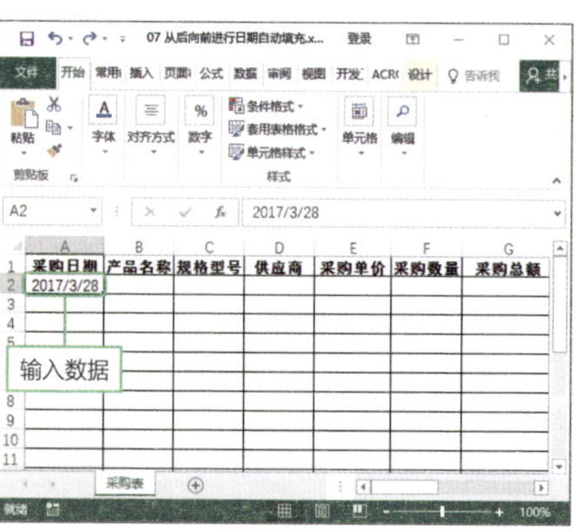

2 在"开始"选项卡下单击"填充"下三角按钮，在下拉列表中选择"序列"选项。

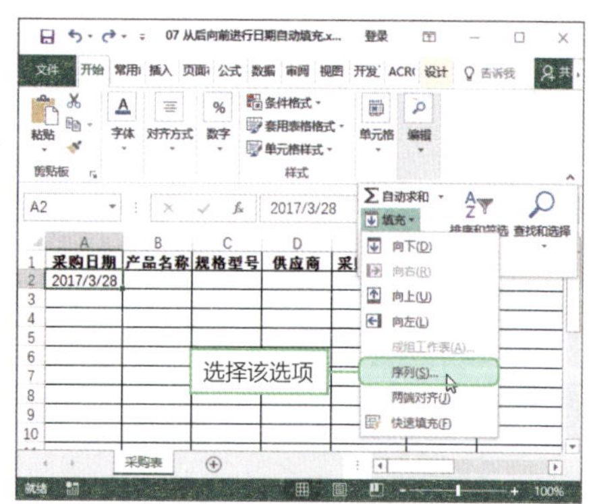

3 打开"序列"对话框，选中"列"、"日期"和"日"单选按钮，设置"步长值"为-1，终止值为"2017/3/10"，单击"确定"按钮。

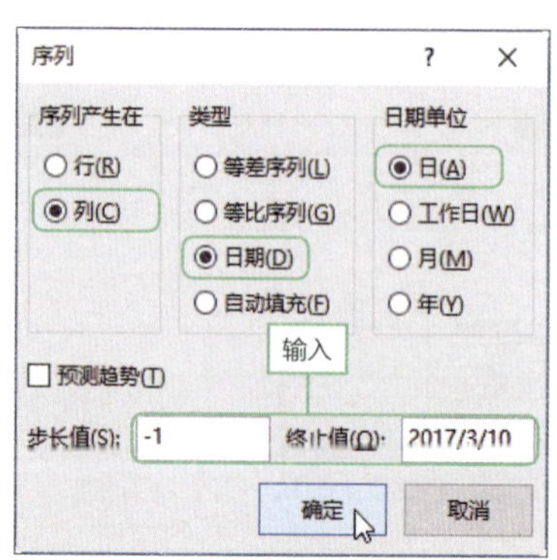

4 返回工作表中，查看日期从后向前自动填充的效果。

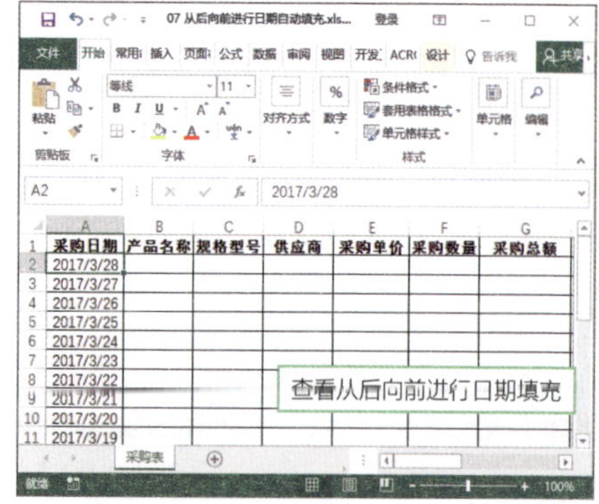

在采购统计表中只填充工作日

语音视频教学044

● Level

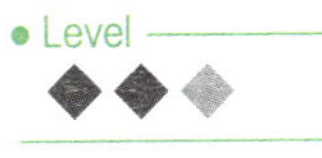

2016 2013 2010

实例　应用“序列”对话框填充工作日

在制作采购统计表时，因为所有单位都是工作日上班，周末休息，所以在输入日期时，为了避免输入周末日期，用户在填充日期时可以只填充工作日。

1 在A2单元格中输入“2017/3/15”，选择A2:A21单元格区域，单击“填充”下三角按钮，选择“序列”选项。

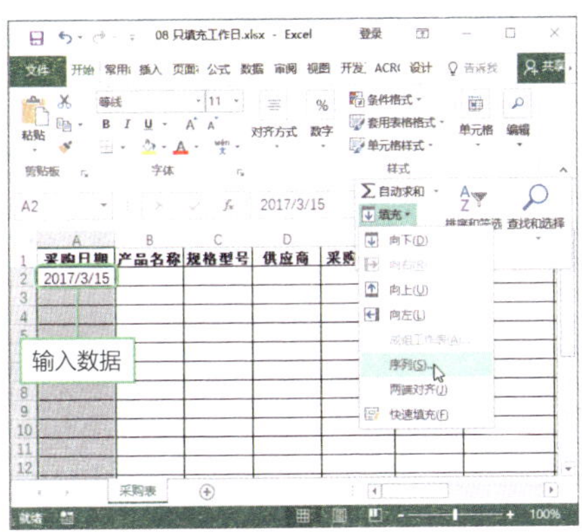

2 打开“序列”对话框，选择“工作日”单选按钮，设置步长值为1，单击“确定”按钮。

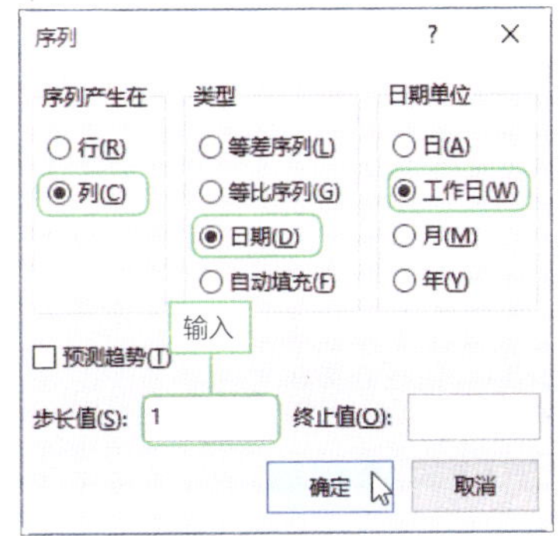

3 返回工作表中，可见2017/3/18和19两天为周末，填充时不显示。

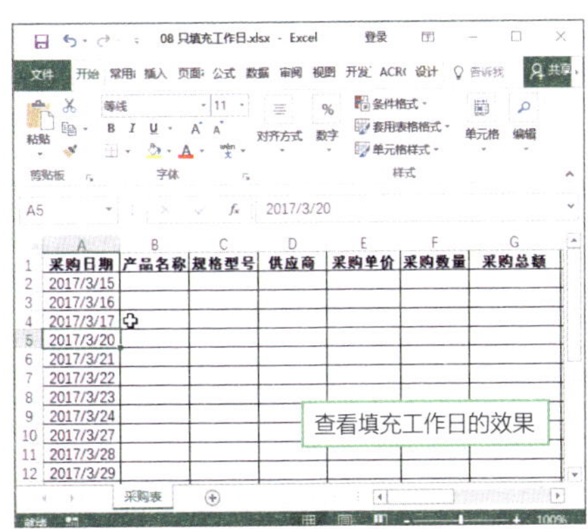

Hint

填充日期时“自动填充选项”列表

当填充日期型数据时，在“自动填充选项”列表中包含所有日期的填充选项，如以天数填充、以工作日填充、以月填充、以年填充等等。本案例中，选中A2单元格并填充至A21单元格，单击“自动填充选项”下三角按钮，在列表中选择“填充工作日”单选按钮，填充的结果和使用“序列”对话框是一样的。

Question

045 步长值的设定有讲究

Level ◆◆◇

2016 2013 2010

实例 手动设置年、月和日的步长

在“序列”对话框中设置日期填充时，日期也可以和数字一样直接在单元格中输入然后填充。该方法可以设置年、月和日其中一个或多个单位，以及步长的值。

① 在A2和A3单元格中输入“2017/2/2”和“2017/2/4”，选中A2:A3单元格，然后填充至A21单元格，按天数填充，步长为2。

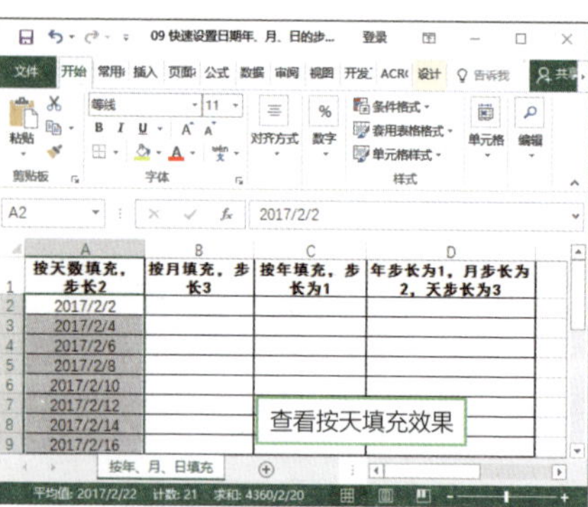

查看按天填充效果

② 在B2和B3单元格中输入“2016/1/2”和“2016/4/2”，选中B2:B3单元格，然后填充至B21单元格，按月份填充，步长为3。

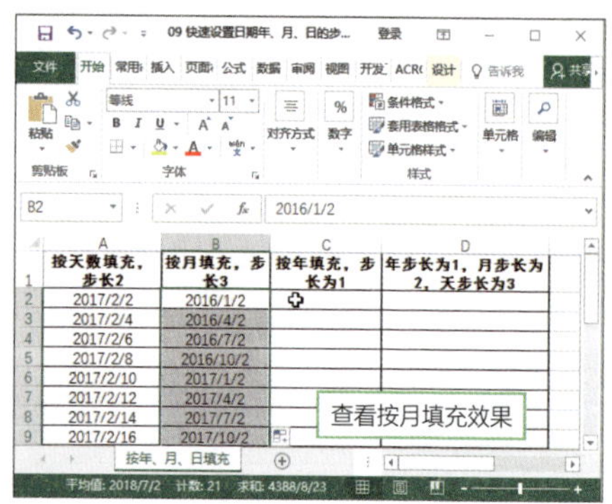

查看按月填充效果

③ 在C2和C3单元格中输入“2010/1/2”和“2011/1/2”，选中C2:C3单元格，然后填充至C21单元格，按年份填充，步长为1。

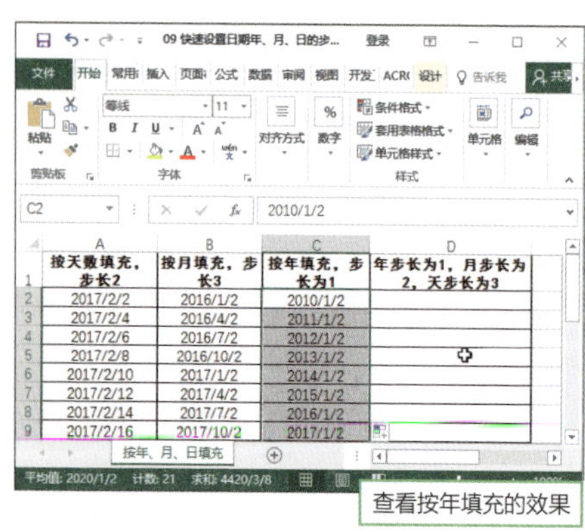

查看按年填充的效果

④ 在D2和D3单元格中输入“2010/1/2”和“2011/3/5”，选中D2:D3单元格，然后填充至D21单元格。

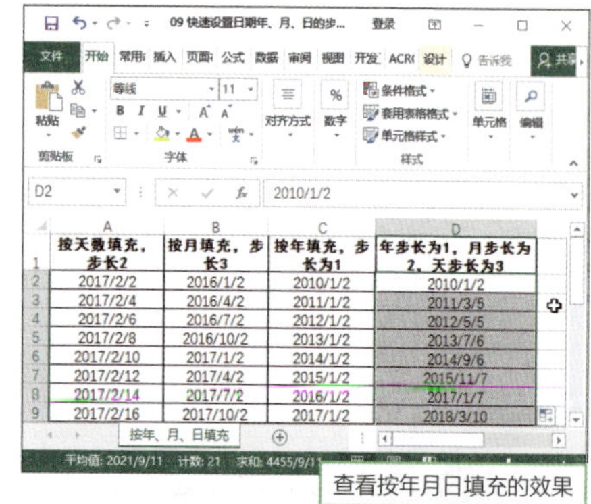

查看按年月日填充的效果

Question

046 填充员工姓名有妙招

语音视频教学046

Level ◆◆◆

2016 2013 2010

实例 设置自定义序列

财务人员在制作表格时，每次都输入员工姓名很麻烦。用户可把员工姓名自定义序列，然后输入时直接填充即可，下面介绍具体的操作方法。

❶ 执行“文件>选项”选项，打开“Excel选项”对话框，选择“高级”选项，在右侧单击“编辑自定义列表”按钮。

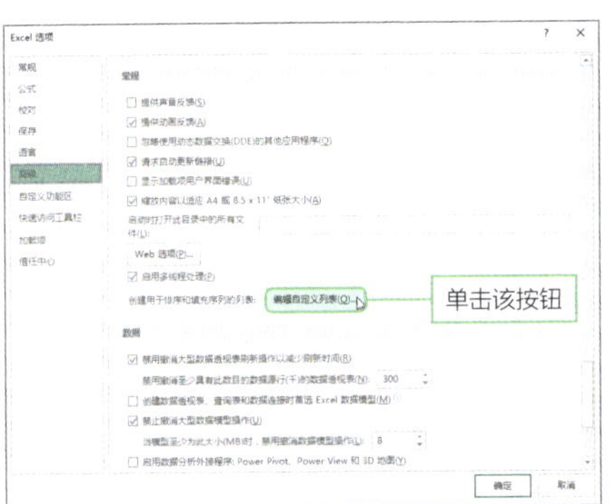

❷ 打开“选项”对话框，单击“导入”左侧的折叠按钮，返回工作表中，选中B2:B18单元格区域后，单击折叠按钮。

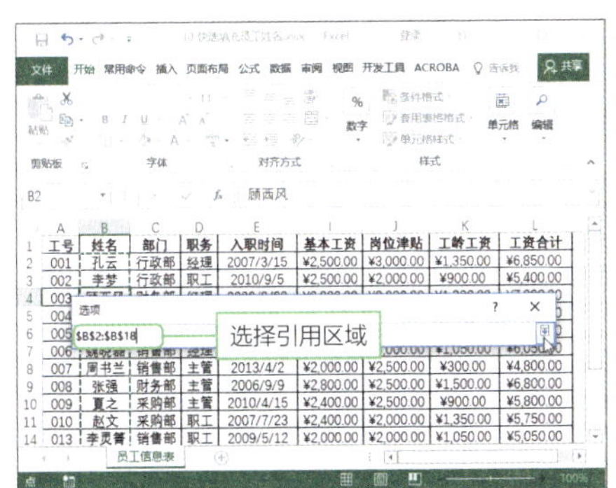

❸ 返回“选项”对话框，单击“导入”按钮，可见选中的单元格区域内容已经导入“自定义序列”的文本区域，单击“确定”按钮。

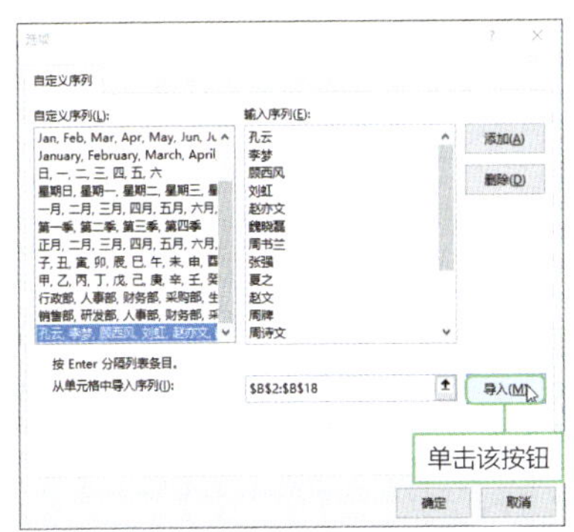

❹ 在B2单元格中输入“孔云”，然后选中该单元格，拖曳填充柄至B18单元格，可见员工姓名已经填充出来。

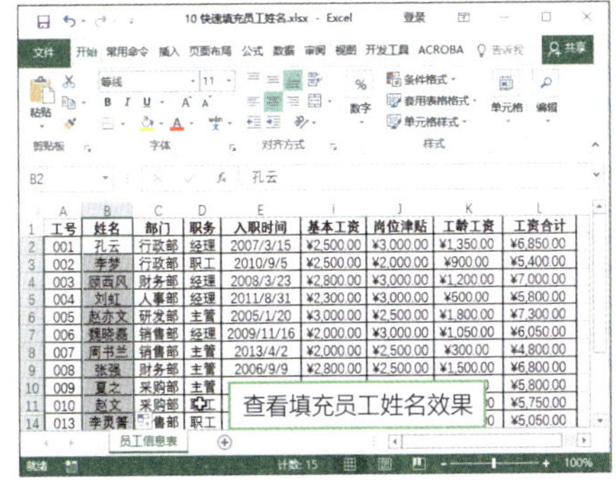

Question

047 原来公式也可以被填充

语音视频教学047

● Level ◆◆◆

2016 2013 2010

实例 快速填充以复制公式

在进行数据运算时，若一个单元格已经创建了公式，需要在同列或同行中应用相同或类似的公式，我们可以使用公式填充功能进行填充，填充公式后自动计算出结果。

① 打开工作表，选中F2单元格，输入公式“=D2*E2”，按下Enter键。

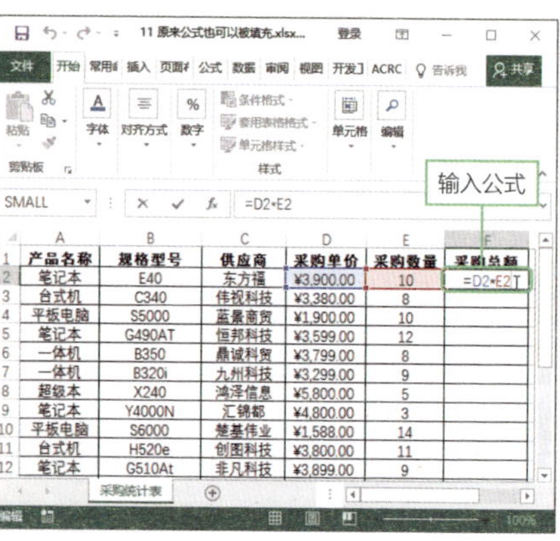

	A	B	C	D	E	F
1	产品名称	规格型号	供应商	采购单价	采购数量	采购总额
2	笔记本	E40	东方福	¥3,900.00	10	=D2*E2
3	台式机	C340	伟视科技	¥3,380.00	8	
4	平板电脑	S5000	蓝景商贸	¥1,900.00	10	
5	笔记本	G490AT	恒邦科技	¥3,599.00	12	
6	一体机	B350	鼎诚科贸	¥3,799.00	8	
7	一体机	B320i	九州科技	¥3,299.00	9	
8	超级本	X240	鸿泽信息	¥5,800.00	5	
9	笔记本	Y4000N	汇锦都	¥4,800.00	3	
10	平板电脑	S6000	楚基伟业	¥1,588.00	14	
11	台式机	H520e	创图科技	¥3,800.00	11	
12	笔记本	G510At	非凡科技	¥3,899.00	9	

② 将光标移到F2单元格的右下角，待光标变成十字形状时，按住鼠标左键向下拖动。

拖动

③ 填充到合适位置后，释放鼠标左键，即可填充公式。

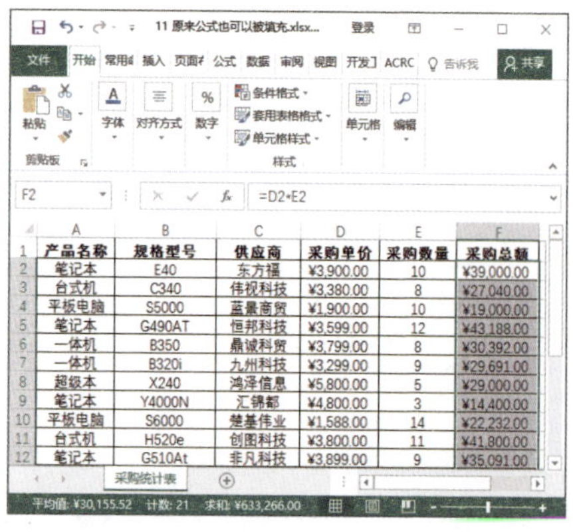

	A	B	C	D	E	F
1	产品名称	规格型号	供应商	采购单价	采购数量	采购总额
2	笔记本	E40	东方福	¥3,900.00	10	¥39,000.00
3	台式机	C340	伟视科技	¥3,380.00	8	¥27,040.00
4	平板电脑	S5000	蓝景商贸	¥1,900.00	10	¥19,000.00
5	笔记本	G490AT	恒邦科技	¥3,599.00	12	¥43,188.00
6	一体机	B350	鼎诚科贸	¥3,799.00	8	¥30,392.00
7	一体机	B320i	九州科技	¥3,299.00	9	¥29,691.00
8	超级本	X240	鸿泽信息	¥5,800.00	5	¥29,000.00
9	笔记本	Y4000N	汇锦都	¥4,800.00	3	¥14,400.00
10	平板电脑	S6000	楚基伟业	¥1,588.00	14	¥22,232.00
11	台式机	H520e	创图科技	¥3,800.00	11	¥41,800.00
12	笔记本	G510At	非凡科技	¥3,899.00	9	¥35,091.00

查看填充公式的效果

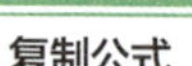

Hint

复制公式

选中F2单元格，按下快捷键Ctrl+C，复制公式。选择F3:F22单元格区域，单击“开始”选项卡中“粘贴”按钮，或者按Ctrl+V快捷键，即可在F3:F22单元格区域复制公式。

048

Level ◆◆◆

2016 2013 2010

将超长内容分散填充到指定单元格

语音视频教学048

实例　使用分列功能将客户地址拆分为四个单独列

Excel的分列功能非常强大，它可以对有规律的数据进行分列处理，即将超长内容分散到多个单元格，以得到我们想要的结果。

1 打开工作表，在D列后面插入3列，因为实施分列操作后，内容将会覆盖后面的内容。

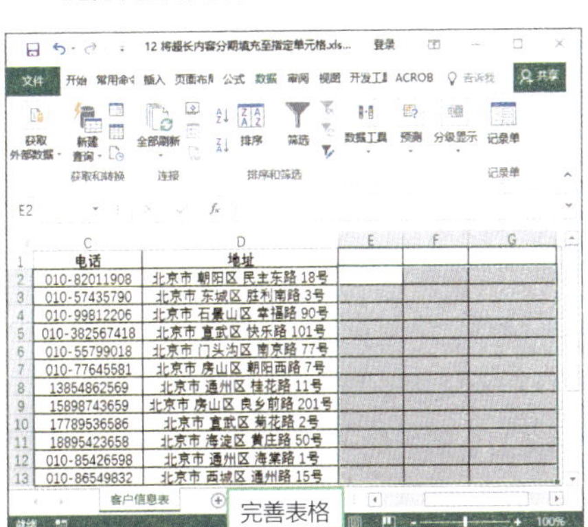

2 选中需要拆分的单元格区域，这里选中D2:D13单元格区域。

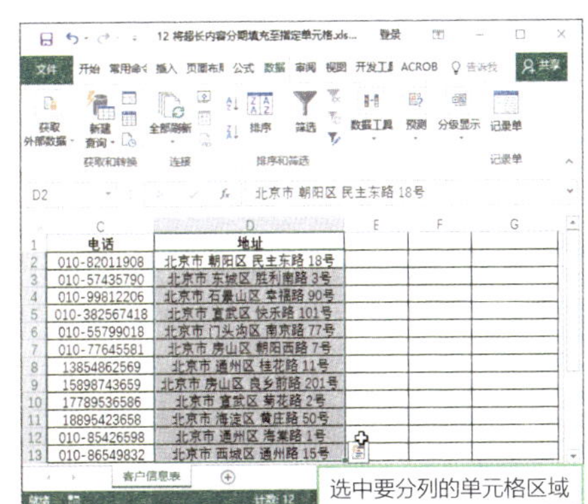

3 在“数据”选项卡的“数据工具”选项组中，单击“分列”按钮。

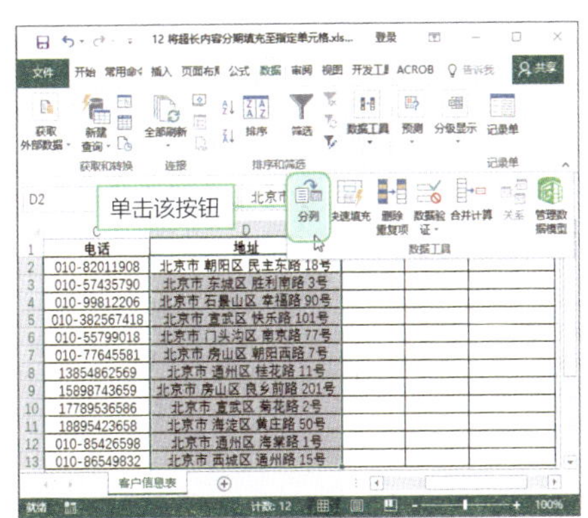

4 在打开的对话框中，选择“分隔符号”单选按钮后，单击“下一步”按钮。

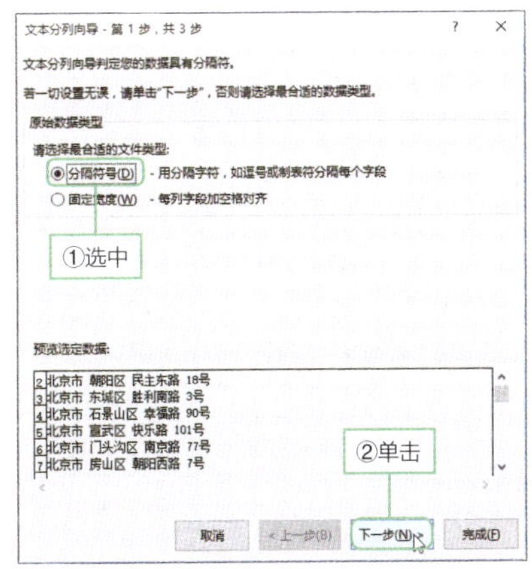

5 本例是用空格作为分隔符，所以这里勾选“空格”复选框，单击“下一步”按钮。

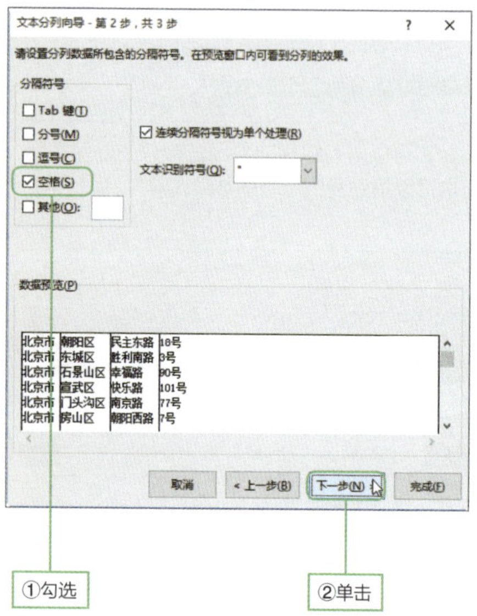

①勾选

②单击

6 选择“常规”单选按钮，并在“数据预览”列表框中预览最终效果，单击“完成”按钮。

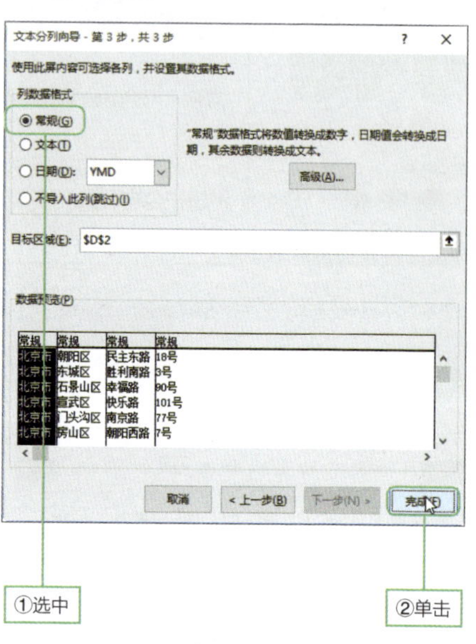

①选中

②单击

7 返回工作表中，可以看到客户“地址”列根据分隔符被拆分为四列，根据需要调整合适的列宽并设置合适的对齐方式，使报表更美观大方。

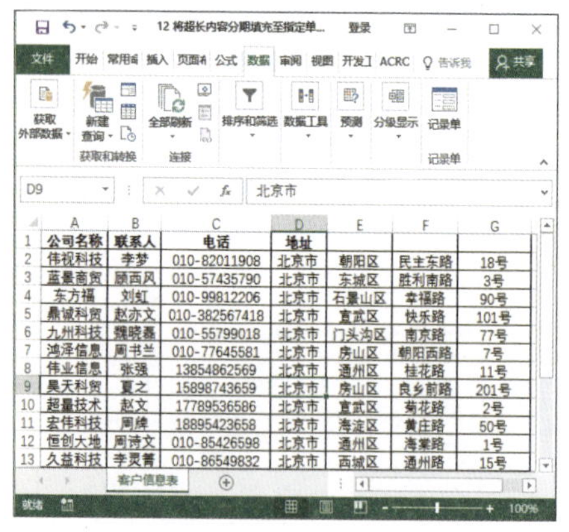

“地址”列内容被分为 4 列

8 根据实际情况，为四个新列输入表头名称，即可查看最终的效果。

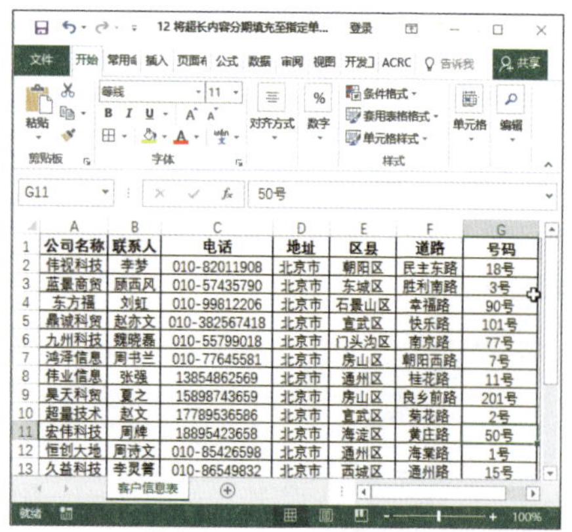

查看分列后的效果

巧将备注内容在单元格中分行显示

实例　设置单元格内容自动分行

Level

2016 2013 2010

当单元格的列宽容纳不下输入的内容时，多出的部分将显示在右侧的单元格中，若右侧的单元格中有内容时，则多出的部分不显示，这时我们查看起来非常不方便。

① 打开工作表，选中H2:H7单元格区域，单击“对齐方式”选项组的对话框启动器按钮。

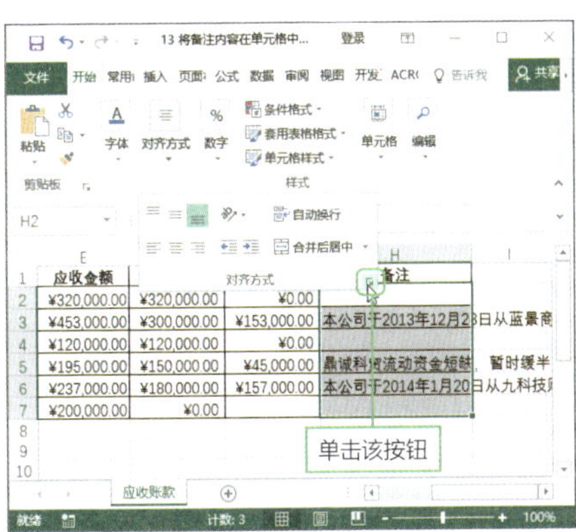

② 弹出“设置单元格格式”对话框，在“对齐”选项卡下勾选“自动换行”复选框。

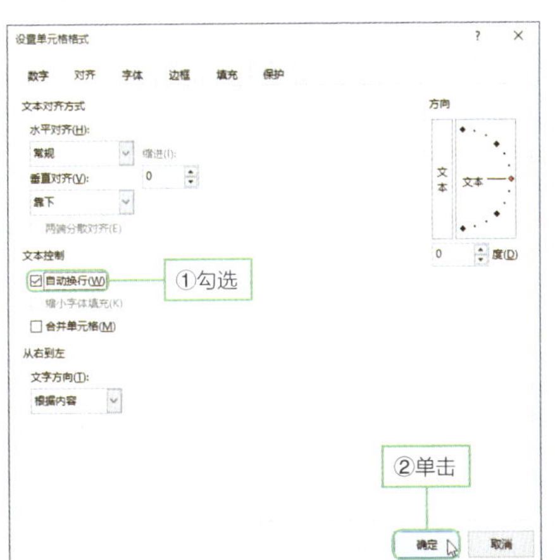

③ 单击“确定”按钮返回工作表中，适当调整列宽和行高。

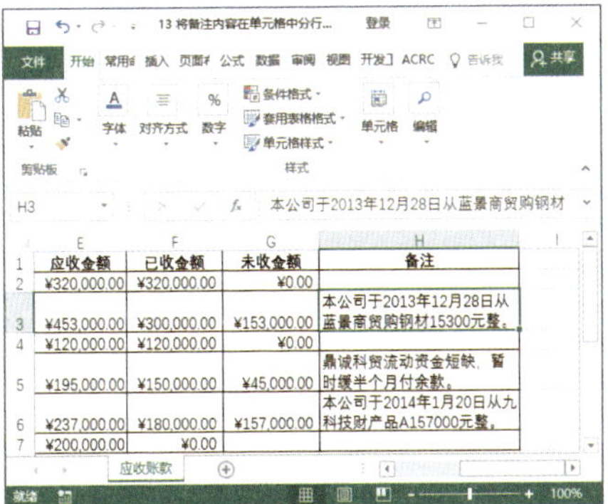

查看效果

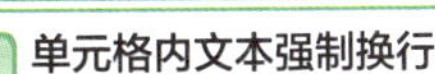

Hint

单元格内文本强制换行

在单元格内输入内容时，如果人为换行时，可以按Alt+Enter快捷键，此快捷键只是对单元格内文本进行换行，并不影响该单元格的格式。使用快捷键换行，当调整行高和列宽时，单元格内的文本不会随之产生变化。

Question

050 根据单元格的大小自动调整文字大小

● Level ◆◆◆

2016 2013 2010

实例 设置单元格内容自动适应单元格大小

当单元格的列宽容纳不下输入的内容时，除了可以设置自动换行来完整显示外，我们还可以设置让文字大小自动调整以适应单元格的大小。

1 选中H3单元格，输入备注内容，可见输入的内容已经超出单元格范围。

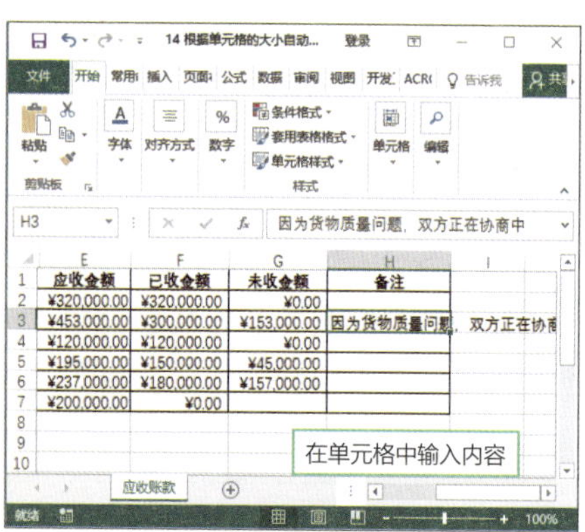

2 按Ctrl+1快捷键，打开“设置单元格格式”对话框，在“对齐”选项卡下勾选“缩小字体填充”复选框。

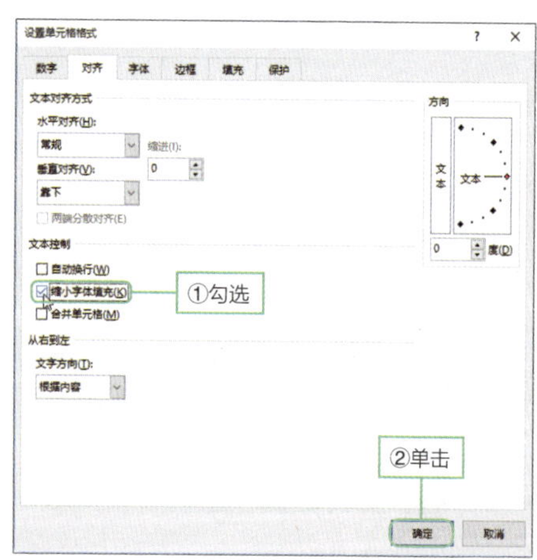

3 单击“确定”按钮返回工作表中，调整列宽时，文字的大小会发生变化。

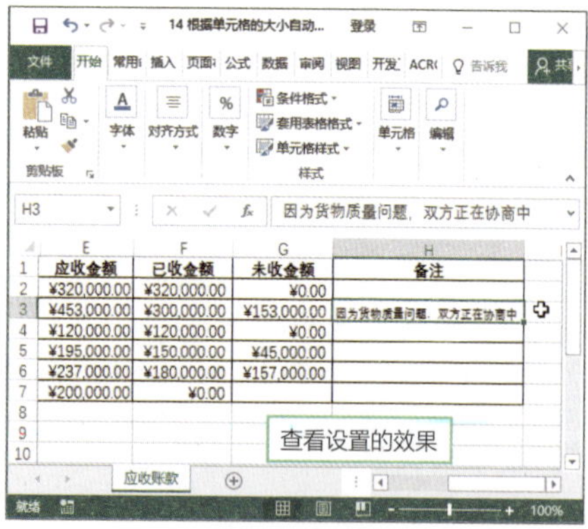

Hint

自动调整列宽

我们还可以使用“自动调整列宽”功能，使单元格列宽自动适用文字大小。选中需要设置的单元格，切换至“开始”选项卡，单击“单元格”选项组中“格式”下三角按钮，在列表中选择“自动调整列宽”选项。

Question

051 快速提取员工姓名和学历

语音视频教学051

Level ◆◆◆

2016 2013 2010

实例 将表中数据快速重组

在处理表格中数据时，若需要将表格中多个单元格内数据组合在一个单元格中，可使用重组功能，节省输入数据的时间。

1. 选中I2单元格，输入“孔云本”文本，即员工的姓名+学历。

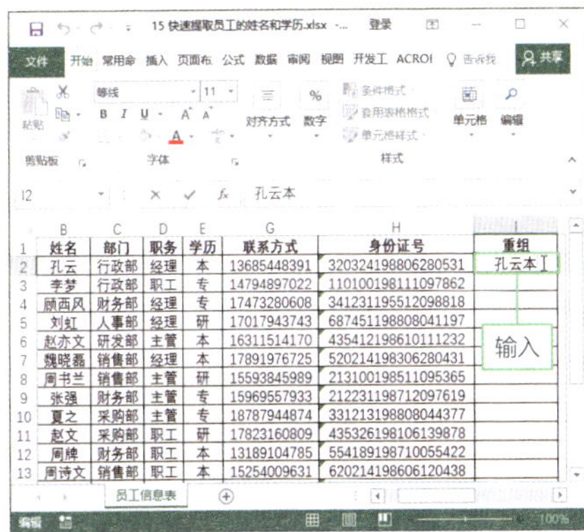

2. 在I3单元格中输入“李”，即第2位员工的姓，然后自动填充员工姓名和学历。

输入

3. 按Enter键确认输入，可见快速提取员工的姓名和学历。

查看提取效果

Hint

提取员工的姓

用户可以利用“快速填充”功能自动拆分文本，在空白单元格输入员工的姓，然后选中该单元格，切换至“数据”选项卡，单击“数据工具”选项组中“快速填充”按钮，即可快速填充员工的姓。

Question 052

通过简写快速输入客户公司地址

Level ◆◆◆

2016 2013 2010

实例 应用自动更正功能输入客户公司地址

在进行客户信息统计时，通常需要输入客户公司的详细地址，我们可以使用自动更正功能，在单元格中输入客户名称时即可变成客户公司的详细地址。

1 打开工作表，执行“文件>选项”操作。打开“Excel选项”对话框，切换至“校对”选项面板，单击“自动更正选项”按钮。

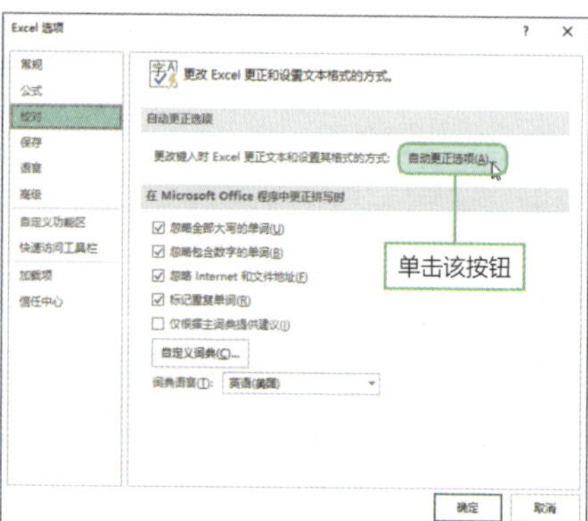

2 打开“自动更正”对话框，在“替换”文本框中输入客户公司名称简称，在“为”文本框中输入客户公司的详细地址，单击“添加”按钮。

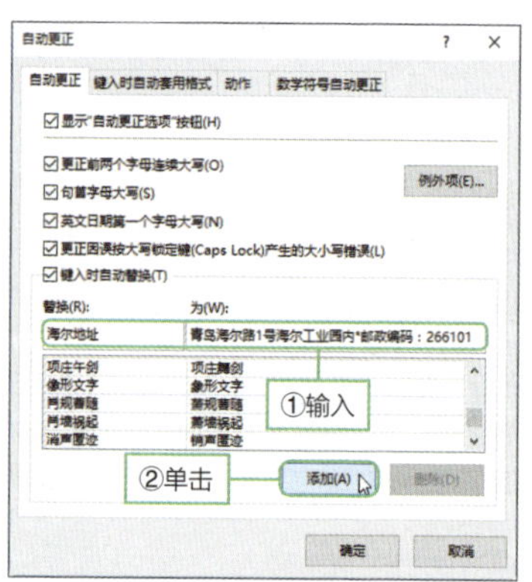

3 依次单击“确定”按钮，返回工作表中，在“地址”列输入“海尔地址”文本。

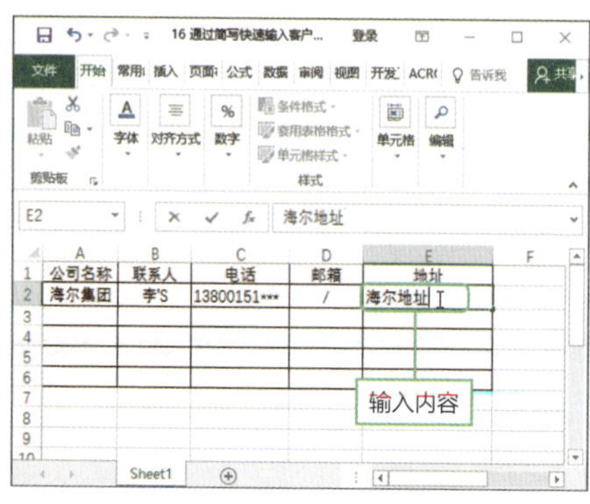

4 按下Enter键，可以看到Excel自动输入了客户公司的详细地址。

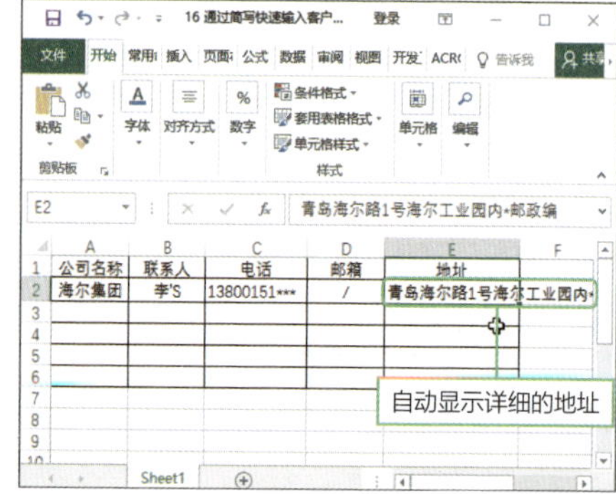

Question 053

轻松输入身份证号

语音视频教学053

Level ◆◆◆

2016 2013 2010

实例 设置单元格格式来正确显示身份证号码

当我们输入身份证号码时，经常会出现乱码的情况，这是因为当输入的数字超过11位，常规格式下Excel会将其记为科学记数法。这时我们需要设置Excel单元格文本格式，使输入的身份证号码正确显示。

1 选中G2:G18单元格区域，单击“数字”选项组的对话框启动器按钮。

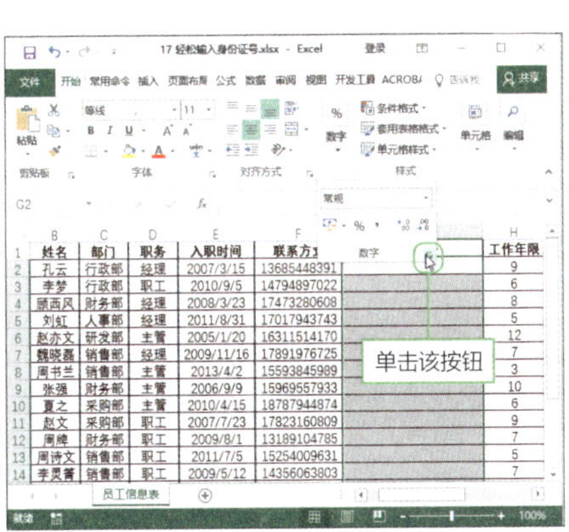

2 打开“设置单元格格式”对话框，切换至“数字”选项卡，选择“文本”格式选项。

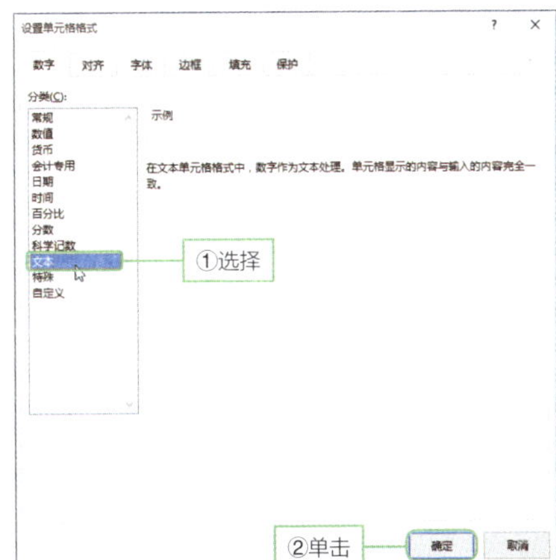

3 单击“确定”按钮返回工作表中，输入员工的身份证号，即可正常显示。

G3 110100198111097862

	B	C	D	E	F	G	H
1	姓名	部门	职务	入职时间	联系方式	身份证号	工作年限
2	孔云	行政部	经理	2007/3/15	13685448391	320324198806280531	9
3	李梦	行政部	职工	2010/9/5	14794897[illegible]2	110100198111097862	6
4	顾西风	财务部	经理	2008/3/23	17473280608	341231195512098818	8
5	刘虹	人事部	经理	2011/8/31	17017943743	687451198808041197	5
6	赵亦文	研发部	主管	2005/1/20	16311514170	435412198610111232	12
7	魏晓聂	销售部	经理	2009/11/16	17891976725	520214198306280431	7
8	周书兰	销售部	主管	2013/4/2	15593845989	213100198511095365	3
9	张强	财务部	主管	2006/9/9	15969557933	212231198712097619	10
10	夏之	采购部	主管	2010/4/15	18787944874	331213198808044377	6
11	赵文	采购部	职工	2007/7/23	17823160809	435326198106139878	9
12	周牌	财务部	职工	2009/8/1	13189104785	554189198710055422	7
13	周诗文	销售部	职工	2011/7/5	15254009631	620214198606120438	5
14	李灵菁	销售部	职工	2009/5/12	14356063803	213100197911094128	7

员工信息表

查看输入效果

Hint

输入身份证号的其他方法

除了上述方法外，常用还有两种方法。一是选中单元格区域，单击“数字”选项组中“数字格式”下三角按钮，在列表中选择“文本”选项即可。二是在单元格中输入身份证号之前，先输入英文半角状态下的单引号，然后再输入身份证号。

Question **054**

从下拉列表中输入员工的职务

● Level ◆◆◇

2016 2013 2010

实例 设置员工职务的下拉列表

在用户输入数据时，经常遇到需要重复输入某几个数据，例如输入员工的部门、职务等。此时用户可以设置下拉列表，直接从列表中选择即可。例：为员工的职务创建下拉列表。

① 在D2:D4单元格区域，分别输入不同的职务名称。

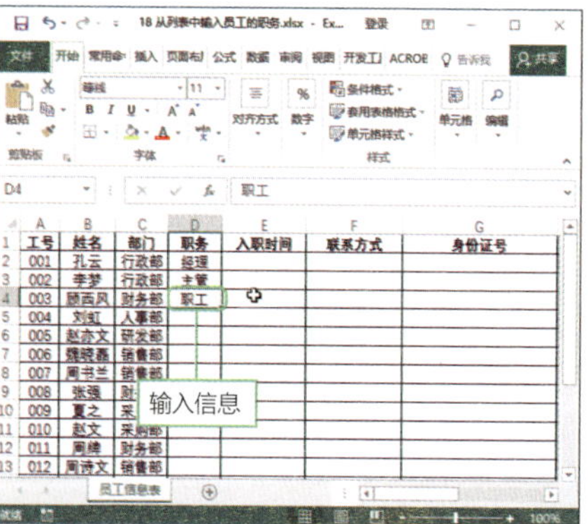

② 选中D5单元格，单击鼠标右键，选择“从下拉列表中选择”命令。

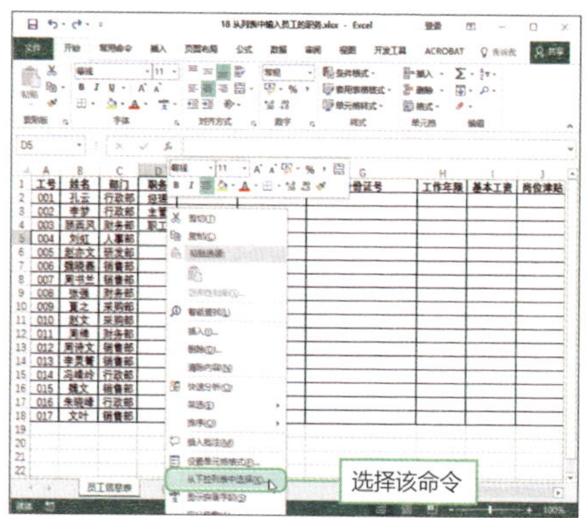

③ 此时在D5单元格将出现下拉列表，然后单击下三角按钮，选择需要输入的选项。

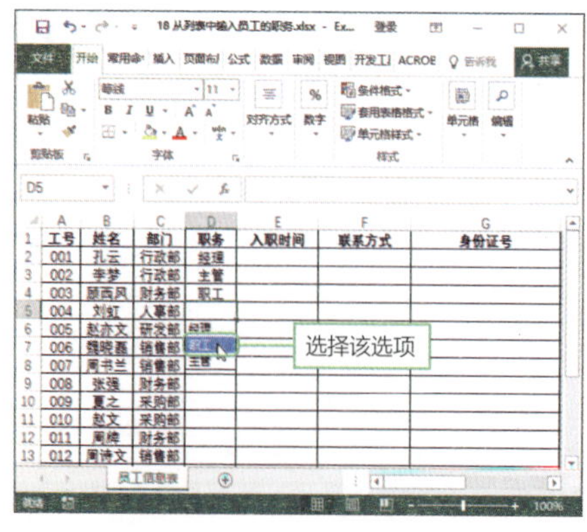

④ 在D5单元格中即可输入相应的职务，根据此方法输入其他员工的职务。

输入所有职务

快速输入版权和注册商标

Level ◆◆◆

2016 2013 2010

实例 使用“符号”对话框插入特殊符号

在制作各种会计报表时，偶尔需要输入一些特殊的符号，诸如商标符号、版权符号等，由于这些符号不是常用符号，在输入的时候很多人会感到困扰。下面介绍输入这些特殊符号的方法。

1. 打开工作表，根据实际需要创建表格框架，并设置字体、字号等格式。

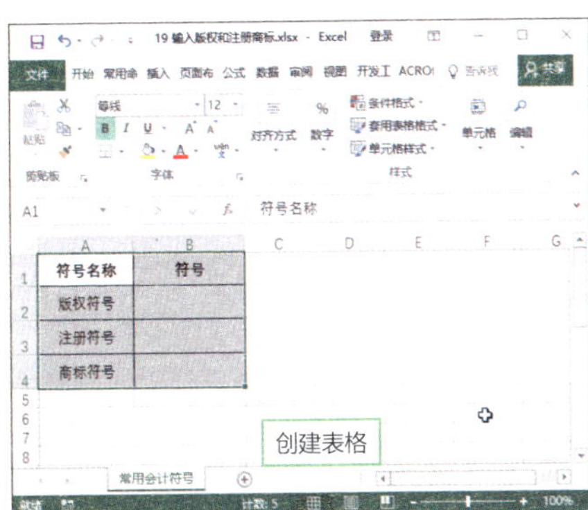

2. 选中B2单元格，切换至“插入”选项卡，单击“符号”按钮。

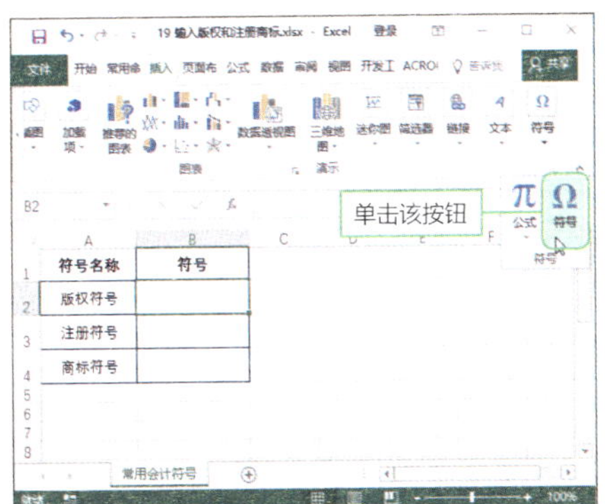

3. 打开“符号”对话框，在“特殊字符”选项卡中选择“版权所有”选项。

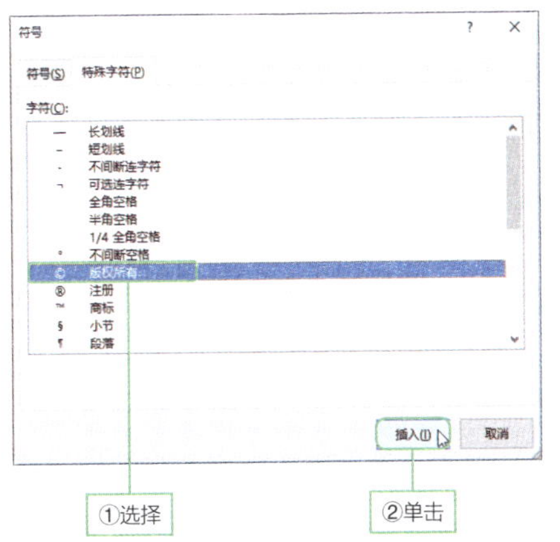

4. 按照同样的方法插入注册符号和商标符号，并对其字号进行设置。

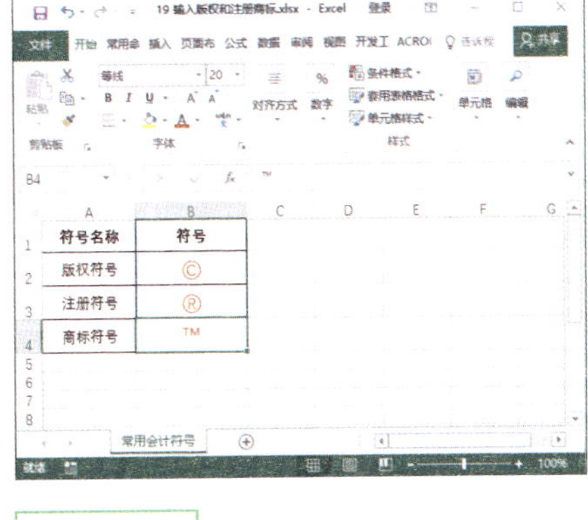

Question

056 数字大小写快速转换

Level ◆◇◇

2016 2013 2010

实例 在“合计”栏中输入阿拉伯数字时自动转换为中文大写

在制作各种财务单据时，需要用到中文大写数字，但输入中文大写数字比较麻烦，这时可以应用设置单元格格式功能，将输入的阿拉伯数字自动转换为中文大写数字。

1 选择B10单元格，单击“数字”选项组的对话框启动器按钮。

2 打开“设置单元格格式”对话框，选择“特殊”选项，然后选择需要的大写数字类型。

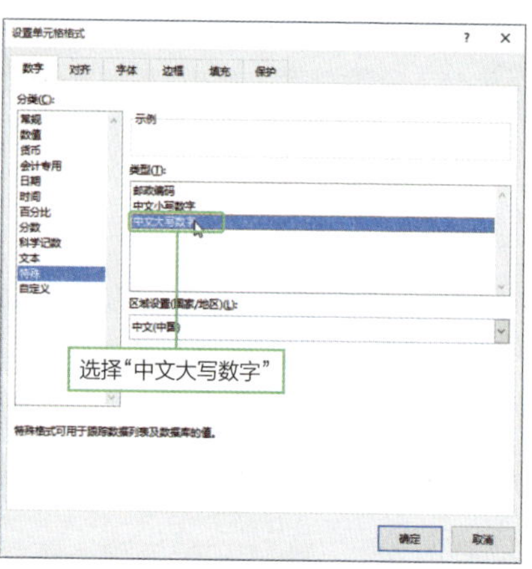

3 单击“确定”按钮返回工作表，在“合计人民币（大写）”栏中输入数字3999。

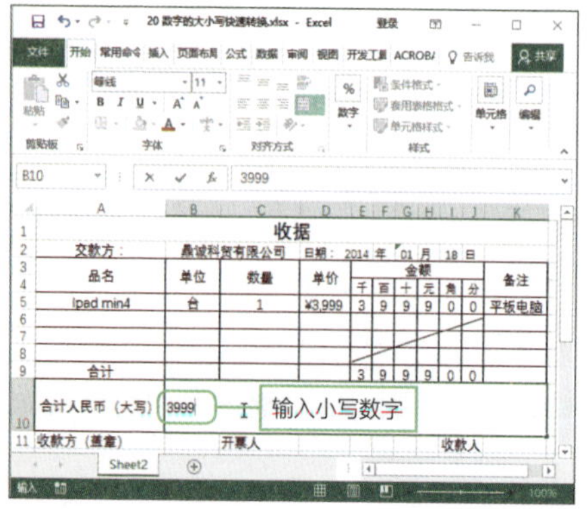

4 按下Enter键，即可看到刚刚输入的小写数字变为了中文大写数字。

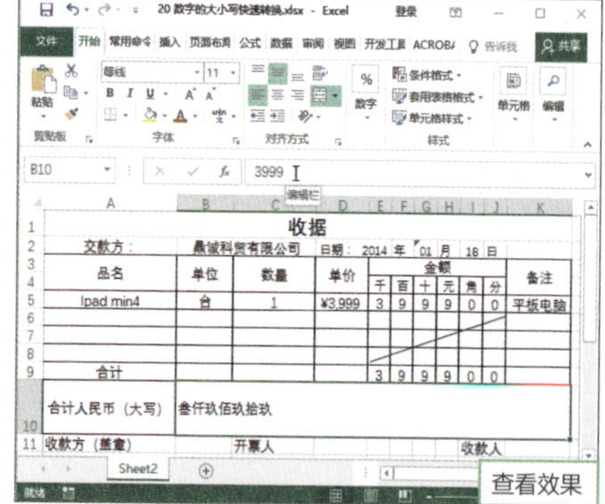

Question
057 快速输入当前时间

语音视频教学057

Level ◆◆◆

2016 2013 2010

实例　应用快捷键快速输入当前的日期和时间

在制作各种财务报表的过程中，经常需要输入当前的日期和时间，除了手动输入的方法外，我们最常用的是快捷键方式输入。

例：在费用统计表中输入当前的日期和时间。

1. 选中需要输入日期的单元格，按下快捷键Ctrl+;，即可自动输入当前日期。

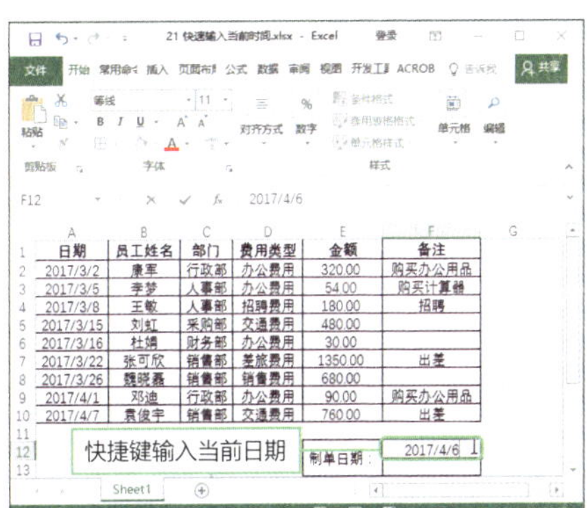

2. 选中输入日期单元格，在“开始”选项卡，单击“数字格式”下三角按钮，选择日期格式。

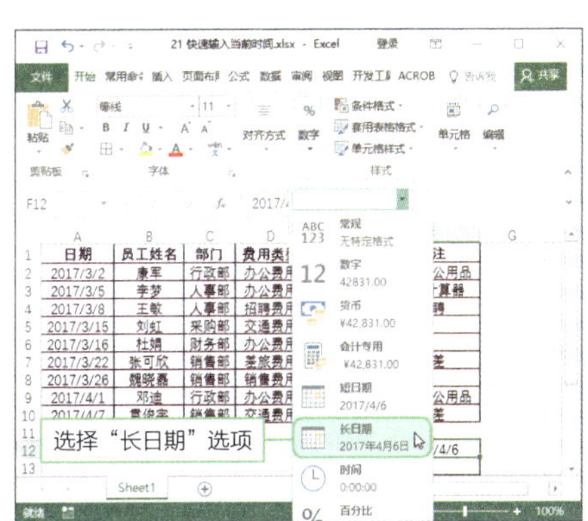

3. 选中需要输入时间的单元格，按下快捷键Ctrl+Shift+;，即可自动输入当前的时间。

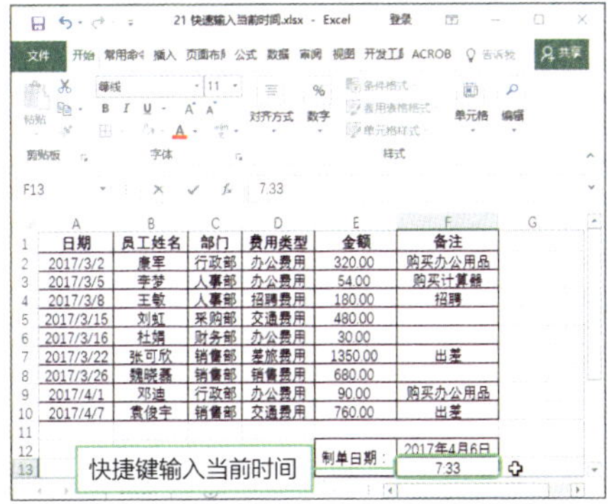

4. 如果将日期和时间输入在同一单元格，先按Ctrl+;快捷键，再输入空格，再按Ctrl+Shift+;快捷键即可。

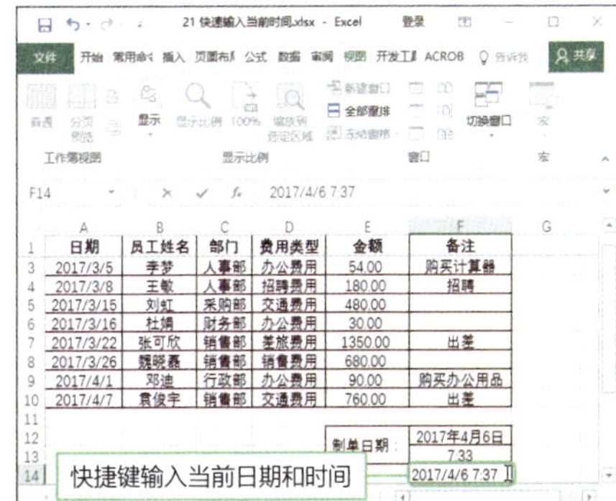

Question

058 轻松修改日期格式

语音视频教学058

Level ◆◆◆

2016 2013 2010

实例 设置日期和时间的格式为大写样式

在报表中输入当前的日期和时间后，用户还可以根据需要对其格式进行调整。

例：在费用统计表中，将输入的当前日期和时间格式设置为大写样式。

1 打开工作表，选中F12单元格，按快捷键Ctrl+1，打开“设置单元格格式”对话框。

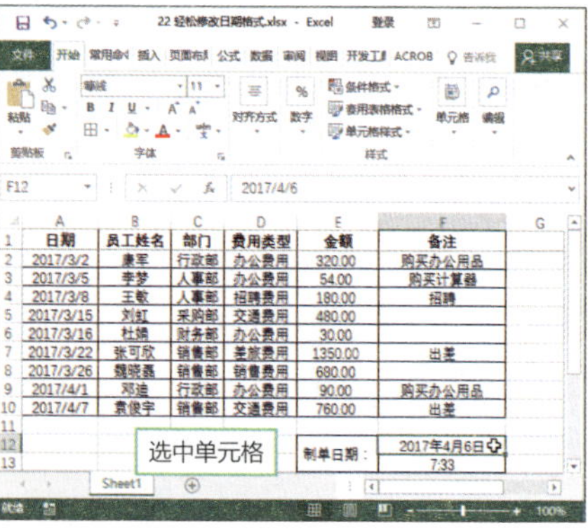

2 在“日期”选项区域中选择合适的日期类型，单击“确定”按钮。

3 按照同样的方法，在对话框中设置时间的格式。

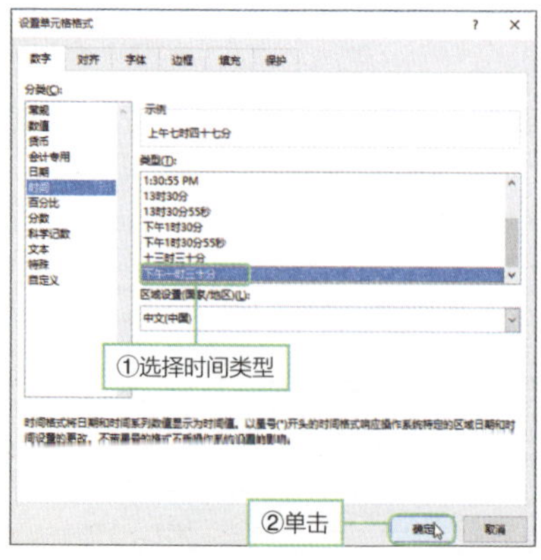

4 设置完成后，可见日期和时间的格式均设置为大写。

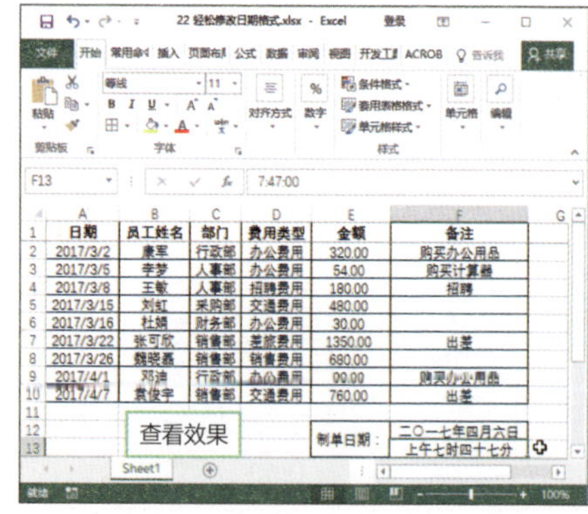

在指定位置批量添加固定字符

Level ◆◆◆

2016 2013 2010

实例　使用设置单元格格式功能批量添加固定字符

在进行财务数据处理的过程中，有时需要在已有的数据前批量添加固定的字符，如果一个一个更改就太麻烦了，我们可以设置单元格格式，来快速添加固定字符。

1 选中需要添加固定字符的单元格区域，按Ctrl+1组合键，打开“设置单元格格式”对话框。

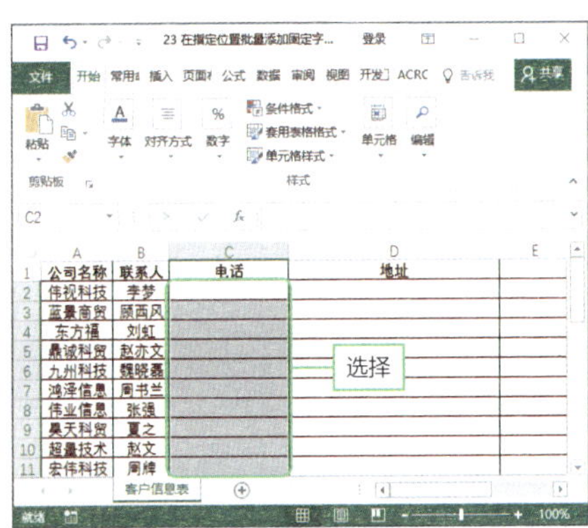

2 在“数字”选项卡下，选择“自定义”选项，在“类型”文本框中输入“'010-'@”。

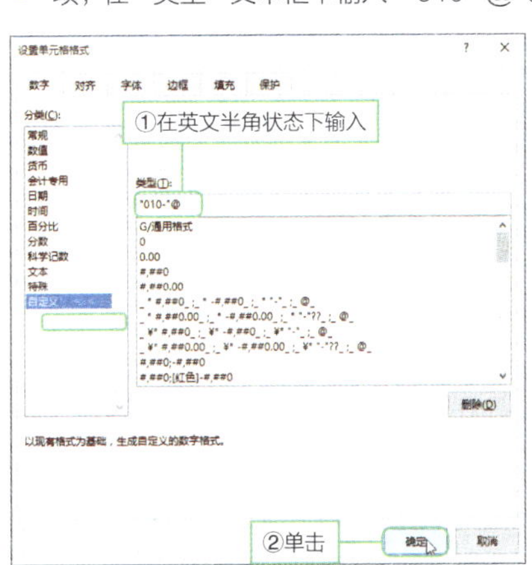

3 选中C2单元格，然后输入82546958的座机号码。

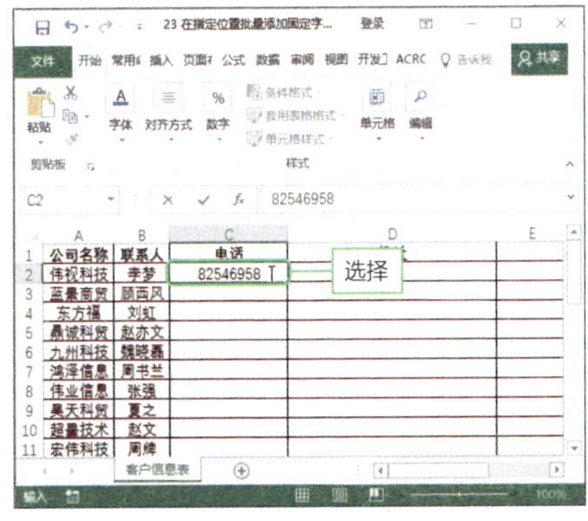

4 按Enter键确认输入，可见在号码前自动添加“010-”，在编辑栏中不显示。

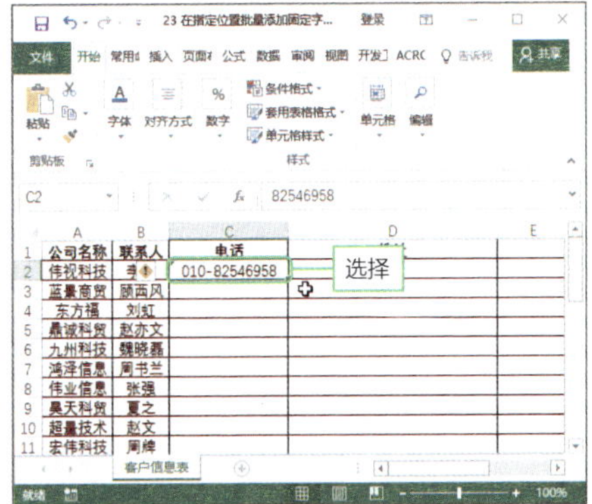

Question

060 货币符号"信手拈来"

● Level ◆◆◇

2016 2013 2010

实例 在财务报表中金额的前面统一添加人民币符号

在制作财务报表时，输入金额是常见的事，但是有时需要输入货币符号，如人民币符号、美元的符号等。下面介绍快速准确地输入人民币符号的方法。

1 选中E2:E10单元格区域，在"开始"选项卡下单击"会计数字格式"下三角按钮，选择"￥中文（中国）"选项。

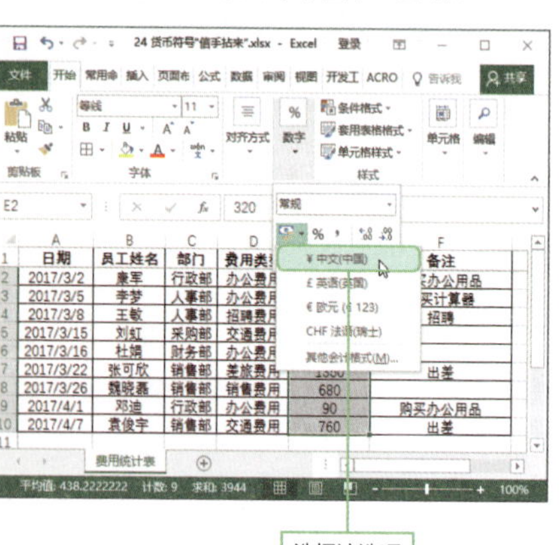

选择该选项

2 返回工作表中，可见在选中单元格的最左侧添加的人民币符号。

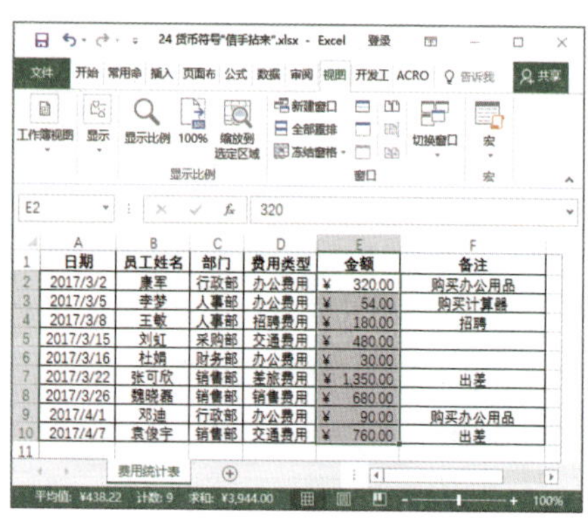

查看添加货币符号的效果

3 用户也可以选中E2:E10单元格区域，在"数字格式"列表中选择"货币"选项，快速添加人民币符号。

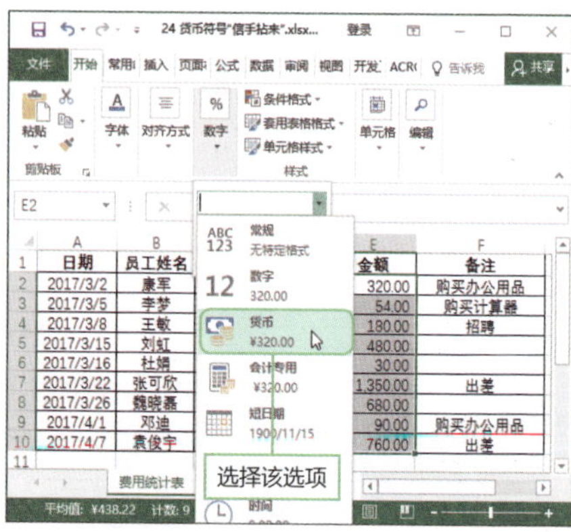

选择该选项

Hint

设置金额的小数位数

选中需要设置小数位数的单元格区域，按下快捷键Ctrl+1，打开"设置单元格格式"对话框，选择"货币"选项，在"小数位数"数值框中输入2，单击"确定"按钮。

Question 061

Level ◆◆◆

2016 2013 2010

输入百分号有绝招

语音视频教学061

实例　自动将数值转换为百分比

在财务报表的制作和编辑过程中，经常需要输入百分号，下面介绍如何自动添加百分号的操作方法。

1 选中B16:B18单元格区域，在“开始”选项卡下单击“数字”选项组的对话框启动器按钮。

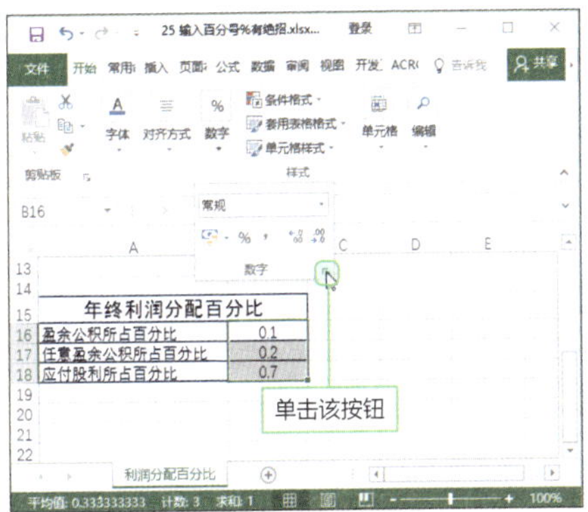

2 打开“设置单元格格式”对话框，选择“百分比”选项，设置2位小数位数。

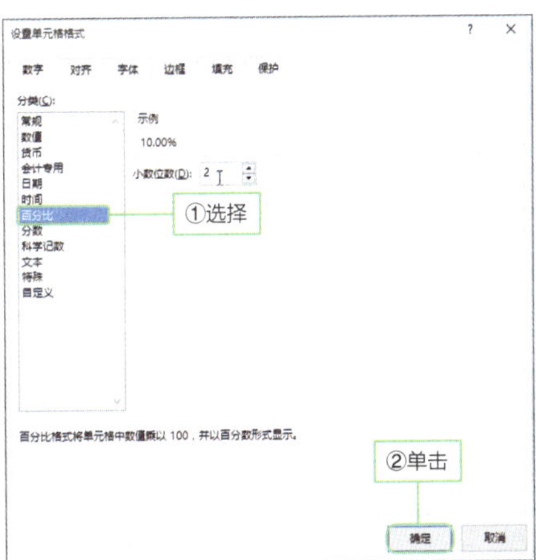

3 返回工作表中，可见选中的单元格区域以百分比格式显示。

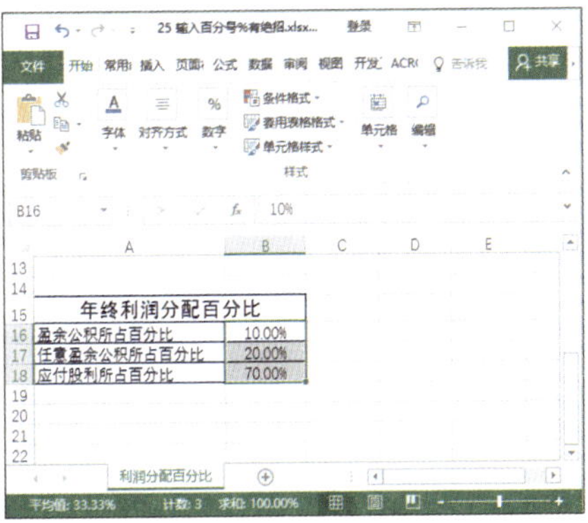

查看效果

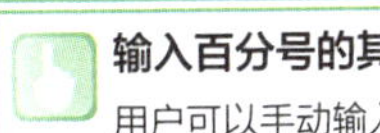

输入百分号的其他方法

用户可以手动输入百分号，首先选择需要输入百分号的B16单元格，再输入10，最后按下快捷键Shift+5，即可输入10%。

还可以选中B16:B18单元格区域，单击“数字”选项组中“数字格式”下三角按钮，选择“百分比”选项即可。

Question

062 轻松为文字添加注音

Level ◆◆◆

2016 2013 2010

实例 为报表中员工姓名添加注音

为了防止遇到生字不认识而引起的尴尬，用户可以为文字添加注音。下面介绍在员工信息表中，为姓名添加注音的操作方法。

1 选中B2:B18单元格区域，单击“显示或隐藏拼音字段”下三角按钮，在列表中选择“显示拼音字段”选项。

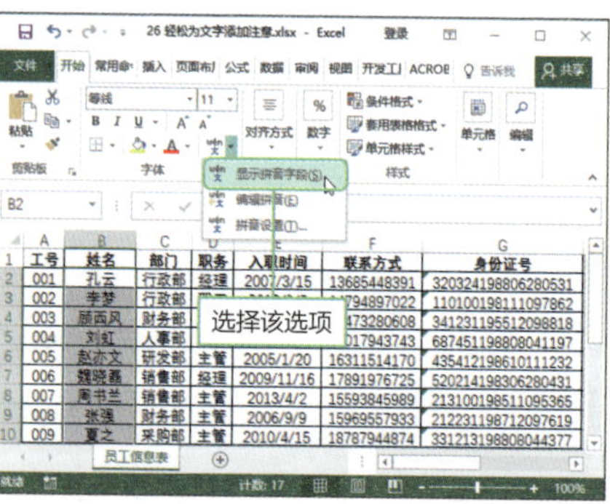

2 选中B2单元格，单击“显示或隐藏拼音字段”下三角按钮，在列表中选择“编辑拼音”选项。

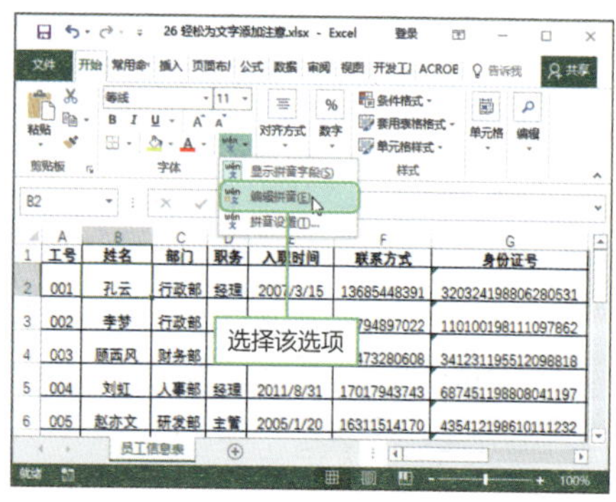

3 在选中单元格中汉字上面出现文本框，然后输入汉字的拼音，选中的汉字变为绿色字体。

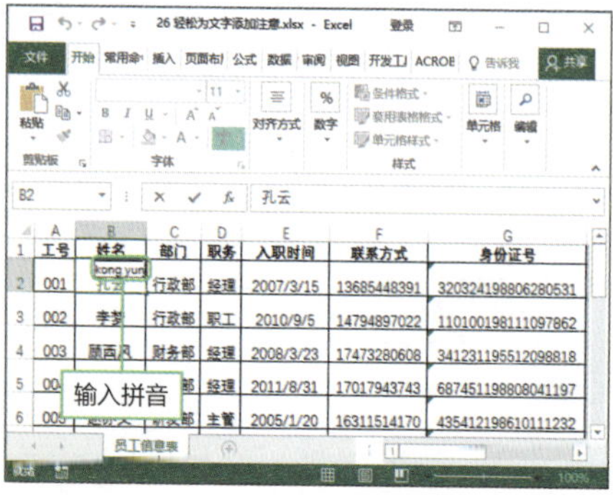

4 选中其他单元格，退出编辑状态，按照同样方法为其他员工姓名添加注音。

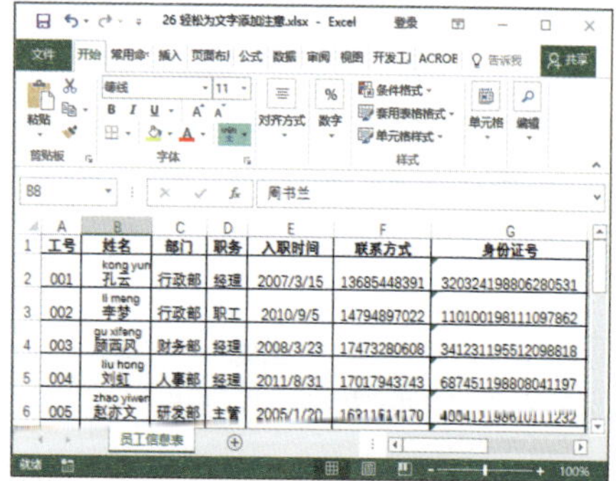

查看添加拼音效果

Question

063

快速输入电话号码

实例　自动为输入的电话号码添加“–”

Level ◆◆◆

2016 2013 2010

在制作通讯录的过程中，输入电话号码时，如果每次输入完区号后，再输入“–”，然后再输入后面的数字会比较麻烦。这时我们可以通过设置单元格的自定义格式，自动为输入的电话号码添加“–”。

1 打开工作表，选中F2:F18单元格区域，打开“设置单元格格式”对话框进行设置。

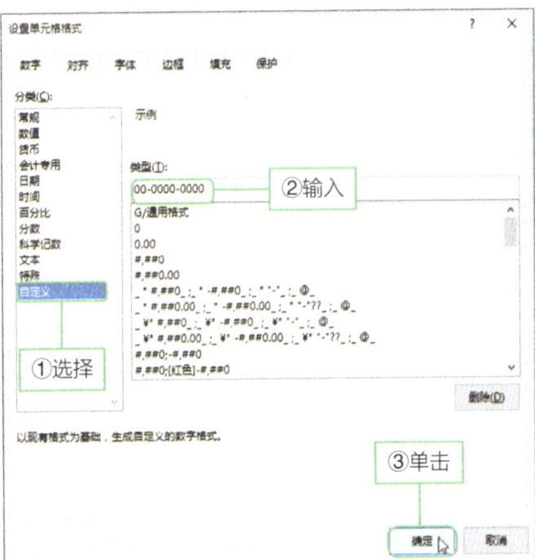

2 返回工作表中，在选中的单元格区域中输入电话号码。

输入号码

3 按Enter键确认输入，手机号码按照设置的格式显示。

查看效果

Hint

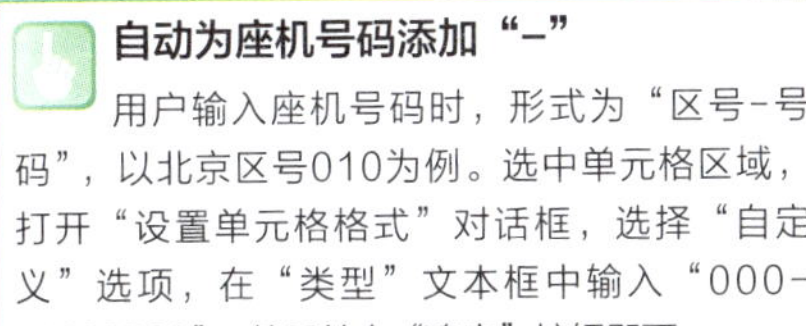

自动为座机号码添加“–”

用户输入座机号码时，形式为“区号–号码”，以北京区号010为例。选中单元格区域，打开“设置单元格格式”对话框，选择“自定义”选项，在“类型”文本框中输入“000-00000000”，然后单击“确定”按钮即可。

Question

064 输入邮政编码有技巧

Level ◆◆◆

2016 2013 2010

实例 正确输入邮政编码

在制作通讯录时，常常需要输入邮政编码。在输入邮政编码前需要先进行一些简单的设置，下面介绍输入邮政编码的方法。

1 打开员工信息表，选中D2:D7单元格区域，按Ctrl+1快捷键，打开“设置单元格格式”对话框。

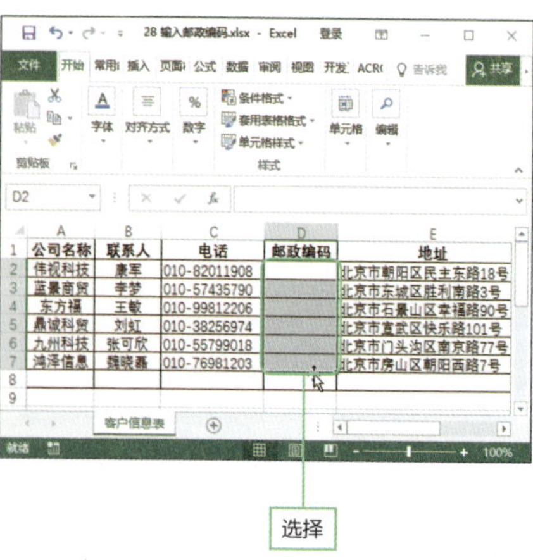

2 在“设置单元格格式”对话框中选择“特殊”选项，选择“类型”为“邮政编码”。

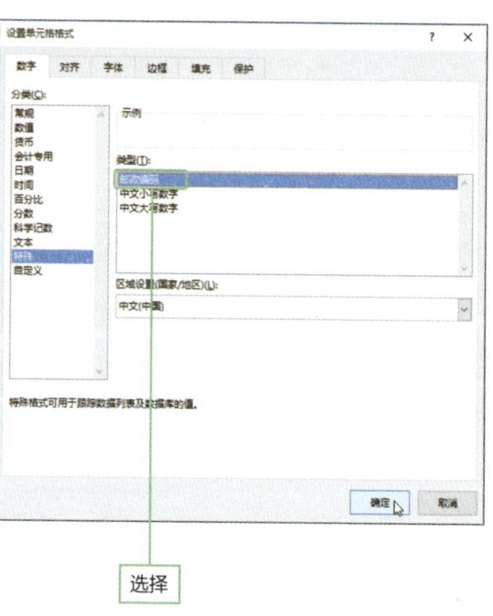

3 单击“确定”按钮，然后在D2:D7单元格区域输入邮政编码，即可查看效果。

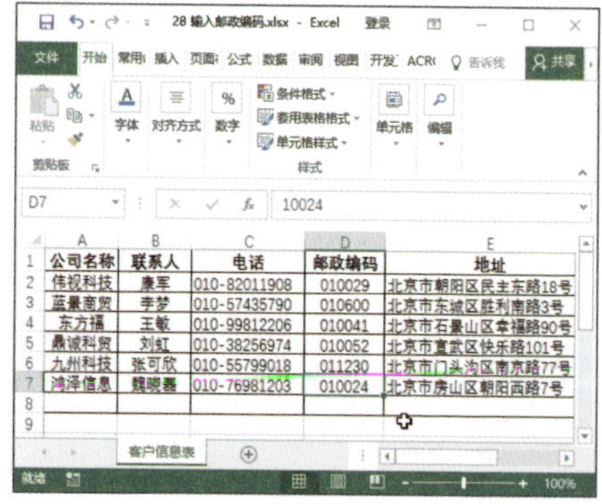

Hint

在表格中输入分数

选中需要输入分数的单元格区域，打开“设置单元格格式”对话框，选择“分数”选项，在“类型”列表框中选择分数的类型，然后单击“确定”按钮即可。

Question

065 避免输入的网址和电子邮件产生链接

Level ◆◆◆

2016 2013 2010

实例　拒绝输入的网址和电子邮件超链接

当在单元格中输入的内容包含网址或电子邮件地址时，Excel会自动将其变成超链接。如果不小心点击了链接就会自动打开浏览器或邮件收发程序，给工作造成不便。我们可以通过设置，避免这种麻烦。

最初效果

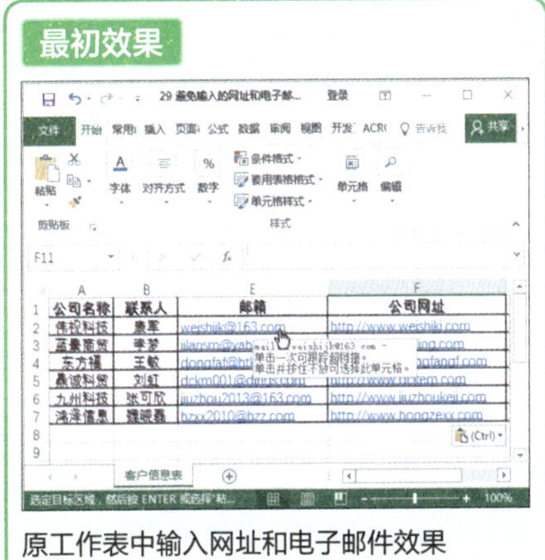

原工作表中输入网址和电子邮件效果

最终效果

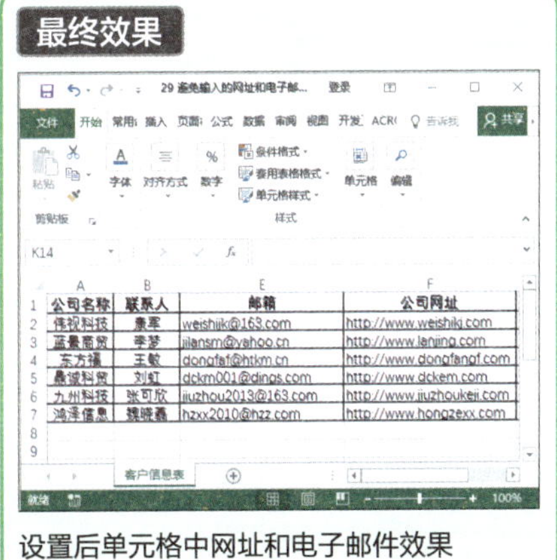

设置后单元格中网址和电子邮件效果

❶ 在单元格中输入邮箱地址时，输入完成按下Enter键后，单击快速访问工具栏中的“撤销”按钮（或快捷键Ctrl+Z）即可。

❷ 当单元格中已经生成超链接，则将鼠标定位到该单元格并右击，在弹出的快捷菜单中选择“取消超链接”命令即可。

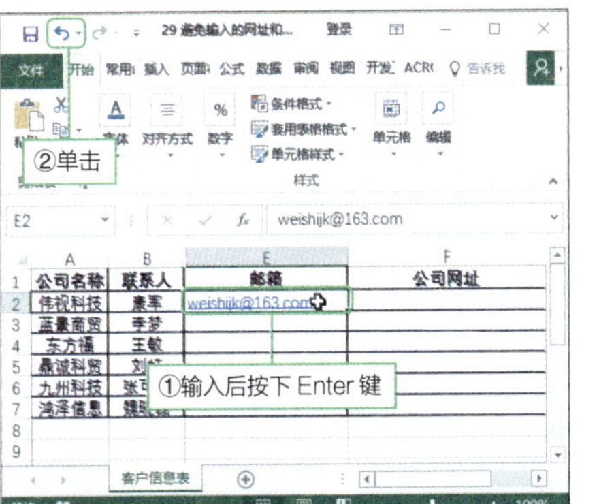

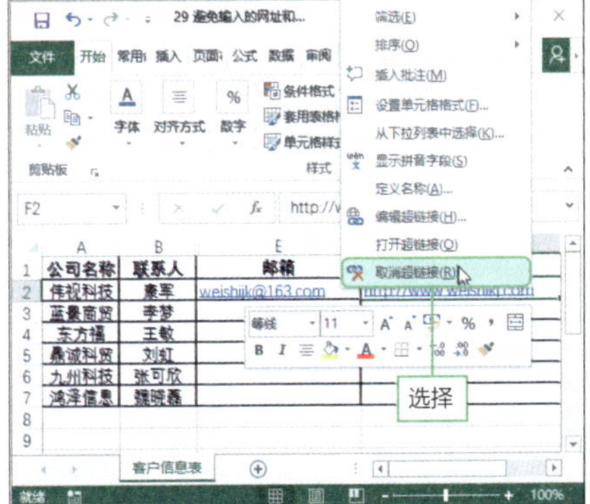

Question

066 在多个单元格里输入相同内容

语音视频教学066

● Level ◆◆◆

2016 2013 2010

实例 在员工信息表中快速输入员工性别文本

在填写财务报表内容时，会遇到在多个单元格中输入相同数据的情况。如果手动逐个输入，不但繁琐，而且浪费工作时间，下面介绍在多个单元格输入相同内容的操作方法。

① 打开工作表，按住Ctrl键的同时选中需要输入相同数据的单元格。

选中单元格

② 输入性别文本为“男”，此时只在选中的最后一个单元格显示。

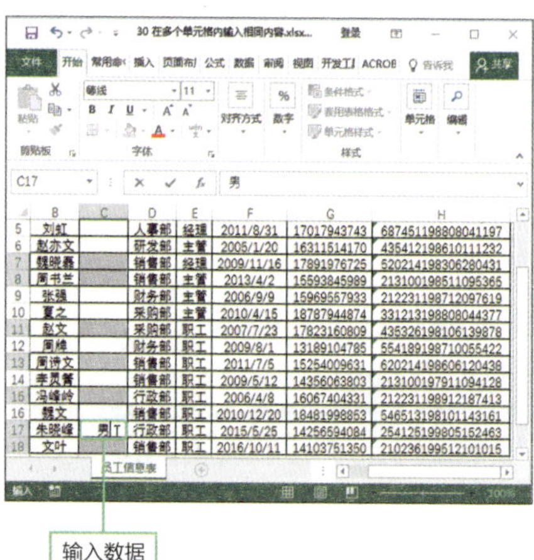

输入数据

③ 然后按Ctrl+Enter组合键确认输入，即可在选中的多个单元格中输入相同的数据。

查看效果

Hint

快速在连续单元格内输入相同数据

如果在连续的单元格内输入相同的数据，也可使用上述方法。

用户还可以在第一个单元格中输入数据，然后拖曳填充柄至最后一个单元格，实现快速输入相同数据的操作。

Question 067

让报表中的0值不显示有妙招

语音视频教学067

Level ◆◆◆

2016 2013 2010

实例　隐藏报表中的0值

在财务报表中避免不了0值的出现，它会影响财务报表的阅读。如何让0值不显示呢？下面介绍具体的操作方法。

1 打开工作表，选中E2:G9单元格区域，单击“条件格式”下三角按钮，在列表中选择“突出显示单元格规则/等于”选项。

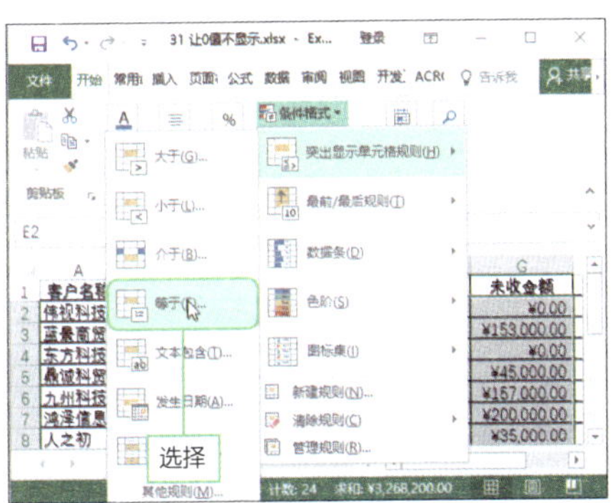

2 打开“等于”对话框，在数值框中输入0，在“设置为”列表中选择“自定义格式”选项。

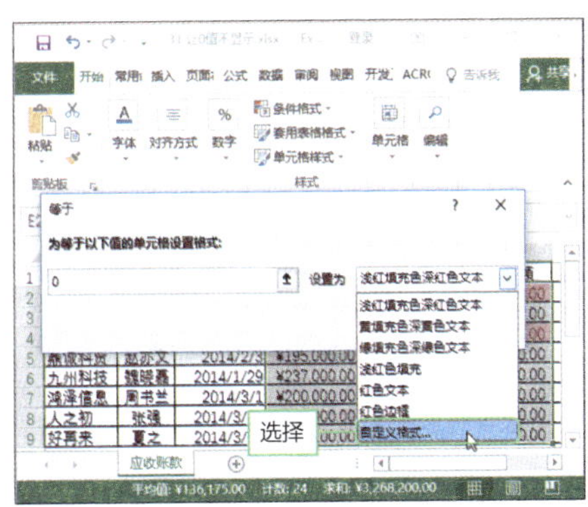

3 打开“设置单元格格式”对话框，设置字体颜色为白色，单击“确定”按钮。

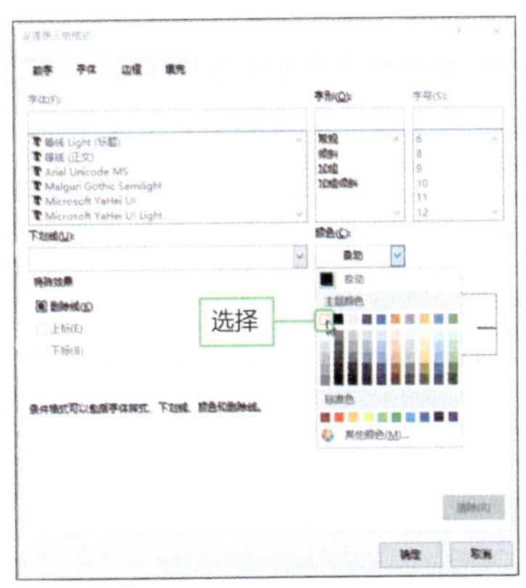

4 返回工作表中，可见所有的0值均被隐藏起来了。

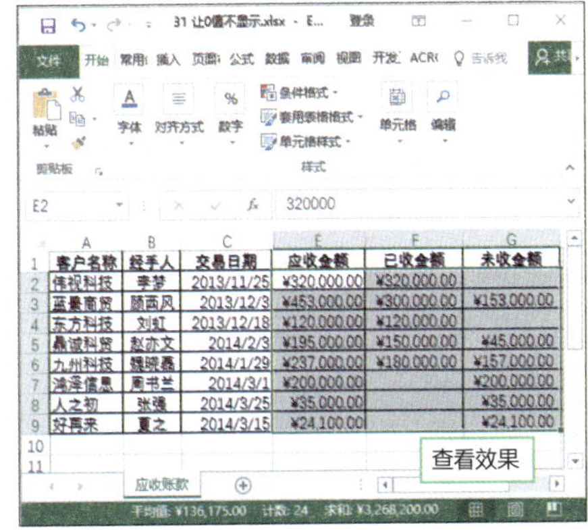

Question

068

● Level ◆◆◆

2016 2013 2010

自动更正会计科目表中的“帐”为“账”

实例 快速使用替换功能将“帐”替换为“账”

财务人员在编制会计科目表时，不小心把“账”写成了“帐”，现在通过查找和替换功能改正过来，不仅提高工作效率，还能提高准确率。下面对查找和替换功能的使用方法进行介绍。

① 打开工作表，全选表格，单击“查找和选择”下三角按钮，选择“替换”选项。

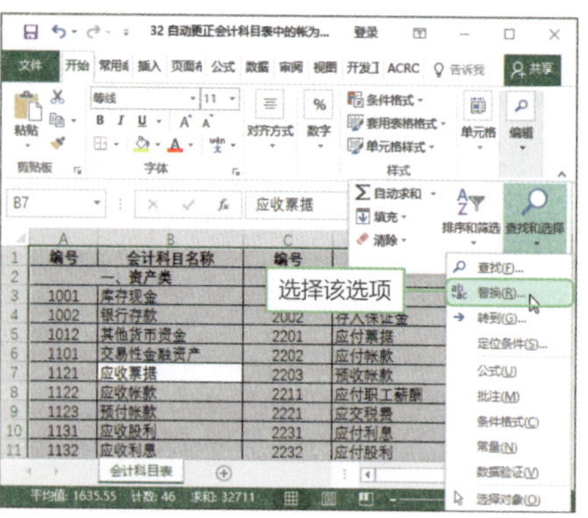

② 弹出“查找和替换”对话框，在“查找内容”文本框中输入“帐”，在“替换为”文本框中输入“账”，单击“查找全部”按钮，即显示所有“帐”所在的单元格。

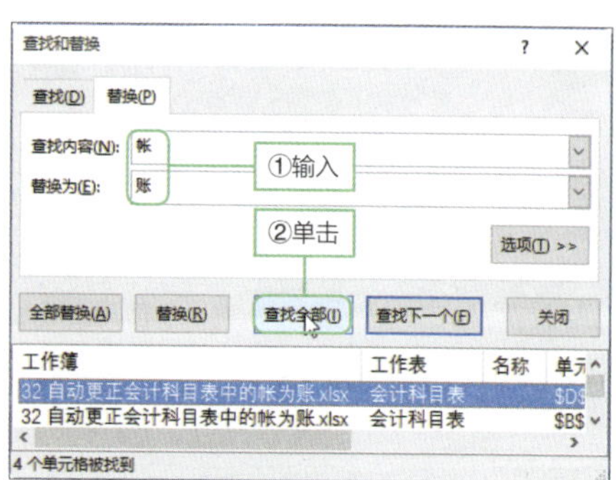

③ 单击“全部替换”按钮，打开系统提示对话框，显示替换了多少处，然后单击“确定”按钮即可。

④ 返回“查找和替换”对话框，单击“关闭”按钮，查看替换的结果。

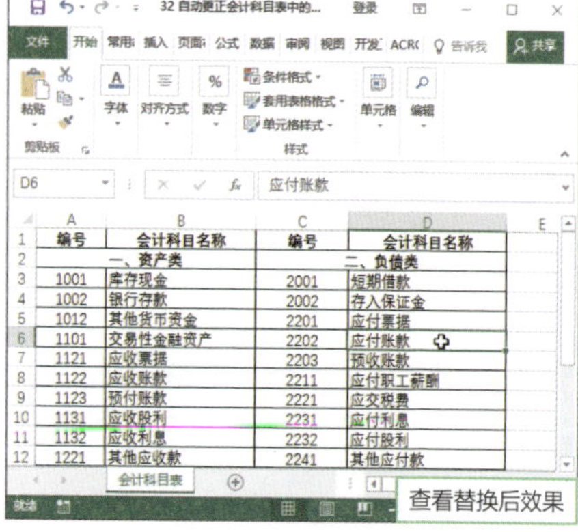

069 自动输入小数点

• Level ◆◆◆

2016 2013 2010

实例 快速为数据添加小数点

在办公费用表中录入办公用品的单价时，由于单价多数都带小数点，为了方便录入，我们可以提前设置Excel自动添加小数点。

1 打开工作表，单击“文件”标签，选择“选项”选项。

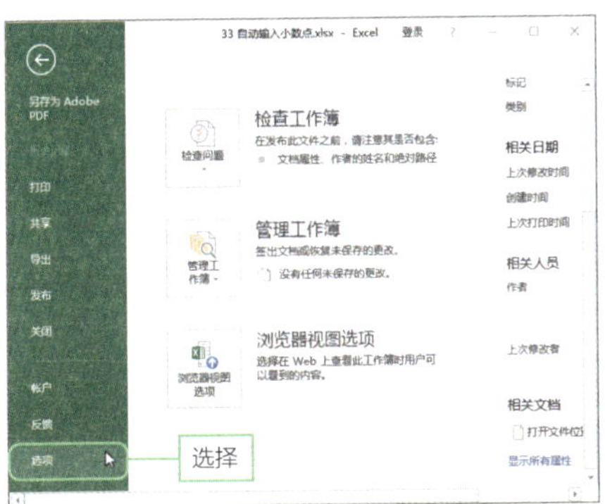

2 弹出“Excel选项”对话框，在“高级”选项面板中进行相应的设置。

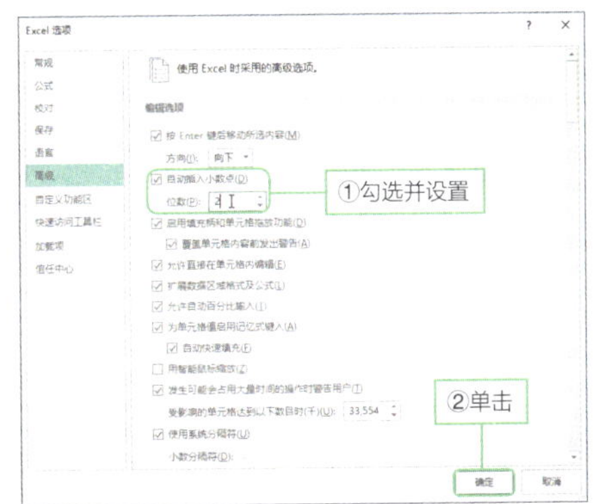

3 返回工作表中，在办公费用表中输入相关的金额，如在D2单元格中输入95，即订书钉每盒0.95元。

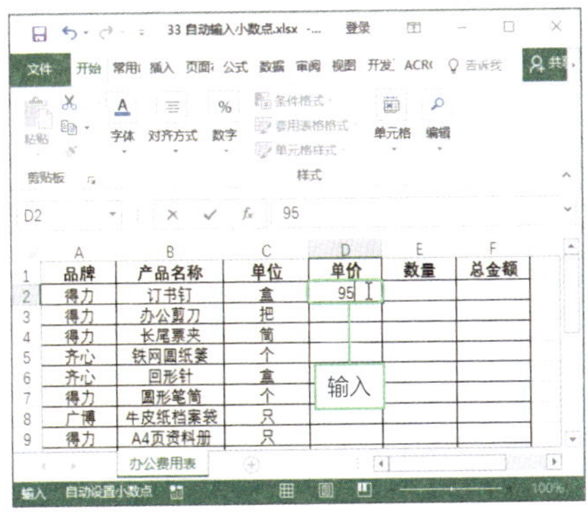

4 确认输入后，D2单元格显示0.95，自动在两位数前添加小数点。

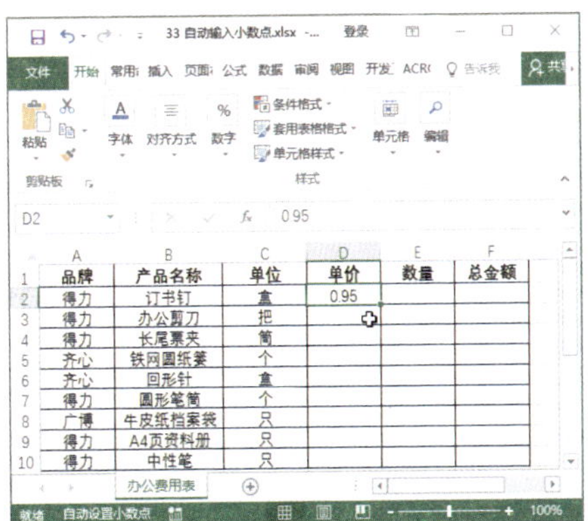

Question 070

改变按Enter键后的移动方向

Level ◆◆◆

2016 2013 2010

实例 设置按Enter键后选择右侧单元格

在表格内容输入时，我们习惯性地按行录入，当录入完成后还要选择右侧的单元格，再录入数据，这样比较繁琐，我们可以设置Enter键的方向为向右，即当录入完成后按Enter键自动选中右侧单元格。

1 打开员工信息表，单击“文件”标签，选择“选项”选项，打开“Excel选项”对话框。

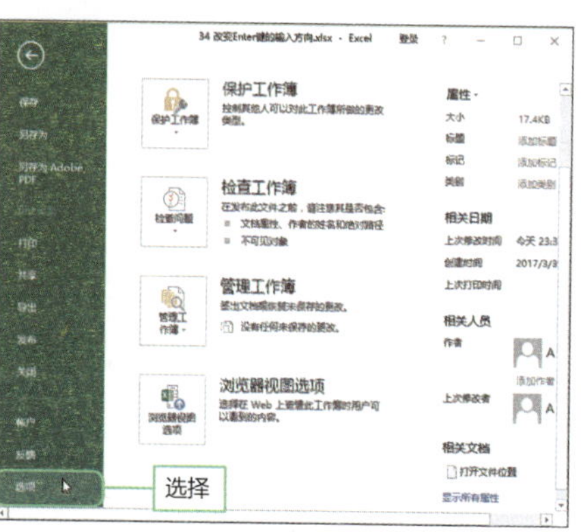

2 在“高级”选项面板中设置Enter键的方向，单击“确定”按钮。

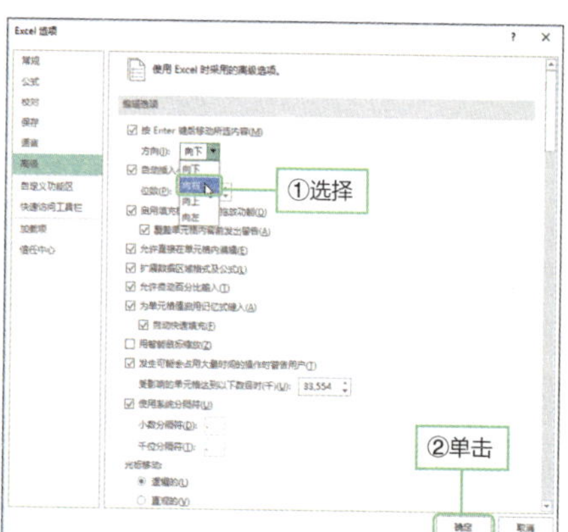

3 返回工作表中，在B2单元格中输入数据后，按Enter键，将自动跳转到C2单元格。

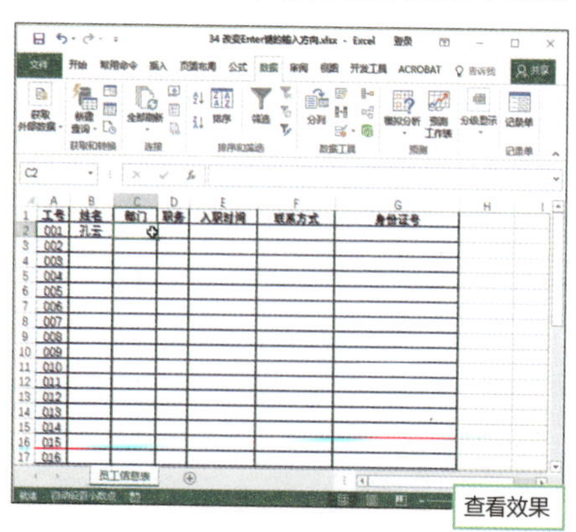

Hint

不改变按Enter键后移动的方向

在单元格中输入数据并按Enter键后，若需要在单元格中反复输入数据，让Excel始终选择刚刚输入内容的单元格，可以通过下面两种方法来实现：

- 在“Excel选项”对话框中，切换至“高级”选项面板，取消勾选“按Enter键后移动所选内容”复选框；
- 在单元格中输入数据后，按Ctrl+Enter组合键。

Question
071

Level ◆◆◆

2016 2013 2010

为报表中的金额项添加单位

语音视频教学071

实例 在固定资产表中为金额添加单位

财务报表制作完成后，如果需要对数值添加单位，可以通过自定义单元格格式来完成，而且添加单位后是不影响计算的效果。

最初效果

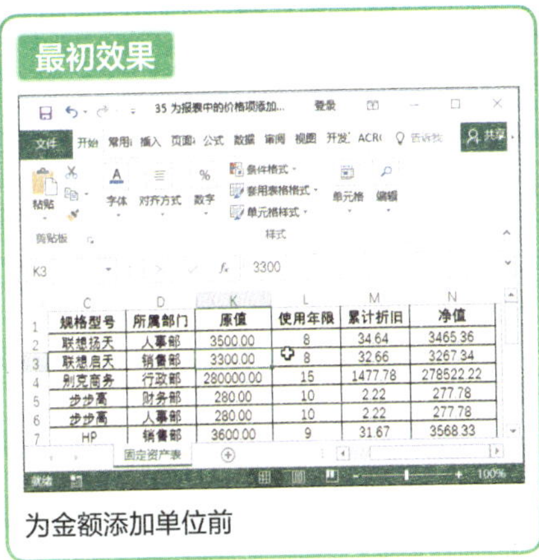

为金额添加单位前

最终效果

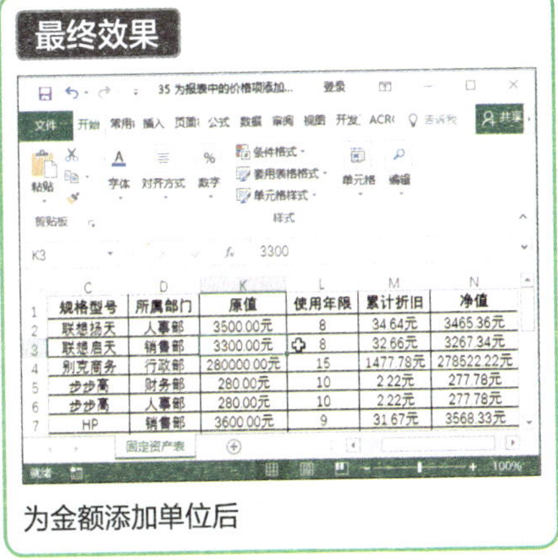

为金额添加单位后

1. 打开工作表，按住Ctrl键选中包含金额的单元格区域，按Ctrl+1快捷键，打开“设置单元格格式”对话框。

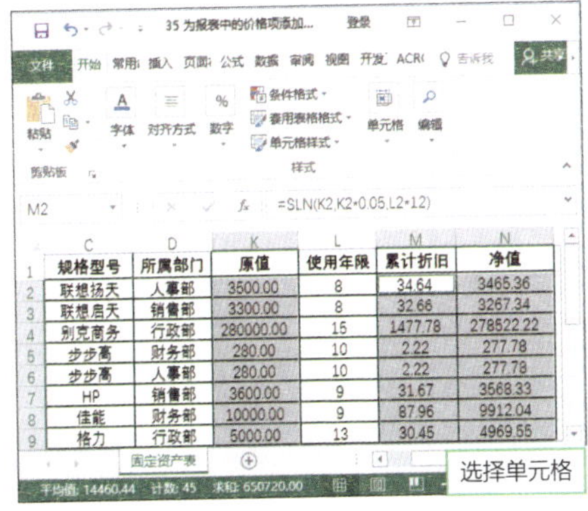

2. 在打开的对话框中切换至“数字”选项卡，在“分类”列表中选择“自定义”选项，在“类型”文本框中输入#.00“元”。

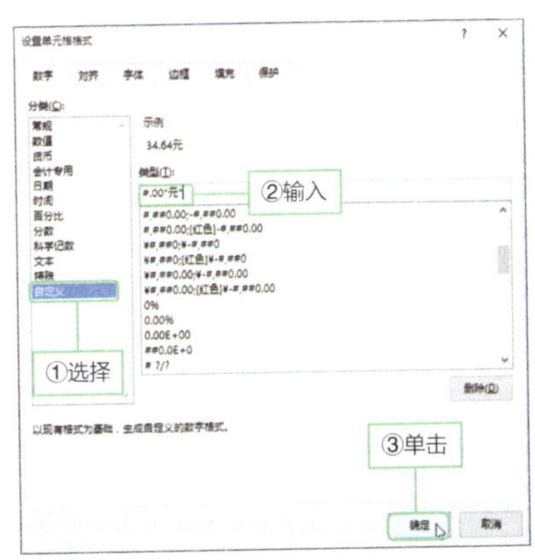

Question 072

在报表中替换数据并设置格式

● Level ◆◆◆

2016 2013 2010

实例 在固定资产表中将“电脑”替换为“台式机”

前面介绍过查找和替换功能的简单应用，此处介绍查找和替换的高级功能，不但可以替换数据，还可以为数据添加格式，如字体、字号和填充颜色等，下面介绍具体的操作方法。

1 打开工作表，选中表格中的任意单元格，单击“查找和选择”下三角按钮，选择“替换”选项。

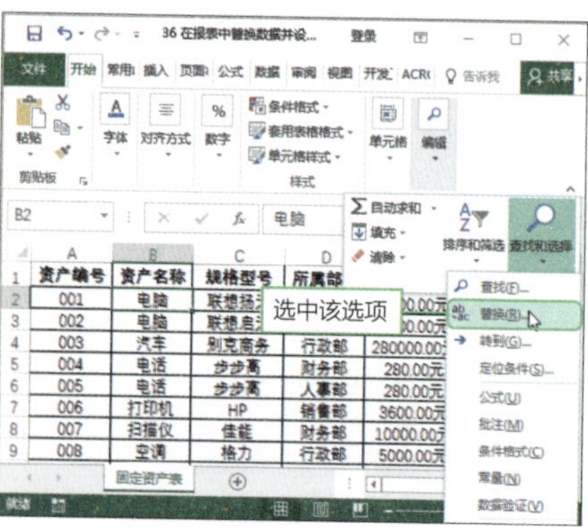

2 打开“查找和替换”对话框，在“查找内容”文本框中输入“电脑”，在“替换为”文本框中输入“台式机”，单击“选项”按钮。

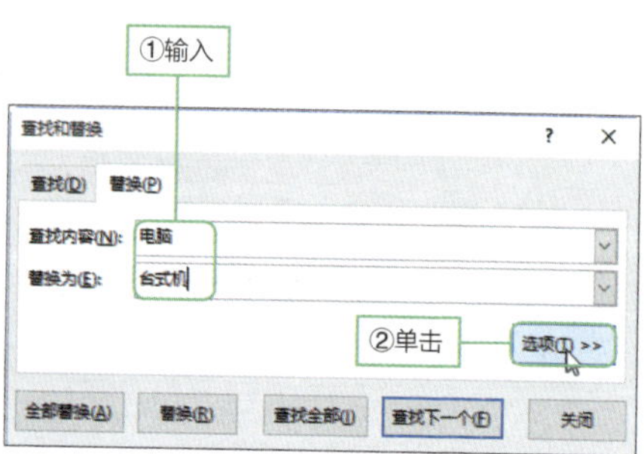

3 此时，进入查找和替换的高级模式，单击“替换为”右侧的“格式”按钮。

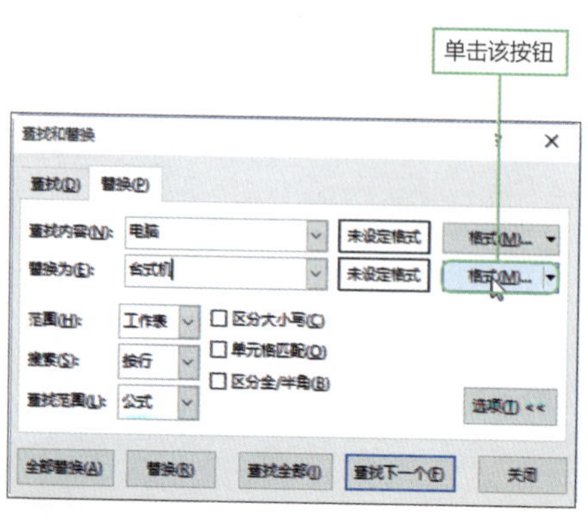

4 打开“替换格式”对话框，在“字体”选项卡中设置字体格式。

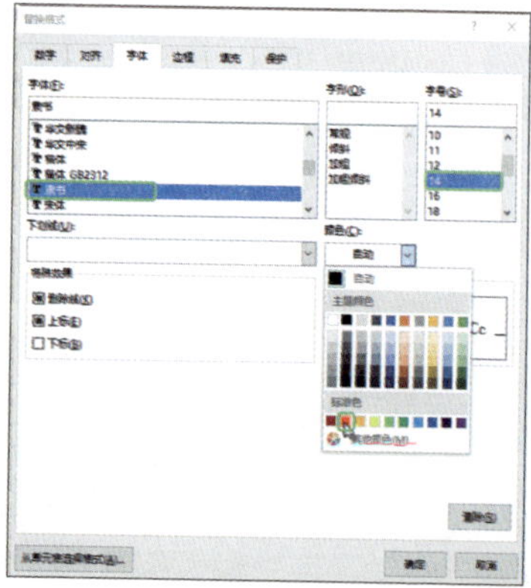

5 切换至“填充”选项卡，选择填充颜色，单击“确定”按钮。

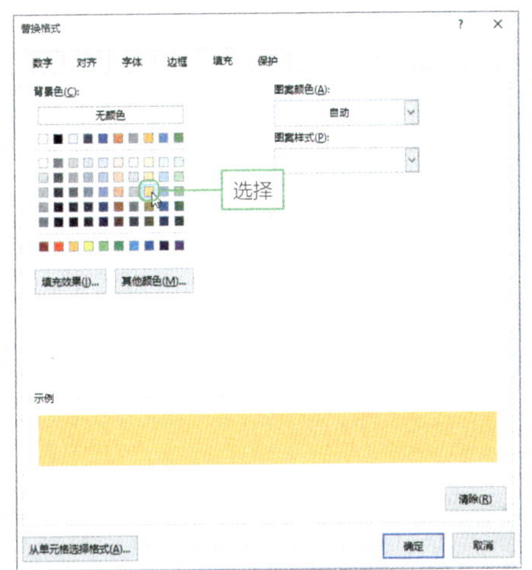

Hint

使用替换功能删除内容

打开工作表，按Ctrl+F快捷键，打开“查找和替换”对话框，在“查找内容”文本框中输入需要删除的数据，保持“替换为”文本框中为空，然后单击“全部替换”按钮即可。

6 返回“查找和替换”对话框，可见设置的效果，单击“全部替换”按钮。

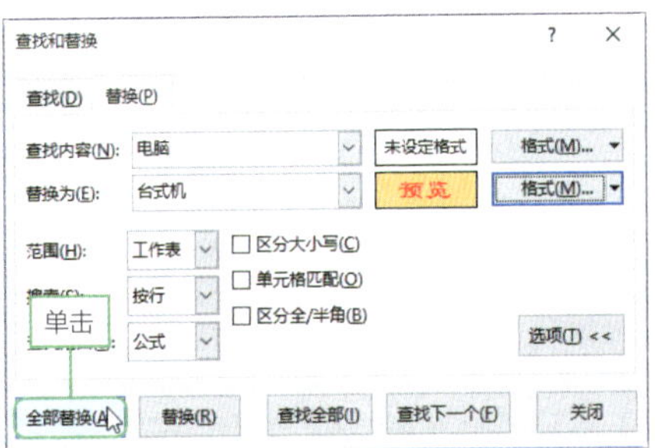

7 打开系统提示对话框，显示2处内容被替换了，单击“确定”按钮。

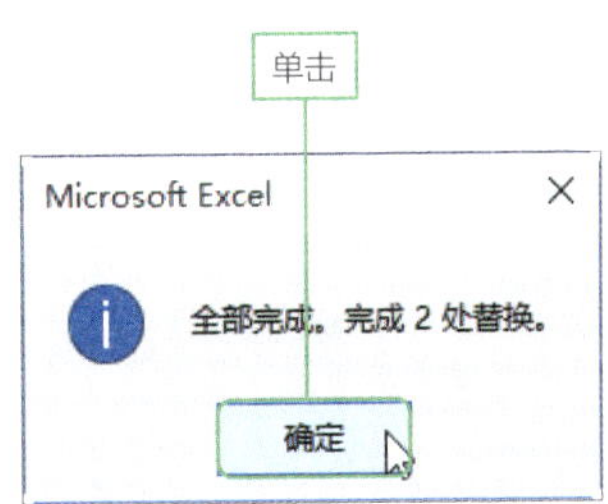

8 返回工作表中，查看替换数据并设置格式的效果。

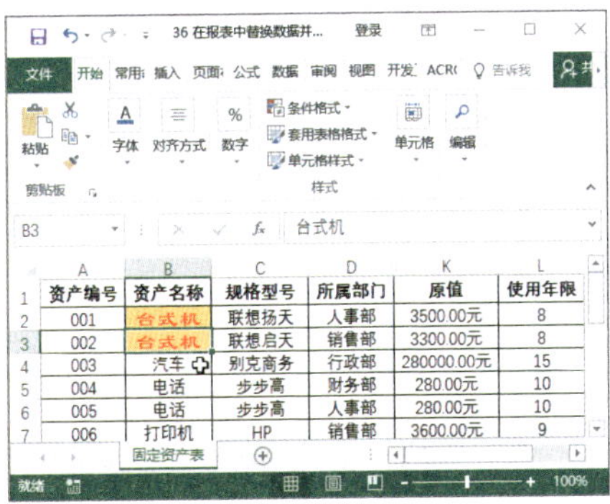

	A	B	C	D	K	L
1	资产编号	资产名称	规格型号	所属部门	原值	使用年限
2	001	台式机	联想扬天	人事部	3500.00元	8
3	002	台式机	联想启天	销售部	3300.00元	8
4	003	汽车	别克商务	行政部	280000.00元	15
5	004	电话	步步高	财务部	280.00元	10
6	005	电话	步步高	人事部	280.00元	10
7	006	打印机	HP	销售部	3600.00元	9

查看替换后的效果

Hint

在替换内容时使用通配符

使用替换功能时，可使用通配符进行模糊查找，Excel中的通配符包括“?”和“*”两种，在使用时均在半角状态。“?”代替任意一个字符，“*”代替任意数目的字符，可以是单个字符，也可以是多个字符或者没有字符。

值得注意的是，如果需要查找“?”和“*”字符本身，是不可以直接输入问号和星号的，需要在前面输入波浪符号“~”，例如“~?”、“~*”。

Question

073 个性批注有一招

语音视频教学073

● Level ◆◆◆

2016 2013 2010

实例 在应收账款表中插入批注

在财务报表中，若有些信息在单元格内不能说明清楚，我们可以通过插入批注进一步说明，使浏览者一目了然。

1 打开工作表，选中G3单元格，切换至“审阅”选项卡单击“新建批注”按钮。

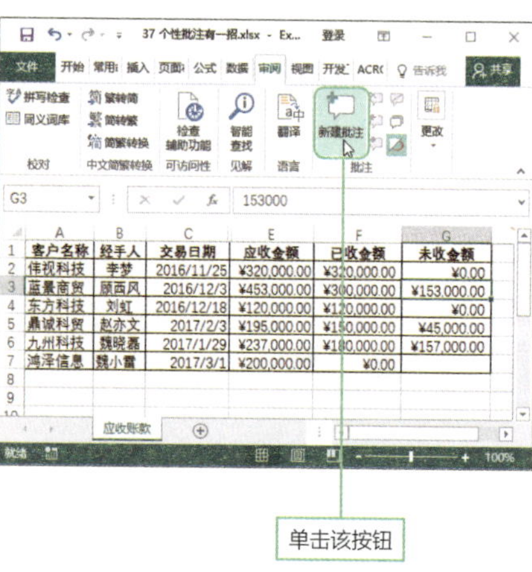

单击该按钮

2 在批注文本框中输入相关的信息内容后，单击任意单元格退出批注编辑模式。

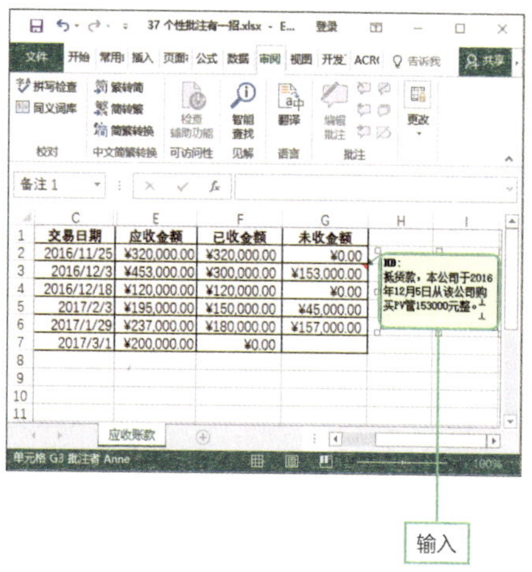

输入

3 返回工作表中，在插入批注的单元格右上角有红色小三角形，当光标移到G3单元格时，批注会自动显示。

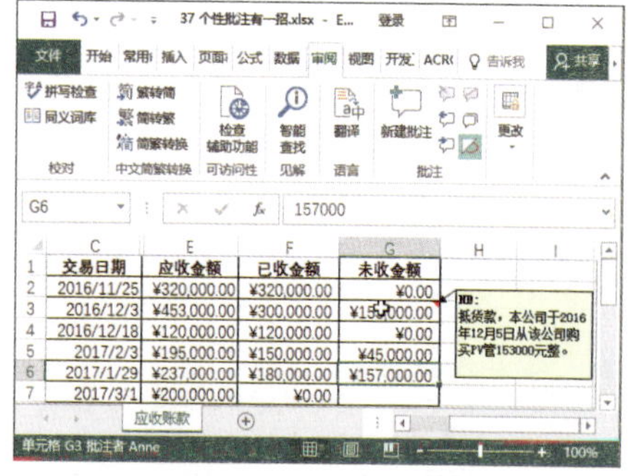

查看插入批注效果

Hint

编辑或删除批注

如果需要编辑或删除已有批注，则选中插入批注的单元格，切换至“审阅”选项卡，在“批注”选项组中单击相应的按钮即可，如“编辑批注”、“删除”等按钮。

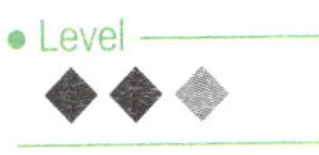

Question 074

快速选中含有批注的单元格

Level ◆◆◆

2016 2013 2010

实例 使用定位条件功能选中插入批注的单元格

在表格中某些单元格插入了批注，现在若需要删除，首选需要查找含批注的单元格，因为财务报表的数据都比较大，如果逐一查找比较繁琐，如何快速选中含有批注的单元格呢？下面介绍两种常用方法。

1 定位条件查找。打开工作表，在“查找和选择”下拉列表中选择“定位条件”选项。

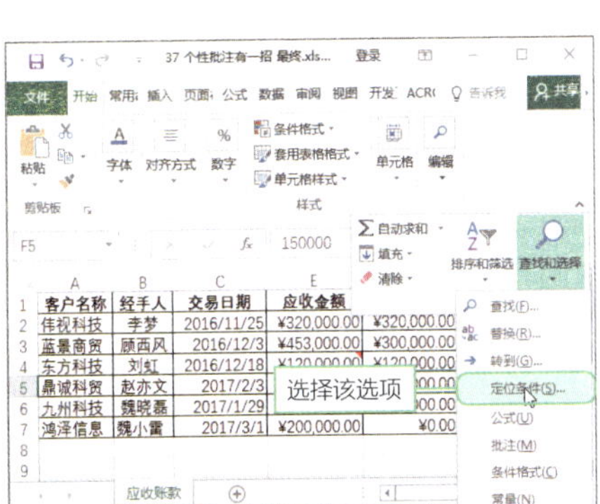

2 弹出“定位条件”对话框，选中“批注”单选按钮，单击“确定”按钮。

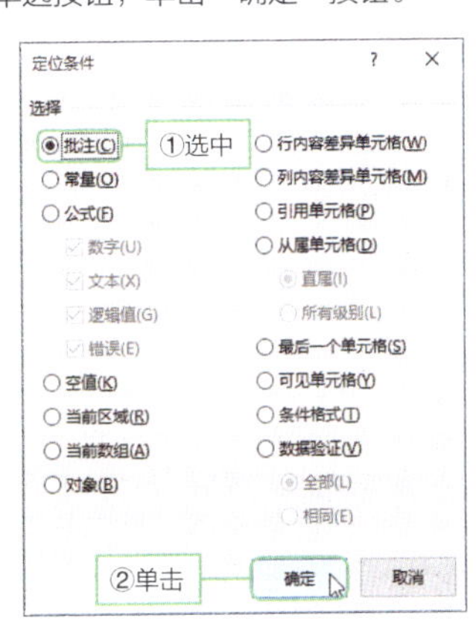

3 返回工作表中，可见所有插入批注的单元格均被选中。

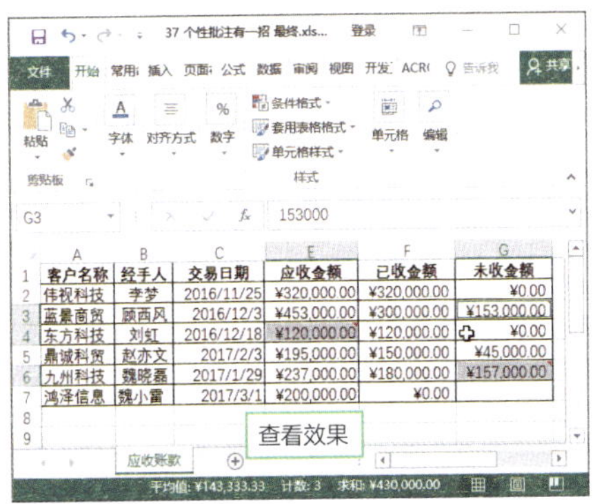

4 批注查找。在“开始”选项卡中的“查找和选择”下拉列表中选择“批注”选项即可。

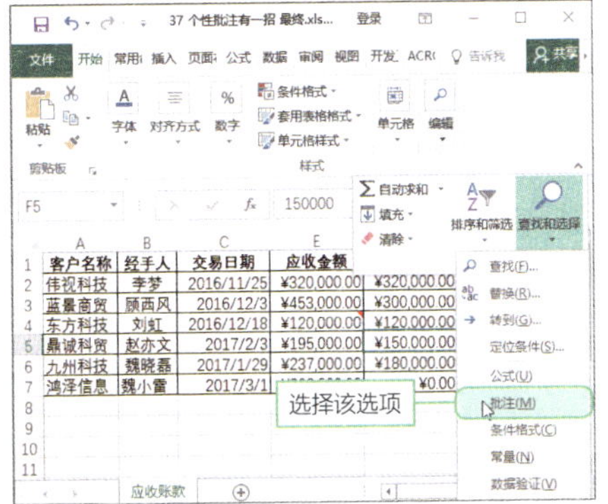

Question **075**

插入特殊符号有妙招

语音视频教学075

● Level ◆◆◆

2016 2013 2010

实例 在员工信息表中插入特殊符号

在制作财务报表时，使用特殊符号来代替一些数据，可以为报表增加活跃的气氛。下面介绍在员工信息表中，用特殊符号来标记员工婚姻状况的操作方法。

1 打开工作表，选中E2单元格，切换至“插入”选项卡，单击“符号”按钮。

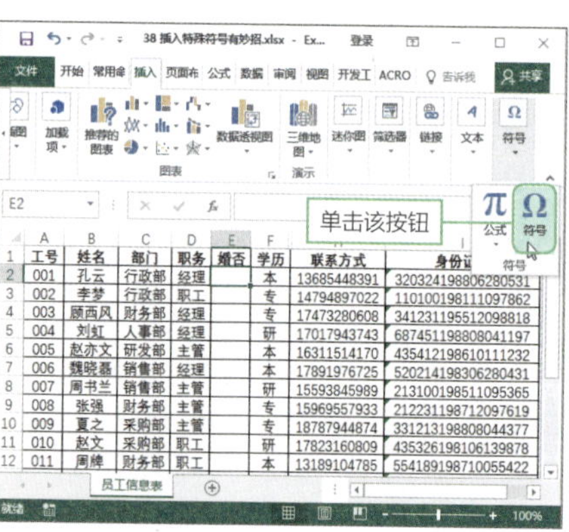

2 打开“符号”对话框，选择五角星选项，标记员工为已婚，然后单击“插入”按钮。

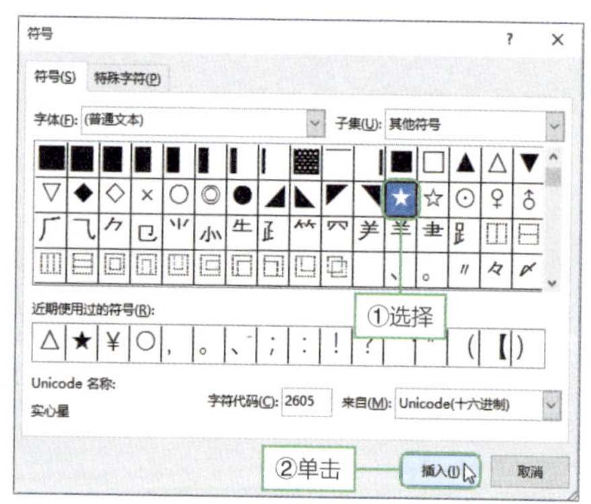

3 选中E2单元格，在“开始”选项卡中设置五角星的颜色。

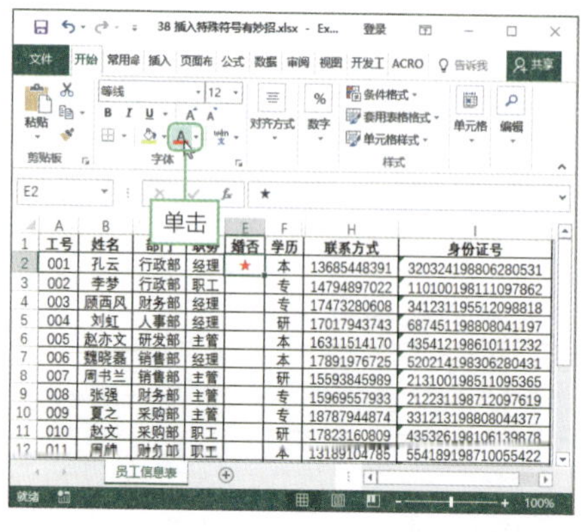

4 按照同样的方法插入三角形，来标记员工为未婚。

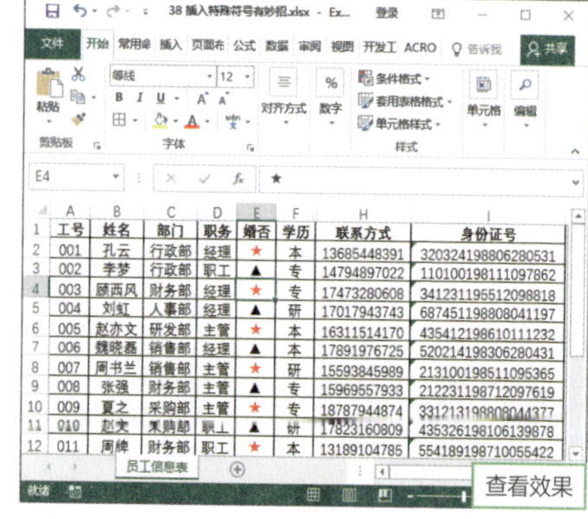

第3章 076~095

财务报表数据有效性的设置技巧

Question

076 控制资产负债表中数据的输入范围

● Level ◆◆◆

实例 通过数据验证功能约束资产负债表中的数据范围

在财务报表中，有很多数据输入范围都是受到限制的，如果超出这个范围就会引发一连串的错误，下面我们介绍如何限制数据的输入。

例：在资产负债表中设置期初数和期末数的数据范围。

1 打开工作表，选中需要设置的单元格区域，单击“数据”选项卡下的“数据验证”按钮。

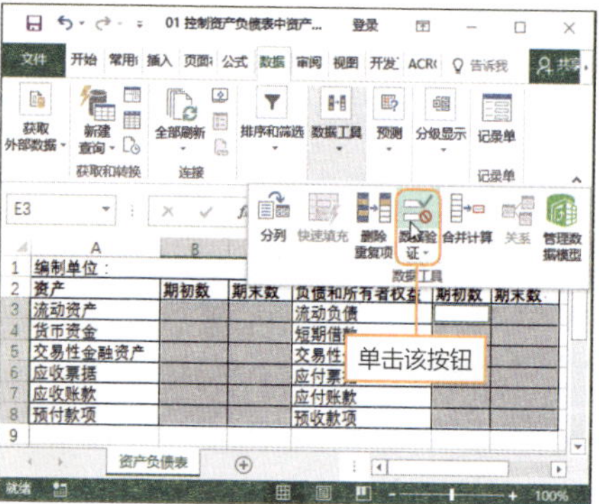

2 弹出“数据验证”对话框，在“设置”选项卡下的“允许”下拉列表中选择“小数”选项。

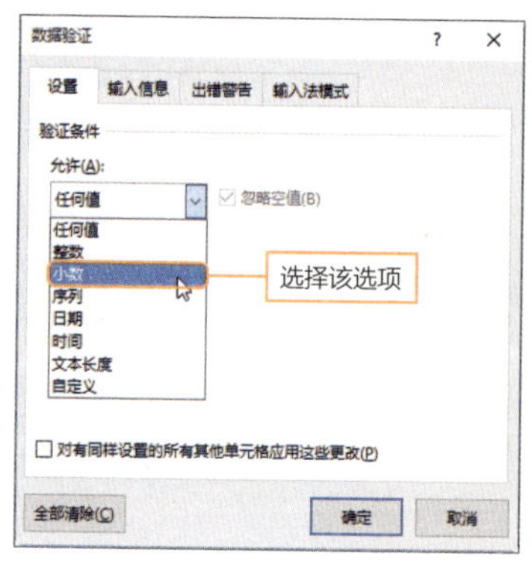

3 在“最小值”和“最大值”文本框中设置限制范围的数据，然后单击“确定”按钮。

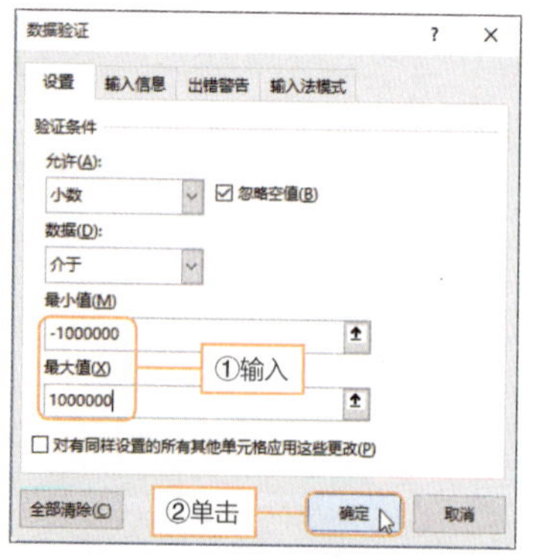

4 返回工作表中，在输入限制范围之外的数据时，将打开系统提示对话框，提示输入的数据与数据验证限制不匹配，单击“重试”按钮，重新输入数据。

输入值非法，重新输入

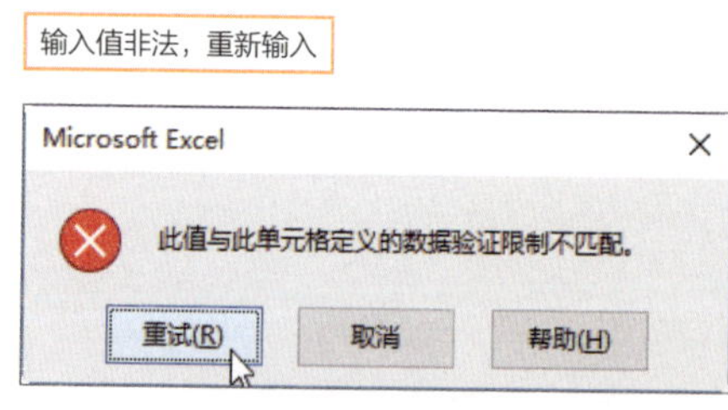

为费用统计表的部门数据提供输入选项

语音视频教学077

Level

2016 2013 2010

实例　快速为部门列提供输入选项

有些财务报表要重复输入某些相同的数据，为了快捷无误地输入，我们可以为单元格添加下拉三角按钮，然后从下拉列表中选择。这样只用鼠标就能完成，大大提高工作效率。

1 2 3 4 5 6 7 8 9 10
财务报表数据有效性的设置技巧

1 打开工作表，选中C2:C12单元格区域，单击“数据”选项卡中的“数据验证”按钮。

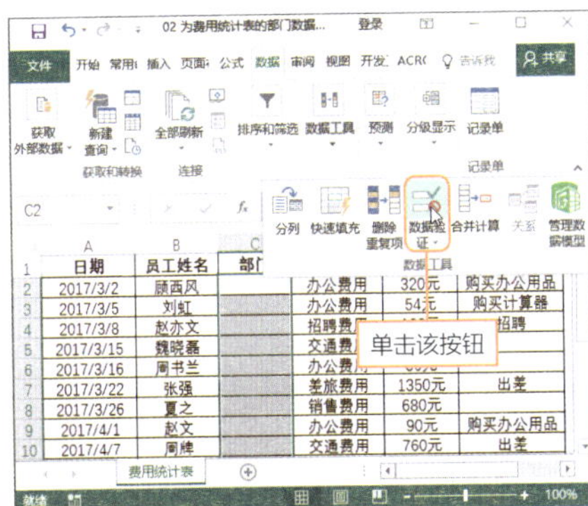

2 弹出“数据验证”对话框，在“设置”选项卡下的“允许”下拉列表中选择“序列”选项。

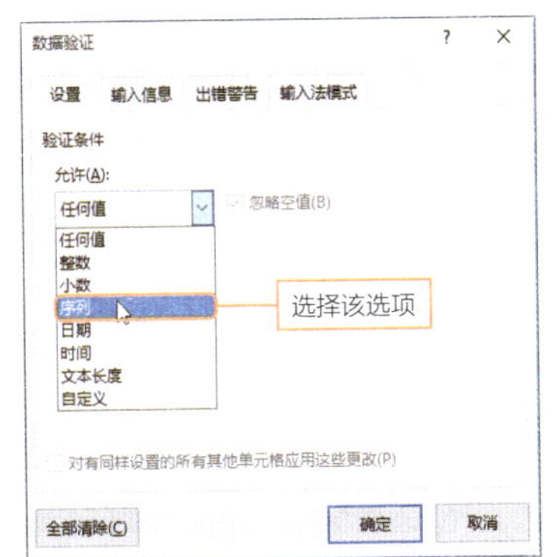

3 在“来源”文本框中输入“行政部,财务部,采购部,销售部”文本，然后单击“确定”按钮。

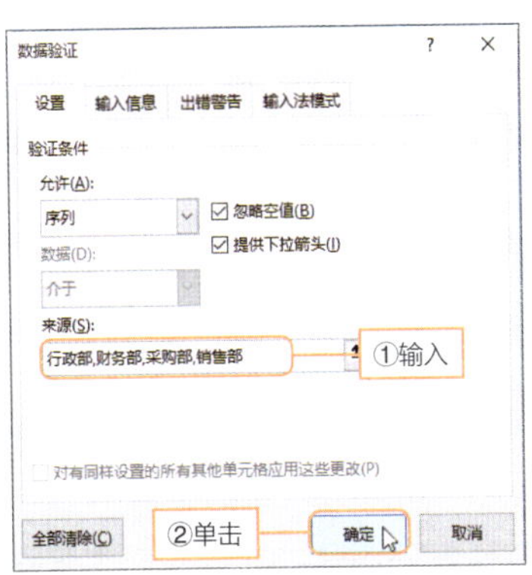

4 返回工作表，单击C2单元格右侧的下三角按钮，在列表中选择部门即可。

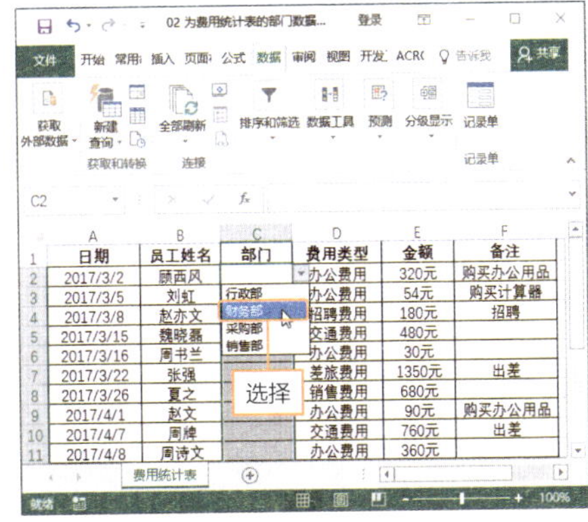

Question 078

为薪酬表中姓名列制作下拉列表

语音视频教学078

Level ◆◆◆

2016 2013 2010

实例 通过数据验证引用考勤汇总表中数据

财务人员在制作薪酬表时，可以直接引用考勤汇总表中的内容，从而避免了手工输入，提高工作效率。

例：使用“数据验证”功能引用考勤汇总表中的员工姓名。

1 打开工作表，选中B2:B18单元格区域，单击“数据验证”按钮。

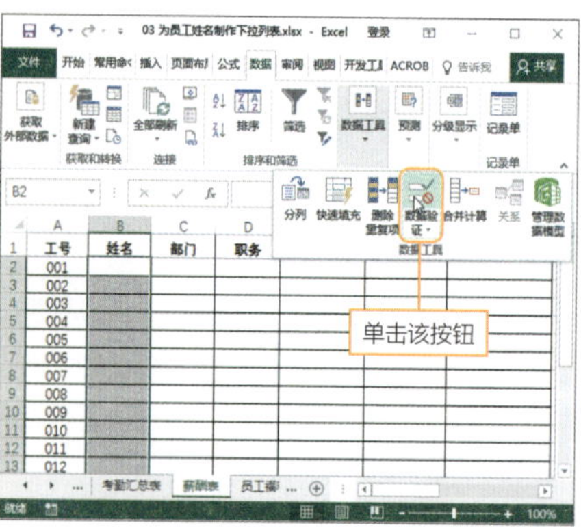

2 打开“数据验证”对话框，在“允许”列表中选择“序列”选项。

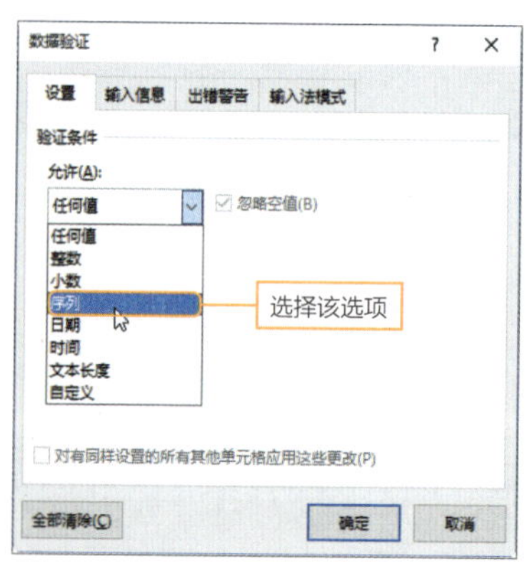

3 在“来源”文本框中输入“=INDIRECT("考勤汇总表!$B$5:$B$21")”，单击“确定”按钮。

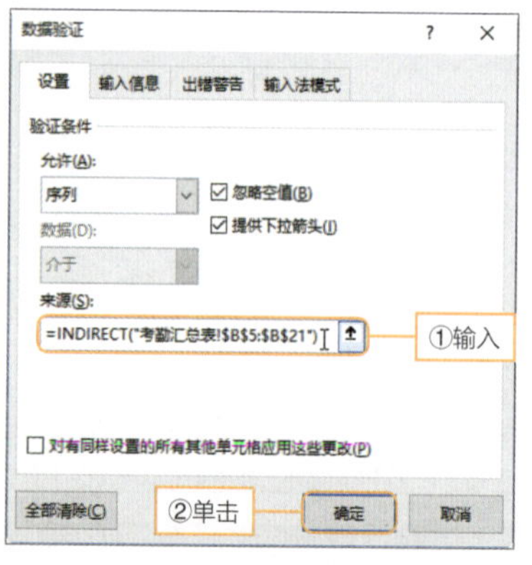

4 单击B2单元格右侧的下三角按钮，查看设置效果。

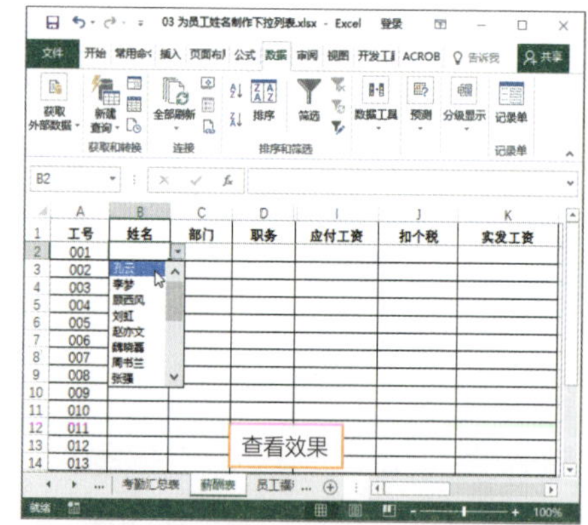

Question 079

设置销售数量为整数有妙招

实例　设置销售数量为正整数

Level ◆◆◆

2016 2013 2010

在销售统计表中，员工销售产品的数量只能为正整数，不能为负数或小数。为了避免员工在百忙之中输入错误，用户可以设置销售数量的输入范围为正整数。

1 打开工作表，选中G3:G17单元格区域，单击“数据验证”按钮。

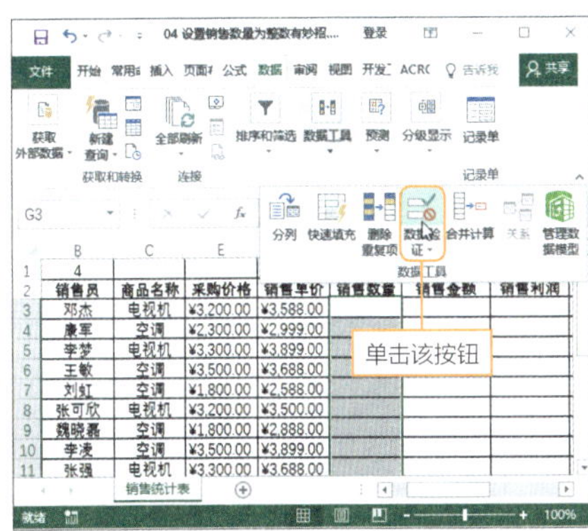

2 打开“数据验证”对话框，在“允许”列表中选择“整数”选项。

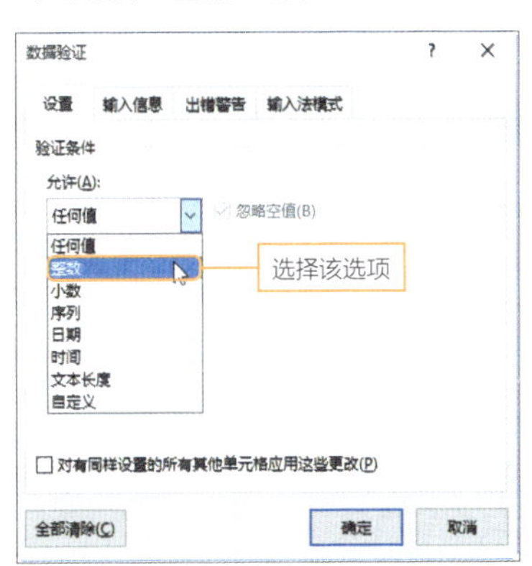

3 在“数据”列表中选择“大于”，在“最小值”数值框中输入0，单击“确定”按钮。

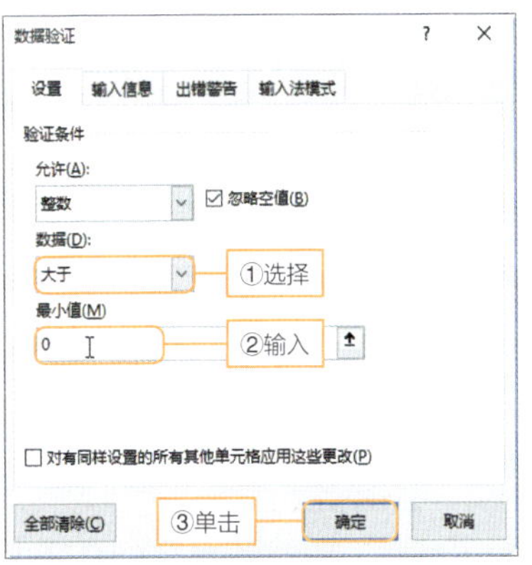

4 在该单元格区域中输入非正整数时，系统将弹出提示对话框。

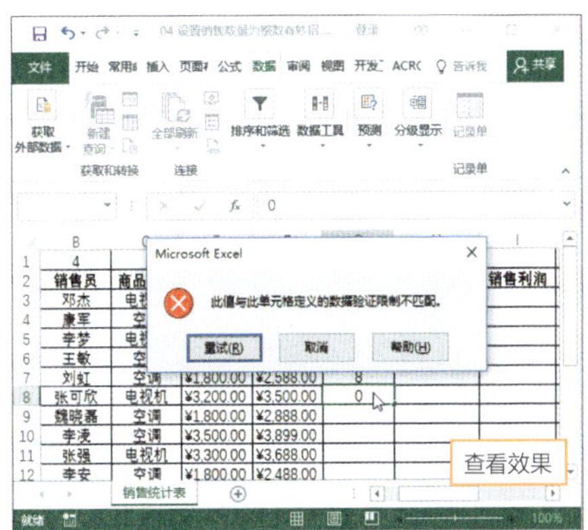

Question 080

限制报表中员工年龄的输入范围

Level ◆◆◆

2016 2013 2010

实例	为员工信息表中年龄字段设置范围为20-60岁之间的整数

企事业单位对员工的年龄都有要求，首先不能用童工，财务人员在整理员工信息的时候规定员工的年龄在20-60之间。下面介绍使用数据验证功能限制员工年龄的输入。

① 打开工作表，选中F2:F18单元格区域，单击“数据”选项卡中的“数据验证”按钮。

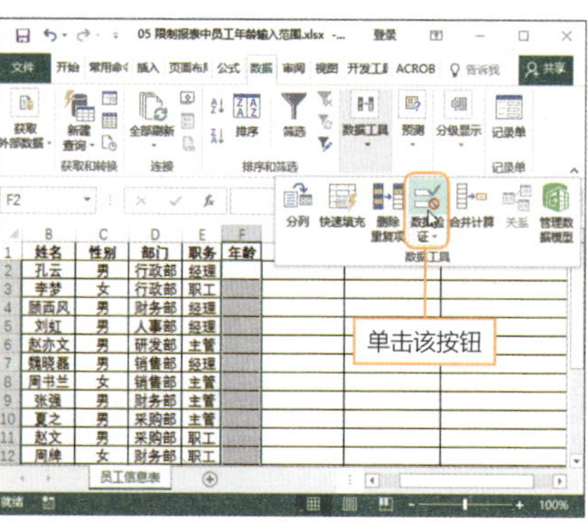

② 弹出“数据验证”对话框，在“设置”选项卡中进行相应的设置。

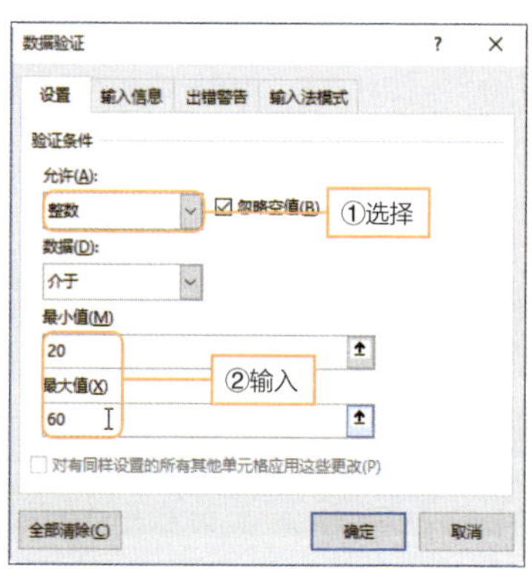

③ 切换至“出错警告”选项卡，并进行设置，然后单击“确定”按钮。

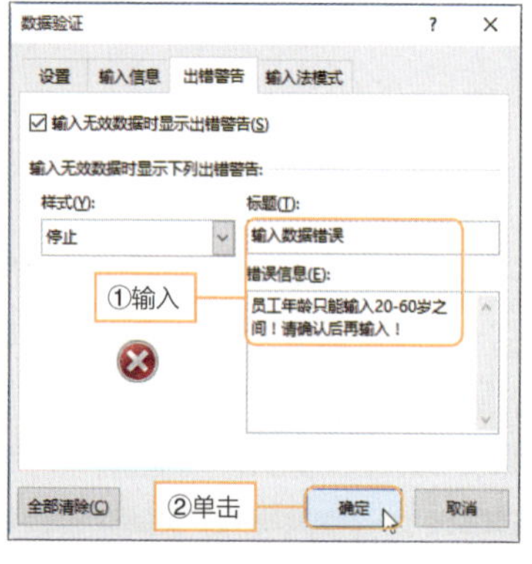

④ 在F2:F18单元格区域中，输入不在20-60之间的整数年龄时，查看效果。

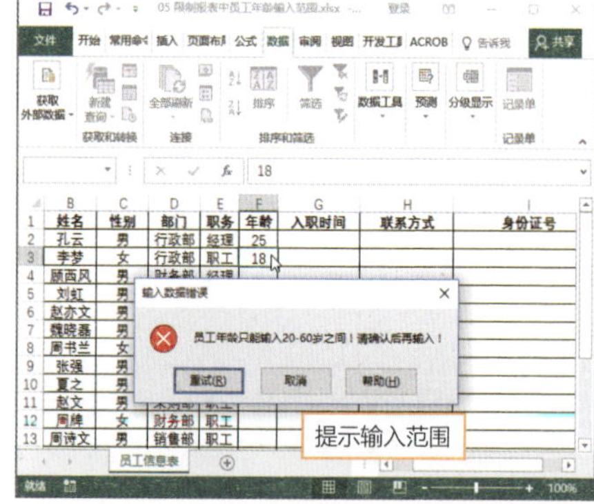

Question

081

控制输入数据的长度

Level ◆◆◆

2016 2013 2010

实例　控制输入身份证号为18位数字

在财务报表中，当有些特殊单元格要求固定的数据位数时，用户可以通过数据验证功能来实现。

例：在员工信息表中，设置身份证号列的内容限制为18位数字。

1. 打开工作表，选中G2:G18单元格区域，单击“数据”选项卡中“数据验证”按钮。

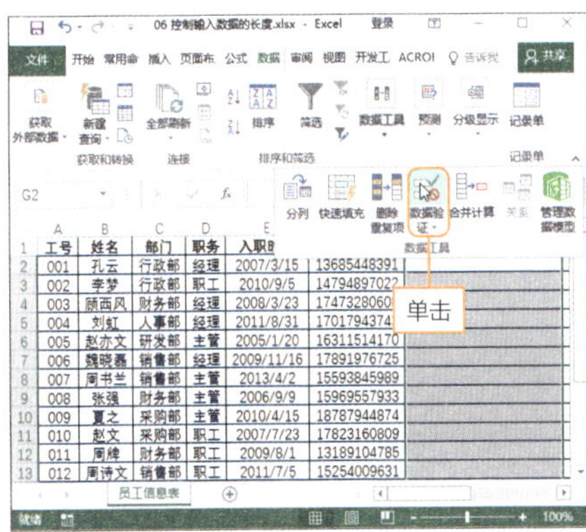

2. 在“数据验证”对话框的“设置”选项卡下，单击“允许”下三角按钮，选择“文本长度”选项。

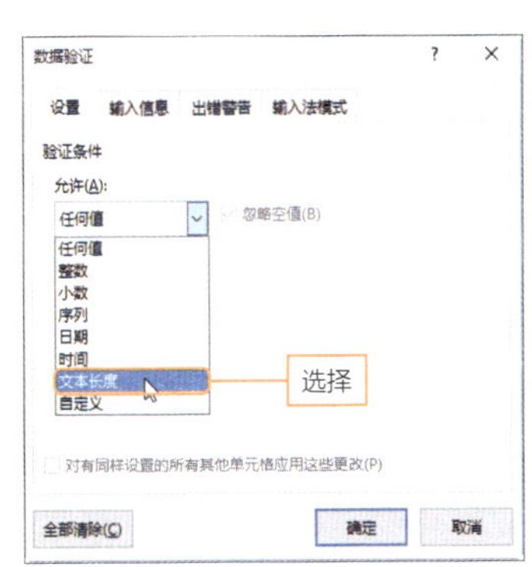

3. 在“数据”下拉列表中选择“等于”选项，输入“长度”值为18，然后单击“确定”按钮。

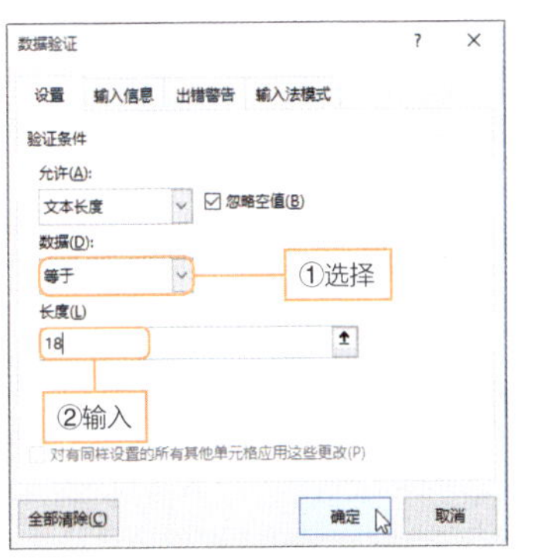

4. 当输入小于或大于18位数字时，将弹出提示对话框。

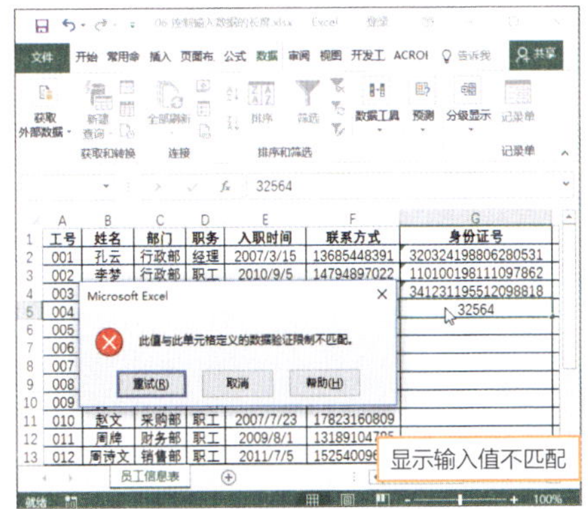

Question

082

确保身份证号码的唯一性

语音视频教学082

Level ◆◆◆

2016 2013 2010

实例 使用数据验证功能确保数据唯一性

在财务报表中输入数据时，经常遇到某些数据是唯一不能重复的，例如身份证号、订单编号等，必须保证这些数据的唯一性。

例：在员工信息表中，设置身份证号的唯一性。

① 打开工作表，选中G2:G18单元格区域，单击“数据”选项卡中的“数据验证”按钮。

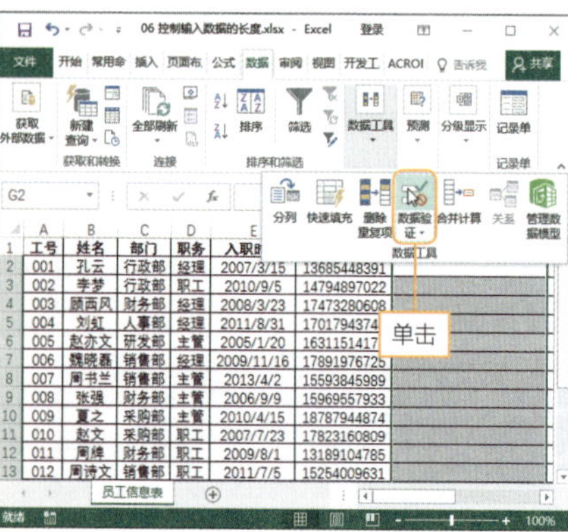

② 弹出“数据验证”对话框，在“设置”选项卡下进行相应的设置。

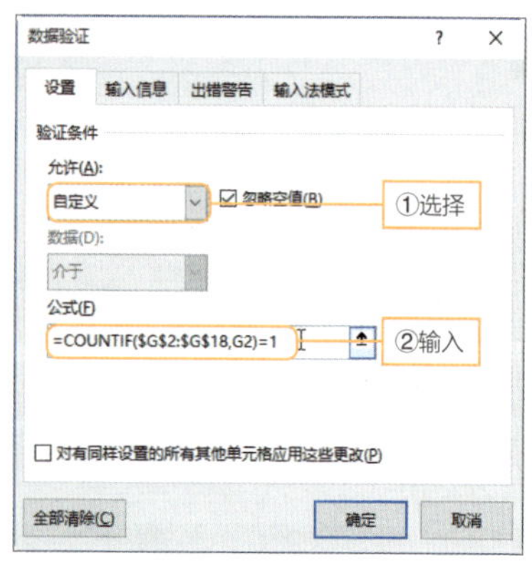

③ 切换至“出错警告”选项卡，进行出错时提示设置，然后单击“确定”按钮。

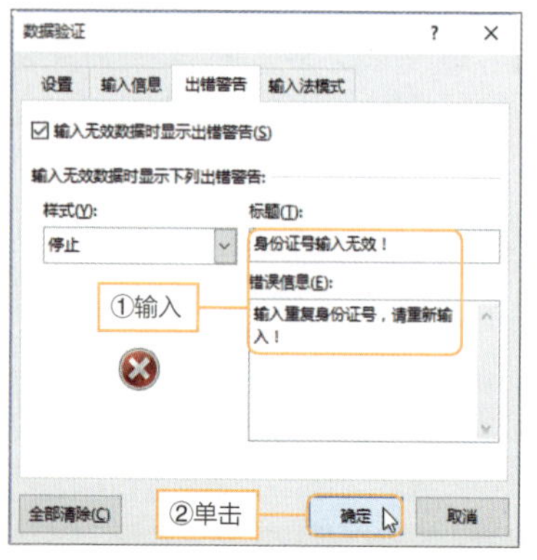

④ 返回工作表中，输入身份证号，若输入相同的号码，将弹出提示对话框。

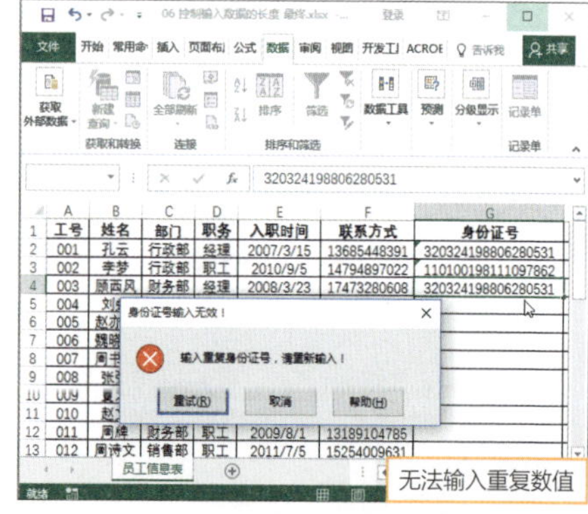

083

限制报表中的数字字段只能输入数字

语音视频教学083

Level ◆◆◆

2016 2013 2010

实例　为采购统计表设置限制输入数字

在填写或修改财务报表时，可以通过设置单元格的格式，以便更好地控制报表，不至于填写错误。下面介绍设置采购统计表中单价列和合计列单元格中只能输入数字的操作方法。

1 打开工作表，选中G2:H8单元格区域，单击“数据”选项卡中的“数据验证”按钮。

2 在“数据验证”对话框的“设置”选项卡下，单击“允许”下三角按钮，选择“自定义”选项。

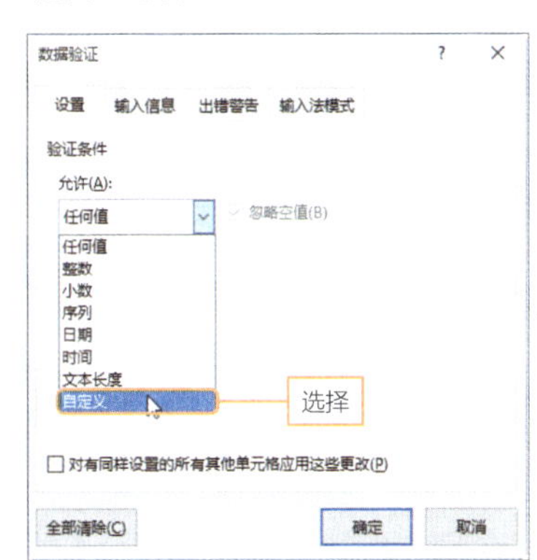

3 在“公式”文本框中输入“=ISNUMBER(G3)”公式，单击“确定”按钮。

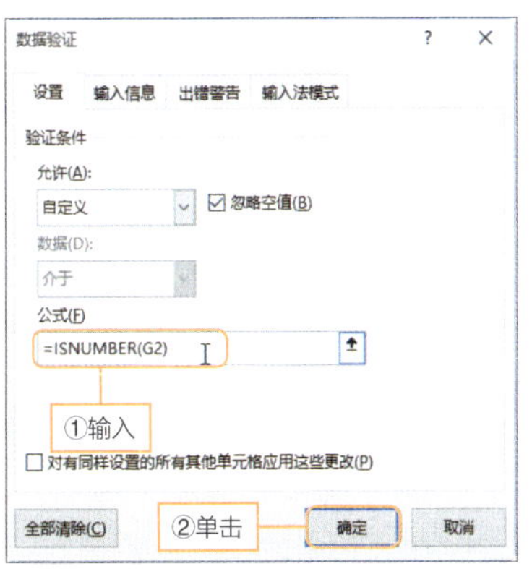

4 在G2:H8单元格中如果输入非数字时，查看效果。

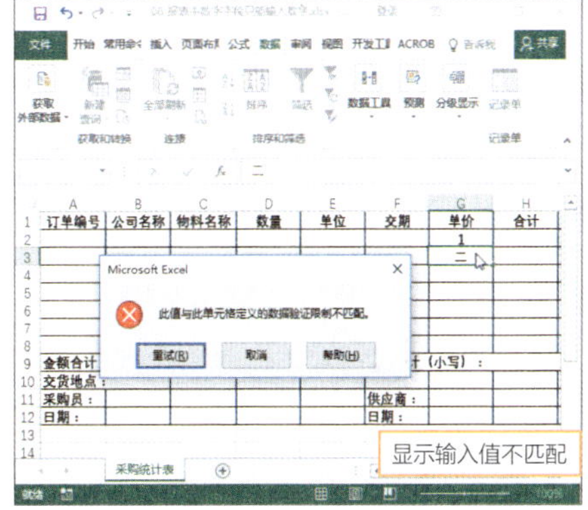

Question **084**

限制在单元格中输入空格

语音视频教学084

● Level ◆◆◆

2016 2013 2010

实例 在输入员工姓名时禁止输入空格

有的用户为了表格整体美观，习惯在输入2个字的姓名时添加空格，但是如果这些单元格参于计算，则会出现错误。

例：在员工基本工资表中，使用数据验证功能限制输入空格。

❶ 打开工作表，选中B2:B18单元格区域，单击“数据”选项卡中的“数据验证”按钮。

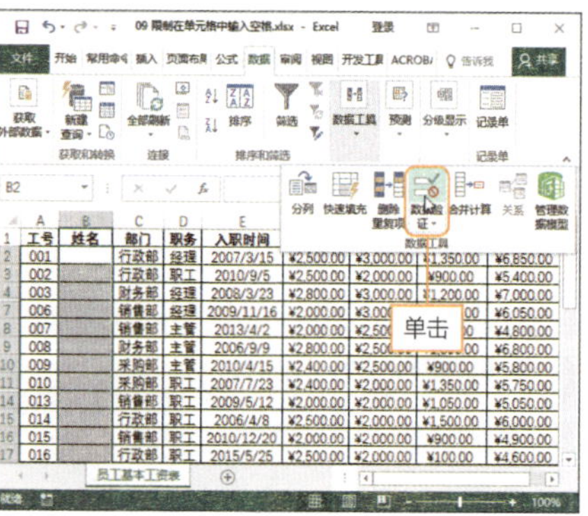

❷ 弹出“数据验证”对话框，在“设置”选项卡下进行相应的设置。

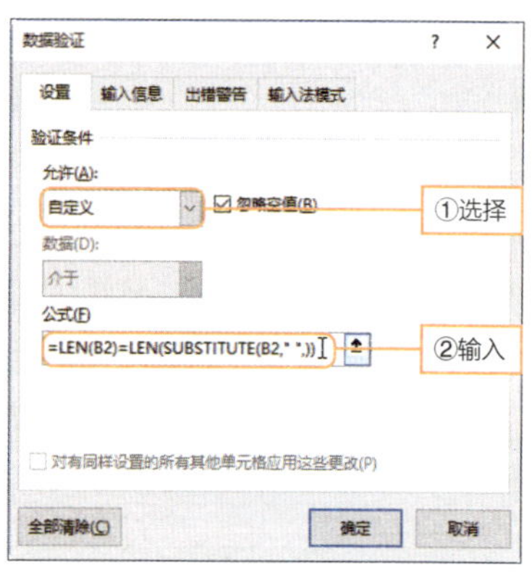

❸ 切换至“出错警告”选项卡进行设置，然后单击“确定”按钮。

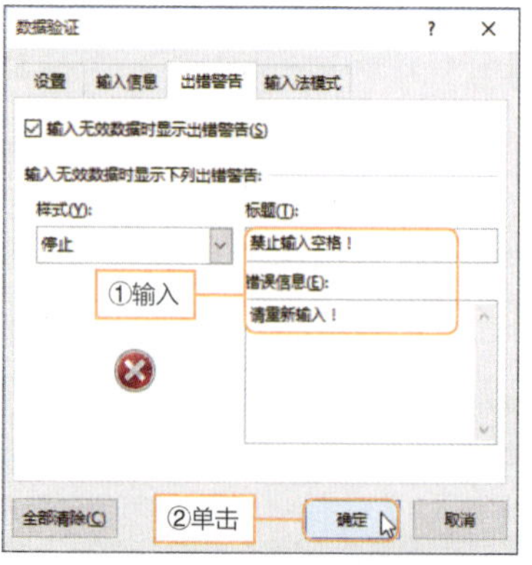

❹ 返回工作表中，输入员工姓名时如果输入空格，查看效果。

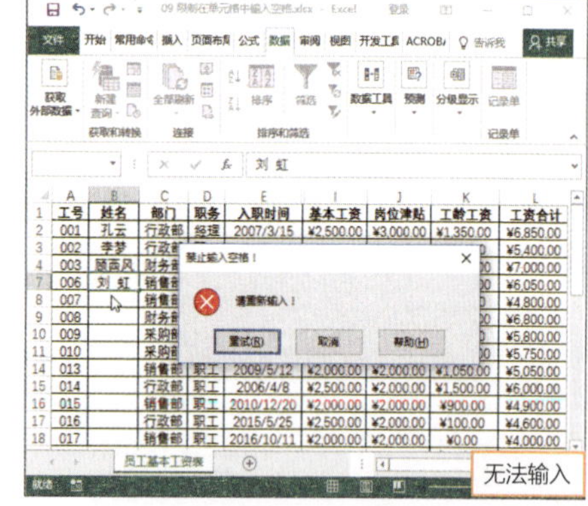

确保只能输入手机号码

Level ◆◆◆

2016 2013 2010

实例 限制输入11位手机号码

现在手机已经成为人与人联系最基本的工具，在制作员工信息表时，我们可以使用数据验证功能，设置输入手机号必须为11位数字。

❶ 打开工作表，选中F2:F18单元格区域，单击“数据”选项卡中“数据验证”按钮。

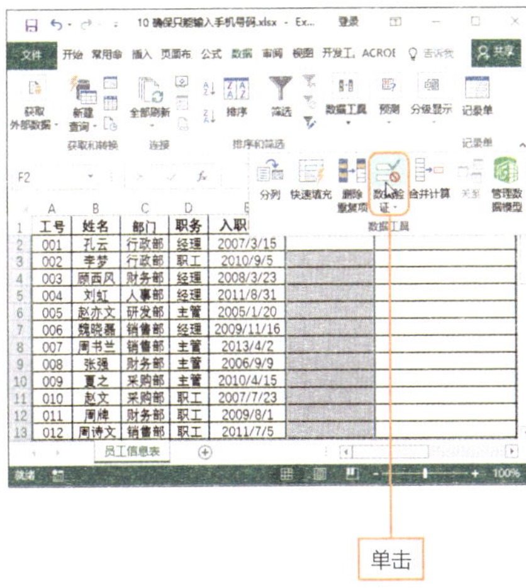

❷ 弹出“数据验证”对话框，在“设置”选项卡下进行相应的设置。

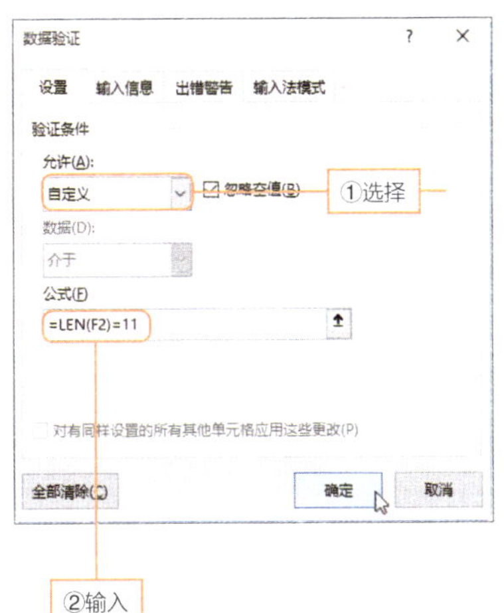

❸ 返回工作表中，输入员工的手机号码，如果输入非11位数字时，查看效果。

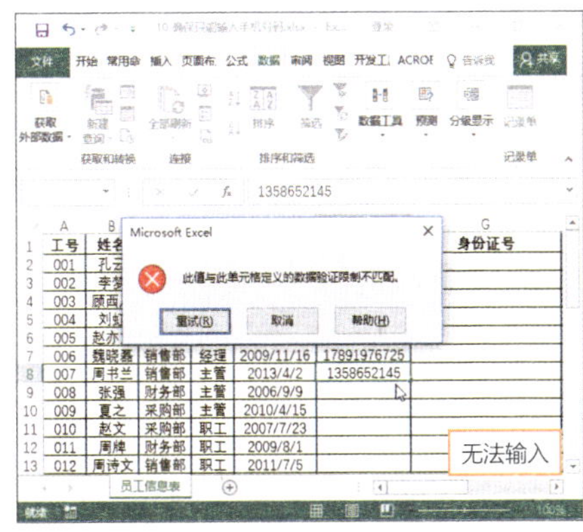

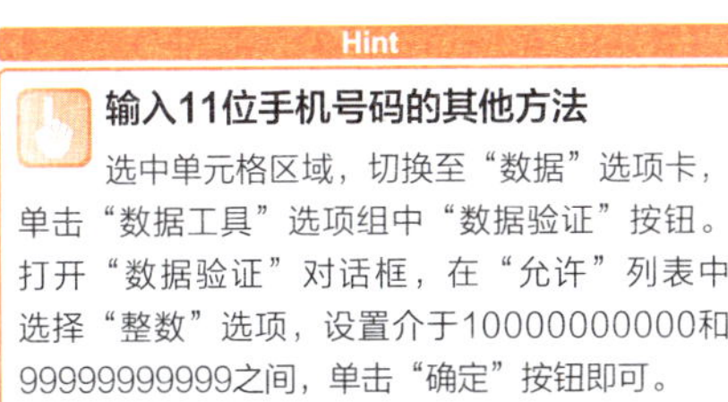

Hint

输入11位手机号码的其他方法

选中单元格区域，切换至“数据”选项卡，单击“数据工具”选项组中“数据验证”按钮。打开“数据验证”对话框，在“允许”列表中选择“整数”选项，设置介于10000000000和99999999999之间，单击“确定”按钮即可。

Question 086

限制在单元格内输入规定的日期

Level

2016 2013 2010

实例 设置销售日期范围在2017/4/1至2017/4/30之间

企业的销售员工，每个月必须制作员工的销售报表，记录员工一个月的销售情况，输入日期的是不能跨月的。下面介绍限制日期列中输入日期范围的操作方法。

1 打开工作表，选中A2:A20单元格区域，在“数字格式”列表中选择“短日期”选项。

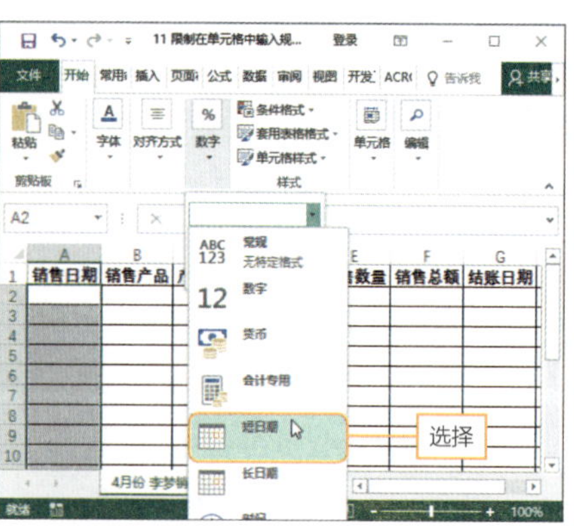

2 然后切换至“数据”选项卡，单击“数据验证”按钮。

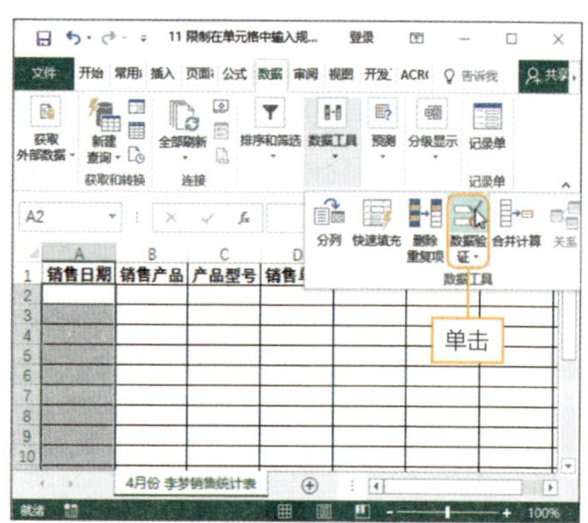

3 弹出“数据验证”对话框，在“设置”选项卡下进行相应的设置，然后单击“确定”按钮。

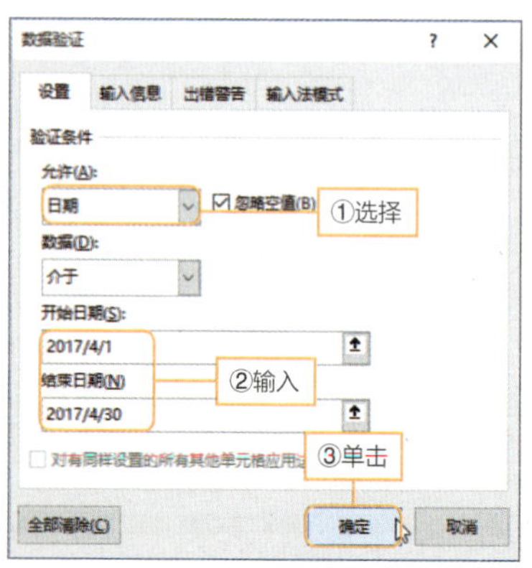

4 当输入非日期或是不在指定日期内的数据时，查看效果。

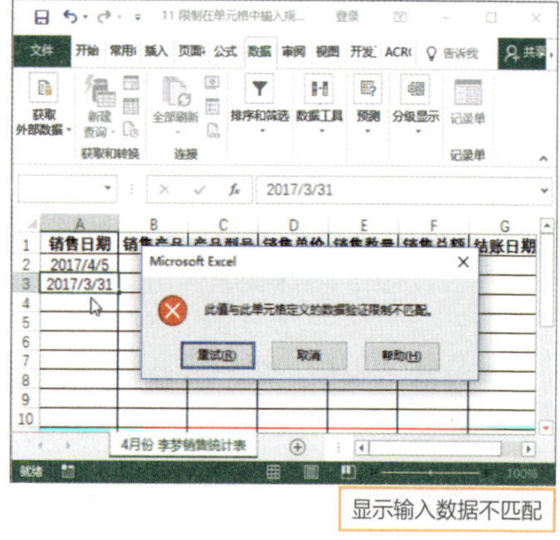

Question 087 强制日期为序时录入

语音视频教学087

Level ◆◆◆

2016 2013 2010

实例 设置日记账的日期按顺序录入

在编辑财务报表时，经常要遵循序时录入的原则，即录入的时间是越来越近的，下面通过数据验证来实现此功能。
例：设置日记账中的日期为序时录入。

1 打开工作表，选中A2:A18单元格区域，单击“数据验证”按钮。

单击该按钮

2 弹出“数据验证”对话框，在“设置”选项下进行相应的设置，然后单击“确定”按钮。

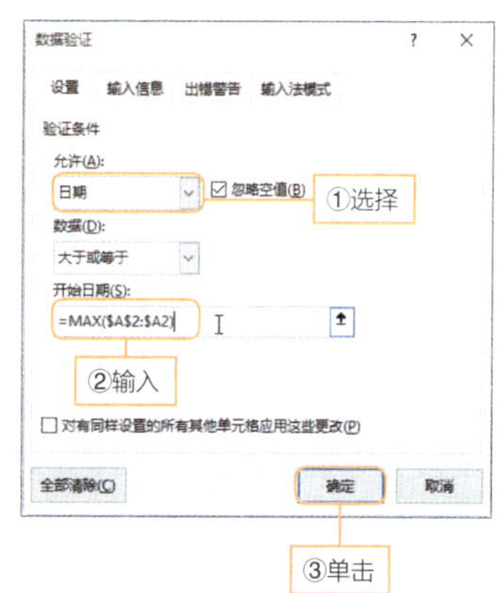

3 返回工作表中，当输入日期不是按序时的顺序输入时，查看效果。

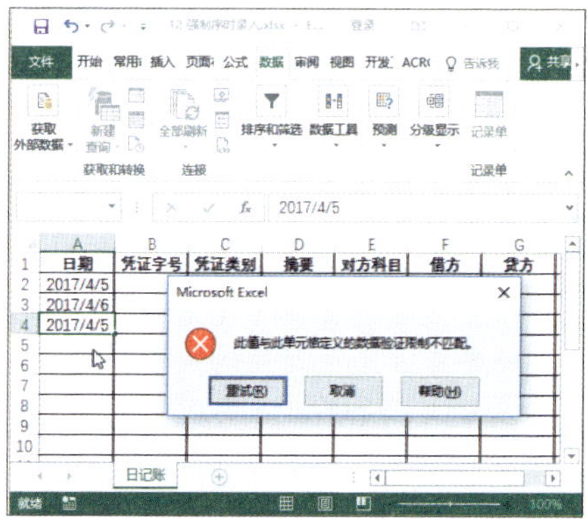

输入数据不匹配

Hint

输入逆序的日期值

如果需要逆序输入日期时，选中单元格区域，打开“数据验证”对话框，在“允许”列表中选择“日期”选项，在“数据”列表中选择“小于或等于”选项，在“结束日期”文本框中输入“=MIN($A$2:$A$2)”公式，单击“确定“按钮即可。

Question

088 限制输入月和日的输入范围

Level ◆◆◆

2016 2013 2010

实例 设置日记账中月和日的输入范围

财务人员经常会遇到单独输入月和日的情况，为了避免输入有误，用户可以先设置限制日期输入的范围，然后再输入。

1. 打开工作表，选中A3:A19单元格区域，单击“数据验证”按钮。

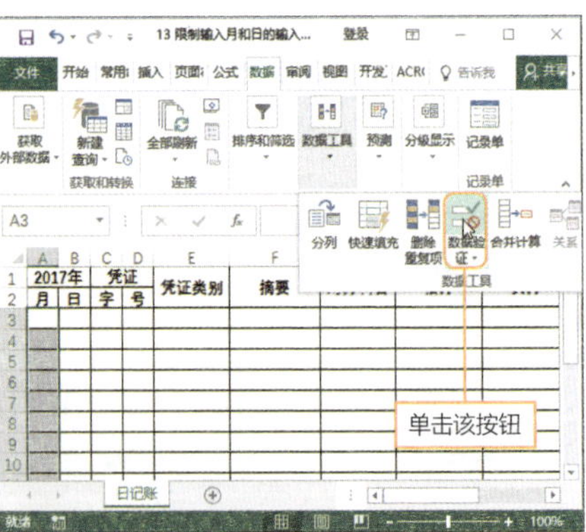

2. 弹出“数据验证”对话框，在“设置”选项下进行相应的设置，然后单击“确定”按钮。

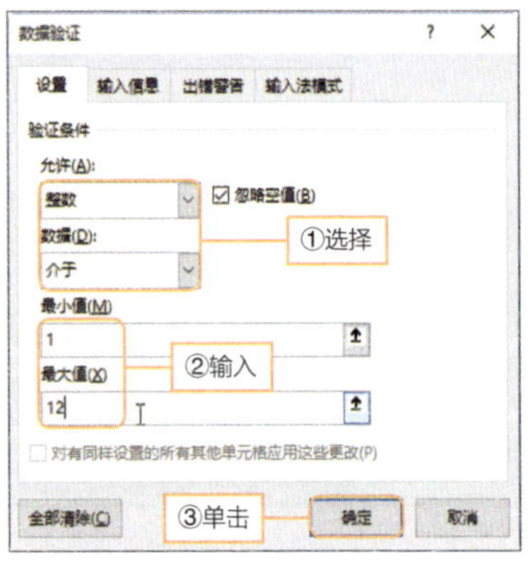

3. 按照相同的方法，设置B3:B19单元格区域数据的输入范围。

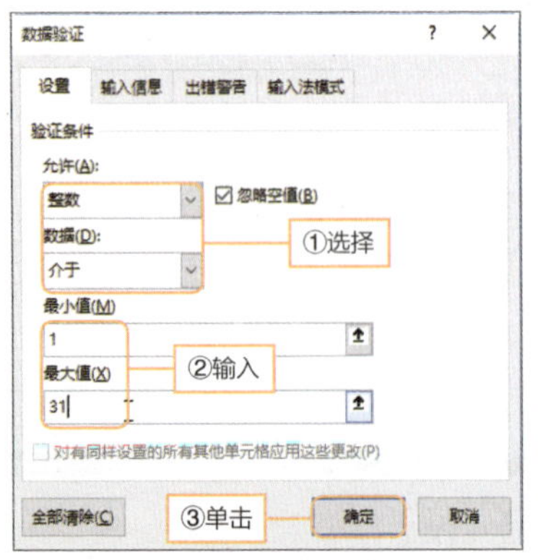

4. 返回工作表中，在设置数据验证的单元格中输入范围之外的数据时，查看效果。

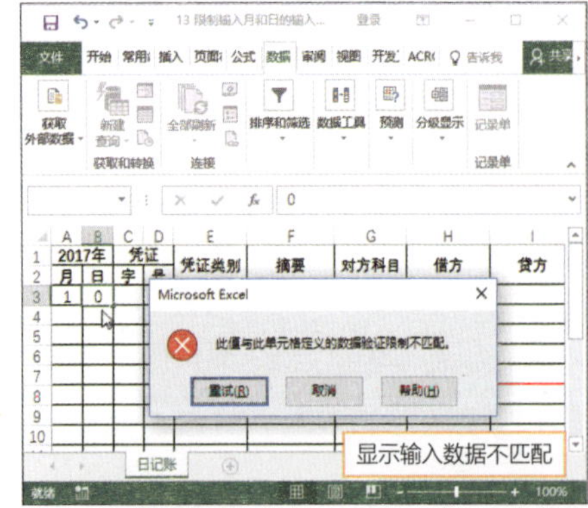

设置单元格提示输入信息

Level ◆◆◆

实例　在采购统计表中为交货日期设置提示信息

在制作采购统计表时，为交货日期设置提示信息，提示用户确认交货的日期不在周末。

1. 打开工作表，选中J2:J22单元格区域，切换至“数据”选项卡，单击“数据验证”按钮。

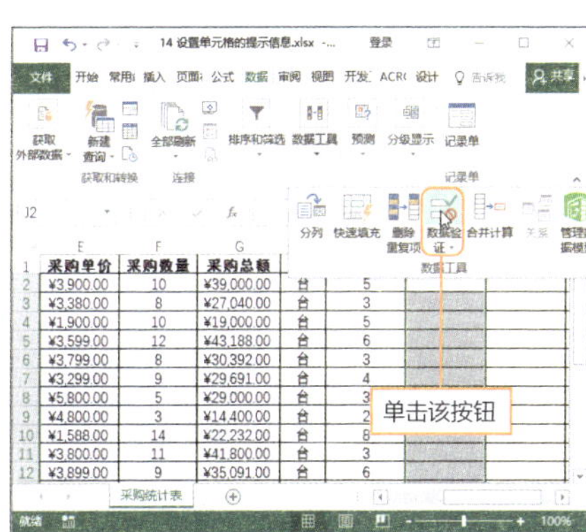

2. 弹出“数据验证”对话框，切换至“输入信息”选项卡。

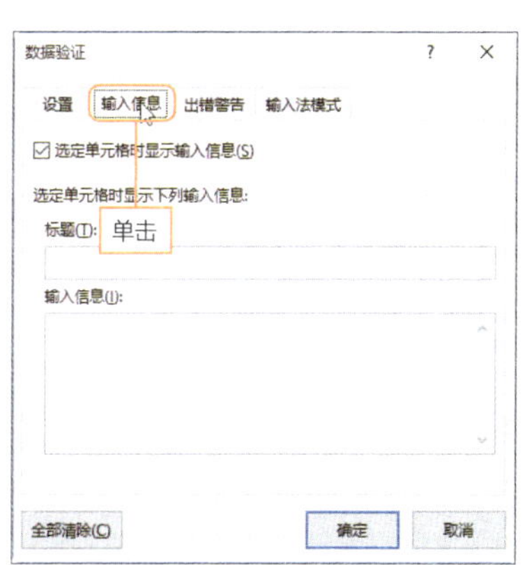

3. 在“标题”和“输入信息”文本框中输入提示信息，单击“确定“按钮。

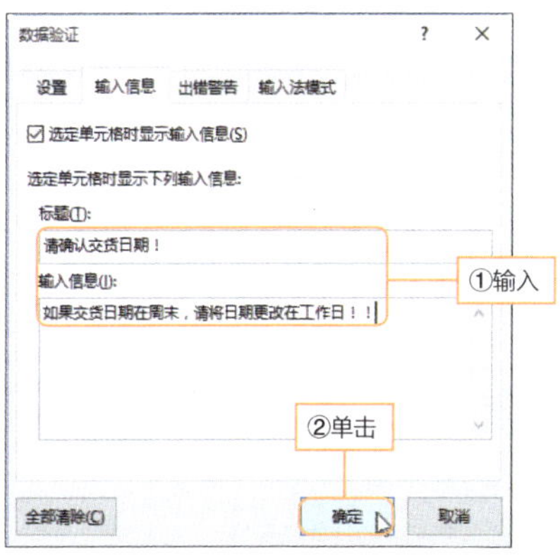

4. 返回工作表中，选中J2单元格，即显示提示信息，提示员工的数据输入。

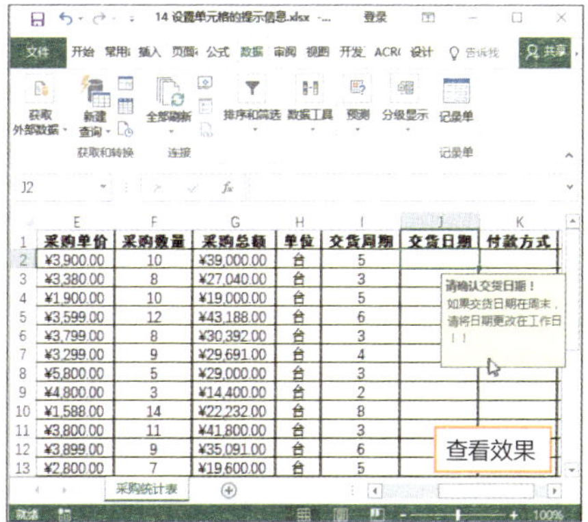

Question

090 杜绝负数库存

语音视频
教学090

● Level ◆◆◆

2016 2013 2010

实例 使用数据验证功能确保销量小于或等于库存

公司在管理库存和销售数据时，要保证销售数量小于或等库存，杜绝出现负数库存现象。当然公司都会花钱买管理软件来管理，但在Excel中也可以杜绝负数库存。

❶ 打开库存表，选中B1:C22单元格区域，在“名称框”中输入“库存”文本后，按Enter键。

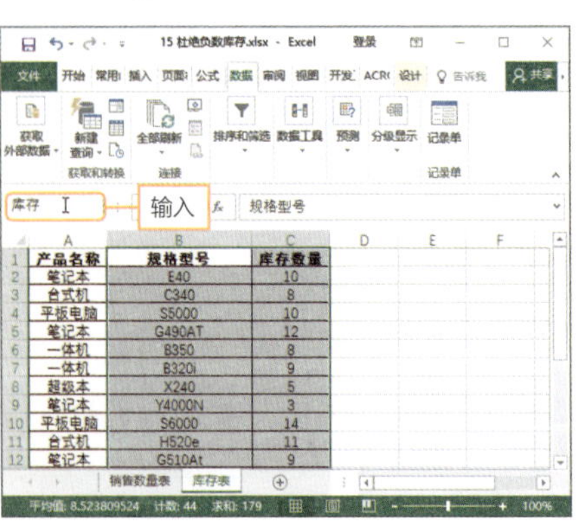

❷ 打开销量表，选中C2:C22单元格区域，单击“数据验证”按钮。

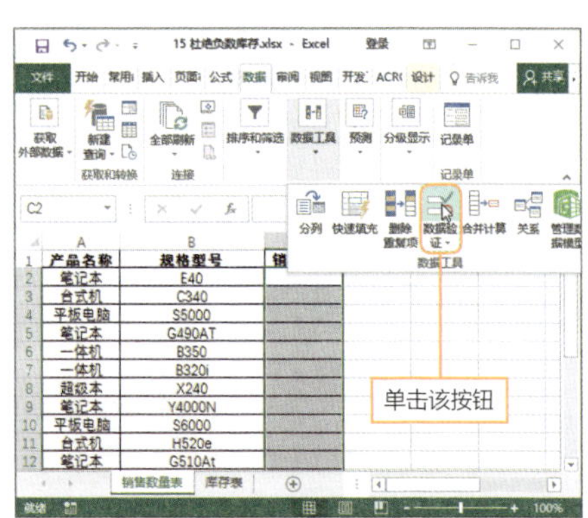

❸ 打开“数据验证”对话框，在“设置”选项卡中进行相应的设置后，单击“确定”按钮。

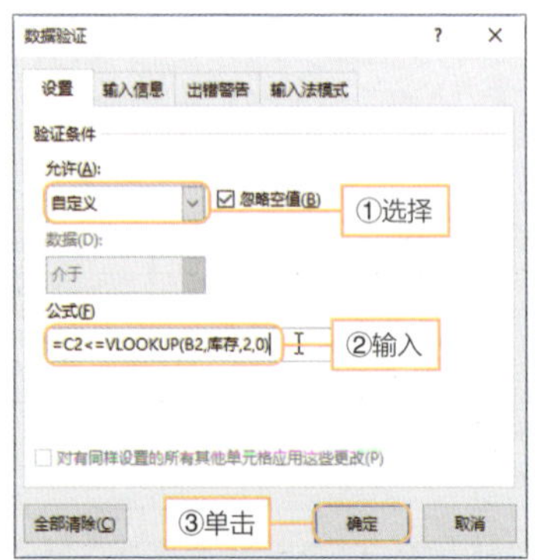

❹ 返回销量表，在C列中输入销售数量，若销量大于库存时，查看效果。

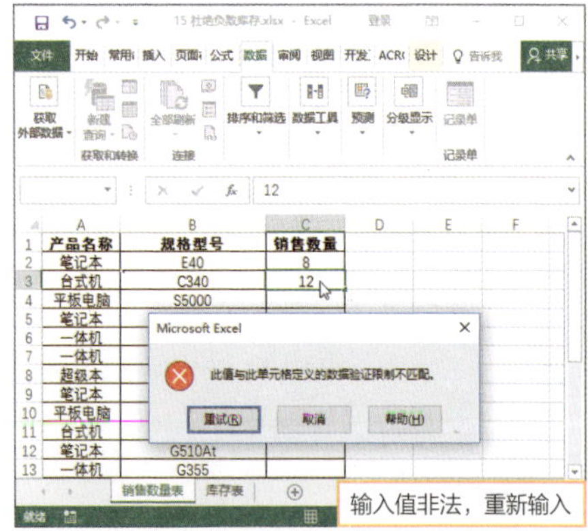

091 允许输入非法值

Level ◆◆◆

2016 2013 2010

实例 使用数据验证允许输入在规定之外的数据

财务人需要将员工基本工资表中姓名列设置限制输入重复项，但是若公司员工比较多，避免不了有重姓重名的情况时，财务人员该如何设置，即能提示输入重复项，又能输入重复项呢?

1. 打开员工基本工资表，选中B2:B18单元格区域，单击“数据”选项卡下的“数据验证”按钮。

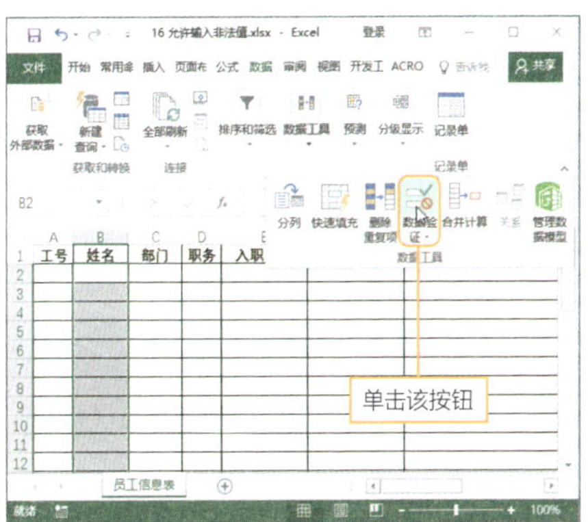

2. 弹出“数据验证”对话框，在“设置”选项卡下进行相应的设置。

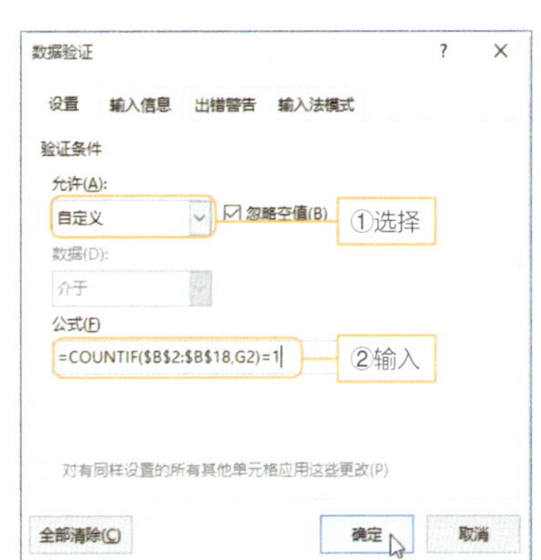

3. 切换至“出错警告”选项卡，在“样式”列表中选择“警告”选项。

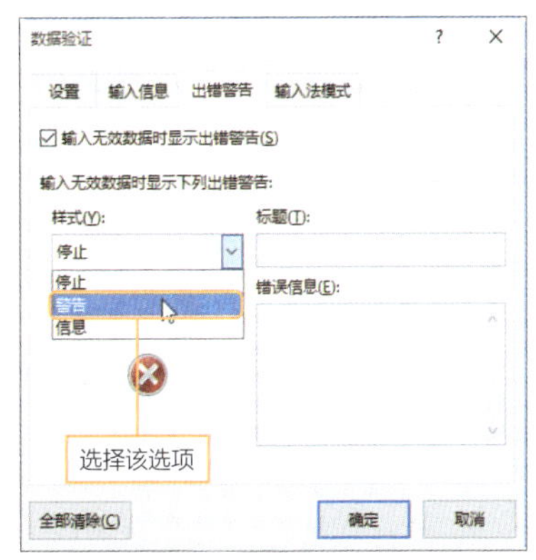

4. 在“标题”和“错误信息”文本框中输入警告信息，单击“确定”按钮。

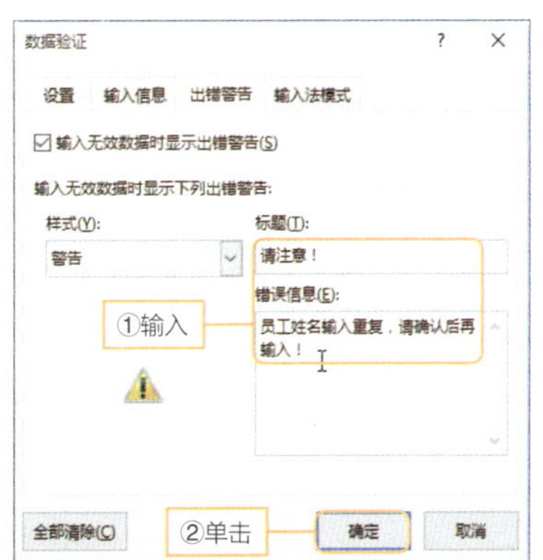

5 返回工作表中，若输入重复值时，弹出提示对话框，单击“是”按钮，即可输入。

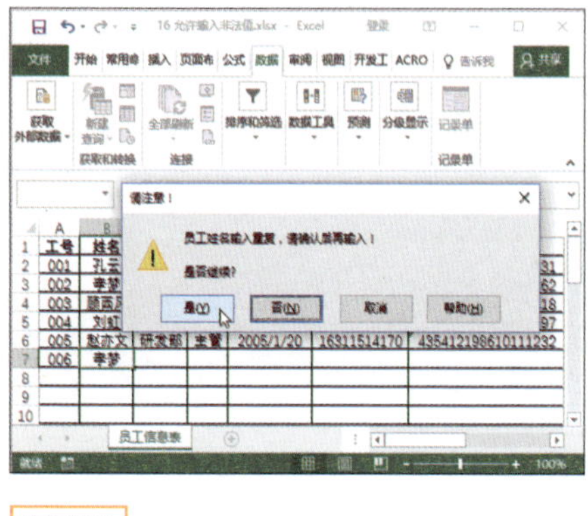

查看效果

6 选中B2:B18单元格区域，打开“数据验证”对话框，进行相应的设置。

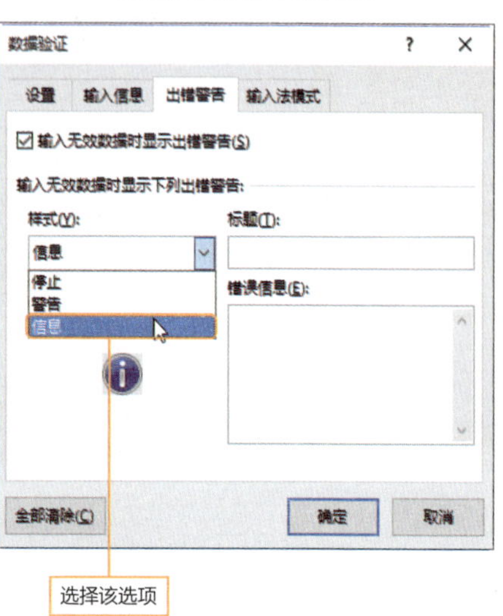

选择该选项

7 分别在“标题”和“错误信息”文本框中输入相关信息，单击“确定”按钮。

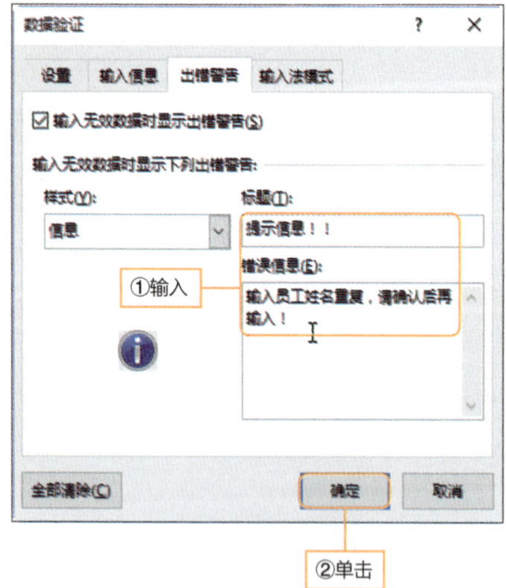

①输入

②单击

8 返回工作表中，在姓名列输入员工姓名，若输入重复，弹出提示对话框，提示输入重复，确认无误后，单击“确定”按钮即可输入重复的数据。

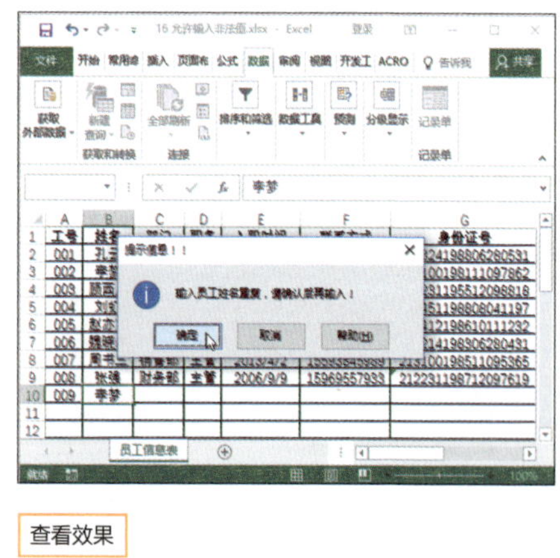

查看效果

Question 092

快速圈释无效的数据

语音视频教学092

实例 使用圈释无效数据功能

Level ◆◆◆

2016 2013 2010

用户在分析财务数据时，若需要标释出某范围之外的数据，可以使用圈释无效数据功能，将范围之外的数据圈释起来。例：在员工工资表中圈释出工作年限小于5，工资合计小于5000的单元格。

1 打开工作表，选中H2:H18单元格区域，打开“数据验证”对话框，进行设置。

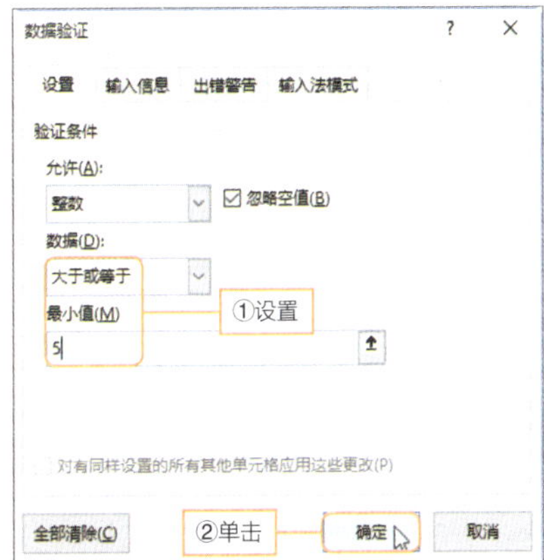

2 选中L2:L18单元格区域，再次打开“数据验证”对话框，进行设置。

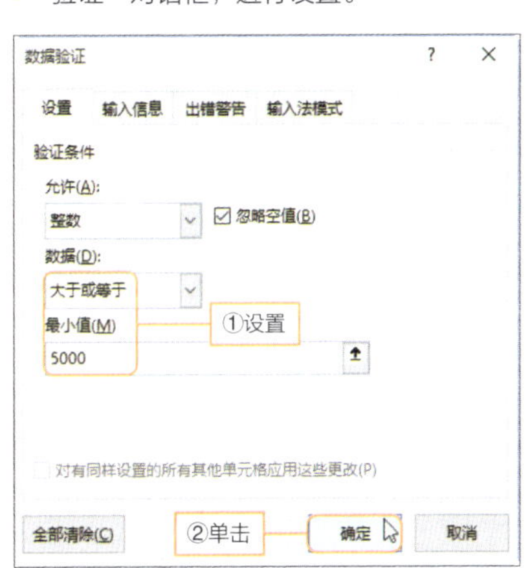

3 返回工作中，在“数据验证”下拉列表中选择“圈释无效数据”选项。

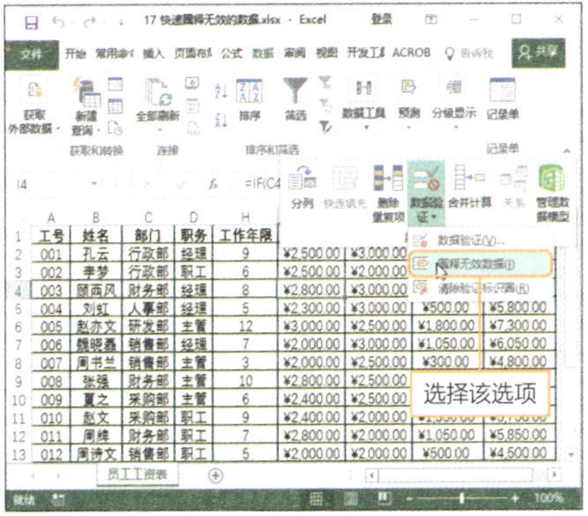

4 即可查看圈释无效数据的效果。

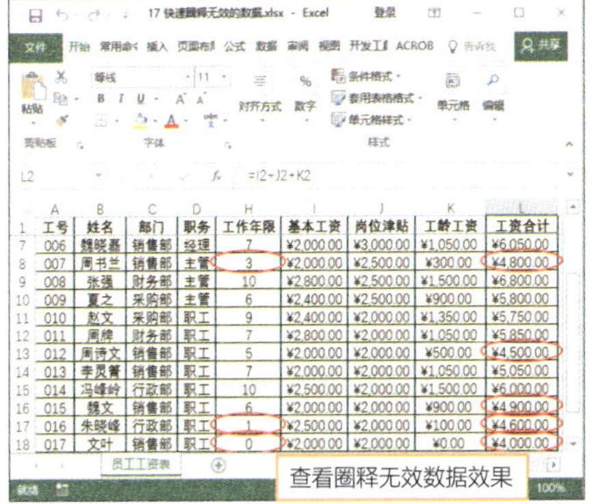

1 2 3 4 5 6 7 8 9 10 财务报表数据有效性的设置技巧

Question 093

快速清除数据验证

Level ◆◆◆

2016 2013 2010

实例 清除表格中所有数据验证

在工作表中设置多个数据验证后，如果需要清除所有数据验证，必须先选中设置数据验证的单元格。这时用户可以先查找出数据验证的单元格，然后再执行清除操作。

① 打开工作表，单击“开始”选项卡中“查找和选择”下三角按钮，在列表中选择“定位条件”选项。

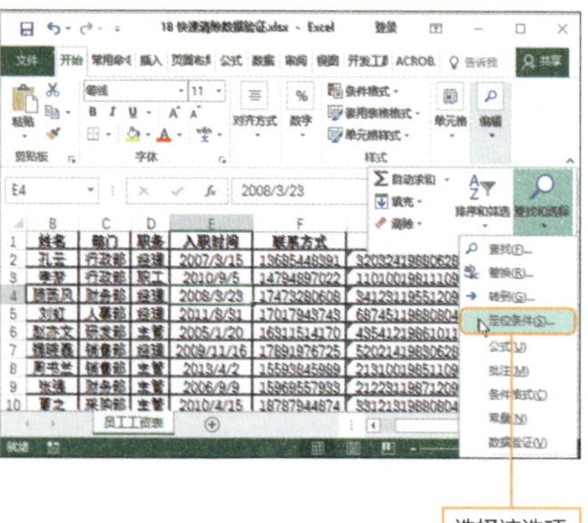

选择该选项

② 打开“定位条件”对话框，选中“数据验证”单选按钮，然后单击“确定”按钮。

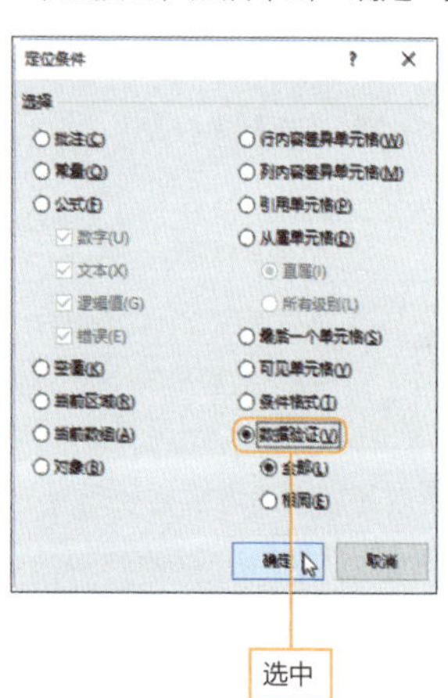

选中

③ 返回工作表中，可见选中所有数据验证的单元格，单击“数据验证”按钮，打开的系统提示对话框提示选定区域含有多种数据验证类型，单击“确定”按钮，即可清除。

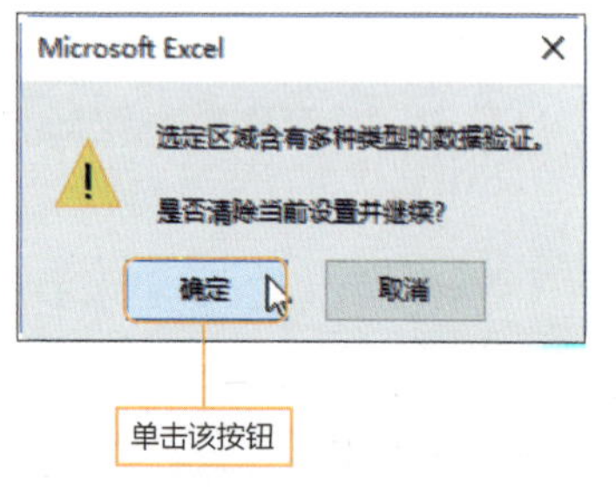

单击该按钮

Hint

清除部分数据验证

选中需要清除数据验证的单元格区域，打开“数据验证”对话框，单击右下角“全部清除”按钮后，单击“确定”按钮，即可清除选中单元格区域的数据验证。

设置中英文输入的自动切换

实例　使用数据验证自动切换输入法

制作财务报表时，用户可以根据不同列的需要，在不同的单元格中自动切换中英文输入法。例：在录入采购统计表内容时，订单编号列是英文输入，公司名称栏是中文输入，设置自动切换。

1. 打开工作表，选中A3:A9单元格区域，切换至“数据”选项卡，单击“数据验证”按钮。

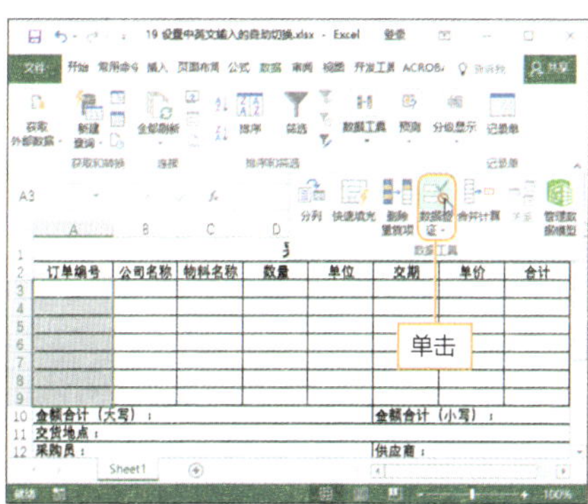

2. 打开“数据验证”对话框，切换至“输入法模式”选项卡，进行相应的设置后，单击“确定”按钮。

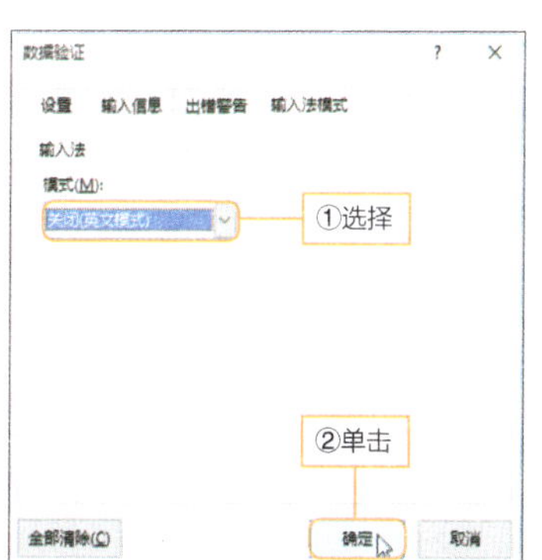

3. 选中B3:B9单元格区域，打开“数据验证”对话框，进行相应的设置后，单击“确定”按钮。

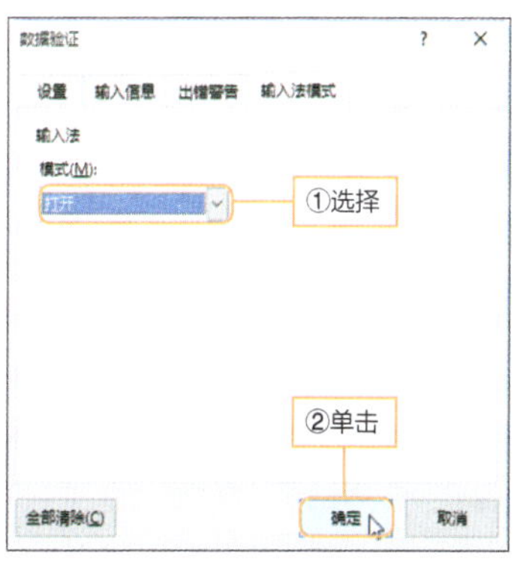

4. 返回工作表中，在A3单元格为英文输入状态，切换至B3单元格时为中文输入法。

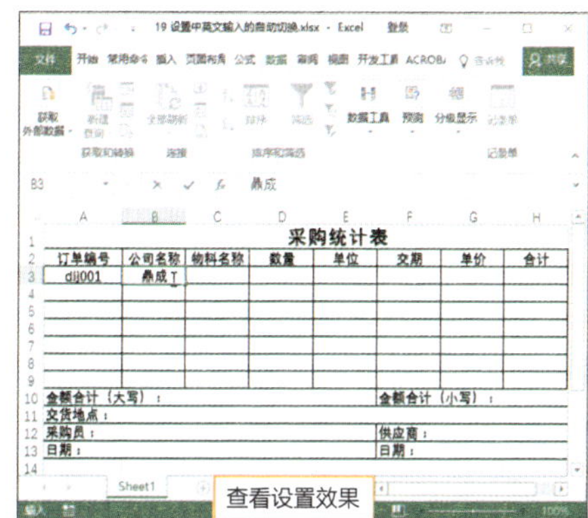

Question

095 设置输入数据的类型有绝招

Level ◆◆◆

2016 2013 2010

实例 使用数据验证功能设置单元格数据类型

为了降低员工在表格中输入数据时出现错误，财务人员可以在制作表格时设置单元格区域输入的数据类型，如数字、文本等，下面介绍具体操作方法。

1 打开工作表，选中B3:B9单元格区域，切换至“数据”选项卡，单击“数据验证”按钮。

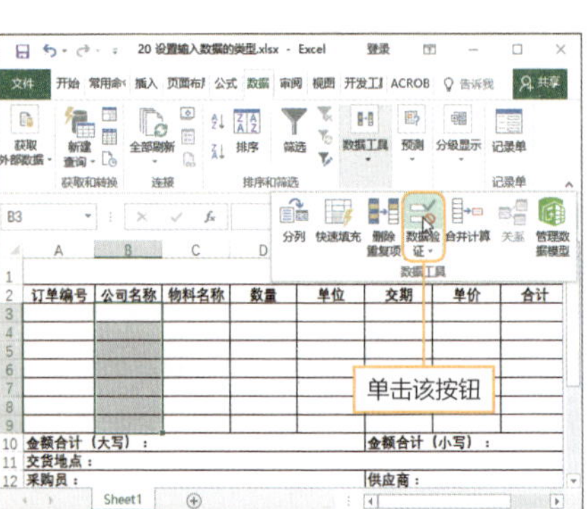

2 打开“数据验证”对话框，在“设置”选项卡下设置所选单元格区域的数据类型为文本类型，设置完成后单击“确定”按钮。

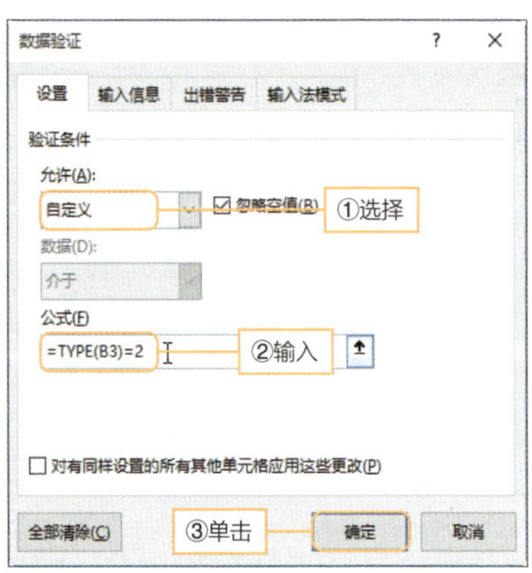

3 选中D3:D9单元格区域，打开“数据验证”对话框，设置所选单元格区域数据类型为数值后，单击“确定”按钮。

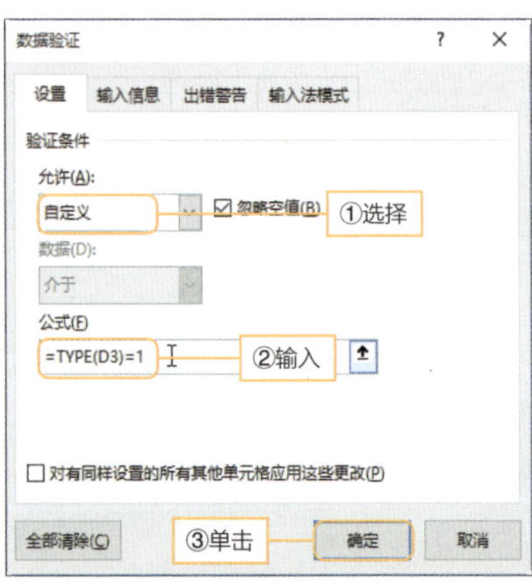

Hint

公式说明

本案例中公式“TYPE(D3)=1”，TYPE函数表示以整数形式返回参数的类型，如果为1，表示数值类型；为2，表示文本类型；为4，表示逻辑值类型。如果输入数据类型和设置的不符合，则弹出提示对话框，需要重新输入数据。

第4章 096~136

财务报表数据的查看与显示技巧

- 按基本工资从高到低的顺序查看
- 在费用统计表中按多字段进行排序
- 按自定义部门名称的顺序查看工资
- 巧设排序后序号保持不变
- 按照姓名笔划顺序查看保险福利工作表
- 按产品型号降序查看产品的销量
- 按单元格的底纹颜色进行排序

Question

096 按基本工资从高到低的顺序查看

语音视频教学096

● Level ◆◆◆

2016 2013 2010

实例 将基本工资按降序排列

排序是分析工作表数据的基本操作，为了方便分析，可以将数据按一定顺序排序。

例：在员工工资表中，将员工的基本工资按从低到高排序。

① 打开工作表，选中基本工资列任意单元格，此处选择I5单元格。

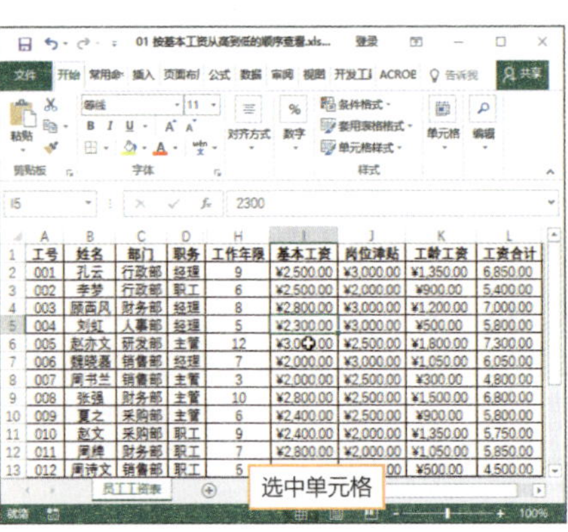

② 切换至“数据”选项卡，单击“排序和筛选”选项组中的“升序”按钮。

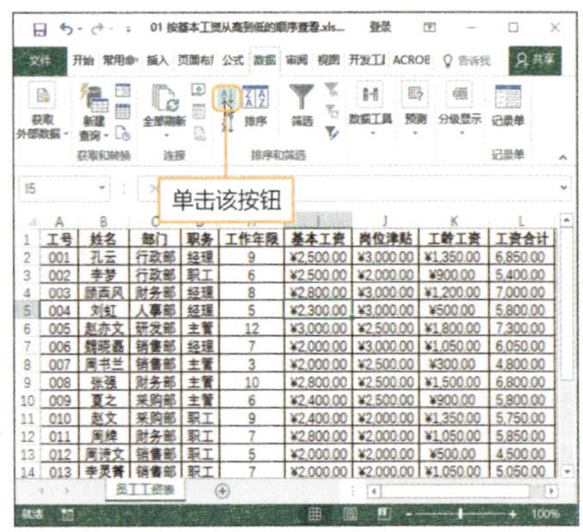

③ 返回工作表中，可见基本工资按升序排列，查看排序后的效果。

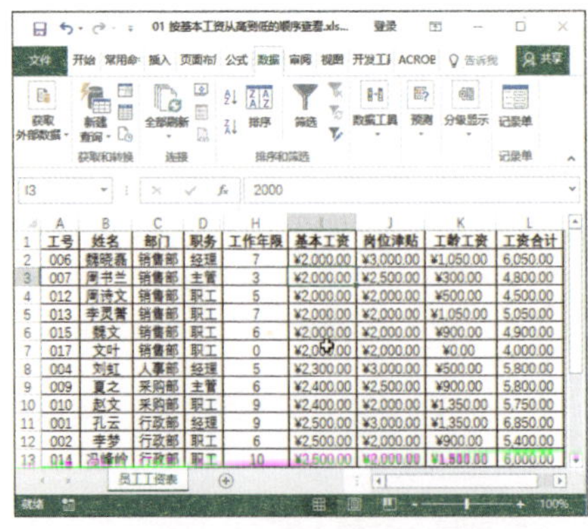

Hint

排序的其他方法

除了上述方法外，还可以通过以下两种方法排序。第一种方法，选中排序的单元格，切换至“开始”选项卡，单击“编辑”选项组中“排序和筛选”下三角按钮，在列表中选择“升序”选项即可。

第二种方法，选中排序的单元格，单击鼠标右键，在快捷菜单中选择“排序>升序”命令即可。

在费用统计表中按多字段进行排序

语音视频教学097

● Level ◆◆◆

2016 2013 2010

实例　对费用类型和金额进行排序

在分析财务报表时，有时用户需要对多个关键字进行排序，关键字的顺序不同，排序结果也不同。

例：在费用统计表中，将费用类型按升序排序，再将金额按降序排序。

1 打开工作表，选中工作表内单元格，单击“数据”选项卡中“排序”按钮。

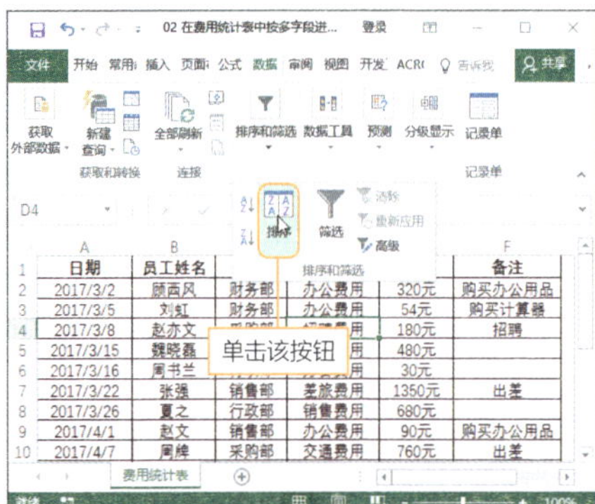

2 弹出“排序”对话框，在“主要关键字”下拉列表中选择“费用类型”选项，在“次序”下拉列表中选择“升序”选项，然后单击“添加条件”按钮。

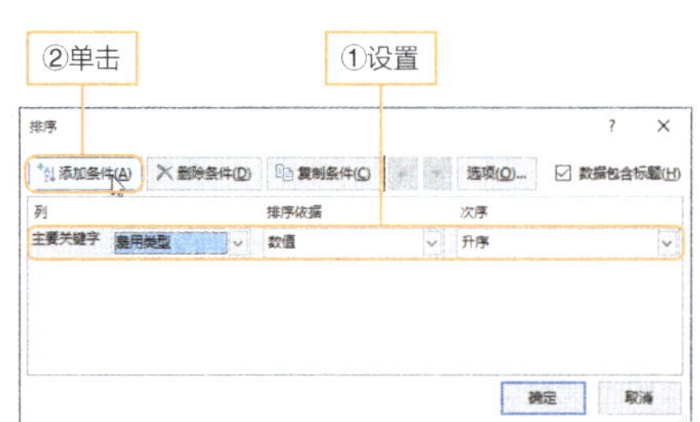

3 在“次要关键字”下拉列表中选择“金额”选项，在“次序”下拉列表中选择“降序”选项，然后单击“确定”按钮。

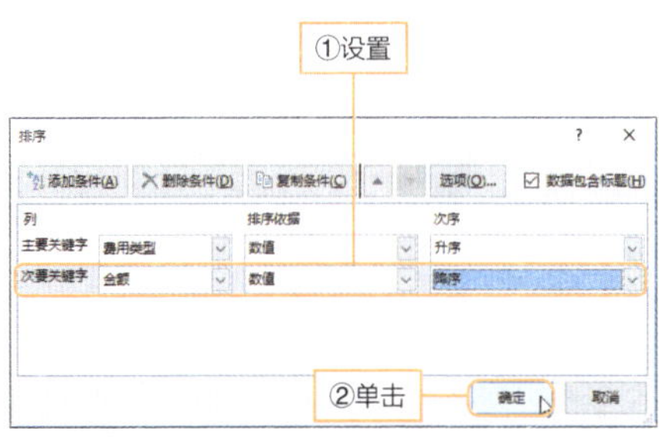

4 设置完成后，返回工作表，查看设置排序后的效果。

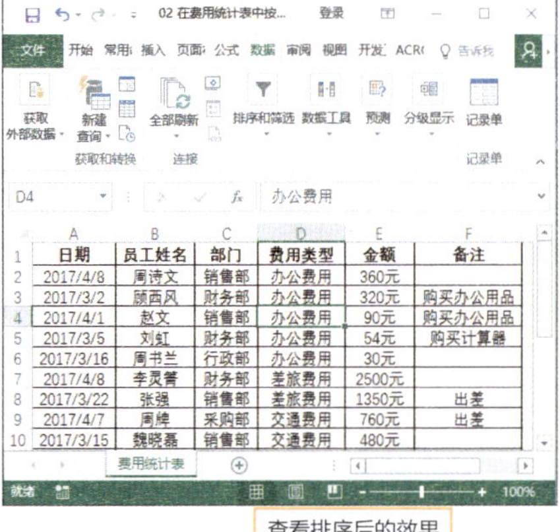

1 2 3 4 5 6 7 8 9 10

财务报表数据的查看与显示技巧

Question

098 按自定义部门名称的顺序查看工资

Level ◆◆◆

2016 2013 2010

实例 按部门名称自定义排序

在Excel中不但能对数值进行排序，还可以对汉字按照汉语拼音的顺序排序。但是有时候我们想按照自己定义的顺序进行排序，该怎么操作？下面介绍自定义排序的方法。

1 打开工作表，选中表内任意单元格，单击“数据”选项卡中的“排序”按钮。

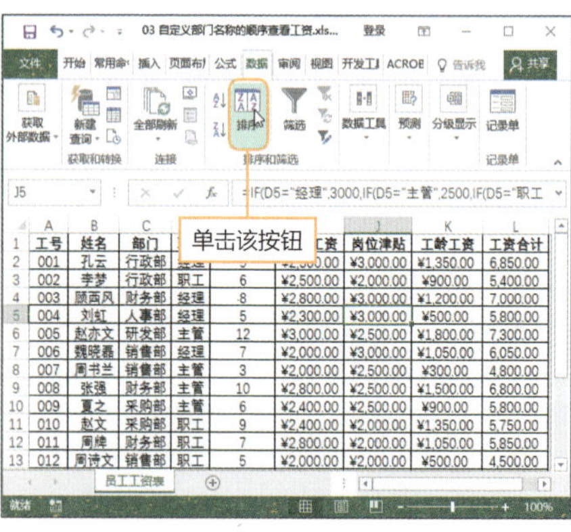

2 弹出“排序”对话框，在“主要关键字”下拉列表中选择“部门”选项，在“次序”下拉列表中选择“自定义序列”选项。

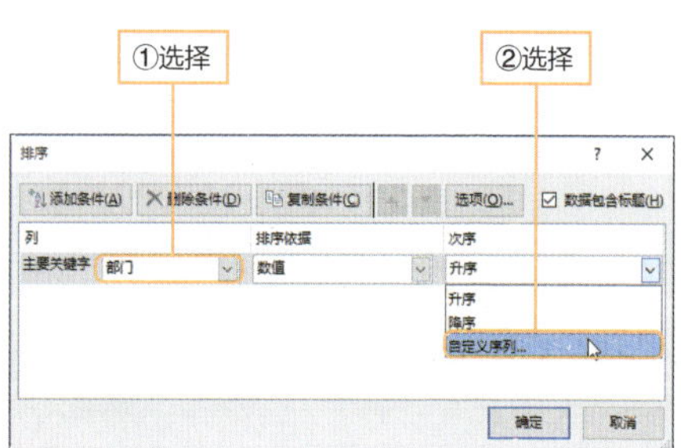

3 弹出“自定义序列”对话框，在“输入序列”文本框中输入自定义顺序的产品名称。

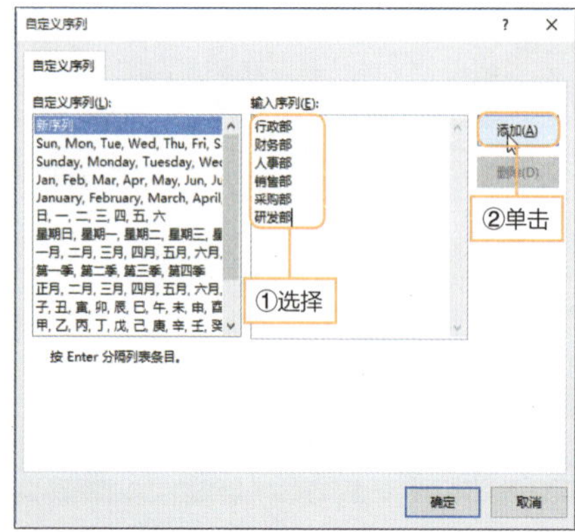

4 依次单击“确定”按钮，返回工作表，查看自定义排序的效果。

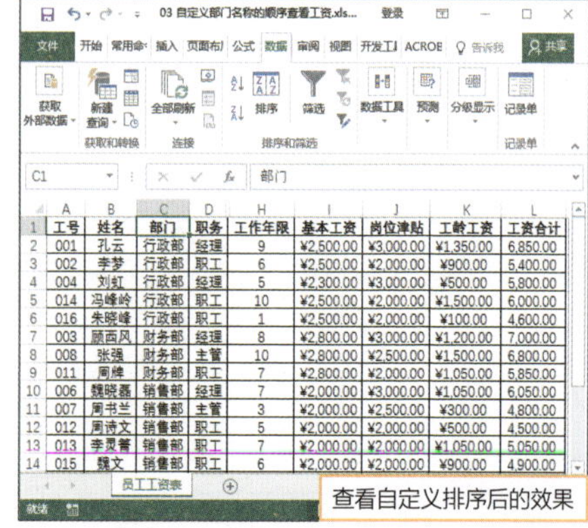

Question
099 巧设排序后序号保持不变

语音视频教学099

Level ◆◆◆

2016 2013 2010

实例　在序号不变前提下按升序排序

对数据进行排序时，通常是整行都移动的，但是有些列是不需要变化的，如序号列。因为序号是记录工作表的行数的，所以是不需要打乱的。下面介绍在序号不变情况下进行排序的具体操作方法。

1. 打开工作表，选中B2:N17单元格区域，单击“数据”选项卡下的“排序”按钮。

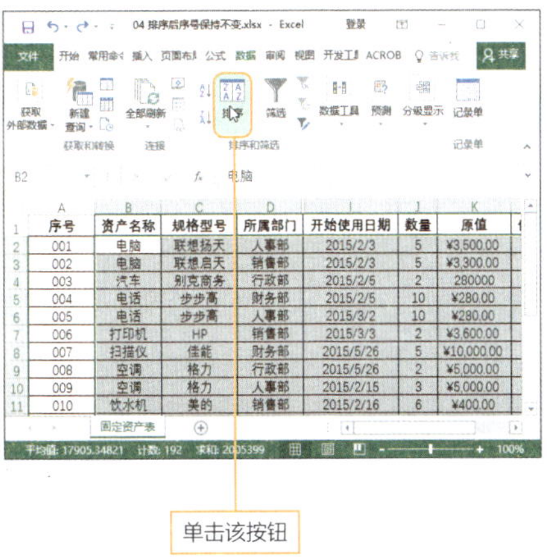

序号	资产名称	规格型号	所属部门	开始使用日期	数量	原值
001	电脑	联想扬天	人事部	2015/2/3	5	¥3,500.00
002	电脑	联想启天	销售部	2015/2/3	5	¥3,300.00
003	汽车	别克商务	行政部	2015/2/5	2	280000
004	电话	步步高	财务部	2015/2/5	10	¥280.00
005	电话	步步高	人事部	2015/3/2	10	¥280.00
006	打印机	HP	销售部	2015/3/3	2	¥3,600.00
007	扫描仪	佳能	财务部	2015/5/26	5	¥10,000.00
008	空调	格力	行政部	2015/5/26	2	¥5,000.00
009	空调	格力	人事部	2015/2/15	3	¥5,000.00
010	饮水机	美的	销售部	2015/2/16	6	¥400.00

单击该按钮

2. 弹出“排序”对话框，设置“主要关键字”为“开始使用日期”，次序为“升序”，单击“确定”按钮。

①设置

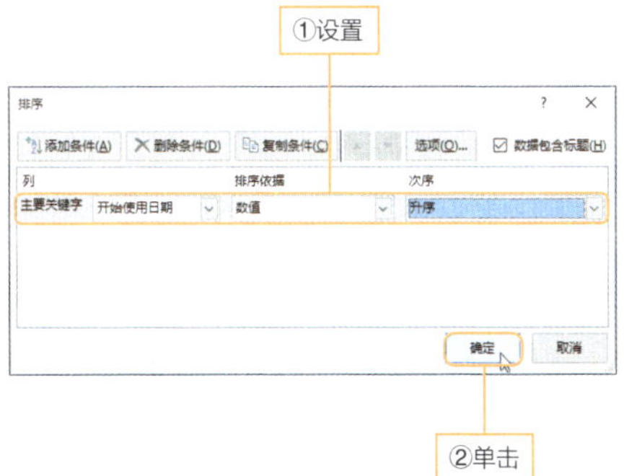

②单击

3. 返回工作表，可见按日期升序排序，序号的顺序不变。

序号	资产名称	规格型号	所属部门	开始使用日期	数量	原值
001	冰箱	海尔	财务部	2015/1/30	2	¥2,800.00
002	办公桌	DIY	销售部	2015/1/30	15	¥2,800.00
003	办公椅	DIY	人事部	2015/2/1	15	¥2,800.00
004	电脑	联想扬天	人事部	2015/2/3	5	¥3,500.00
005	电脑	联想启天	销售部	201[illegible]/3	5	¥3,300.00
006	汽车	别克商务	行政部	2015/2/5	2	280000
007	电话	步步高	财务部	2015/2/5	10	¥280.00
008	空调	格力	人事部	2015/2/15	3	¥5,000.00
009	饮水机	美的	销售部	2015/2/16	6	¥400.00
010	书柜	DIY	行政部	2015/2/20	5	¥2,800.00

查看排序后的效果

Hint

保持序号不变排序的第二种方法

在“序号”列后插入空白列，然后选中“开始使用日期”列任意单元格，切换至“数据”选项卡，单击“排序和筛选”选项组中“升序”按钮，然后再将插入的空白列删除即可。

Question 100

按照姓名笔划顺序查看保险福利工作表

● Level ◆◆◆

2016 2013 2010

实例 按照姓名笔划排序

在Excel中对汉字进行排序，不仅能按照汉语拼音的顺序排序，还能按照汉字的笔划数量排序。一般情况都是对姓名笔划数量排序的，下面介绍按笔划排序的操作方法。

1 打开工作表，选中表内任意单元格，单击“数据”选项卡中的“排序”按钮。

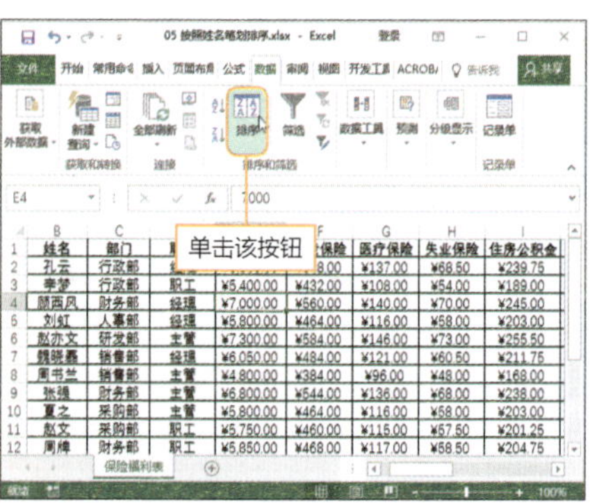

2 弹出“排序”对话框，在“主要关键字”下拉列表中选择“姓名”选项，在“次序”下拉列表中选择“升序”选项，然后单击“选项”按钮。

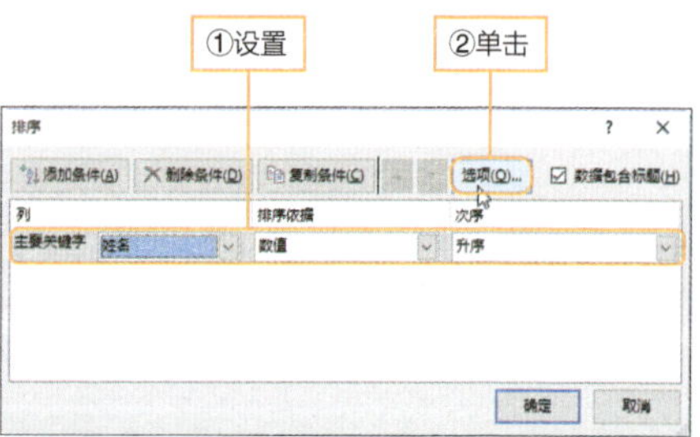

3 弹出“排序选项”对话框，选中“笔划排序”单选按钮。

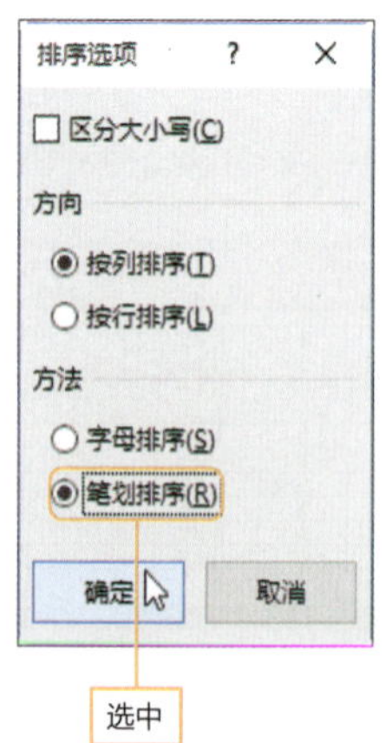

4 依次单击“确定”按钮，返回工作表，查看排序后的效果。

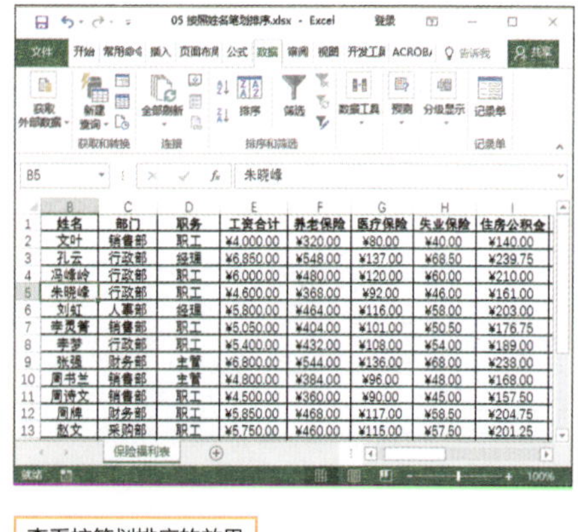

查看按笔划排序的效果

Question 101

按产品型号降序查看产品的销量

Level ◆◆◆

2016 2013 2010

实例	将报表中的产品型号按行降序排序

在财务报表中对数据进行排序时，不但可以按列排序，也可以按行排序。按行排序必须通过“排序选项”对话框来实现。下面介绍在产品销售统计表中，按产品型号降序排序查看产品上半年销售情况的操作方法。

1. 打开工作表，选中B1:F7单元格区域，单击“数据”选项卡中“排序”按钮。

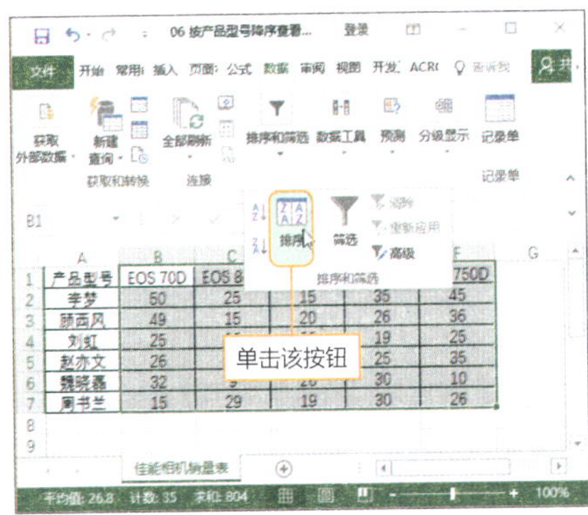

2. 弹出“排序”对话框，单击“选项”按钮，弹出“排序选项”对话框，选中“按行排序”单选按钮，然后单击“确定”按钮。

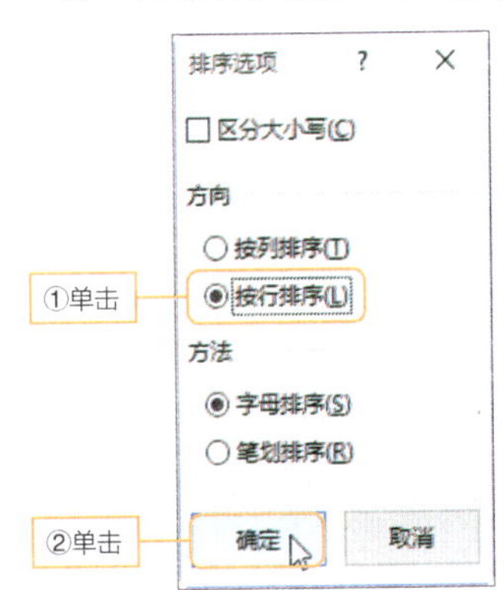

3. 返回“排序”对话框，在“主要关键字”下拉列表中选择“行1”选项，在“次序”下拉列表中选择“降序”选项，然后单击“确定”按钮。

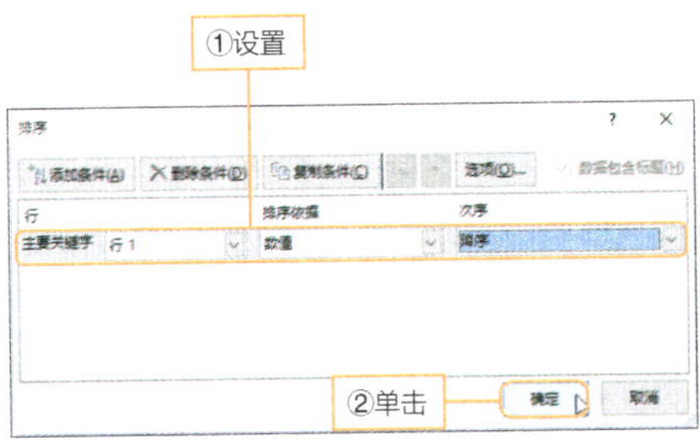

4. 返回工作表，查看按产品型号降序排序的效果。

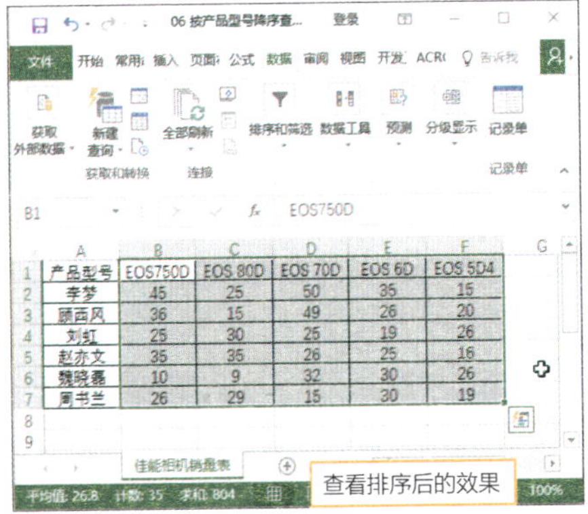

Question 102

按单元格的底纹颜色进行排序

语音视频教学102

Level ◆◆◆

2016 2013 2010

实例 在空调销售统计表中按销售数量的颜色进行排序

排序功能不仅可以对数值、日期和文本进行操作，如果单元格有底纹颜色，还可以按照颜色进行排序，下面介绍具体操作方法。

① 打开工作表，选中表格内任意单元格，单击“数据”选项卡中“排序”按钮。

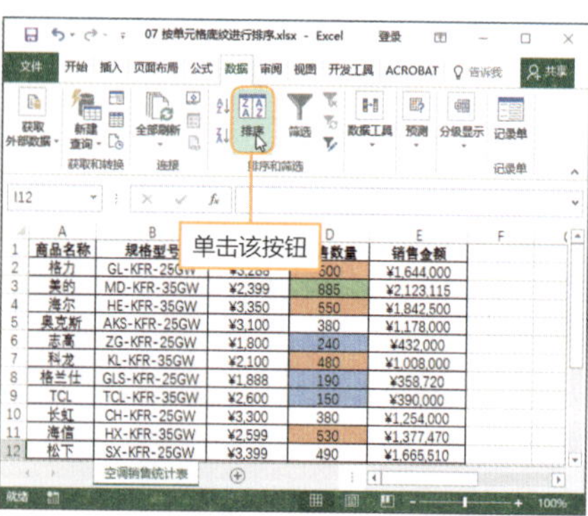

② 弹出“排序”对话框，设置“主要关键字”为“销售数量”，“排序依据”为“单元格颜色”，在“次序”下拉列表中选择排序颜色，单击“添加条件”按钮。

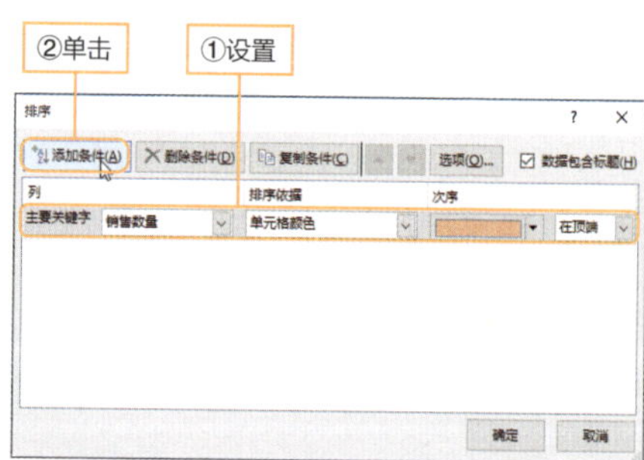

③ 设置“次要关键字”排序方式，根据相同的方法设置颜色的排序方式，设置完成后单击“确定”按钮。

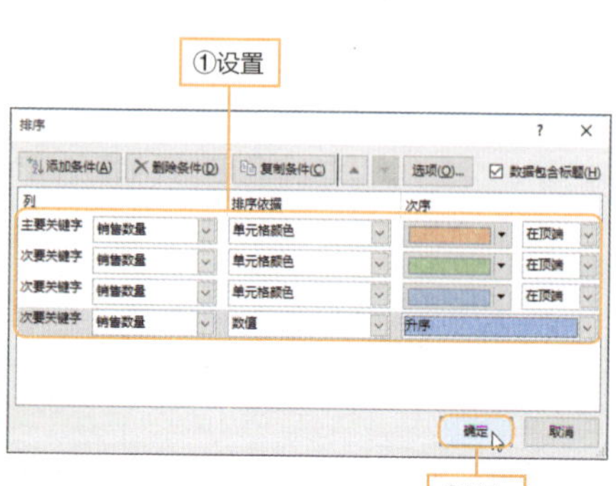

④ 返回工作表，查看按单元格底纹颜色排序的效果。

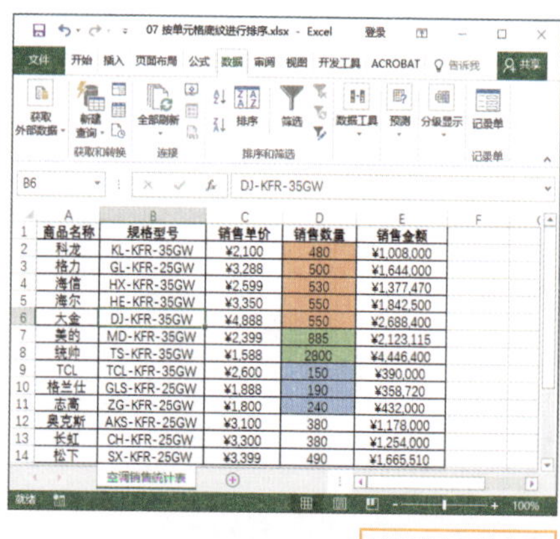

Question 103

快速查看销售部门的费用

语音视频教学103

Level ◆◆◆

2016 2013 2010

实例 使用筛选功能查看信息

Excel中的数据管理功能，除了排序还有一个重要的功能，是筛选功能。进入筛选模式后，可以针对一个或多个字段设定筛选条件，筛选出需要的数据。

1. 打开工作表，选中表内任意单元格，单击“数据”选项卡中的“筛选”按钮。

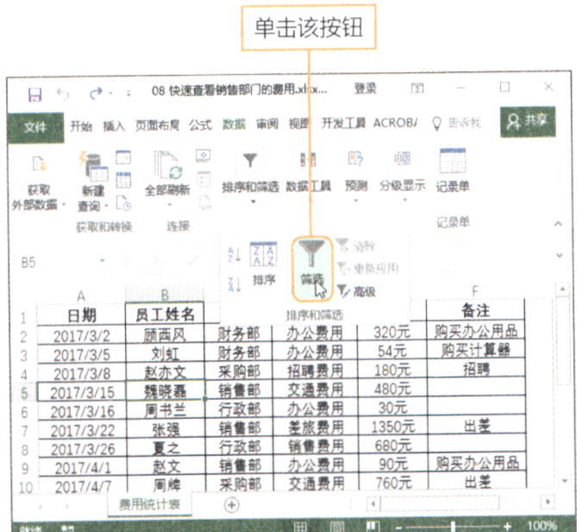

2. 进入筛选模式，单击“部门”筛选按钮，勾选“销售部”复选框后，单击“确定”按钮。

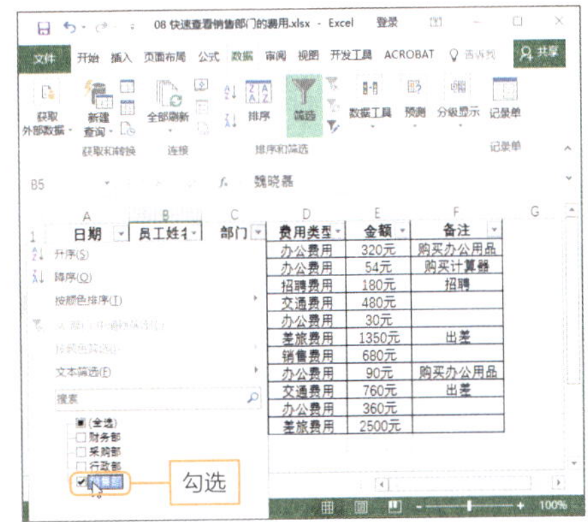

3. 返回工作表，可见只显示销售部门的费用情况，其他信息均被隐藏起来。

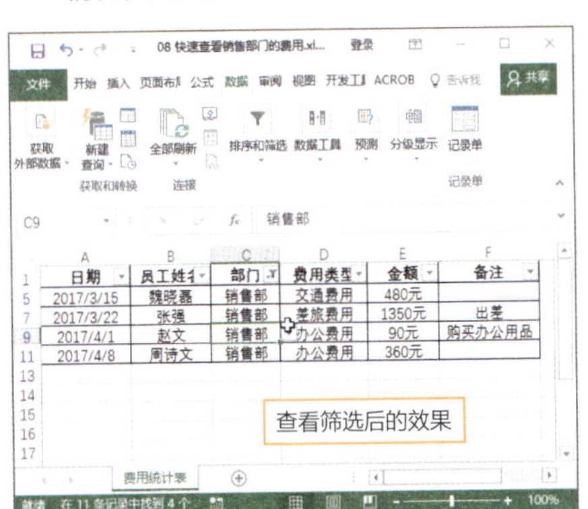

Hint

进入筛选模式的方法

对报表数据筛选之前先要进入筛选模式，进入筛选模式除了本技巧介绍的方法外，还有两种方法。

- 选中需要进行筛选的单元格，单击鼠标右键，从快捷菜单中选择“筛选”命令，在子菜单中选择相应的筛选命令；
- 按下快捷键Ctrl+Shift+L，即可进入筛选模式。

Question 104

Level ◆◆◆

2016 2013 2010

轻松查看销售部职工的工资

实例 根据多字段进行数据筛选

使用筛选功能查看数据时，用户可以同时筛选多个字段，对分析数据有很大的帮助。

例：在员工工资表中，筛选出销售部门职工的工资情况。

① 打开工作表，选中表内任意单元格，按快捷键Ctrl+Shift+L，进行筛选模式。

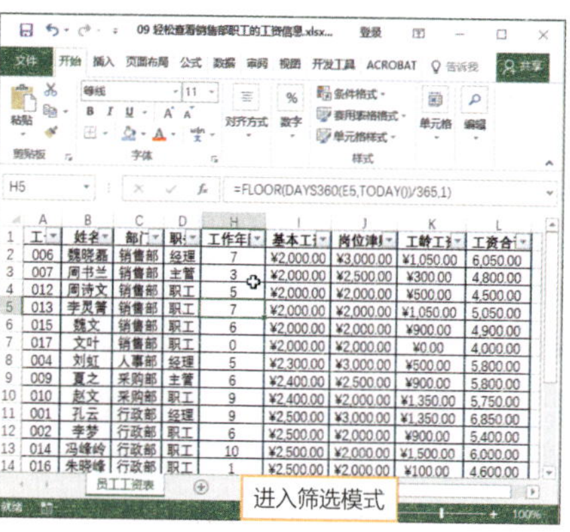

② 单击“部门”筛选按钮，勾选“销售部”复选框，单击“确定”按钮。

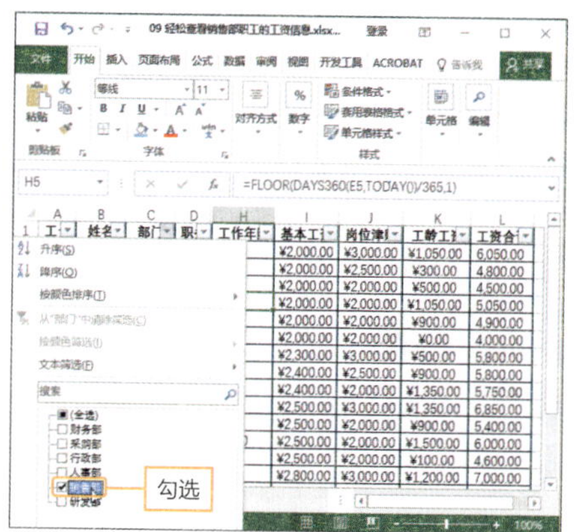

③ 单击“职务”筛选按钮，勾选“职工”复选框，单击“确定”按钮。

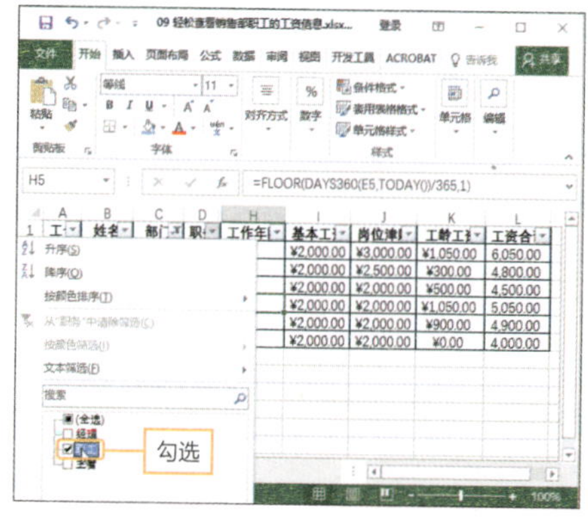

④ 返回工作表中，可见只显示销售部中职工的工资信息。

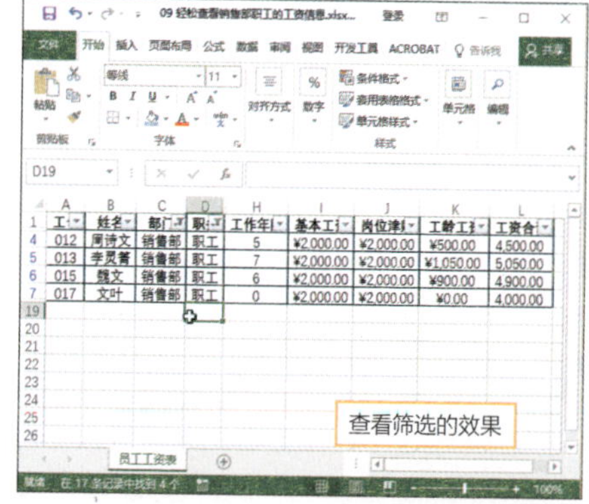

查看缴税最多的前5名员工

Level ◆◆◆

2016 2013 2010

实例　通过“数字筛选”选出前5名员工

在财务报表的数据分析中，查看最值是非常重要，如果先通过排序，再来数所需要的数量，这样操作很麻烦。使用“筛选”功能，可以很简便、直观地查看所需数据。

1 打开工作表，选中表内任意单元格，单击“数据”选项卡中的“筛选”按钮。

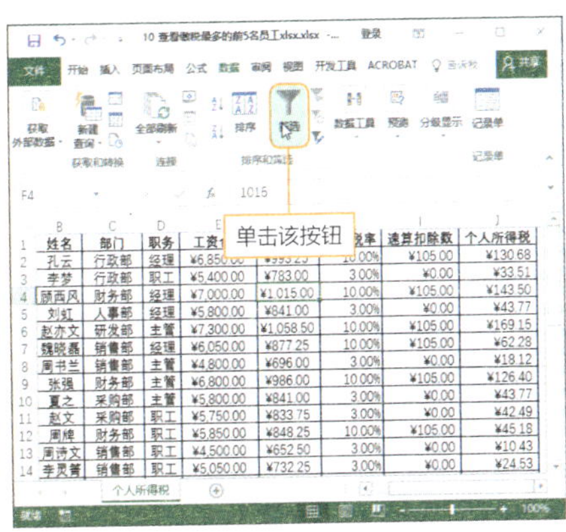

2 单击“个人所得税”筛选按钮，在“数字筛选”选项的子列表中选择“前10项”选项。

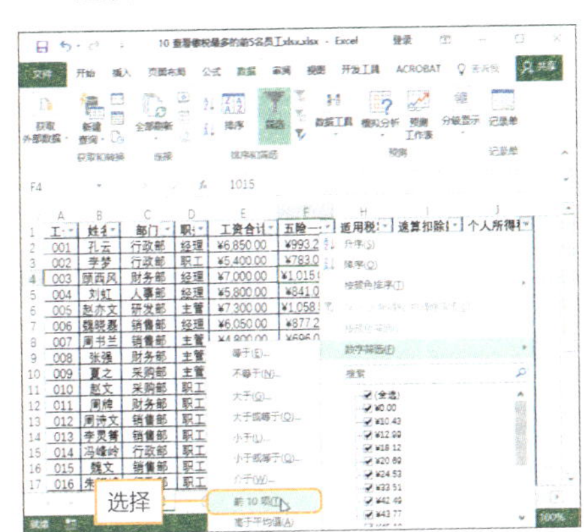

3 弹出“自动筛选前10个”对话框，在数值框中输入5，然后单击“确定”按钮。

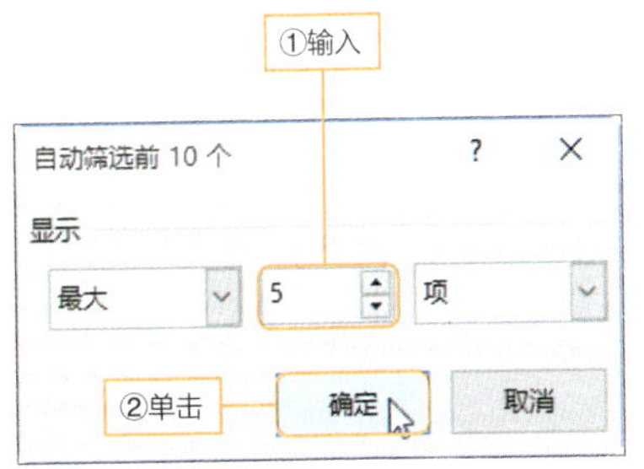

4 返回工作表，查看筛选缴税最高的前5名员工的效果。

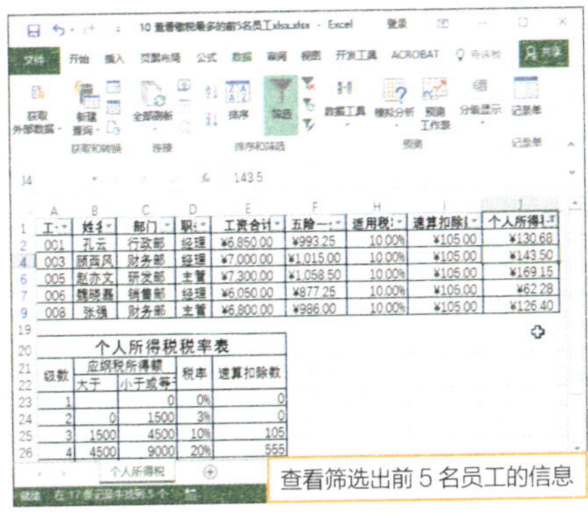

Question 106

筛选单元格的底纹颜色

Level ◆◆◆

2016 2013 2010

实例 筛选出底纹颜色为浅橙色的单元格

之前介绍按照单元格的底纹颜色进行排序，本技巧将介绍按底纹颜色进行筛选操作。

例：在空调销售统计表中，筛选出销售数量列中底纹为浅橙色的数据。

① 打开工作表，选中工作表内任意单元格，按下Ctrl+Shift+L快捷键，进入筛选模式。

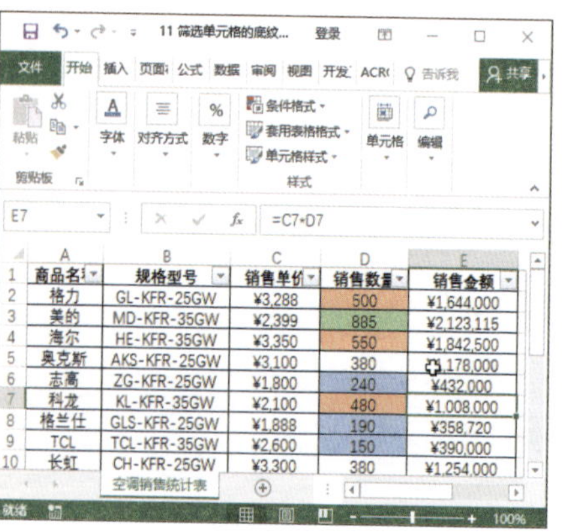

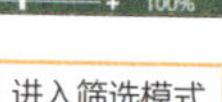

② 单击“销售数量”筛选按钮，选择“按颜色筛选”选项，在子列表中选择浅橙色选项。

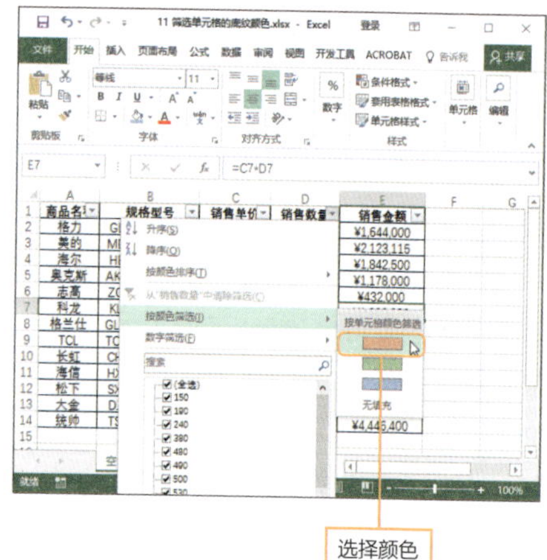

③ 返回工作表，可见只显示销售数量单元格底纹颜色为浅橙色的信息。

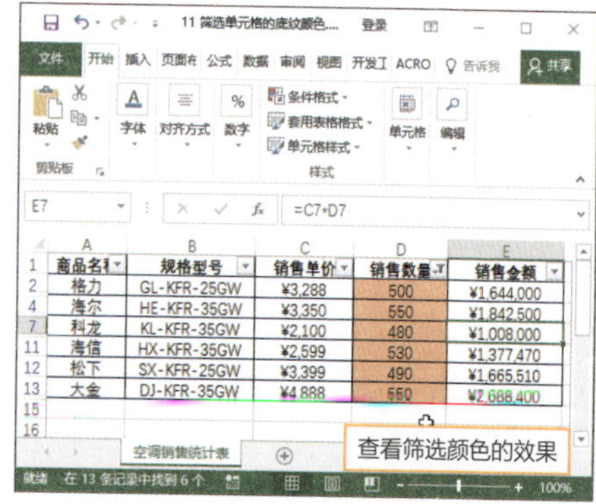

Hint

根据字体颜色进行筛选

筛选字体颜色和底纹颜色操作方法一样，首先进入筛模式，打开筛选列表，选择“按颜色筛选”选项，在列表中选择颜色即可。

Question 107

快速查看总工资在5000-6000之间的信息

语音视频教学107

Level ◆◆◆

2016 2013 2010

实例　使用自定义筛选功能筛选数据

用户使用筛选功能查看数据时，可以根据实际需要筛选满足条件的信息，该功能很实用。

例：在员工工资表中，筛选出总工资在5000-6000之间的员工信息。

1. 打开工作表，选中工作表内任意单元格，单击“排序和筛选”选项组中“筛选”按钮。

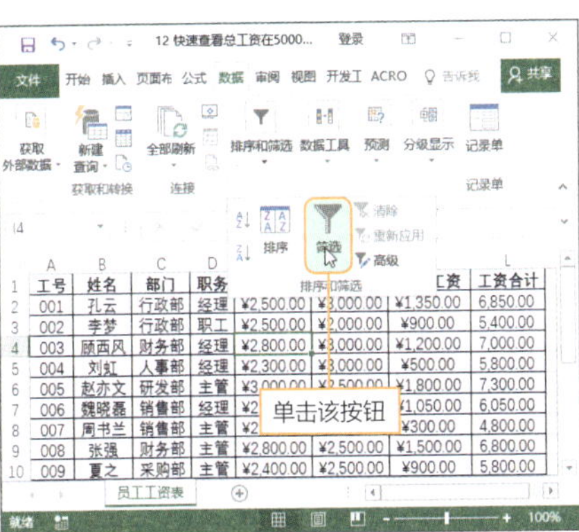

2. 单击“工资合计”筛选按钮，选择“数字筛选>自定义筛选”选项。

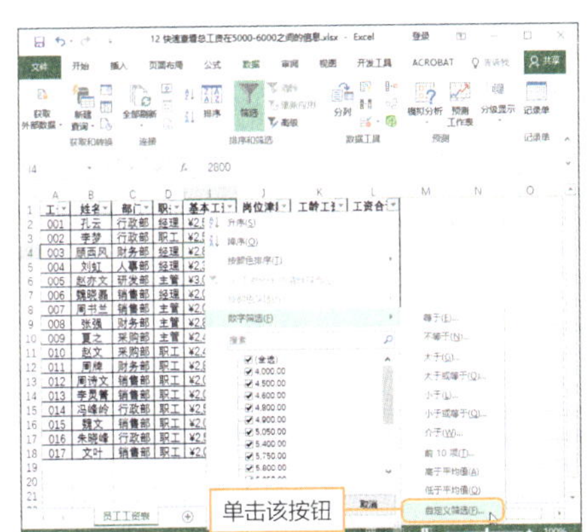

3. 打开“自定义自动筛选方式”对话框，设置筛选条件后，单击“确定”按钮。

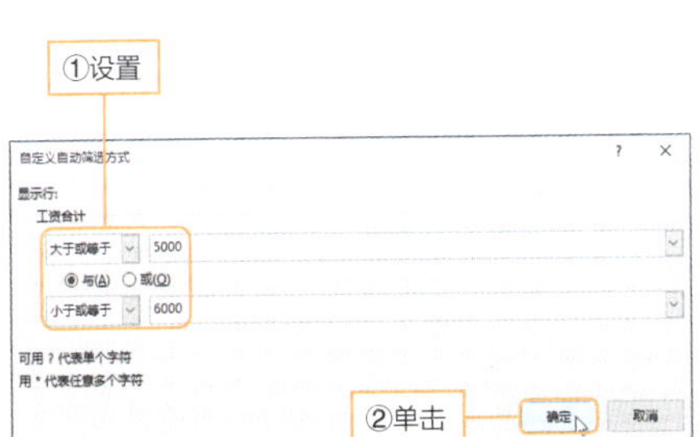

4. 返回工作表，查看筛选出了工资在5000-6000之间的数据。

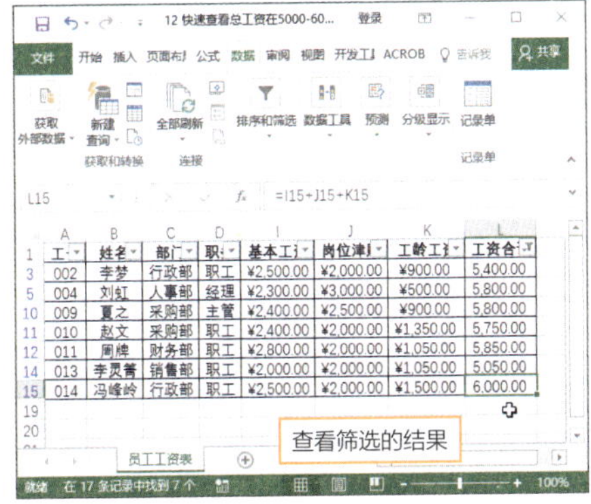

Question

108 查看包含“费用”文本的科目名称

语音视频教学108

Level ◆◆◆

2016 2013 2010

实例 用模糊筛选显示包含“费用”文本的凭证记录

筛选功能还可以把具有一些共同元素的科目筛选出来，比如管理费用、营业费用和财务费用等。下面介绍在科目汇总表中，筛选出关于“费用”科目名称的信息。

1 打开工作表，选中表内任意单元格，单击“数据”选项卡中的“筛选”按钮。

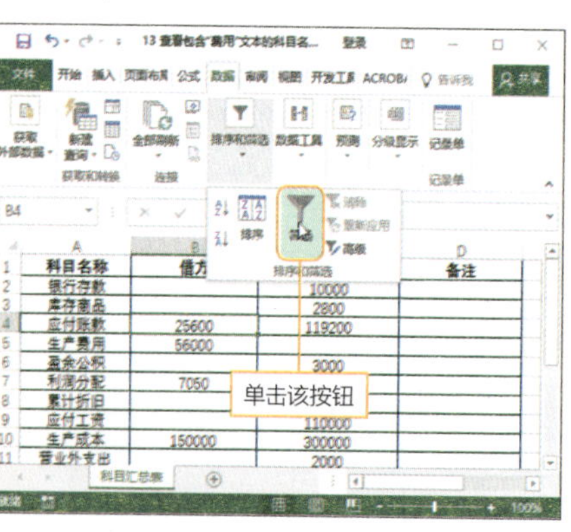

2 单击“科目名称”筛选按钮，在列表中选择“文本筛选>包含”选项。

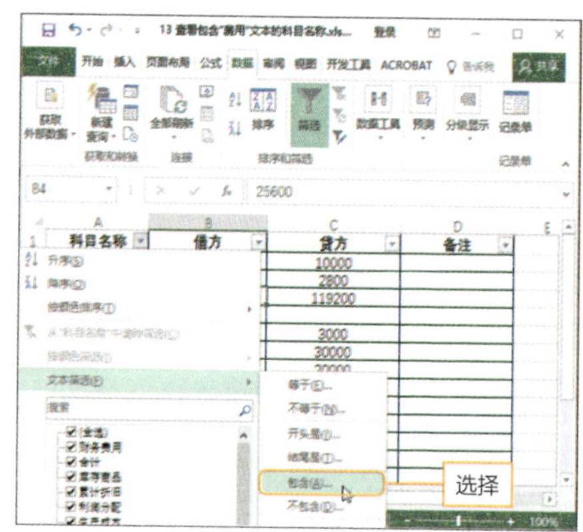

3 弹出“自定义自动筛选方式”对话框，在“科目名称”文本框中输入“费用”。

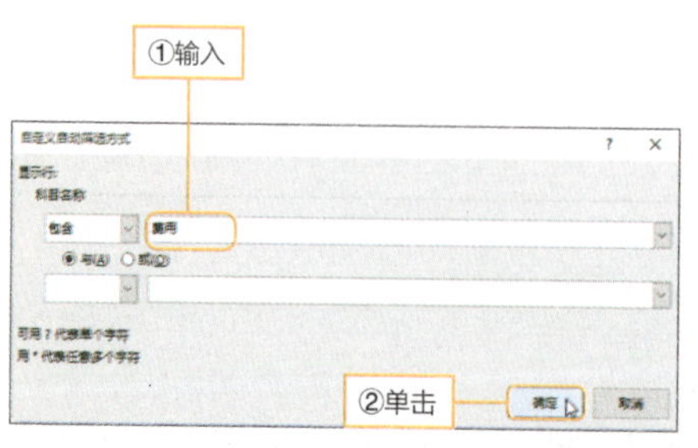

4 单击“确定”按钮，返回工作表，查看筛选结果。

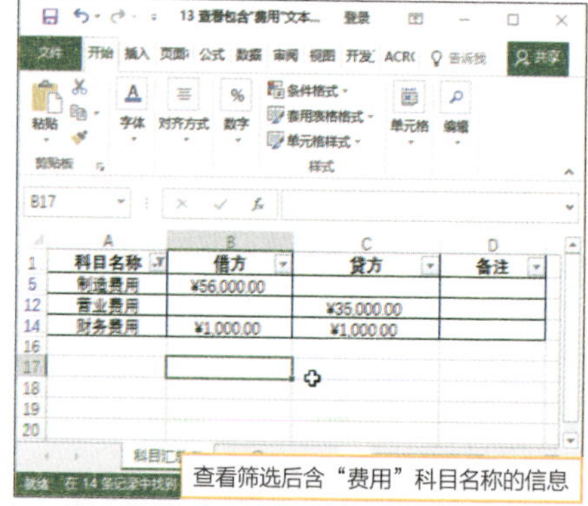

Question

109 查看每年1月份入账的固定资产

Level ◆◆◆

2016 2013 2010

实例 跟据日期筛选出每年1月份的固定资产记录

在筛选日期时，还可以通搜索框搜索所有包含指定文本的数据。下面介绍在固定资产表中，搜索所有1月份的固定资产记录。

1 打开工作表，选中表内任意单元格，单击“数据”选项卡下的“筛选”按钮。

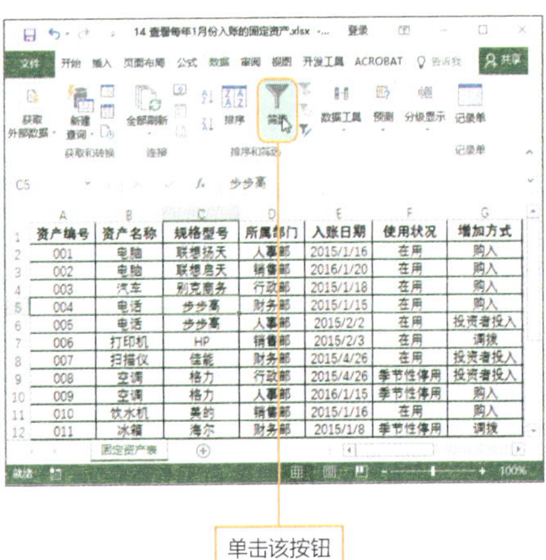

单击该按钮

2 单击“入账日期”筛选按钮，在“搜索”文本框中输入“一月”。

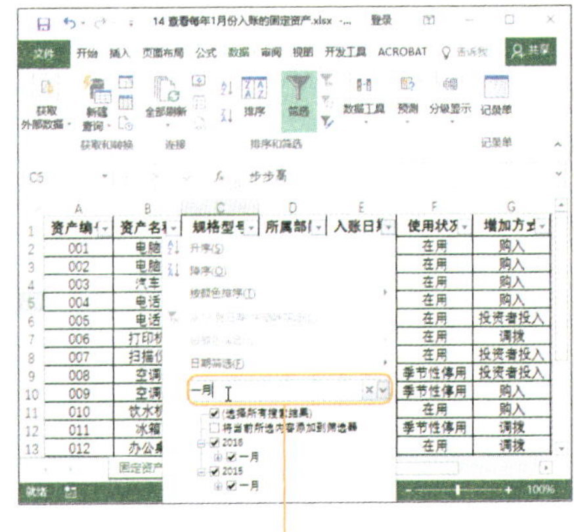

输入月份

3 单击“确定”按钮，返回工作表，查看筛选后的效果。

	资产编	资产名	规格型号	所属部	入账日	使用状况	增加方式
2	001	电脑	联想扬天	人事部	2015/1/16	在用	购入
3	002	电脑	联想启天	销售部	2016/1/20	在用	购入
4	003	汽车	别克商务	行政部	2015/1/18	在用	购入
5	004	电话	步步高	财务部	2015/1/15	在用	购入
10	009	空调	格力	人事部	2016/1/15	季节性停用	购入
11	010	饮水机	美的	销售部	2015/1/16	在用	购入
12	011	冰箱	海尔	财务部	2015/1/8	季节性停用	调拨
13	012	办公桌	DIY	销售部	2016/1/8	在用	调拨
14	013	办公椅	DIY	人事部	2015/1/7	在用	购入
15	014	书柜	DIY	行政部	2016/1/20	在用	购入

就绪 在 16 条记录中找到 10 个

查看筛选出每年 1 月份的记录

Hint

自定义自动筛选方式

单击“入账日期”筛选按钮，在列表中选择“日期筛选>自定义筛选”选项，弹出“自定义自动筛选方式”对话框，在对话框中可以设置筛选某个日期之前、之后或是在某两个日期之间等等，设置完成后，单击“确定”按钮即可。

Question 110

查看当天销售数量大于等于15的记录

语音视频教学110

Level ◆◆◆

2016 2013 2010

实例 通过数字筛选查看所需的记录

对数字进行筛选时，筛选器中“数字筛选”功能提供很多不同的筛选条件，如大于某值、介于某两值之间和高于平均值等，以满足用户的不同筛选需求。

1 打开工作表，选中表内任意单元格，单击“数据”选项卡中的“筛选”按钮。

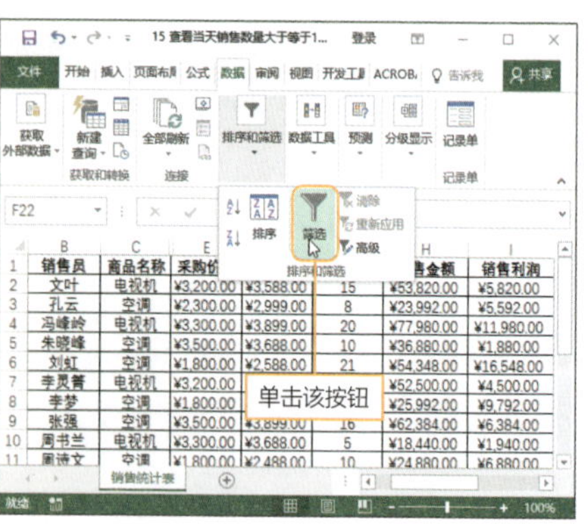

2 单击“销售数量”筛选按钮，在列表中选择“数字筛选>大于或等于”选项。

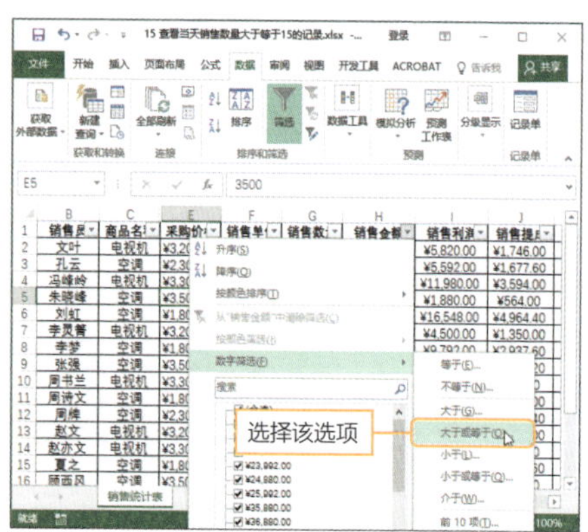

3 弹出“自定义自动筛选方式”对话框，在“销售数量”文本框中输入15。

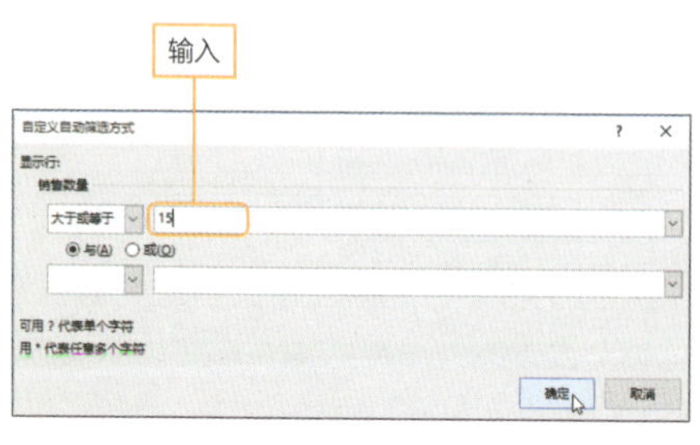

4 单击“确定”按钮，返回工作表，查看筛选后的效果。

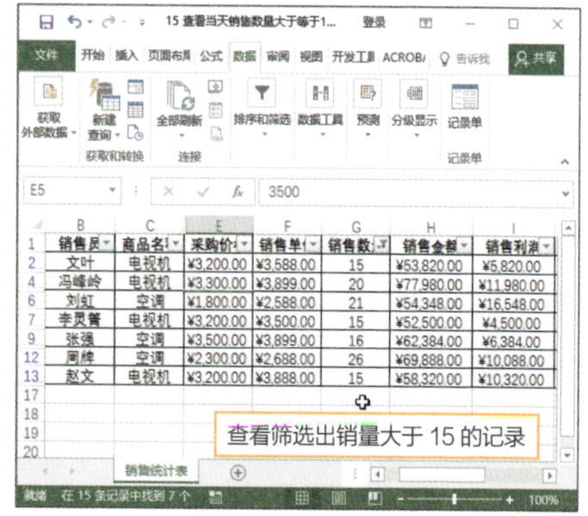

Question 111

迅速查看姓周员工薪酬

语音视频教学111

Level ◆◆◆

2016 2013 2010

实例 使用通配符进行模糊查找

在进行筛选操作时，当筛选的条件不是非常明确，而是某类内容时，用户可以使用通配符进行筛选。

例：在薪酬表中，筛选出周姓的员工信息。

1 打开工作表，进入筛选模式，单击“姓名”筛选按钮，选择“文本筛选>等于”选项。

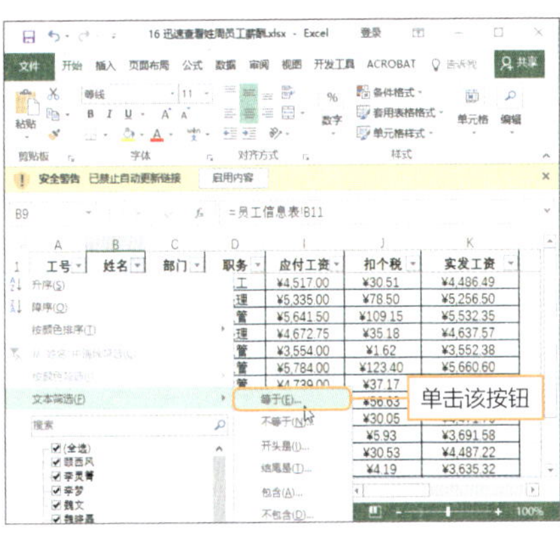

2 打开“自定义自动筛选方式”对话框，在“等于”文本框中输入“周*”，单击“确定”按钮。

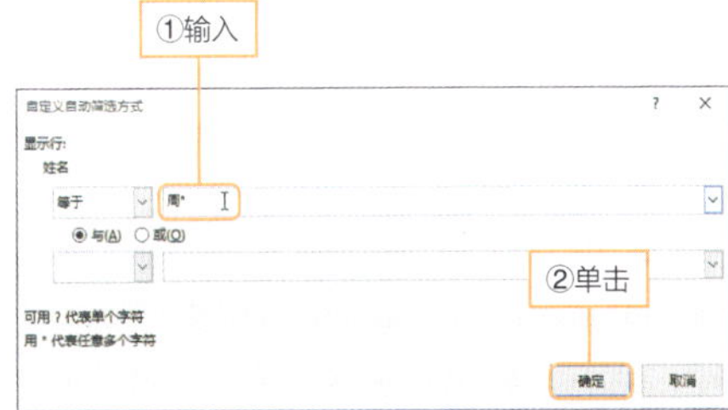

3 返回工作表中，即可显示所有姓周员工的薪酬记录。

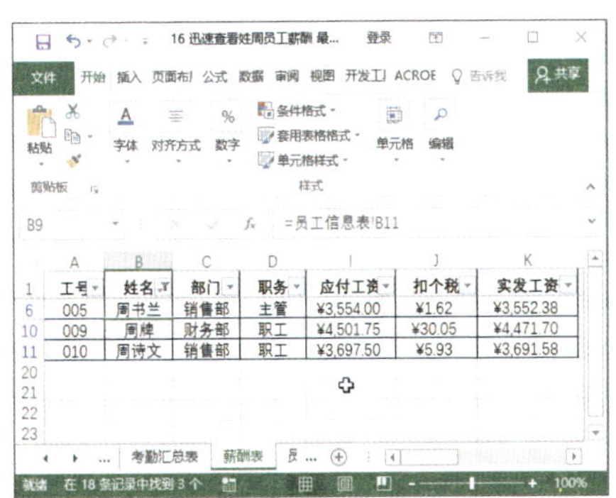

查看筛选出的员工记录

Hint

两种通配符的意义

在输入通配符时，都是英文半角状态下输入的，两种通配符分别代表不同的意义：“?”表示代替任意的单个字符；“*”表示代替任意数量的字符，可以是单个字符，也可以是多个字符或没有字符。

通配符只适应文本型的数据，对数值型和日期型的数据无效。

本案中若在对话框中输入“周?”，则筛选的结果只有“周牌”员工的信息。

Question

112

● Level

◆◆◆

2016 2013 2010

查看满足多条件查询的固定资产记录

语音视频教学112

实例 使用“高级”功能筛选出多个条件的记录

在分析报表数据时，有时需要根据多条件分析数据，而且必须满足所有条件。下面介绍在固定资产表中，查看销售部在用的固定资产，并且原值大于2500元的所有记录。

1 打开工作表，在空白单元格区域内输入筛选的条件。

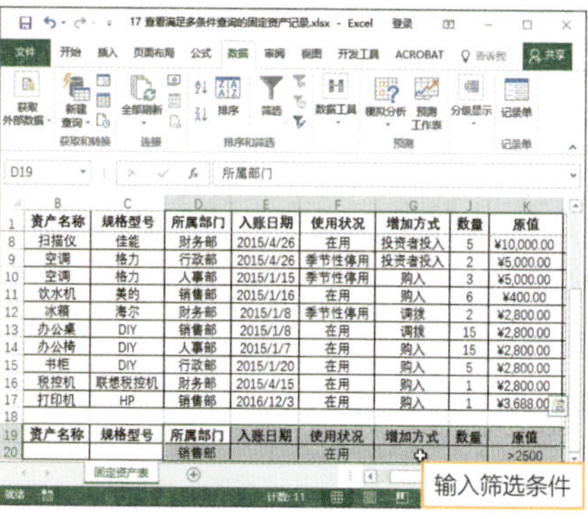

2 选中表格内任意单元格，单击“数据”选项卡中“高级”按钮。

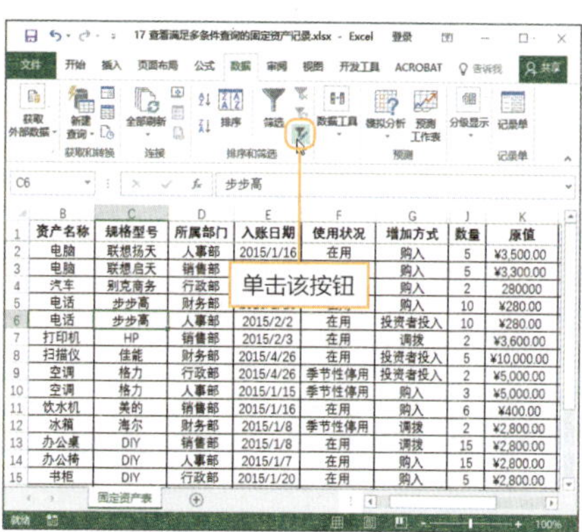

3 弹出“高级筛选”对话框，单击“条件区域”折叠按钮，返回工作表中，选中设置的筛选条件区域。

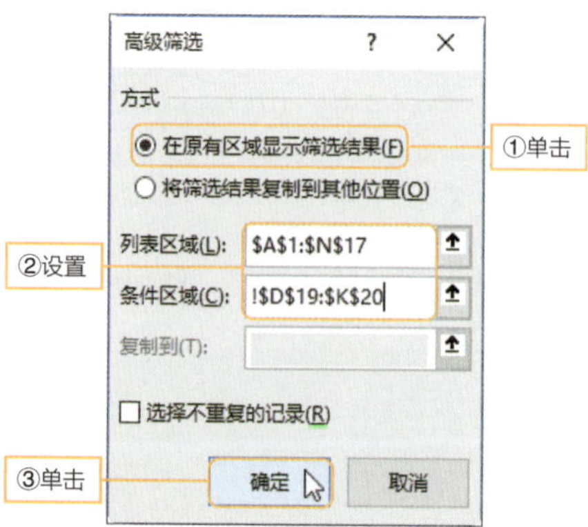

4 单击“确定”按钮，返回工作表，查看多条件筛选的结果。

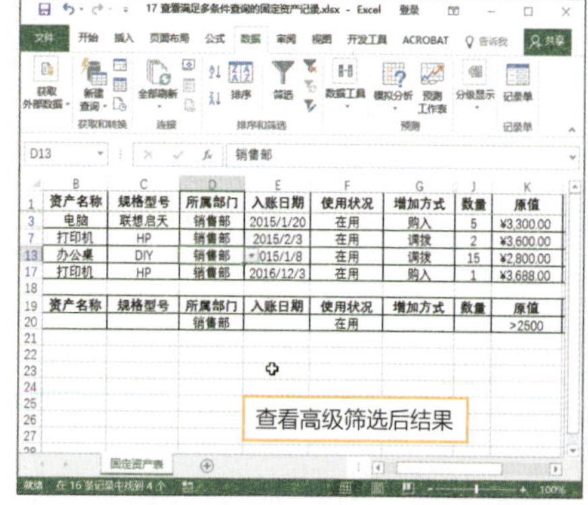

Question

113

查看满足其中某个条件的固定资产记录

语音视频
教学113

● Level ◆◆◆

2016 2013 2010

实例　筛选出满足某个条件的记录

前面介绍满足多个条件的筛选方法，本技巧介绍满足多条件中其中一条的筛选方法，即多个条件为“或”关系。下面介绍在固定资产表中，筛选出销售部在用的或者原值大于3000的固定资产记录。

1 打开工作表，在空白单元格区域内输入筛选的条件。

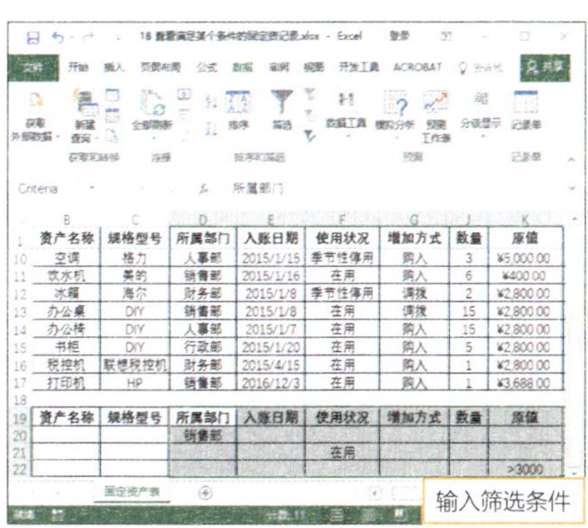

	B	C	D	E	F	G	J	K
1	资产名称	规格型号	所属部门	入账日期	使用状况	增加方式	数量	原值
10	空调	格力	人事部	2015/1/15	季节性停用	购入	3	¥5,000.00
11	饮水机	美的	销售部	2015/1/16	在用	购入	6	¥400.00
12	冰箱	海尔	财务部	2015/1/8	季节性停用	调拨	2	¥2,800.00
13	办公桌	DIY	销售部	2015/1/8	在用	调拨	15	¥2,800.00
14	办公椅	DIY	人事部	2015/1/7	在用	购入	15	¥2,800.00
15	书柜	DIY	行政部	2015/1/20	在用	购入	5	¥2,800.00
16	税控机	联想税控机	财务部	2015/4/15	在用	购入	1	¥2,800.00
17	打印机	HP	销售部	2016/12/3	在用	购入	1	¥3,688.00
18								
19	资产名称	规格型号	所属部门	入账日期	使用状况	增加方式	数量	原值
20			销售部					
21					在用			
22								>3000

2 选中表格内任意单元格，单击“数据”选项卡中“高级”按钮。

	B	C	D	E	F	G	J	K
1	资产名称	规格型号	所属部门	入账日期	使用状况	增加方式	数量	原值
2	电脑	联想扬天	人事部	2015/1/16	在用	购入	5	¥3,500.00
3	电脑	联想启天	销售部	[illegible]	[illegible]	购入	5	¥3,300.00
4	汽车	别克商务	行政部	[illegible]	[illegible]	购入	2	280000
5	电话	步步高	财务部	[illegible]	[illegible]	购入	10	¥280.00
6	电话	步步高	人事部	2015/2/2	在用	投资者投入	10	¥280.00
7	打印机	HP	销售部	2015/2/3	在用	调拨	2	¥3,600.00
8	扫描仪	佳能	财务部	2015/4/26	在用	投资者投入	5	¥10,000.00
9	空调	格力	行政部	2015/4/26	季节性停用	投资者投入	2	¥5,000.00
10	空调	格力	人事部	2015/1/15	季节性停用	购入	3	¥5,000.00
11	饮水机	美的	销售部	2015/1/16	在用	购入	6	¥400.00
12	冰箱	海尔	财务部	2015/1/8	季节性停用	调拨	2	¥2,800.00
13	办公桌	DIY	销售部	2015/1/8	在用	调拨	15	¥2,800.00
14	办公椅	DIY	人事部	2015/1/7	在用	购入	15	¥2,800.00
15	书柜	DIY	行政部	2015/1/20	在用	购入	5	¥2,800.00

C5　步步高

单击该按钮

3 弹出“高级筛选”对话框，单击“条件区域”折叠按钮，返回工作表中，选中设置筛选条件的区域。

4 单击“确定”按钮，返回工作表，可见显示结果只需要满足其中一个条件即可。

	D	E	F	G	J	K	L	M
1	所属部门	入账日期	使用状况	增加方式	数量	原值	使用年限	累计折旧
4	行政部	2015/1/18	在用	购入	2	280000	15	¥1,477.78
5	财务部	2015/1/15	在用	购入	10	¥280.00	10	¥2.22
6	人事部	2015/2/2	在用	投资者投入	10	¥280.00	10	¥2.22
7	销售部	2015/2/3	在用	调拨	2	¥3,600.00	9	¥31.67
8	财务部	2015/4/26	在用	投资者投入	5	¥10,000.00	9	¥87.96
9	行政部	2015/4/26	季节性停用	投资者投入	2	¥5,000.00	13	¥30.45
10	人事部	2015/1/15	季节性停用	购入	3	¥5,000.00	13	¥30.45
11	销售部	2015/1/16	在用	购入	6	¥400.00	8	¥3.96
13	销售部	2015/1/8	在用	调拨	15	¥2,800.00	15	¥14.78
14	人事部	2015/1/7	在用	购入	15	¥2,800.00	15	¥14.78
15	行政部	2015/1/20	在用	购入	5	¥2,800.00	15	¥14.78
16	财务部	2015/4/15	在用	购入	1	¥2,800.00	10	¥22.17
17	销售部	2016/12/3	在用	购入	1	¥3,688.00	13	¥22.46
18								

G15　购入

查看高级筛选后结果

Question

114 在受保护的工作表中进行筛选

语音视频教学114

Level ◆◆◆

2016 2013 2010

实例 设置自动筛选功能

如果财务报表必须设置密码保护，但是还希望通过筛选功能分析数据，并且不允许修改数据，用户可以通过本技巧学习来实现。

① 打开工作表，选中表格内任意单元格，按Ctrl+Shift+L快捷键，进入筛选模式。

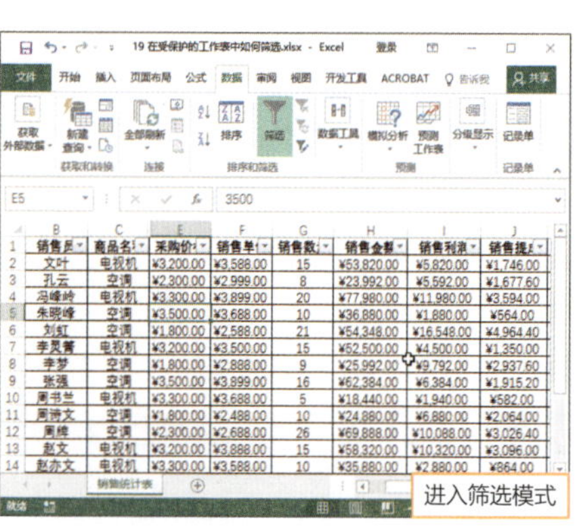

② 切换至“审阅”选项卡，单击“更改”选项组中“保护工作表”按钮。

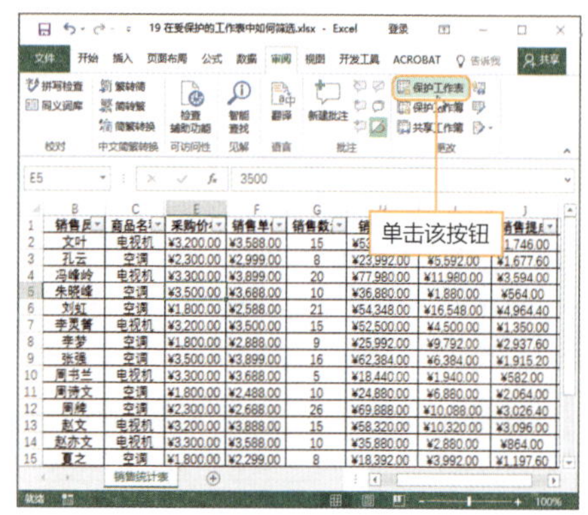

③ 打开“保护工作表”对话框，设置密码为123，勾选“使用自动筛选”复选框。

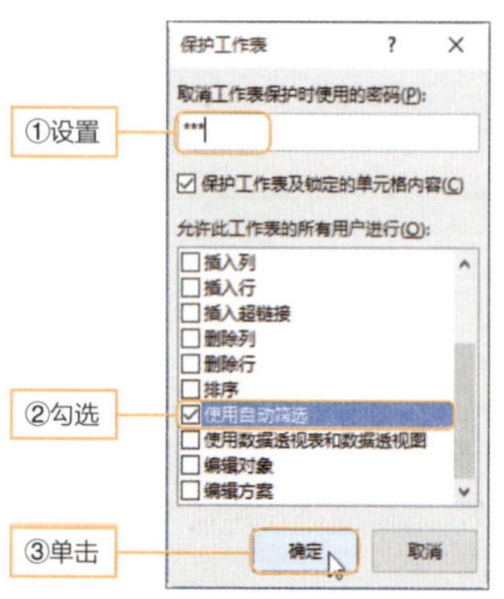

④ 返回工作表中，单击“商品名称”筛选按钮，设置筛选条件，查看筛选结果。

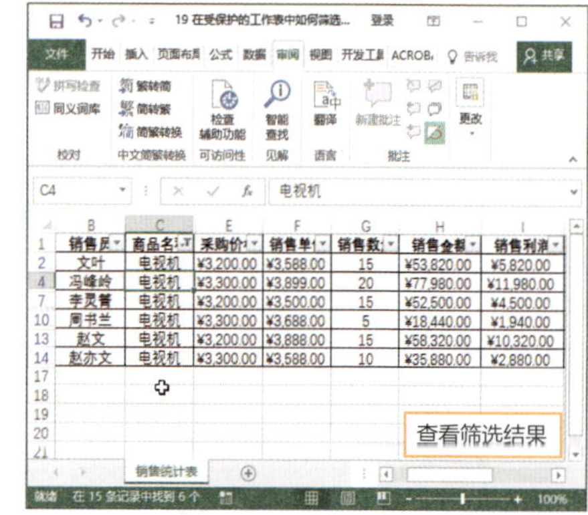

Question
115 在凭证记录表中提取不重复的一级名称

Level ◆◆◆

2016 2013 2010

实例 通过高级筛选功能查看不重复一级科目名称

在查看财务报表时，有时需要把某一列的科目提取出来查看分析，财务报表中数据量比较大，重复的也相当多，所以需要把重复的数据删除，然后复制到指定位置。

❶ 打开工作表，选中表内任意单元格，单击“数据”选项卡中“高级”按钮。

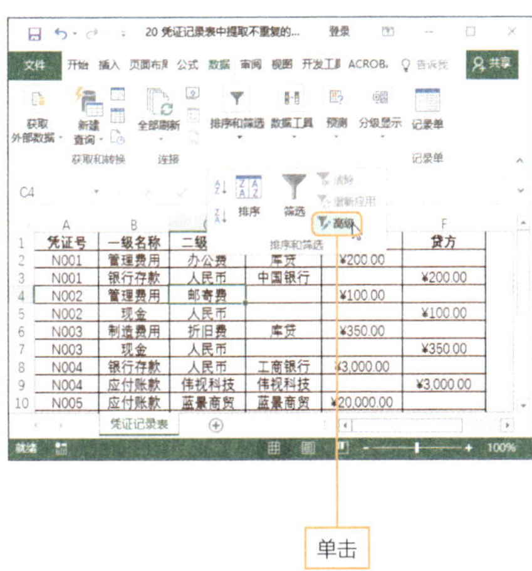

❷ 弹出“高级筛选”对话框，设置将筛选结果复制到B15单元格。

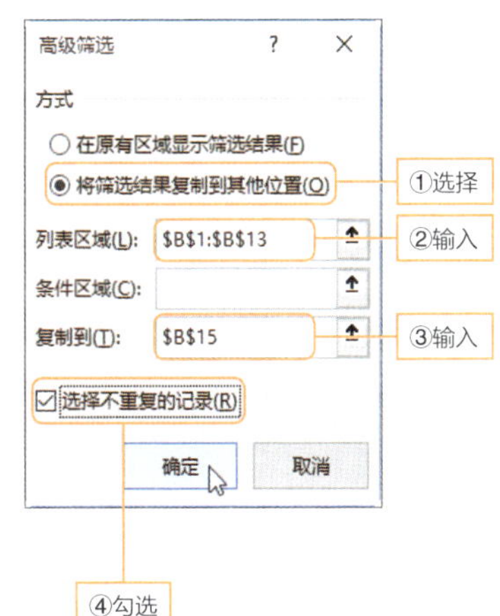

❸ 单击“确定”按钮，返回工作表，查看筛选出不重复的一级科目名称的结果。

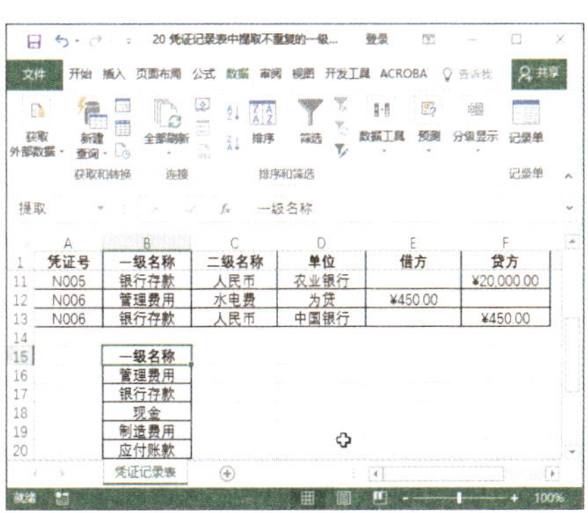

查看筛选结果

Hint

使用“删除重复项”功能进行筛选

首先选中需要筛选的单元格区域，将其复制到指定位置，然后切换至“数据”选项卡，单击“数据工具”选项组中“删除重复项”按钮，打开“删除重复项”对话框，保持默认设置，单击“确定”按钮，弹出删除重项的提示对话框，单击“确定”按钮即可。

Question

116 将产品销量表的行和列互换有妙招

语音视频教学116

● Level ◆◆◆

2016 2013 2010

实例 通过粘贴选项互换表格行和列

在阅读表格时，一般习惯是按行浏览的，为了突出首列内容的重要性，用户可以将工作表的表头和首列互换。

1. 打开工作表，选中A1:F7单元格区域，按Ctrl+C快捷键，复制选中的内容。

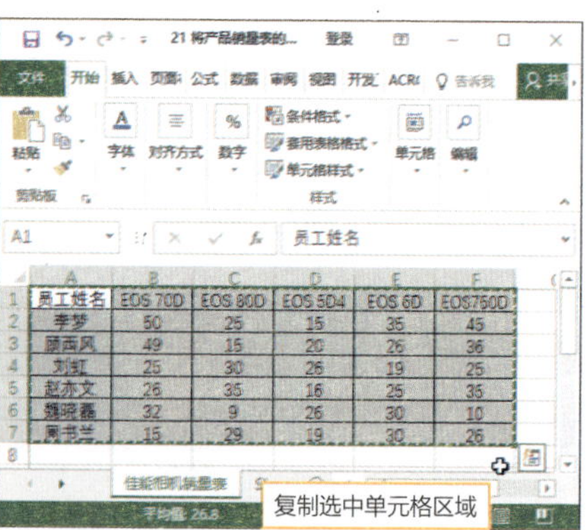

2. 打开新工作表，选中A1单元格，在“粘贴”列表中选择“转置”选项。

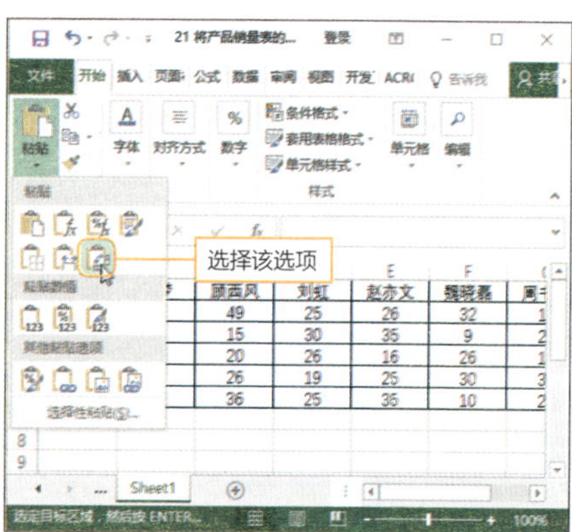

3. 此时，可以看到所选表格的行列进行了互换，然后更改A1单元格中科目名称。

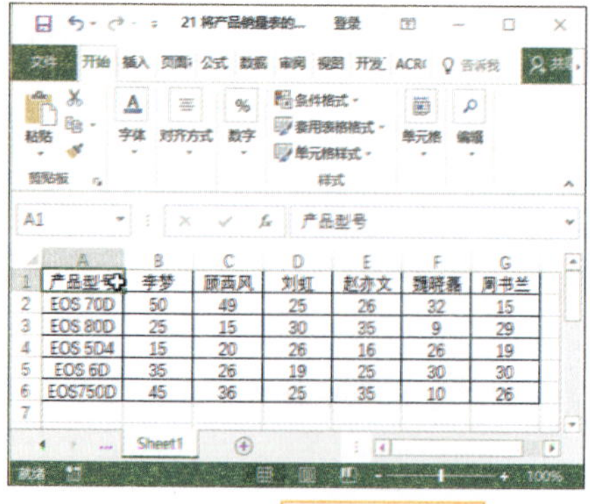

查看转换后的效果

Hint

行列互换的意义以及其他方法

在二维财务报表中的内容是相同的，可以跟据表格要表达的重点不同，通过表头和首列互换来实现。

实现行列互换，还可以通过快捷菜单完成，复制单元格区域，选中需要粘贴的单元格位置，单击鼠标右键，在快捷菜单中选择“转置”命令。

Question 117

将员工信息表的表头始终显示

语音视频教学117

Level ◆◆◆

2016 2013 2010

实例 使用冻结拆分功能显示表格表头

有时财务报表的页数比较多，使用滚动条浏览数据时，工作表的表头不显示，查看数据容易出错，所以用户需要将工作表的表头固定。

例：将员工信息表的前两行固定。

① 打开工作表表，选中需要显示表头的下一行，即第三行。

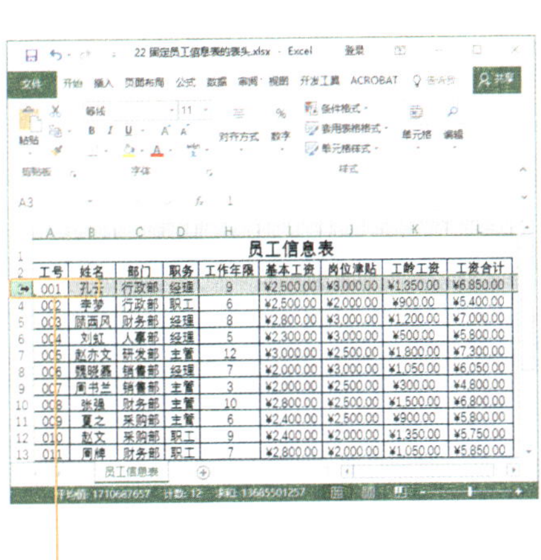

选择该行

② 切换至“视图”选项卡，单击“冻结窗格”下拉按钮，选择“冻结拆分窗格”选项。

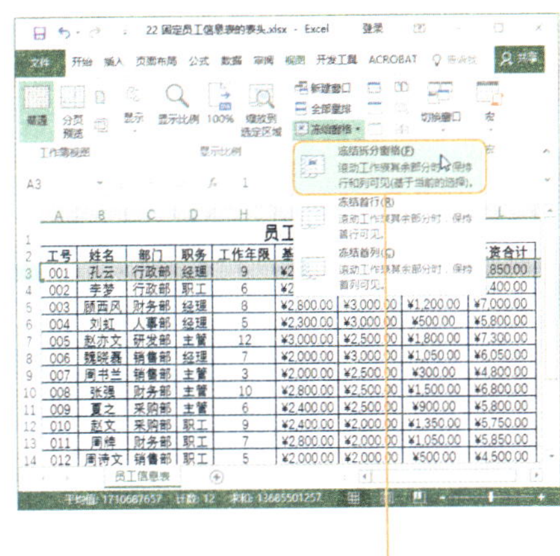

选择该选项

③ 用户向下浏览数据时，可见表格前两行始终显示，查看数据时比较清晰明了。

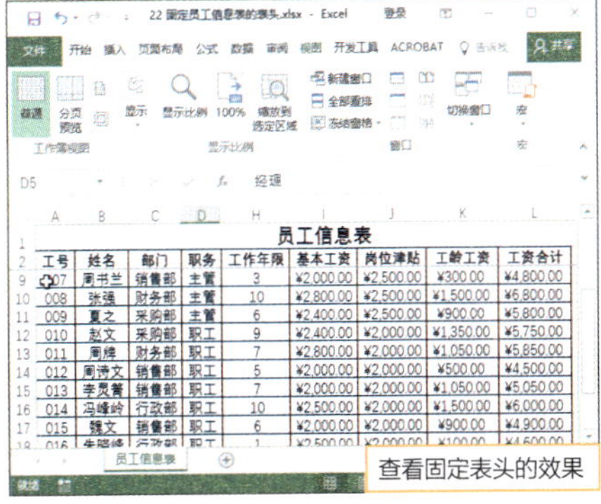

查看固定表头的效果

Hint

取消冻结拆分窗格的方法

数据浏览结束后，若需要取消冻结表头，则选中表格内任意单元格，切换至“视图”选项卡，单击“窗口”选项组中“冻结窗格”下三角按钮，在列表中选择“取消冻结窗格”选项即可。

Question
118 查看销售报表时一直显示产品名称列

Level ◆◆◆

2016 2013 2010

实例 使用冻结首列的方法固定产品名称列

在查看较大的表格时，若需要将滚动条向右拖动，首列的标题将无法查看，那么如何才能让首列的标题固定呢？
例：将产品销售表中的产品名称列固定。

1 打开工作表，选择表格内任意单元格，在“冻结窗格”列表中选择“冻结首列”选项。

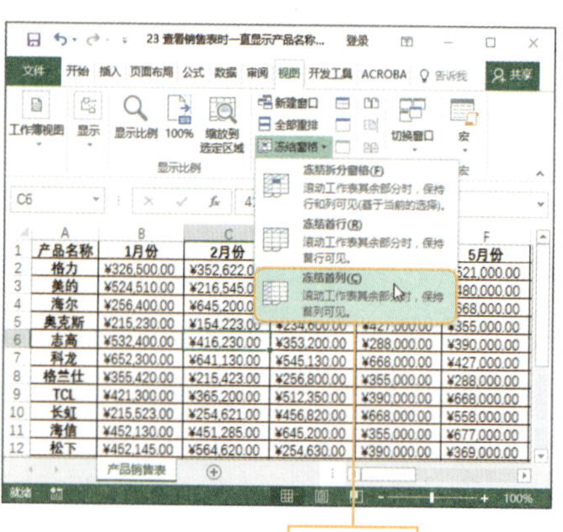

选择该选项

2 返回工作表中，拖动滚动条向右移动，可见A列始终显示。

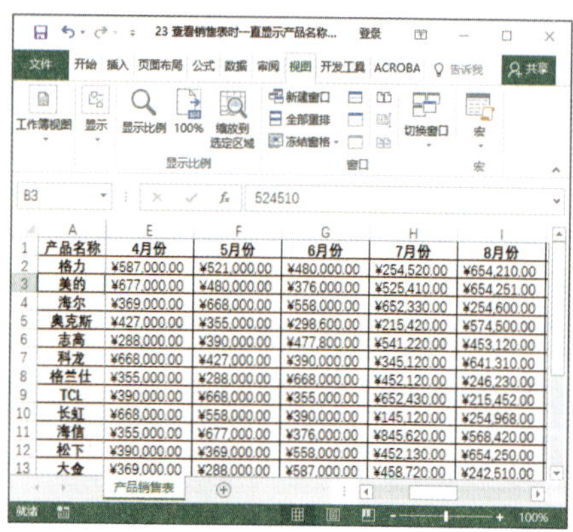

查看固定首列的的效果

3 用户还可以使用冻结拆分的方法操作。选择B列，在“冻结窗格”列表中选择“冻结拆分窗格”选项即可。

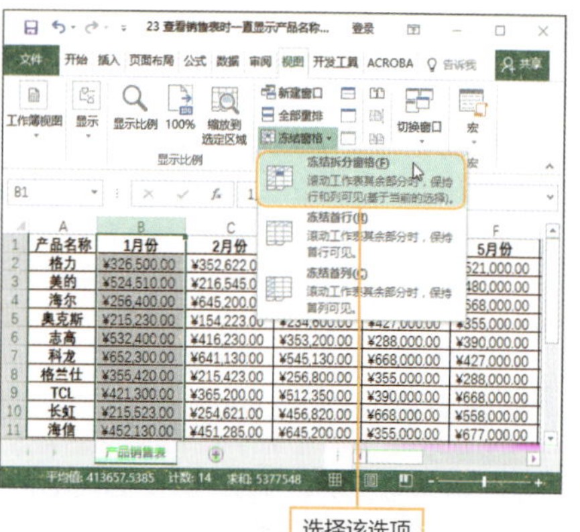

选择该选项

Hint

冻结首行

冻结首行就是固定表格中的第一行，选中表格内任意单元格，切换至“视图”选项卡，单击“窗口”选项组中“冻结窗格”下三角按钮，在列表中选择“冻结首行”选项即可。

Question 119

将产品销售表的表头和首列固定

语音视频教学119

实例　巧用冻结拆分窗格的方法将表头和首列固定

Level ◆◇◇

2016 2013 2010

在数据量比较庞大的财务报表中，当拖动上下滚动条和左右滚动条查看数据时，将无法查看表头和首列标题。我们可以通过冻结拆分窗格的方法将表头和首列固定。

最初效果

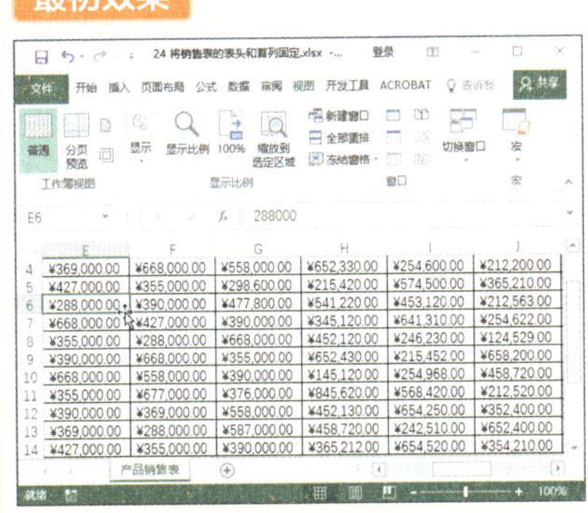

固定产品名称表头和首列前窗口效果

最终效果

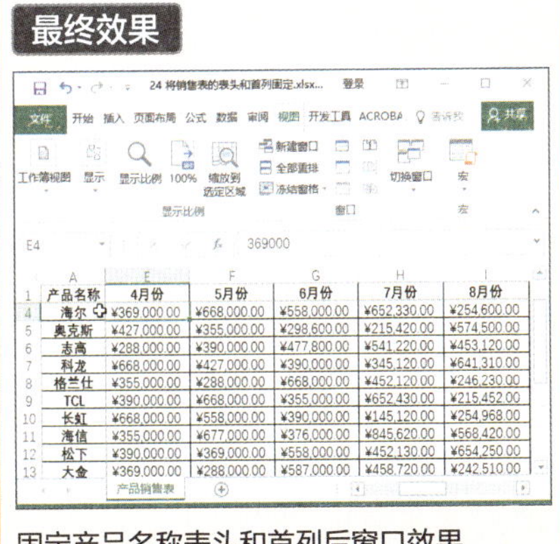

固定产品名称表头和首列后窗口效果

1. 打开工作表，选中B2单元格，因为冻结窗格是以选中单元格的左上角拆分窗格的。

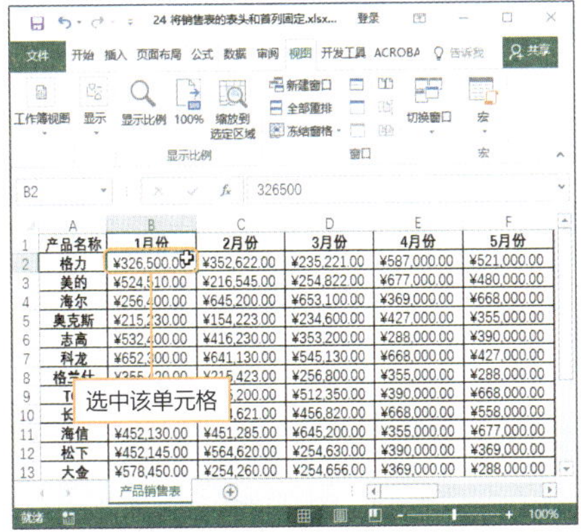

2. 单击“视图”选项卡“冻结窗格”下三角按钮，选择“冻结拆分窗格”选项。

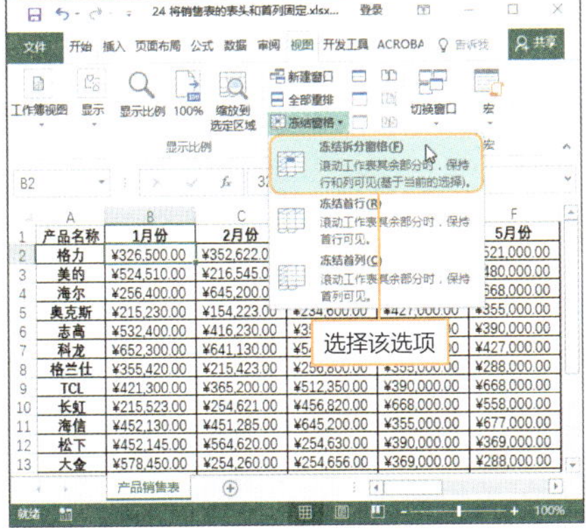

Question

120

使用迷你图展示产品销量的变化趋势

语音视频
教学120

Level ◆◆◆

2016 2013 2010

实例 在产品销售报表中插入折线图

在分析财务报表时，想了解数据变化的趋势，但是报表中都是数字，很难比较出大小关系，此时如果使用折线图来展示数据，就能很直观地看到变化趋势了。

① 打开工作表，选中H2:H6单元格区域，单击“插入”选项卡中的“折线图”按钮。

月份	1月	2月	3月	4月	5月	6月
EOS 70D	50	49	25	26	32	15
EOS 80D	25	15	30	35	9	29
EOS 5D4	15	20	26	16	26	19
EOS 6D	35	26	19	25	30	30
EOS750D	45	36	25	35	10	26

单击该按钮

② 弹出“创建迷你图”对话框，设置数据范围后，单击“确定”按钮。

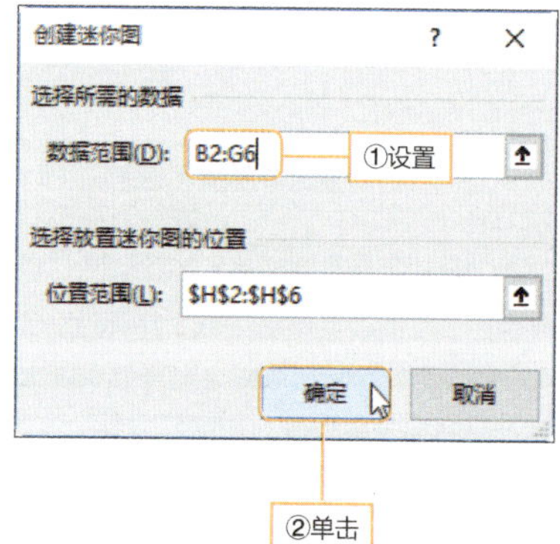

②单击

③ 设置完成后，查看创建的折线图迷你图显示了不同月份销售数量的多少。

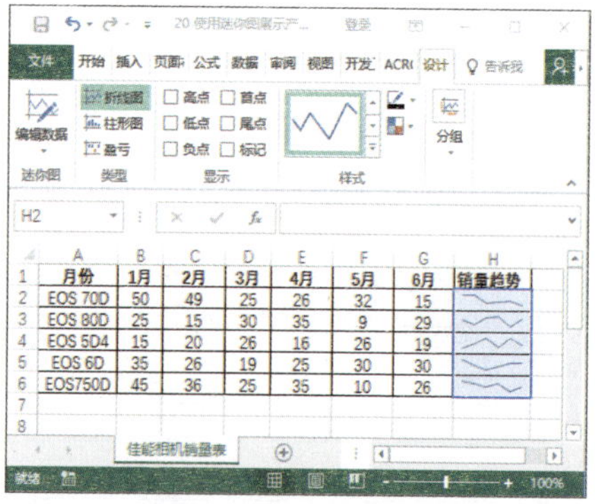

查看不同月份的销售数量变化趋势

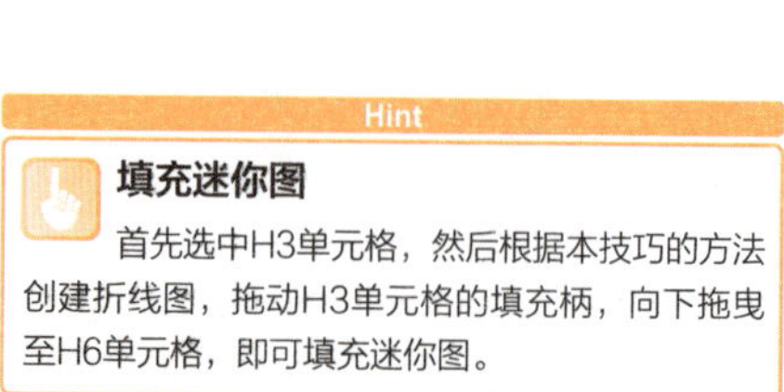

Hint

填充迷你图

首先选中H3单元格，然后根据本技巧的方法创建折线图，拖动H3单元格的填充柄，向下拖曳至H6单元格，即可填充迷你图。

Question 121

快速将折线图更改为柱形图

语音视频教学121

Level ◆◆◆

2016 2013 2010

实例 更改一组迷你图类型

用户如果感觉现有的折线迷你图不能充分展示数据，可以更改迷你图的类型，下面介绍更改迷你图类型的操作方法。

1 打开工作表，选中H3单元格，切换至“迷你图工具-设计”选项卡。

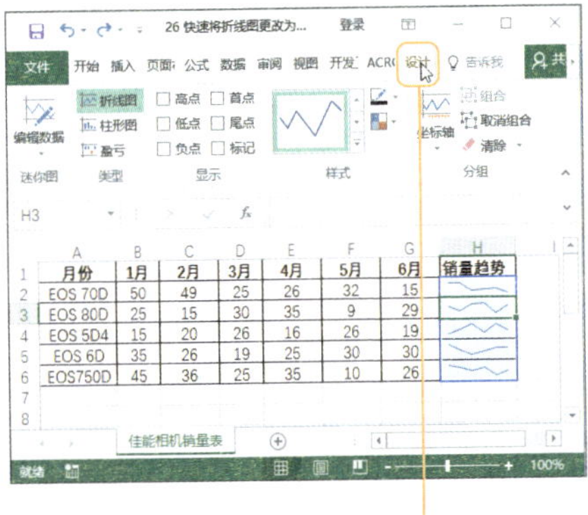

切换至该选项卡

2 在“类型”选项组，单击“柱形图”按钮。

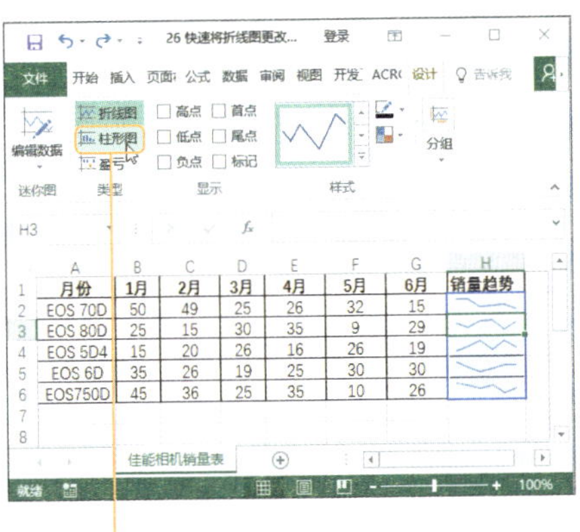

单击该按钮

3 返回工作表中，可见折线图全部更改为柱形图了。

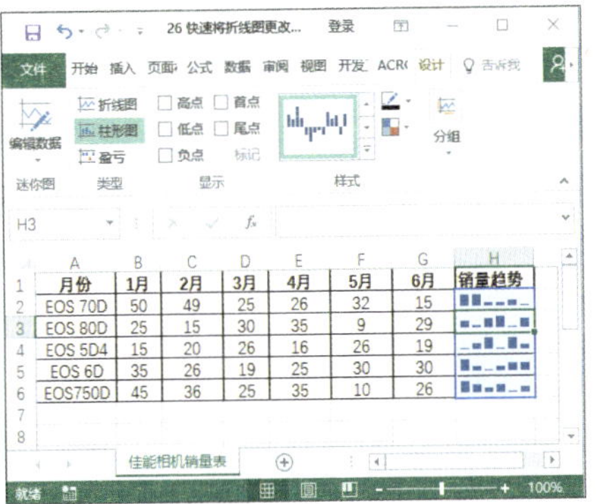

查看更改后的效果

Hint

组合法更改迷你图类型

首先选中需要更改的折线图所在的单元格区域，然后选中柱形图所在的单元格区域，切换至“迷你图工具-设计”选项卡，单击“分组”选项组中“组合”按钮，可将折线图更改为柱形图。

使用组合法更改迷你图类型时，组合的迷你图类型取决于最后选中的迷你图类型。

Question

122

Level ◆◆◆

2016 2013 2010

更改单个迷你图的类型有绝招

语音视频教学122

实例 将单个柱形图更改为折线图

用户创建迷你图时是按组创建的，如果需要更改其中部分迷你图的类型，先将其取消组合，然后再更改类型。

例：在产品销量表中，将H3单元格柱形图更改为折线图。

1 打开工作表，选中H3单元格，单击“迷你图工具-设计”选项卡中的“取消组合”按钮。

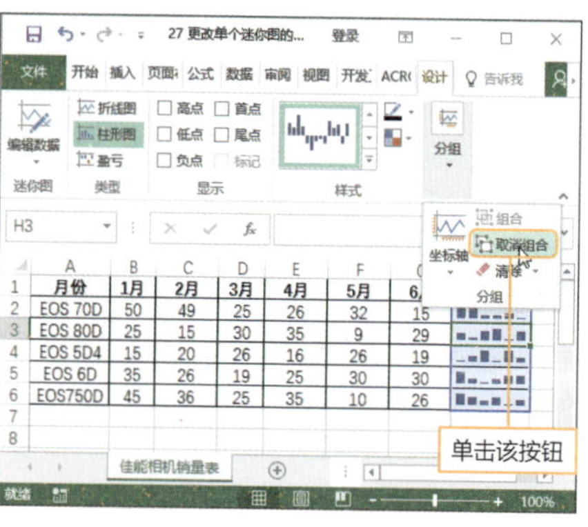

2 保持H3单元格为选中状态，单击“类型”选项组中“折线图”按钮。

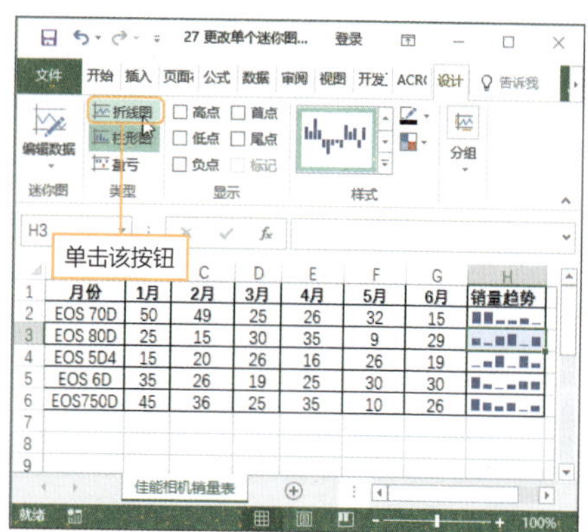

3 可见H3单元格中柱形图被更改为折线图，其他迷你图不变。

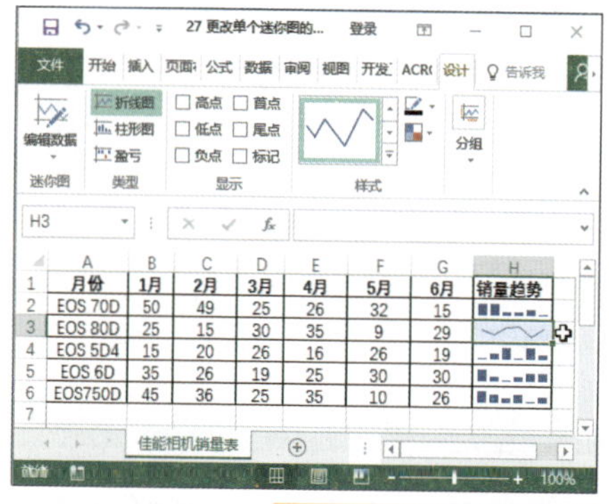

查看更改单个迷你图类型效果

Hint

显示高点、低点和负点等特殊数据

用户使用迷你图展示数据时，有些特殊的点需要标记出来，例如高点、低点等，这样可以更明确数据。

选中迷你图，切换至“迷你图工具-设计”选项卡，在“显示”选项组中勾选所要显示的值点复选框即可。

若不显示这些点，只需取消勾选相应的复选框即可。

Question 123

快速美化迷你图

语音视频教学123

Level ◆◆◆

2016 2013 2010

实例 设置迷你图的样式和颜色

在Excel中插入迷你图，都是默认的样式和颜色，用户可以根据个人的喜好和需要进行美化。

例：设置销量趋势折线图的样式和颜色。

1 打开工作表，选中包含迷你图的单元格，勾选“迷你图工具-设计”选项卡中的“标记”复选框。

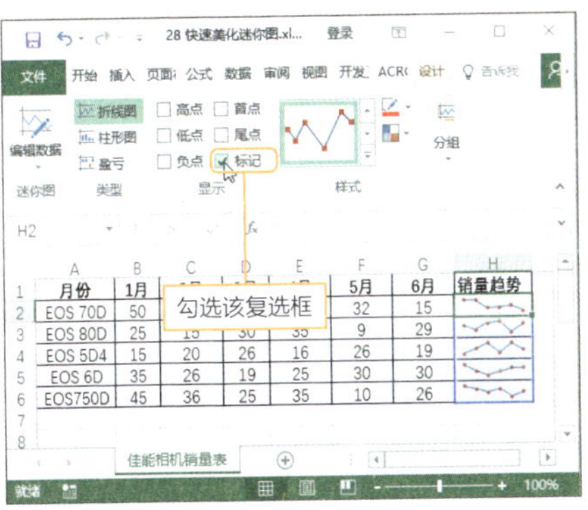

2 单击“样式”选项组中“其他”下三角按钮，在样式库中选择合适的样式。

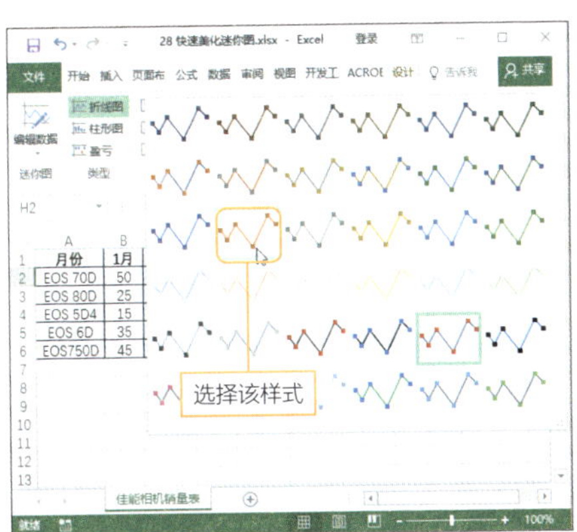

3 单击“迷你图颜色”下三角按钮，在下拉列表中选择折线图线条的粗细。

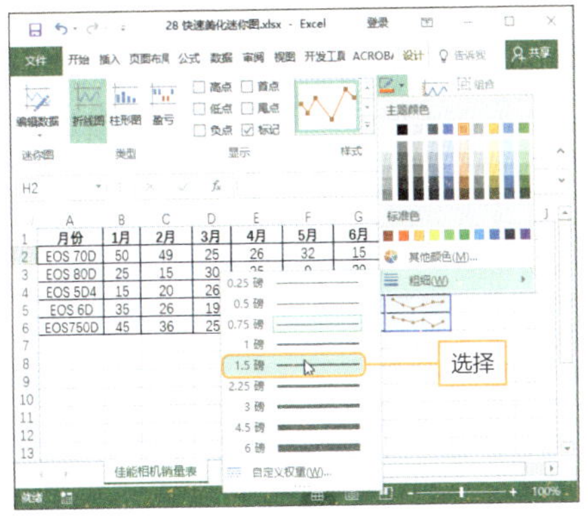

4 在“标记颜色>标记”下拉列表中选择合适的颜色。

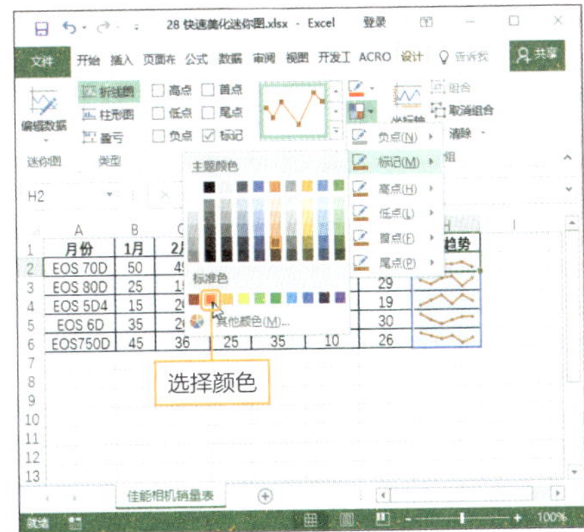

5 在“标记颜色>高点”选项列表中选择合适的颜色选项。

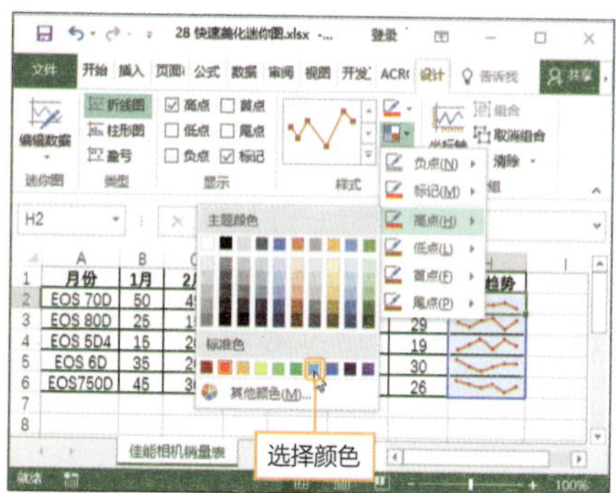

6 在“标记颜色>低点”选项列表中选择合适的颜色选项。

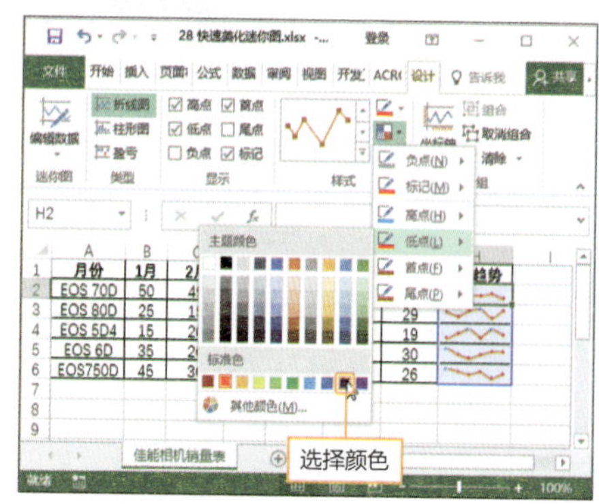

7 选中H2:H6单元格区域，单击“字体”选项组对话框启动器按钮。

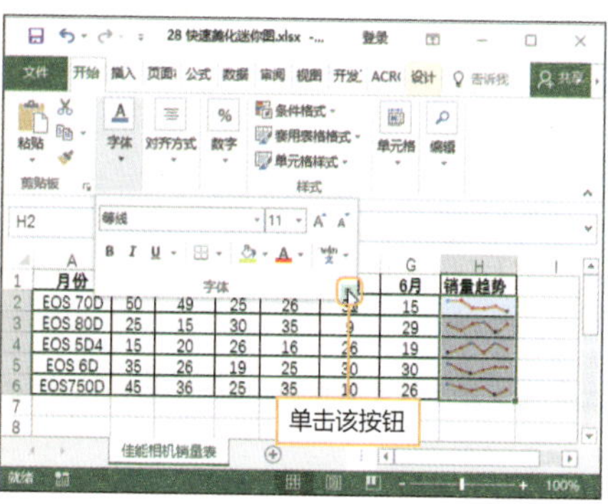

8 打开“设置单元格格式”对话框，切换至“填充”选项卡，选择需要的填充颜色。

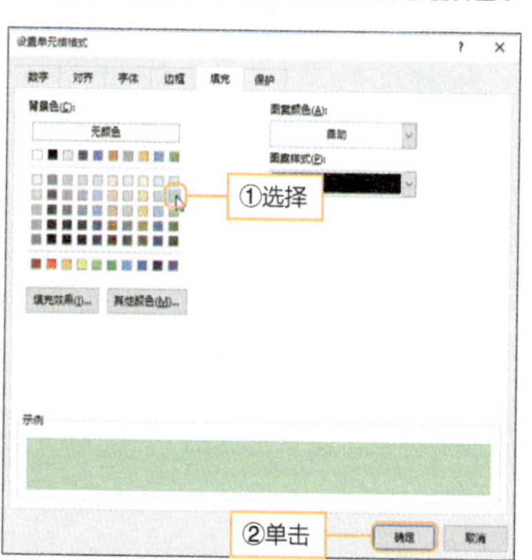

9 返回工作表中，可见迷你图所展示的数据更清晰，图表也更美观。

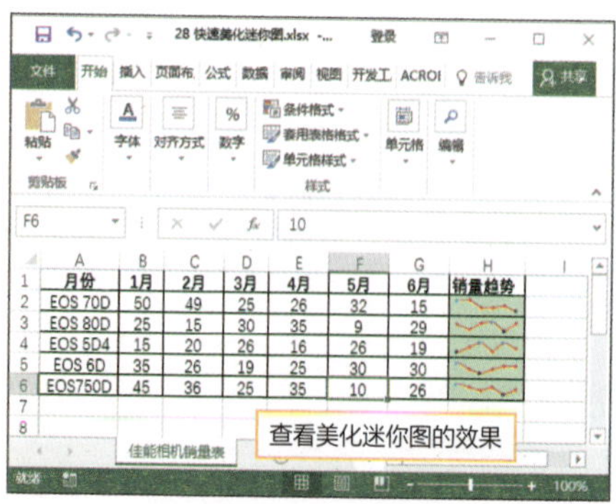

Hint

清除迷你图

清除迷你图的方法主要有两种，第一种方法，选中迷你图，切换至“迷你图工具-设计”选项卡，单击“分组”选项组中的“清除”下三角按钮，在列表中选择“清除所选的迷你图”选项。第二种方法，选中迷你图，单击鼠标右键，在快捷菜单中选择“迷你图>清除所选的迷你图组”命令即可。

Question 124

直观展示各品牌空调的销量

语音视频教学124

Level ◆◆◆

2016 2013 2010

实例　为产品销量报表创建柱形图

Excel提供各种各样的图表用于数据展示，在分析财务数据的时候，图表比数字更能直观展现数据变化趋势。

例：在空调销量表中，为各品牌空调四个季度的销量添加柱形图。

1 选中表格中任意单元格，单击“插入”选项卡中的“插入柱形图或条形图”下三角按钮。

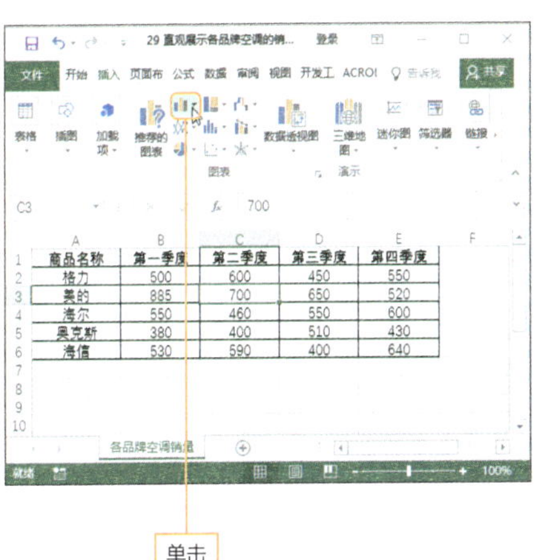

2 在打开的列表中选择所需的柱形图选项，如簇状柱形图。

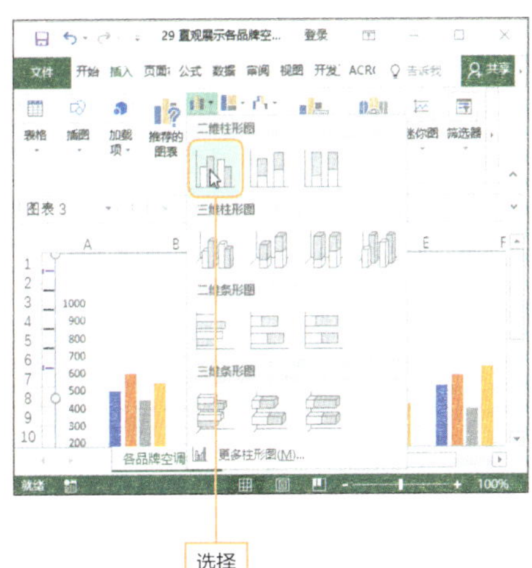

3 返回工作表，添加图表标题为“空调销量对比图”，查看效果。

Hint

柱形图介绍

柱形图一般用于显示一段时间内的数据变化或说明各项之间的比较情况。在柱形图中，一般沿横坐标轴组织类别，沿纵坐标轴组织数组。

柱形图类型还包含二维柱形图、三维柱形图、圆柱图、圆锥图和棱锥图。

Question

125 将柱形图更改为折线图

Level ◆◆◆

2016 2013 2010

实例 更改图表类型的方法

图表在财务报表中的应用已经很普遍了，图表是展示数据的最好方式。Excel为用户提供了10多种不同类型的图表，在不同情况下使用不同的图表类型。创建图表后用户还可以根据需要更改图表的类型。

1 打开工作表，选中图表，在“图表工具-设计”选项卡中单击“更改图表类型”按钮。

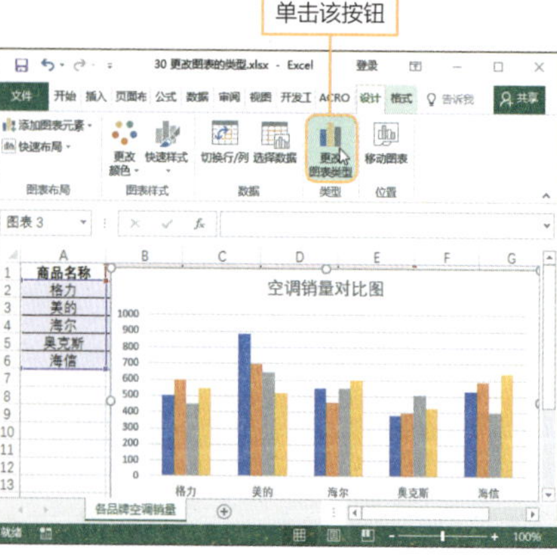

2 打开“更改图表类型”对话框，选择所需的折线图选项，单击“确定”按钮。

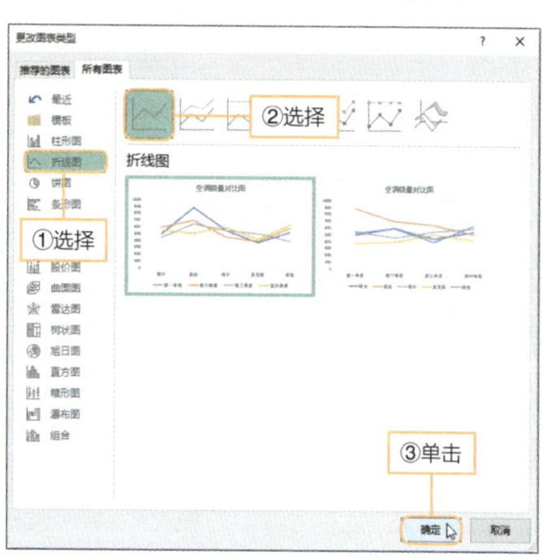

3 返回工作表中，查看柱形图更改为折线图的效果。

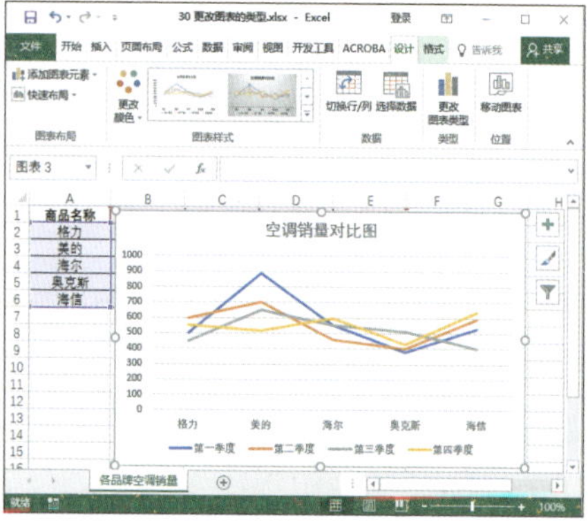

查看更改图表类型的效果

Hint

折线图介绍

折线图一般用于显示随着时间变化的连续数据，用来反映在相等时间间隔下数据的趋势，一般在工程方面应用较多。

折线图种类包括二维折线图和三维折线图。其中二维折线图还包括带数据标记的折线图。

126

让折线图波动变化更明显

Level ◆◆◆

2016 2013 2010

实例 在"设置坐标轴格式"导航窗格设置纵坐标轴的最小值

当报表中的数值相差不是很大时，使用图表展现数据的变化趋势就不那么明显，此时用户可以通过更改纵坐标轴的最小值，让图表中数据波动更明显。

最初效果

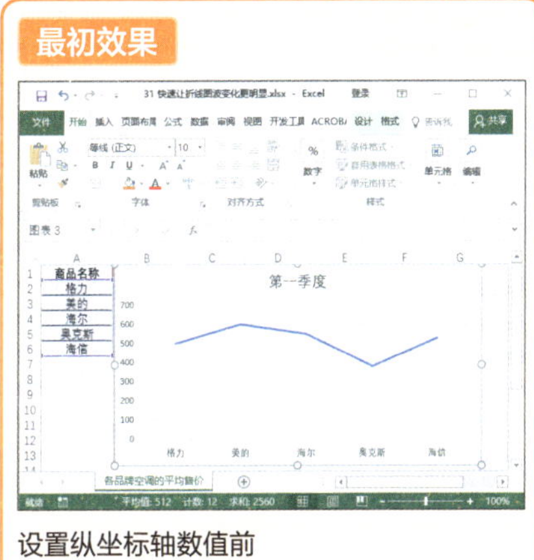

设置纵坐标轴数值前

最终效果

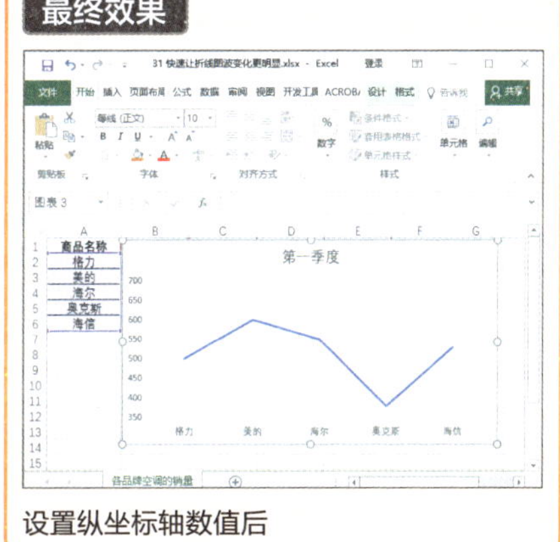

设置纵坐标轴数值后

1. 打开工作表，右击图表中的纵坐标轴，在快捷菜单中选择"设置坐标轴格式"命令。

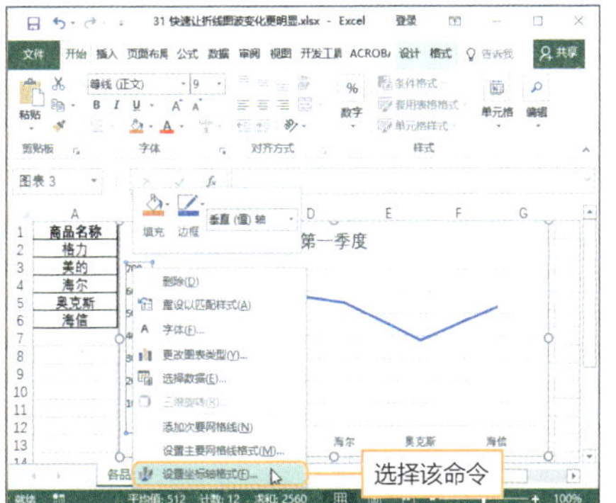

2. 弹出"设置坐标轴格式"导航窗格，在"最小值"数值框中输入350后，按下Enter键。

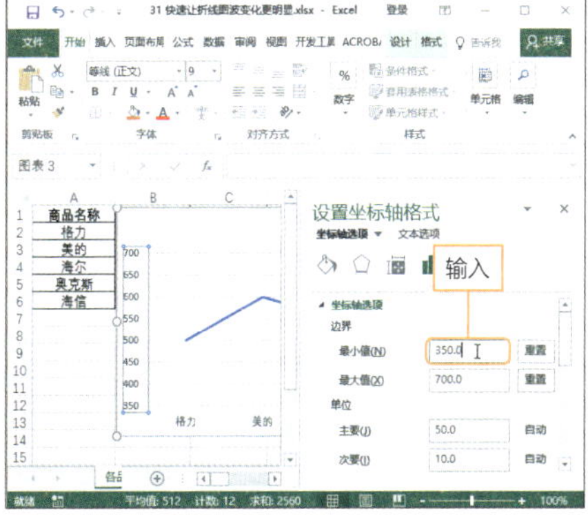

Question 127

使用双坐标轴分析两组差别较大的数据

语音视频教学127

Level ◆◆◆

2016 2013 2010

实例 将较小的数据设置次坐标轴

使用图表比较两组相差很大的财务数据时，数值较小的在图表里展示不是很明显，让浏览者很难分辨出两组数值的关系。如何让两组数值都能明显地展示呢?

最初效果

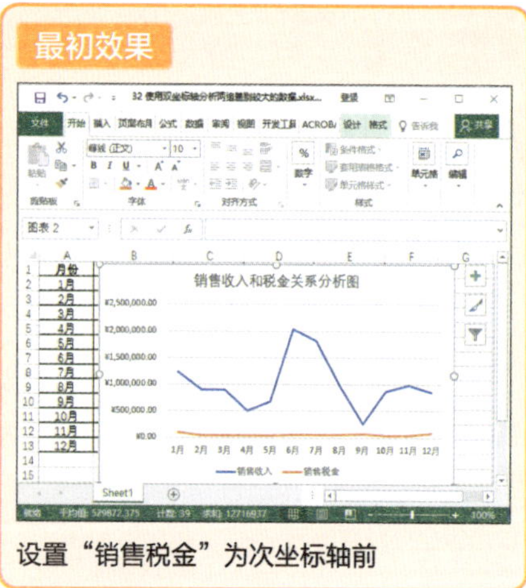

设置“销售税金”为次坐标轴前

最终效果

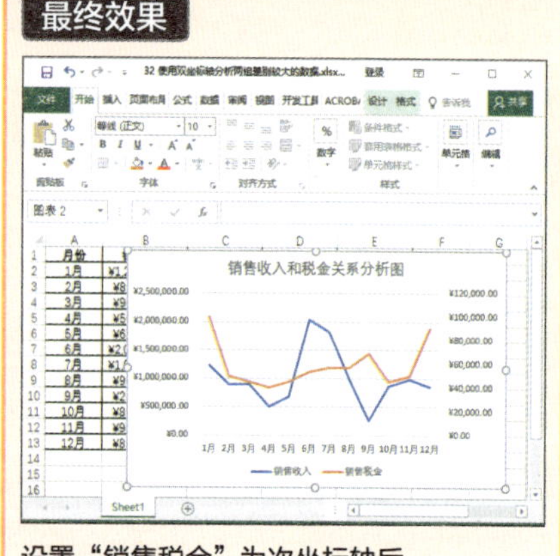

设置“销售税金”为次坐标轴后

1 打开工作表，选中图表并右击图表中的“销售税金”数据系列。

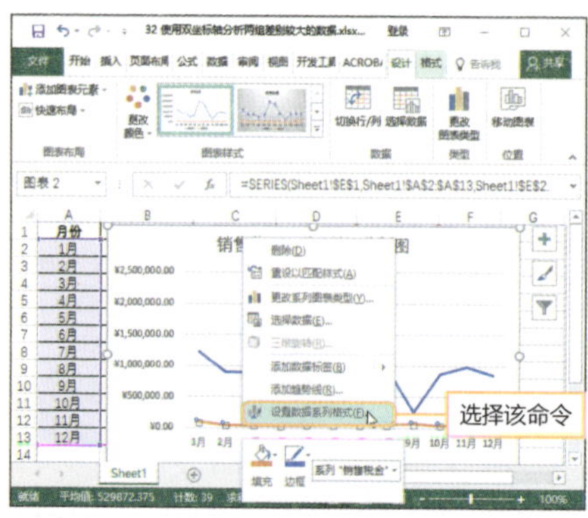

2 弹出“设置数据系列格式”导航窗格，选择“次坐标轴”单选按钮。

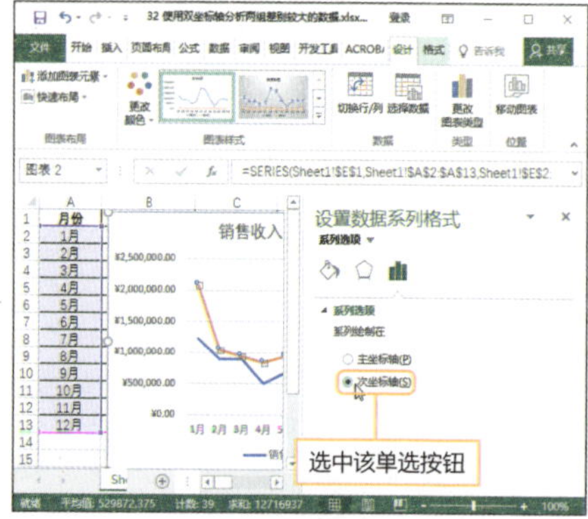

Question 128

为产品销量图表添加数据源

Level ◆◆◆

2016 2013 2010

实例　使用选择数据功能添加数据

图表是数据的表现形式，如果数据发生变化，图表会自动更新。若需要在图表中添加数据，则必须使用“选择数据”功能为图表添加，才能在图表上展示添加的数据。

1 打开工作表，输入要添加数据产品4个季度的销量，然后选中图表。

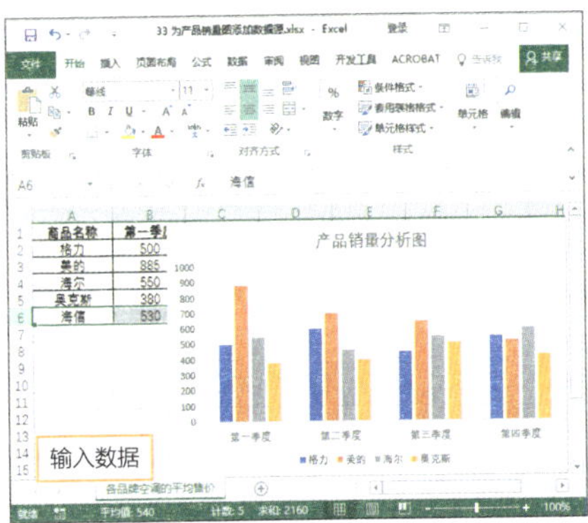

2 单击“图表工具>设计”选项卡中“选择数据”按钮。

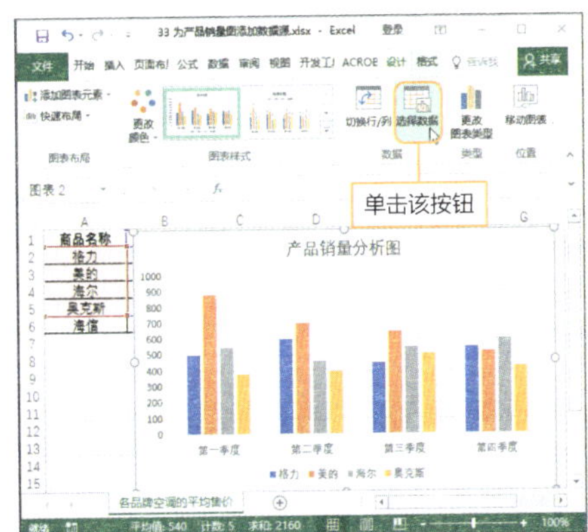

3 打开“选择数据源”对话框，单击“图表数据区域”右侧折叠按钮，返回工作表中选择A1:E6单元格区域，然后单击“确定”按钮。

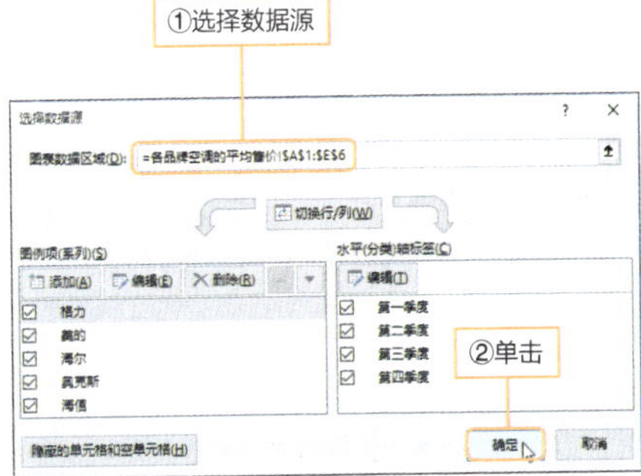

4 返回工作表中，可见在图表中添加“海信”系列数据。

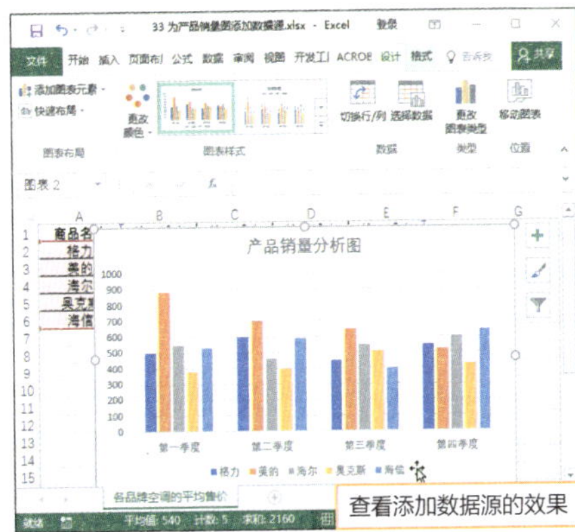

Question 129

• Level ◆◆◆

2016 2013 2010

查看图表中的数据趋势

语音视频教学129

实例 为海尔空调的销量添加趋势线

在分析财务数据时，如果想要查看图表中数据的变化趋势，用户可以为数据系列添加趋势线，这样可以更清楚地观察到图表中数据的变化趋势。

① 选中图表，右击图表中销售数据系列，在快捷菜单中选择“添加趋势线”命令。

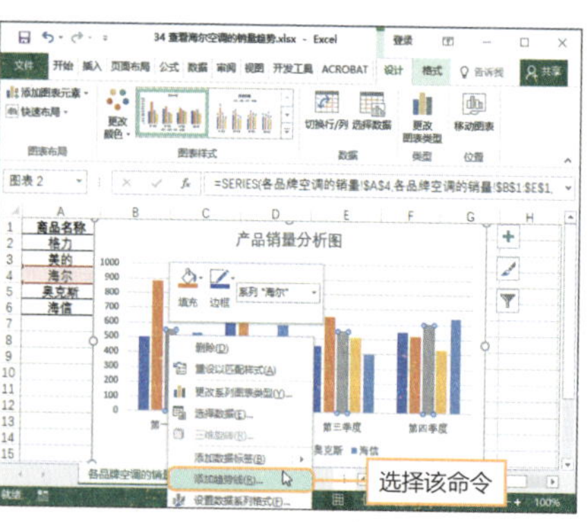

② 弹出“设置趋势线格式”导航窗格，选中“多项式”单选按钮，设置“阶数”为4。

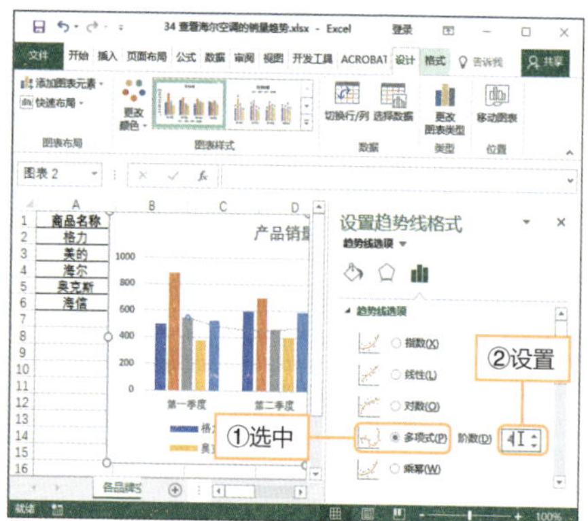

③ 切换至“填充与线条”选项卡，设置趋势线的线条样式和颜色。

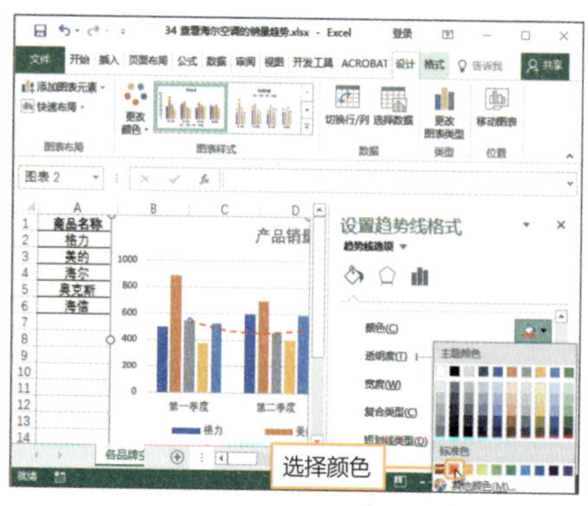

④ 关闭导航窗格，可见在图表中添加的趋势线，展示海尔空调销量的变化趋势。

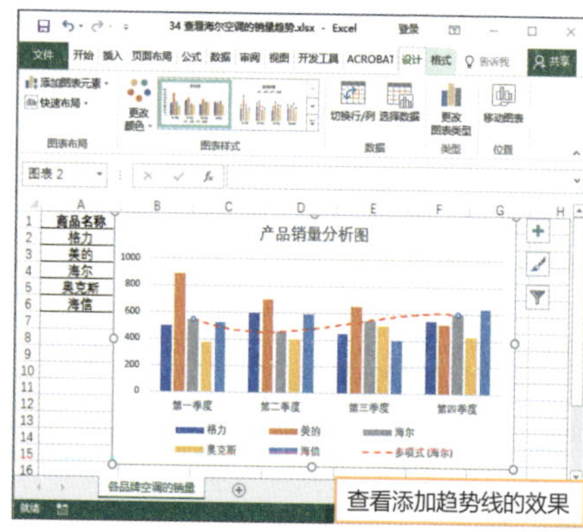

Question 130

预测海尔空调第4季度的销量趋势

Level ◆◆◆

2016 2013 2010

实例 为图表添加线性预测趋势线

图表不仅可以展示现有的数据，还可以根据现有数据预测未来趋势。下面介绍如何根据前3个季度各品牌空调的销量，预测第4季度销量趋势的操作方法。

1 打开工作表，选中图表，在“添加图表元素”列表中选择“趋势线>线性预测”选项。

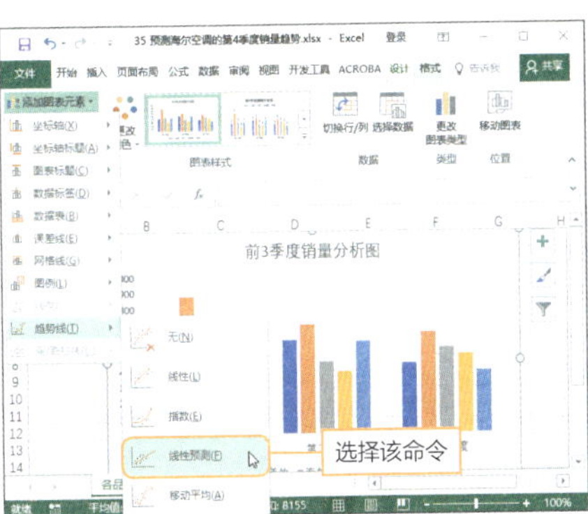

2 打开“添加趋势线”对话框，在“添加基于系列的趋势线”列表框中选择“海尔”选项，单击“确定”按钮。

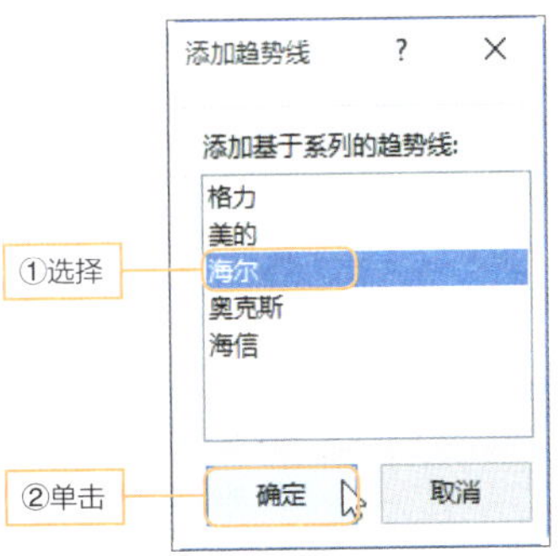

3 选中添加的趋势线，在“设置趋势线格式”导航窗格中设置趋势线的格式。

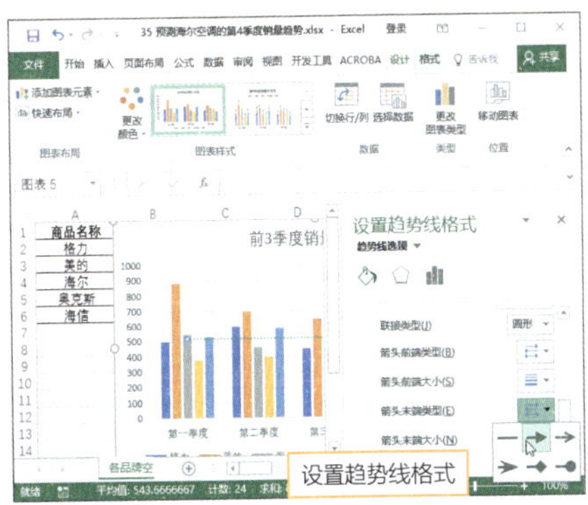

4 返回工作表中，可以看到预测海尔空调第4季度的销量是比较平稳的结果。

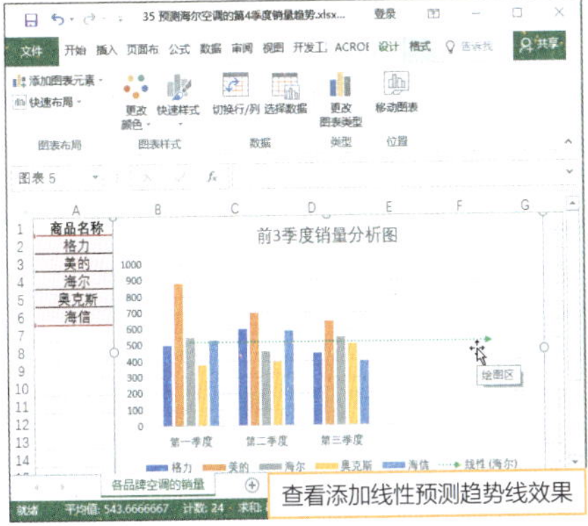

1 2 3 4 5 6 7 8 9 10

财务报表数据的查看与显示技巧

Question 131

快速为“销售收入分析图”添加图表元素

● Level ◆◆◆

2016 2013 2010

实例 设置图表的布局效果

创建图表后，用户还可以根据需要为图表添加必要的图表元素，如坐标轴、数据标签、数据表以及图例等等。

例：在销售收入分析图表中添加图表元素。

1 打开工作表，选中图表，在“添加图表元素”列表中选择“数据标签>居中”选项。

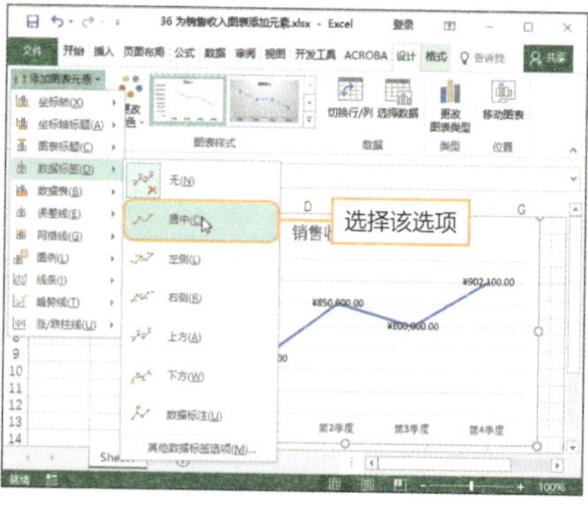

2 在“添加图表元素”列表中选择“数据表>显示图例项标示”选项。

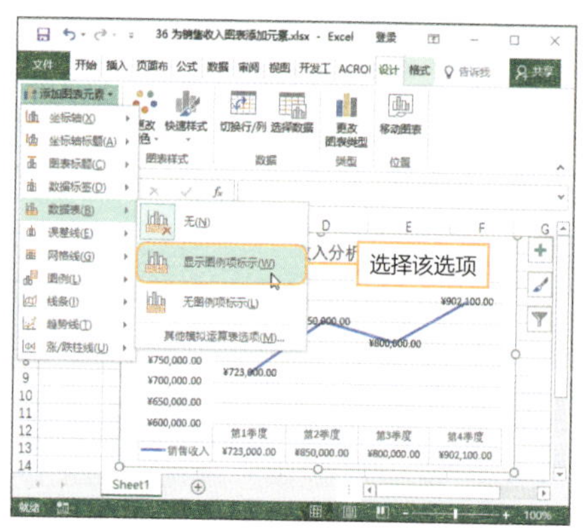

3 在“添加图表元素”列表中选择“坐标轴标题>主要纵坐标轴”选项，输入坐标轴标题文本。

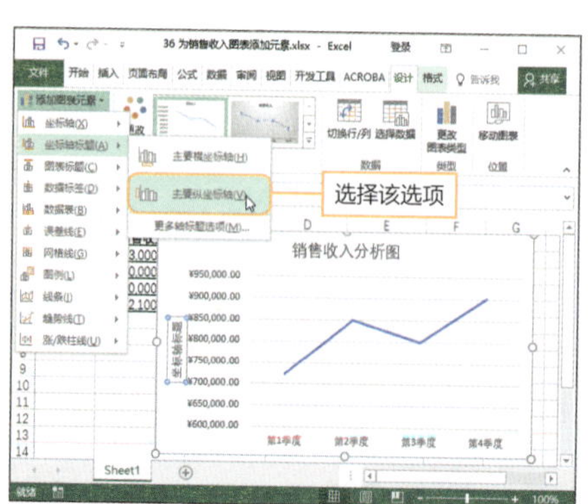

4 根据需要在“添加图表元素”列表中选择相应的选项后，查看设置后效果。

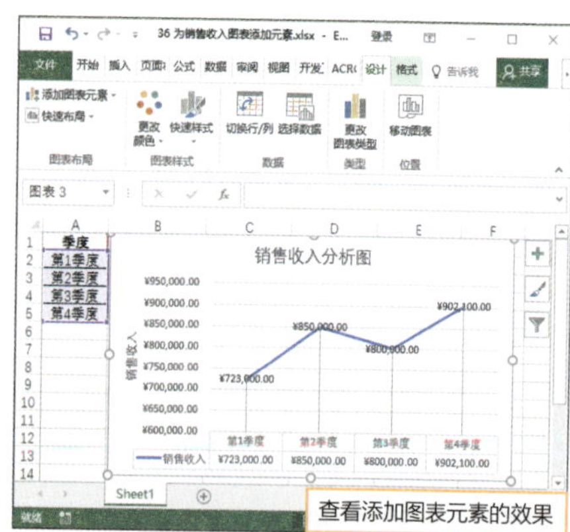

查看添加图表元素的效果

Question 132

在饼图中突出显示费用支出最少的部门

Level ◆◆◆

2016 2013 2010

实例　插入饼图并突显费用最小的部分

饼图能有效地直观展示各部分比例关系，如分析各部门费用、各项目开支或员工销售业绩比较等，若需要突出显示其中的某一部分，该如何实现呢？

1. 打开工作表，选中A2:B7单元格区域，单击“插入”选项卡中的“推荐的图表”按钮。

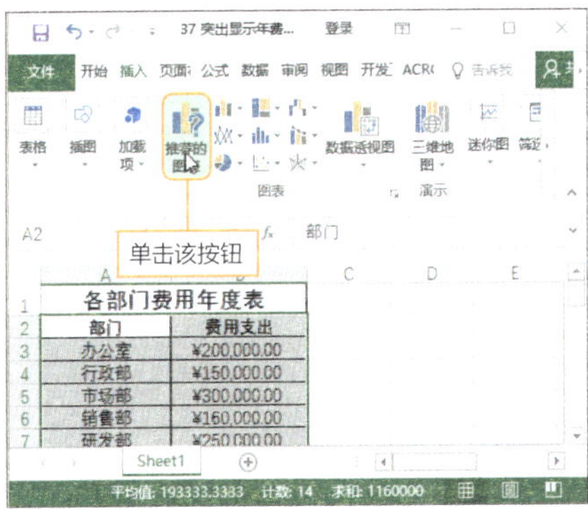

2. 弹出“插入图表”对话框，选择饼图选项，并单击“确定”按钮。

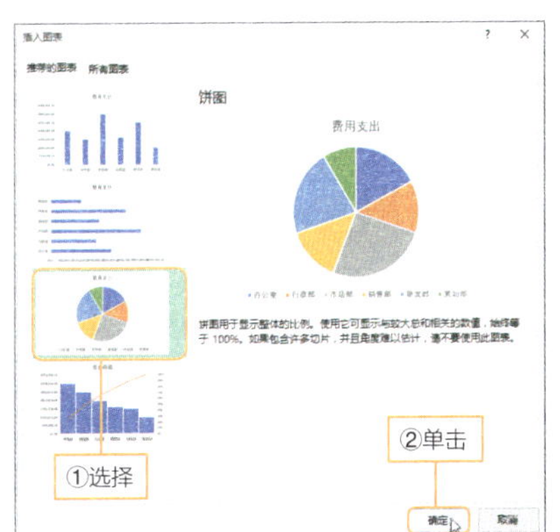

3. 选中创建的饼图，在“快速布局”列表中选择合适的布局样式。

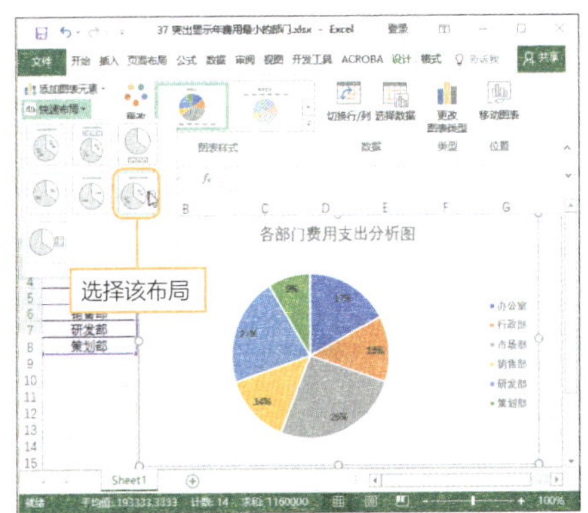

4. 选中费用最少的策划部，按住鼠标左键向外拖曳至合适的位置即可。

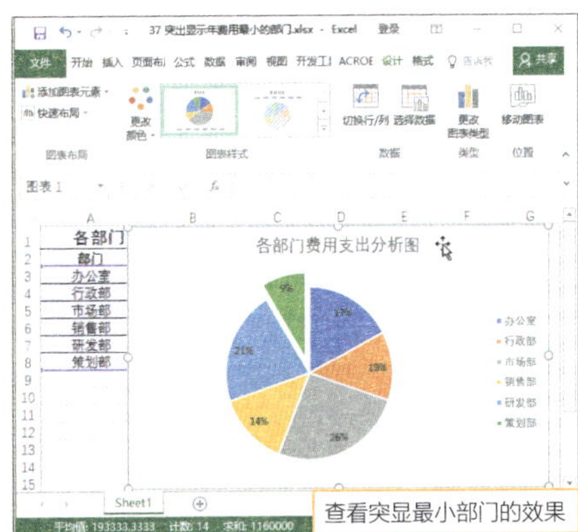

Question 133

Level ◆◆◆

2016 2013 2010

巧妙处理折线图中的断裂情况

实例 通过“选择数据”功能连接折线图中断裂部分

在使用折线图分析数据时，会遇到图表中间断开情况，用户该如何处理呢？例：在日销售统计表中，有的员工当天没有销售记录，则折线图显示为不连续状态，这时用户可以使用直线将其连接。

1 打开工作表，右击图表，在快捷菜单中选择“选择数据”命令。

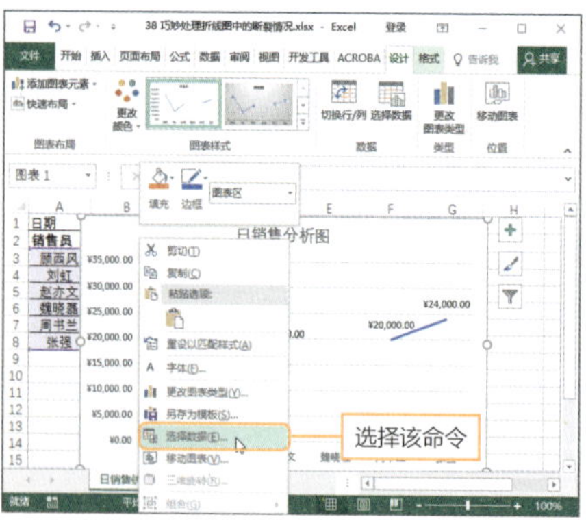

2 弹出“选择数据源”对话框，单击“隐藏的单元格和空单元格”按钮。

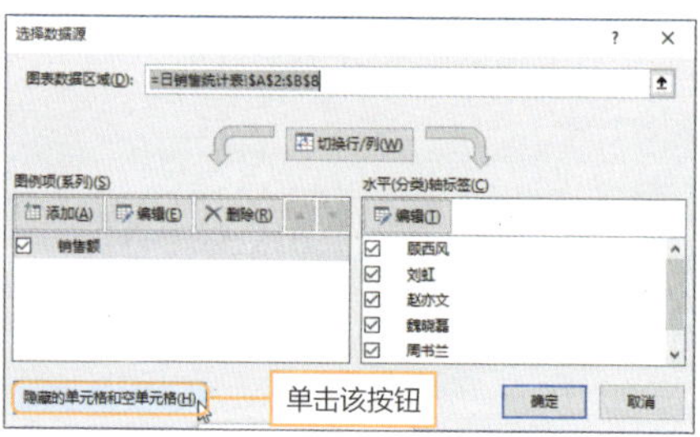

3 弹出“隐藏和空单元格设置”对话框，选中“用直线连接数据点”单选按钮，然后单击“确定”按钮。

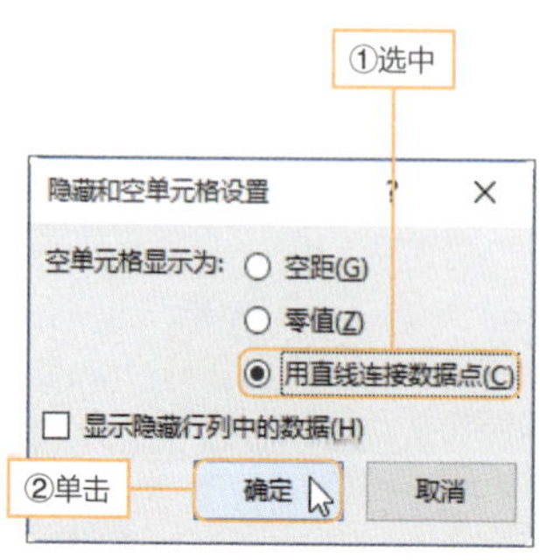

4 返回图表中，可见用直线直接连接两个断裂数据点的效果。

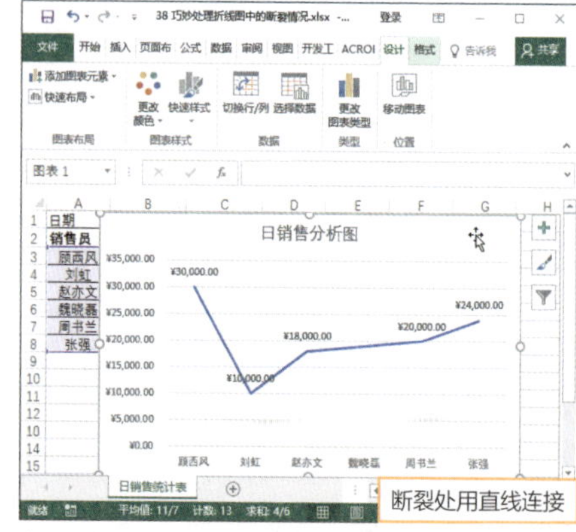

Question 134

迅速让图表变美丽

Level ◆◆◆

2016 2013 2010

实例 美化各部门费用支出分析图

要想让图表能够更完美地展示数据，还必须对图表进行适当的美化操作。图表的美化与图表制作者的审美习惯有关，因此美化没有定式。本技巧主要介绍设置图表的样式、形状样式以及艺术字样式等的操作方法。

1. 打开工作表，选中图表，切换至“图表工具-设计”选项卡，单击“图表样式”选项组的“其他”下三角按钮。

2. 在样式列表中选择合适的样式，此处选择“样式11”，返回工作表中，查看应用图表样式后的效果。

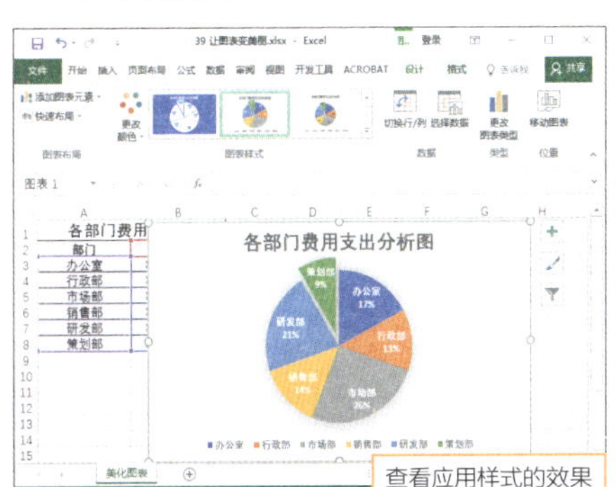

3. 单击“图表样式”选项组的“更改颜色”下三角按钮，在列表中选择“彩色调板3”选项，设置数据系列的颜色。

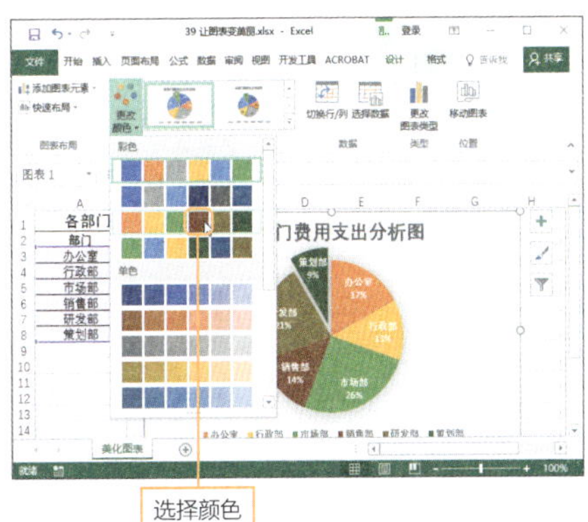

4. 切换至“图表工具-格式”选项卡，单击“形状样式”选项组中“其他”下三角按钮，在列表中选择合适的样式。

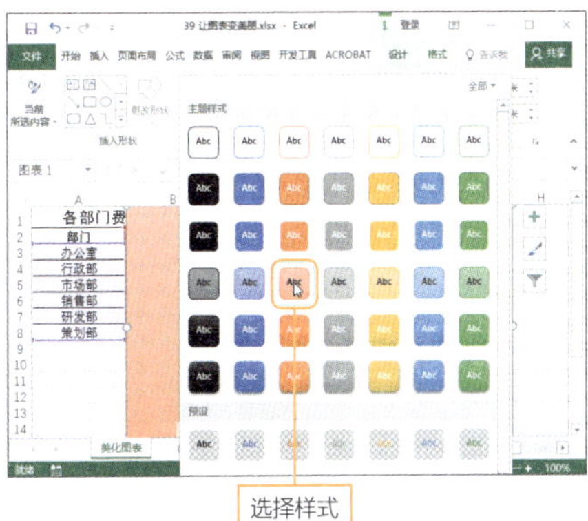

5 单击“形状样式”选项组的“形状轮廓”下三角按钮，在列表中选择合适的线条选项。

6 在“形状轮廓”列表中选择“虚线>其他线条”选项，在打开的导航窗格中设置边框格式。

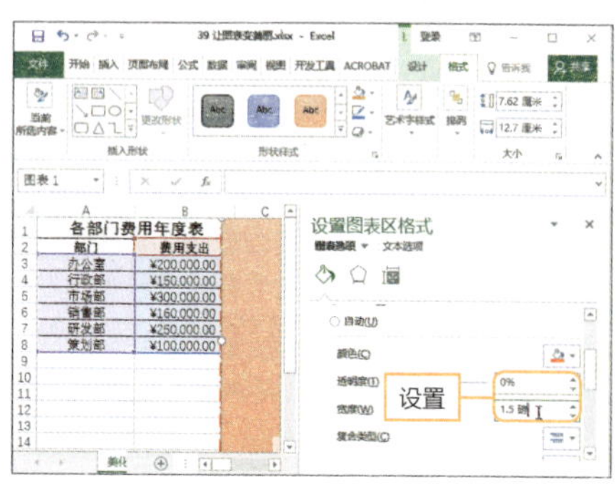

7 单击“形状样式”选项组中“形状效果”下三角按钮，选择合适的效果选项。

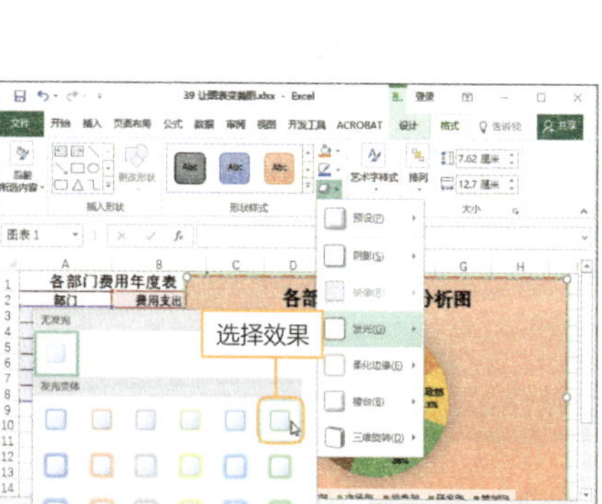

8 单击“形状填充”下三角按钮，选择“图片”选项，在打开的对话框中选择合适的背景图片。

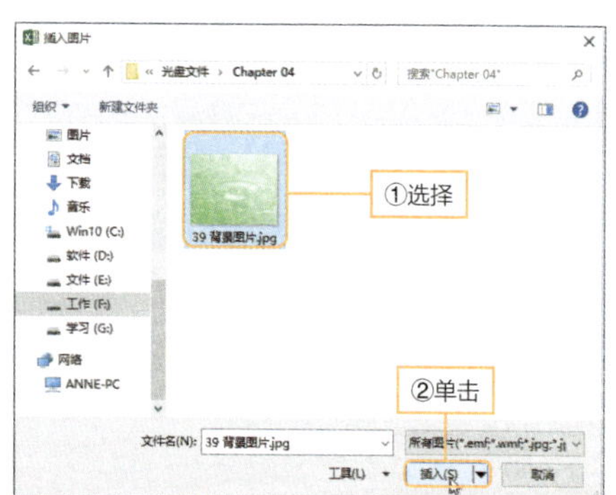

9 选中标题文本，单击“艺术字样式”选项组中“其他”下三角按钮，选择合适的艺术字样式选项。

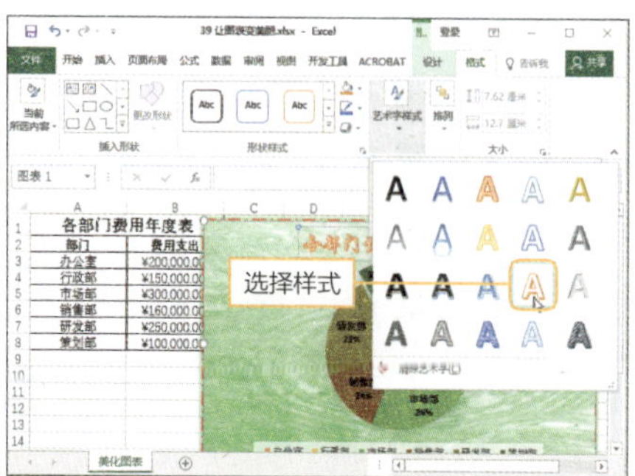

10 在“文本效果”列表中设置标题的映像效果后，返回工作表中查看效果。

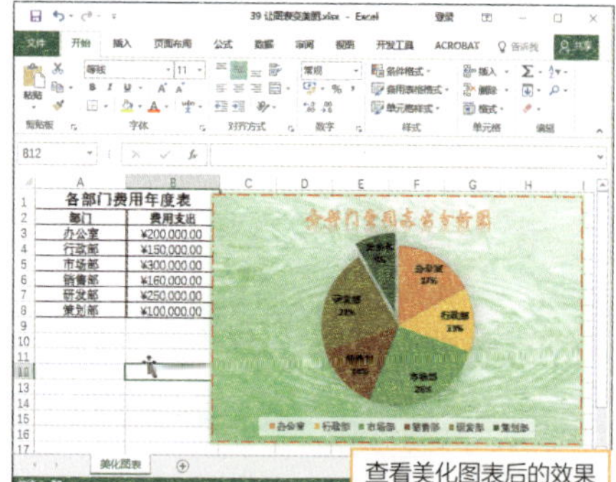

Question
135

应用SmartArt图形绘制采购申请流程图

● Level
◆◆◆

2016 2013 2010

实例　快速制作采购申请流程图

任何企事业单位，办事都有自己的流程，为了更清晰地展示各种流程，可以使用SmartArt图形编制流程图。

1 打开新工作表，切换至"插入"选项卡，单击"插图"选项组中SmartArt按钮。

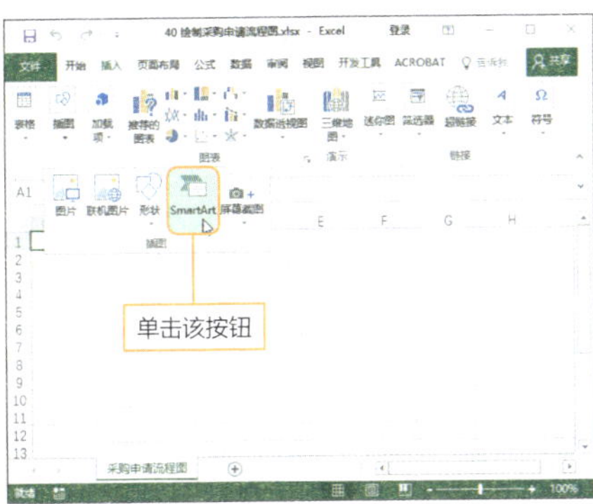

2 弹出"选择SmartArt图形"对话框，选择"循环"选项，在右侧选项列表中选择合适的流程图，单击"确定"按钮。

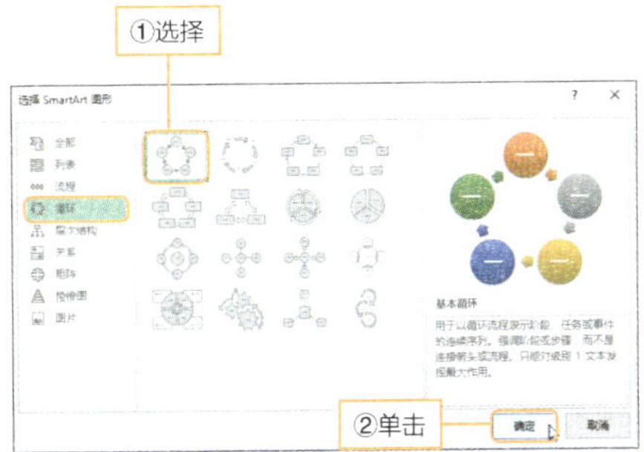

3 即可在工作表中创建SmartArt图形，在形状中输入相关文字。

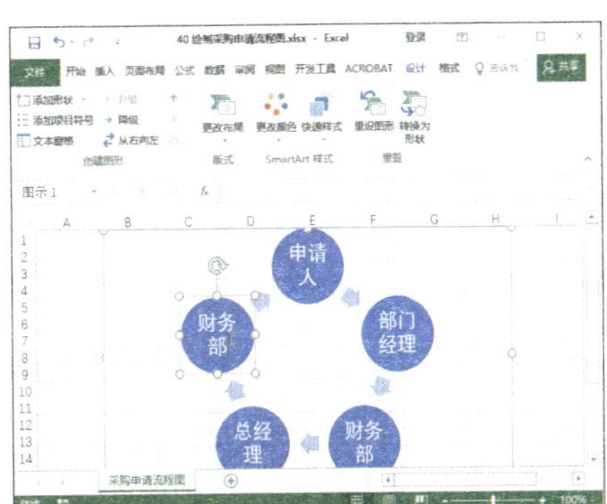

输入文字

4 插入文本框，输入SmartArt图形标题文本，并设置字体格式，返回工作表中查看效果。

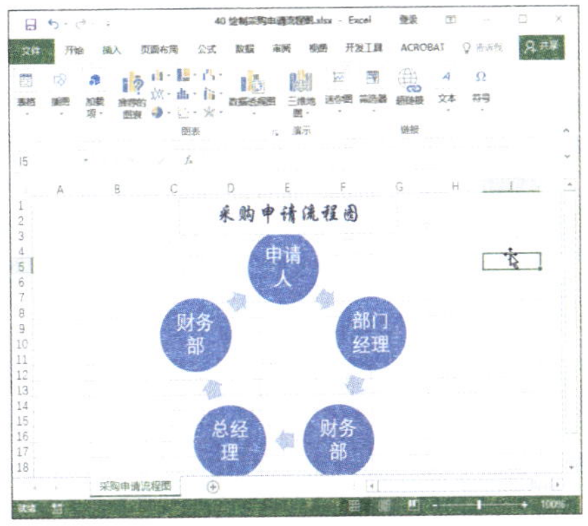

查看插入的流程图

Question 136

Level ◆◆◆

2016 2013 2010

向SmartArt图形增添形状并设置样式

实例 快速为采购申请流程图添加形状

创建流程图后，可以根据企业的流程改革，对图形增添或减少形状。为了让流程图更加美观，还可以对图形进行美化操作。例：为采购申请流程图中“总经理”形状后添加“总裁”形状，并设置流程图的样式。

1. 打开工作表，选中“总经理”形状并右击，选择“添加形状>在后面添加形状”选项。

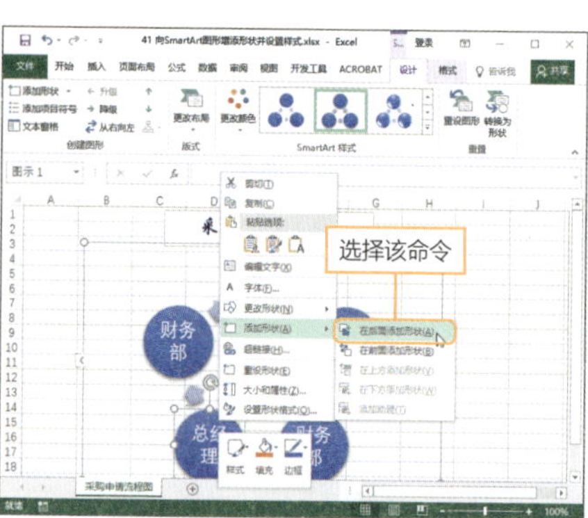

2. 选中添加的形状，单击鼠标右键，选择“编辑文字”命令，输入文本。

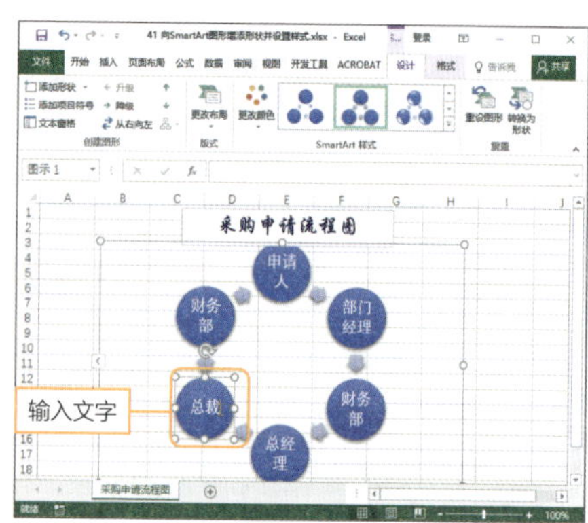

3. 单击“SmartArt样式”选项组中“其他”下三角按钮，在列表中选择合适的样式。

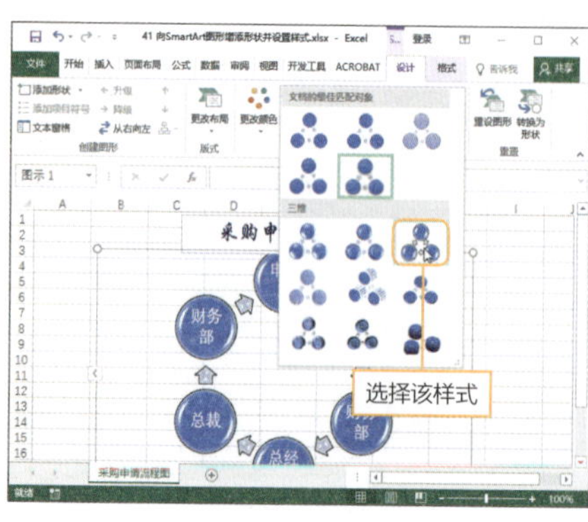

4. 单击“更改颜色”下三角按钮，选择合适的颜色选项后，查看创建的流程图效果。

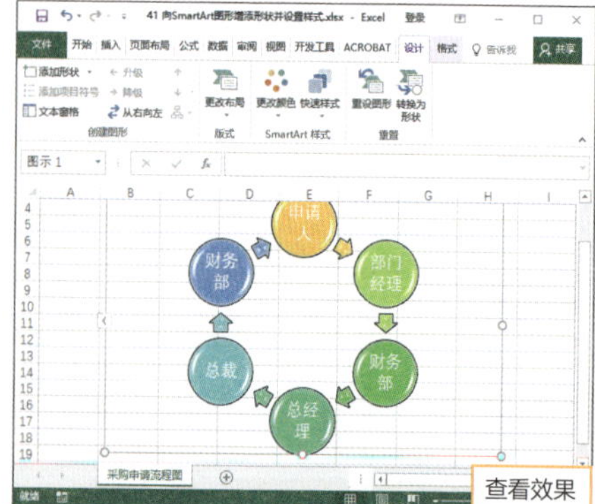

第5章　137~172

财务报表中函数的应用技巧

Question

137

● Level

◆◆◆

2016 2013 2010

计算员工提成的最大值和最小值

语音视频教学137

实例 应用MAX/MIN函数查找销售员中提成最高值和最低值

对数据进行统计分析时，使用函数计算出数据中的最大值或最小值是常用的分析方法，使用MAX/MIN函数即可实现最值的计算。

1 打开工作表，选中I2单元格，输入公式“=MAX(F2:F19)”，计算F2:F19单元格区域中提成最高的数值。

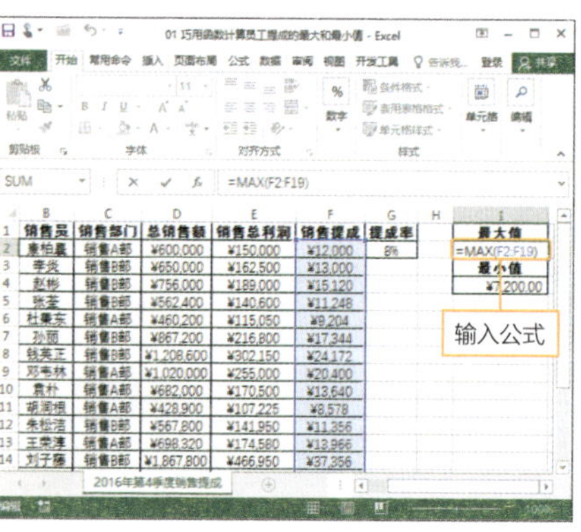

2 按Enter键，确认公式输入查看结果。选中I4单元格，输入公式“=MIN(F2:F19)”，计算F2:F19单元格区域中提成最少的数值。

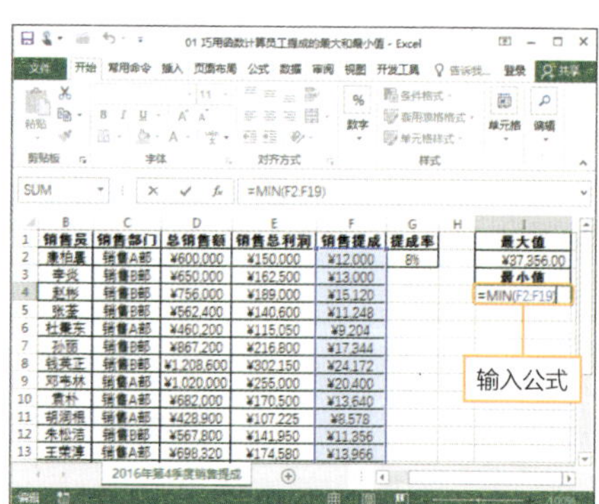

3 按Enter键执行计算，返回工作表，可见分别计算出提成最大和最小的值。

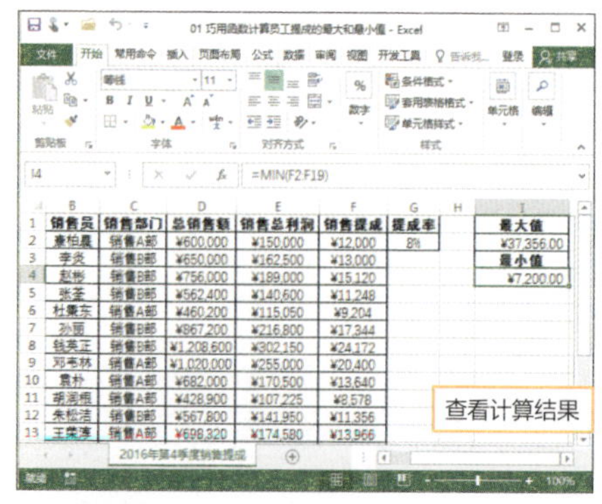

Hint

函数解析

MAX()和MIN()函数是用于计算一组数据中的最大值与最小值。

语法结构为：MAX(number1,number2…)/
MIN(number1,number2…)。

其中，number1表示要计算最大值/最小值的参数，可以是数值、单元格引用或单元格区域引用，是必需项；number2也表示参数，是可选的，最多为255个参数。

Question

138 巧用函数快速计算员工提成的平均值

语音视频教学138

Level ◆◆◆

2016 2013 2010

实例 应用AVERAGE函数计算平均值

在进行数据统计时，经常需要计算出报表中数据的平均值，使用AVERAGE函数可以非常简单地计算出需要的数值。

例：在员工提成表中，计算出员工的平均提成。

① 打开工作表，选中H2单元格，单击“插入函数”按钮。

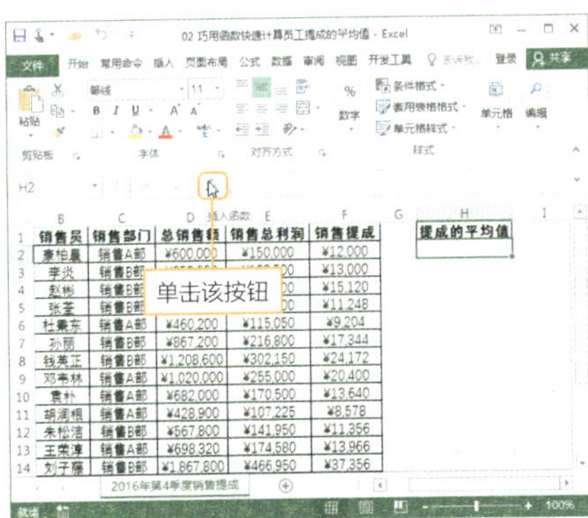

② 打开“插入函数”对话框，选择AVERAGE函数，单击“确定”按钮。

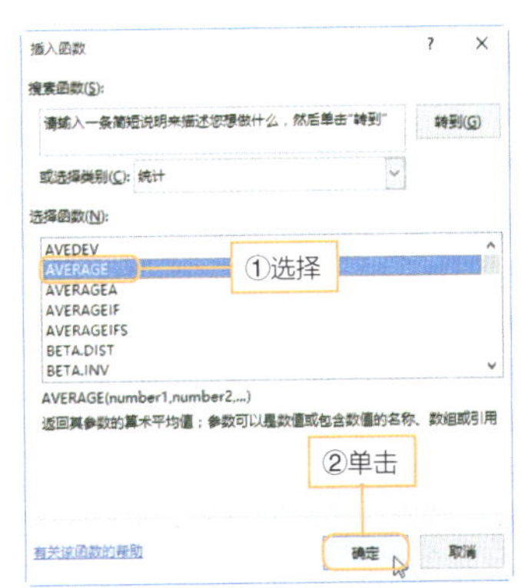

③ 打开“函数参数”对话框，在Number1文本框中输入F2:F19，单击“确定”按钮。

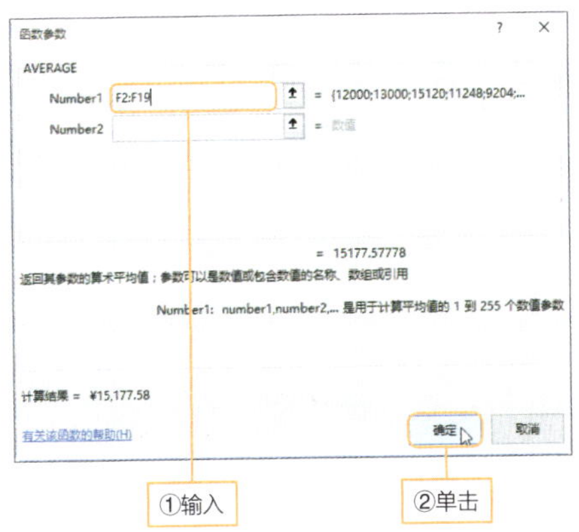

①输入 ②单击

④ 返回工作表中，可见在H2单元格中已经计算出员工提成的平均值。

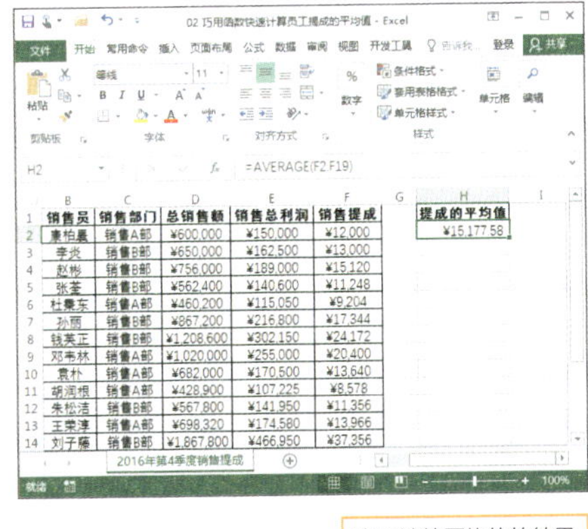

查看计算平均值的结果

Question **139**

使用AND函数判断员工是否完成任务

语音视频教学139

Level ◆◆◆

2016 2013 2010

实例 判断是否同时满足多条件

财务部门统计出员工销售情况，销售任务完成的要求是：销售总额高于75万，而且销售总利润达到19万，方可完成任务，否则为未完成。下面介绍如何使用IF函数来进行判断。

1. 打开工作表，选中F2单元格，输入公式“=IF (AND(D2>750000, E2>190000),"完成","未完成")”，按Enter键执行计算。

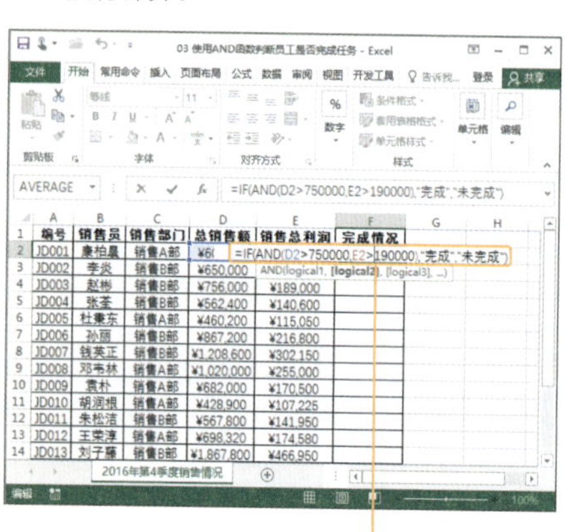

输入公式

2. 选中F2单元格，将光标移至右下角，待光标变成黑色十字形状时双击，将公式填充至F19单元格，计算出任务完成情况。

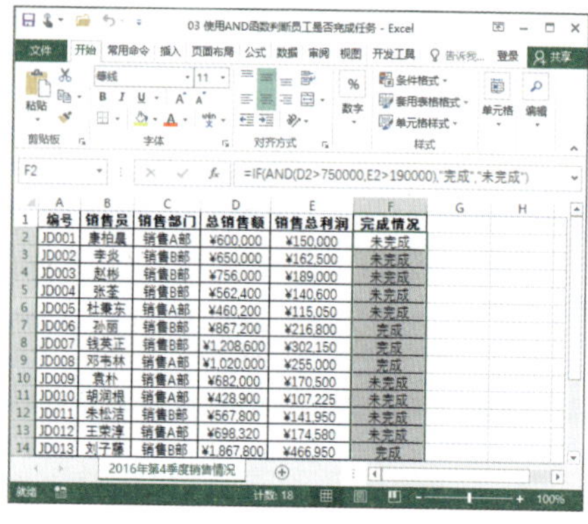

编号	销售员	销售部门	总销售额	销售总利润	完成情况
JD001	康柏晨	销售A部	¥600,000	¥150,000	未完成
JD002	李炎	销售B部	¥650,000	¥162,500	未完成
JD003	赵彬	销售B部	¥756,000	¥189,000	未完成
JD004	张荃	销售B部	¥562,400	¥140,600	未完成
JD005	杜秉东	销售A部	¥460,200	¥115,050	未完成
JD006	孙丽	销售B部	¥867,200	¥216,800	完成
JD007	钱英正	销售B部	¥1,208,600	¥302,150	完成
JD008	邓韦林	销售A部	¥1,020,000	¥255,000	完成
JD009	袁朴	销售A部	¥682,000	¥170,500	未完成
JD010	胡润根	销售A部	¥428,900	¥107,225	未完成
JD011	朱松洁	销售B部	¥567,800	¥141,950	未完成
JD012	王荣淳	销售A部	¥698,320	¥174,580	未完成
JD013	刘子藤	销售B部	¥1,867,800	¥466,950	完成

查看任务完成情况

Hint

函数解析

AND函数用于判定指定的多个条件是否全部成立。

其语法结构为：AND(logical1,logical2···)

logical1,logical2,···：除运用比较运算符的逻辑式外，还可以指定包含逻辑式的数组或单元格引用。如果数组或引用的参数包含文本或空白单元格，则这些值被忽略。

Hint

函数解析

IF函数根据指定的条件，若判断的结果为TRUE时，将返回某个值，若判断的结果为FALSE时，则返回另一个值。

其语法结构为：IF(logical_test,[value_if_true],[value_if_false])

logical_test表示计算结果为TRUE或FALSE，任意的值或表达式；value_if_true表示当判断结果为TRUE时返回的值；value_if_false表示判断结果为FALSE时返回的值。

Question 140

使用OR函数判断员工是否被聘用

语音视频教学140

Level ◆◆◆

2016 2013 2010

实例　应用OR和IF函数计算员工是否满足聘用条件

某公司对销售人员的聘用取决于销售任务的完成情况和专业知识的考核，当员工完成任务或考核成绩大于或等于60时则留用，否则被解雇。下面介绍使用OR函数判断员工是否被聘用的操作方法。

1 打开工作表，选中H2单元格，输入公式“=IF(OR(F2="完成",G2>=60),"聘用","解雇")”，按Enter键执行计算。

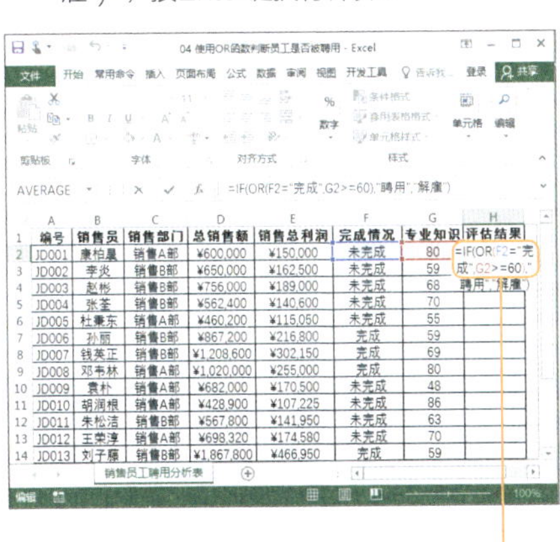

输入公式

2 选中H2单元格，将公式向下填充至H19单元格。

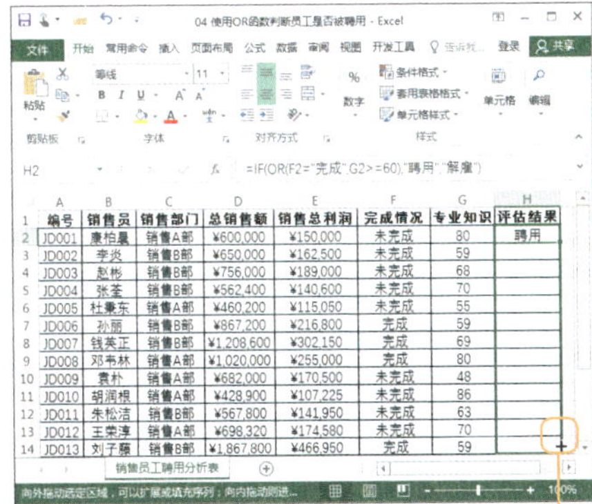

拖曳鼠标

3 返回工作表中，可见在H2:H19单元格区域中已经计算出员工聘留的结果。

H2 =IF(OR(F2="完成",G2>=60),"聘用","解雇")

编号	销售员	销售部门	总销售额	销售总利润	完成情况	专业知识	评估结果
JD001	康柏晨	销售A部	¥600,000	¥150,000	未完成	80	聘用
JD002	李炎	销售B部	¥650,000	¥162,500	未完成	59	解雇
JD003	赵彬	销售B部	¥756,000	¥189,000	未完成	68	聘用
JD004	张荃	销售B部	¥562,400	¥140,600	未完成	70	聘用
JD005	杜秉东	销售A部	¥460,200	¥115,050	未完成	55	解雇
JD006	孙丽	销售B部	¥867,200	¥216,800	完成	59	聘用
JD007	钱英正	销售B部	¥1,208,600	¥302,150	完成	69	聘用
JD008	邓韦林	销售A部	¥1,020,000	¥255,000	完成	80	聘用
JD009	袁朴	销售A部	¥682,000	¥170,500	未完成	48	解雇
JD010	胡润根	销售A部	¥428,900	¥107,225	未完成	86	聘用
JD011	朱松洁	销售B部	¥567,800	¥141,950	未完成	63	聘用
JD012	王荣淳	销售A部	¥698,320	¥174,580	未完成	70	聘用
JD013	刘子藤	销售B部	¥1,867,800	¥466,950	完成	59	聘用

销售员工聘用分析表

查看计算结果

Hint

函数解析

在OR函数的参数组中，任何一个参数逻辑值为TRUE，即返回TRUE；所有参数的逻辑值为FALSE，才返回FALSE。

其语法结构为：OR(logical1,logical2,...)

logical1,logical2,... 为需要进行检验的1到30个条件表达式。

Question **141**

● Level ◆◆◆

2016 2013 2010

使用函数为报表中数值添加货币符号

语音视频
教学141

实例 计算员工销售金额时添加人民币符号

在实际工作中，除了可以使用设置单元格格式的方法，为金额数字添加货币符号外，我们还可以应用RMB函数自动为金额数值添加货币符号。例：在销售统计表中，计算出销售金额，并在金额前添加人民币符号。

① 打开工作表，选中F2单元格，输入公式“=RMB(D2*E2,2)”，按Enter键，执行计算。

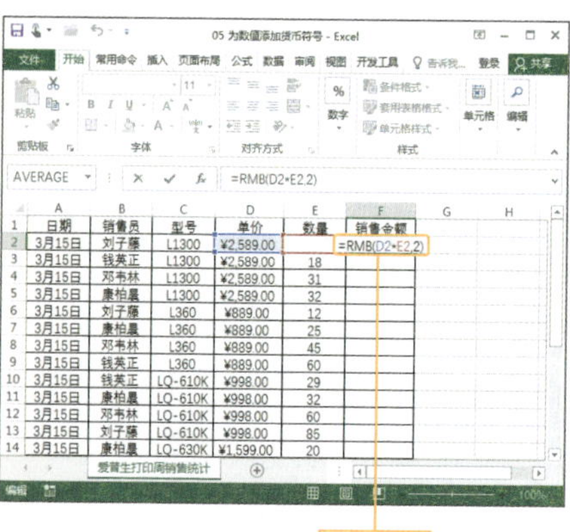

输入公式

② 选中该单元格，将光标移至单元格的右下角，待变为黑色十字形状时，按住鼠标左键向下拖曳至F25单元格。

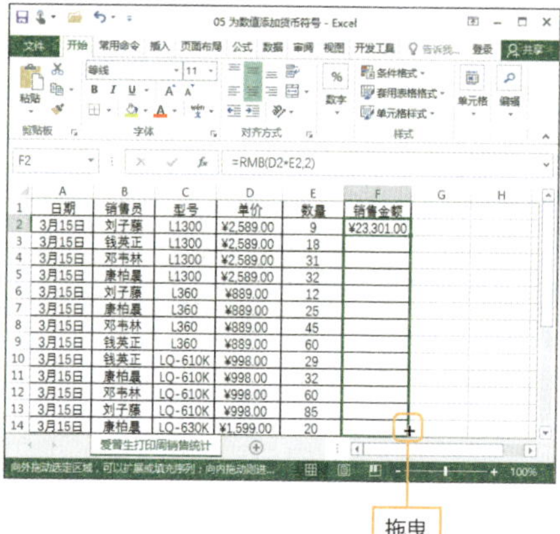

拖曳

③ 公式填充完后，可见在计算销售金额时在数据前添加了人民币符号。

	A	B	C	D	E	F
1	日期	销售员	型号	单价	数量	销售金额
2	3月15日	刘子藤	L1300	¥2,589.00	9	¥23,301.00
3	3月15日	钱英正	L1300	¥2,589.00	18	¥46,602.00
4	3月15日	邓书林	L1300	¥2,589.00	31	¥80,259.00
5	3月15日	康柏晨	L1300	¥2,589.00	32	¥82,848.00
6	3月15日	刘子藤	L360	¥889.00	12	¥10,668.00
7	3月15日	康柏晨	L360	¥889.00	25	¥22,225.00
8	3月15日	邓书林	L360	¥889.00	45	¥40,005.00
9	3月15日	钱英正	L360	¥889.00	60	¥53,340.00
10	3月15日	钱英正	LQ-610K	¥998.00	29	¥28,942.00
11	3月15日	康柏晨	LQ-610K	¥998.00	32	¥31,936.00
12	3月15日	邓书林	LQ-610K	¥998.00	60	¥59,880.00
13	3月15日	刘子藤	LQ-610K	¥998.00	85	¥84,830.00
14	3月15日	康柏晨	LQ-630K	¥1,599.00	20	¥31,980.00

查看添加人民币符号的效果

Hint

函数解析

RMB函数用于将数据转换为带有人民币符号格式的数据，其语法结构为：

RMB(number,decimals)

number：为数值或含有数值的单元格。如果指定文本，则返回错误值#VALUE!。

decimals：表示保留小数点的位数。

Question

142 计算平均得分时保留2位小数

Level ◆◆◆

2016 2013 2010

实例 使用ROUNDDOWN函数为数据保留2位小数

在处理财务报表时，若计算数据的平均值结果，经常包含多个小数，为了整齐美观，用户可以在计算结果时使用ROUNDDOWN函数设置保留固定的小数位数。

1. 打开工作表，选中I2单元格，单击编辑栏中“插入函数”按钮。

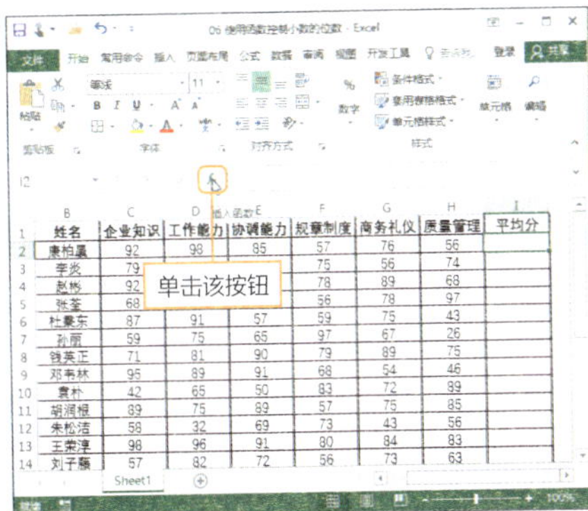

2. 打开“插入函数”对话框，选择所需的函数，单击“确定”按钮。

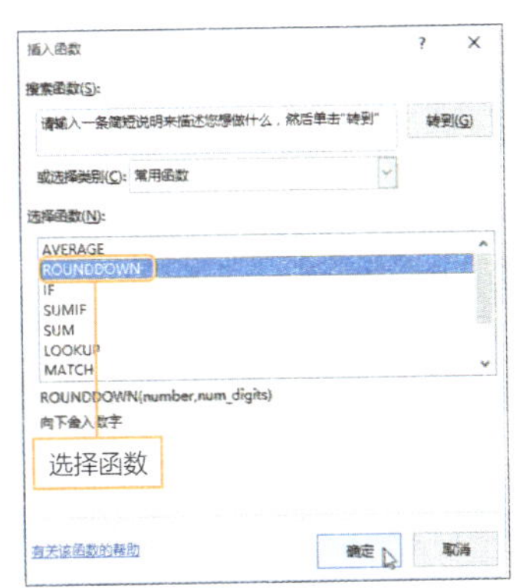

3. 打开“函数参数”对话框，在Number文本框中输入计算平均值的公式“AVERAGE (C2:H2)”，设置Num_digits参数为2。

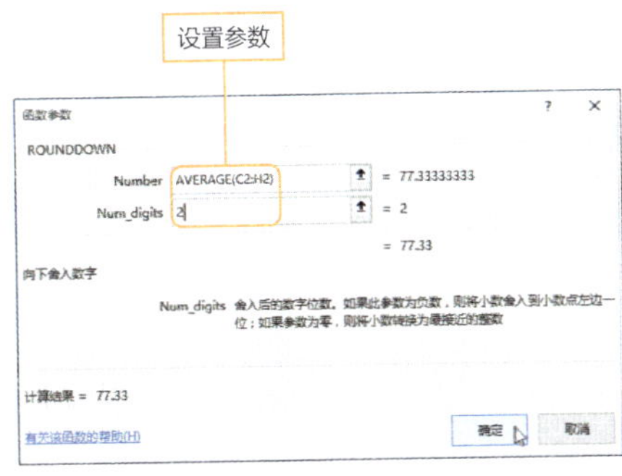

4. 单击“确定”按钮，将公式填充至I26单元格，查看求平均值并保留2位小数的效果。

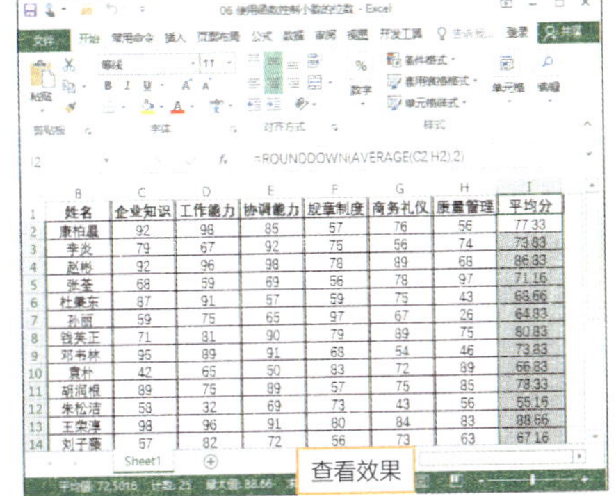

Question 143

将数字金额自动转换为中文大写

Level ◆◆◆

2016 2013 2010

实例 NUMBERSTRING函数的使用方法

在填写各种单据时，经常需要应用中文大写来表示金额，手动输入中文大写数字比较麻烦，而且还容易输入错误，这时用户可以使用NUMBERSTRING函数输入，即省时又省力。

1 打开工作表，选中F8单元格，然后输入公式“=NUMBERSTRING(C8,2)&"圆整"”。

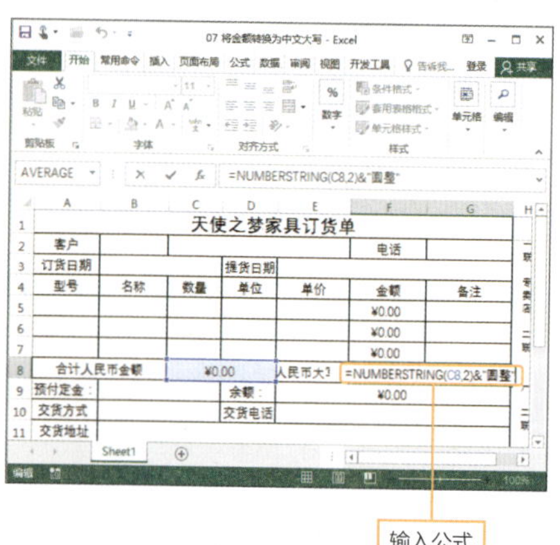

2 按Enter键执行计算，在表格中输入要转换为中文大写的数据，可见F8单元格自动输入大写。

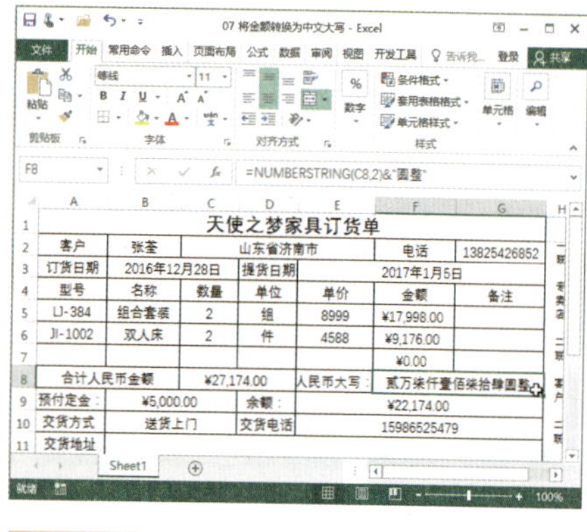

Hint

函数解析

NUMBERSTRING函数用于将数字转为大写汉字，其语法结构为：

NUMBERSTRING(value,type)

value：需要转换的数值或数值所在单元格。若省略，则假定值为0。

type：用1~3数字指定汉字的表示方法：

- 1为用“十百千万”表示；
- 2为用中文大写表示；
- 3为不取位数，仅转换数字为中文汉字。

注意，此函数仅支持正整数。

Hint

公式解析

该公式用于转换数值大小写：

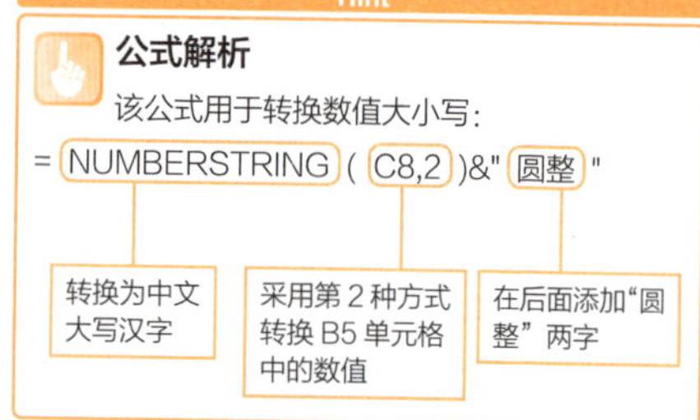

Question 144

对员工考核成绩进行等级划分

Level ◆◆◆

2016 2013 2010

实例 使用IF函数分析员工成绩

企业年底员工进行各方面考核，考核成绩将直接影响员工的升职和薪水，现在需要将成绩分为4个等级。用户只要掌握IF函数，就可以非常方便地对考核成绩进行等级划分。

1 打开工作表，选中J2单元格，打开“插入函数”对话框，选择IF函数。

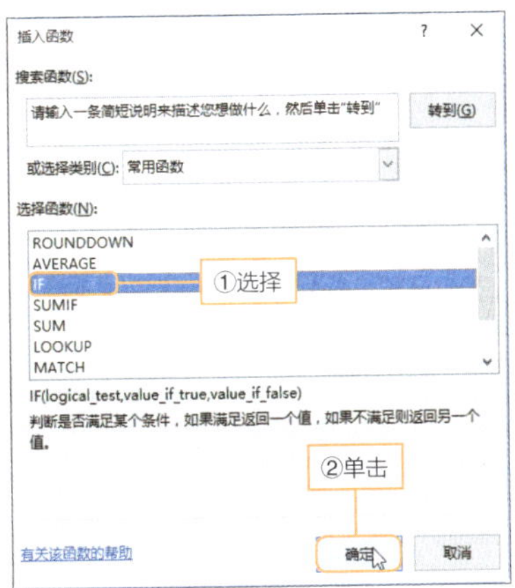

2 打开“函数参数”对话框，在Logical_test文本框中输入“I2>500”，在Value_if_true文本框中输入A。

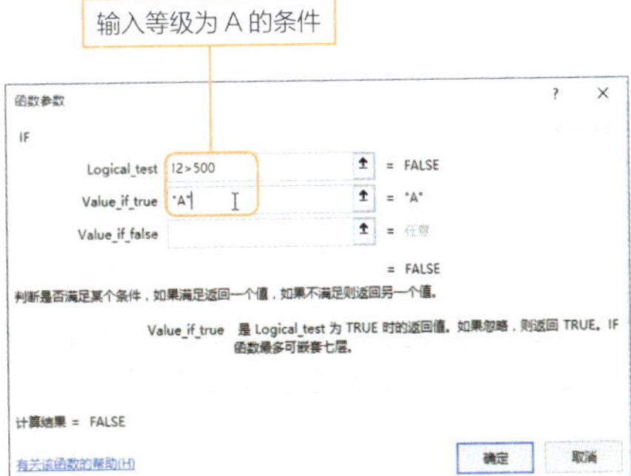

3 在Value_if_false文本框中输入表达式“IF(I2>450,"B",IF(I2>400,"C","D"))”，然后单击“确定”按钮。

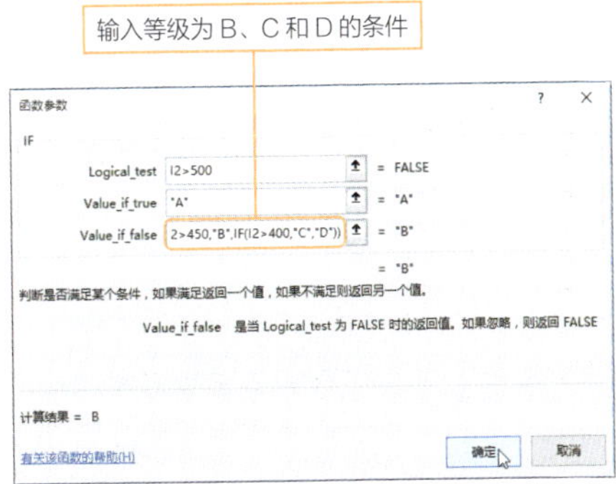

4 将J2单元格中的公式填充至J26单元格，查看员工成绩等级划分的结果。

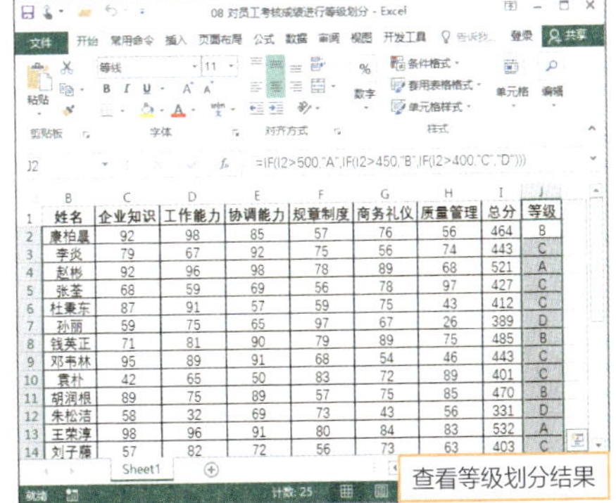

姓名	企业知识	工作能力	协调能力	规章制度	商务礼仪	质量管理	总分	等级
康柏晨	92	98	85	57	76	56	464	B
李炎	79	67	92	75	56	74	443	C
赵彬	92	96	98	78	89	68	521	A
张荃	68	59	69	56	78	97	427	C
杜秉东	87	91	57	59	75	43	412	C
孙丽	59	75	65	97	67	26	389	D
钱英正	71	81	90	79	89	75	485	B
邓韦林	95	89	91	68	54	46	443	C
袁朴	42	65	50	83	72	89	401	C
胡润根	89	75	89	57	75	85	470	B
朱松洁	58	32	69	73	43	56	331	D
王荣淳	98	96	91	80	84	83	532	A
刘子藤	57	82	72	56	73	63	403	C

Question 145

Level ◆◆◆

2016 2013 2010

对员工考核成绩进行排名

语音视频教学145

实例 巧用RANK函数对数据进行排名

员工的考核成绩出来后，管理人员除了对其等级划分外，还可以对成绩进行排名，下面介绍使用RANK函数对数据进行排名的操作方法。

1. 打开工作表，选中I2:I26单元格区域，然后在“名称框”内输入“总成绩”，按下Enter键。

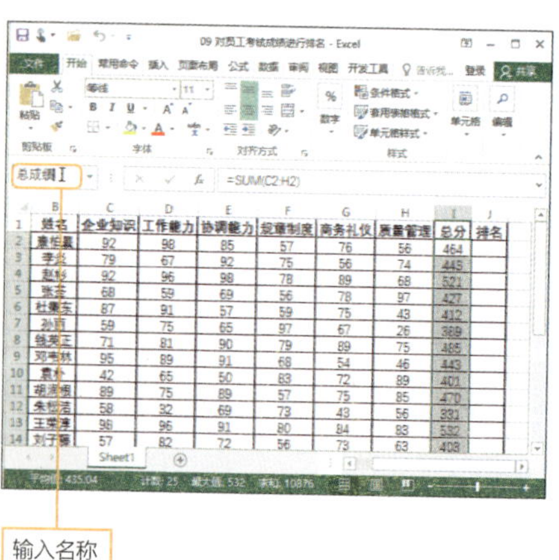

输入名称

2. 选中J2单元格，输入公式“=RANK(I2,总成绩)”，按下Enter键，执行计算。

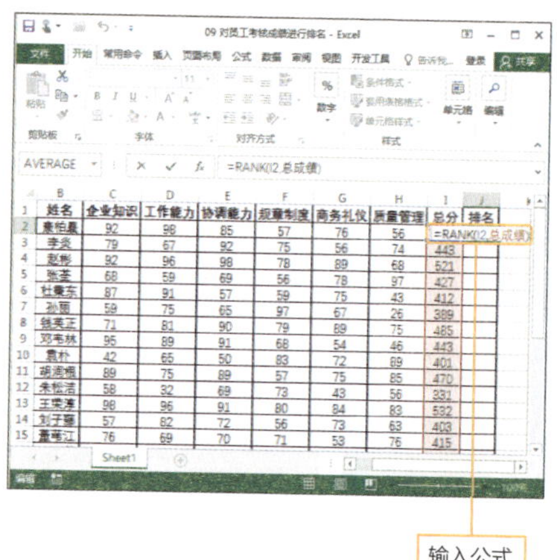

输入公式

3. 将公式填充至J26单元格后，查看在数据顺序不变的情况下，对考核成绩进行排名的效果。

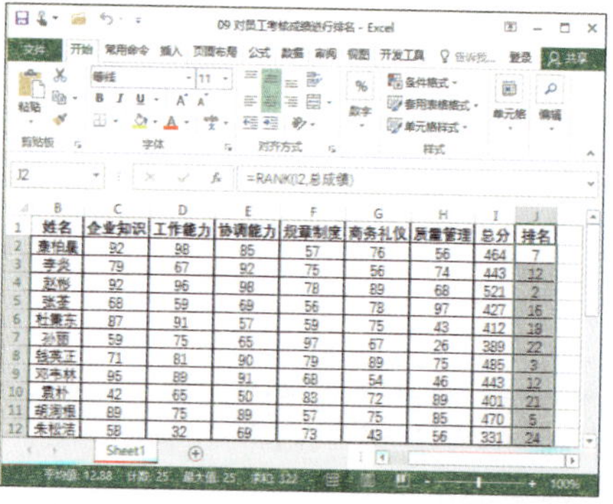

查看排名效果

Hint

定义名称

本案例中定义名称和RANK函数搭配使用很方便，避免单元格的引用问题。在定义名称时需注意以下事项：不能使用空格；使用字母时必须要区分大小写；名称长度最多为255个字符。在使用字母时不能将C、c、R和r用作名称。

146 巧用SUBTOTAL函数汇总筛选后数值

语音视频教学146

Level ◆◆◆

2016 2013 2010

实例 筛选电视销售明细并汇总金额

在进行求和运算时，一般使用SUM函数，但是如果将筛选后单元格区域作为SUM函数参数，将会把其他已筛选隐藏的数据也计算在内，此时可以使用SUBTOTAL函数进行汇总。

1 打开工作表，选中表格中的任意单元格，切换至“数据”选项卡，单击“筛选”按钮。

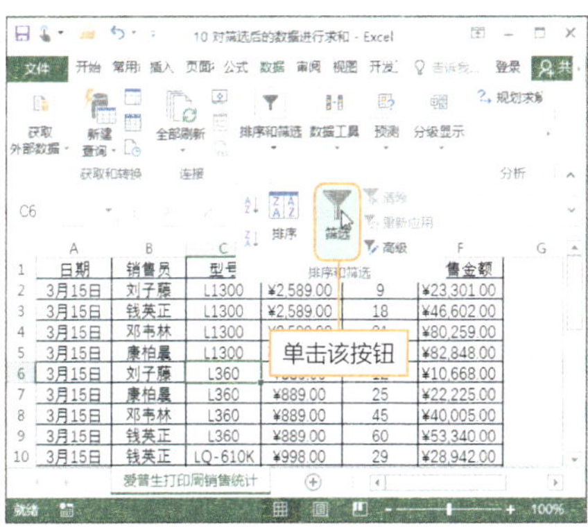

2 单击“销售员”筛选按钮，在列表中勾选相应的复选框，单击“确定”按钮。

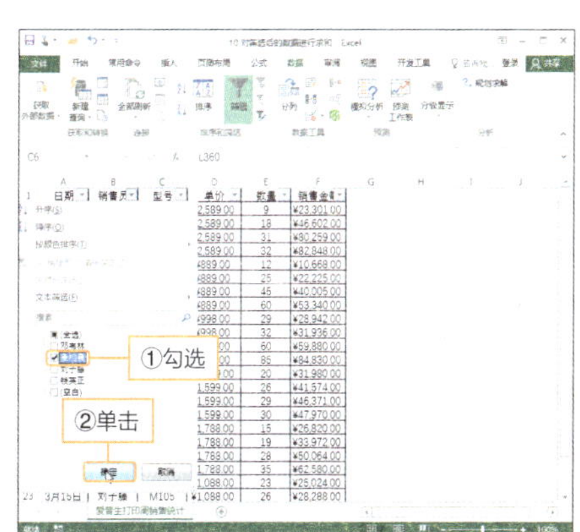

3 选中F26单元格，打开“插入函数”对话框，选择SUBTOTAL函数。

4 打开“函数参数”对话框，设置参数后，单击“确定”按钮。

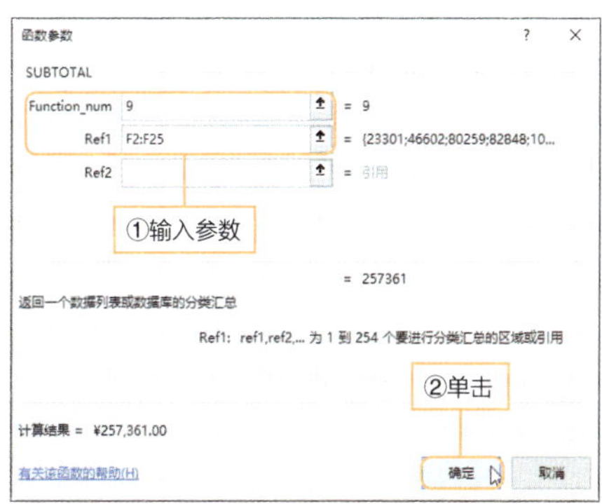

5 返回工作表中，在F26单元格中将自动计算出筛选后数据之和。

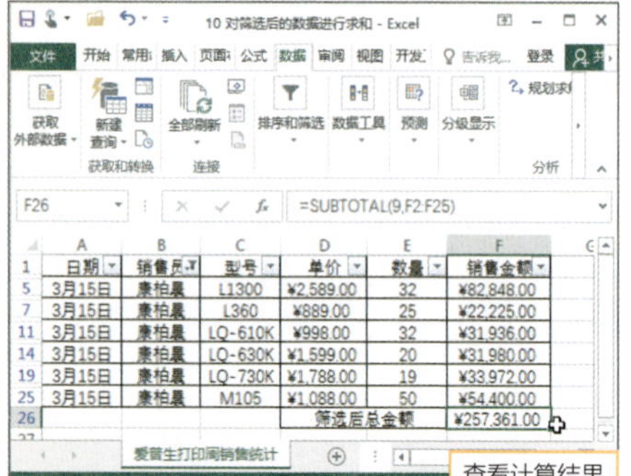

Hint

函数解析

SUBTOTAL函数用于返回数据列表或数据库中的分类汇总数值，其语法结构为：

SUBTOTAL(function-num,ref1,ref2…)

function-num：用1-11的数字或者内容为1-11数字的单元格指定合计数据的方法，详见本技巧下面的表格。

ref1,ref2…：用1-29个单元格区域指定求和的数据范围。

Hint

公式解析

该公式用于计算汇总筛选数据的合计值：

=SUBTOTAL(9,F2:F25)

- SUBTOTAL：计算筛选后数据的合计值
- 9：指定合计方法为计算总和
- F2:F25：需要计算总和的数据区域

Hint

SUBTOTAL函数的合计方式

SUBTOTAL函数提供了11种合计方式，以1-11数字来表示，不同数字代表的合计方式如下。

数字	合计方式	对应合计方式的函数
1	计算数据的平均值	AVERAGE
2	计算数据的数值个数	COUNT
3	计算数据非空值的单元格个数	COUNTA
4	计算数据的最大值	MAX
5	计算数据的最小值	MIN
6	计算数据的乘积	PRODUCT
7	计算样本的标准偏差	STDEV
8	计算样本总体的标准偏差	STDEVP
9	计算数据的总和	SUM
10	计算样本总体的方差	DVAR
11	计算总体样本的方差	DVARP

快速计算各部门总利润的平均值

● Level ◆◆◆

2016 2013 2010

实例　使用AVERAGE函数计算平均值

在Excel中，要计算平均值，使用AVERAGE函数是最简便的。在本案例中，首先要计算各部门的总利润，然后再计算平均值。

① 打开工作表，选中E7单元格，输入公式"=SUM(E2:E6)"，按下Enter键，执行计算。

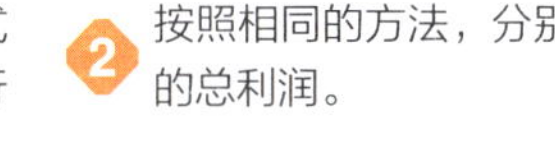

② 按照相同的方法，分别计算其他几个部门的总利润。

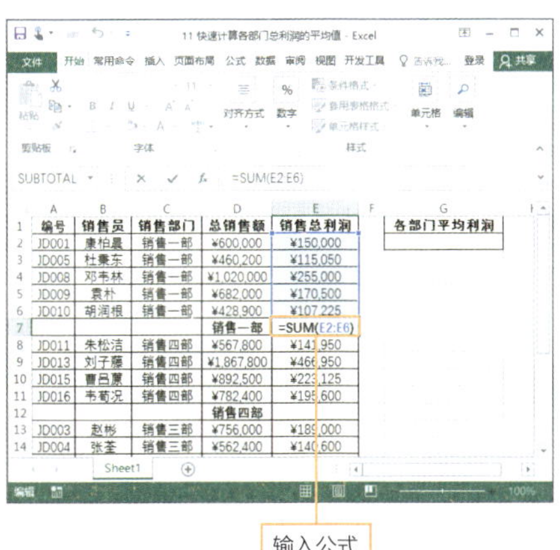

输入公式

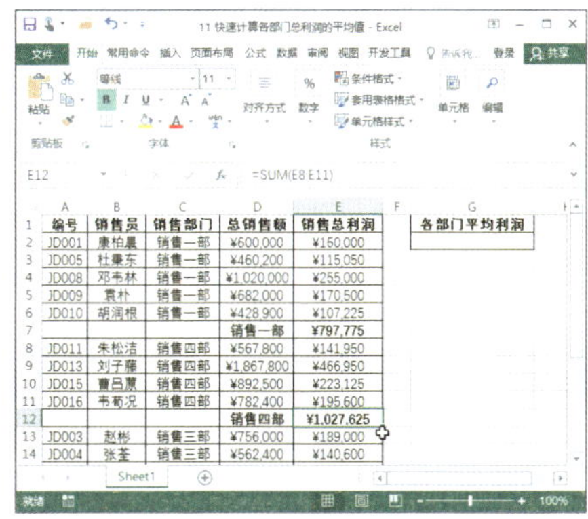

计算各部门总利润

③ 选中G2单元格，输入"=AVERAGE(E7,E12,E17,E23)"公式，按Enter键，执行计算。

G2　=AVERAGE(E7,E12,E17,E23)

	A	B	C	D	E	F	G
1	编号	销售员	销售部门	总销售额	销售总利润		各部门平均利润
2	JD001	康柏晨	销售一部	¥600,000	¥150,000		¥853,739
3	JD005	杜秉东	销售一部	¥460,200	¥115,050		
4	JD008	邓韦林	销售一部	¥1,020,000	¥255,000		
5	JD009	袁朴	销售一部	¥682,000	¥170,500		
6	JD010	胡润根	销售一部	¥428,900	¥107,225		
7				销售一部	¥797,775		
8	JD011	朱松洁	销售四部	¥567,800	¥141,950		
9	JD013	刘子藤	销售四部	¥1,867,800	¥466,950		
10	JD015	曹吕蕨	销售四部	¥892,500	¥223,125		
11	JD016	韦荀况	销售四部	¥782,400	¥195,600		

计算平均总利润

Hint

函数解析

AVERAGE函数用于计算指定参数的平均值。

语法格式：AVERAGE(number1,number2,...)

其中，number1是必需的，为计算平均值的第1个数值参数，可以是数值、单元格或单元格区域；number2是可选的，参数最多为255个。

Question

148 瞬间汇总满足复杂条件的数值

语音视频教学148

Level ◆◆◆

2016 2013 2010

实例 使用DSUM函数进行汇总计算

在财务报表中，如果需要对满足条件的数据进行求和，最直接的方法就是使用DSUM函数。下面介绍在销售利润表中，对销售一部中销售额大于800000的员工的利润进行求和的操作方法。

1 打开工作表，选中I2单元格，打开“插入函数”对话框，选择DSUM函数。

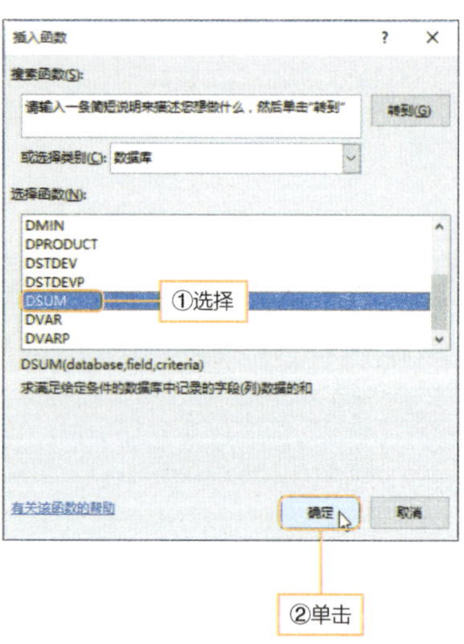

2 打开“函数参数”对话框，在Database文本框中输入“B1:E19”，在Field文本框中输入I1，在Criteria文本框中输入G1:H2。

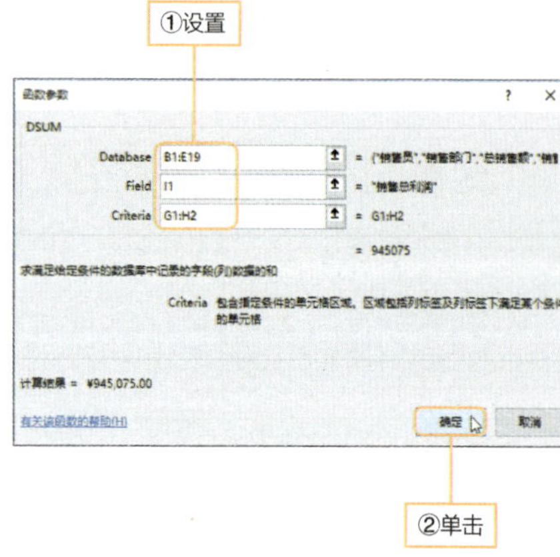

3 返回工作表中，可见I2单元格中显示满足条件的数据之和。

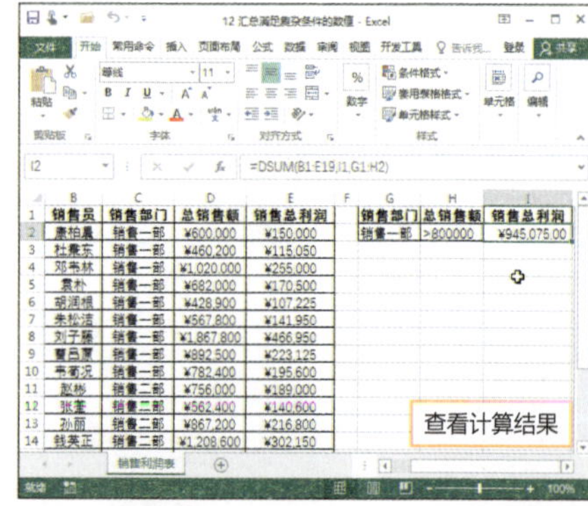

Hint

函数解析

DSUM函数用于计算列表或数据库中符合条件的字段中数据之和。

语法格式：DSUM(database,field,criteria)

其中database表示列表或数据库的单元格区域；field表示在列表或数据库中所使用的字段名；criteria表示需要满足条件的单元格区域。

Question 149

Level ◆◆◆

2016 2013 2010

瞬间统计满足条件数据的个数

语音视频教学149

实例 使用COUNTIF函数进行计数

在财务报表中，需要统计满足条件的数据数量时，用户可以使用COUNTIF函数，操作比较简单，而且准确无误。

例：在本案例中，分别统计"备注"列中三角星和五角星的数量。

1. 打开工作表，选中G2单元格，输入公式"=COUNTIF(F2:F19,"★")"，按Enter键执行计算。

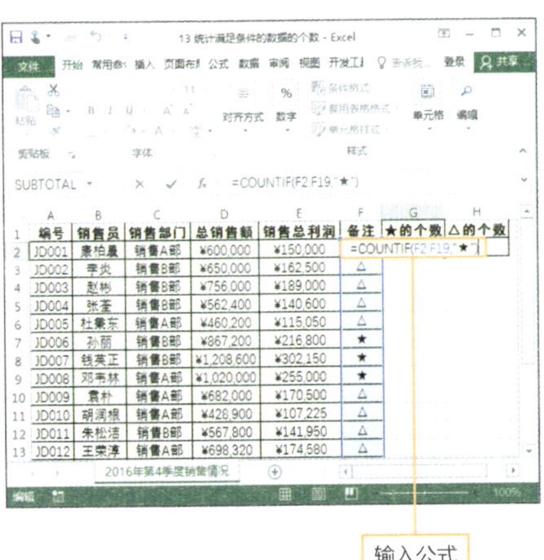

2. 选中H2单元格，接着输入公式"=COUNTIF(F2:F19,F3)"，按Enter键执行计算。

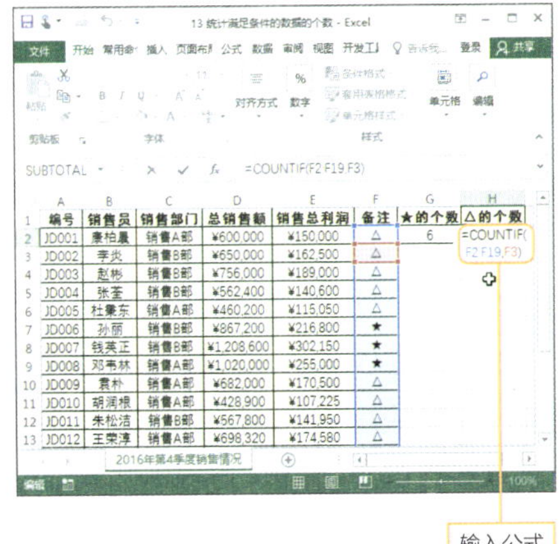

3. 返回工作表中，查看统计出的五角星和三角星的数量。

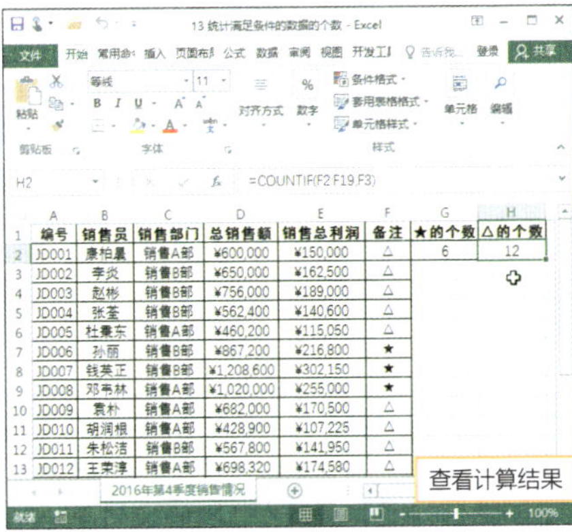

Hint

函数解析

COUNTIF函数用于返回在某单元格区域中满足指定条件的单元格数量。

语法格式：COUNTIF(range,criteria)

其中range表示对其进行计数的单元格区域，是必需的；criteria表示用于满足计算的条件，可以是数字、单元格引用或表达式，是必需的。

Question 150

Level ◆◆◆

2016 2013 2010

巧用NPV函数计算累计值

语音视频教学150

实例 使用NPV函数计算项目净现值和期值

NPV是Net Present Value的缩写， NPV函数除了可以用于计算净现值外，还可以用于计算累计值。下面介绍某公司投资一个4000000的项目，根据该项目在8年内的现金流量，计算该项目的净现值和期值。

① 打开工作表，在E2:F2单元格区域输入相关数据，然后选中E3单元格。

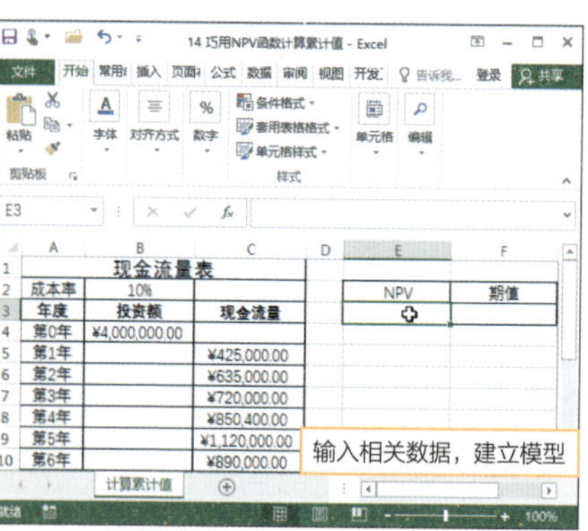

② 输入公式“=NPV(B2,C5:C11)-B4”，按Enter键计算出NPV值。

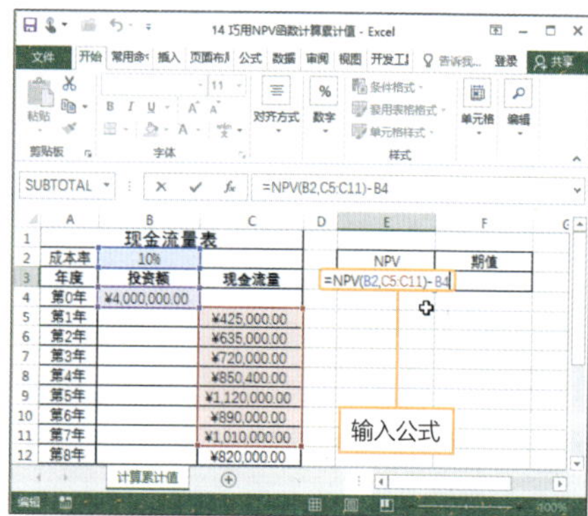

③ 选中F3单元格，然后输入公式“=NPV(B2,-B4,C5:C11)*(1+B2)*(1+B2)^7”，按下Enter键。

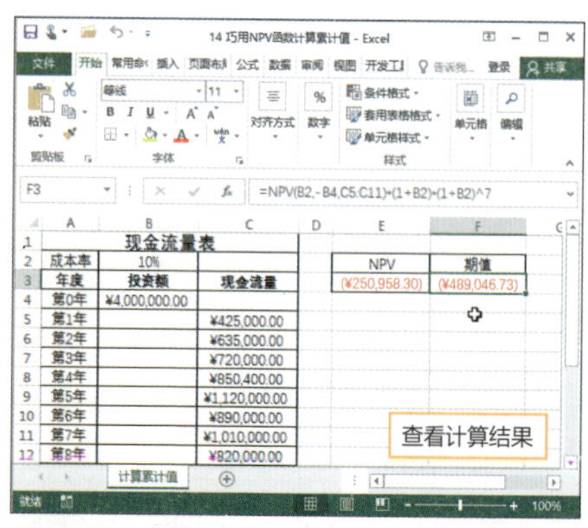

Hint

函数解析

NPV函数用于通过使用贴现率以及一系列未来支出（负值）和收入（正值），返回一项投资的净现值，其语法结构为：

NPV(rate,value1,value2, ...)

rate:为某一期间的贴现率，是一固定值。value1, value2, ...代表支出及收入的1到254个参数。

Level ◆◆◆

2016 2013 2010

巧用NPV函数分析投资净现值

语音视频教学151

实例　利用NPV函数判断某项投资在未来10年能否收回成本

假设某投资者有50万的货币资金，想投资某一项目，现在可以估算出每年的收益，假设年贴现率为10%。下面介绍使用NPV函数计算十年后能否回本。

① 打开工作表，在A9:D10单元格区域输入相关数据，选中B9单元格。

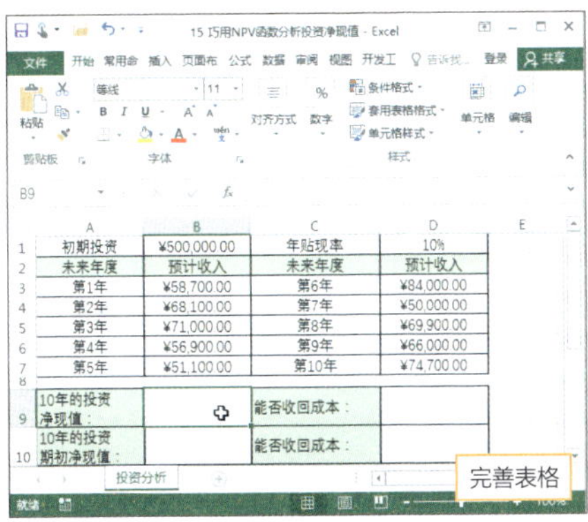

② 输入净现值的计算公式“=NPV(D1,2,B3:B7,D3:D7)-B1”，按Enter键。

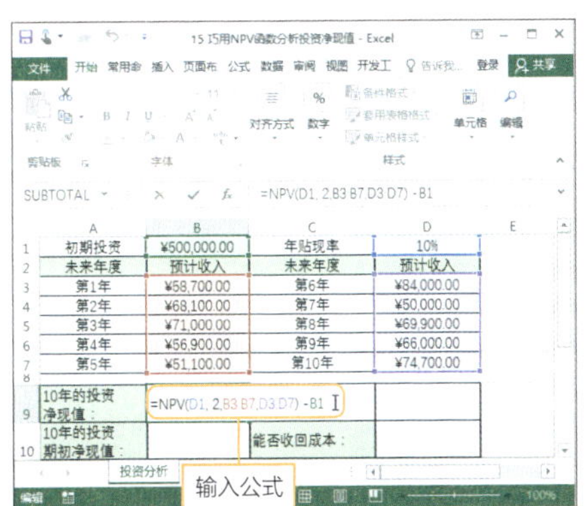

③ 选中D9单元格，输入公式“=IF(B9>0,"能收回成本","不能收回成本")”。

输入判断公式

④ 按下Enter键，即可查看判定结果为“不能收回成本”。

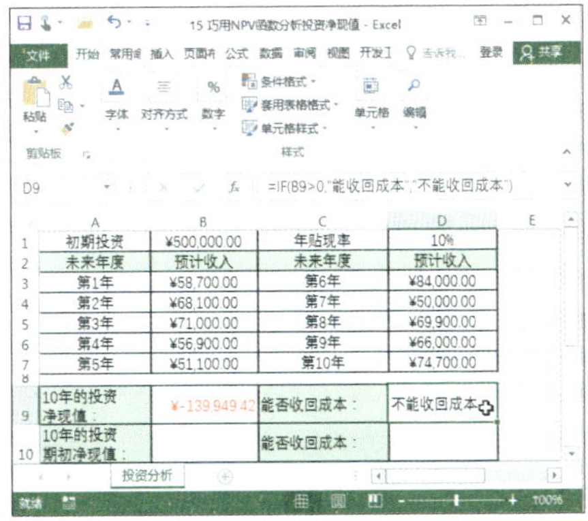

5 若投资发生在期初，则选中B10单元格，计算净现值的计算公式应更改为：“=NPV(D1,-B1,B3:B7,D3:D7)”。

	A	B	C	D
1	初期投资	¥500,000.00	年贴现率	10%
2	未来年度	预计收入	未来年度	预计收入
3	第1年	¥58,700.00	第6年	¥84,000.00
4	第2年	¥68,100.00	第7年	¥50,000.00
5	第3年	¥71,000.00	第8年	¥69,900.00
6	第4年	¥56,900.00	第9年	¥66,000.00
7	第5年	¥51,100.00	第10年	¥74,700.00
9	10年的投资净现值：	¥-139,949.42	能否收回成本：	不能收回成本
10	10年的投资期初净现值：	=NPV(D1, -B1,B3:B7,D3:D7)		

输入公式

6 按下Enter键，将D9单元格中公式填充至D10单元格，即可查看投资发生的初期计算出来的净现值。

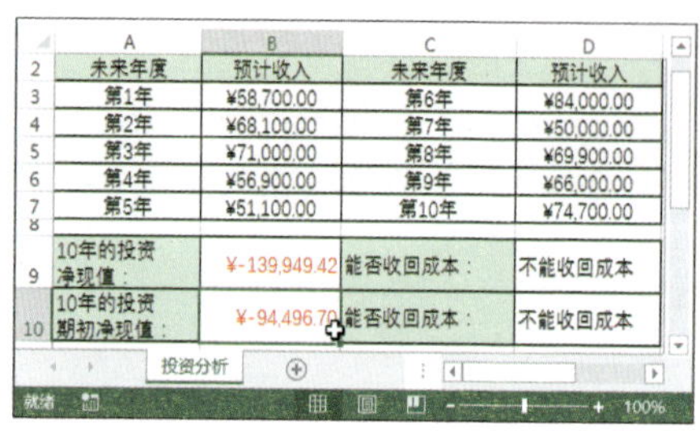

	A	B	C	D
2	未来年度	预计收入	未来年度	预计收入
3	第1年	¥58,700.00	第6年	¥84,000.00
4	第2年	¥68,100.00	第7年	¥50,000.00
5	第3年	¥71,000.00	第8年	¥69,900.00
6	第4年	¥56,900.00	第9年	¥66,000.00
7	第5年	¥51,100.00	第10年	¥74,700.00
9	10年的投资净现值：	¥-139,949.42	能否收回成本：	不能收回成本
10	10年的投资期初净现值：	¥-94,496.70	能否收回成本：	不能收回成本

查看计算结果

Hint

使用NPV函数的注意事项

- 参数value1,value2,…在时间上必须具有相等间隔，且都发生在期末。
- NPV函数使用value1,value2,…顺序来解释现金流动顺序，因此必须保证支出和收入的数额按正确的顺序输入。
- 如果参数为数值、空白单元格、逻辑值或数字的文本表达方式，则均会被计算在内。
- 如果参数是一个数值或引用，则将只计算其中的数字。数组或引用中的空白单元格、逻辑值、文字及错误值则被忽略。
- 假定投资开始于value1现金流所在日期的前一期，并结束于最后一笔现金流的当前，NPV函数依据未来的现金流进行计算。如果第一笔现金流发生在第一个周期的期初，则第一笔现金必须添加到NPV函数的结果中，而不应该包含在values参数中。

Hint

公式解析

该公式用于计算投资净现值：

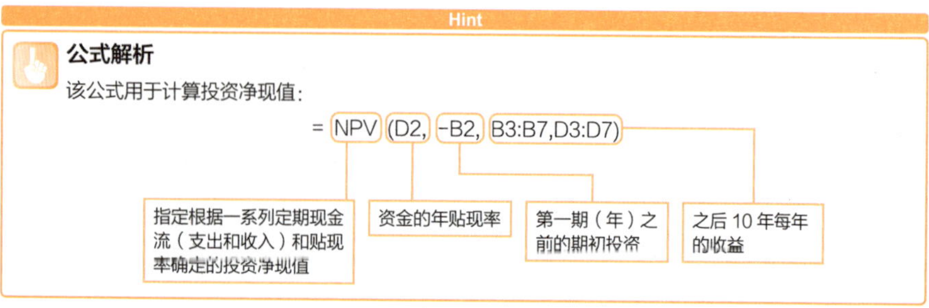

Question

152

● Level ◆◆◆

2016 2013 2010

巧用NPV函数进行投资决策分析

实例　使用NPV函数确定最佳投资方案

本技巧将使用NPV函数分别来判定，在最初投资额相同和投资额不同情况下的最佳投资方案。

1. 某企业财务报表记录了近十年3个项目在最初投资额都是50万的现金流量情况，现在从这三个项目中选择一个继续投资，确定最佳投资方案：

① 打开工作表，完善表格，选中B14单元格，输入净现值的计算公式“=NPV(B1,B4:B13)-B3”。

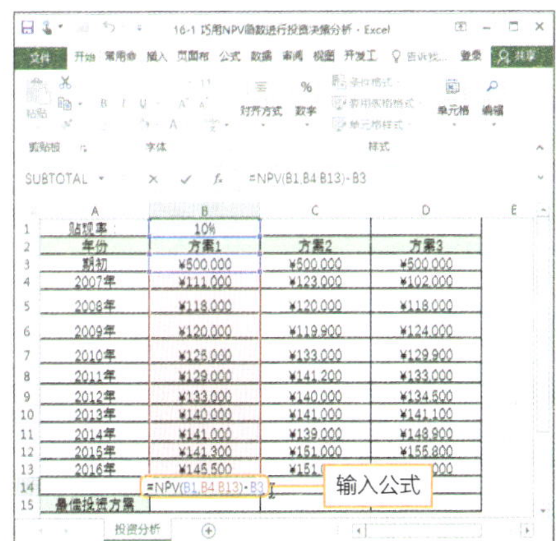

② 按下Enter键执行计算，然后选中B14单元格，向右复制公式至D14单元格，计算其他两个方案是净现值。

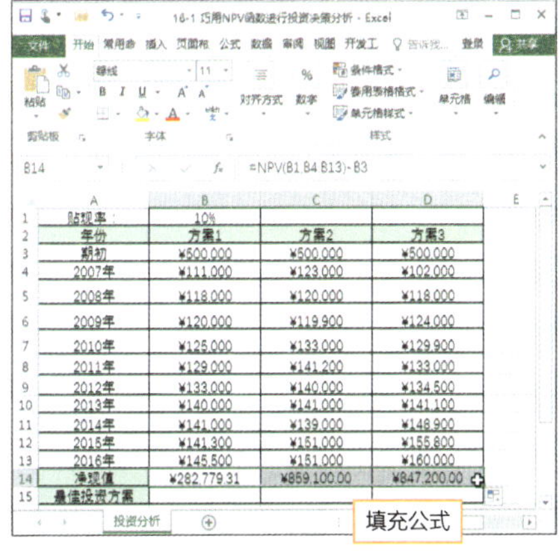

③ 选中B15单元格，输入“=IF(B14=MAX($B$14:$D$14),"选择该方案","/")”公式。

④ 按下Enter键，然后选中B15单元格，向右复制公式至D15单元格。

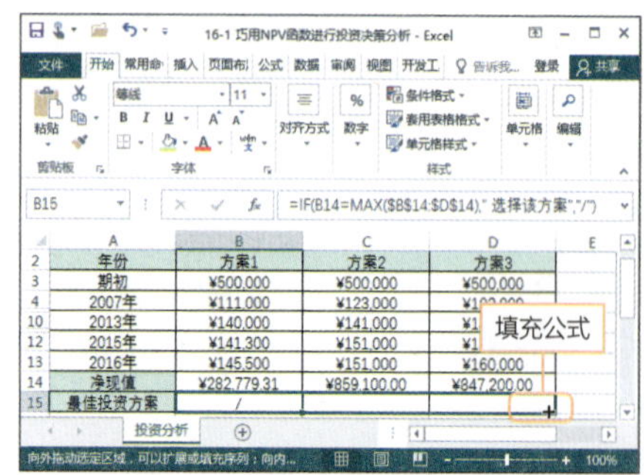

⑤ 这时可以看到，第二套方案为最佳投资方案，作为投资者投资时的参考。

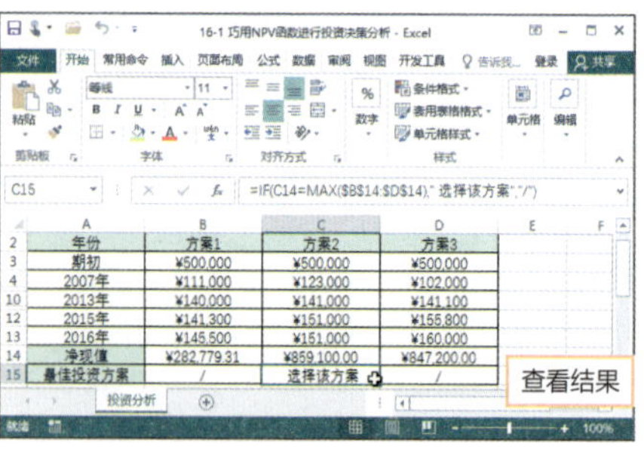

Hint

投资动态指标分析

如何通过各年度的现金流量数据来确定未来的投资方案，是每个企业高层在决策中经常遇到的问题，在各备选方案的投资额相同的情况下，一般分别利用净现值法来实现。

在经济学中，将这种考虑到资金时间价值的指标分析方法称为投资动态指标分析。

2. 某企业在10年前投资的3个项目，这些项目的投资额和每个收益各不同，现在从这三个项目中选择一个继续投资，确定最佳投资方案：

① 选中B14单元格，输入“=NPV(B1,B4:B13)”公式，按Enter键，计算方案1的总现值。

② 选中B14单元格，向右复制公式至D14单元格，计算其他两个方案的总现值。

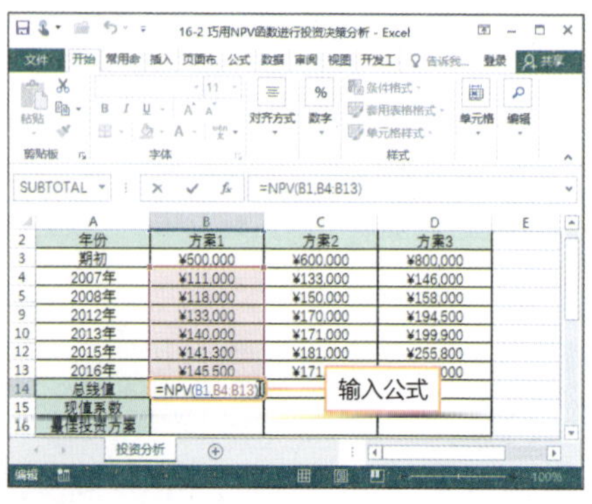

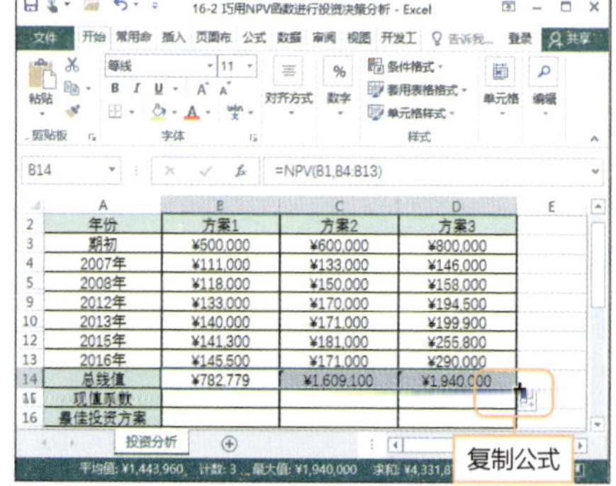

3 选中B15单元格，输入现值系数的计算公式"=B14/B3"，按Enter键执行计算。

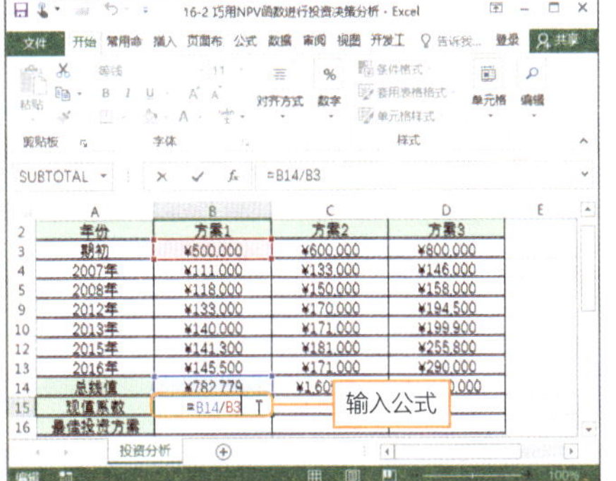

4 选中B15单元格，向右复制公式至D15单元格，计算其他两个方案的现值系数。

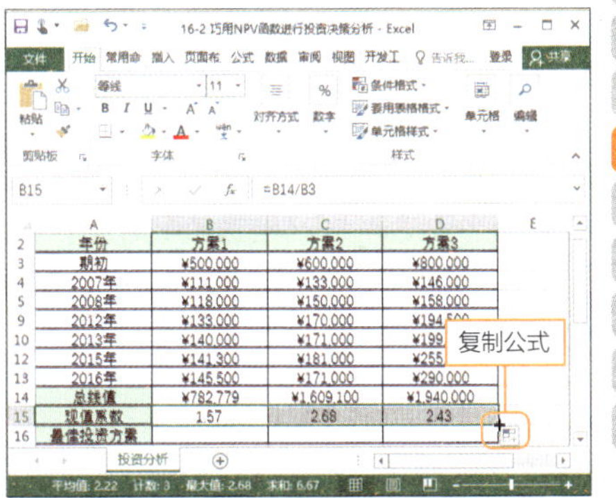

5 选中B16单元格，输入公式"=IF(B15=MAX($B$15:$D$15),"选择该方案","/")"。

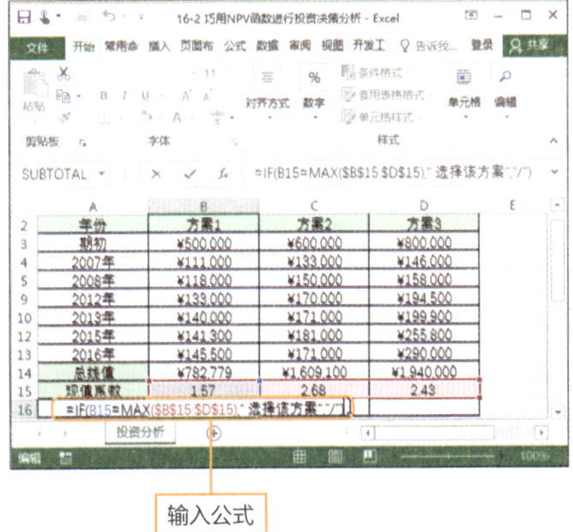

6 按下Enter键，然后选中B16单元格，向右复制公式至D16单元格。

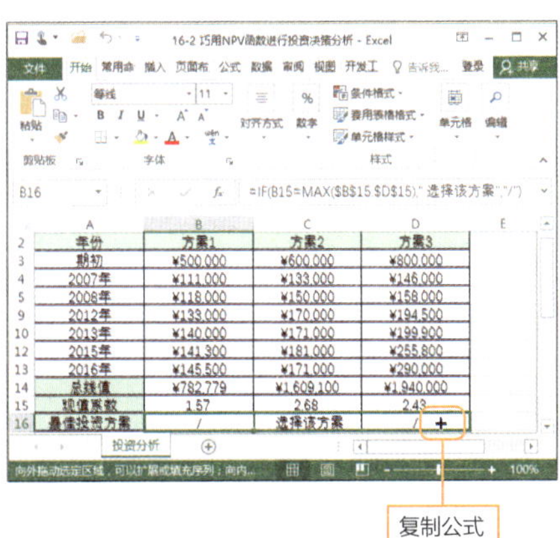

7 可以看到，第二套方案为最佳投资方案，作为投资者投资时的参考。

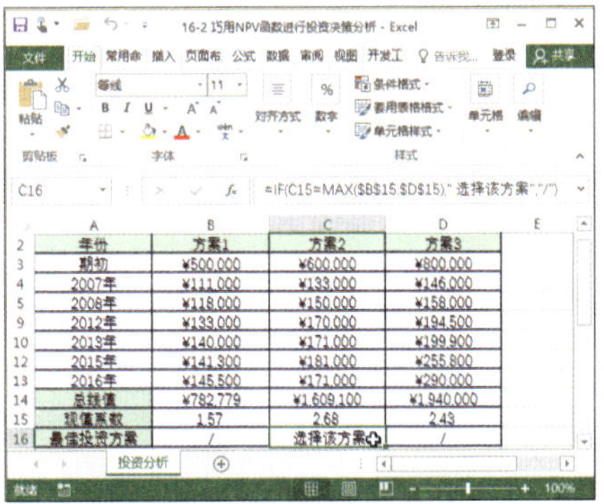

Hint

现值系数

使用NPV函数计算出方案总现值后，使用总现值除以方案的投资金额，得到的现值系数表示初始的投资金额在这十年内可以赚取的利润，所有现值系数越大，表示该方案的盈利能力越强。

1
2
3
4
5
6
7
8
9
10

财务报表中函数的应用技巧

Question 153

巧用PV函数进行投资决策分析

● Level ◆◆◆

2016 2013 2010

实例 使用PV函数通过现值判断是否值得投资

在财务处理的过程中，如果需要判断某项投资是否值得，可以通过比较该投资的成本与其未来回报金额的现值。如果投资现值大于成本，则值得投资，反之则不值得投资。

① 打开工作表，选中B4单元格，然后输入公式“=PV(B3/12,C3,-D3)”，按下Enter键。

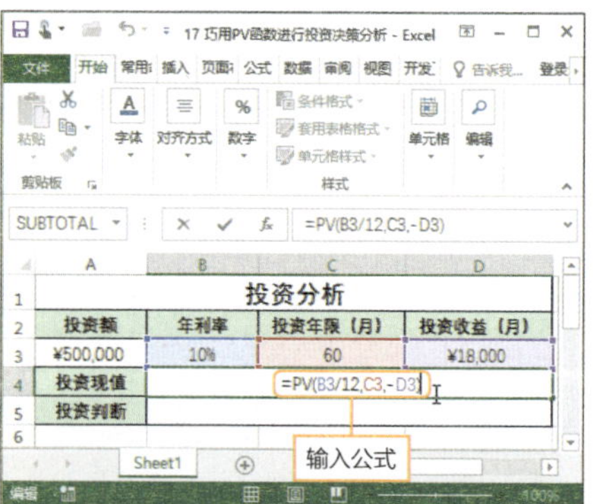

② 选中B5单元格，输入判定是否值得投资公式“=IF(B4>A3,"值得投资","不值得投资")”。

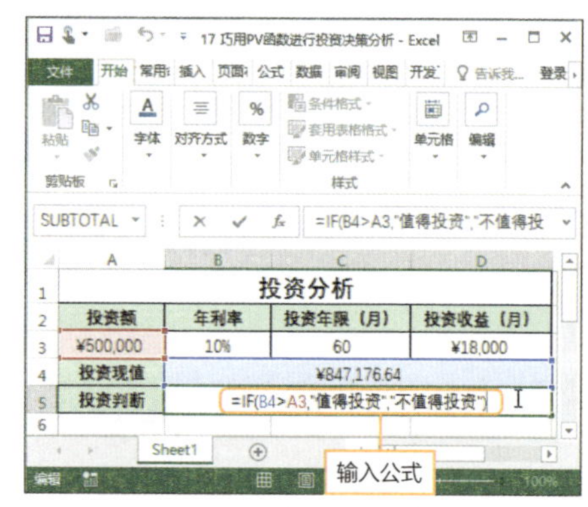

③ 按下Enter键，可以看到企业该投资项目是值得投资的。

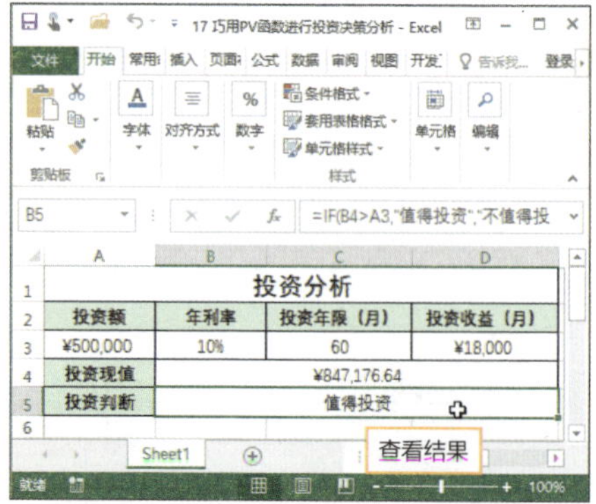

Hint

函数解析

PV函数用于返回投资的现值。现值为一系列未来付款的当前值的累积和。

其语法结构为：PV(rate,nper,pmt,fv,type)

rate为各期利率，该项不可以省略；nper为总投资（或贷款）期，该项不可以省略；pmt为各期所应支付的金额，其数值在整个年金期间保持不变，该项不可省略；fv为未来值，或在最后一次支付后希望得到的现金余额；type为数字0或1，用以指定各期的付款时间是在期初还是期末。

154

巧用IRR函数进行投资决策分析

语音视频
教学154

Level ◆◆◆

2016 2013 2010

实例　使用IRR函数通过内部收益率判断项目是否值得投资

在计算投资收益时，我们可以使用IRR函数计算内部收益率，使用该函数计算内部收益率，不仅过程简单，而且精确度也高。

1 打开工作表，选中D5单元格，输入内部收益率公式“=IRR(B3:B8)”，按下Enter键。

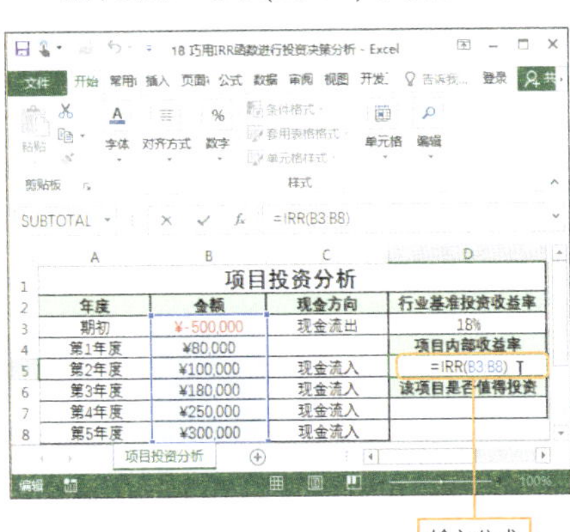

2 选中D7单元格，输入是否值得投资的公式“=IF(D5>D3,"值得投资","不值得投资")”。

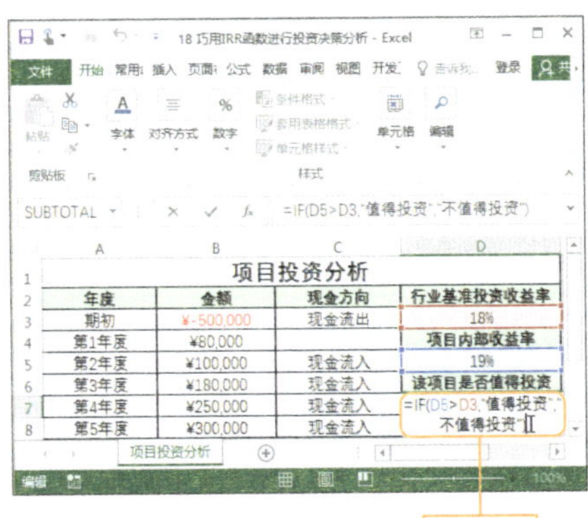

3 按下Enter键，可以看到判定结果为该项目值得投资。

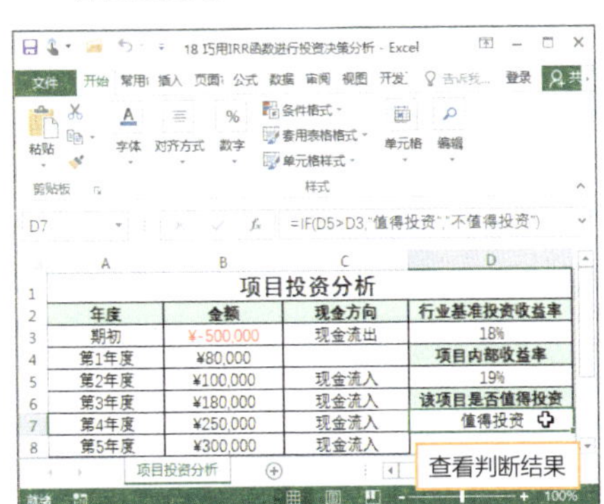

Hint

函数解析

IRR函数用于返回由数值代表的一组现金流的内部收益率。

其语法结构为：IRR(values,guess)

values为数组或单元格的引用，包含用来计算返回的内部收益率的数字。

guess为对函数IRR计算结果的估计值。

在判定投资收益时，IRR的值越大越好，一般内部收益率大于基准收益率时，该项目可投资。

Question 155

巧用MIRR函数求解多重收益率

Level ◆◆◆

2016 2013 2010

实例 使用MIRR函数考虑投资成本的同时计算项目内部收益率

本技巧是一个计算修正内部收益率的问题，相较于上个技巧的内部收益率的计算，MIRR函数的计算更加科学准确。

1 打开工作表，选中C7单元格，打开“插入函数”对话框，选择MIRR函数。

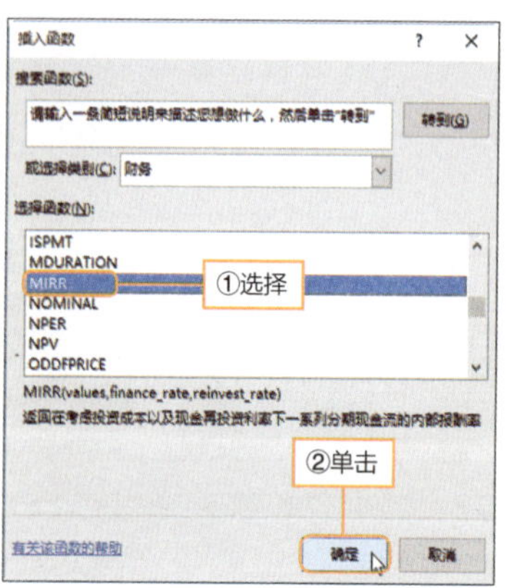

2 打开“函数参数”对话框，在Values文本框中输入B3:B8，在Finance_rate文本框中输入C3，在Reinvest_rate文本框中输入C5。

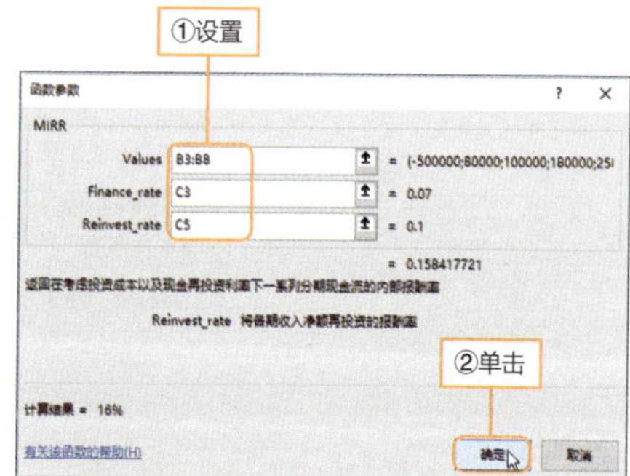

3 单击“确定”按钮，查看计算项目内部收益率的结果。

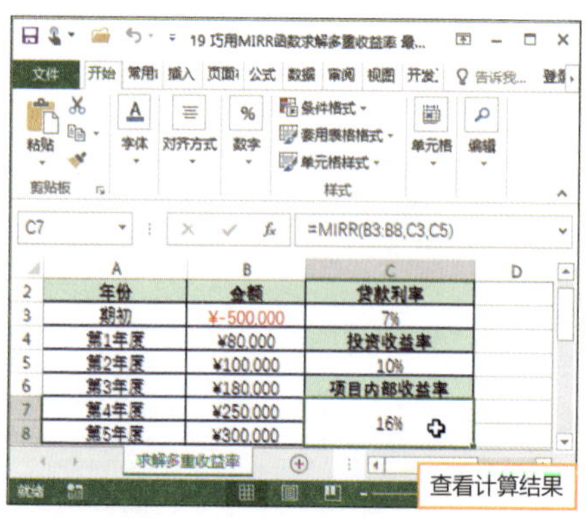

	A	B	C
2	年份	金额	贷款利率
3	期初	¥-500,000	7%
4	第1年度	¥80,000	投资收益率
5	第2年度	¥100,000	10%
6	第3年度	¥180,000	项目内部收益率
7	第4年度	¥250,000	16%
8	第5年度	¥300,000	

Hint

函数解析

MIRR函数用于返回某一连续期间内现金流的修正内部收益率，同时也考虑了投资的成本和现金再投资收益率，其语法结构为：

MIRR(values, finance_rate, reinvest_rate)

values为一个数组或对包含数字的单元格的引用。这些数值代表各期的一系列支出（负值）及收入（正值）；Finance_rate现金流中使用的资金支付的利率；Reinvest_rate表示将现金流再投资的收益率。

Question 156

巧用FV函数进行累计求和

语音视频教学156

Level ◆◆◆

2016 2013 2010

实例 零存整取，计算年终有多少钱

使用FV函数可以计算固定利率下等额分期付款未来值，假设某企业将50万存入银行，以后每月向银行存入5万元，年底将这些存款全部用于股东的分红，已知银行的存款利率为3.75%。

① 打开工作表，选中F3单元格，打开“插入函数”对话框，选择FV函数。

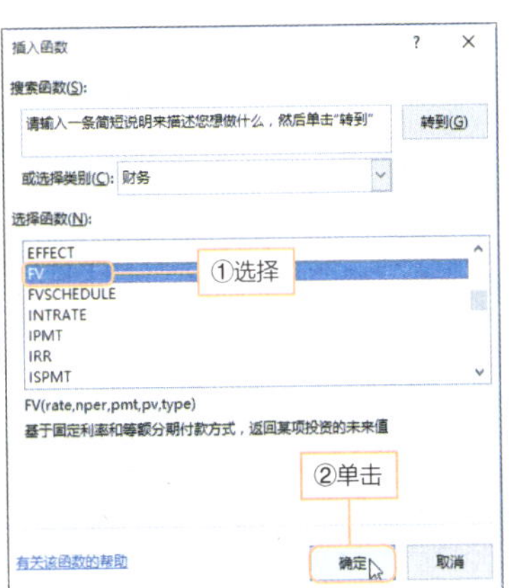

② 打开“函数参数”对话框，设置各参数，然后单击“确定”按钮。

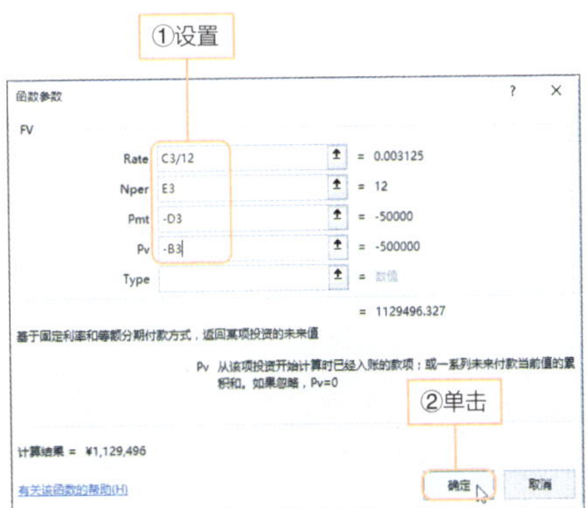

③ 返回工作表中，可以看到年终可用于固定分红的现金为1129496元。

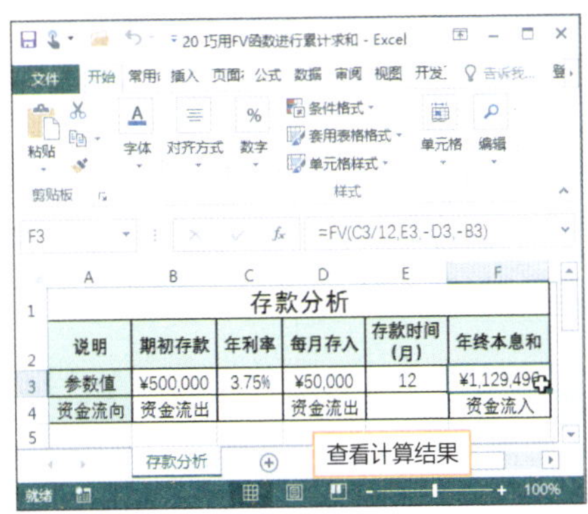

Hint

函数解析

FV函数是基于固定利率及等额分期付款方式，返回某项投资的未来值，其语法结构为：

FV(rate,nper,pmt,pv,type)

rate为各期利率；nper为总投资（或贷款）期，即该项投资（或贷款）的付款期总数；pmt为各期所应支付的金额；pv为现值，即从该项投资开始计算时已经入帐的款项，或一系列未来付款的当前值的累积和，也称为本金；type为数字0或1，用以指定各期的付款时间是在期初还是期末。

巧用FV函数进行存款规划

语音视频教学157

Question 157

Level ◆◆◆

2016 2013 2010

实例 使用FV函数计算每年存入多少钱18年之后才有100万

假设某家庭希望从现在开始存款，18年后将100万存款用于孩子留学费用，假设年利率为6%，则计算现在需要存入多少钱。

① 打开工作表，选中A3单元格，单击编辑栏中“插入函数”按钮。

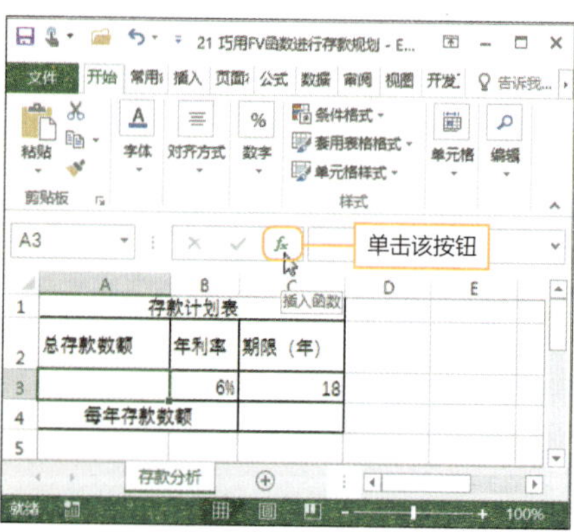

② 打开“插入函数”对话框，选择FV函数，然后单击“确定”按钮。

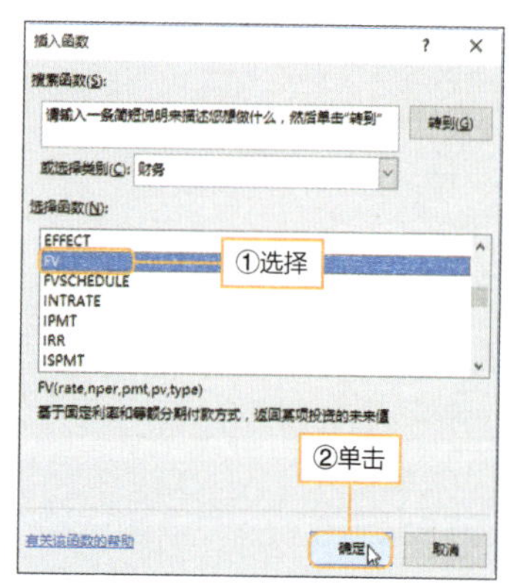

③ 打开“函数参数”对话框，设置各项参数，然后单击“确定”按钮。

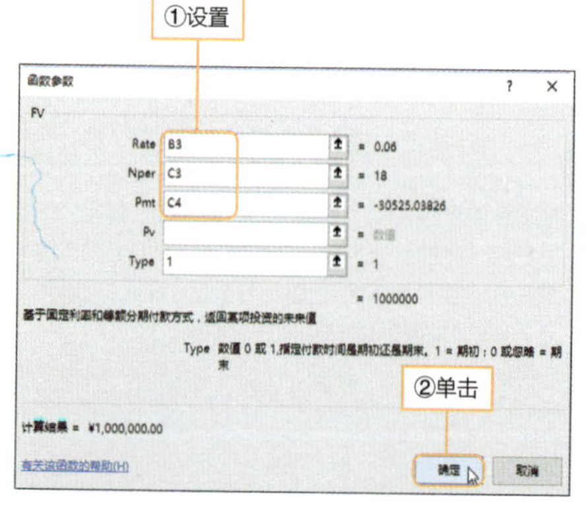

④ 切换至“数据”选项卡，单击“预测”选项组的“模拟分析”下三角按钮，选择“单变量求解”选项。

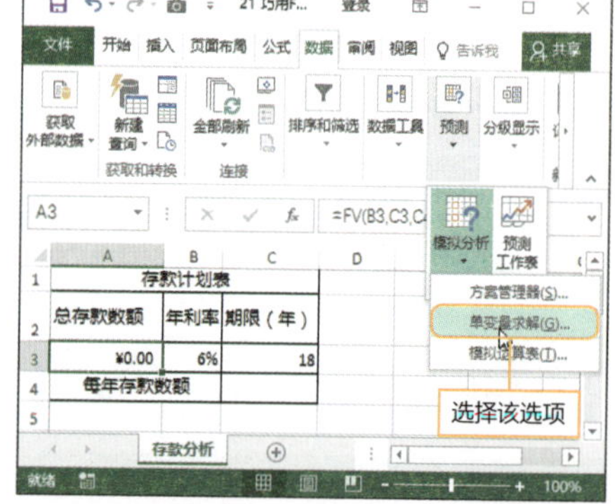

财务报表中函数的应用技巧

5 打开“单变量求解”对话框，设置“目标单元格”为A3，在“目标值”数值框中输入1000000，设置“可变单元格”为C4，单击“确定”按钮。

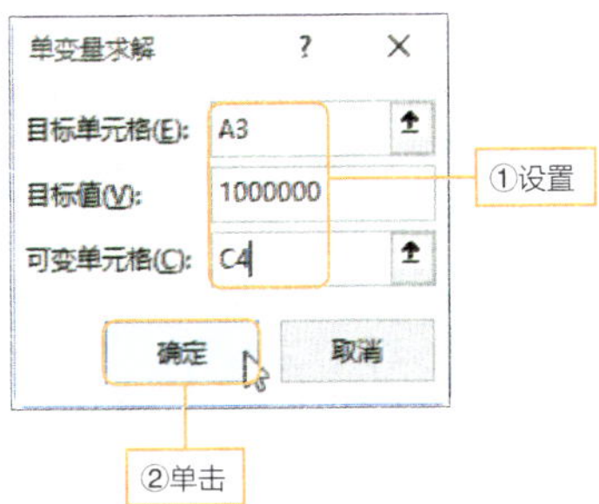

6 打开“单变量求解状态”对话框，查看快速计算出的“目标值”和“当前解”数值，单击“确定”按钮。

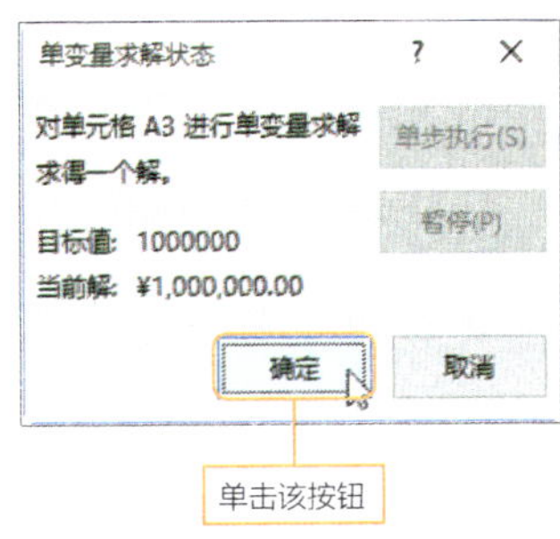

7 返回工作表中，可以看到C4单元格中得到了每年年初应该存入银行的金额，18年后可存入100万。

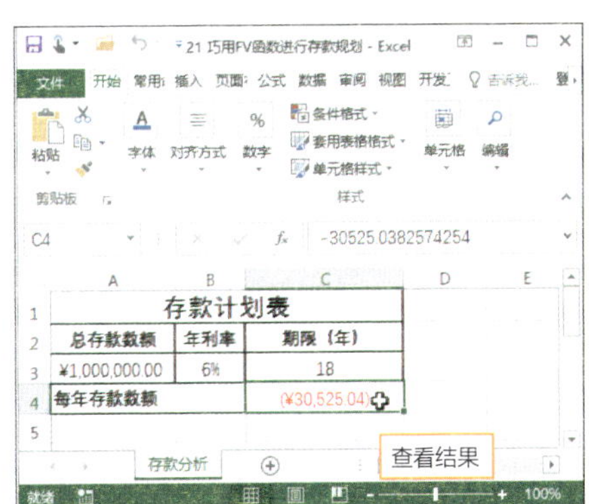

Hint

公式解析

该公式用于计算总存款额：

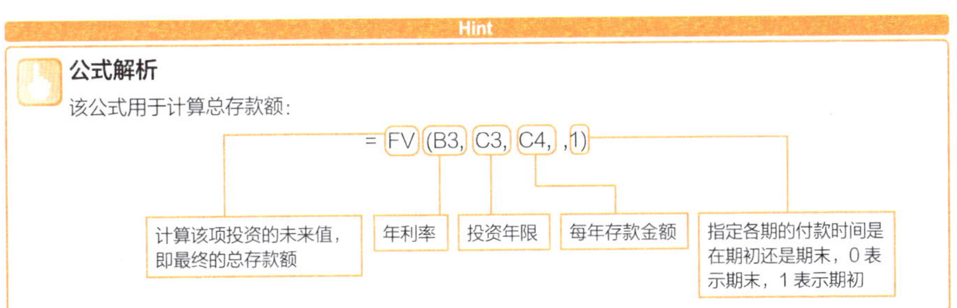

Hint

公式说明

公式“=FV(B3,B4,B5,,1)”，使用FV函数计算每期期初存入一定金额，18年后能够得到的总金额。在公式中没有对现金流的流入流出做任何处理，所有如果计算结果为正，则表示现金流入；若为负，则表示现金流出。

Question 158

Level ◆◆◆

2016 2013 2010

巧用PMT函数计算分期存款金额

实例 使用PMT函数计算每年存入多少钱18年之后才有100万

上个技巧使用FV函数和“单变量求解”工具来计算每年应存款金额，我们还可以使用Excel专门用于计算分期付款应付金额的PMT函数来计算每年应该存多少钱。

1 打开工作表，选中B4单元格，打开“插入函数”对话框，选择PMT函数。

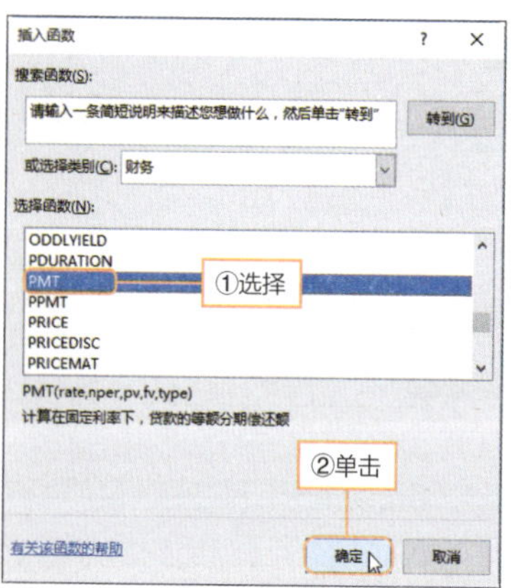

2 打开“函数参数”对话框，设置各参数，单击“确定”按钮。

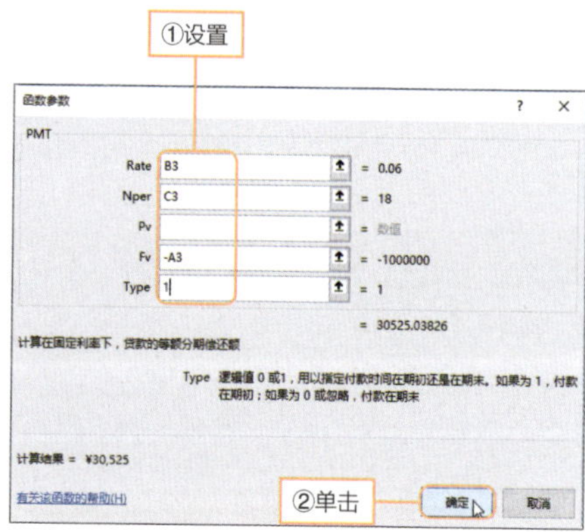

3 这时可以看到B4单元格中得到了每年年初应该存入银行的金额。

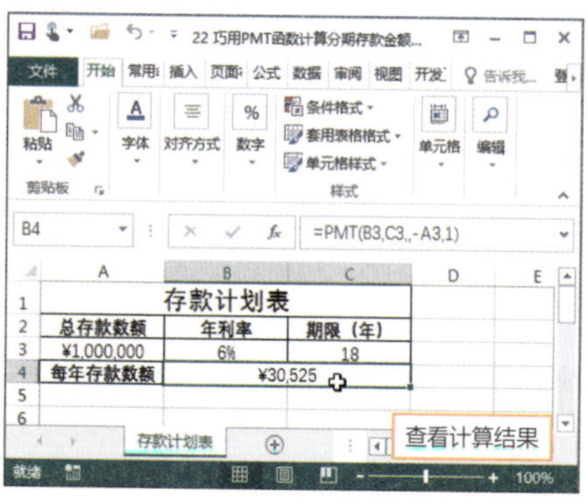

Hint

函数解析

PMT函数即年金函数，是基于固定利率及等额分期付款方式，返回贷款的每期付款额，其语法结构为：

PMT(rate, nper, pv, fv, type)

rate为各期利率；nper为总投资（或贷款）期，即该项投资（或贷款）的付款期总数；pmt为各期所应支付的金额；pv为现值，即从该项投资开始计算时已经入账的款项，或一系列未来付款的当前值的累积和，也称为本金；type为数字0或1，用以指定各期的付款时间是在期初还是期末。

Question
159

巧用PMT函数进行还款分析

Level
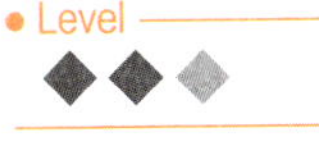

2016 2013 2010

实例 PMT函数分析不同还款期数和年利率下每期还款金额

除了可以使用FV函数来计算分期付款外，在知道分期付款总额、还款期限及利率，我们还可以使用PMT函数来进行计算每期还款金额。

1 打开工作表，选中B4单元格，输入公式“=PMT(B$2/12,$A4,$B$2)”，按下Enter键。

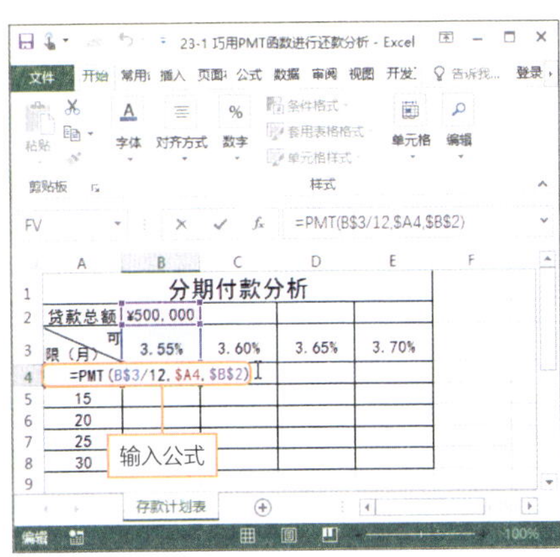

2 选中B4单元格，向右复制公式至E4单元格，计算不同还款利率下每期还款额。

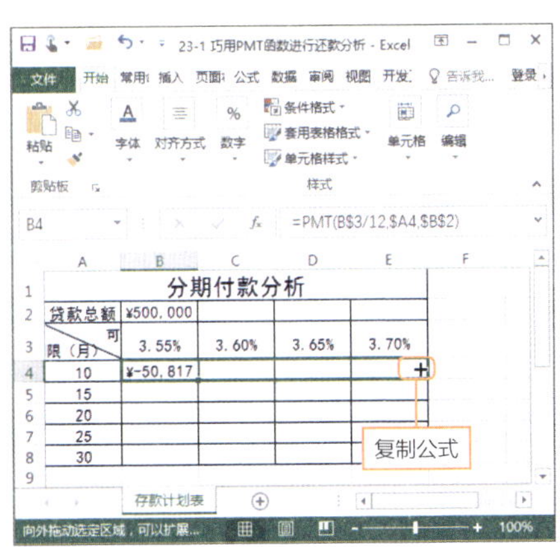

3 然后选中B4:E4单元格区域，向下复制公式至B8:E8单元格区域，即可查看在不同的还款期数和年利率下每期还款的金额。

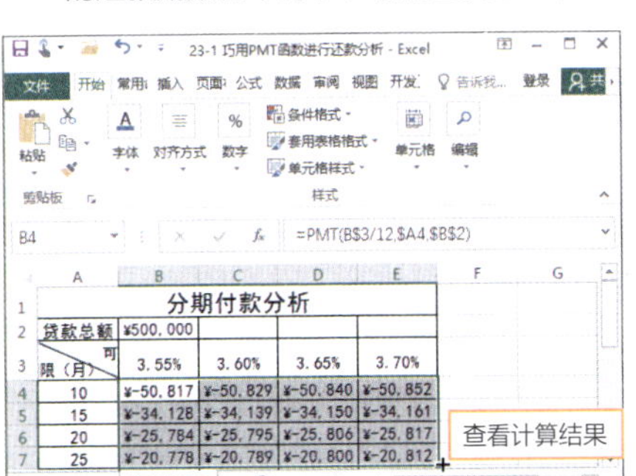

4 我们还可以使用“单变量求解”工具来计算不同的还款额，首先更改“分期付款分析”表格。

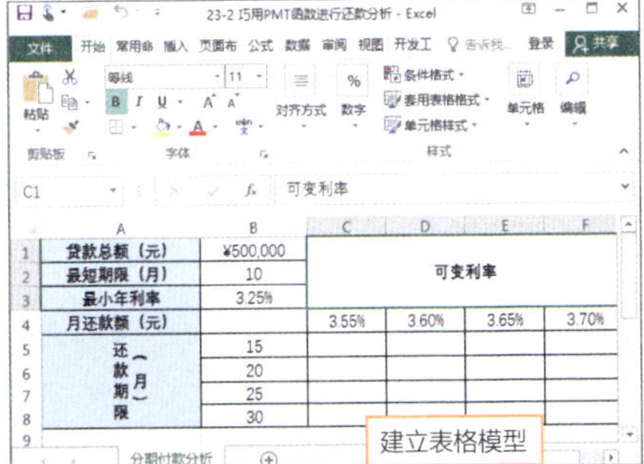

5 选中B4单元格，输入月还款额的计算公式“=PMT(B3/12,B2,B1)”，然后按下Enter键。

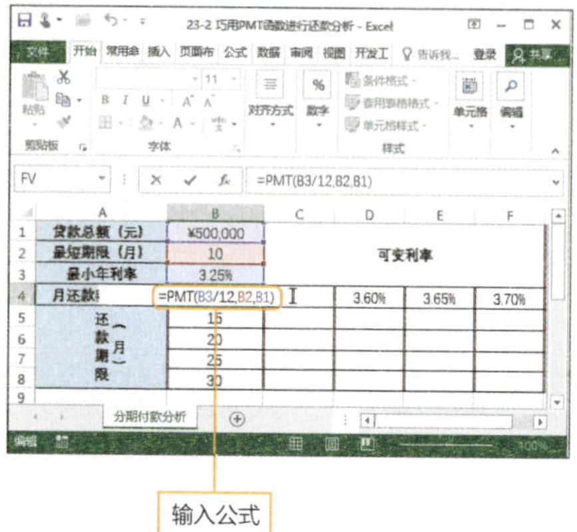

6 选中B4:F8单元格区域，切换至“数据”选项卡，单击“模拟分析”下三角按钮，选择“模拟运算表”选项。

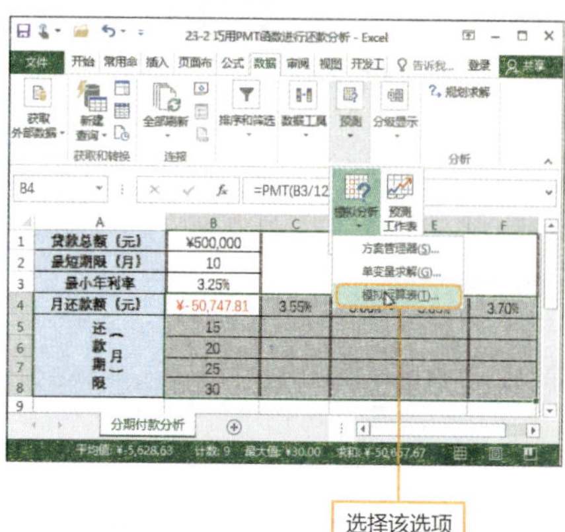

7 在“模拟运算表”对话框中，设置“输入引用行的单元格”为$B$3，设置“输入引用列的单元格”为$B$2，单击“确定”按钮。

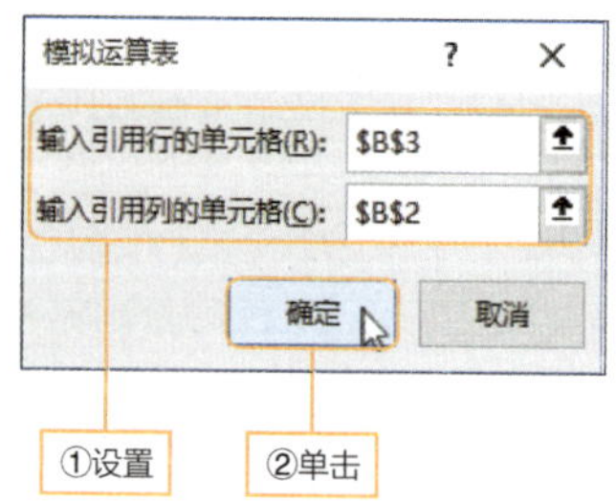

Hint

模拟运算表中公式的位置

在使用模拟运算表的时候，公式应该位于需要返回结果单元格的左上角，可变单元格最多只能两个，可以在公式同一行的右侧或者同一列的下方。

8 返回工作表中，即可查看不同的还款期数和年利率下每期还款的金额。

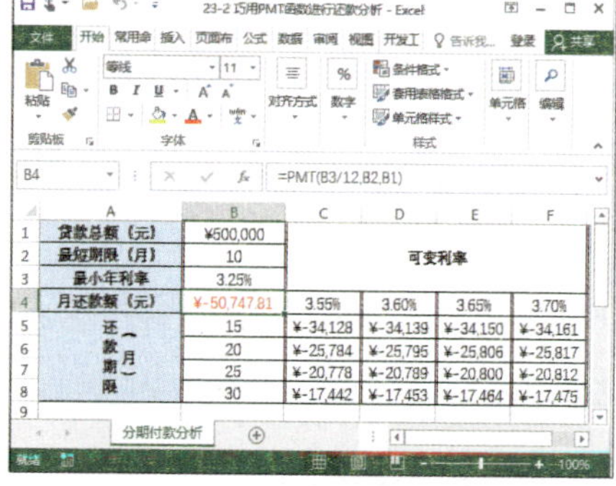

Hint

公式说明

在使用“模拟运算表”工具来计算不同的还款额时，用到的公式“=PMT(B3/12,B2,B1)”中，使用PMT函数计算最短期限和最小年利率下的月还款金额。

Level ◆◆◆

2016 2013 2010

巧用NPV函数计算投资回报净现值

语音视频教学160

实例 使用NPV函数计算定期投资回报的净现值

在企业投资过程中，需要计算出投资净现值，根据投资收入可分为两种情况，第一种投资支出一年后，第二年开始有投资收入；第二种第一年的年初投资支出，年底有投资收入。

1 第一种情况：打开工作表，选中D2单元格，输入公式“=NPV(C2,B2:B6)”，按下Enter键。

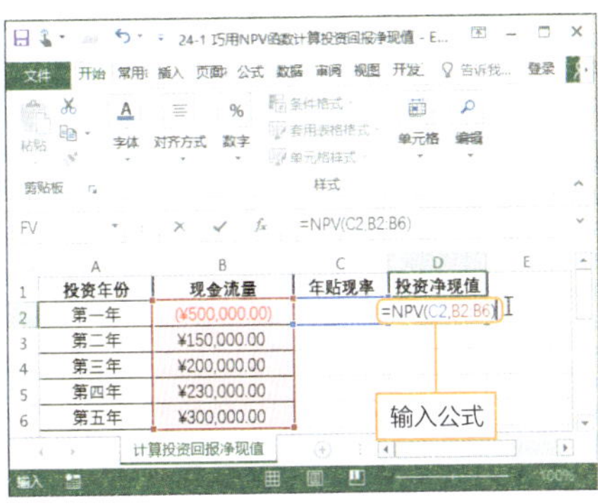

2 返回工作表中，在D2单元格中计算投资支出一年后，第二年有收入的净现值。

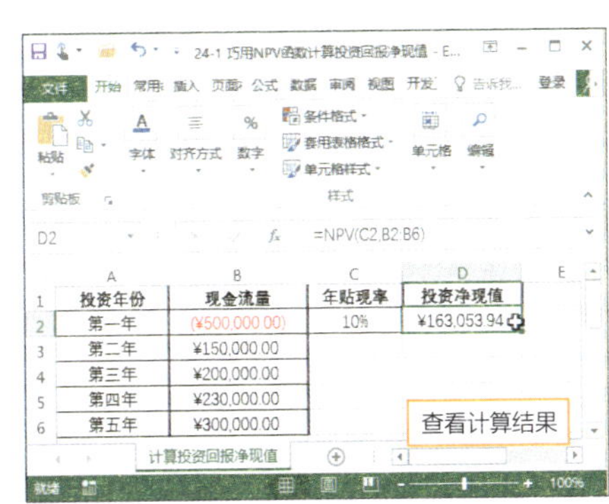

3 第二种情况：打开工作表，选中D2单元格，输入公式“=NPV(C2,B3:B6)+B2”，按Enter键计算出年初投资年底有收入的净现值。

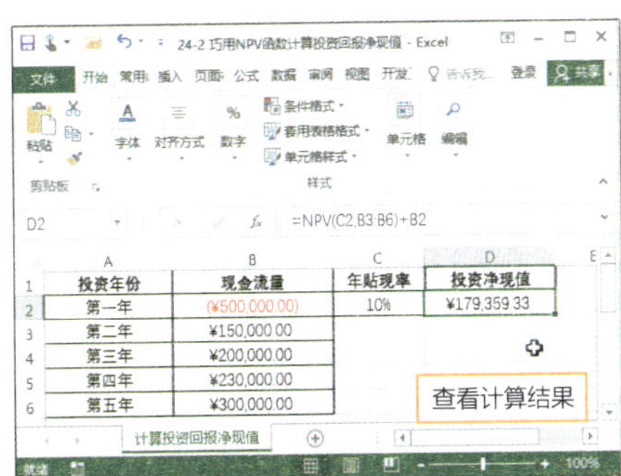

Hint

函数解析

NPV函数通过使用贴现率以及一系列定期的现金流（支出和收入），计算的投资净现值。

其语法结构为：NPV(rate,value1,value2,…)

rate 表示某期间的贴现率，是固定的值；value1, value2,…表示支出和收入，在时间上必须具有相同的间隔，并且发生在期末，最多为254个参数。

Question 161

巧用NPER函数进行采购决策

Level

2016 2013 2010

实例 NPER函数计算购买好设备至少使用多少年才划算

假设某企业在采购设备时，有A、B两台设备可供选用，A、B设备价格以及维护成本不同。假设资金成本率为6.55%，计算购买A设备需要使用多少年才会比采购B设备更划算。

1. 打开工作表，选中C6单元格，输入公式"=NPER(B4,(C3-B3),(C2-B2))"。

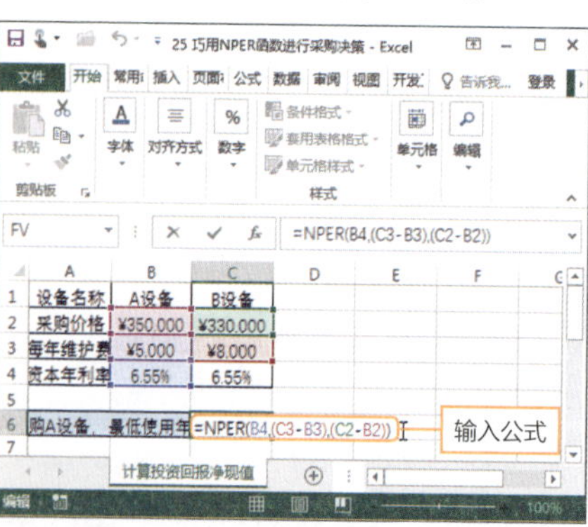

2. 按下Enter键，计算结果表示A设备使用9年才比B设备划算。

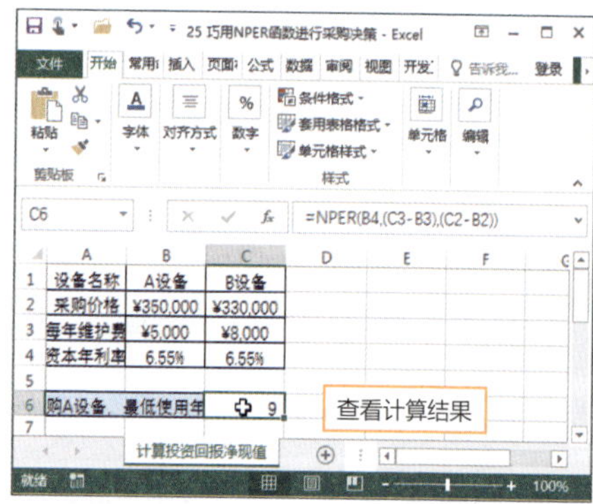

Hint

函数解析

NPER函数用于指定定期定额支付且利率固定的总期数，其语法结构为：

NPER(rate, pmt, pv[, fv, type)

rate指定每一期的利率；pmt指定每一期所付金额；pv指定未来一系列付款或收款的现值；fv指定在付清贷款后所希望的未来值或现金结存；type指定贷款到期时间。

Hint

公式解析

该公式用于计算需要多少期，才能在指定利率下通过每期投入达到与现值相同的价值。

=NPER(B4,(C3-B3),(C2-B2))

- NPER：期数计算，计算最低使用多少年划算
- B4：年利率
- C3-B3：计算两种设备维修费用的差价，作为每期投入
- C2-B2：计算两种设备的差价作为现值

Question 162

巧用YIELD函数计算债券收益率

语音视频教学162

Level ◆◆◆

2016 2013 2010

实例　计算债券收益率

某企业于2012年2月25日从证券交易所购买债券，买价为89元，在2017年2月25日出售时，售价为100元。按半年期支付，利息为5.7%，日计数基准为1，计算该债券的收益率。

1 打开工作表，选中D4单元格，打开“插入函数”对话框，选中YIELD函数。

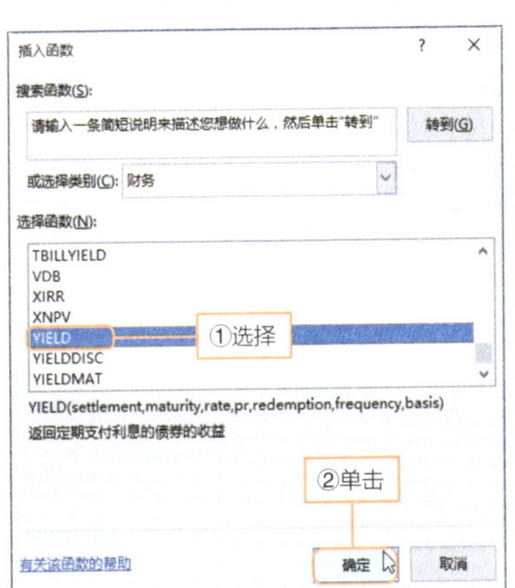

2 打开“函数参数”对话框，设置各参数，单击“确定”按钮。

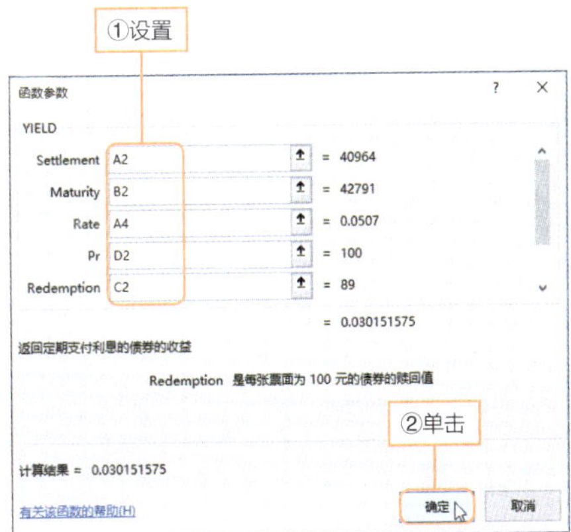

3 返回工作表中，在D4单元格中计算出该证券的收益率。

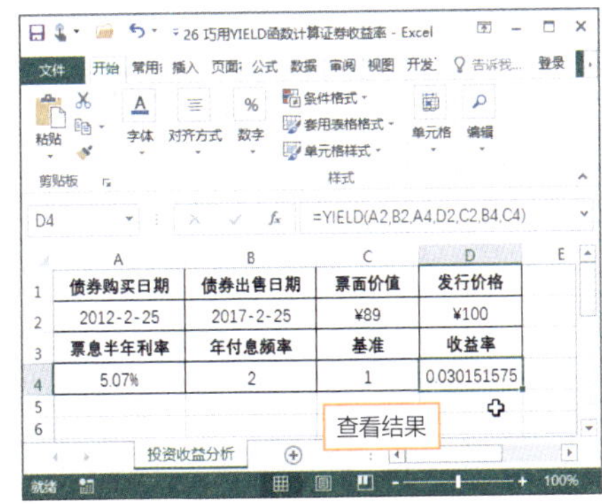

债券购买日期	债券出售日期	票面价值	发行价格
2012-2-25	2017-2-25	¥89	¥100
票息半年利率	年付息频率	基准	收益率
5.07%	2	1	0.030151575

Hint

函数解析

NPER函数用于求指定支付利息证券的收益率。

其语法结构为：YIELD(settlement,maturity,rate,pr,redemption,frequency,basis)

settlement为证券的成交日，maturity为证券的到期日，rate为证券的年息票价率，pr为年息为100元的证券价格，redemption为面值为89元的证券的清偿价值。

Question

163 计算按年支付的证券利息

● Level ◆◆◆

2016 2013 2010

实例 巧用ACCRINT函数计算证券的利息

某企业购买证券，该证券发行日期为2016年1月2日，首次计息日为2016年10月2日，证券的结算为2016年4月2日，利息为7%，证券的面额为10000，计算按年支付证券的利息。

① 根据案例相关信息创建数据模型，并选中D4单元格。

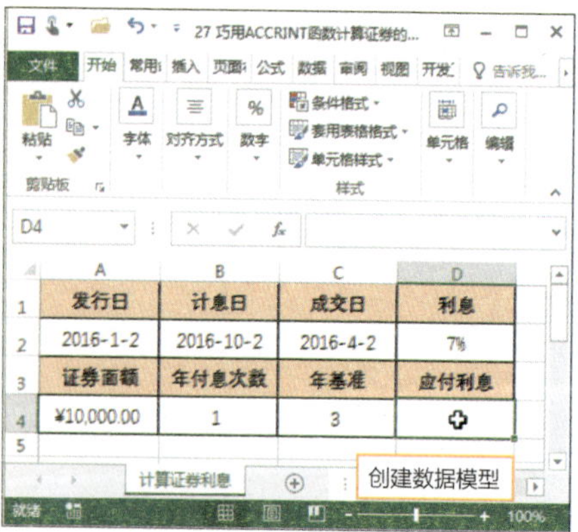

② 输入计算证券利息的公式“=ACCRINT(A2,B2,C2,D2,A4,B4,C4)”。

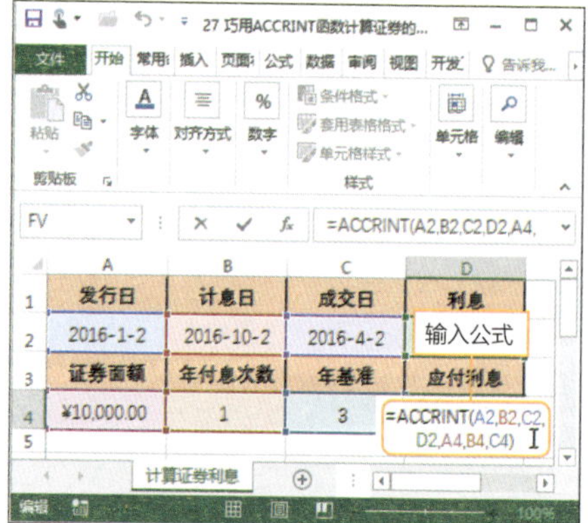

③ 按Enter键执行计算，查看计算证券利息的结果。

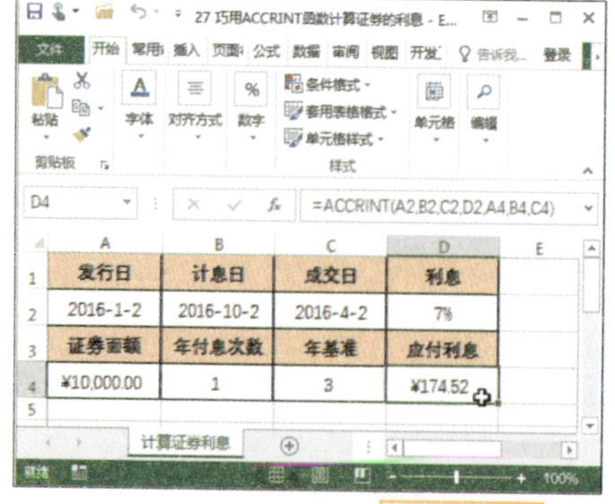

查看计算结果

Hint

函数解析

ACCRINT函数用于返回定期付息证券的应计利息，其语法结构为：

ACCRINT(issue,first_interest,settlement,rate,par,frequency,basis)

Issue证券的发行日，first_interest证券的首次计息日，settlement证券的结算日，rate证券的年息票利率，par证券的票面值，frequency年付息次数，basis为使用的日计数基准类型。

Question 164

按照不同基准计算付息天数

语音视频教学164

Level ◆◆◆

2016 2013 2010

实例　巧用COUPDAYBS函数计算付息期间的天数

已知股票的结算日是2016年1月3日，到期日期为2016年12月3日，支付方式为半年期支付，以实际天数/实际天数（即为1）为日计数基准，计算付息期间的天数。

1 根据案例相关信息创建数据模型，并选中B6单元格。

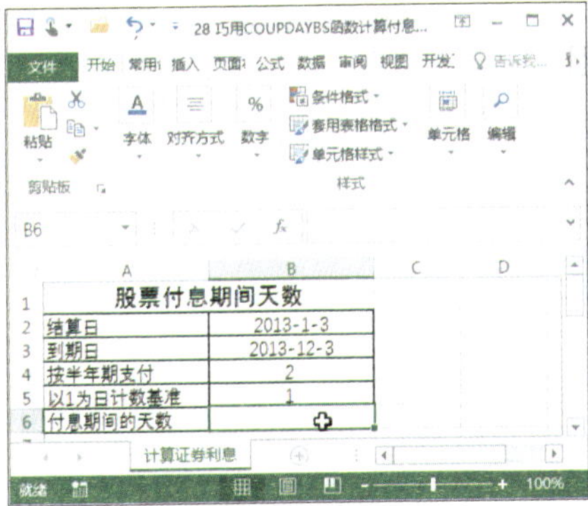

创建数据模型

2 输入计算应付息天数的公式“=COUPDAYBS(B2,B3,B4,B5)”。

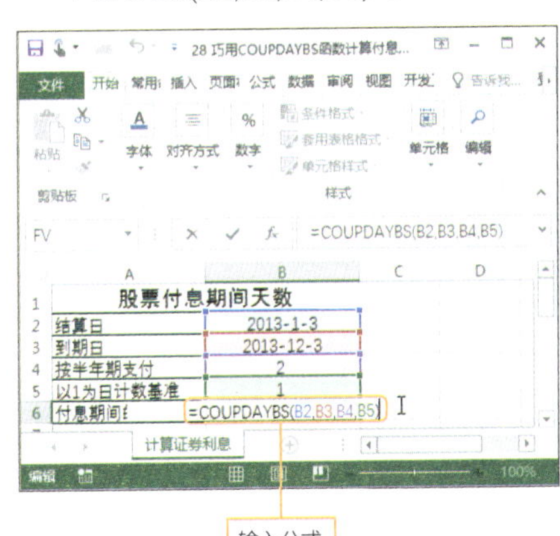

输入公式

3 按Enter键执行计算，查看计算应付息天数的结果。

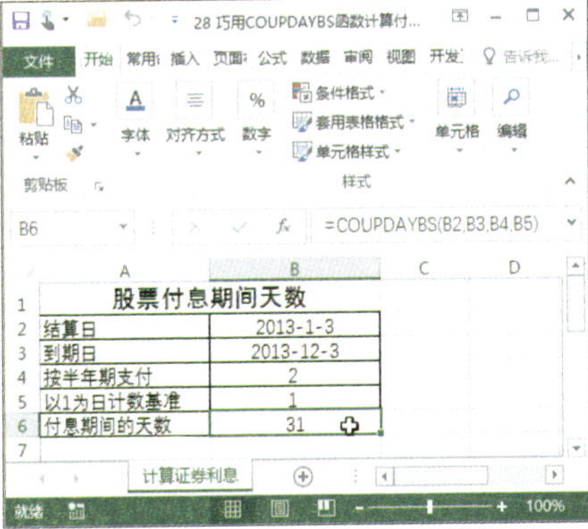

查看计算结果

Hint

函数解析

COUPDAYBS函数用于返回当前付息期内截止到成交日的天数，其语法结构为：COUPDAYBS(settlement,maturity,frequency,basis)

settlement证券的结算日，maturity为证券的到期日，frequency年付息次数，basis为使用的日计数基准类型。

Question 165

巧用SQRT函数计算企业年度最佳现金持有量

Level ◆◆◆

2016 2013 2010

实例 计算最佳现金持有量和一年内的变现次数

企业最理想的是现金余额为零，但是基于交易、预防和投资动机的要求，必须保持一定数量的现金，我们可以通过“=SQRT(2*现金交易性成本*有价证券利率/全年现金需求量)”公式计算出最佳现金持有量。

① 打开工作表，选中B5单元格，输入公式“=SQRT(2*B3*B2/B4)”，按Enter键执行计算。

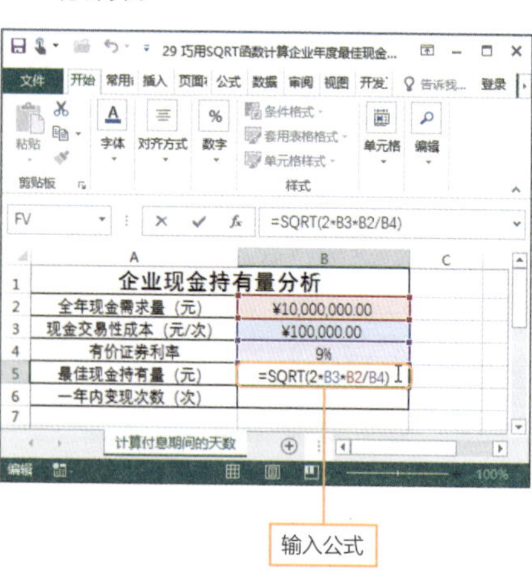

② 然后选中B6单元格，输入公式“=B2/B5”，按Enter键计算一年内变现次数。

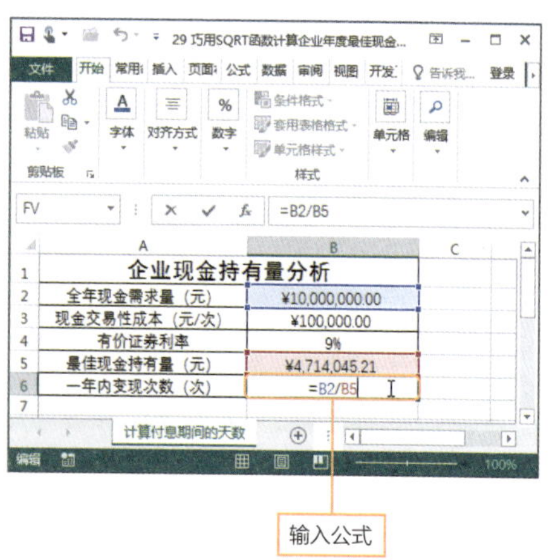

③ 查看计算结果，可以看到最佳现金持有量为4714045.21元，一年变现次数为2次。

A	B
企业现金持有量分析	
全年现金需求量（元）	¥10,000,000.00
现金交易性成本（元/次）	¥100,000.00
有价证券利率	9%
最佳现金持有量（元）	¥4,714,045.21
一年内变现次数（次）	2

Hint

函数解析

SQRT函数用于返回指定数值的平方根，其语法结构为：

SQRT(number)

number为要计算平方根的数，如果参数number为负值，函数SQRT返回错误值#Num!。

Question

166

● Level

◆◆◆

2016 2013 2010

计算借款的年利率有妙招

实例　巧用RATE函数计算年利率

某公司向银行借款1000000元，3年内还清，需每年还400000元，现在财务人员需要计算出年利率。

1. 打开工作表，选中B5单元格，打开“插入函数”对话框，选择RATE函数。

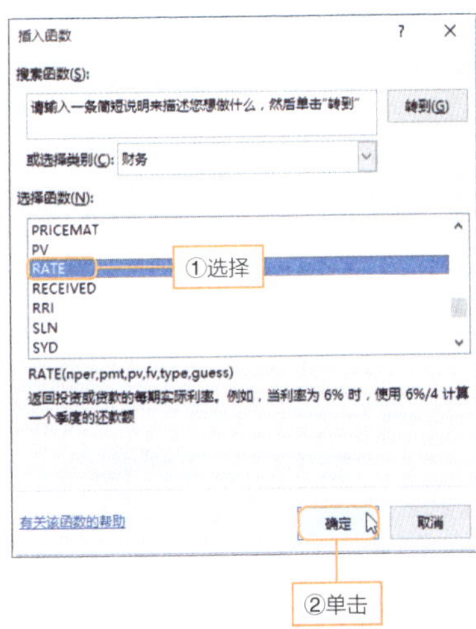

2. 打开“函数参数”对话框，设置各参数后，单击“确定”按钮。

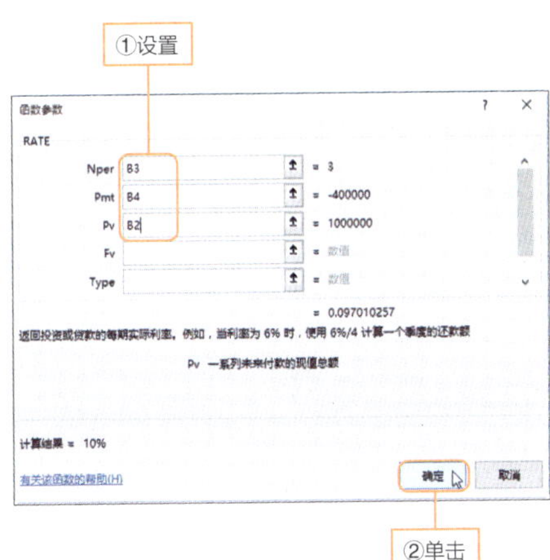

3. 返回工作表，查看在B5单元格中显示计算年利率的结果。

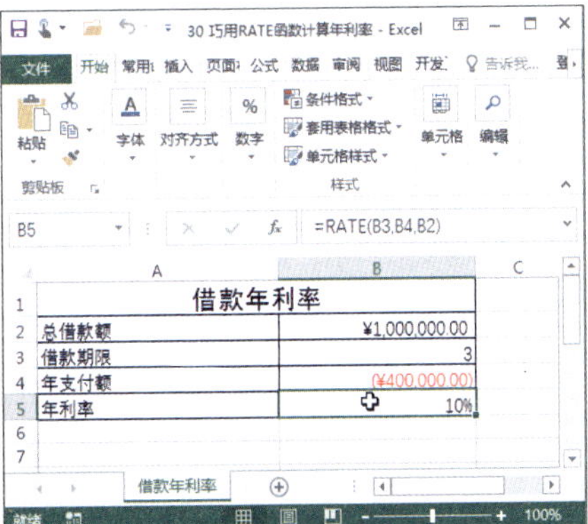

Hint

函数解析

RATE函数用于返回未来款项的各期利率，其语法结构为：

RATE(nper,pmt,pv,fv,type,guess)

nper为总投资或贷款期；pmt是各期得到或应付的金额；pv未来付款当前值的累积和；fv是未来值；type是数字0或1，0为期末1为期初；guess为预期率。

Question 167

● Level

◆◆◆

2016 2013 2010

快速计算债券的年利率

语音视频教学167

实例 巧用EFFECT函数计算有效的年利率

某债券的名义利率为8%，每年的复利期数为20，计算债券的实际有效年利率。

① 根据案例相关信息创建数据模型，并选中B4单元格。

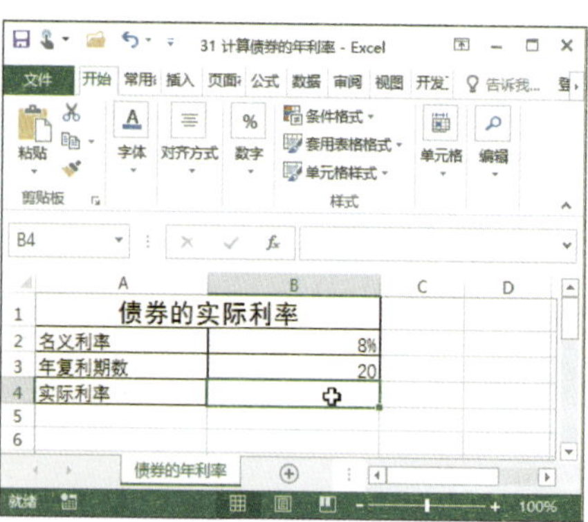

创建数据模型

② 然后输入计算实际利率计算公式"=EFFECT(B2,B3)"，按Enter键执行计算。

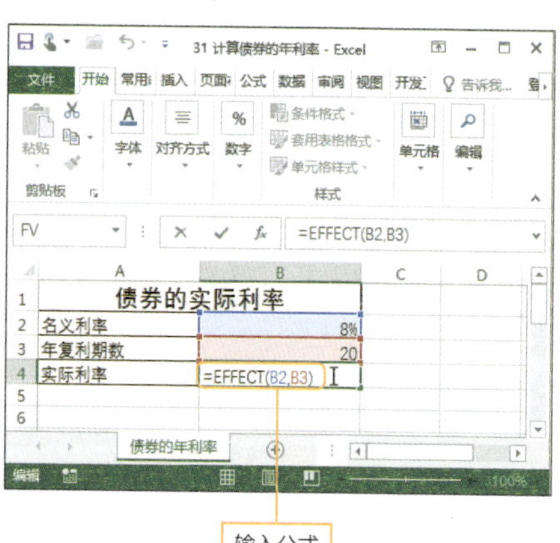

输入公式

③ 返回工作表，在B4单元格中计算出实际有效利率的结果。

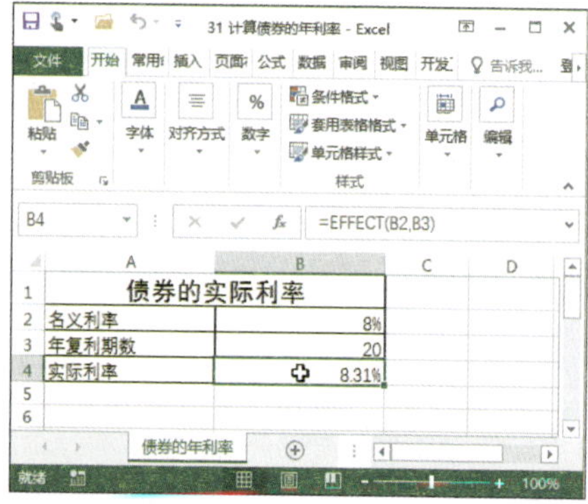

查看计算结果

Hint

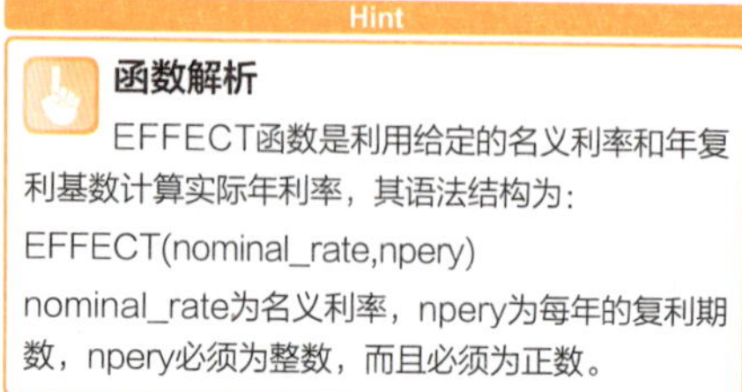

函数解析

EFFECT函数是利用给定的名义利率和年复利基数计算实际年利率，其语法结构为：

EFFECT(nominal_rate,npery)

nominal_rate为名义利率，npery为每年的复利期数，npery必须为整数，而且必须为正数。

巧用IPMT函数计算投资利息偿还额

Level

2016 2013 2010

实例 计算贷款的第一个月利息和最后一年利息

某公司向银行贷款1000000元，按年利率为9%计息，3年内还清贷款，使用函数计算利息。

1. 打开工作表，选中B5单元格，输入公式"=IPMT(B2/12,B3*3,B4,B1)"，按Enter键执行计算。

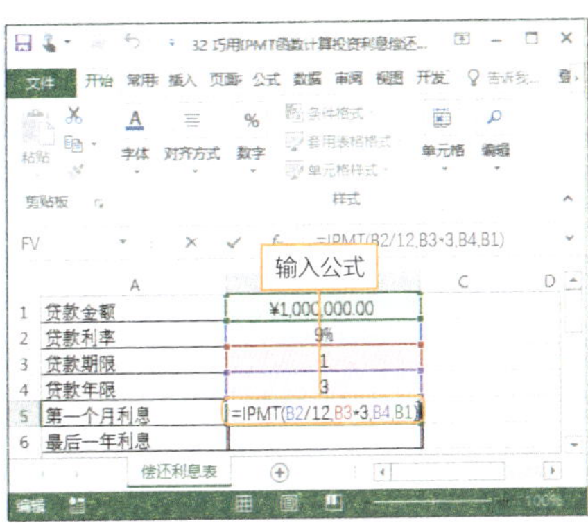

2. 选中B6单元格，然后输入公式"=IPMT(B2,3,B4,B1)"，按Enter键执行计算。

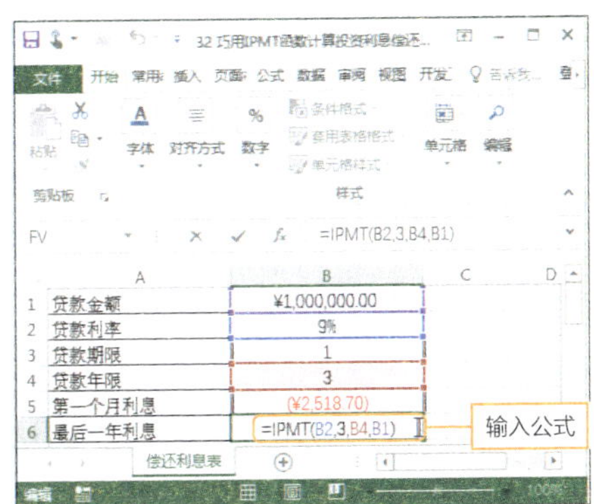

3. 返回工作表，查看计算第一个月和最后一年利息的结果。

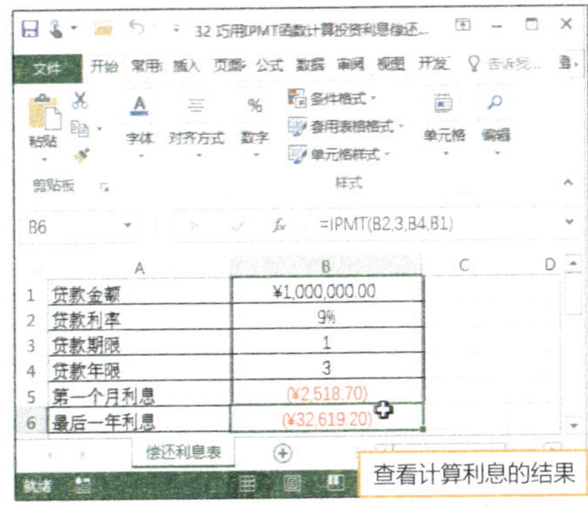

Hint

函数解析

IPMT函数是基于固定利率及等额分期付款方式，返回给定期数内对投资的利息偿还额，其语法结构为：

IPMT(rate,per,nper,pv,fv,type)

rate为各期利率，per为计算其利息数额的期数，nper为总投资期，pv为现值，fv为未来值，type为数字0或1，0为期末1为期初。

Question

169

● Level ◆◆◆

2016 2013 2010

巧用CUMIPMT函数计算贷款的利息

实例 使用函数计算第一个月利息和第二年利息

某公司为了扩大规模向银行贷款1000000元，按9%的年贷款利率计息，4年内还清。

1 打开工作表，选中B4单元格，输入公式“=CUMIPMT(B2/12,B3*12,B1,1,1,0)”。

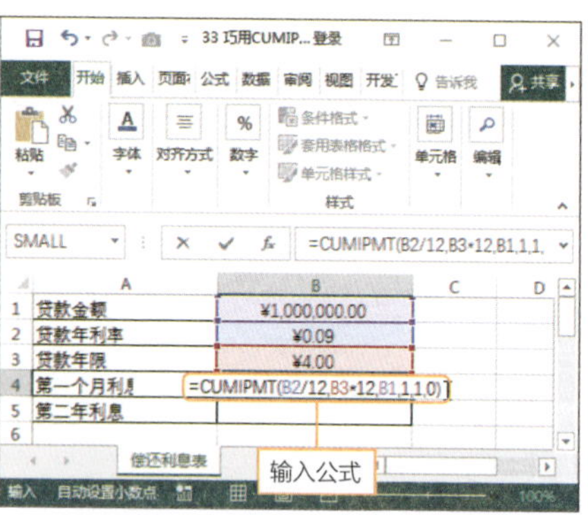

2 选中B5单元格，然后输入公式“=CUMIPMT(B2/12,B3*12,B1,13,24,0)”。

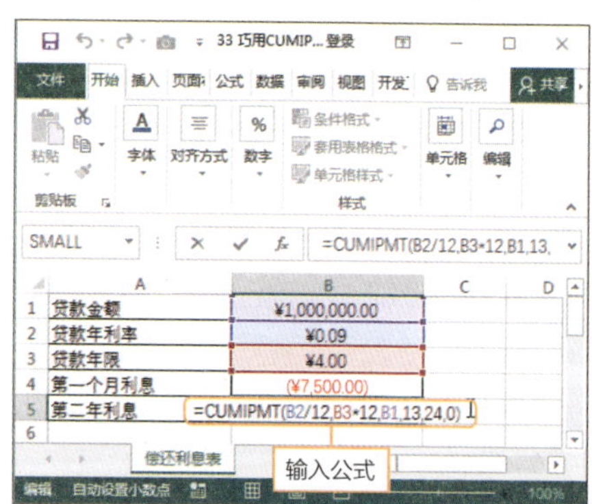

3 返回工作表，查看计算第一个月和第二年总利息的结果。

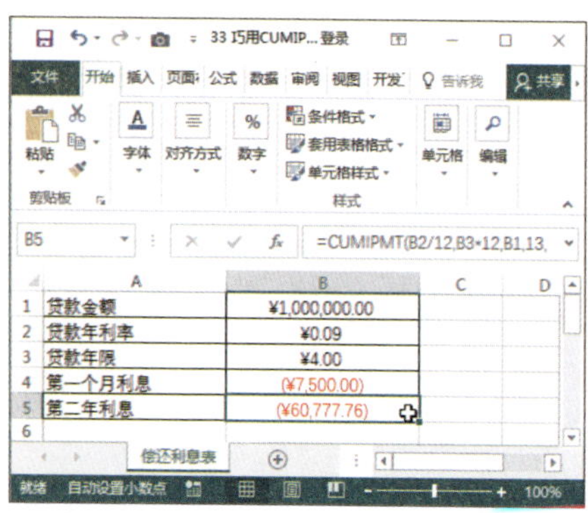

Hint

函数解析

CUMIPMT函数用于返回贷款金额在期初至期末期间累计偿还的总利息，其语法结构为：

CUMIPMT(rate,nper,pv,start_period,end_period,type)

rate为利率，nper为总贷款期数，pv为现值，start_period为计算中的首期，end_period为计算中的末期，type为数字0或1，0为期末1为期初。

170 利用数组公式快速计算员工的总工资

Level ◆◆◆

2016 2013 2010

实例 利用数组公式进行多项计算

应用数组公式可以同时计算出多个结果，公式输入完成后，必须按Ctrl+Shift+Enter组合键完成数组公式的计算。

例：下面应用数组公式计算每个员工的应发工资，以及应发总工资。

1 打开工作表，选中G2:G17单元格区域，然后输入“=D2:D17+E2:E17+F2:F17”公式。

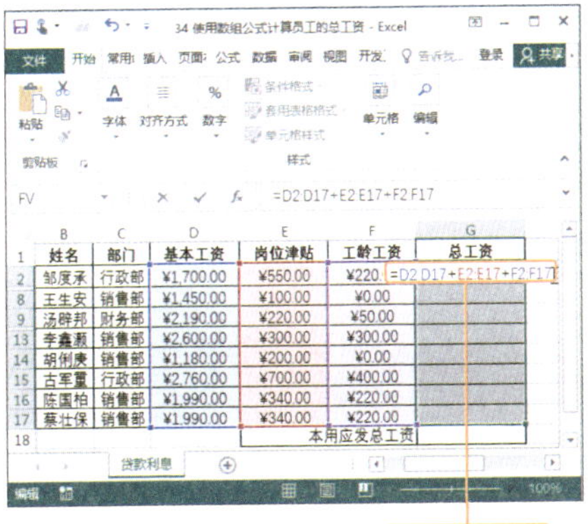

	B	C	D	E	F	G
1	姓名	部门	基本工资	岗位津贴	工龄工资	总工资
2	邹度承	行政部	¥1,700.00	¥550.00	¥220.00	=D2:D17+E2:E17+F2:F17
8	王生安	销售部	¥1,450.00	¥100.00	¥0.00	
9	汤辟邦	财务部	¥2,190.00	¥220.00	¥50.00	
13	李鑫瀬	销售部	¥2,600.00	¥300.00	¥300.00	
14	胡例庚	销售部	¥1,180.00	¥200.00	¥0.00	
15	古军董	行政部	¥2,760.00	¥700.00	¥400.00	
16	陈国柏	销售部	¥1,990.00	¥340.00	¥220.00	
17	蔡壮保	销售部	¥1,990.00	¥340.00	¥220.00	
18				本用应发总工资		

输入数组公式

2 按Ctrl+Shift+Enter组合键执行计算，在编辑栏中可见公式用{}括起来。

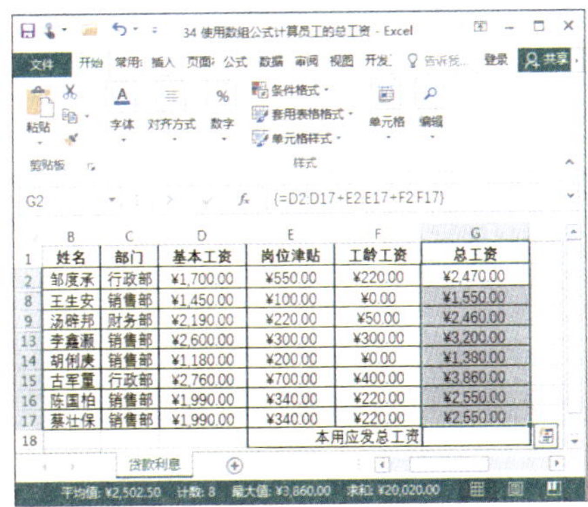

	B	C	D	E	F	G
1	姓名	部门	基本工资	岗位津贴	工龄工资	总工资
2	邹度承	行政部	¥1,700.00	¥550.00	¥220.00	¥2,470.00
8	王生安	销售部	¥1,450.00	¥100.00	¥0.00	¥1,550.00
9	汤辟邦	财务部	¥2,190.00	¥220.00	¥50.00	¥2,460.00
13	李鑫瀬	销售部	¥2,600.00	¥300.00	¥300.00	¥3,200.00
14	胡例庚	销售部	¥1,180.00	¥200.00	¥0.00	¥1,380.00
15	古军董	行政部	¥2,760.00	¥700.00	¥400.00	¥3,860.00
16	陈国柏	销售部	¥1,990.00	¥340.00	¥220.00	¥2,550.00
17	蔡壮保	销售部	¥1,990.00	¥340.00	¥220.00	¥2,550.00
18				本用应发总工资		

查看使用数组公式计算结果

3 在G18单元格中输入公式“=SUM(D2:D17,E2:E17,F2:F17)”，按Ctrl+Shift+Enter组合键执行计算。

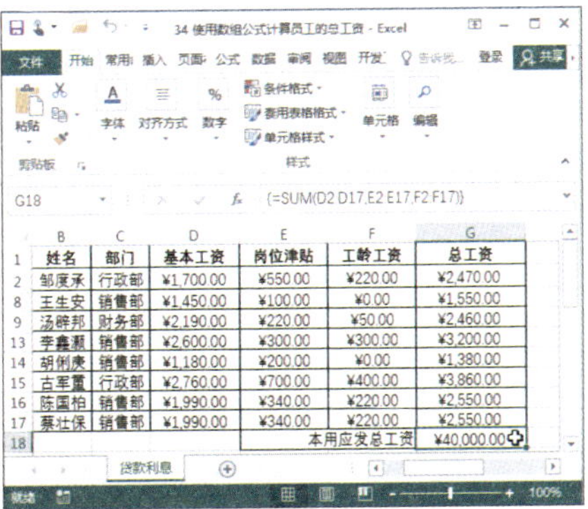

	B	C	D	E	F	G
1	姓名	部门	基本工资	岗位津贴	工龄工资	总工资
2	邹度承	行政部	¥1,700.00	¥550.00	¥220.00	¥2,470.00
8	王生安	销售部	¥1,450.00	¥100.00	¥0.00	¥1,550.00
9	汤辟邦	财务部	¥2,190.00	¥220.00	¥50.00	¥2,460.00
13	李鑫瀬	销售部	¥2,600.00	¥300.00	¥300.00	¥3,200.00
14	胡例庚	销售部	¥1,180.00	¥200.00	¥0.00	¥1,380.00
15	古军董	行政部	¥2,760.00	¥700.00	¥400.00	¥3,860.00
16	陈国柏	销售部	¥1,990.00	¥340.00	¥220.00	¥2,550.00
17	蔡壮保	销售部	¥1,990.00	¥340.00	¥220.00	¥2,550.00
18				本用应发总工资		¥40,000.00

查看计算结果

Hint

使用数组公式的注意事项

在使用数组公式时必须按Ctrl+Shift+Enter组合键确认输入公式，若按Enter键则有可能得到错误的结果。数组公式执行计算后，Excel将自动用大括号{}将公式括起来，如果用户在输入公式时，手动输入大括号，则公式会转换为文本字符串，不能返回公式的结果。

Question

171

Level ◆◆◆

2016 2013 2010

利用数组公式计算各产品不同折扣的销售额

实例 不同方向一维数组和同方向二维数组间的运算

使用数组公式计算数据时，不仅同方向的数组可以运算，不同方向的数组也可以运算，而且二维数组之间也可以运算，下面介绍具体的操作方法。

① 选中G3:H15单元格区域，输入“=D3:D15*G2:H2”公式，计算商品不同折扣的单价。

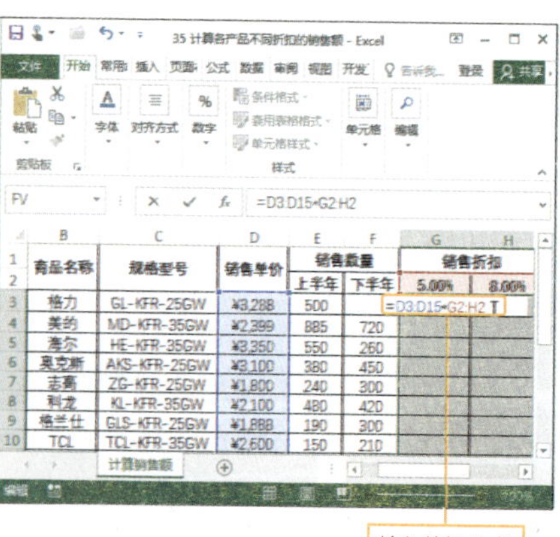

② 选中I3:J15单元格区域，输入计算销售额的公式“=E3:F15*G3:H15”。

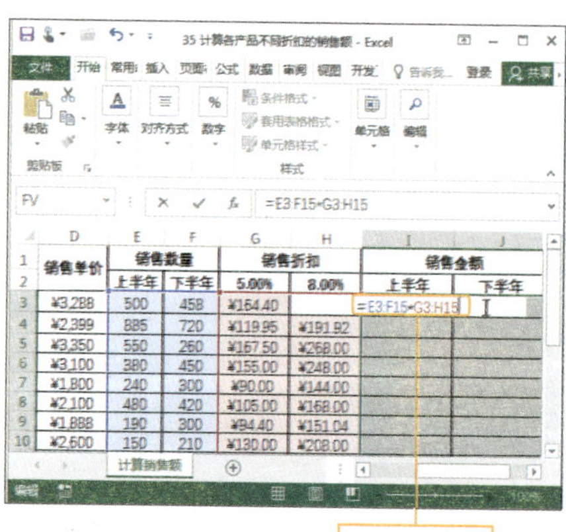

③ 按Ctrl+Shift+Enter组合键，查看商品在不同折扣下的销售金额。

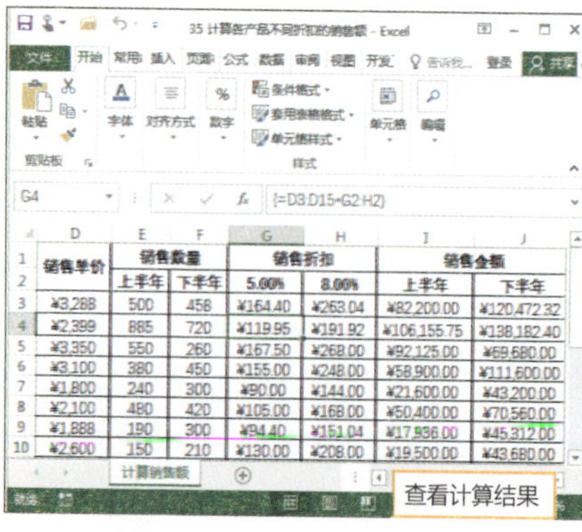

Hint

数组公式的更改

若要编辑或清除数组公式，首先选择整个数组公式，然后在编辑栏中修改公式，最后按Ctrl+Shift+Enter组合键即可。若需要清除数组公式，则选中数组公式后按Delete键即可。无论是编辑或清除数组公式，都不可以对部分数组公式进行操作，否则Excel将会弹出提示对话框，提示不能更改部分数组。

Question 172

利用数组公式对满足条件的数据进行汇总

● Level ◆◆◆

2016 2013 2010

实例　数组公式结合SUMPRODUCT函数进行求和

数组公式和普通公式一样，都可结合函数使用。本案例使用数组公式结合SUMPRODUCT函数分别计算出男员工和女员工总考核成绩满足指定条件的总和。

1 打开工作表，选择I2单元格，输入公式“=SUMPRODUCT((C2:C26="男")*(H2:H26>300)*H2:H26)”，按Ctrl+Shift+Enter组合键。

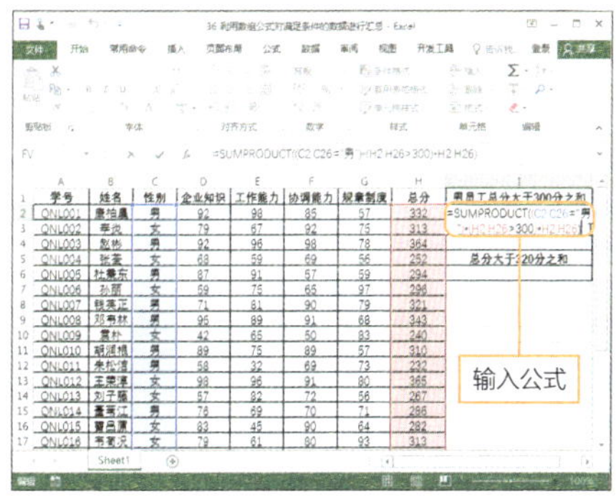

2 选中I4单元格，输入公式“=SUMPRODUCT((C2:C26="女")*(H2:H26>300)*H2:H26)”，按Ctrl+Shift+Enter组合键。

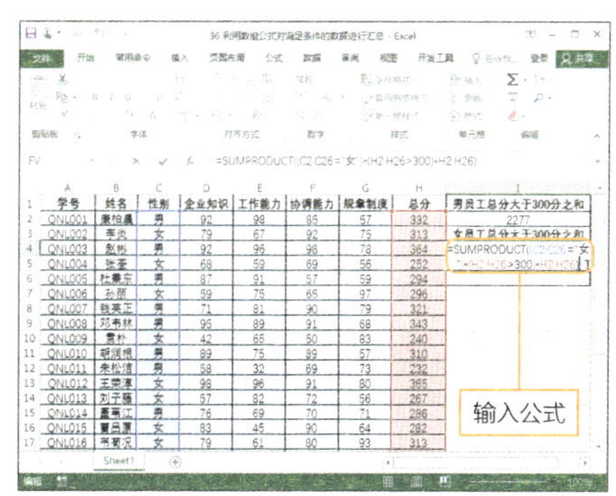

3 选中I6单元格，输入计算总分大于320的公式“=SUM(IF(((C2:C26="男")+(C2:C26="女"))*(H2:H26>320)*H2:H26,H2:H26))”。

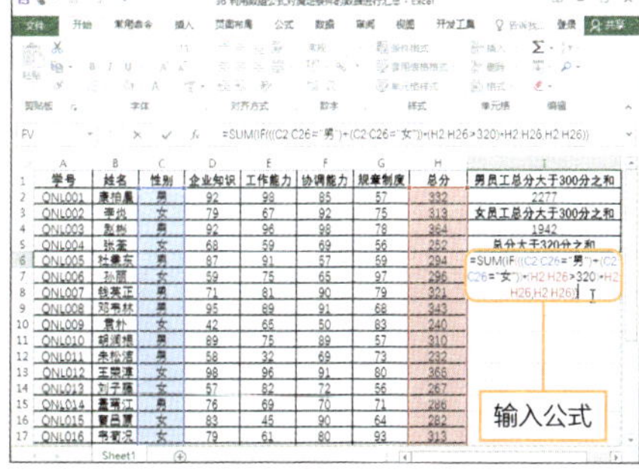

4 按Ctrl+Shift+Enter组合键执行计算，查看计算结果。

查看计算结果

第6章 173~198

Excel在固定资产管理中的应用技巧

- 编制固定资产表
- 准确记录固定资产的增加
- 快速记录固定资产的减少
- 快速查看1月份入账的资产信息
- 使用自定义筛选功能对固定资产进行查询
- 编制固定资产自动查询表
- 创建固定资产折旧表

Question

173

● Level

2016 2013 2010

编制固定资产表

语音视频教学173

实例 快速制作完美的固定资产表

固定资产是企业长期使用的财产，它的种类和数量都不相同也不固定，所以企业要对固定资产进行系统的管理，需要制作能够完整显示固定资产信息的表格。下面介绍编制企业固定资产表的方法。

最终效果

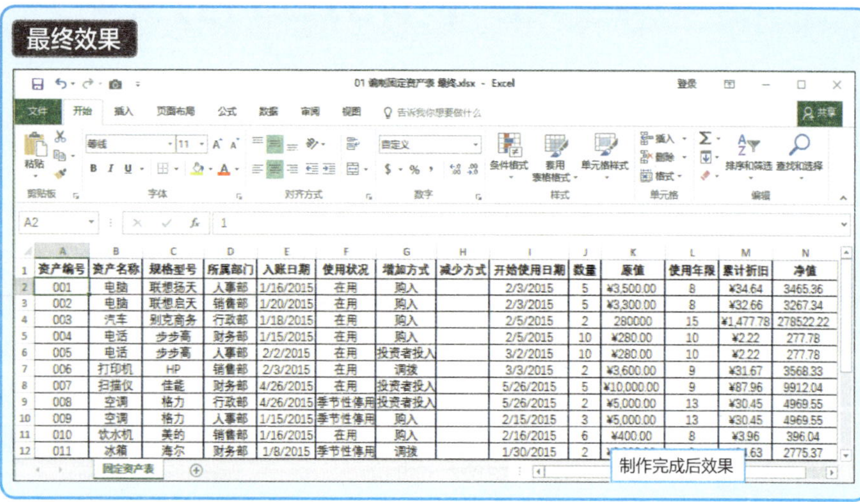

资产编号	资产名称	规格型号	所属部门	入账日期	使用状况	增加方式	减少方式	开始使用日期	数量	原值	使用年限	累计折旧	净值
001	电脑	联想扬天	人事部	1/16/2015	在用	购入		2/3/2015	5	¥3,500.00	8	¥34.64	3465.36
002	电脑	联想启天	销售部	1/20/2015	在用	购入		2/3/2015	5	¥3,300.00	8	¥32.66	3267.34
003	汽车	别克商务	行政部	1/18/2015	在用	购入		2/5/2015	2	280000	15	¥1,477.78	278522.22
004	电话	步步高	财务部	1/15/2015	在用	购入		2/5/2015	10	¥280.00	10	¥2.22	277.78
005	电话	步步高	人事部	2/2/2015	在用	投资者投入		3/2/2015	10	¥280.00	10	¥2.22	277.78
006	打印机	HP	销售部	2/3/2015	在用	调拨		3/3/2015	2	¥3,600.00	9	¥31.67	3568.33
007	扫描仪	佳能	财务部	4/26/2015	在用	投资者投入		5/26/2015	5	¥10,000.00	9	¥87.96	9912.04
008	空调	格力	行政部	4/26/2015	季节性停用	投资者投入		5/26/2015	2	¥5,000.00	13	¥30.45	4969.55
009	空调	格力	人事部	1/15/2015	季节性停用	购入		2/15/2015	3	¥5,000.00	13	¥30.45	4969.55
010	饮水机	美的	销售部	1/16/2015	在用	购入		2/16/2015	6	¥400.00	8	¥3.96	396.04
011	冰箱	海尔	财务部	1/8/2015	季节性停用	调拨		1/30/2015	2	[illegible]	[illegible]	[illegible]	2775.37

1. 打开新工作表，制作固定资产表的表头后，选中工作表标签并右击，选择“重命名”命令。

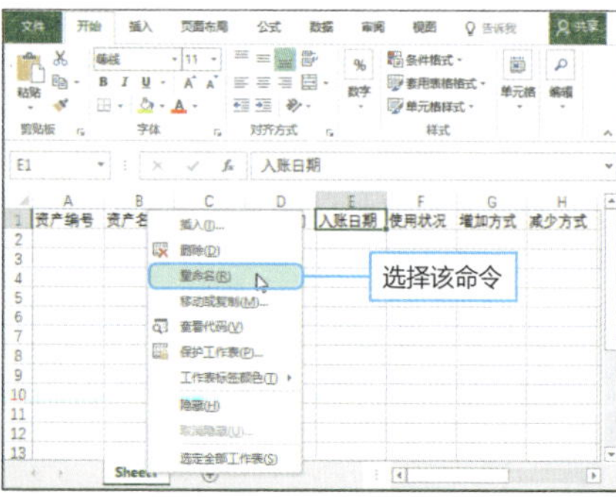

2. 此时工作表标签为可编辑状态，然后输入“固定资产表”文本，按Enter键即可。

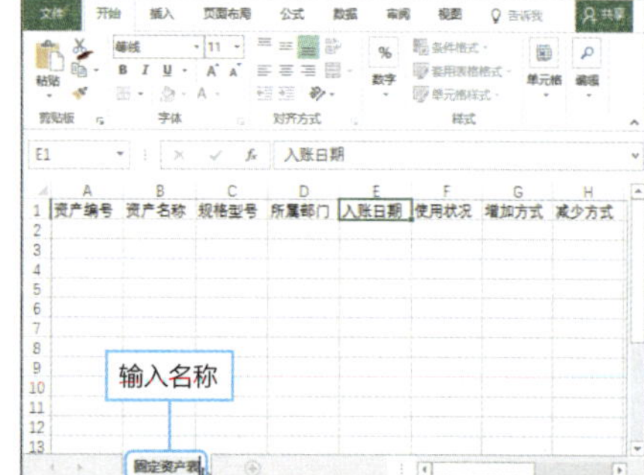

3 选中A1:N1单元格区域，切换至“开始”选项卡，单击“单元格”选项组中“格式”下三角按钮，选择“自动调整列宽”选项。

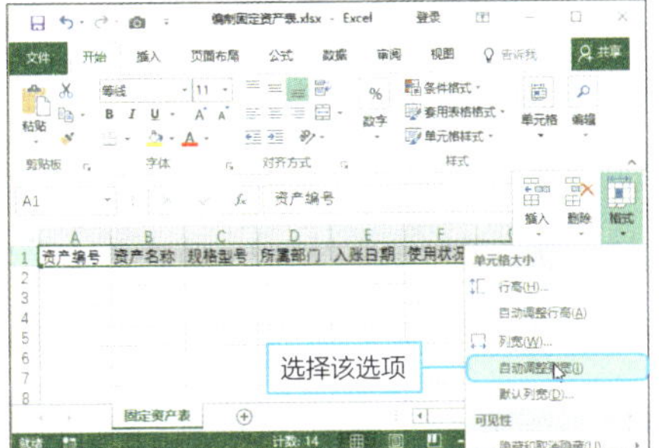

4 选中A1:N16单元格区域，在“开始”选项卡下，单击“边框”下三角按钮，在下拉列表中选择“所有框线”选项。

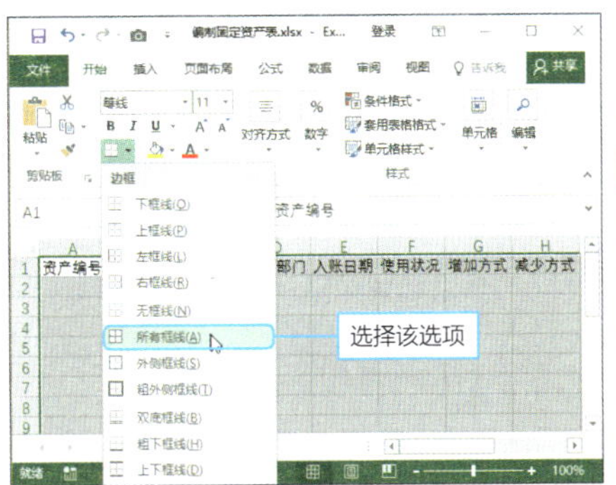

5 选中A1:N1单元格区域，在“字体”选项组中设置文本的字体为加粗，字号为12。

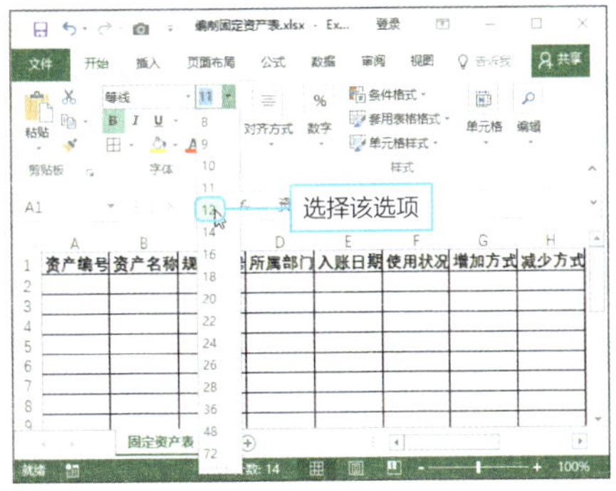

6 选中A2:A16单元格区域，按Ctrl+1组合键，打开“设置单元格格式”对话框，对数字格式进行设置。

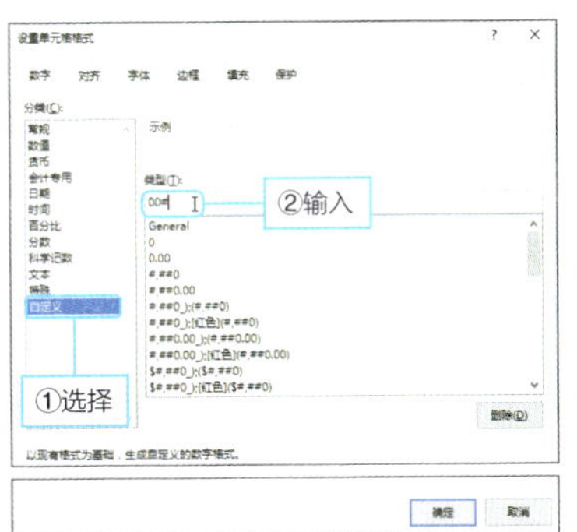

7 在表格中输入固定资产编号、名称和规格型号等相关信息。

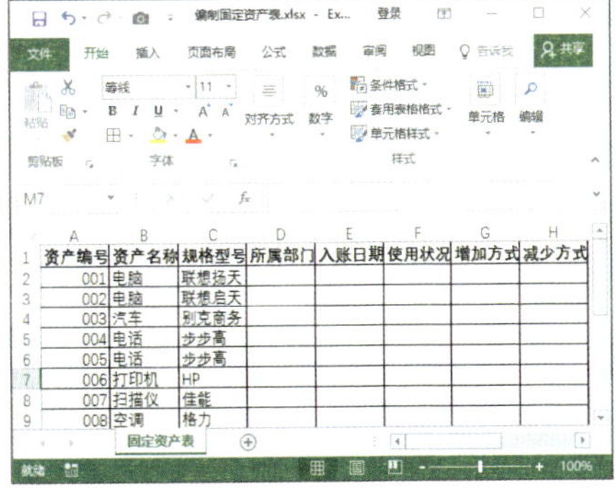

8 选中D2:D16单元格区域，单击“数据”选项卡中的“数据验证”按钮。

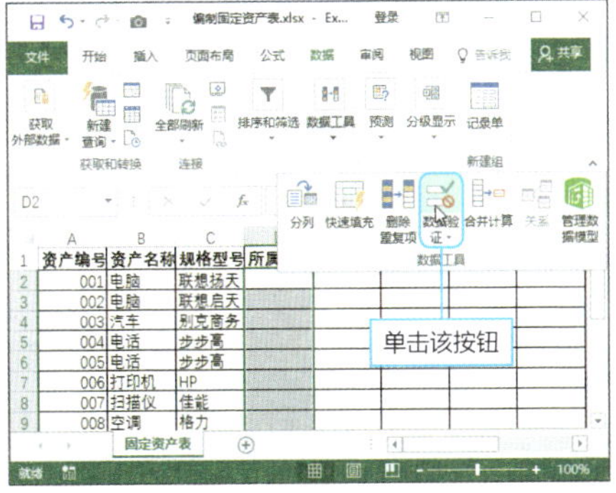

9 弹出“数据验证”对话框，对验证条件进行设置后，单击“确定”按钮。

10 选中需要输入部门的单元格右侧下三角按钮，选择部门名称。

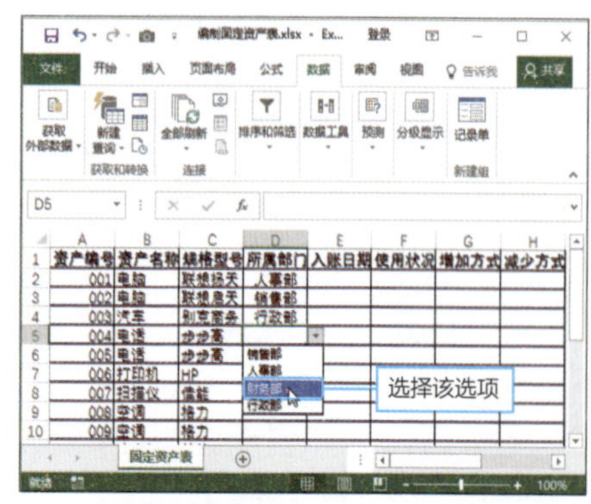

11 选中F2:F16单元格，打开“数据验证”对话框，对验证条件进行设置后，单击“确定”按钮。

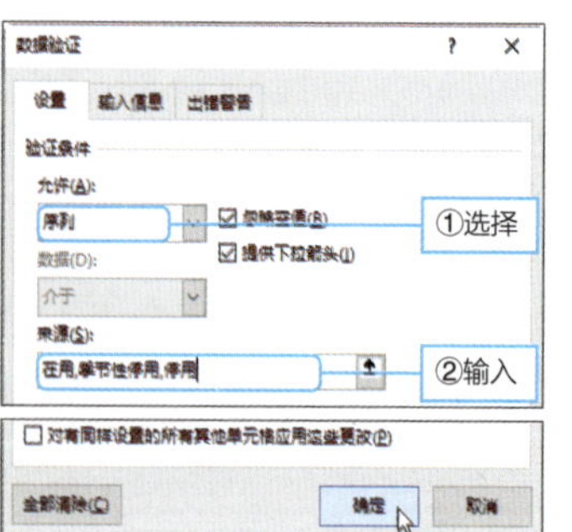

12 切换至“出错警告”选项卡，设置出错时的提示信息后，单击“确定”按钮。

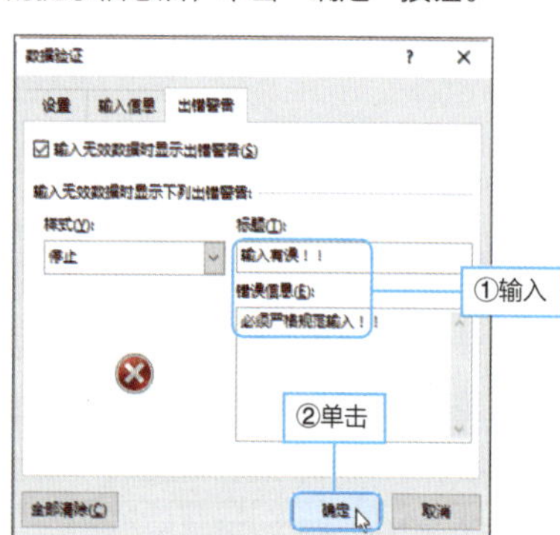

13 选中E2:E16和I2:I16单元格区域，打开“设置单元格格式”对话框，设置时间格式。

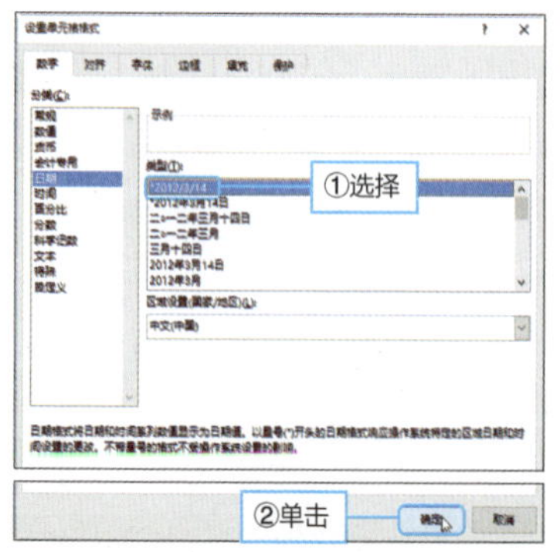

14 在“开始”选项卡下设置“原值”和“净值”区域的货币格式，然后输入相关信息。

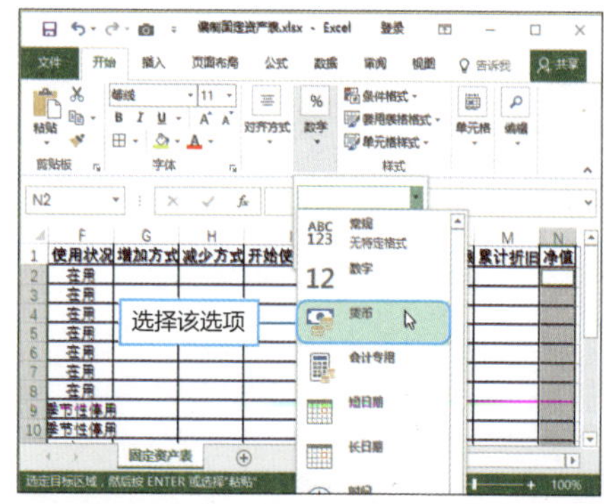

Question 174

准确记录固定资产的增加

语音视频教学174

Level ◆◆◆

2016 2013 2010

实例 使用"记录单"记录增加的固定资产

在管理固定资产时，企业会不断增加新的固定资产，用户可以直接在固定资产表中录入相关信息，也可以通过记录单功能来增加，更准确无误。例：企业于2016年12月3日购入HP打印机一台，用记录单增加。

1. 打开工作表，选中表格内任意单元格，单击"数据"选项卡中"记录单"按钮。

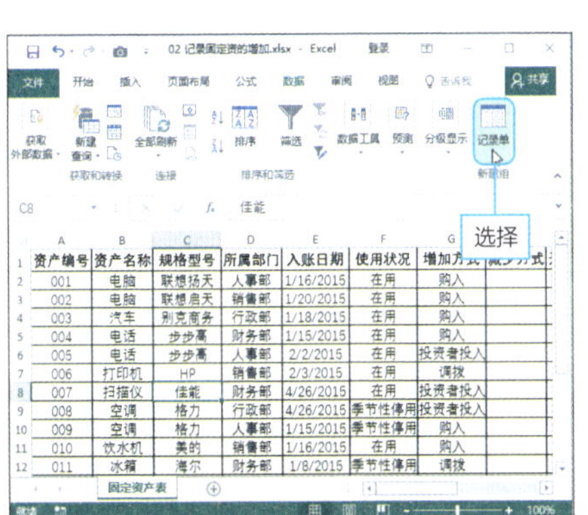

2. 打开"固定资产表"对话框，单击"新建"按钮。

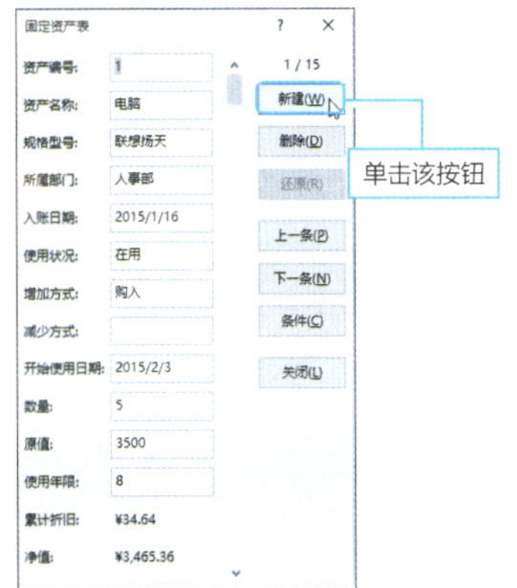

3. 弹出空白记录单，然后输入新增固定资产的相关信息，单击"关闭"按钮即可。

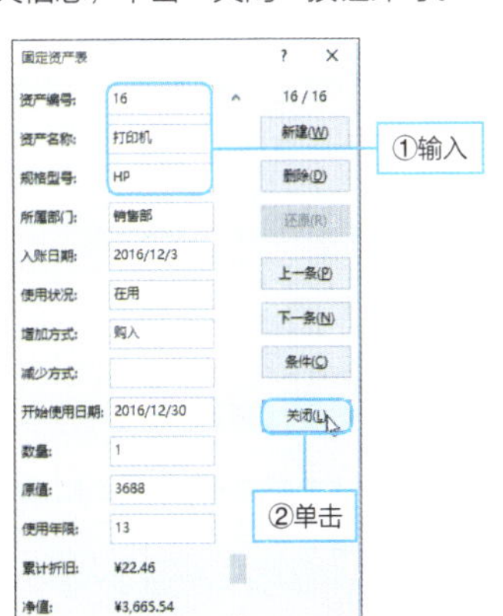

Hint

添加记录单工具

打开工作表，执行"文件>选项"操作，打开"Excel选项"对话框，选择"自定义功能区"选项面板，单击"新建组"按钮，并重命名，在"从下列位置选择命令"列表中选择"不在功能区中的命令"选项，选择"记录单"工具选项，单击"添加"按钮，然后单击"确定"按钮，即可添加记录单工具。

Question

175 快速记录固定资产的减少

语音视频
教学175

• Level ◆◆◆

2016 2013 2010

实例 通过筛选功能查找减少的固定资产记录

固定资产由于年限到期或损坏等原因无法使用时，需要对固定资产进行处理，并在固定资产表中注明原因。例如，固定资产编号为003的别克车报废了，在固定资产表中减少此固定资产。

1 打开工作表，选中表内任意单元格，单击“数据”选项卡下“筛选”按钮。

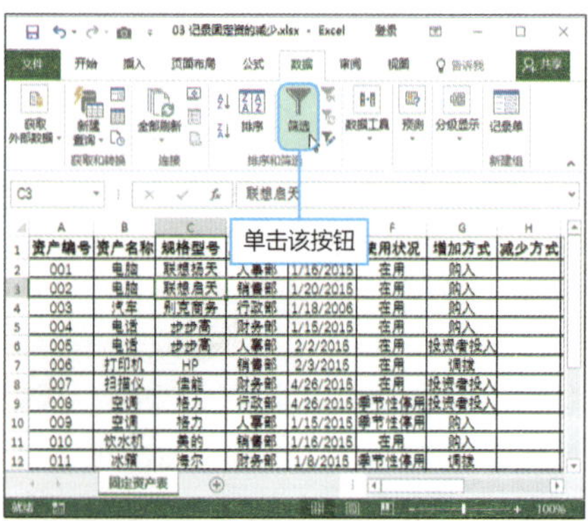

2 单击“资产编号”筛选按钮，勾选003复选框，单击“确定”按钮。

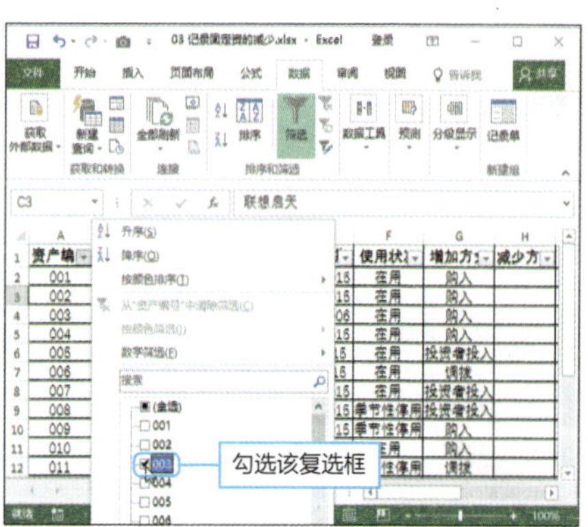

3 筛选出编号003记录，在减少方式列表中选择“报废”选项。

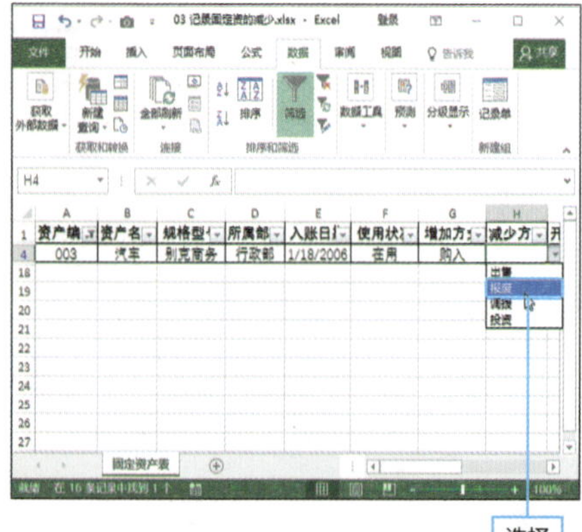

4 设置“使用状况”为“停用”后，退出筛选模式即可。

查看减少后效果

Question

176

快速查看1月份入账的资产信息

● Level

◆◆◆

2016 2013 2010

实例 使用日期筛选功能查看资产信息

如果用户需要查看固定资产表中部分内容时，可使用之前学过的知识，合理使用筛选功能筛选出指定的资产信息。

例：在固定资产表中，筛选出所有1月份入账的固定资产。

1 打开工作表，选中表内任意单元格，单击“数据”选项卡下“筛选”按钮。

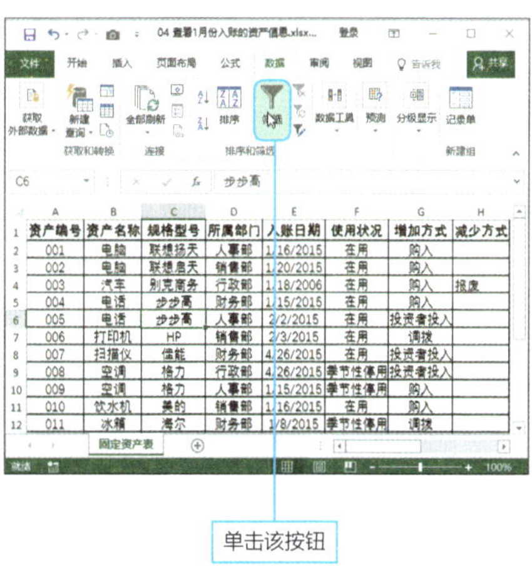

单击该按钮

2 单击“入账日期”筛选按钮，在列表中选择“日期筛选>期间所有日期>一月”选项。

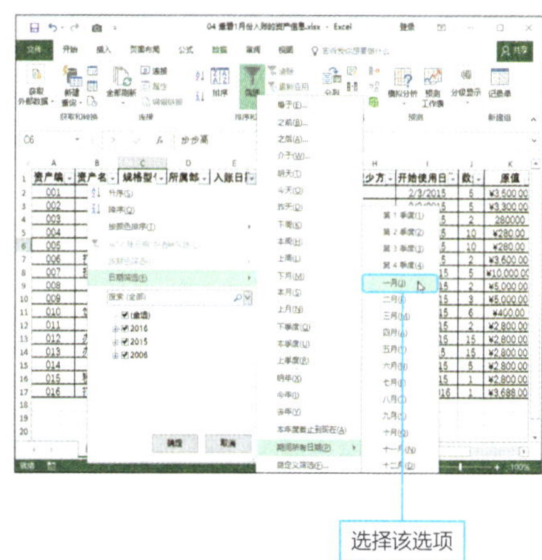

选择该选项

3 即可筛选出所有1月份入账固定资产的记录。

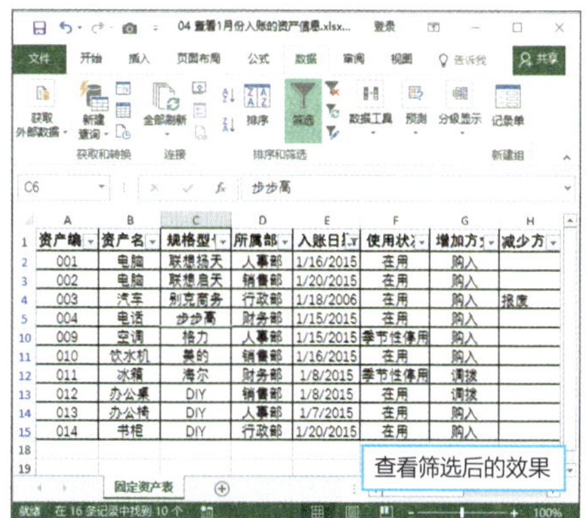

Hint

筛选出指定日期范围的信息

打开工作表，进入筛选模式，单击“入账日期”筛选按钮，在列表中选择“日期筛选>介于”选项，打开“自定义自动筛选方式”对话框，在该对话框中设置日期范围，然后单击“确定”按钮。

Question

177

● Level

◆◆◆

2016 2013 2010

使用自定义筛选功能对固定资产进行查询

实例 筛选出原值大于3000的固定资产记录

在管理固定资产时，经常需要查看某种条件下的固定资产记录，此时我们可以使用自定义筛选功能，筛选出符合条件的记录。也可以使用自定义筛选功能，设置自己想要查看的记录。

1 打开工作表，隐藏E:J列，然后单击“数据”选项卡中“筛选”按钮。

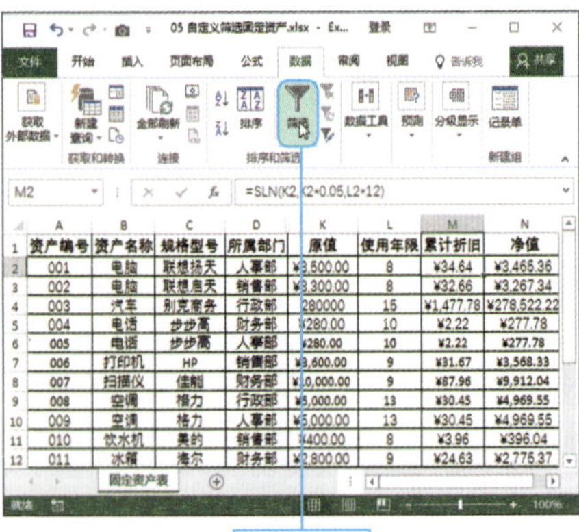

2 单击“原值”筛选按钮，选择“数字筛选>大于或等于”选项。

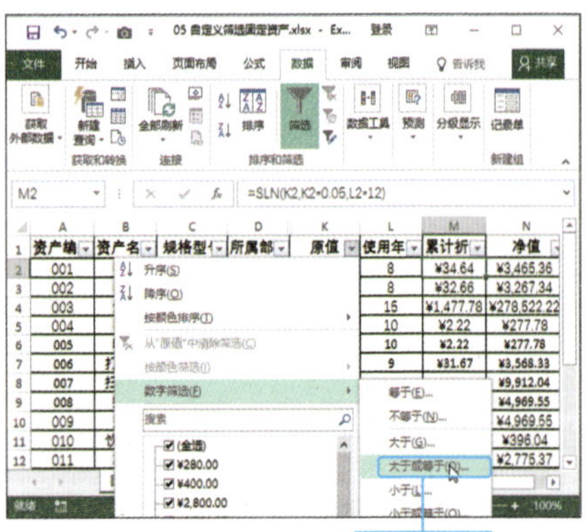

3 弹出“自定义自动筛选方式”对话框，在“大于或等于”右侧的数值框中输入3000，然后单击“确定”按钮。

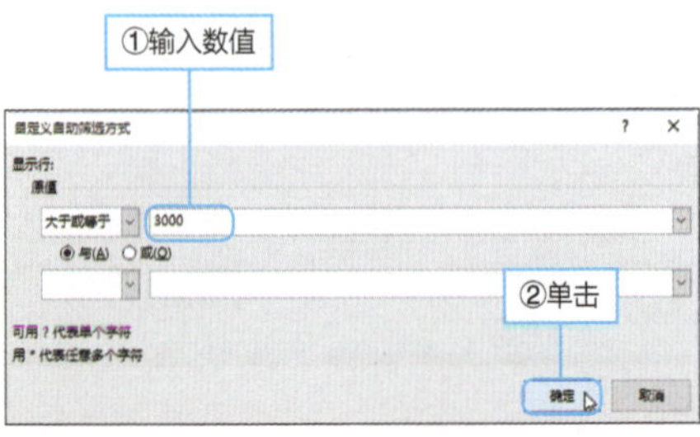

4 返回工作表，可见筛选出所有原值大于3000的固定资产信息。

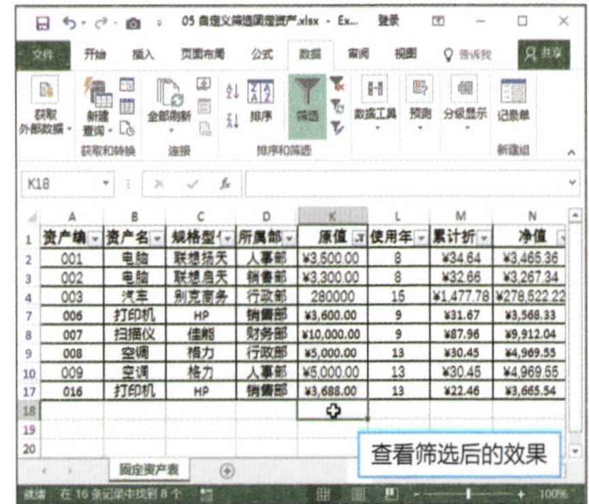

Question 178

编制固定资产自动查询表

Level ◆◆◆

2016 2013 2010

实例 根据固定资产表快速制作自动查询表

查询固定资产信息的方法很多，下面我们介绍根据固定资产编号自动查询固定资产信息的方法。

例：在新工作表中编制固定资产自动查询表并设置自动查询功能。

1 打开新工作表，根据固定资产表制作固定资产自动查询表基本框架。

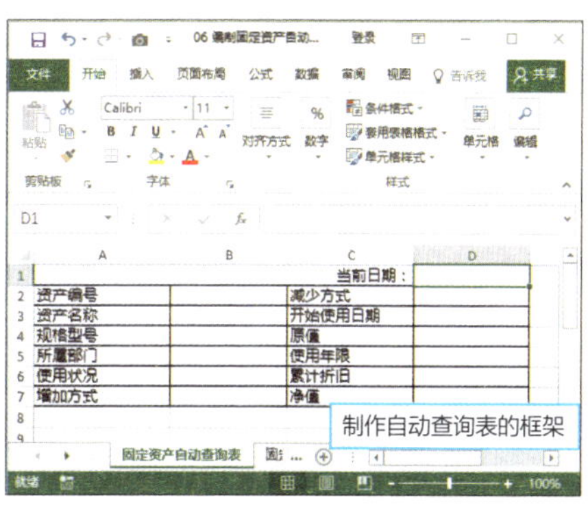

2 选中B2单元格，按下Ctrl+1组合键，打开“设置单元格格式”对话框并进行设置。

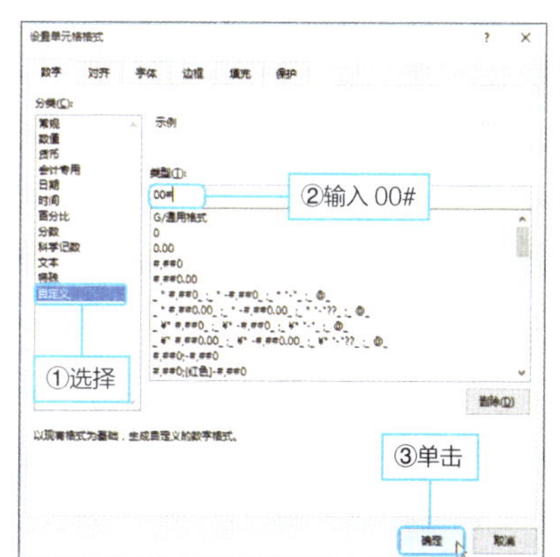

3 选中D3单元格，按下Ctrl+1组合键，打开“设置单元格格式”对话框并进行设置。

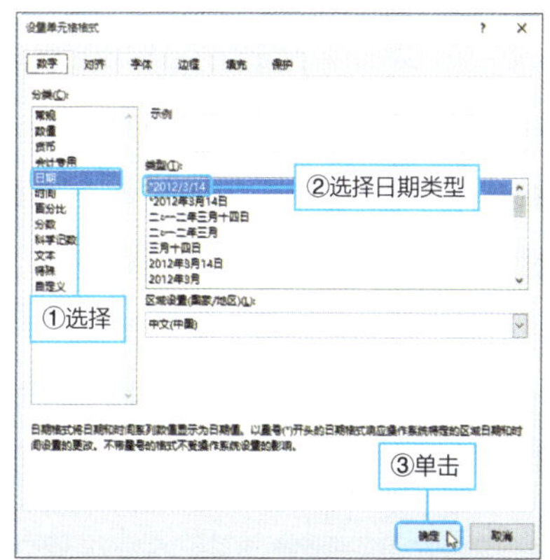

4 选中D1单元格，输入“=TODAY()”公式，按Enter键，计算当前的日期。

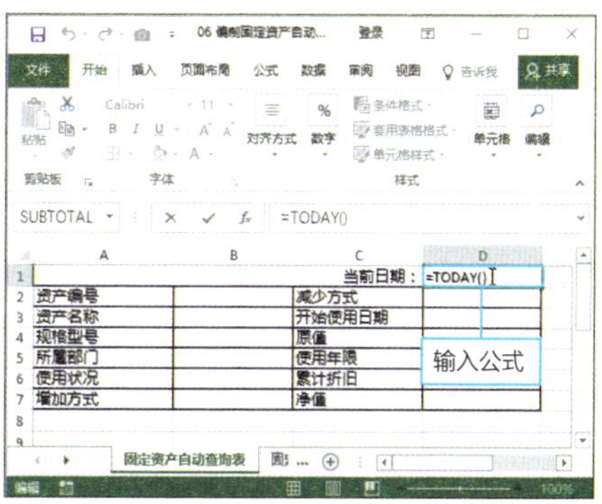

5 选中B3单元格，输入公式“=INDEX(固定资产表!$B$2:$B$17,MATCH($B$2,固定资产表!$A$2:$A$17,0))”，按Enter键执行计算。

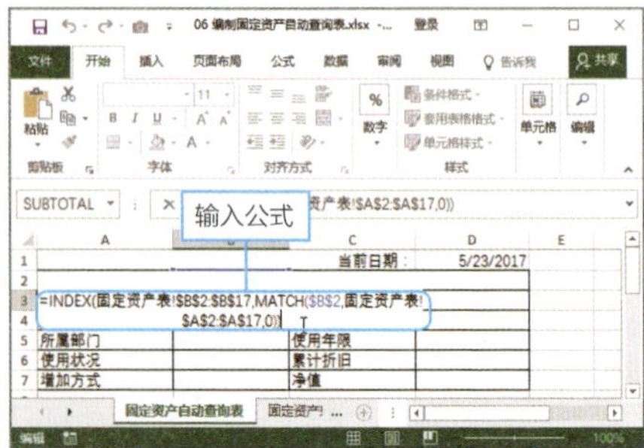

6 选中B4单元格，输入公式“=INDEX(固定资产表!$C$2:$C$17,MATCH($B$2,固定资产表!$A$2:$A$17,0))”，按Enter键执行计算。

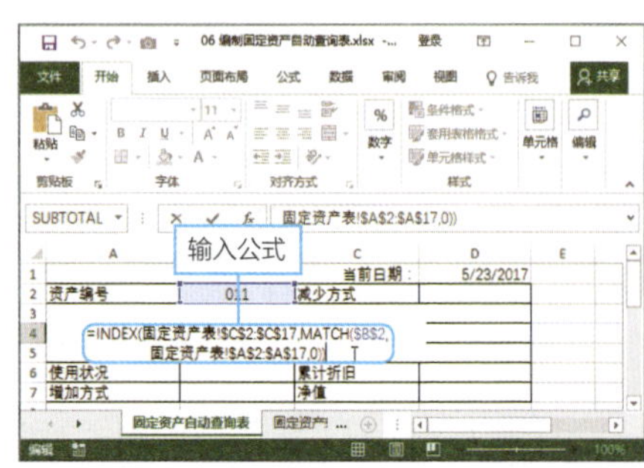

7 选中B5单元格，输入公式“=INDEX(固定资产表!$D$2:$D$17,MATCH($B$2,固定资产表!$A$2:$A$17,0))”，按Enter键执行计算。

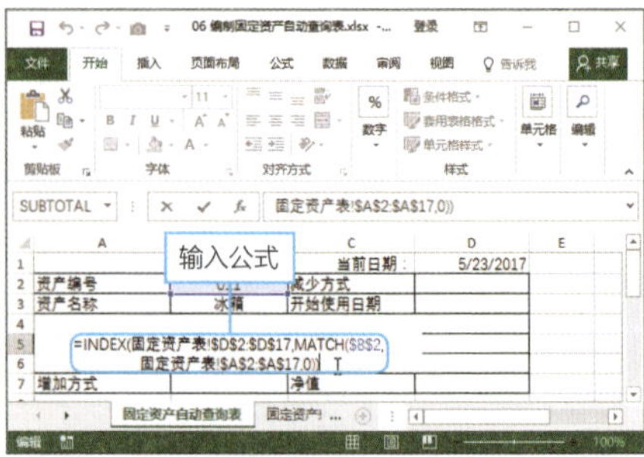

8 选中B6单元格，输入公式“=INDEX(固定资产表!$F$2:$F$17,MATCH($B$2,固定资产表!$A$2:$A$17,0))”，按Enter键执行计算。

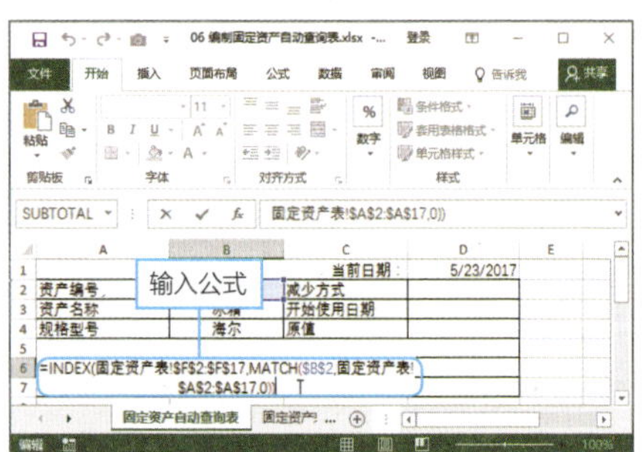

9 选中B7单元格，输入“=INDEX(固定资产表!$G$2:$G$17,MATCH($B$2,固定资产表!$A$2:$A$17,0))”公式，按Enter键。

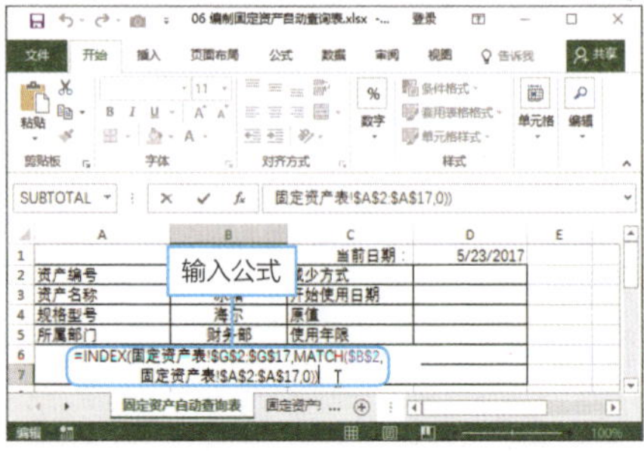

10 选中D2单元格，输入“=INDEX(固定资产表!$H$2:$H$17,MATCH($B$2,固定资产表!$A$2:$A$17,0))”公式，按Enter键。

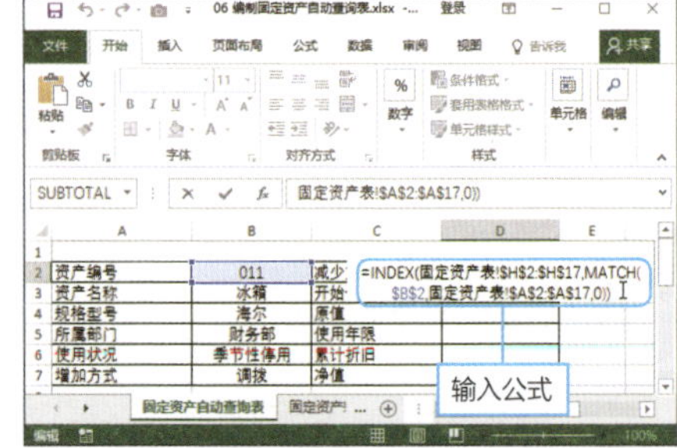

11 选中D3单元格，输入公式“=INDEX(固定资产表!$I$2:$I$17,MATCH($B$2,固定资产表!$A$2:$A$17,0))”公式，按Enter键。

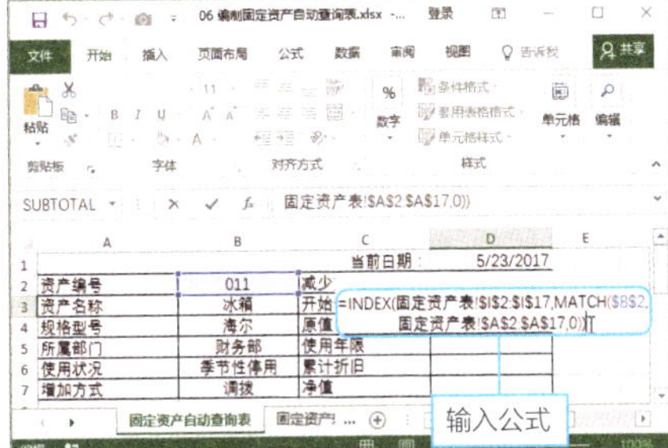

12 选中D4单元格，输入“=INDEX(固定资产表!$K$2:$K$17,MATCH($B$2,固定资产表!$A$2:$A$17,0))”公式，按Enter键。

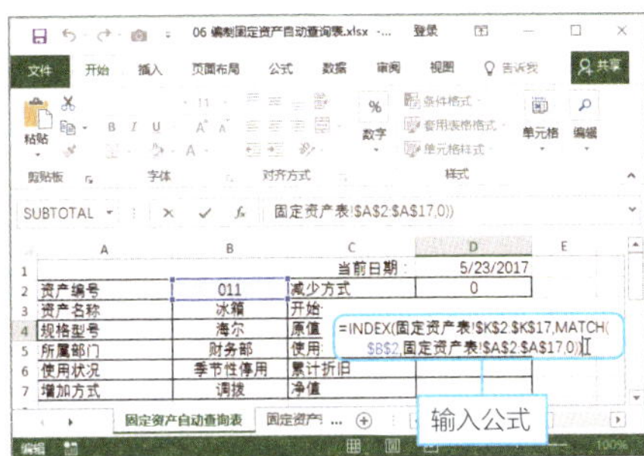

13 选中D5单元格，输入“=INDEX(固定资产表!$L$2:$L$17,MATCH($B$2,固定资产表!$A$2:$A$17,0))”公式，按Enter键。

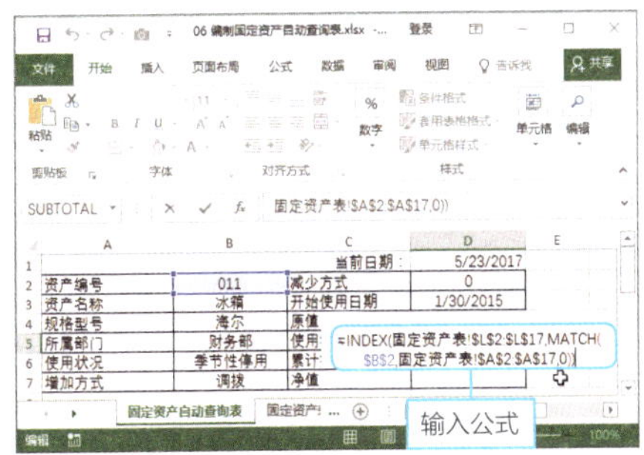

14 选中D6单元格，输入“=INDEX(固定资产表!$M$2:$M$17,MATCH($B$2,固定资产表!$A$2:$A$17,0))”公式，按Enter键。

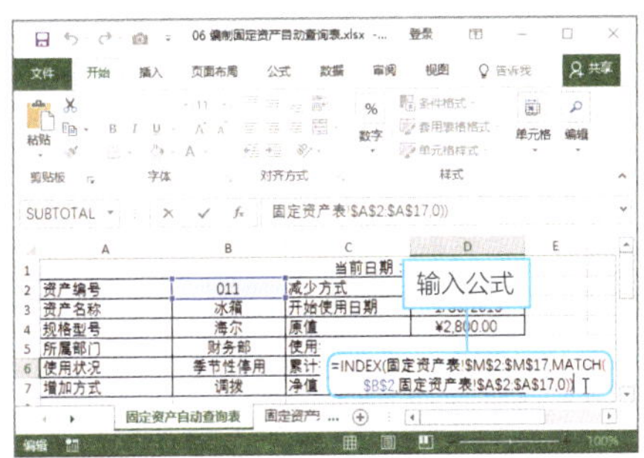

15 选中D7单元格，输入“=INDEX(固定资产表!$N$2:$N$17,MATCH($B$2,固定资产表!$A$2:$A$17,0))”公式，按Enter键。

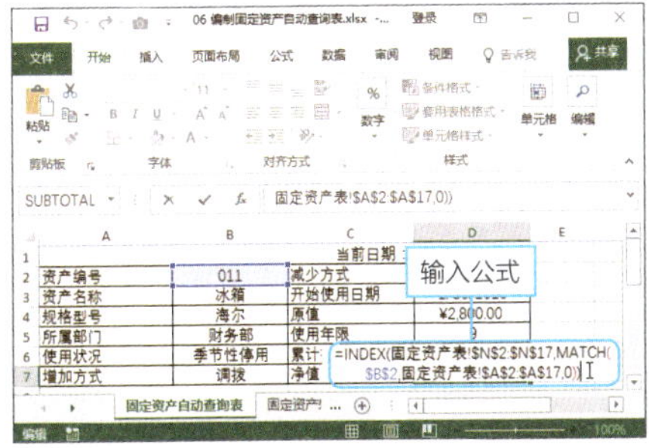

16 返回工作表，在B2单元格中输入需要查看的资产编号，如003，可见其他单元格中自动显示出003资产的相关信息。

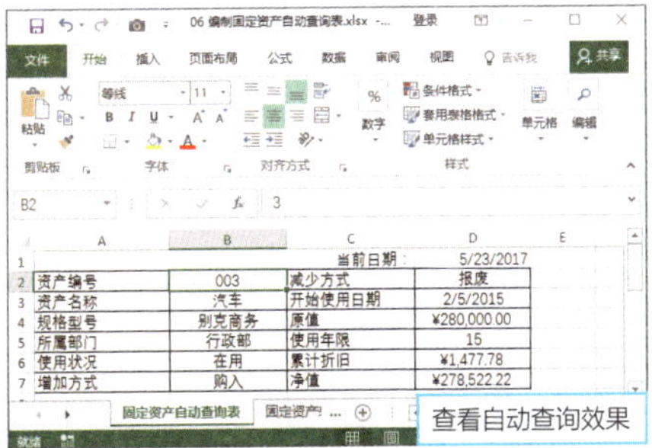

Question
179 创建固定资产折旧表

语音视频教学179

Level

2016 2013 2010

实例 快速制作资产折旧表管理固定资产

固定资产在使用过程中会逐渐损耗转移到产品和劳务中，所以固定资产都需要折旧，折旧的金额不同也会影响到公司的利润，因此，企业必须做好固定资产折旧。

最终效果

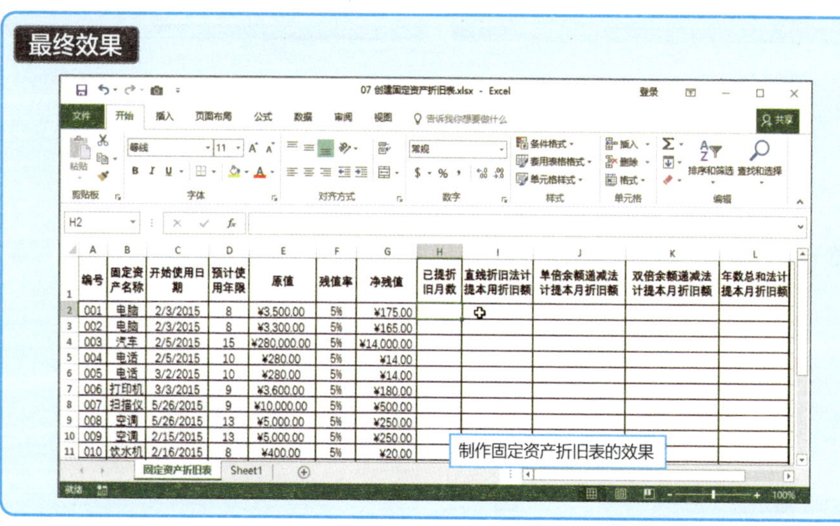

1 打开新工作表，输入表格的表头，然后重命名工作表为“固定资产折旧表”。

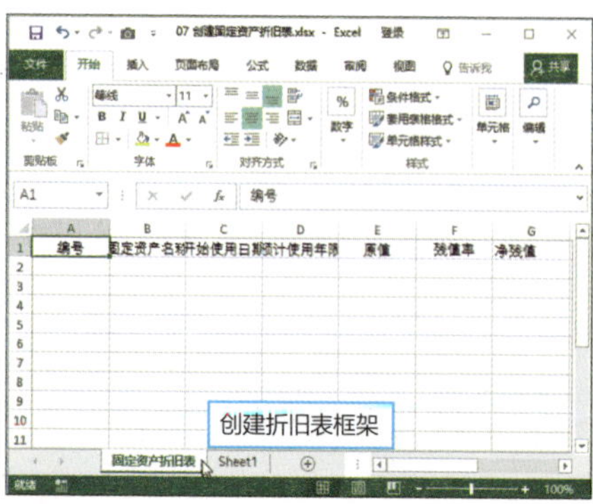

2 选中A1:L1单元格区域，单击“开始”选项卡中“自动换行”按钮。

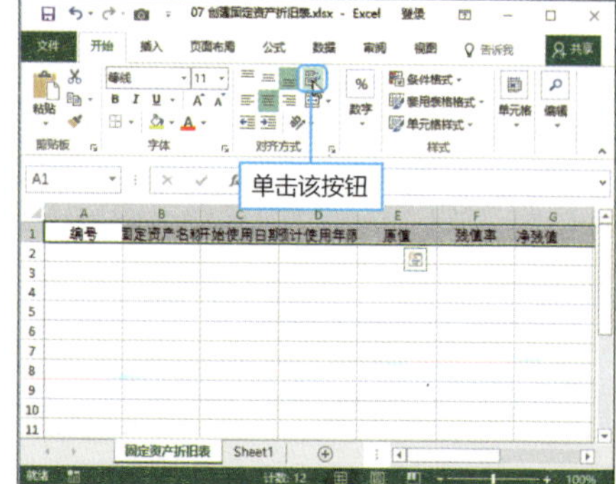

3 保持A1:L1单元格区域选中状态，在“开始”选项卡的“字体”选项组中设置单元格填充颜色以及字体和字号等。

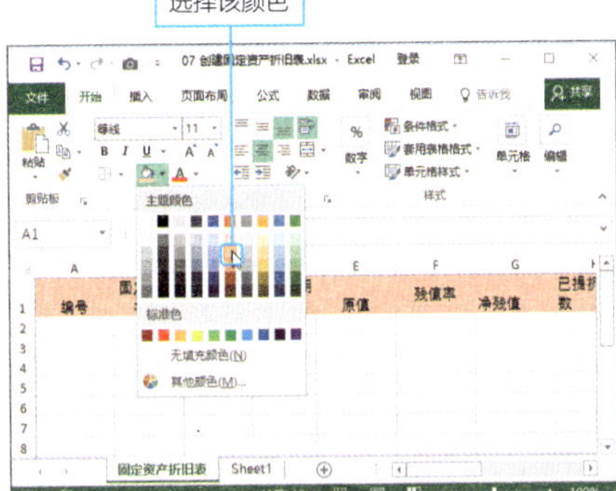

4 选中A1:L17单元格区域，打开“设置单元格格式”对话框，设置表格边框样式。

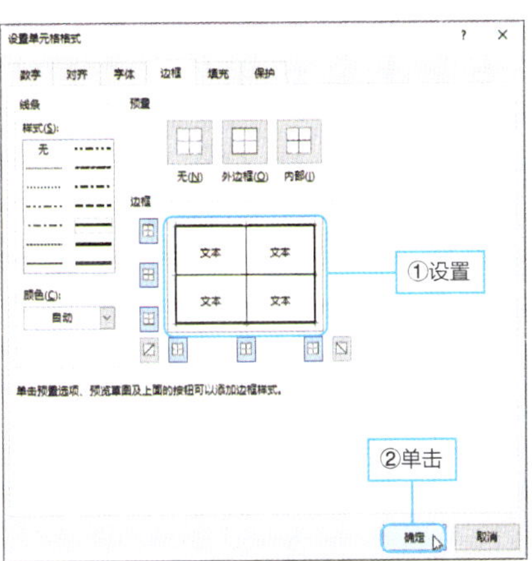

5 选中A2单元格，输入“=固定资产表!A2”公式，按Enter键。

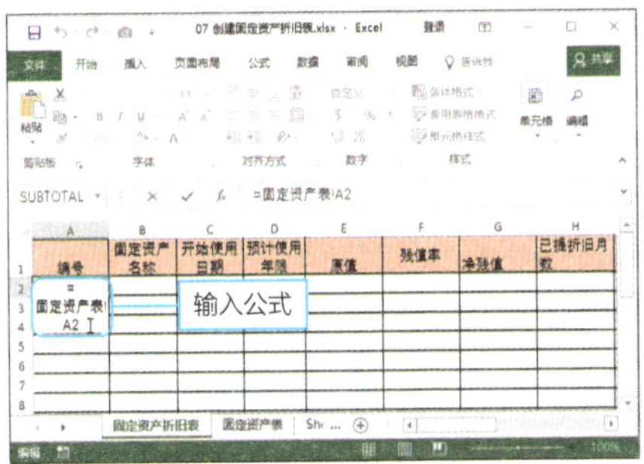

6 将公式填充至E2单元格，在C2单元格中将公式引用单元格修改为I2。

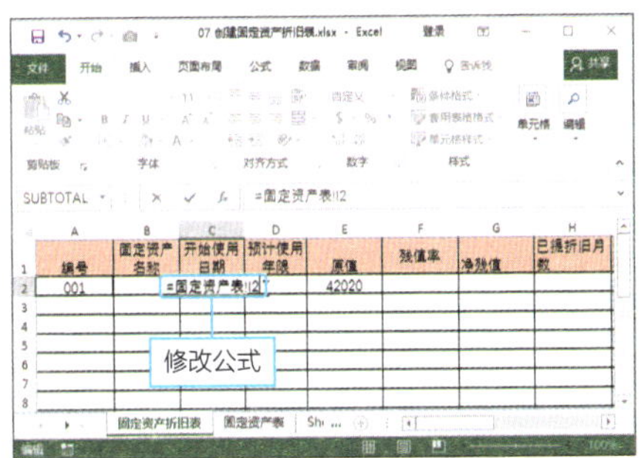

7 按照步骤6的方法引用“固定资产表”中相对应的数值，并填充公式至E17单元格。

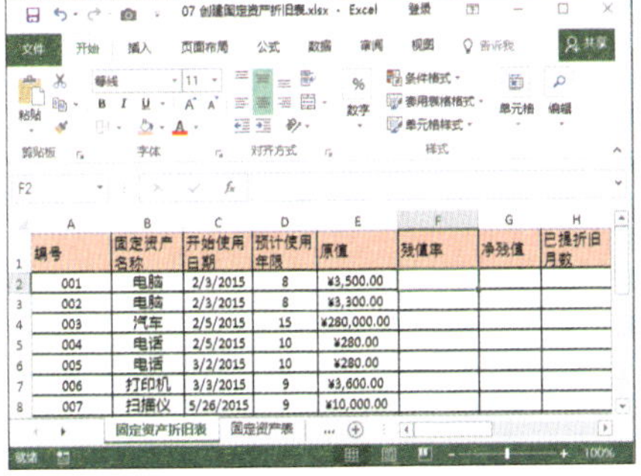

8 输入残值率，在G2单元格输入公式“=E2*F2”，并填充至G17单元格。

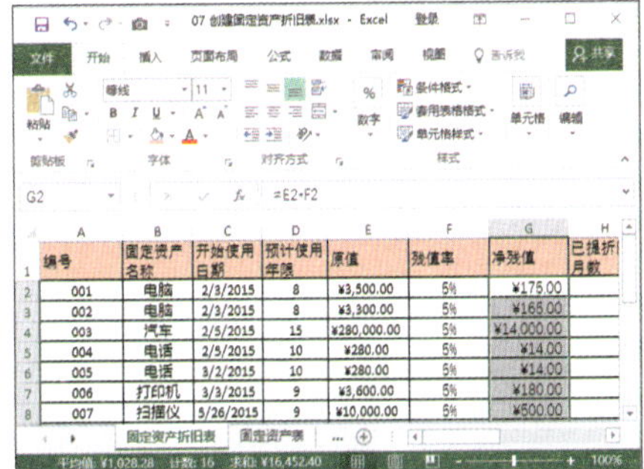

Question **180**

使用直线折旧法计提折旧额

● Level ◆◆◆

2016 2013 2010

实例 使用SLN函数计提本月折旧额

在固定资产折旧方法中，SLN函数是最直接最简单的折旧计提方法，一般在使用期限内消耗比较均衡的固定资产折旧计提，使用SLN函数最为合适。

1 打开工作表，选中I2单元格，打开“插入函数”对话框，选择SLN函数。

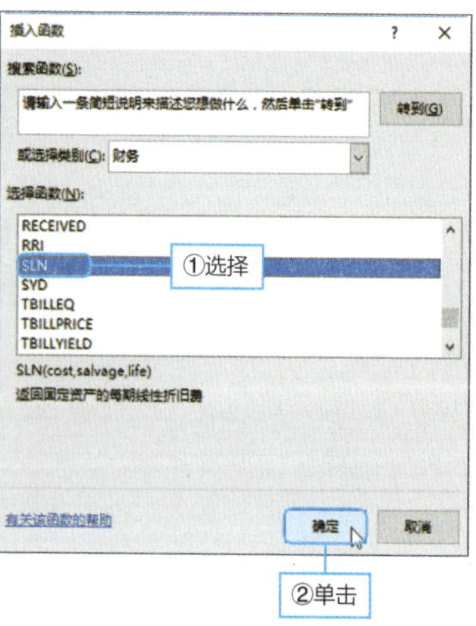

2 打开“函数参数”对话框，设置各参数，然后单击“确定”按钮。

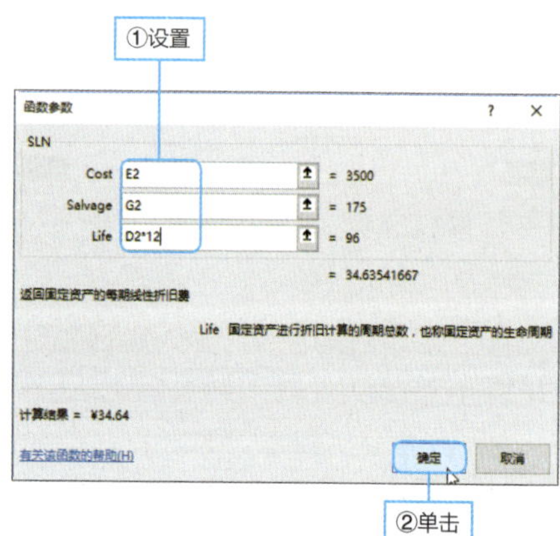

3 返回工作表中，将公式填充至I17单元格，查看使用直线折旧法的计算结果。

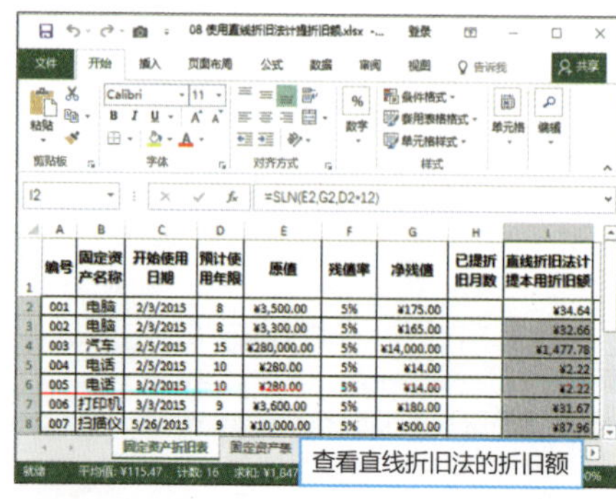

编号	固定资产名称	开始使用日期	预计使用年限	原值	残值率	净残值	已提折旧月数	直线折旧法计提本月折旧额
001	电脑	2/3/2015	8	¥3,500.00	5%	¥175.00		¥34.64
002	电脑	2/3/2015	8	¥3,300.00	5%	¥165.00		¥32.66
003	汽车	2/5/2015	15	¥280,000.00	5%	¥14,000.00		¥1,477.78
004	电话	2/5/2015	10	¥280.00	5%	¥14.00		¥2.22
005	电话	3/2/2015	10	¥280.00	5%	¥14.00		¥2.22
006	打印机	3/3/2015	9	¥3,600.00	5%	¥180.00		¥31.67
007	扫描仪	5/26/2015	9	¥10,000.00	5%	¥500.00		¥87.96

Hint

函数解析

SLN函数是将固定资产的应计折旧额按预计使用年限均衡分摊到各期的方法，其函数表达式为：

SLN(cost,salvage,life)

其中，cost为资产原值，salvage为资产在折旧期末的价值（也称资产残值），life是折旧期限（有时也称作资产的使用寿命）。

Question 181

根据固定资产的工作量计提折旧额

语音视频教学181

Level ◆◆◇

2016 2013 2010

实例 使用SLN函数计算汽车本月计提折旧额

像汽车这样的固定资产，它没有明显的使用年限，只有行驶路途限制，我们怎么用SLN函数来计提折旧呢？

1 打开工作表，选中E2单元格，输入公式“=SLN(A2,B2,C2)”，按Enter键执行计算。

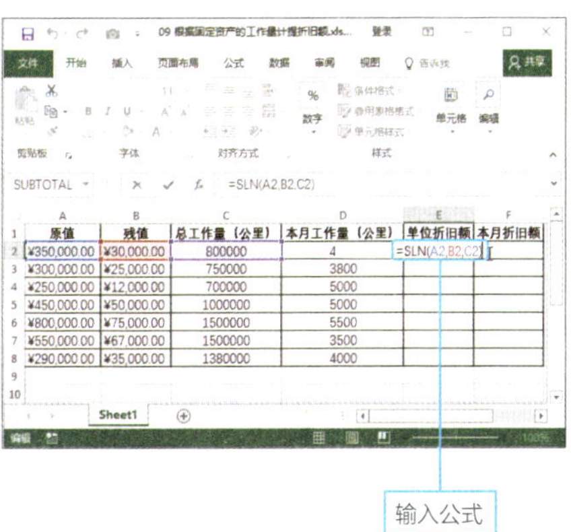

输入公式

2 选中F2单元格，输入“=E2*D2”公式，按Enter键执行计算。

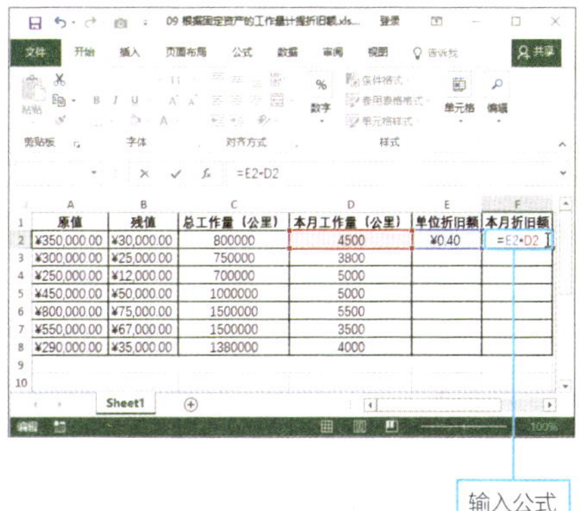

输入公式

3 选中E2:F2单元格区域，将公式填充至F8单元格，查看计算本月折旧金额。

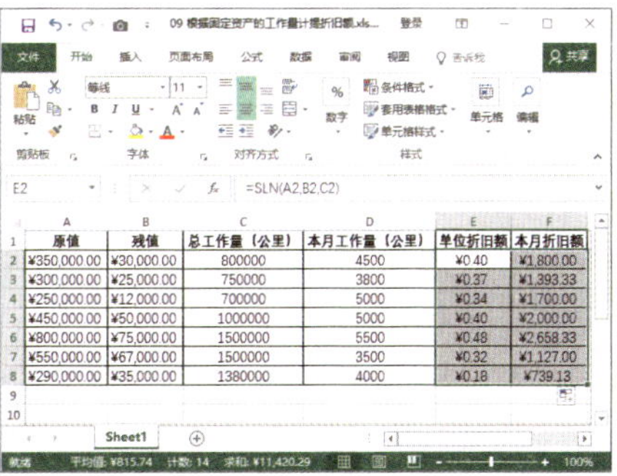

查看折旧金额

Hint

本案例公式说明

在本案例中“=SLN(A2,B2,C2)”公式，使用SLN函数通过汽车的原值、残值和总工作里程计算出每公里的折旧额。直线折旧法是最简单的折旧方法，本案例中公式可以用“=(A2-B2)/C2”代替，得到的结果是一样的。

Question 182

Level ◆◆◆

2016 2013 2010

使用单倍余额递减法计提本月折旧额

语音视频教学182

实例 巧用DB函数计提本月折旧额

单倍余额递减法是加速计提折旧法的一种，主要适合固定资产初期折旧额度比后期折旧额度大的情况，如设备生产线等。

例：在固定资产表中计算出计提本月折旧额。

1. 打开工作表，选中H2单元格输入公式"=INT(DAYS360(C2,DATE(2017,3,21))/30)"，按Enter键执行计算，然后将公式填充至H17单元格。

输入计算折旧月数公式

2. 选中J2单元格，输入公式"=DB(E2,G2,D2*12,H2,12-MONTH(C2))"，按Enter键执行计算。

输入计算折旧额公式

3. 然后将该公式填充至J17单元格，查看计算折旧额的结果。

查看使用DB函数计提后的结果

Hint

函数解析

DB函数是固定资产加速计提折旧的方法之一，其函数表达式为：

DB(cost,salvage,life,period,month)

其中，cost为资产原值，salvage为资产在折旧期末的价值（也称资产残值），life是折旧期限，period为需要计算折旧值的期间。必须与life的单位相同，month为第一年开始使用的月份数。

Question 183

从第一年年中开始计提折旧额

语音视频教学183

Level ◆◆◆

2016 2013 2010

实例　通过年折旧额计算资产净值

如果固定资产是从年中开始使用的，计算年折旧额时第一年其实不够12个月，所以第一年折旧额有时会比第二年少。下面介绍根据年折旧额计算出资产每年的净值的操作方法。

1. 打开工作表，选中B4单元格，输入公式“=DB($A$2,$B$2,$C$2,A4,$D$2)”，按Enter键执行计算，然后将公式填充至B11单元格。

2. 选中C4单元格，输入“=SUM($B$4:B4)”公式，按Enter键执行计算，然后将公式填充至C11单元格。

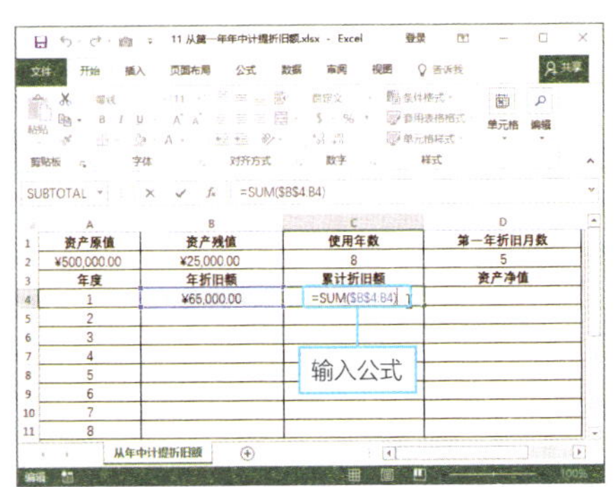

3. 选中D4单元格，输入“=$A$2-C4”公式，按Enter键执行计算，并填充公式。

4. 操作完成后，返回工作表，查看计算的结果。

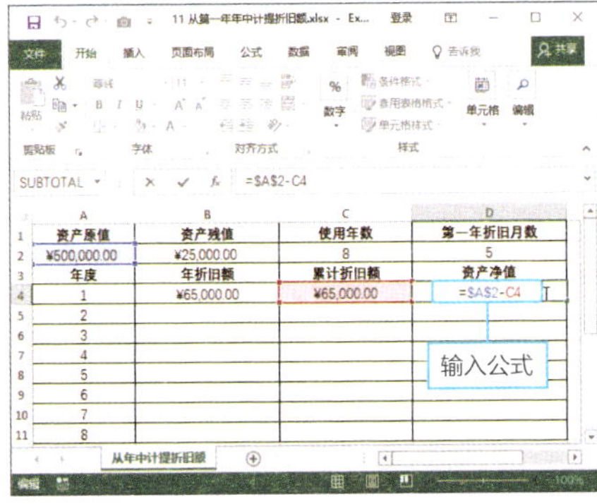

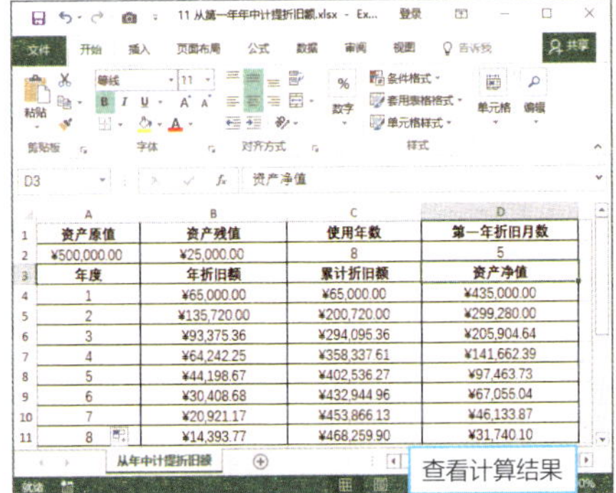

资产原值	资产残值	使用年数	第一年折旧月数
¥500,000.00	¥25,000.00	8	5
年度	年折旧额	累计折旧额	资产净值
1	¥65,000.00	¥65,000.00	¥435,000.00
2	¥135,720.00	¥200,720.00	¥299,280.00
3	¥93,375.36	¥294,095.36	¥205,904.64
4	¥64,242.25	¥358,337.61	¥141,662.39
5	¥44,198.67	¥402,536.27	¥97,463.73
6	¥30,408.68	¥432,944.96	¥67,055.04
7	¥20,921.17	¥453,866.13	¥46,133.87
8	¥14,393.77	¥468,259.90	¥31,740.10

Question 184

巧用DB函数计算某一期间的折旧额

Level ◆◆◆

2016 2013 2010

实例 计算固定资产在使用寿命中某一阶段的折旧额

某企业花100000元购买机器，该机器使用寿命为12年，报废时价值为8500元。使用DB函数分别计算第一年6个月、第3年和第7年10个月的折旧额。

1 打开工作表，选中B3单元格并输入公式“=DB(A2,B2,C2,1,6)”，按Enter键执行计算。

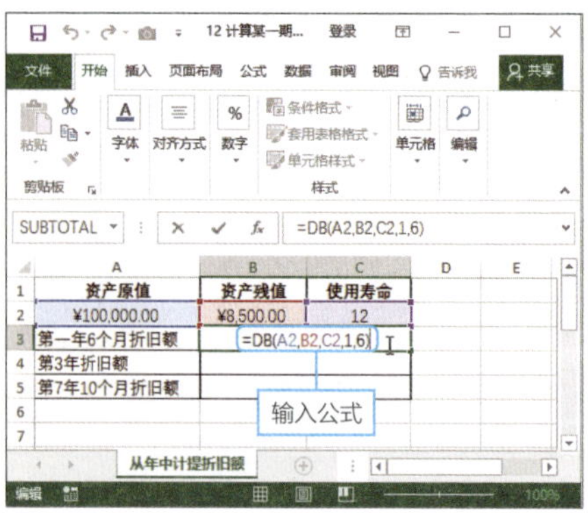

2 选中B4单元格并输入“=DB(A2,B2,C2,3)”公式，按Enter键执行计算。

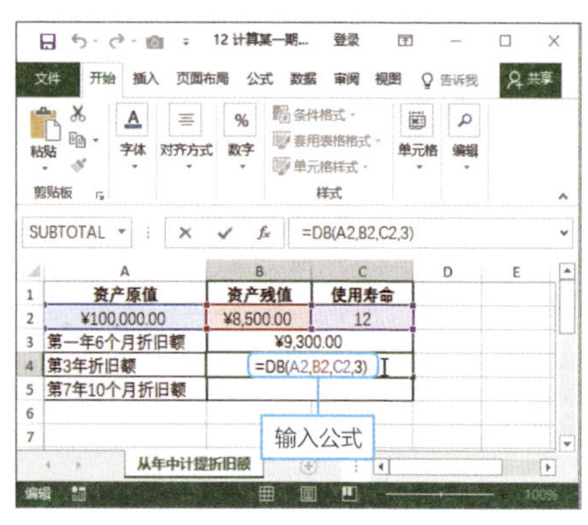

3 选中B5单元格并输入“=DB(A2,B2,C2,7,10)”公式，按Enter键执行计算。

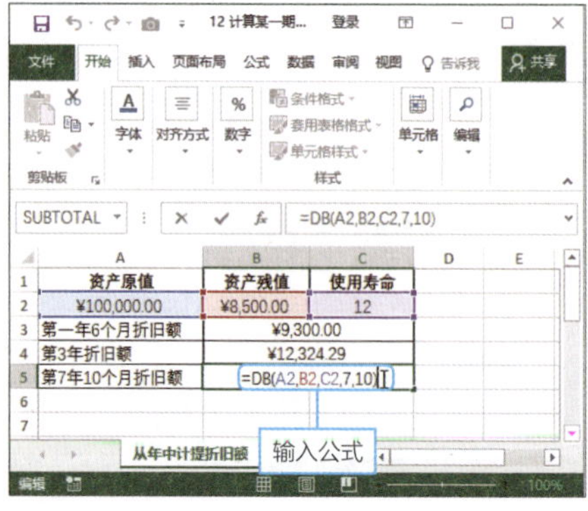

4 返回工作表中，查看在使用期间内不同时期的折旧额。

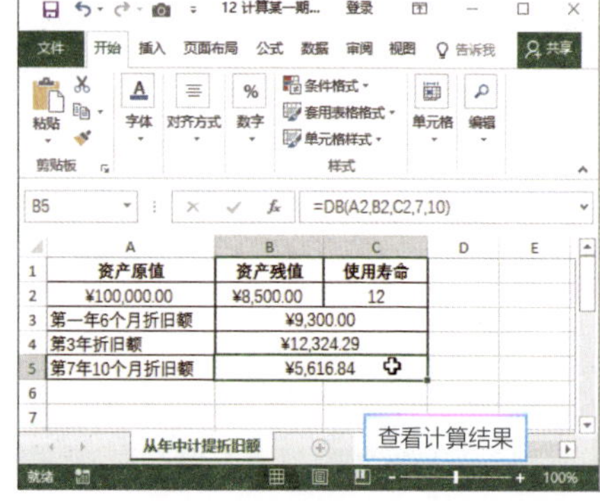

Question

185 按照固定的百分比对固定资产进行折旧

语音视频教学185

● Level ◆◆◆

2016 2013 2010

实例　使用DB函数计算年折旧额是否一样

本案例将使用公式计算出年折旧率，然后用年折旧率乘以各年年初固定资产的净值，得到年折旧额。

例：分别使用DB函数和公式计算出第5年折旧额，然后进行比较。

❶ 使用DB函数计算年折旧额：选中E2单元格，输入“=DB(A2,B2,C2,D2)”公式，按Enter键来计算年折旧额。

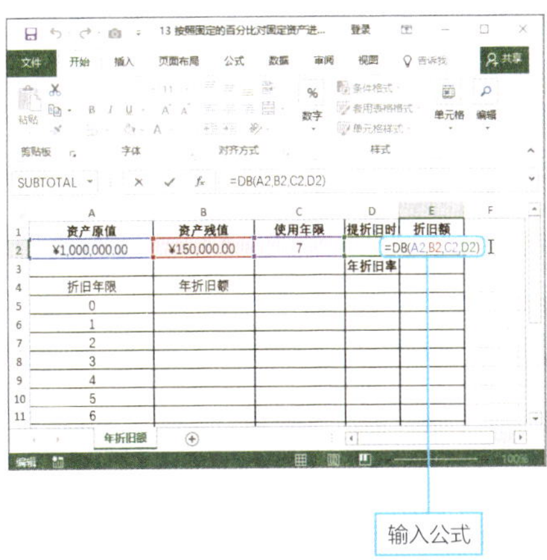

❷ 用计算公式求折旧额：选中E3单元格，输入“=1-(B2/A2)^(1/C2)”公式后，按Enter键来计算折旧额。

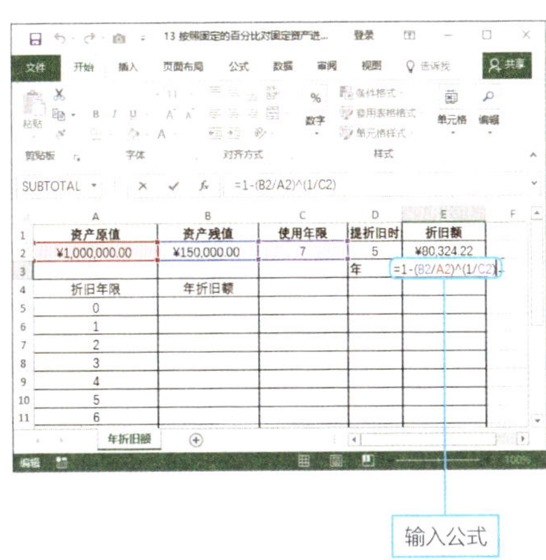

❸ 选中B6单元格，输入“=($A$2-SUM($B$5:B5))*$E$3”公式，按Enter键，然后填充公式至B10单元格，查看计算结果。

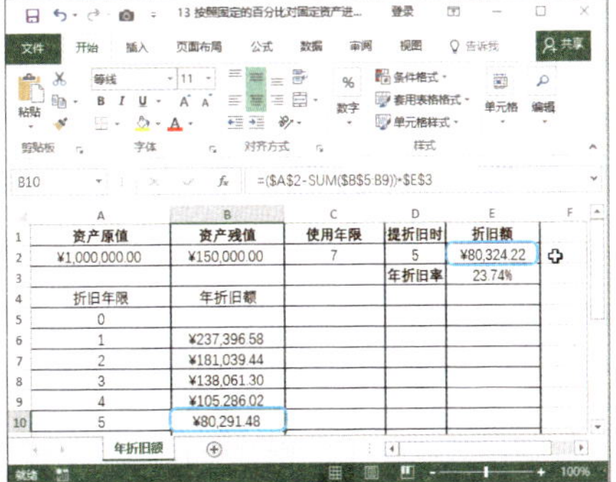

Hint

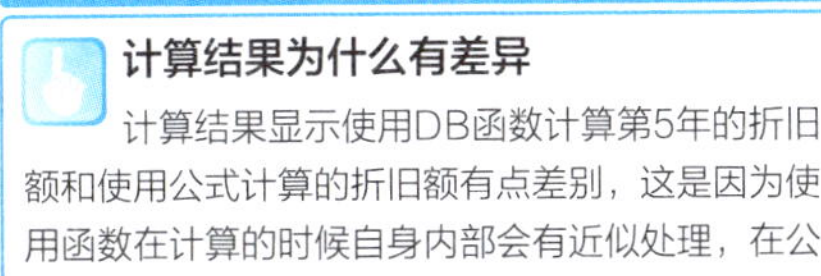

计算结果为什么有差异

计算结果显示使用DB函数计算第5年的折旧额和使用公式计算的折旧额有点差别，这是因为使用函数在计算的时候自身内部会有近似处理，在公式计算时没有近似处理。

Question 186

Level ◆◆◆

2016 2013 2010

巧用DDB函数加速计提资产折旧

实例 双倍余额递减法的应用

双倍余额递减法是固定资产加速折旧的一种方法，即前期折旧比较多，固定资本在使用年限内可以尽早得到价值补偿。

例：在固定资产折旧表中，对各固定资产使用双倍余额递减法折旧。

1. 打开工作表，选中K2单元格，打开“插入函数”对话框，选择DDB函数。

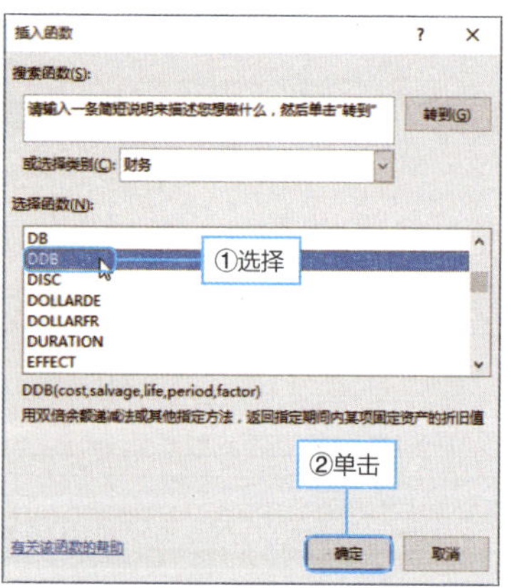

2. 打开“函数参数”对话框，设置各参数，单击“确定”按钮。

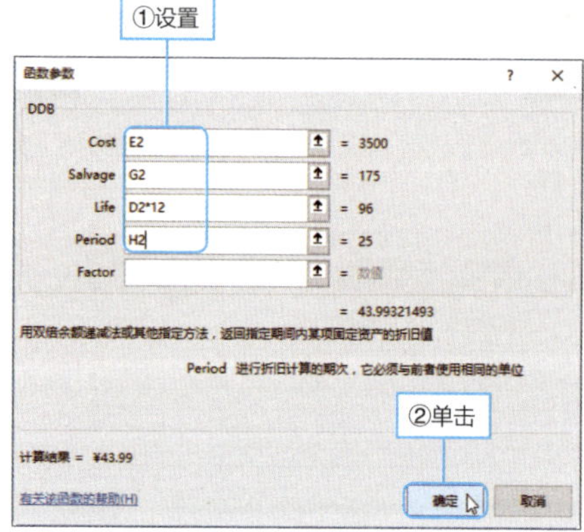

3. 返回工作表，将K2单元格中的公式填充至K17单元格，即可查看使用DDB函数计算折旧额的结果。

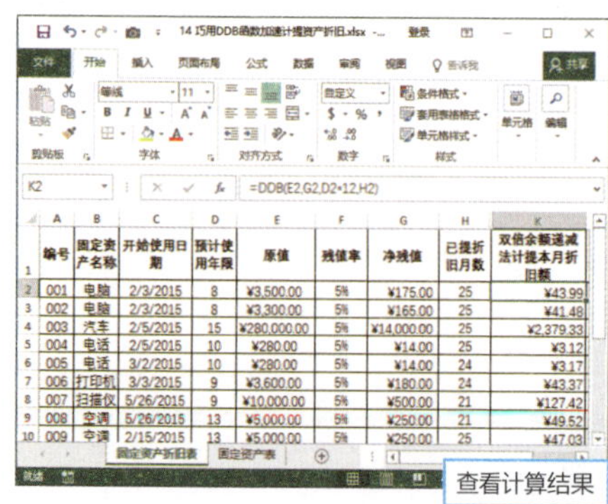

Hint

函数解析

DDB函数是在不考虑固定资产残值的情况下，用直线法折旧率的两倍乘以固定资产每期期初净值计算固定资产折旧的方法，其函数表达式为：

DDB(cost,salvage,life,period,faceor)

其中，cost为资产原值；salvage为资产在折旧期末的价值（也称资产残值）；life是折旧期限，period为需要计算折旧值的期间，必须与life的单位相同；factor为余额递减速率，如果factor被省略，则假设为2。

Question 187

巧用DDB函数将固定资产折旧额计提完

Level ◆◆◆

2016 2013 2010

实例 使用双倍余额递减法将固定资产的折旧额计提完

使用双倍余额递减法计提完固定资产的折旧额时，细心的用户会发现，折旧额加上残值和资产的原值是不一致的。用户该如何计提完折旧额呢？下面介绍具体操作方法。

1 打开工作表，选中C2单元格，输入公式“=DDB($A$2,$A$2*$A$4,$A$6,B2,2)”。

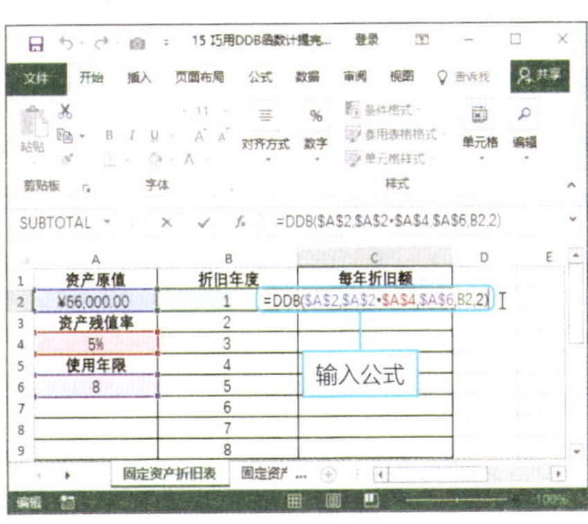

2 按Enter键执行计算，并将公式填充至C7单元格。

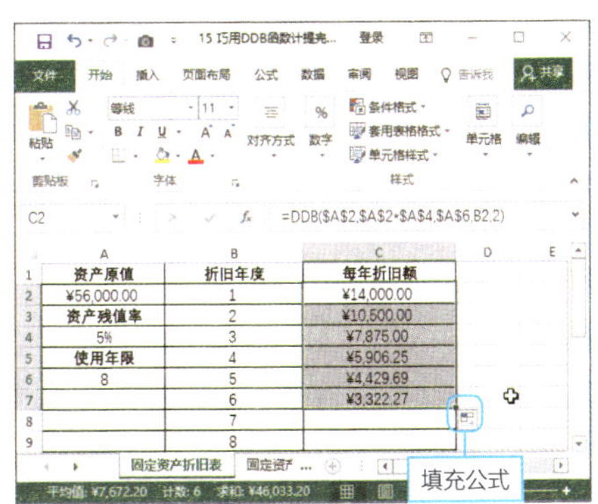

3 选中C8单元格，输入计提最后两年折旧额公式“=($A$2-$A$2*$A$4-SUM($C$2:$C$7))/2”。

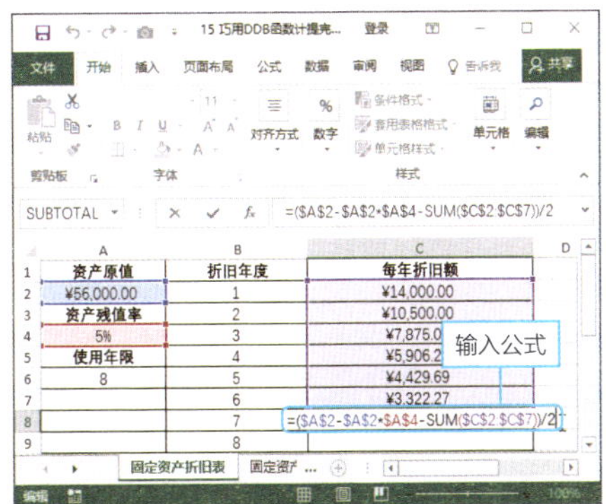

4 按Enter键，填充公式至C9单元格，查看计提完固定资产折旧额的结果。

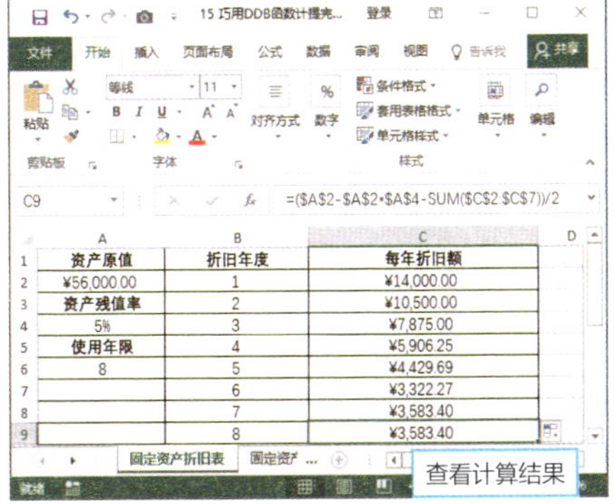

Question 188

巧用VDB函数计算任何期间的折旧额

● Level ◆◆◆

2016 2013 2010

实例 计算固定资产从第11个月到第19个月的折旧额

某企业新购一批价值280000元的机器，使用寿命为8年，报废价值为14000元，分别使用双倍余额递减法和折旧因子为1.5的方法，计算第11个月至第19个月的折旧值。

1 打开工作表，选中C4单元格并输入公式“=VDB(A2,B2,C2*12,11,19)”，按Enter键执行计算。

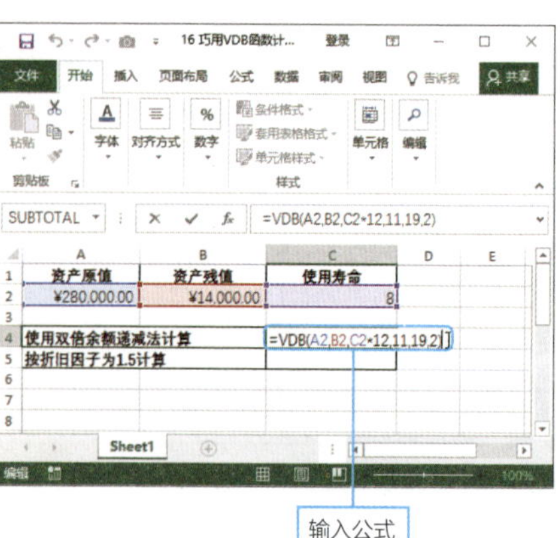

2 选中C5单元格并输入“=VDB(A2,B2,C2*12,11,19,1.5)”公式，按Enter键执行计算。

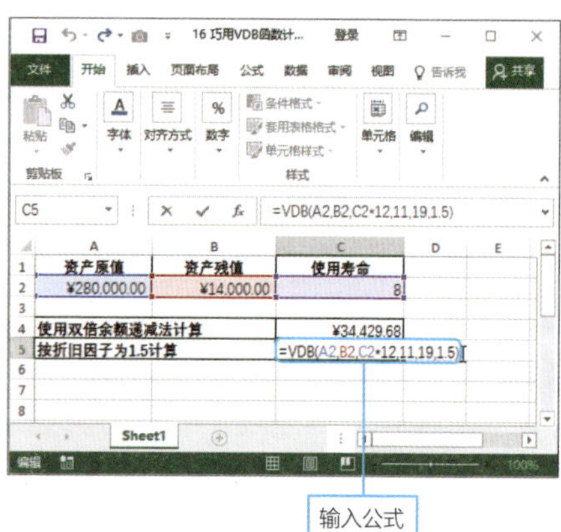

3 按不同折旧因子计算完成后，查看计算结果。

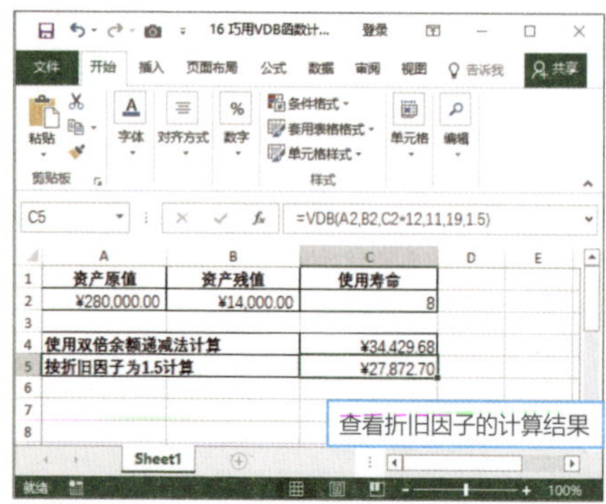

Hint

函数解析

VDB函数是使用双倍余额递减法或其他指定的方法，返回任何期间内的资产折旧值，其函数表达式为：

VDB(cost,salvage,life,start_period,end_period,factor,no_switch)

其中，cost为资产原值，salvage为资产残值，life是折旧期限，start_period为折旧起始时间，end_period为折旧截止时间，factor为余额递减速率，no_switch为逻辑值。

Question 189

Level ◆◆◆

2016 2013 2010

巧用SYD函数加速计提资产折旧

语音视频教学189

实例　使用年数总和法计提折旧

固定资产加速折旧的方法包括双倍余额递减和年数总和法。年数总和法又称合计年限法。

例：在固定资产折旧表中，为各固定资产使用年数总和法计提折旧。

1 打开工作表，选中L2单元格，打开“插入函数”对话框，选择SYD函数。

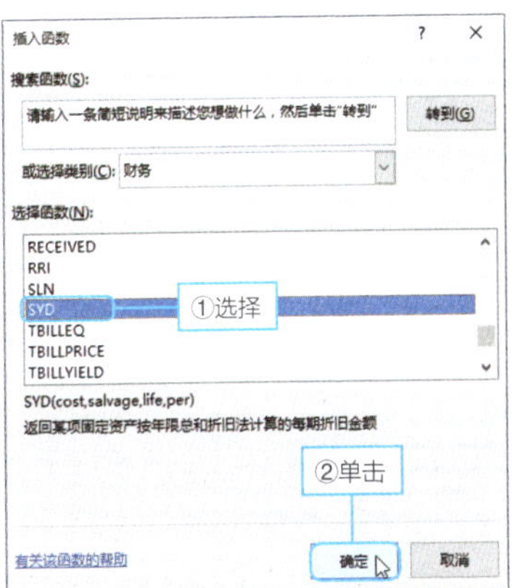

2 打开“函数参数”对话框，设置各参数，单击“确定”按钮。

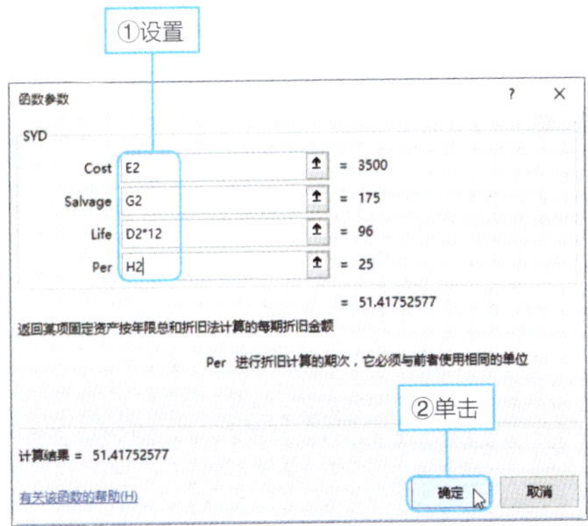

3 返回工作表中，将公式填充至L17单元格，查看使用SYD函数计算各资产折旧额的结果。

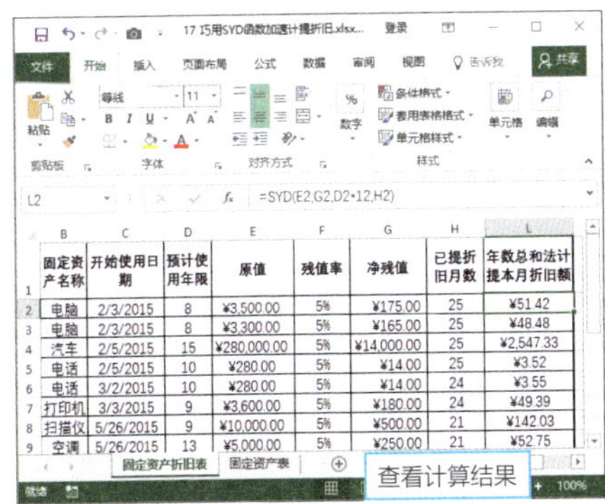

固定资产名称	开始使用日期	预计使用年限	原值	残值率	净残值	已提折旧月数	年数总和法计提本月折旧额
电脑	2/3/2015	8	¥3,500.00	5%	¥175.00	25	¥51.42
电脑	2/3/2015	8	¥3,300.00	5%	¥165.00	25	¥48.48
汽车	2/5/2015	15	¥280,000.00	5%	¥14,000.00	25	¥2,547.33
电话	2/5/2015	10	¥280.00	5%	¥14.00	25	¥3.52
电话	3/2/2015	10	¥280.00	5%	¥14.00	24	¥3.55
打印机	3/3/2015	9	¥3,600.00	5%	¥180.00	24	¥49.39
扫描仪	5/26/2015	9	¥10,000.00	5%	¥500.00	21	¥142.03
空调	5/26/2015	13	¥5,000.00	5%	¥250.00	21	¥52.75

Hint

函数解析

SYD函数是将固定资产的原值减去预计净残值后的值，乘以逐年递减的分数，计算每年折旧额，其函数表达式为：

SYD(cost,salvage,life,per)

其中，cost为资产原值，salvage为资产在折旧期末的价值（也称资产残值），life是折旧期限（有时也叫做资产的使用寿命），per为期间，单位与life相同。

Question **190**

● Level ◆◆◆

2016 2013 2010

巧用SYD函数计算固定资产净值

语音视频教学190

实例 通过年度折旧额计算出固定资产的净值

我们可以通过对固定资产的折旧来计算出目前资产的净值，根据SYD函数的定义表示固定资产在使用年限结束时，固定资产的净值为预计的资产残值。

1. 打开工作表，选中B4单元格并输入公式“=SYD($A$2,$C$2,$D$2,A4)”，按Enter键执行计算，然后将公式填充至B8单元格。

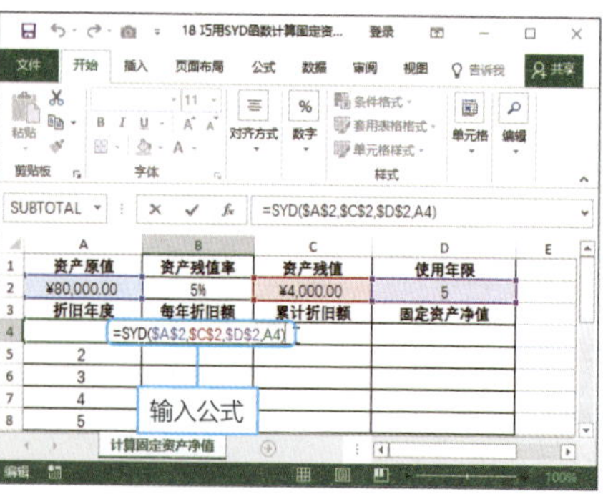

2. 选中C4单元格并输入“=SUM($B$4:B4)”公式，按Enter键执行计算，然后将公式填充至C8单元格。

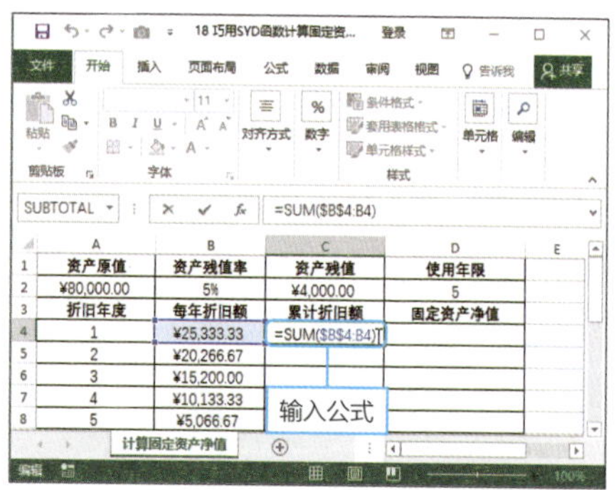

3. 选中D4单元格，输入“=$A$2-C4”公式，并按Enter键执行计算，然后将公式填充至D8单元格。

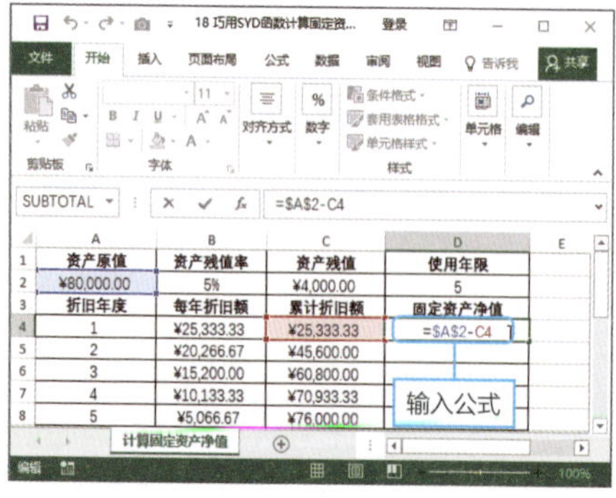

4. 返回工作表查看结果，第五年固定资产净值等于资产残值，同一年累计折旧额加上固定资产的净值等于资产原值。

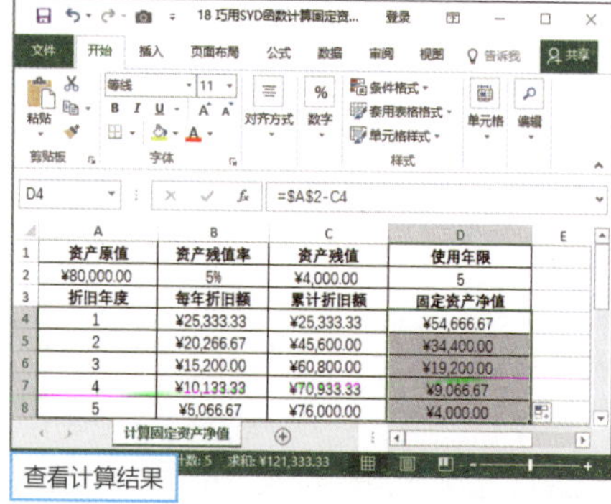

查看计算结果

Question

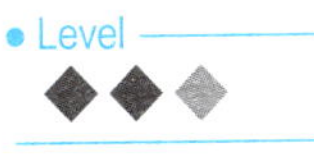

计算结算期间的折旧额

语音视频教学191

● Level ◆◆◆

2016 2013 2010

实例　巧用AMORDEGRC函数计算第一期间折旧额

某企业于2015年6月1日采购价值800000元的机器，使用寿命为4年，报废时值24000元，第一期间结束于2015年12月1日，计算第一期间的折旧值。

1 打开工作表，根据提示信息制作表格，并输入相关信息。

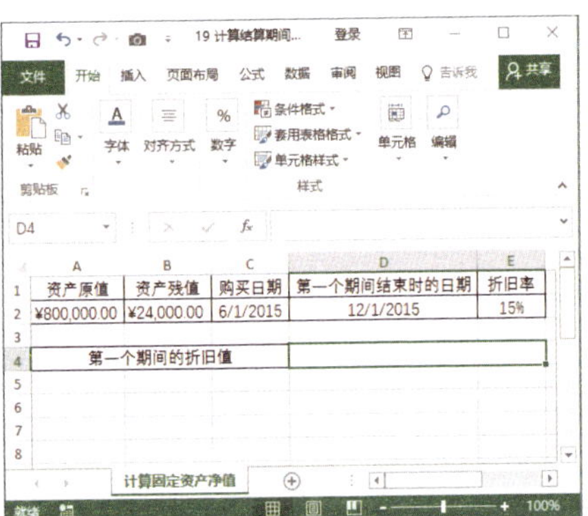

制作表格

2 选中D4单元格并输入“=AMORDEGRC(A2,C2,D2,B2,1E2,3)”公式，按Enter键执行计算。

查看计算结果

Hint

函数解析

AMORDEGRC函数是将固定资产的原值减去预计净残值后的值乘以逐年递减的分数计算每年折旧额，其函数表达式为：

AMORDEGRC(cost,date_purchased,first_period,salvage,period,rate,basis)

其中，cost为资产原值，date_purchased购入资产的日期，first_period第一个期间结束时的日期，salvage为资产残值，period为期间，rate为折旧率，basis为使用的年基准。

Hint

年基准

下面通过表格来表示年基准和一年天数的关系。

BASIS	日期系统
0或省略	美国（NASD）30/360
1	实际天数/实际天数
2	实际天数/360
3	实际天数/365
4	欧洲30/360

Question 192

使用VDB函数将资产的折旧额计提完

Level ◆◆◆

2016 2013 2010

实例 将双倍余额递减法转换为直线折旧法

如果资产的残值率比较小，会出现固定资产在规定使用年限里折旧不完的情况，所以在最后几年需要把双倍余额递减法转换为直线折旧法。

1 打开工作表，选中B4单元格，打开“插入函数”对话框，选择VDB函数。

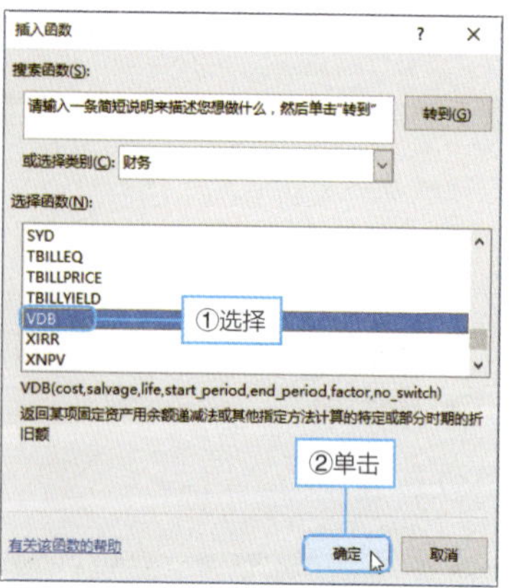

2 打开“函数参数”对话框，设置各参数，然后单击“确定”按钮。

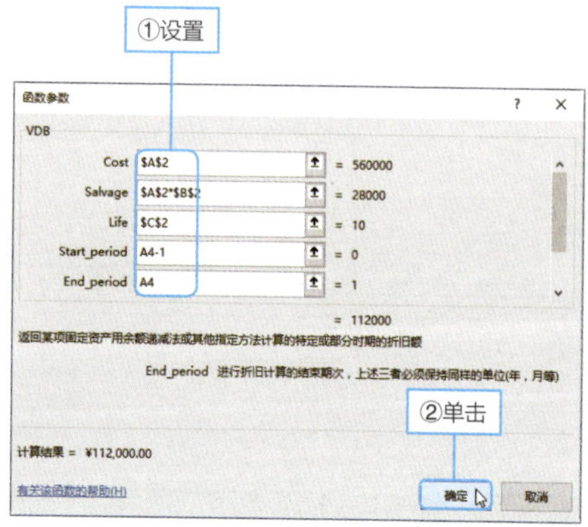

3 返回工作表中，B4单元格中已经计算出第一年的折旧额，将公式填充至B13单元格。

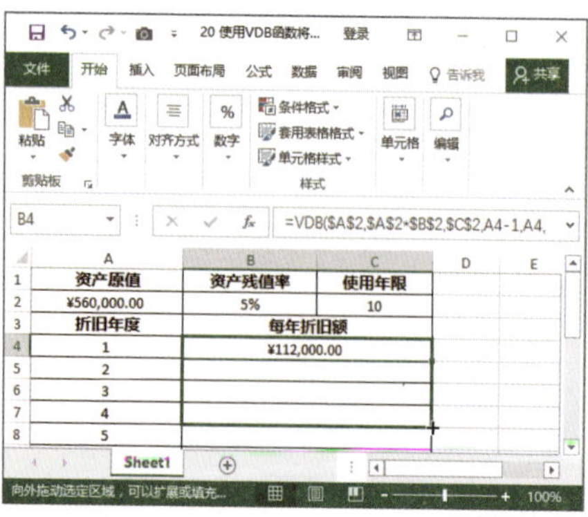

资产原值	资产残值率	使用年限
¥560,000.00	5%	10
折旧年度	每年折旧额	
1	¥112,000.00	
2		
3		
4		
5		

4 返回工作表中，可见从第7年开始使用直线折旧法计提折旧。

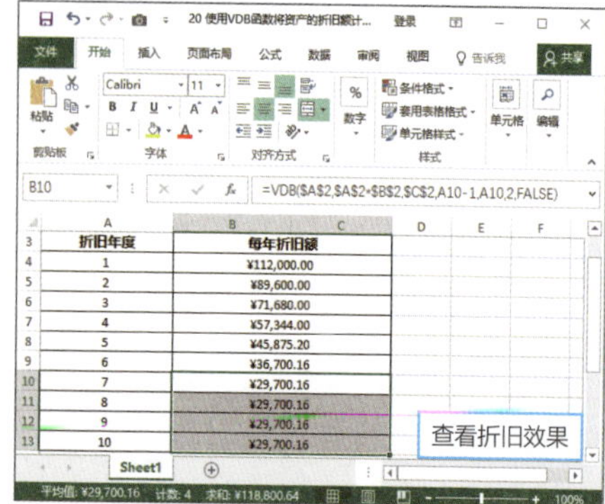

折旧年度	每年折旧额
1	¥112,000.00
2	¥89,600.00
3	¥71,680.00
4	¥57,344.00
5	¥45,875.20
6	¥36,700.16
7	¥29,700.16
8	¥29,700.16
9	¥29,700.16
10	¥29,700.16

Question

193 判断加速折旧法对所得税的影响

语音视频教学193

● Level ◆◆◆

2016 2013 2010

实例 比较年数总和法和平均年限法影响交税情况

使用SYD函数和SLN函数分别采用年数总和法和直线法计提每年资产折旧额，分别计算该折旧额可以使企业少交多少所得税，所得税税率以25%为准。

1 打开工作表，选中B5单元格并输入公式“=SYD($A$2,$B$2,$C$2,$A5)”，按Enter键执行计算。

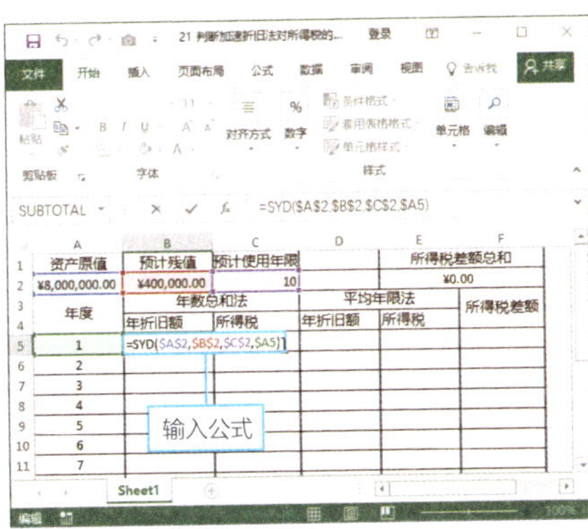

2 选中B5单元格，将公式填充至B14单元格，查看资产的折旧额。

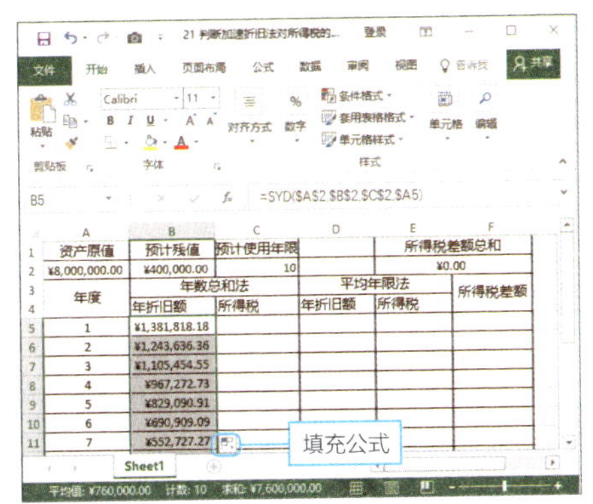

3 选中C5单元格，输入“=B5*25%”公式，按Enter键计算出所得税。

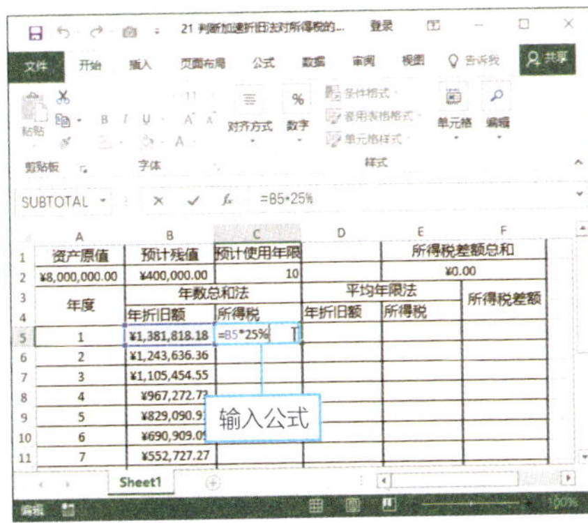

4 选中C5单元格，填充公式至C14单元格，查看计算结果。

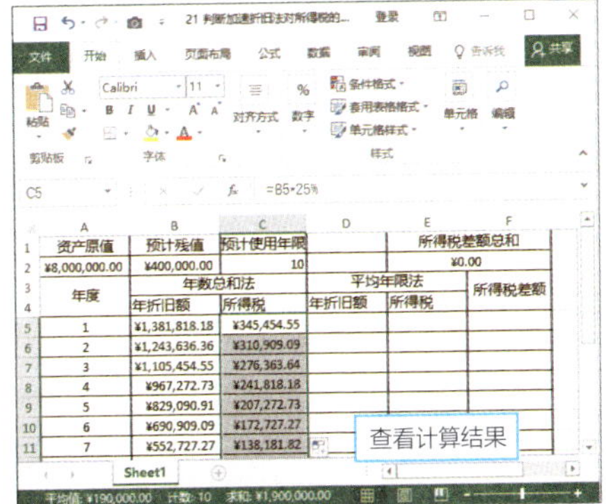

5 选中D5单元格，输入公式“=SLN($A$2,$B$2,$C$2)”，按Enter键并将公式填充至D14单元格。

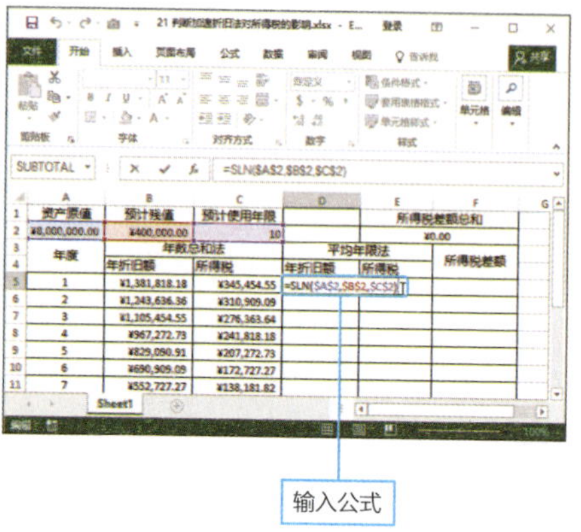

6 选中E5单元格，输入“=D5*25%”公式，按Enter键，并将公式填充至E14单元格。

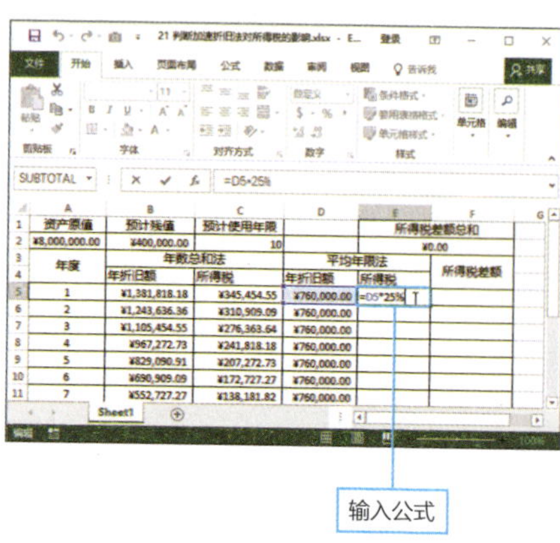

7 选中F5单元格，输入“=C5-E5”公式，按Enter键，并将公式填充至F14单元格。

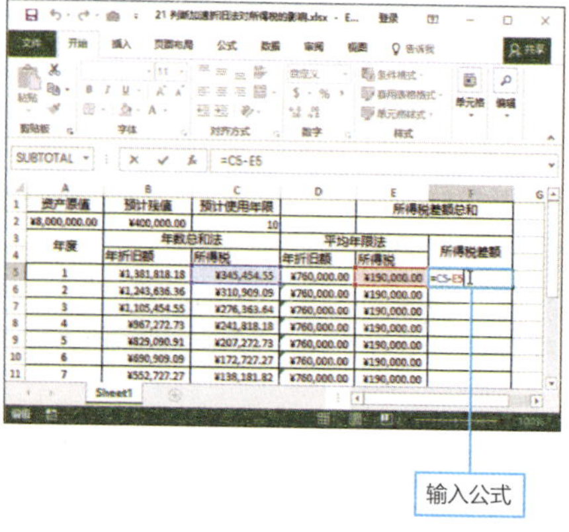

8 选中E2单元格，输入“=SUM(F5:F14)”公式，按Enter键执行计算。

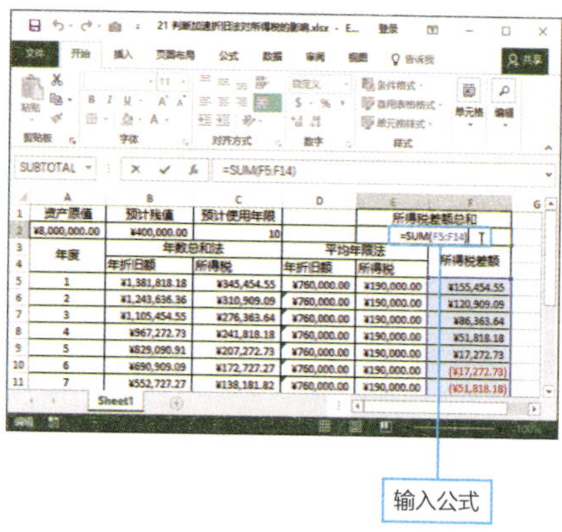

9 返回工作表，可见两种折旧方法的所得税都是一样的。

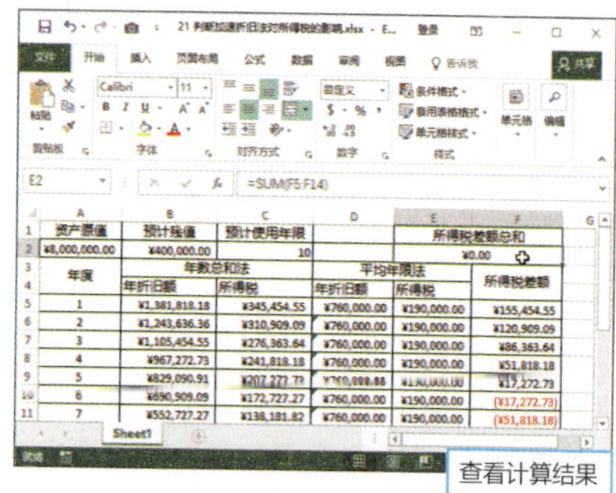

Hint

解释数据含义

F5:F14单元格区域内的数值，红色标记的表示是负数，说明采用年数总和法折旧前5年交的税要比采用平均年限法折旧少交税，后5年相反。所得税差额总和为0说明两种方法交税是一样多的。使用加速折旧法可以递延避税。

Question 194

巧用ABS函数分析资产的盈亏及数量

Level ◆◆◆

2016 2013 2010

实例 快速为固定资产标记盘盈或盘亏并计算数量

企业会定期对固定资产进行清查盘点，以保证固定资产核算的真实性和完整性。我们可以通过比较固定资产投入使用时的数量和现在的数量，来判断资产的盘盈或盘亏。

1. 打开工作表，选中F2单元格并输入公式“=IF(D2>E2,"盘亏",IF(D2<E2,"盘盈",""))”。

输入公式

2. 按Enter键执行计算，然后向下填充公式，查看盈亏情况。

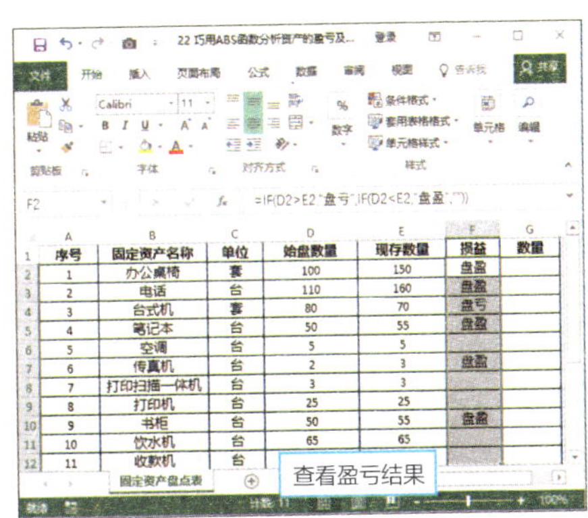

3. 选中G2单元格，输入公式并按回车键，公式为“=IF(F3="","",ABS(D3-E3))”。

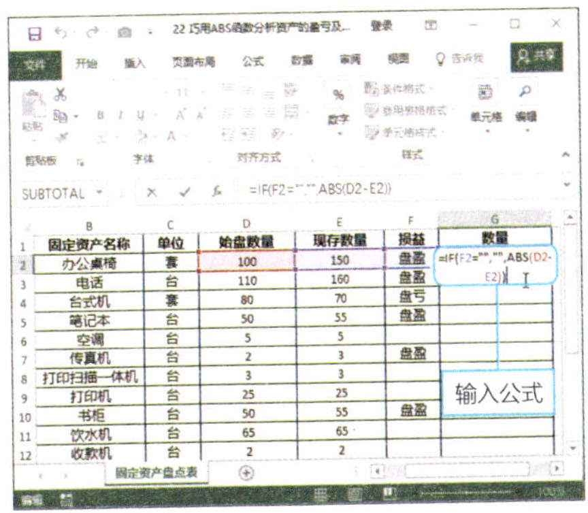

4. 按Enter键执行计算，并向下填充公式计算出盈亏数量，查看结果。

查看计算后的效果

Question 195

创建图表比较分析各种折旧的方法

● Level ◆◆◆

2016 2013 2010

实例　为各种折旧法添加图表

一般企业会根据与固定资产有关的经济利益的预期实现方式，合理选择固定资产折旧方法。折旧方法包括直线折旧法、单倍余额递减法、双倍余额递减法和年数总和法等，我们主要以这四个折旧法为例分析。

1. 打开工作表，选中B3:E13单元格，单击“插入”选项卡中的“推荐的图表”按钮。

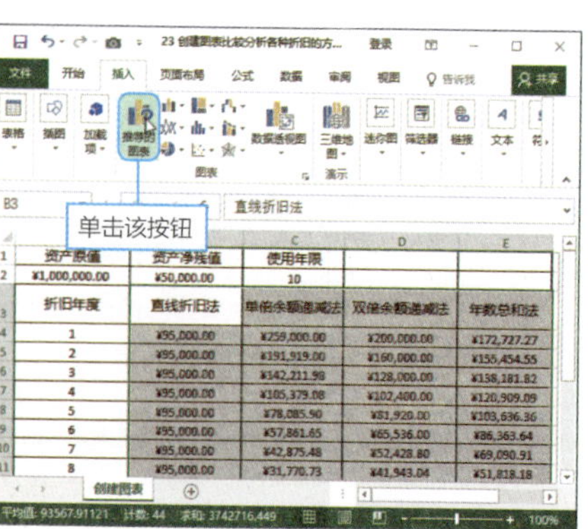

2. 弹出“插入图表”对话框，选择“折线图”选项面板中的所需选项，单击“确定”按钮。

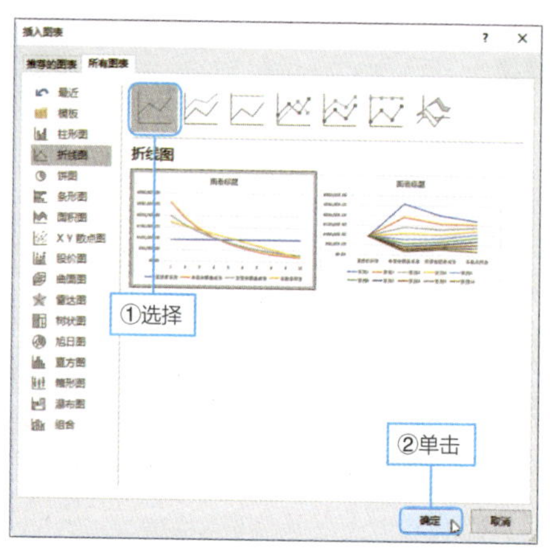

3. 为图表添加标题，查看比较四种折旧法折线的趋势效果。

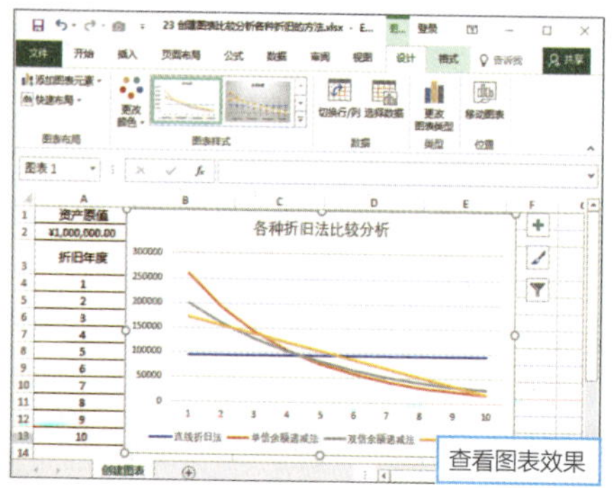

Hint

根据图表分析结果

由4个折旧法创建的折线图图表可以得出以下结论：

- 直线折旧法每年的折旧额是相同的，比较稳定。
- 单倍余额递减法的折线相对双倍余额递减法平缓。
- 双倍余额递减法是前期折旧最多的方法。
- 年数总和法是倾斜的直线，每年等差递减折旧。

Question 196

创建图表分析固定资产折旧数据

Level ◆◆◆

2016 2013 2010

实例 按照科目和部门创建图表

财务人员可以按折旧科目与使用部门汇总资产数据，分析一定期间内固定资产的使用状况与折旧费用。

例：按折旧科目汇总添加折线图，按使用部门添加饼图。

1 打开工作表，选中A4:C6单元格区域，单击“插入>折线图”下三角按钮，选择所需的折线图样式。

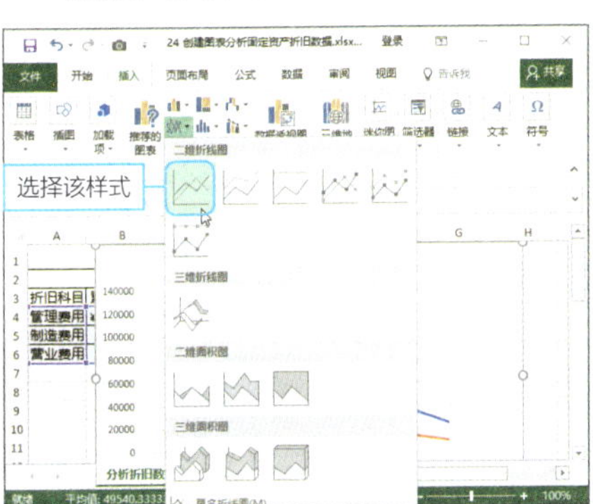

2 选中创建的折线图，单击“图表工具-设计”选项卡中“快速布局”按钮，选择所需图表布局样式。

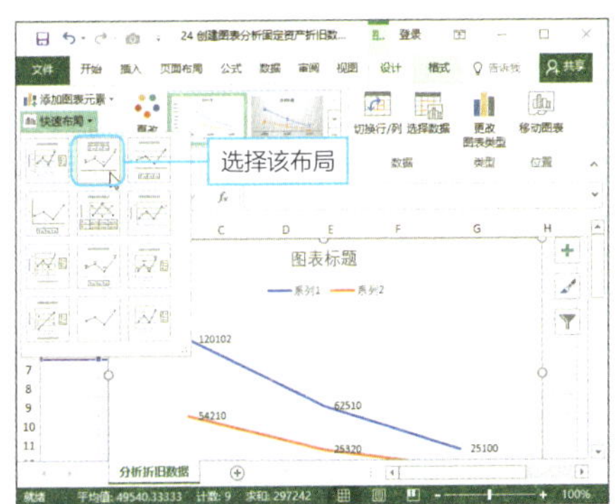

3 在标题文本框中输入图表标题，选中图表并单击鼠标右键，在快捷菜单中选择“选择数据”命令。

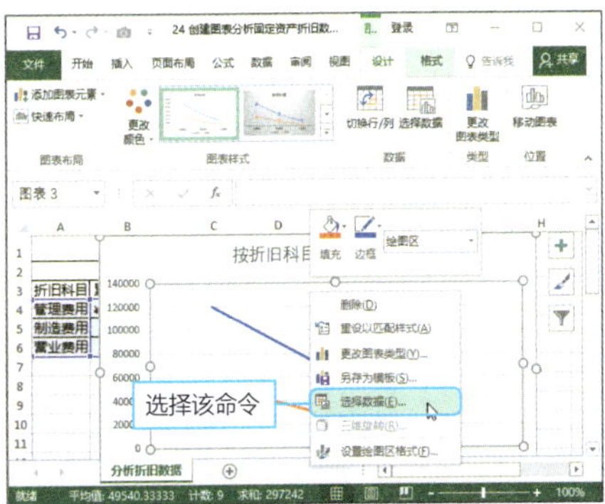

4 弹出“选择数据源”对话框，设置系列1的引用数据。

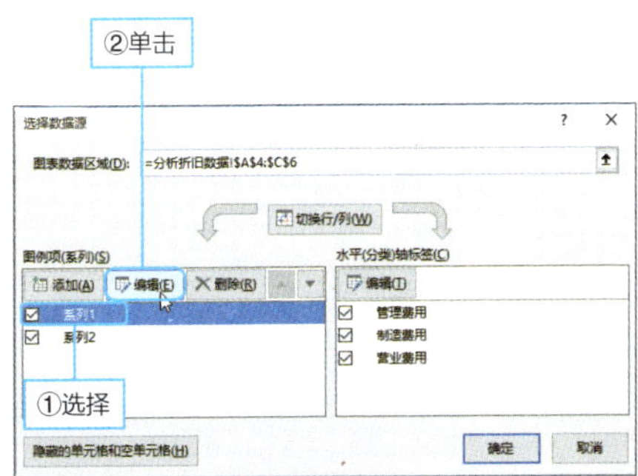

5 弹出“编辑数据系列”对话框，单击“系列名称”折叠按钮，选中表格中的B3单元格。

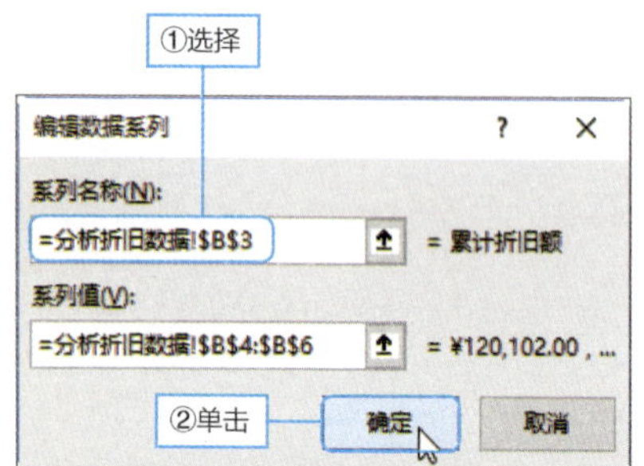

6 用同样的方法设置“系列2”名称为“本月末账面净值”，依次单击“确定”按钮。

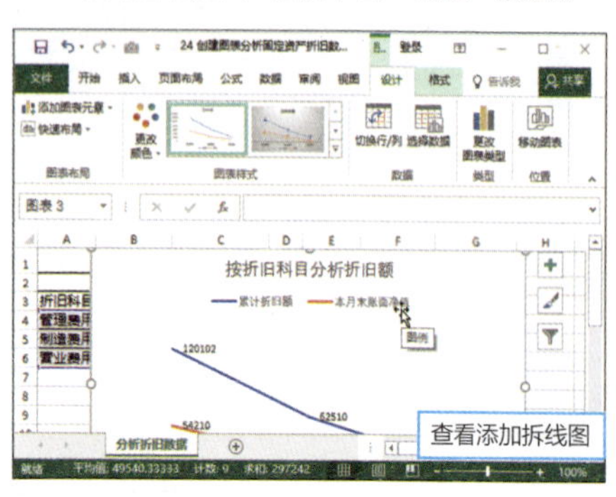

7 选中E4:F7单元格，单击“插入”选项卡中的“饼图”下三角按钮，选择所需的饼图样式选项。

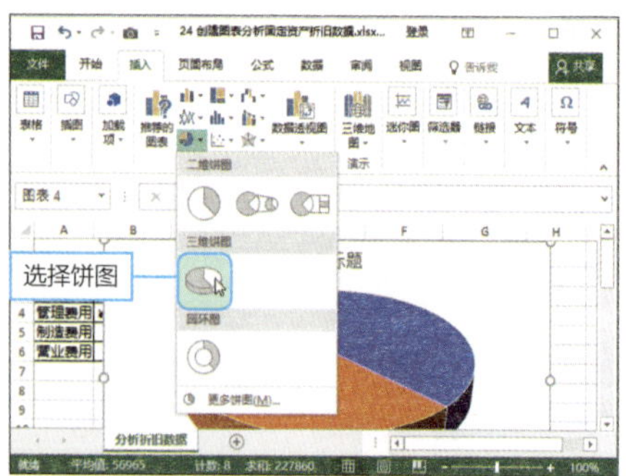

8 选中图表，单击“图表工具-设计”选项卡中“快速布局”按钮，选择所需布局选项。

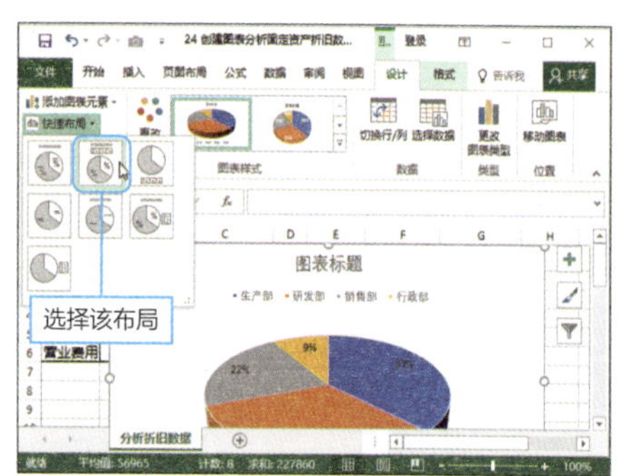

9 单击“图表样式”选项组中“其他”按钮，在下拉列表中选择所需的图表样式选项。

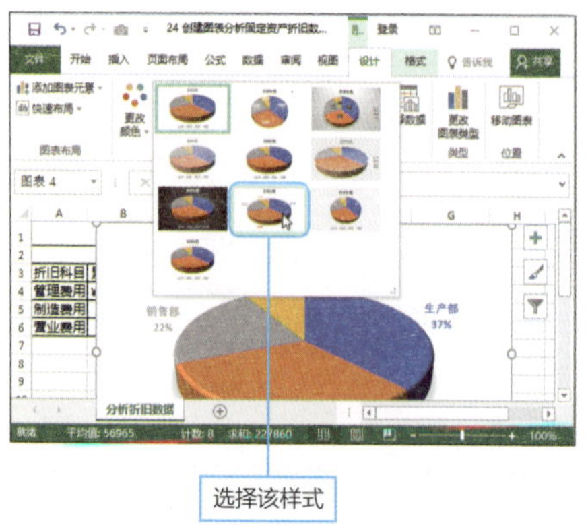

10 设置完成后，返回工作表中，查看按部分添加饼图的效果。

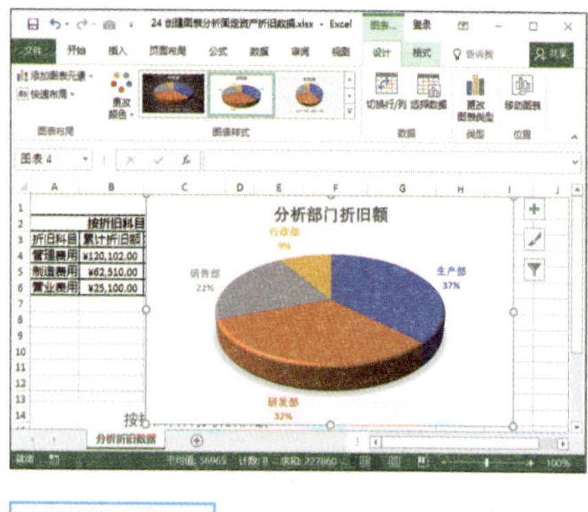

Question 197

计算固定资产的净值

Level ◆◆◆

2016 2013 2010

实例 在数据透视表中添加“净值”字段并进行计算

数据透视表中的内容一般不能随意添加或删除，如果需要添加某字段而且需要对汇总数据进行计算，可以通过添加计算字段来实现。

例：在数据透视表中添加“净值”字段，并计算各固定资产的净值。

1 打开工作表，选中数据透视表中任意单元格，在“数据透视表工具-分析”选项卡中选择“字段、项目和集>计算字段”选项。

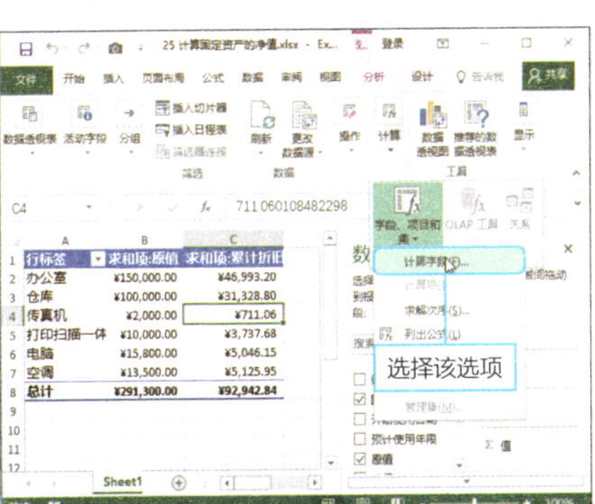

2 弹出“插入计算字段”对话框，在“名称”文本框中输入“净值”，单击“添加”按钮。

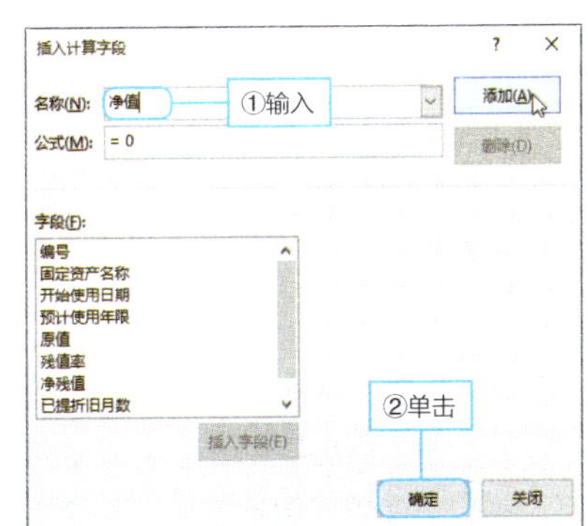

3 在“公式”文本框中输入“=原值-累计折旧”公式，然后单击“确定”按钮。

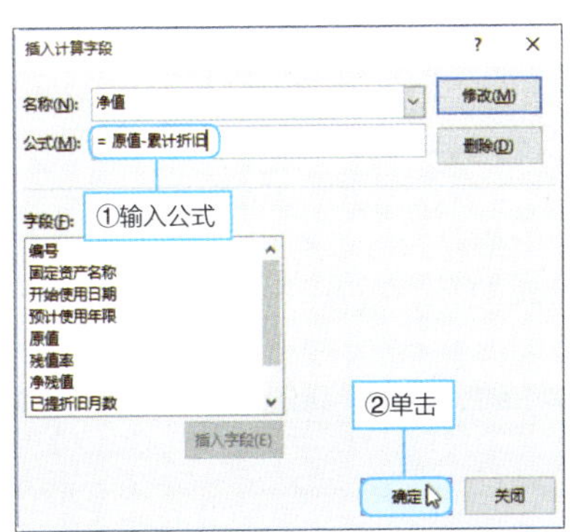

4 返回工作表，可以看到添加的“求和项:净值”列并计算出相应的结果。

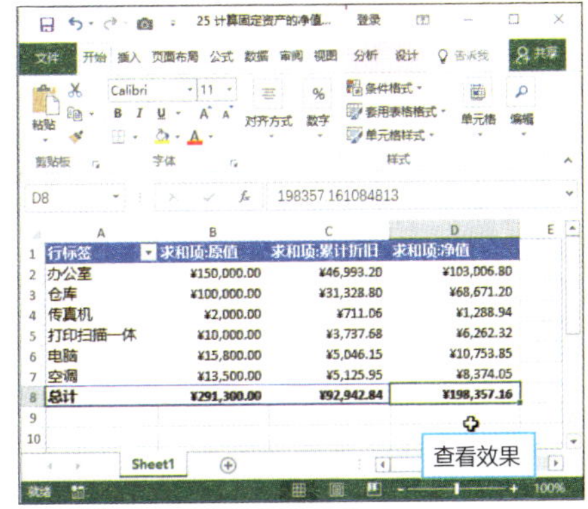

Question 198

制作固定资产转固审批表

Level ◆◆◆

2016 2013 2010

实例　快速编制固定资产转固审批表

固定资产转固是指安装或建造完成的设备或建筑物，达到了正常使用状况，会计上依据竣工验收相关资料，将原来的“在建工程”核算的内容冲销，并转至“固定资产”科目来核算，按固定资产来管理的过程。

1 打开工作表，填写固定资产转固审批表的标题和表格内相关科目。

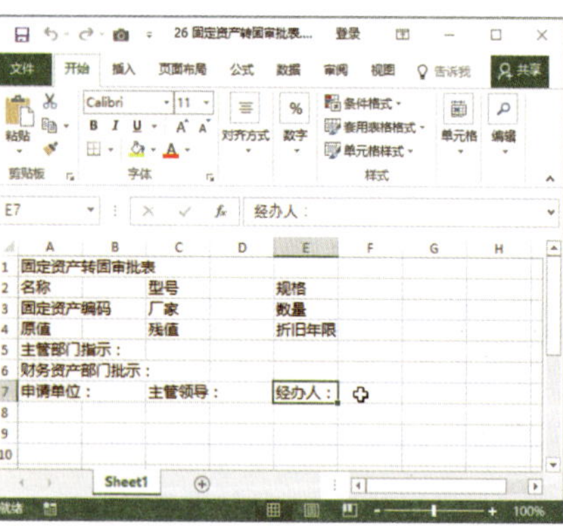

2 选中A1:F1单元格，单击“合并后居中”按钮，然后设置文本的字体和字号。

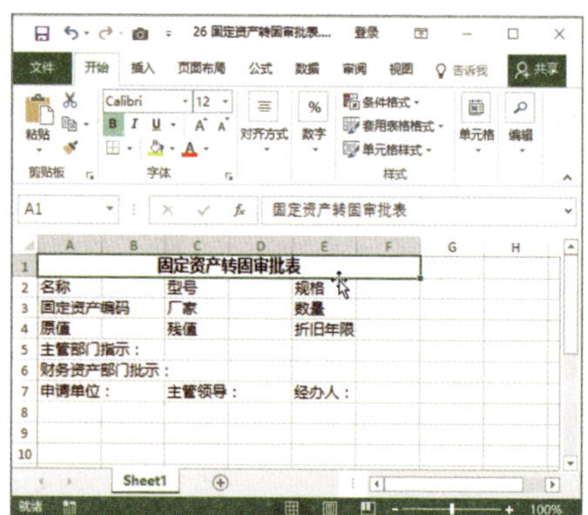

3 选中A2:F6单元格，单击“所有框线”和“垂直对齐”按钮，对表格格式进行设置。

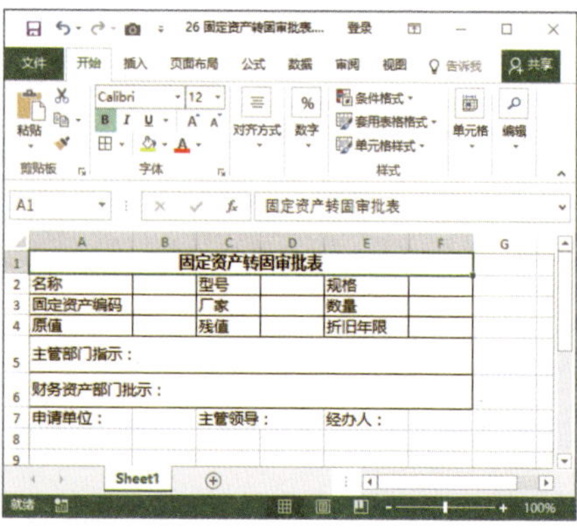

Hint

固定资产的形式

固定资产的形成方式有以下几种：

- 直接采购或其他途径获得后，可以直接投入使用的，采购后可以作固定资产的会计核算。
- 采购后不能直接使用，需要设备安装或者进行工程施工建造，如需安装的设备、需建造的厂房等。

第7章 199~243

Excel在进销存管理中的应用技巧

Question 199

● Level ◆◆◆

2016 2013 2010

创建采购统计表来有效地管理采购数据

语音视频教学199

实例	创建采购统计表

采购统计表是用来统计企业进货明细的表格，该表不仅可以显示每个供应商的送货数据，而且使采购数据分析、库存管理变得更简单清晰。

1 打开工作表，输入表格标题，并对表格式进行设置，然后选中B3:B23单元格区域。

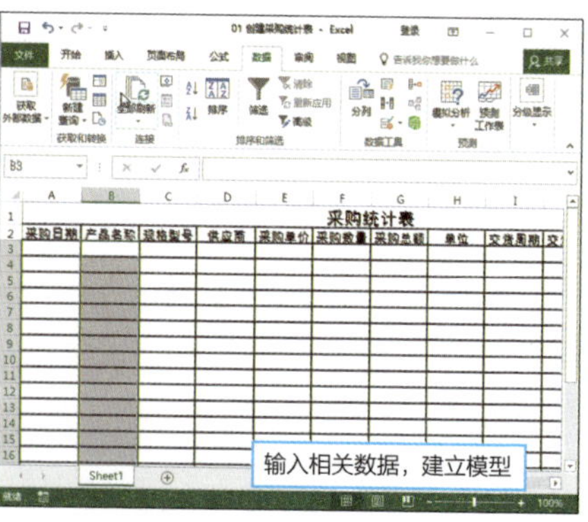

2 单击“数据”选项卡中“数据验证”按钮，在打开的对话框中为单元格设置产品名称下拉列表。

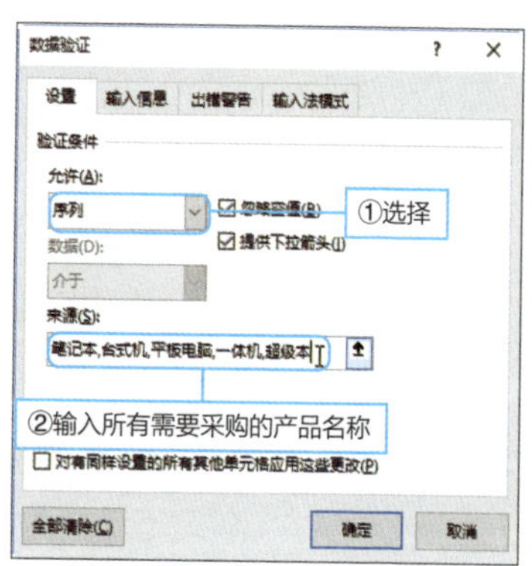

3 切换至“出错警告”选项卡，设置出错提示信息后，单击“确定”按钮。

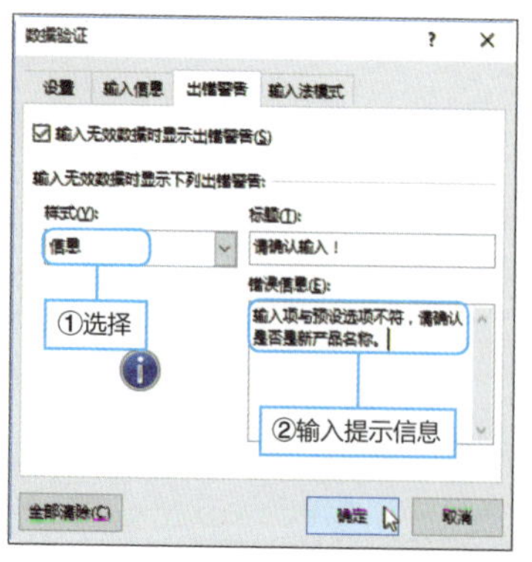

4 若要设置“采购数量”列数据验证为“整数”，则选中F3:F23单元格区域后，打开对话框。

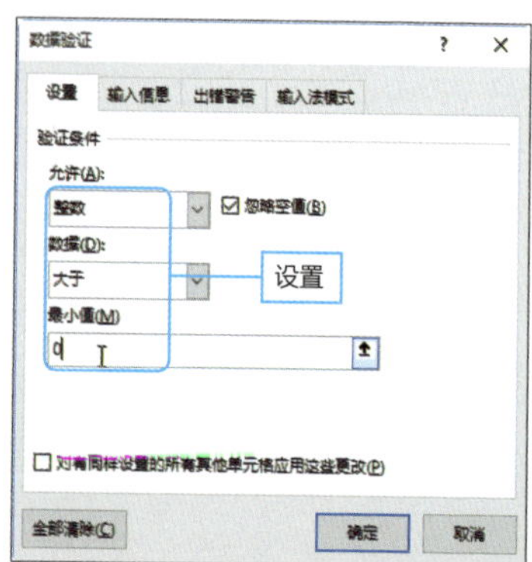

5 切换至“输入信息”选项卡，设置提示信息后，单击“确定”按钮。

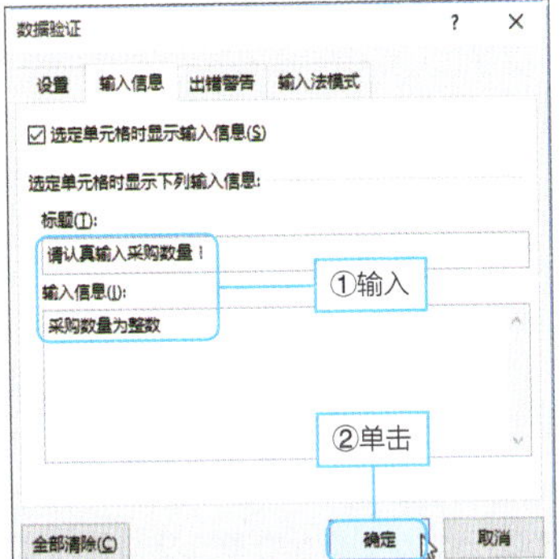

6 同时选中E列和G列，单击“开始”选项卡下的“数字格式”下三角按钮，选择“货币”选项。

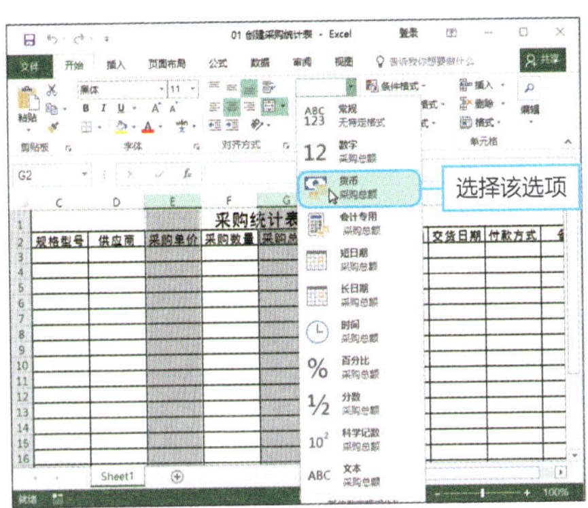

7 选中G3单元格，输入公式“=IF(AND(B3<>"",E3<>"",F3<>""),E3*F3,"")”。

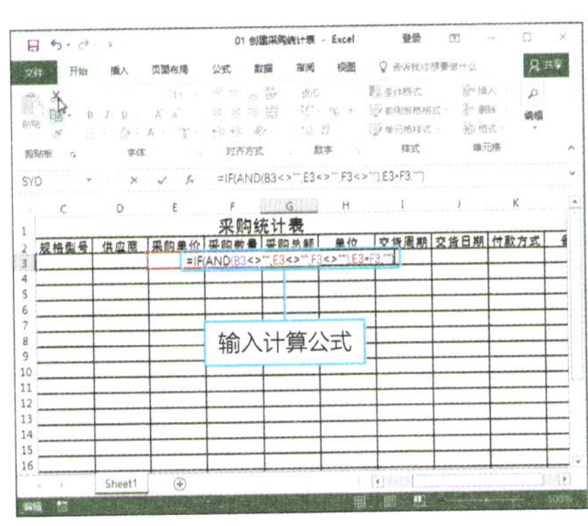

8 选中J3单元格，输入公式“=IF(AND(A3<>"",I3<>""),A3+I3,"")”，然后按下Enter键执行计算。

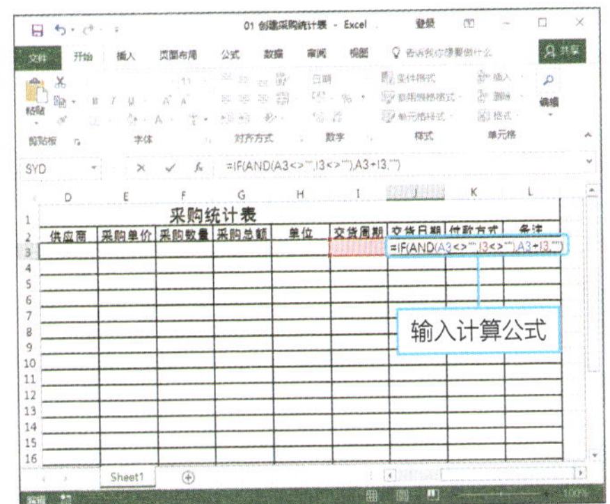

9 制作完成后，在表格中输入相关的采购信息，查看效果。

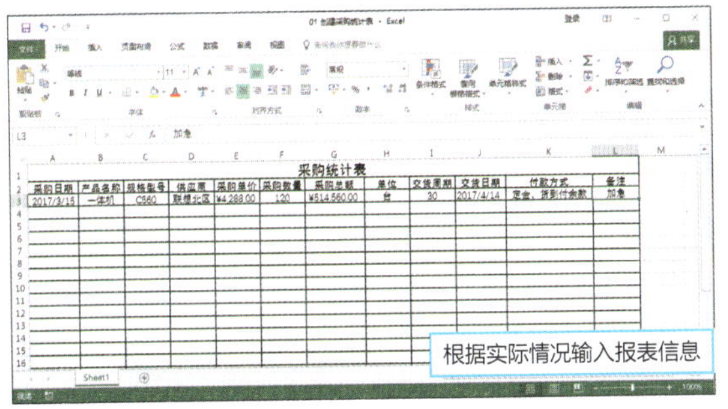

Question 200

创建采购申请单规范采购流程

语音视频教学200

Level ◆◆◆

2016 2013 2010

实例 编写采购申请单

为了保障采购流程的规范性，在采购原材料之前，各部门需要提出采购申请，经相关领导和财务审核后由采购部门统一预算并采购。

1 打开工作表，输入采购申请单的相关信息，并对表格格式进行设置。

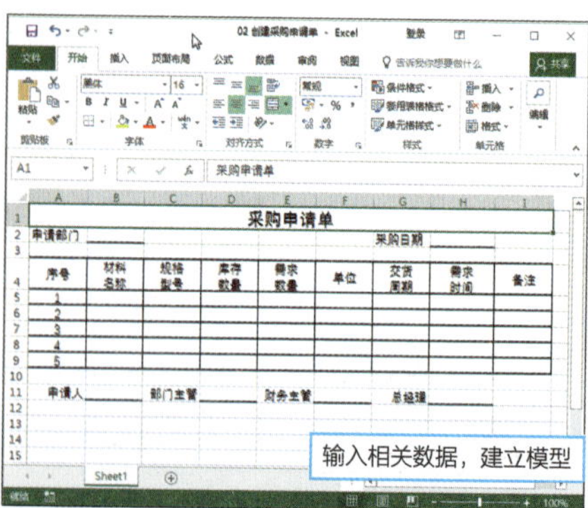

2 选中B2单元格，打开“数据验证”对话框，为“申请部门”单元格设置下拉列表。

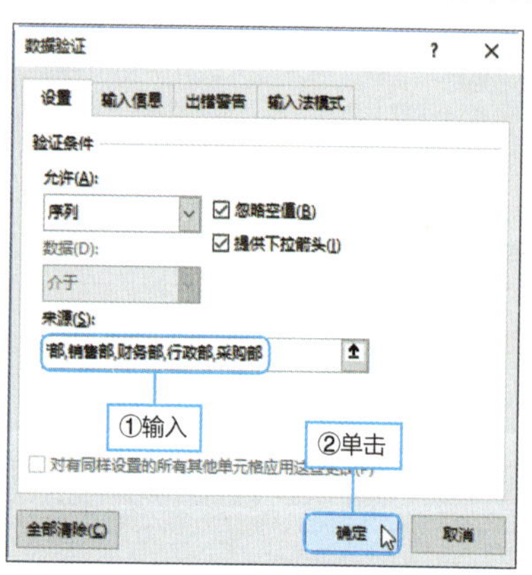

3 选中G5单元格，输入公式“=IF(AND(H2<>"",G5<>""),H2+G5,"")”，按Enter键执行计算。

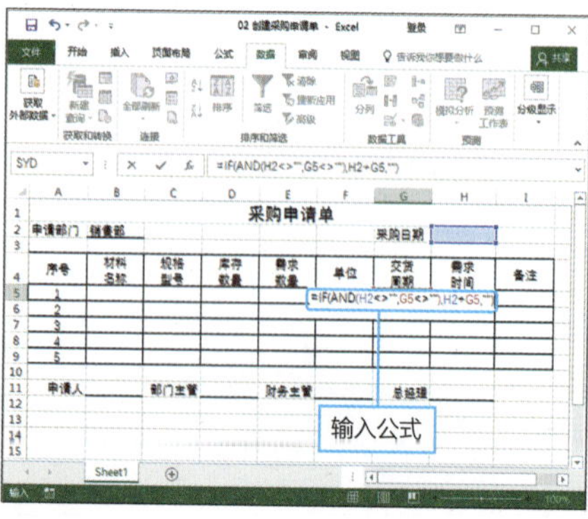

4 设置完成后，输入相关数据，查看创建采购单的效果。

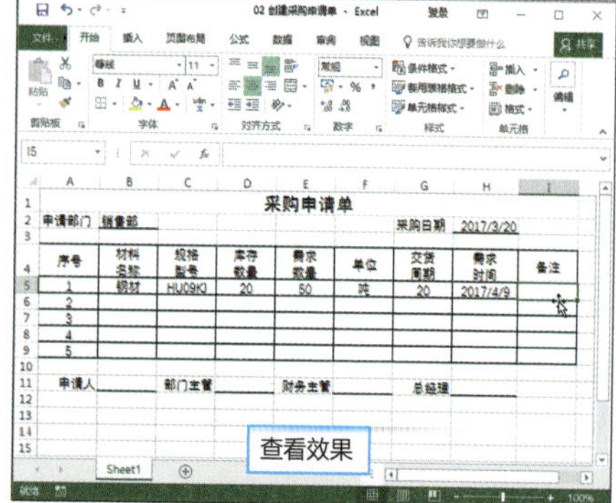

Question

格式化商品编号

语音视频
教学201

实例　设置商品编号单元格格式并分类供应商

Level ◆◆◆

2016 2013 2010

在管理商品的系统中，商品编号起着关键作用，可以非常方便地查找商品编号对应的产品名称、供应商和价格等信息。

例：在商品编号表中分类供应商。

1 打开工作表，选中商品编号列，在“设置单元格格式”对话框中进行数据格式设置。

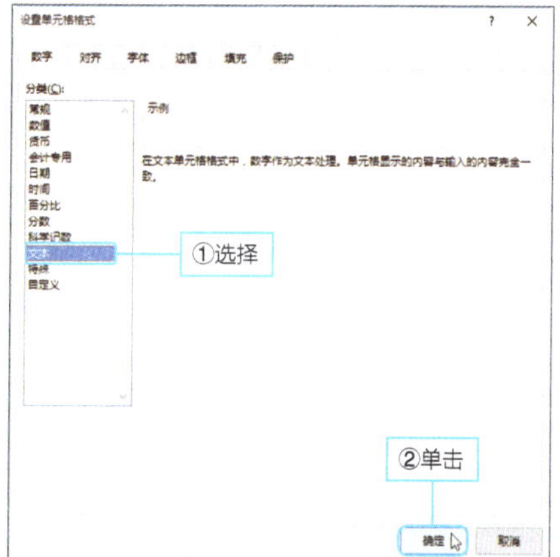

2 输入商品编号，选中A2:F12单元格区域，在打开“新建格式规则”对话框中进行单元格规则设置。

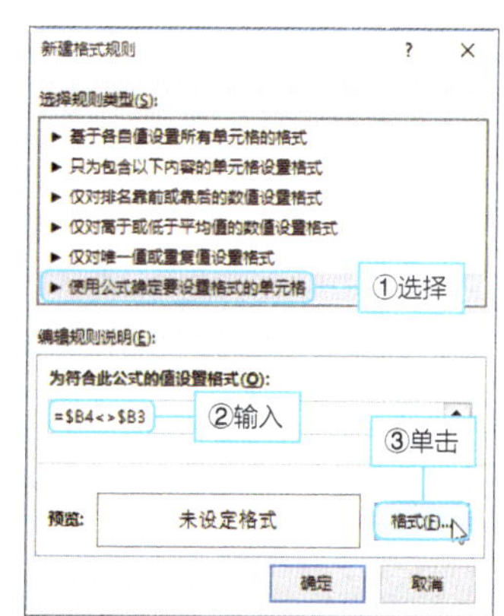

3 弹出“设置单元格格式”对话框，设置边框格式后，单击“确定”按钮。

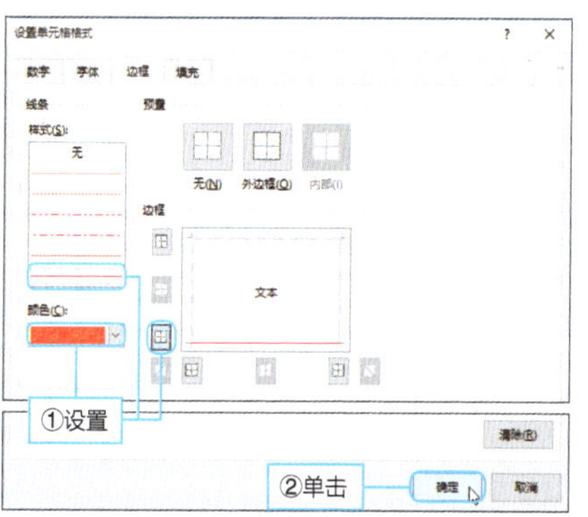

4 在“视图”选项卡中取消勾选“网格线”复选框，查看效果。

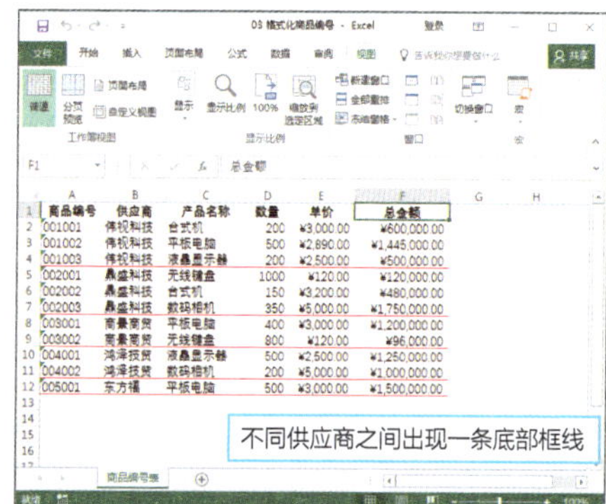

1 2 3 4 5 6 7 8 9 10
Excel在进销存管理中的应用技巧

Question

202 快速准确添加采购记录

语音视频
教学202

● Level ◆◆◆

2016 2013 2010

实例 使用“记录单”添加采购记录

采购统计表中的项目比较多，发布采购信息时有可能会忙中出错，如果使用“记录单”，就可以非常准确地添加采购信息了。

❶ 打开工作表，切换至“数据”选项卡，单击“新建组”选项组中“记录单”按钮。

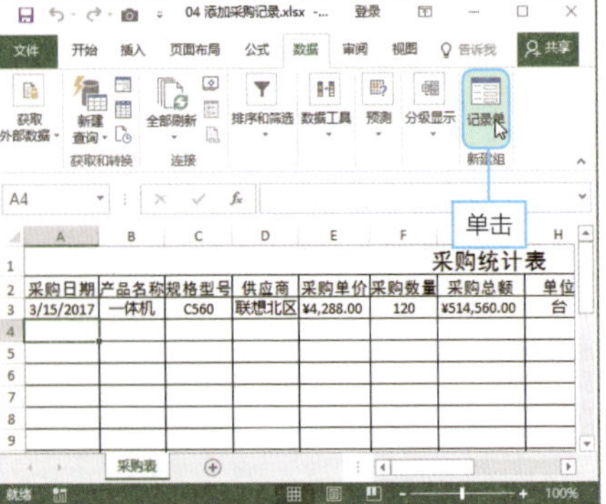

❷ 在打开的对话框中，单击“新建”按钮。在对应的文本框中输入相关内容，输入完成后单击“关闭”按钮。

采购表

采购日期:	2017/3/20
产品名称:	台式机
规格型号:	A4500
供应商:	南工厂
采购单价:	3880
采购数量:	50
采购总额:	¥194,000.00
单位:	套
交货周期:	15
交货日期:	2017/4/4
付款方式:	货到付款
备注:	某能源厂采购

2 / 21 新建(W) 删除(D) 还原(R) 上一条(P) 下一条(N) 条件(C) 关闭(L)

①输入 ②单击

❸ 返回工作表中，可见在记录单中输入的数据在表格中显示出来了。

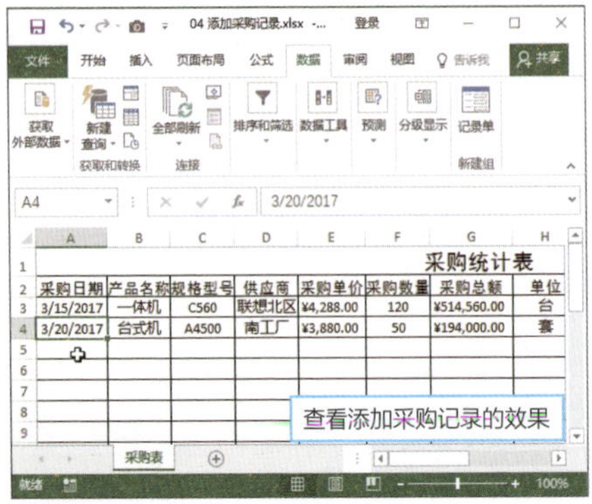

Hint

将“记录单”添加到功能区

在Excel中，默认情况下“记录单”按钮是不在功能区中的。步骤1“新建组”选项组中的“记录单”按钮，用户可以通过执行“文件>选项”选项，打开“Excel选项”对话框，在“自定义功能区”选项面板中进行设置。具体设置方法，读者可以参考“174 准确记录固定资产的增加”中的详细介绍。

分析采购数据

Level ◆◆◆

2016 2013 2010

实例 多条件显示采购数据

在对采购明细进行分析时，若想显示多个条件的采购数据，我们可以使用高级筛选功能。

1 打开工作表后，根据相关信息在表格下方输入需要的筛选条件。

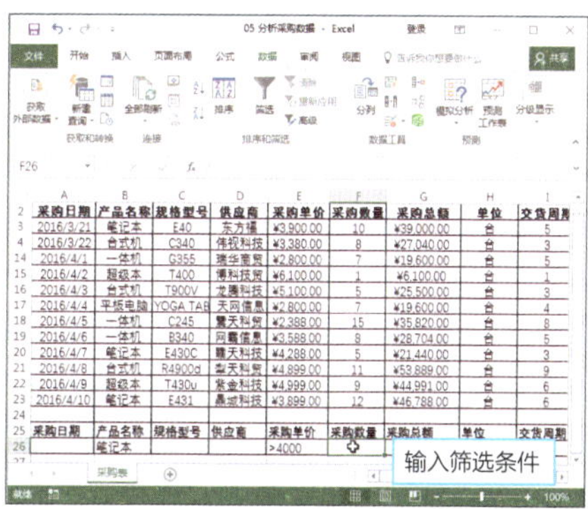

2 切换至“数据”选项卡，单击“高级”按钮，打开“高级筛选”对话框。

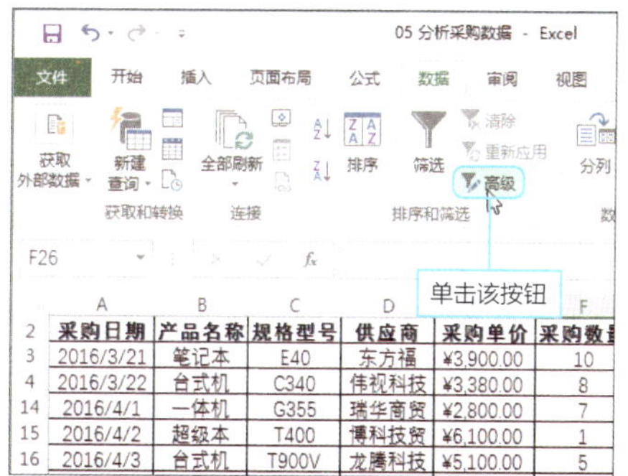

3 在打开的对话框中，单击“列表区域”和“条件区域”后面的折叠按钮，选择表格中的相关区域。

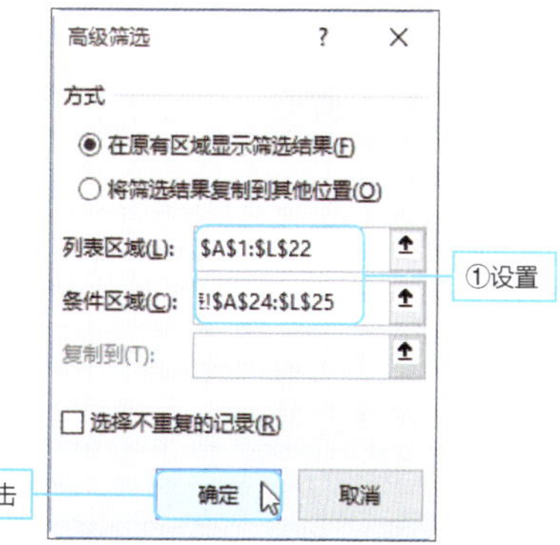

4 单击“确定”按钮返回工作表中，可以看到符合条件的采购明细已经被筛选出来了。

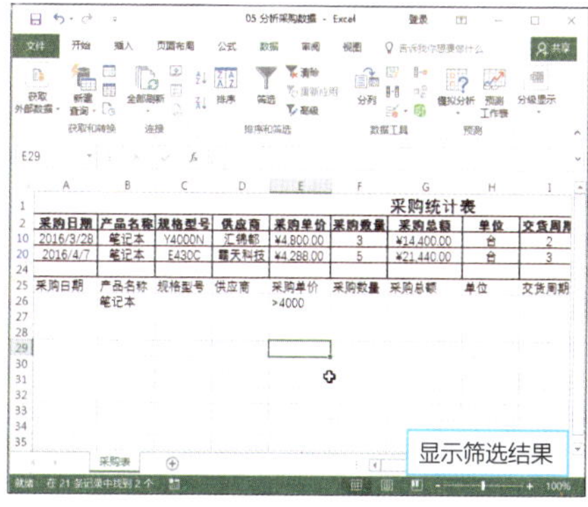

Question

204 各月采购数据的完美呈现

Level ◆◆◆

2016 2013 2010

实例 应用图表显示采购数据

利用图表可以更直观地展示数据趋势，应用图表展示采购数据，可以使采购数据更直观。

例：在工作表中插入柱形图，展示第一季度采购信息汇总。

1. 选中A2:D7单元格区域，在“插入”选项卡中单击“插入柱形图”按钮。

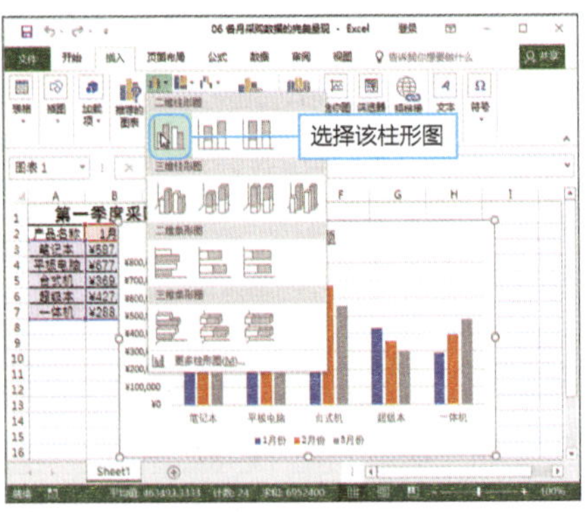

2. 工作表中已经插入了选择的柱形图，在“图表标题”文本框中输入图表标题。

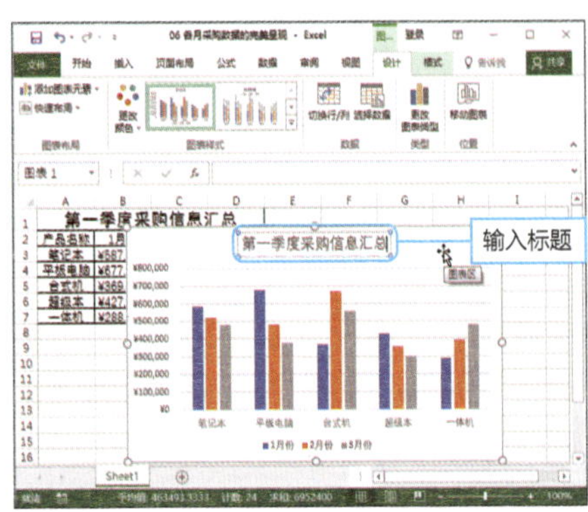

3. 在“图表工具-设计”选项卡中单击“图表样式”选项组的“其他”下三角按钮，选择所需图表样式。

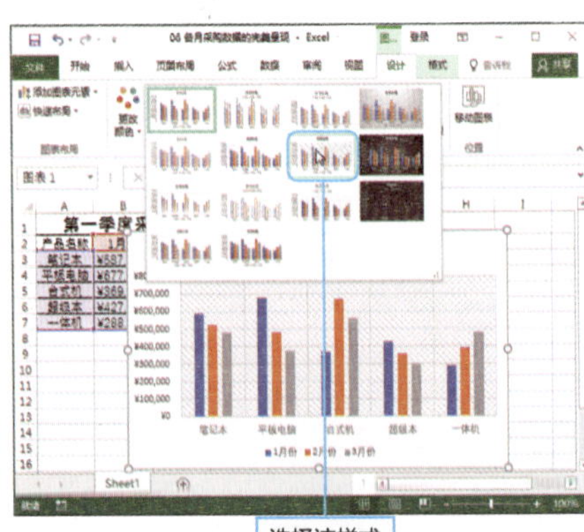

选择该样式

4. 然后将插入的图表移至合适的位置，设置图表大小后，查看效果。

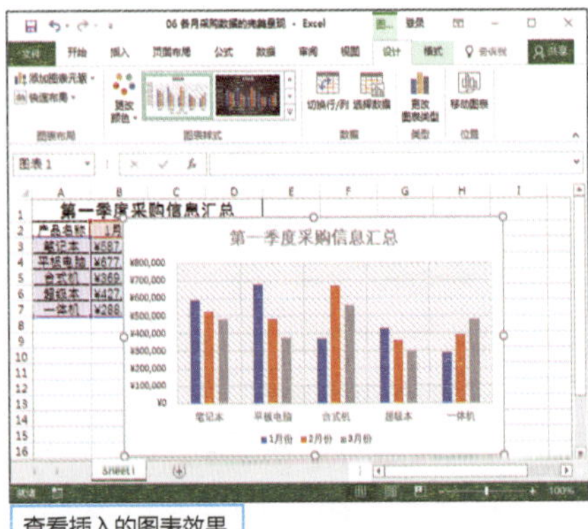

查看插入的图表效果

Question

205 快速汇总各产品的采购金额

语音视频教学205

● Level ◆◆◆

2016 2013 2010

实例 应用分类汇总功能汇总数据

如果需要分析企业采购各产品所占的比例，必须先将各产品进行汇总，此时最快捷的方法就是使用Excel的分类汇总功能。

例：在采购统计表中根据产品名称，汇总采购金额。

1 选中“产品名称”列任意单元格，在“数据”选项卡中单击“升序”按钮。

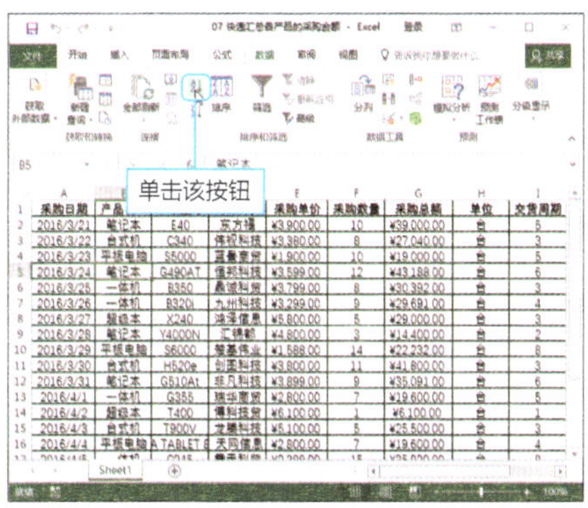

2 排序操作后，单击“分类显示”选项组中“分类汇总”按钮。

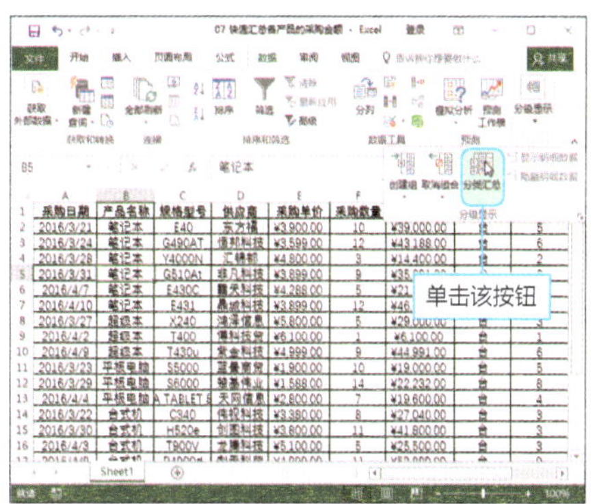

3 打开“分类汇总”对话框，进行相应的设置后，单击“确定”按钮。

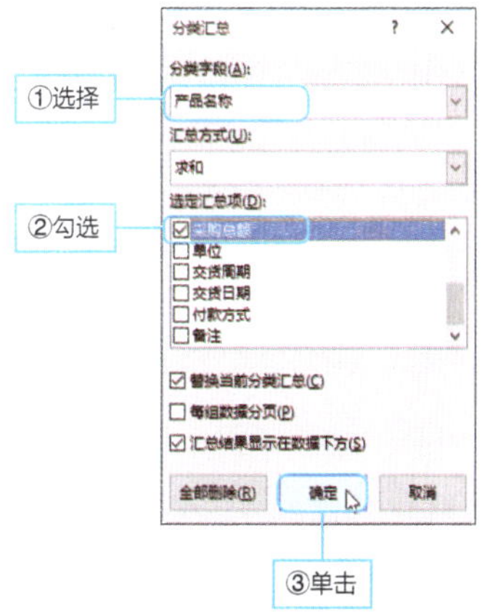

4 返回工作表中，查看按照产品名称对采购金额进行汇总的效果。

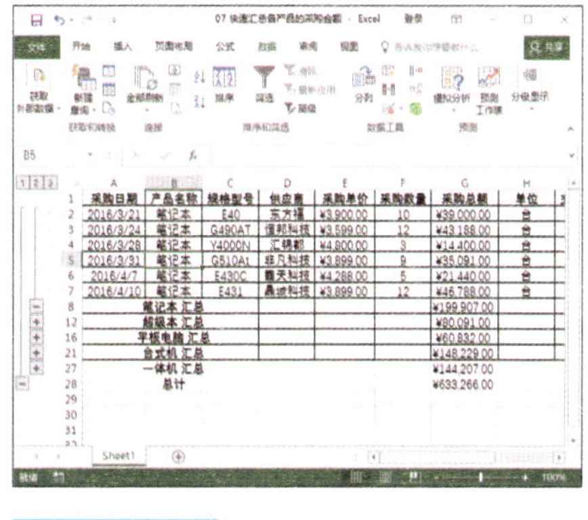

查看分类汇总效果

Question 206

巧用组合函数查询采购最多的产品

语音视频教学206

● Level ◆◆◆

2016 2013 2010

实例 应用函数显示采购最频繁的产品名称

在采购决策中，经常需要查询采购次数最多的产品，以便调整采购策略，降低采购成本。下面介绍在采购统计表中，应用INDEX、MODE和MATCH函数查询采购次数最多产品名称的操作方法。

1. 打开工作表，在采购统计表下方输入相关数据，并设置格式。

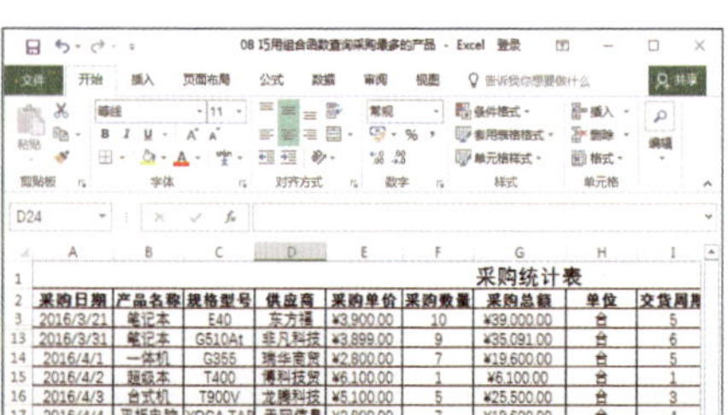

2. 选中D24单元格，输入计算公式“=INDEX(B3:B23,MODE(MATCH(B3:B23,B3:B23,0)))”。

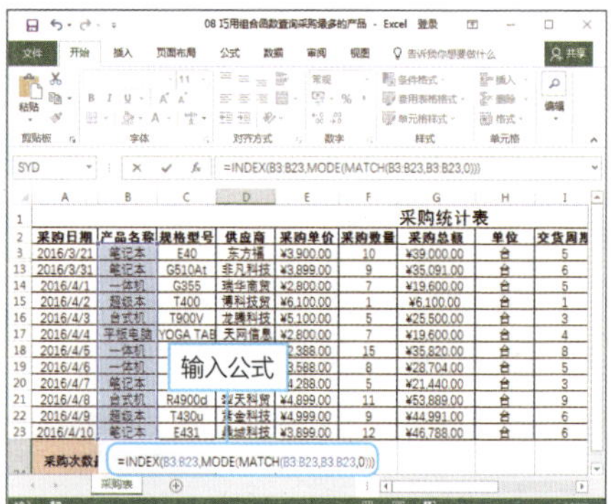

3. 按Enter键执行计算，即可查看Excel自动计算出采购次数最多的产品。

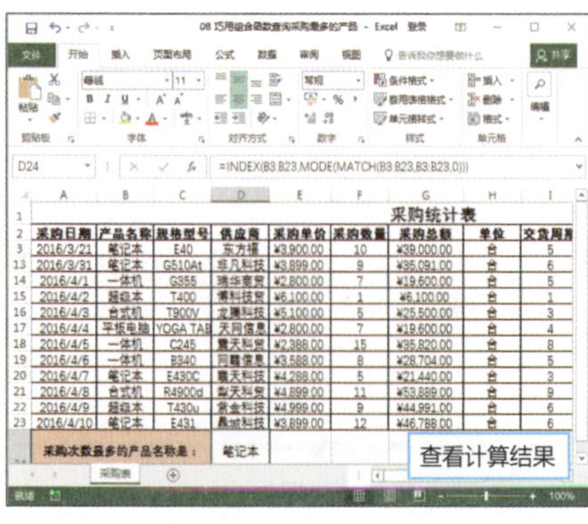

Hint

公式说明

在计算采购次数最多的产品名称的公式“=INDEX(B3:B23,MODE(MATCH(B3:B23,B3:B23,0)))”中，先使用MATCH函数获取“产品名称”第一次在B3:B23单元格中出现的位置，然后使用MODE函数获取这些位置的众数，最后使用INDEX函数从B3:B23单元格区域中根据众数指定的位置引用产品名称。

Question

207 自动清算某产品采购金额

● Level ◆◆◆

2016 2013 2010

实例 应用SUMIF函数计算各产品的采购金额

在对采购明细进行分析的时候，若想查看某产品的总采购额，我们可以使用SUMIF函数来实现。

例：使用SUMIF函数自动计算出某产品的采购金额。

1 打开工作表，选中C25单元格，输入公式“=SUMIF(B2:B22,B25,G2:G22)”，按Enter键执行计算。

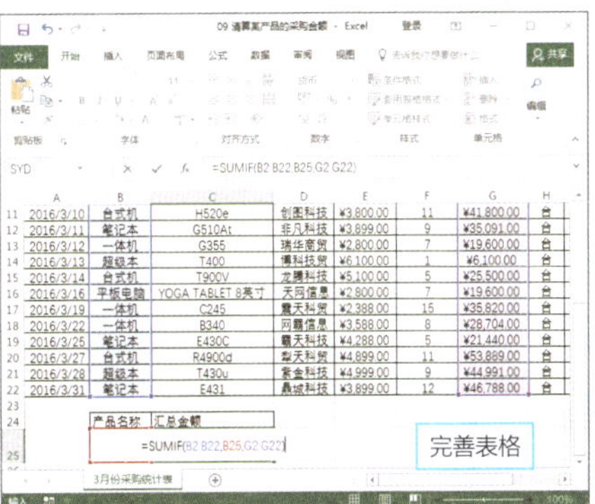

2 在B25单元格中输入“笔记本”，在C25单元格中将自动计算出3月份笔记本的采购金额。

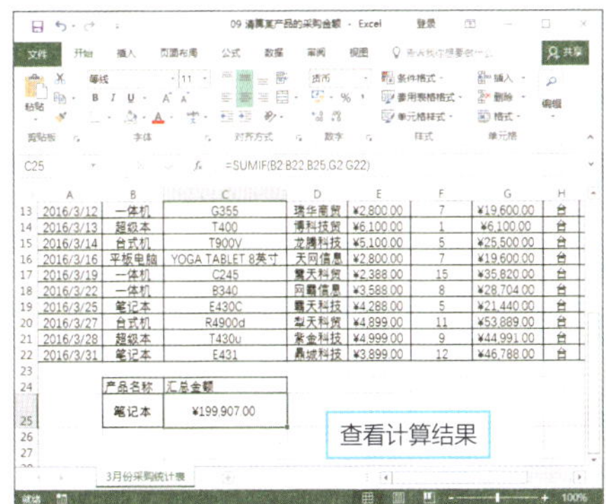

3 在B25单元格中输入“台式机”，在C25单元格中自动计算出相应的采购金额。

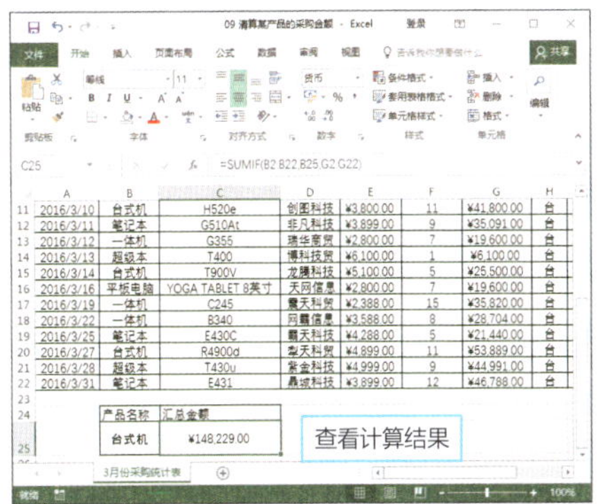

Hint

函数解析

SUMIF函数用于根据指定条件对若干单元格、区域或引用求和。其语法结构为：

SUMIF(range,criteria,sum_range)

range为条件区域，用于条件判断的单元格区域；criteria是求和条件，由数字、逻辑表达式等组成的判定条件；sum_range为实际求和区域，需要求和的单元格、区域或引用。

Question

208 快速计提本月应付账款总额

语音视频教学208

● Level ◆◆◆

2016 2013 2010

实例 应用组合函数计算本月的采购总额

某企业的采购统计明细中记录了最近一段时间产品的采购数据，我们现在需要从该明细表中提取需要本月付款货品的总金额。因为采购的商品是货到付款，所以结账日期为交货的日期。

最终效果

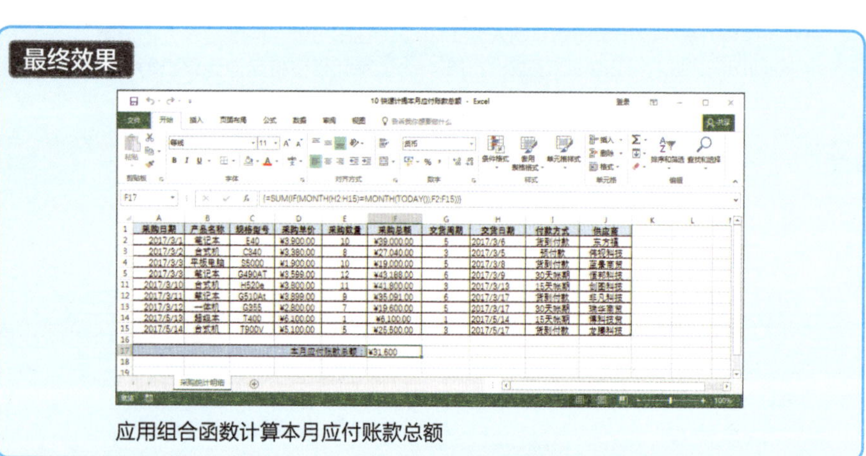

应用组合函数计算本月应付账款总额

选中F17单元格，输入应付账款的计算公式“=SUM(IF(MONTH(H2:H15)=MONTH(TODAY()),F2:F15))”后，按下Ctrl+Shift+Enter组合键。

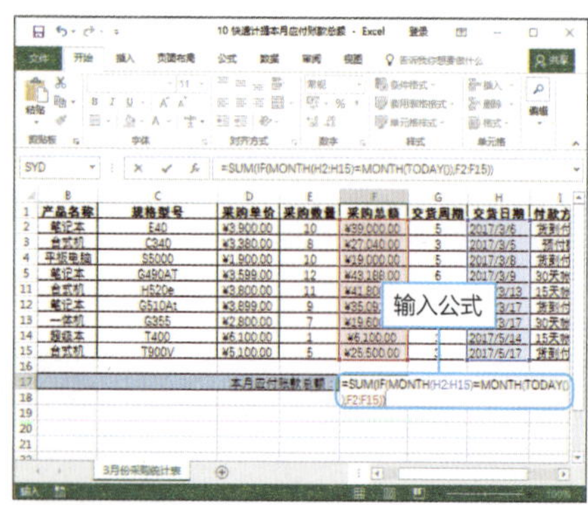

Hint

公式说明

在本案例公式“=SUM(IF(MONTH (H3:H16)=MONTH(TODAY()),F3:F16))”中，先使用MONTH函数分别提取交货日期和当前日期的月份，然后使用IF函数判断交货日期的月份与当前日期的月份是否相同，若相同则返回对应的订货金额，最后使用SUM函数对金额进行求和运算，因为公式使用数组，所以按Ctrl+Shift+Enter组合键执行计算，否则将出现错误的结果。

Question

209 巧用函数生成随机不重复值

Level ◆◆◆

2016 2013 2010

实例 应用函数从到货产品中随机抽检5种产品

在采购产品入库时，为了保证该批产品的质量，通常都需要进行严格的抽样检测。为了保证抽样的随机性，使检测结果更客观，我们可以使用函数来生成随机产品序列号。

1 组合函数法。选中B4单元格，输入随机序列号的计算公式“=INT(RAND()*1000)”后，按Enter键执行计算。

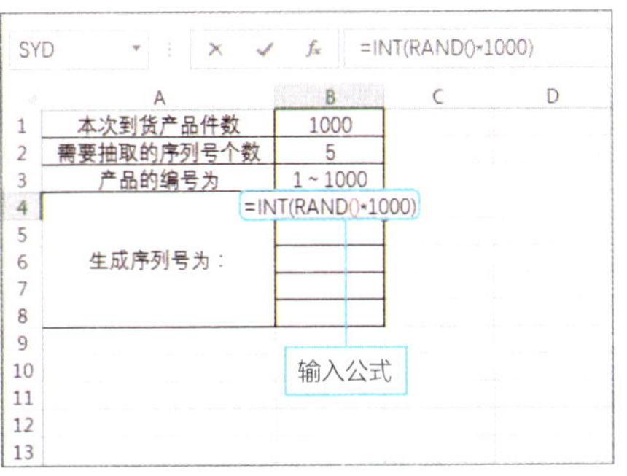

2 选中B4单元格，向下复制公式至B8单元格，即可使用INT和RAND函数生成5个随机序列号。

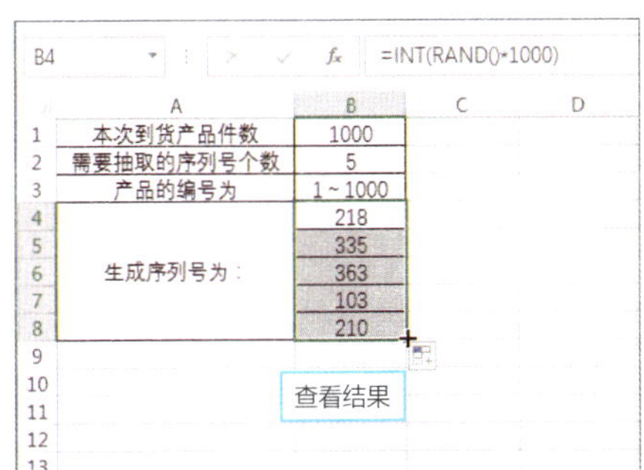

3 函数法。选中B4单元格，输入随机序列号的计算公式“=RANDBETWEEN(1,1000)”。

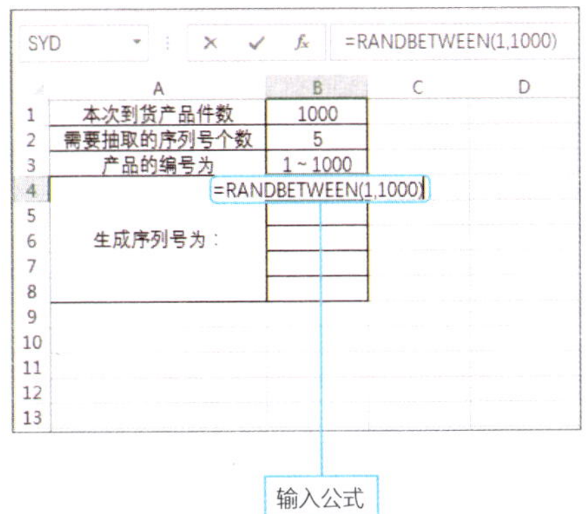

4 按Enter键，向下复制公式至B8单元格，查看生成5个随机序列号。

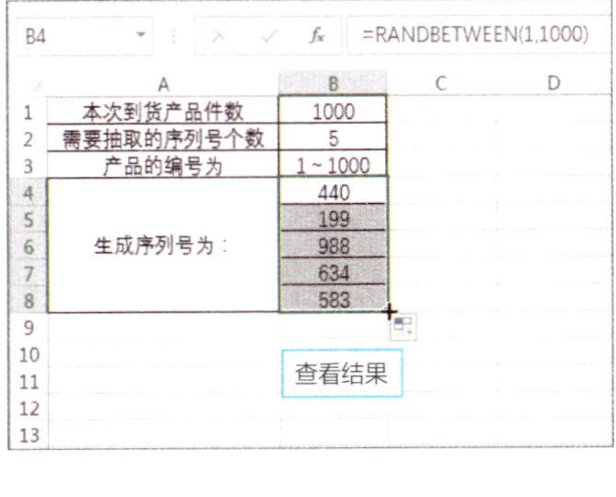

Question 210

迅速查找某供应商的应付账款

语音视频教学210

● Level ◆◆◆

2016 2013 2010

实例 使用函数查找指定供应商的采购总额

在采购统计表中，需要查看某供应商的应付账款，如果手动查找比较麻烦，用户可以使用VLOOKUP函数进行快速查找，只需要十几秒就能做到。

1 打开工作表，选中O2单元格，打开“插入函数”对话框，选择VLOOKUP函数。

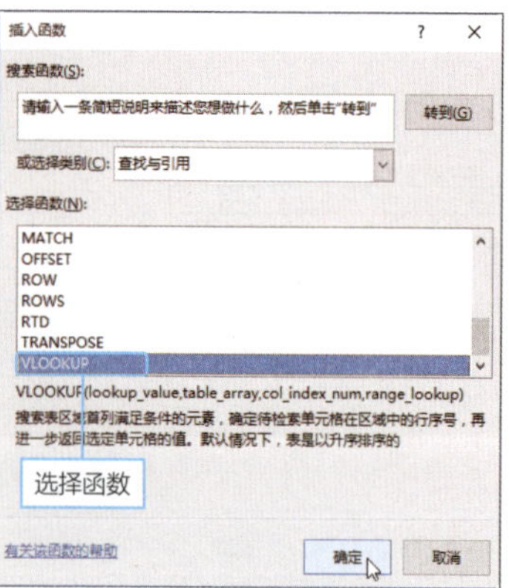

2 打开“函数参数”对话框，设置各参数，然后单击“确定”按钮。

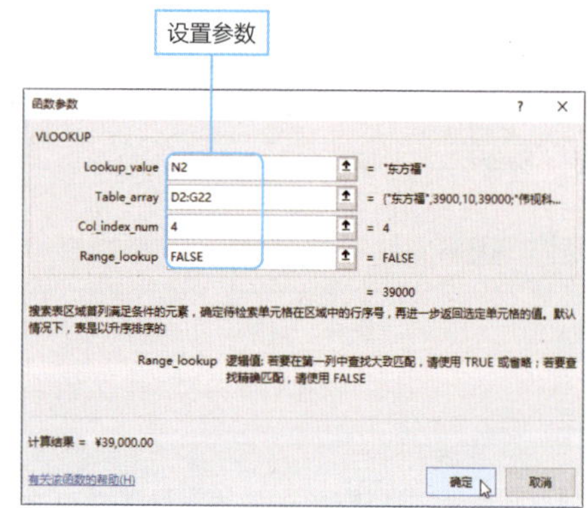

3 返回工作表中，在N2单元格中输入需要查看供应商名称，在O2单元格中将自动计算出结果。

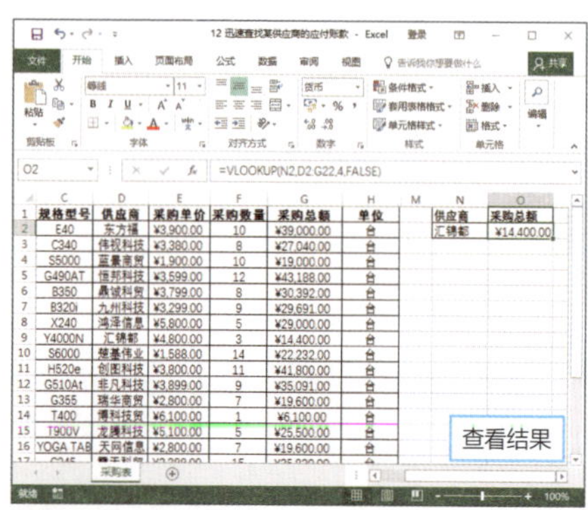

Hint

函数解析

VLOOKUP函数用于查找指定的数值，返回当前行中指定列的内容。其语法结构为：VLOOKUP(lookup_value,table_array,col_index_num,range_lookup)。

lookup_value：指定在数组第一列中查找的数值。table_array：指定要查找的范围。col_index_num：指定函数要返回table_array区域中匹配值的列序号。range_lookup：以TRUE或FALSE指定查找的方法。

Question 211 一目了然地查看采购统计表

语音视频教学211

Level ◆◆◆

2016 2013 2010

实例 使用“冻结窗格”功能冻结报表的首行

在采购统计表中，用户使用滚动条向下滚动查看数据时，将查看不到首行的科目名称，很影响数据浏览的效果。此时可以使用“冻结窗格”功能，冻结第一行或冻结指定的行数。

1. 打开工作表，单击“视图”选项卡中“冻结窗格”按钮，选择“冻结首行”选项。

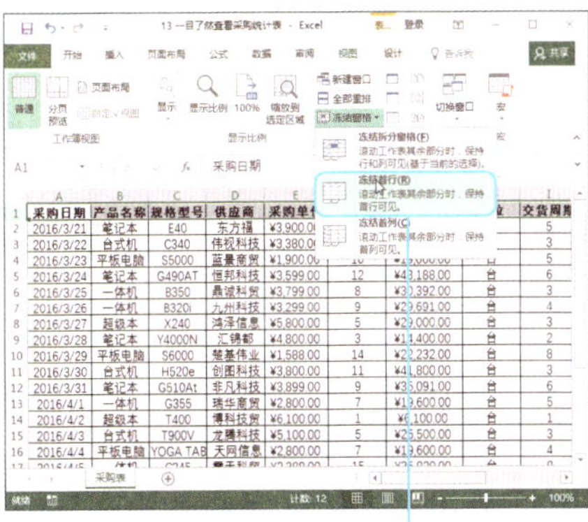

选择该选项

2. 操作完成并查看数据时，可以看到标题行是不会随滚动条下移而消失的。

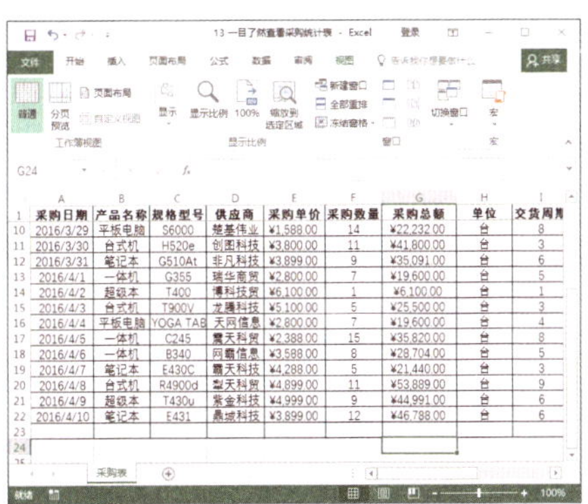

查看冻结首行的效果

3. 如果需要取消冻结窗格，单击“冻结窗格”下三角按钮，选择“取消冻结窗格”选项。

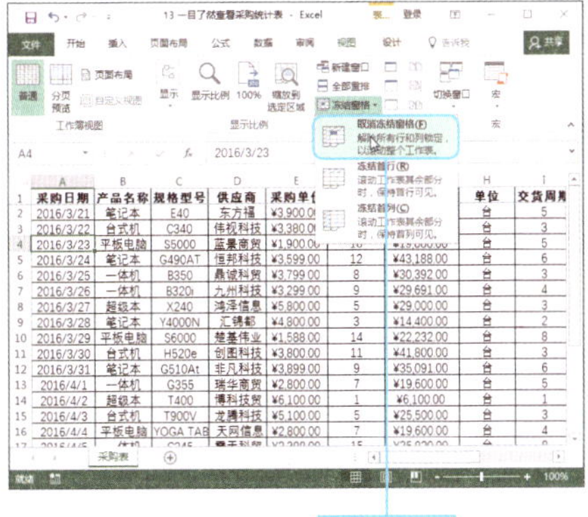

选择该选项

Hint

如何冻结多行

如果在浏览表格时，需要固定多行，例如固定前3行，则选中第4行任意单元格，切换至“视图”选项卡，单击“窗口”选项组中“冻结窗格”下三角按钮，在列表中选择“冻结拆分窗格”选项即可。

Question

212

● Level ◆◆◆

2016 2013 2010

销售统计表的妙用

语音视频教学212

实例 创建销售统计表

一般企业的销售数据主要是以流水账的形式记录，因此我们可以创建销售记录统计表，来更有效地管理销售数据。

最终效果

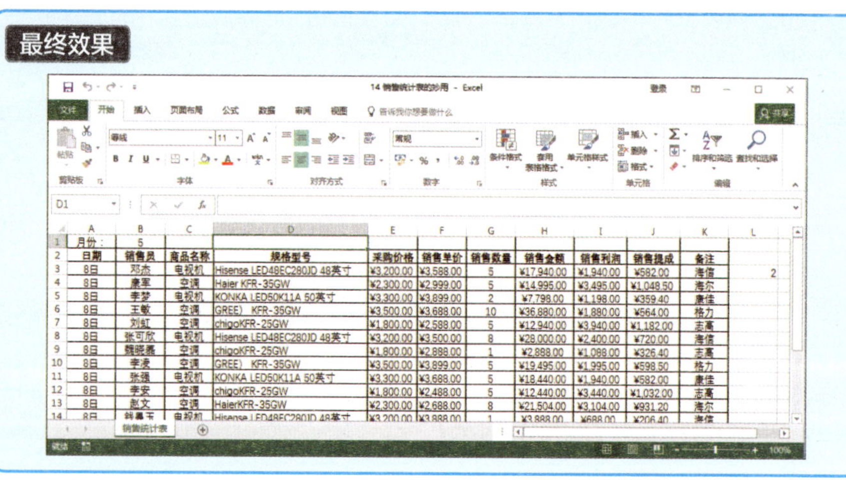

	A	B	C	D	E	F	G	H	I	J	K	L
1	月份：	5										
2	日期	销售员	商品名称	规格型号	采购价格	销售单价	销售数量	销售金额	销售利润	销售提成	备注	
3	8日	邓杰	电视机	Hisense LED48EC280JD 48英寸	¥3,200.00	¥3,588.00	5	¥17,940.00	¥1,940.00	¥582.00	海信	2
4	8日	康军	空调	Haier KFR-35GW	¥2,300.00	¥2,999.00	5	¥14,995.00	¥3,495.00	¥1,048.50	海尔	
5	8日	李梦	电视机	KONKA LED50K11A 50英寸	¥3,300.00	¥3,899.00	2	¥7,798.00	¥1,198.00	¥359.40	康佳	
6	8日	王敏	空调	GREE） KFR-35GW	¥3,500.00	¥3,688.00	10	¥36,880.00	¥1,880.00	¥564.00	格力	
7	8日	刘虹	空调	chigoKFR-25GW	¥1,800.00	¥2,588.00	5	¥12,940.00	¥3,940.00	¥1,182.00	志高	
8	8日	张可欣	电视机	Hisense LED48EC280JD 48英寸	¥3,200.00	¥3,500.00	8	¥28,000.00	¥2,400.00	¥720.00	海信	
9	8日	魏晓磊	空调	chigoKFR-25GW	¥1,800.00	¥2,888.00	1	¥2,888.00	¥1,088.00	¥326.40	志高	
10	8日	李凌	空调	GREE） KFR-35GW	¥3,500.00	¥3,899.00	5	¥19,495.00	¥1,995.00	¥598.50	格力	
11	8日	张强	电视机	KONKA LED50K11A 50英寸	¥3,300.00	¥3,688.00	5	¥18,440.00	¥1,940.00	¥582.00	康佳	
12	8日	李安	空调	chigoKFR-25GW	¥1,800.00	¥2,488.00	5	¥12,440.00	¥3,440.00	¥1,032.00	志高	
13	8日	赵文	空调	HaierKFR-35GW	¥2,300.00	¥2,688.00	8	¥21,504.00	¥3,104.00	¥931.20	海尔	
14	8日	[illegible]	电视机	Hisense LED48EC280JD 48英寸	¥3,200.00	¥3,888.00	1	¥3,888.00	¥688.00	¥206.40	海信	

1. 打开工作表，输入创建销售统计表的相关内容，然后选中B1单元格。

2. 在B1单元格中输入月份的计算公式“=MONTH(TODAY())”后，按下Enter键执行计算。

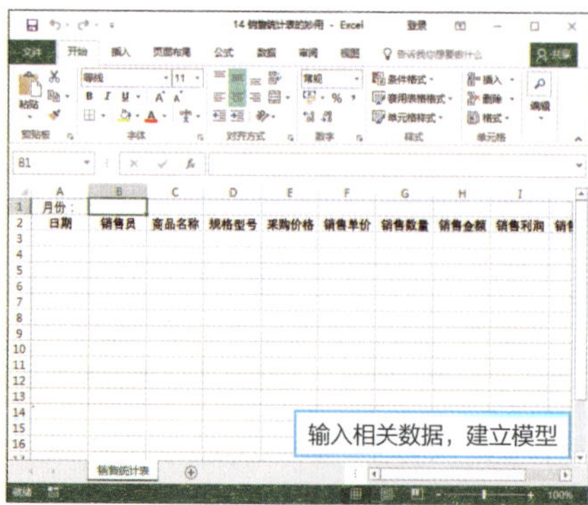

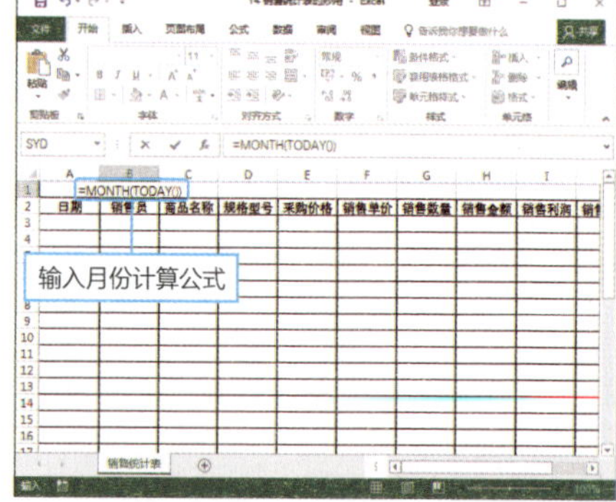

3 选中E、F、H、I和J列，在“开始”选项卡中设置数字格式为“货币”。

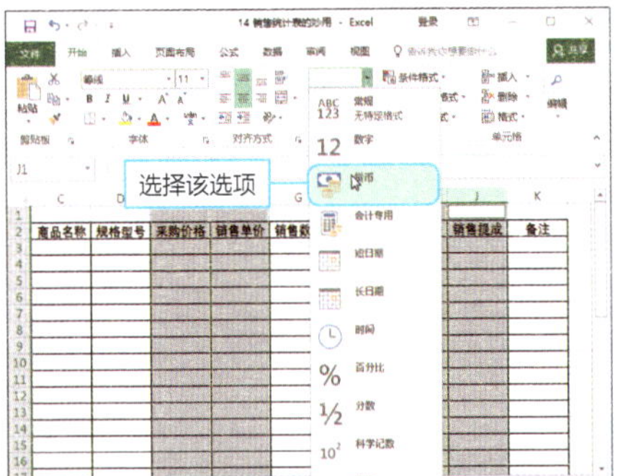

4 选中H3单元格，输入公式“=IF(AND(F3<>"",G3<>""),F3*G3,"")”，按下Enter键执行计算。

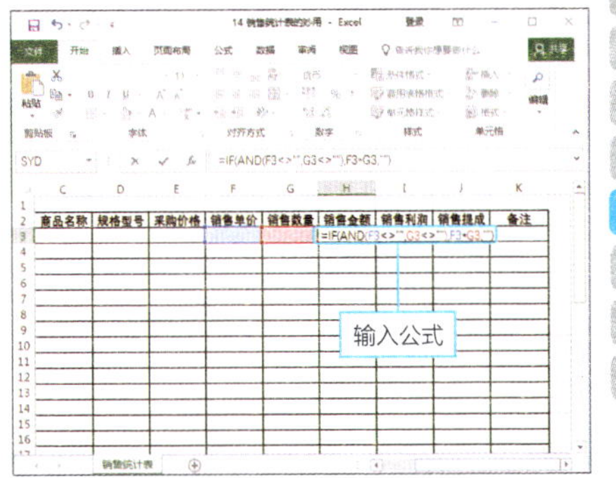

5 选中I3单元格，输入公式“=IF(AND(E3<>"",G3<>"",H3<>""),H3-E3*G3,"")”后，按下Enter键。

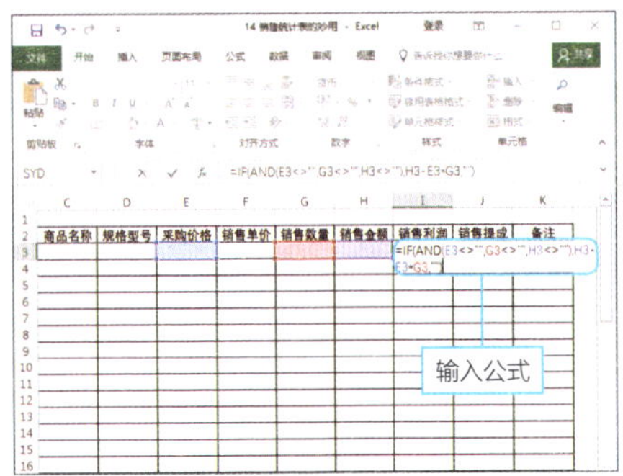

6 选中J3单元格，输入销售提成的计算公式“=IF(I3<>"",I3*30%,"")”后，按Enter键执行计算。

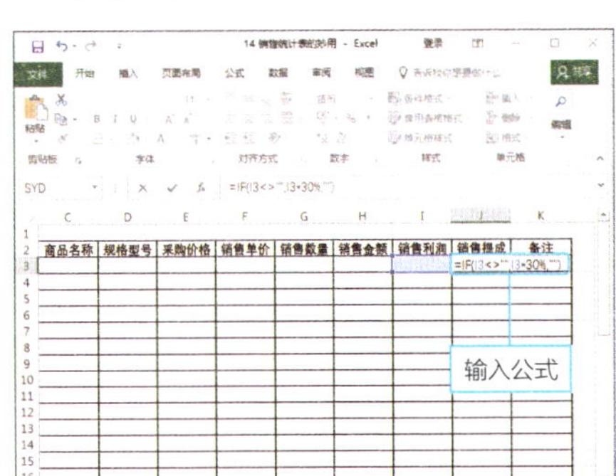

7 选中H3:J3单元格区域，向下复制公式至J17单元格。

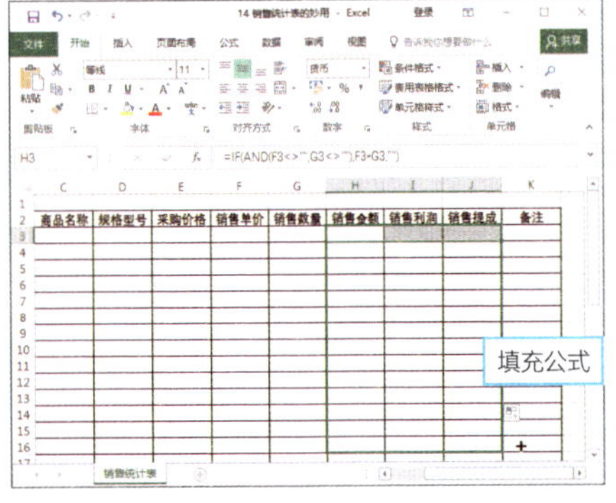

8 在报表中输入数据后，可以发现D列很多显示不完全，选择“自动调整列宽”选项。

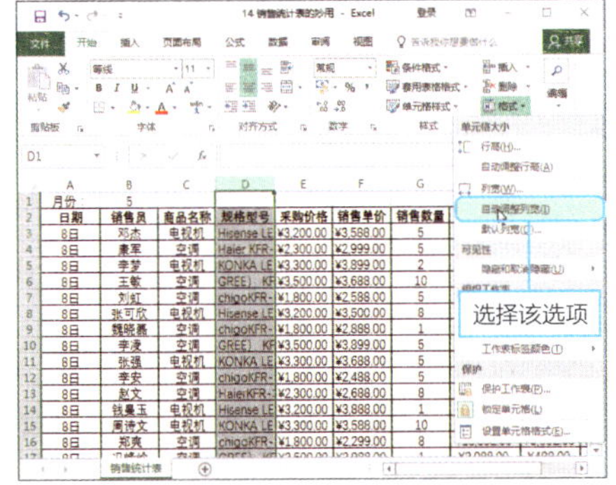

Question 213

Level ◆◆◆

2016 2013 2010

巧用组合函数制作产品热销榜

语音视频教学213

实例 在不改变原销量表的基础上对产品销量进行排序

我们可以使用函数根据产品销量的大小引用对应的产品名称，然后根据产品名称引用其对应的销售金额，来制作产品热销榜。

最终效果

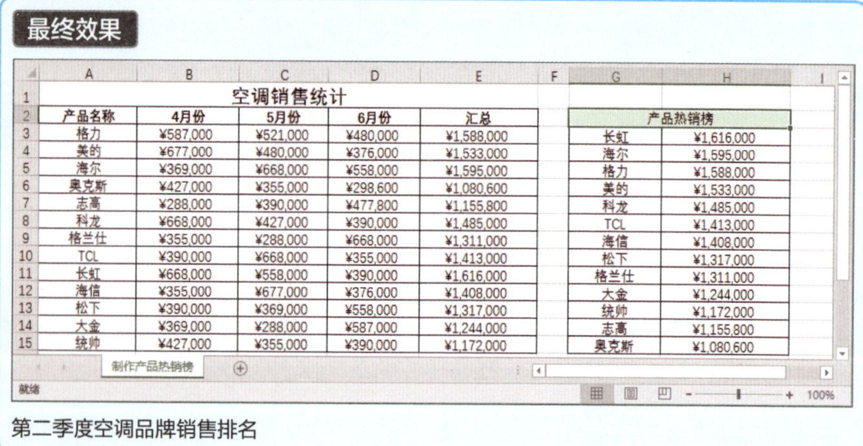

空调销售统计

产品名称	4月份	5月份	6月份	汇总
格力	¥587,000	¥521,000	¥480,000	¥1,588,000
美的	¥677,000	¥480,000	¥376,000	¥1,533,000
海尔	¥369,000	¥668,000	¥558,000	¥1,595,000
奥克斯	¥427,000	¥355,000	¥298,600	¥1,080,600
志高	¥288,000	¥390,000	¥477,800	¥1,155,800
科龙	¥668,000	¥427,000	¥390,000	¥1,485,000
格兰仕	¥355,000	¥288,000	¥668,000	¥1,311,000
TCL	¥390,000	¥668,000	¥355,000	¥1,413,000
长虹	¥668,000	¥558,000	¥390,000	¥1,616,000
海信	¥355,000	¥677,000	¥376,000	¥1,408,000
松下	¥390,000	¥369,000	¥558,000	¥1,317,000
大金	¥369,000	¥288,000	¥587,000	¥1,244,000
统帅	¥427,000	¥355,000	¥390,000	¥1,172,000

产品热销榜	
长虹	¥1,616,000
海尔	¥1,595,000
格力	¥1,588,000
美的	¥1,533,000
科龙	¥1,485,000
TCL	¥1,413,000
海信	¥1,408,000
松下	¥1,317,000
格兰仕	¥1,311,000
大金	¥1,244,000
统帅	¥1,172,000
志高	¥1,155,800
奥克斯	¥1,080,600

第二季度空调品牌销售排名

1. 选中E3单元格，输入第二季度格力空调的总销售额计算公式“=SUM(B3:D3)”。

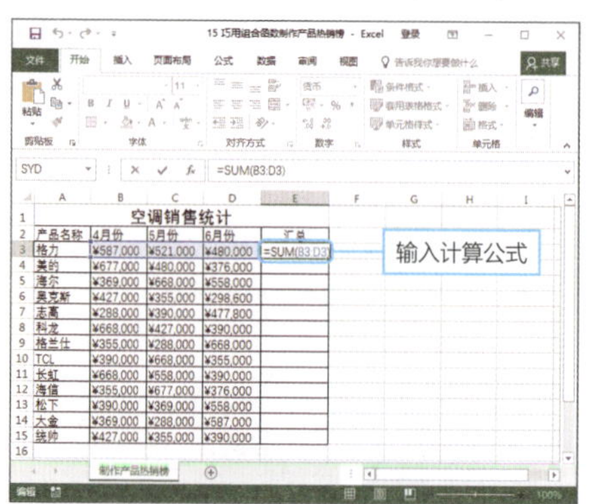

2. 按下Enter键后，再次选中E3单元格，向下复制公式至E15单元格。

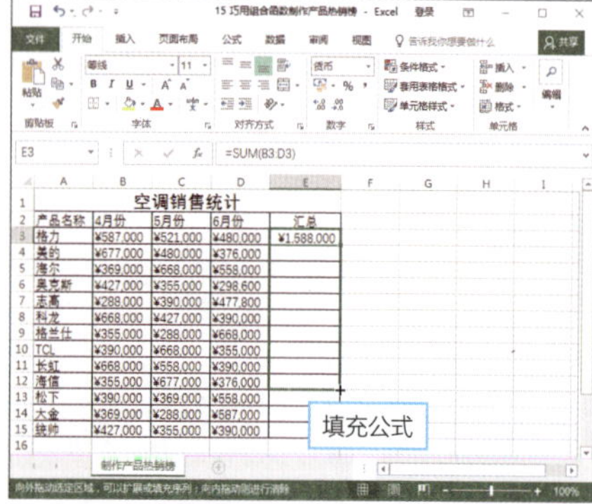

3 在“空调销售统计表”的右侧建立“产品热销榜”表格，并选中G3单元格。

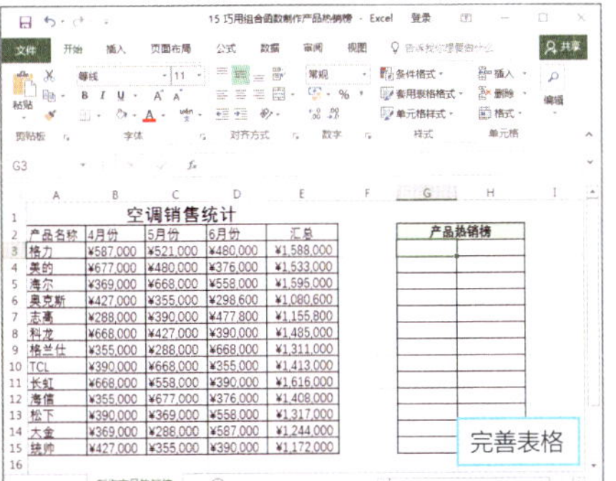

4 输入按从大到小引用单元名称计算公式“=INDEX($A$3:$A$15,MATCH(LARGE($E$3:$E$15,ROW($A1)),$E$3:$E$15,0))”后，按下Enter键。

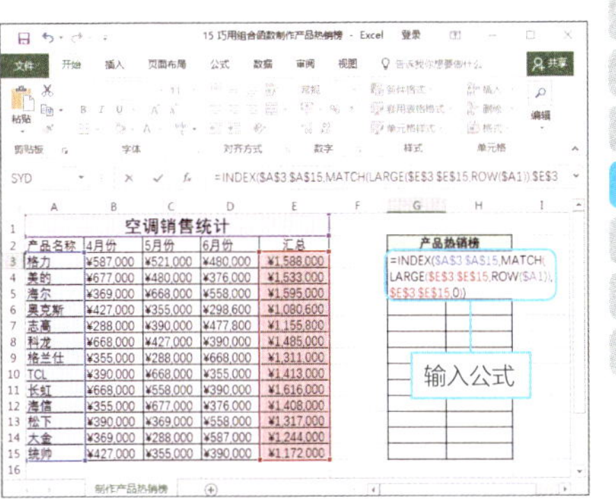

5 然后选中G3单元格，向下复制公式至G15单元格。

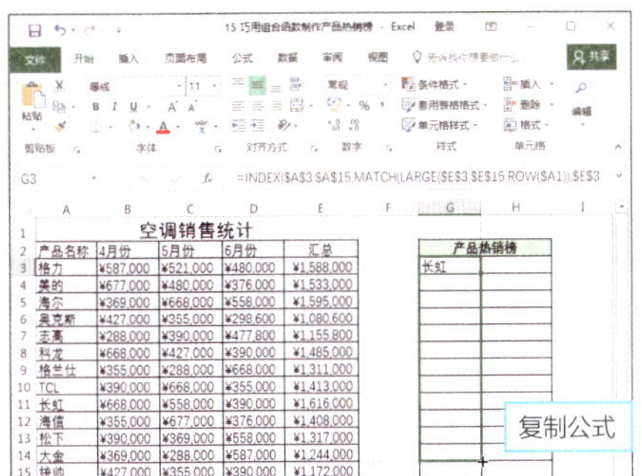

6 输入各产品名称对应的总销量计算公式“=VLOOKUP(G3,$A$3:$E$15,5,FALSE)”后，按Enter键执行计算。

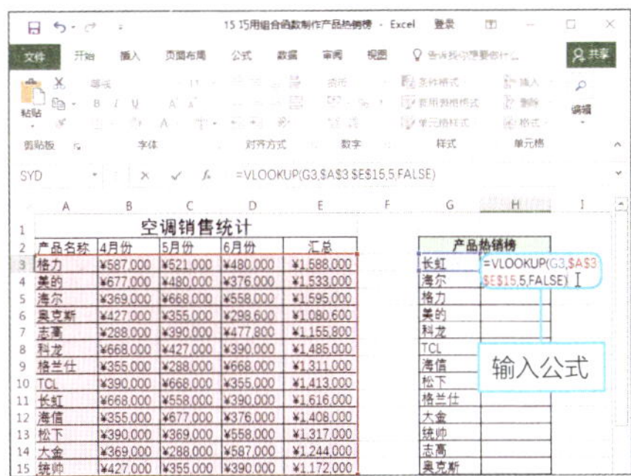

7 然后选中H3单元格，按住单元格右下角的填充手柄，向下复制公式至H15单元格。

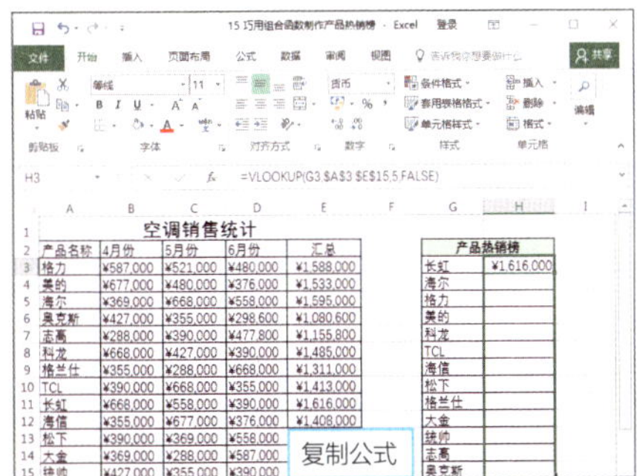

Hint

公式说明

在“=INDEX($A$3:$A$15,MATCH(LARGE($E$3:$E$15,ROW($A1)),$E$3:$E$15,0))”公式中，先使用LARGE函数从大到小以获取产品销量，然后使用MATCH()函数获取这些销量所在位置，最后使用INDEX函数根据位置返回这些销量对应的产品名称。

在“=VLOOKUP(G3,$A$3:$E$15,5,FALSE)”公式中，使用LOOKUP函数获取产品对应的总销量。

214

对家电销售情况进行排名

● Level ◆◆◆

2016 2013 2010

实例 RANK函数的应用方法

在销售统计表中，要想快速获取各类家电的销售总额排名，可以使用RANK函数。在本例中，先对各类产品的销售额进行汇总，之后再对其进行排名。

最终效果

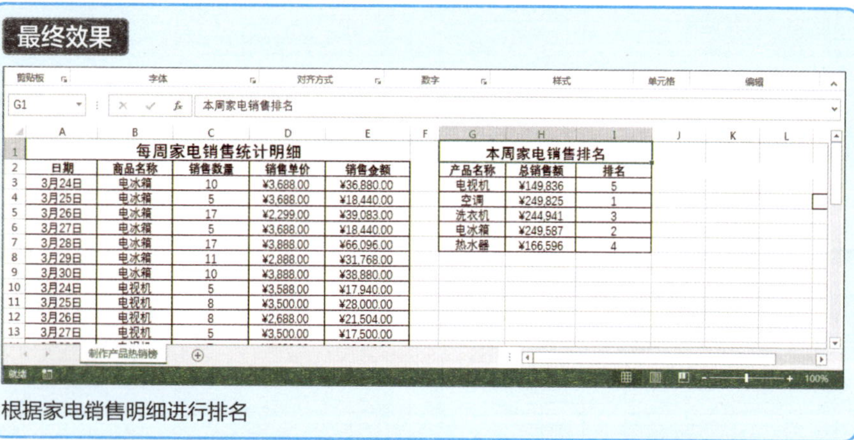

根据家电销售明细进行排名

1 打开工作表，在家电销售明细表右侧输入相关数据，完善工作表后，选中H3单元格。

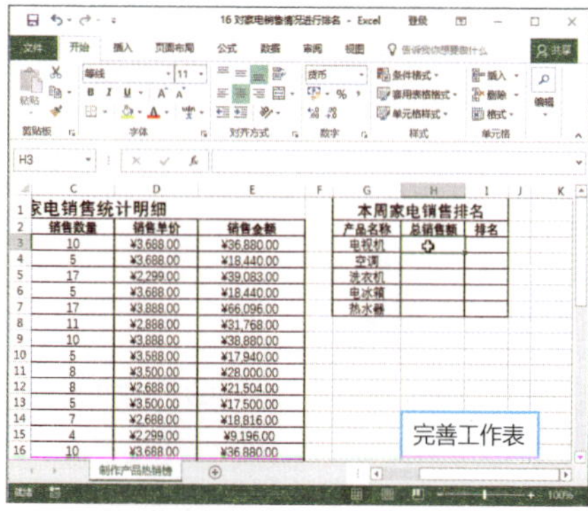

2 然后在H3单元格中输入公式“=SUMIF($B$3:$B$37,G3,$E$3:$E$37)”，按下Enter键，计算电视机总销售额。

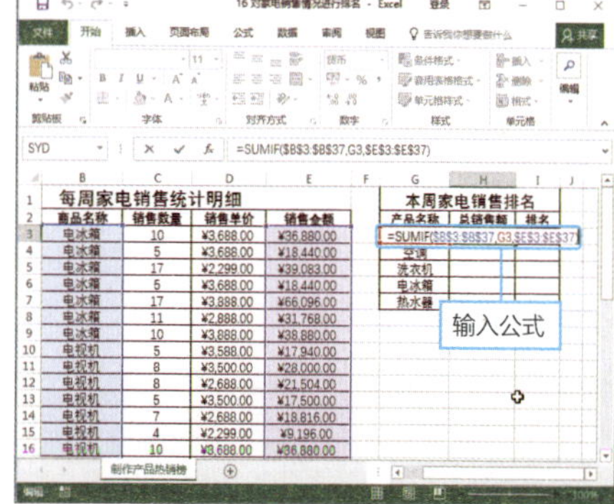

3 选中H3单元格，将光标移至单元格右下角，按住填充手柄向下拖动，复制公式至H7单元格。

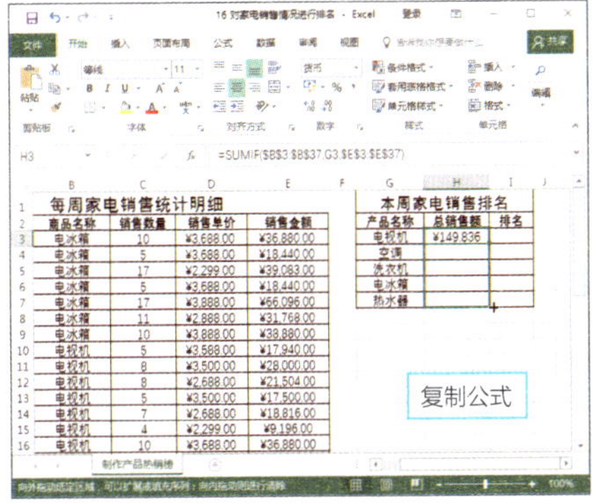

4 选中I3单元格，输入计算排名的公式："=RANK(H3,$H$3:$H$7)"后，按下Enter键。

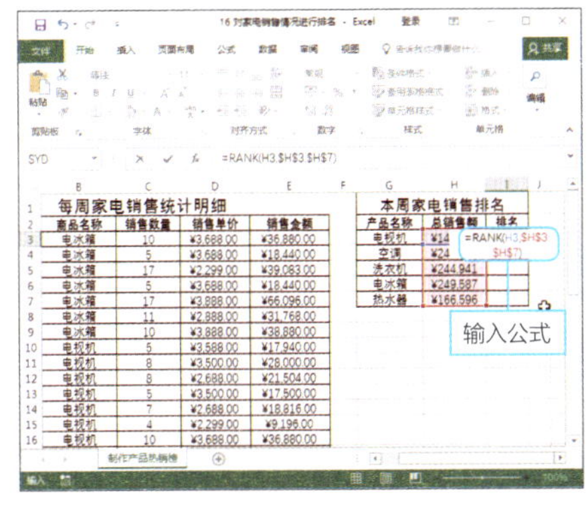

5 选中I3单元格，将光标移至右下角，按住填充手柄向下拖动，复制公式至I7单元格。

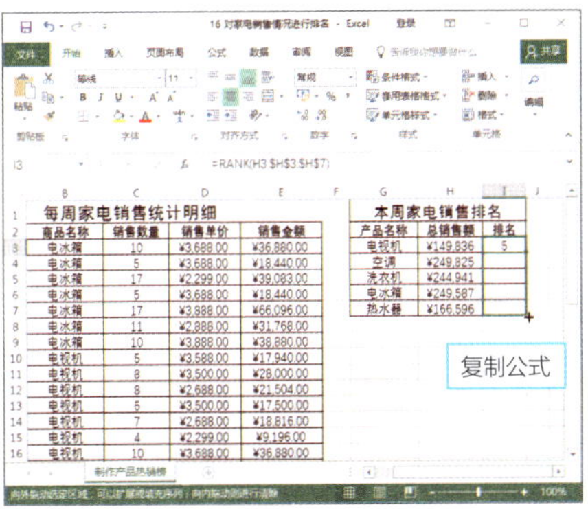

Hint

排名与排序数据的区别

本技巧计算排名，并不改变表格中数据的上下位置顺序，只是计算出其排名的数值；而排序数据（在"数据"选项卡下"排序和筛选"选项组中单击"升序"、"降序"或"排序"按钮），将改变表格中数据的上下位置顺序。

6 这时可以看到Excel已经自动计算出本周各种家电的排名了。

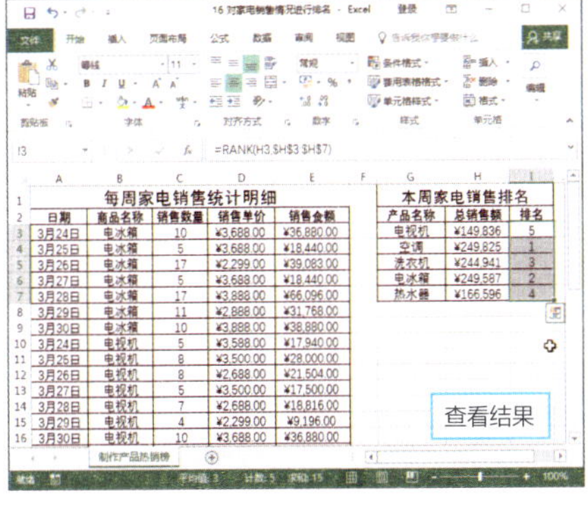

Hint

函数解析

RANK函数用于计算一个数值在一组数值中的排名，其函数表达式为：

RANK(number,ref,order)

number：为需要计算排名的数值，或者数值所在的单元格。

ref：计算数值在此区域中的排名，可以为单元格区域引用或区域名称。

order：指定排名的方式，1表示升序，0表示降序。如果省略此参数，则采用降序排名。

Question

215 计算各品牌空调的平均价

Level ◆◆◆

2016 2013 2010

实例 应用AVERAGE函数计算平均值

AVERAGE函数是Excel中最常用的函数之一，在做各种财务统计的时候也经常会使用该函数。AVERAGE函数用于计算指定数据或单元格区域数值的平均值。

1 打开工作表，输入相关数据，完善工作表后，选中C16单元格。

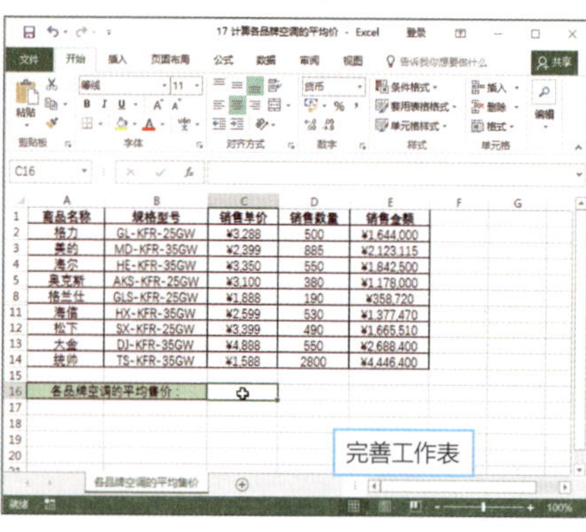

2 在C16单元格中输入平均值的计算公式“=AVERAGE(C2:C14)”。

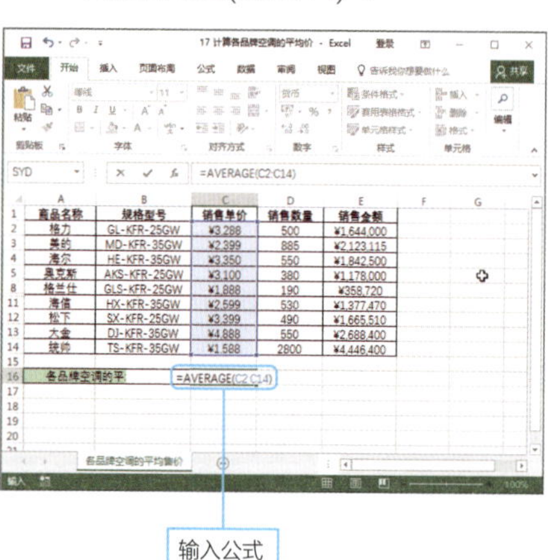

3 按Enter键，即可在C16单元格中计算出各品牌空调的平均价格。

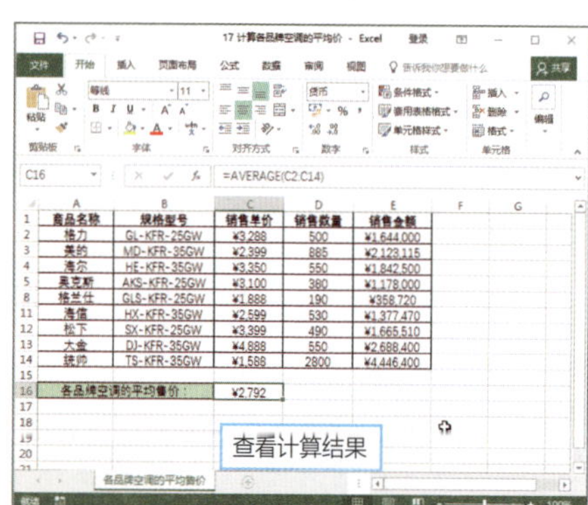

Hint

函数解析

AVERAGE函数用于计算参数的平均值，其函数表达式为：

AVERAGE(number1,number2···)

number1,number2···：需要计算平均值的1至30个参数，各个参数用逗号（英文半角）隔开，也可以是单元格或单元格区域的引用。如果指定了超过30个参数，则会出现“此函数输入参数过多”的提示信息。

Question

216

快速查看指定月份某销售员的业绩

实例 使用函数根据销售员的姓名查询指定月份的销售业绩

在销售管理中，若需要做销售业绩进行统计，我们可以应用函数，根据销售员的姓名和月份，在年度销售统计表中查找相应的销售业绩。

Level ◆◆◆

2016 2013 2010

1 打开工作表，在表格下方输入相关数据,完善工作表后，选中C11单元格，然后输入提取相应数据的计算公式“=HLOOKUP(B11,B2:M8,MATCH(A11,A2:A8,0),FALSE)。

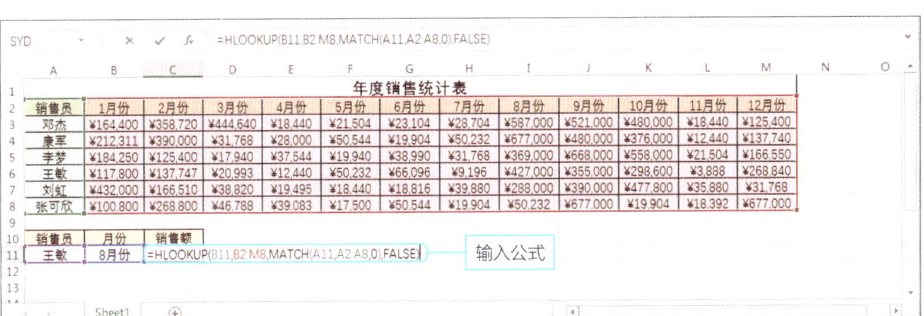
SYD =HLOOKUP(B11,B2:M8,MATCH(A11,A2:A8,0),FALSE)

年度销售统计表

销售员	1月份	2月份	3月份	4月份	5月份	6月份	7月份	8月份	9月份	10月份	11月份	12月份
邓杰	¥164,400	¥358,720	¥444,640	¥18,440	¥21,504	¥23,104	¥28,704	¥587,000	¥521,000	¥480,000	¥18,440	¥125,400
康军	¥212,311	¥390,000	¥31,768	¥28,000	¥50,544	¥19,904	¥50,232	¥677,000	¥480,000	¥376,000	¥12,440	¥137,740
李梦	¥184,250	¥125,400	¥17,940	¥37,544	¥19,940	¥38,990	¥31,768	¥369,000	¥668,000	¥558,000	¥21,504	¥166,550
王敏	¥117,800	¥137,747	¥20,993	¥12,440	¥50,232	¥66,096	¥9,196	¥427,000	¥355,000	¥298,600	¥3,888	¥268,840
刘虹	¥432,000	¥166,510	¥38,820	¥19,495	¥18,440	¥18,816	¥39,880	¥288,000	¥390,000	¥477,800	¥35,880	¥31,768
张可欣	¥100,800	¥268,800	¥46,788	¥39,083	¥17,500	¥50,544	¥19,904	¥50,232	¥677,000	¥19,904	¥18,392	¥677,000

销售员	月份	销售额
王敏	8月份	=HLOOKUP(B11,B2:M8,MATCH(A11,A2:A8,0),FALSE)

2 按下Enter键，即可查看应用函数自动获取指定销售员指定月份的销售额。

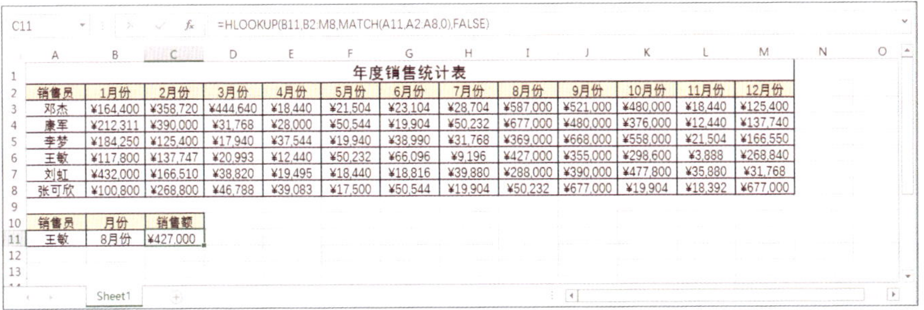
C11 =HLOOKUP(B11,B2:M8,MATCH(A11,A2:A8,0),FALSE)

年度销售统计表

销售员	1月份	2月份	3月份	4月份	5月份	6月份	7月份	8月份	9月份	10月份	11月份	12月份
邓杰	¥164,400	¥358,720	¥444,640	¥18,440	¥21,504	¥23,104	¥28,704	¥587,000	¥521,000	¥480,000	¥18,440	¥125,400
康军	¥212,311	¥390,000	¥31,768	¥28,000	¥50,544	¥19,904	¥50,232	¥677,000	¥480,000	¥376,000	¥12,440	¥137,740
李梦	¥184,250	¥125,400	¥17,940	¥37,544	¥19,940	¥38,990	¥31,768	¥369,000	¥668,000	¥558,000	¥21,504	¥166,550
王敏	¥117,800	¥137,747	¥20,993	¥12,440	¥50,232	¥66,096	¥9,196	¥427,000	¥355,000	¥298,600	¥3,888	¥268,840
刘虹	¥432,000	¥166,510	¥38,820	¥19,495	¥18,440	¥18,816	¥39,880	¥288,000	¥390,000	¥477,800	¥35,880	¥31,768
张可欣	¥100,800	¥268,800	¥46,788	¥39,083	¥17,500	¥50,544	¥19,904	¥50,232	¥677,000	¥19,904	¥18,392	¥677,000

销售员	月份	销售额
王敏	8月份	¥427,000

Hint

公式说明

在公式“=HLOOKUP(B11,B2:M8,MATCH(A11,A2:A8,0),FALSE)”中，先使用MATCH函数对指定月份与销售统计表中的月份进行精确匹配，返回指定月份所在的列数，然后使用HLOOKUP函数在销售统计表中对销售员姓名进行精确查找，并返回指定销售员指定月份的销售额。

Question 217

● Level ◆◆◆

2016 2013 2010

巧用组合函数计算各品牌空调每月销售额

实例 输入品牌名称即显示各月份的销售额和总销售额

销售企业一般会按月份统计各产品的月销售额，用户可以应用函数计算产品的月销售额，这样在输入产品名称时，将自动显示该产品的各月销售额和总销售额。

最终效果

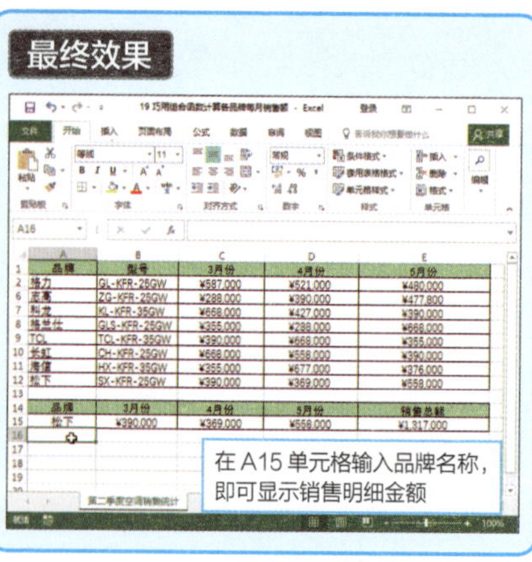

1 打开工作表，在销售统计表的下方输入相关计算数据模型，完善表格。

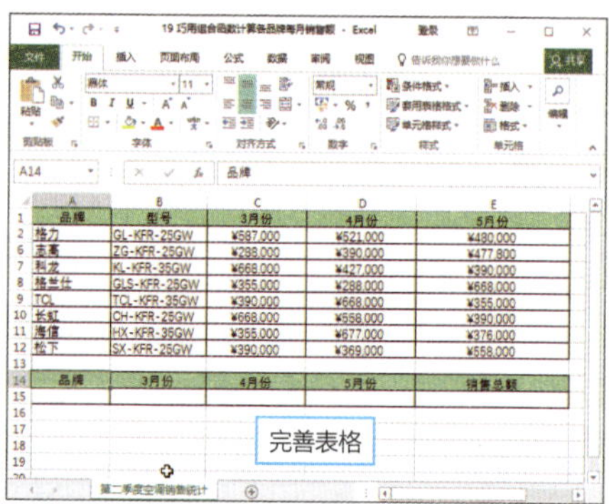

2 选中B15单元格，输入提取销售额公式“=IF($A$15="","",DGET($A$1:$E$12,B14,$A$14:$A$15))”，按下Enter键。

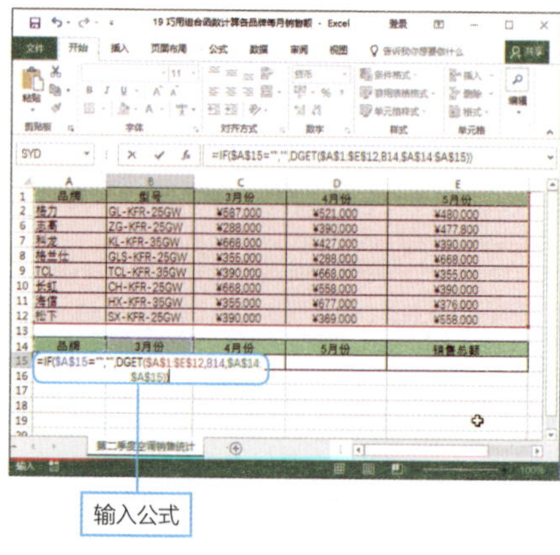

3 再次选中B15单元格，将光标移至右下角，出现十字光标时，按住鼠标左键向右拖动至D15单元格，填充公式。

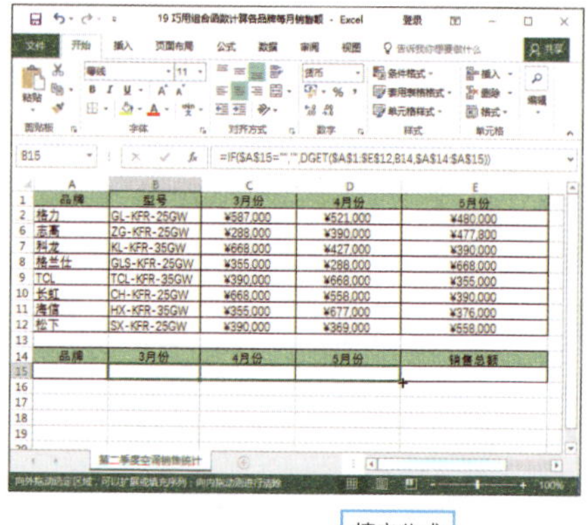

4 选中E15单元格，输入总销售额的计算公式“=IF(A15="","",SUM(B15:D15))”后，按下Enter键执行计算。

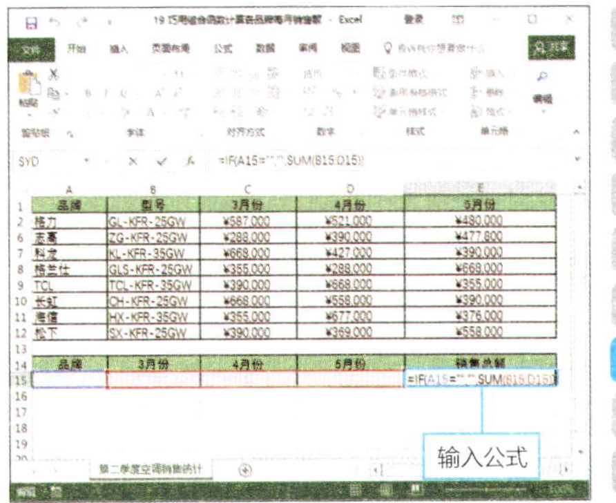

5 然后选中A15单元格，输入需要查看的品牌名称，按下Enter 键执行计算，即可显示各月份和总销售额。

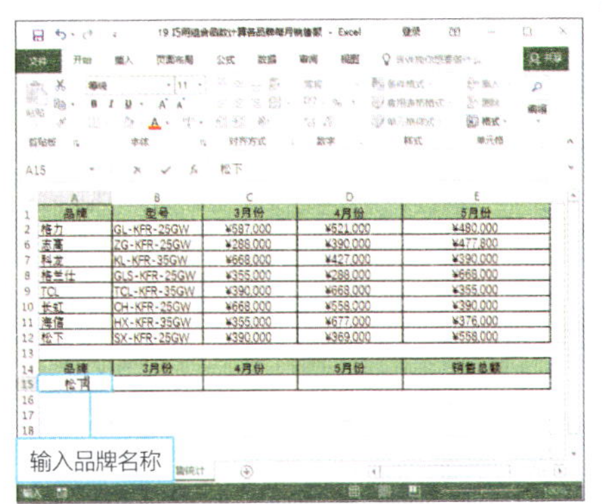

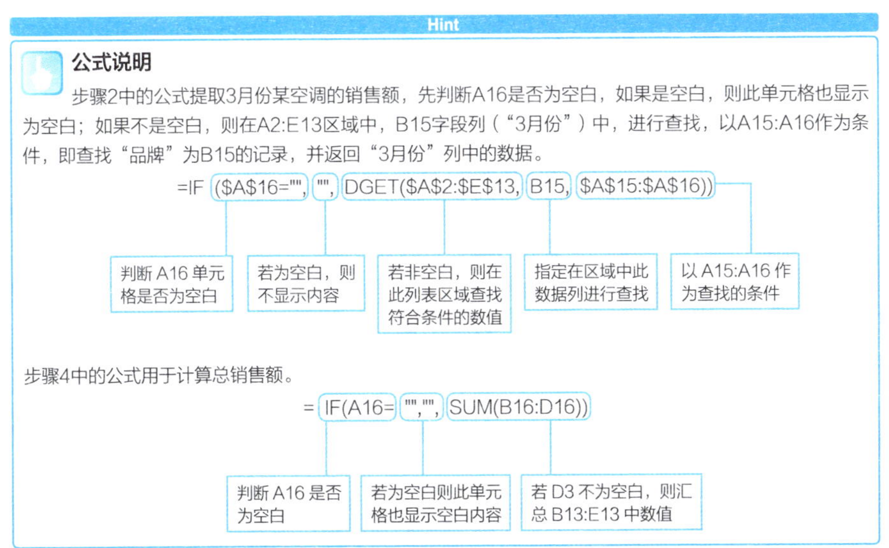

Hint

公式说明

步骤2中的公式提取3月份某空调的销售额，先判断A16是否为空白，如果是空白，则此单元格也显示为空白；如果不是空白，则在A2:E13区域中，B15字段列（“3月份”）中，进行查找，以A15:A16作为条件，即查找“品牌”为B15的记录，并返回“3月份”列中的数据。

=IF ($A$16="", "", DGET($A$2:$E$13, B15, $A$15:$A$16))

步骤4中的公式用于计算总销售额。

= IF(A16= "","", SUM(B16:D16))

Question **218**

Level ◆◆◆

2016 2013 2010

巧用组合函数根据单价表和销量表汇总销售额

语音视频教学218

实例 应用MATCH函数和OFFSET函数查找和引用单元格

在销售型企业中，为了便于产品价格的维护和管理，通常将产品的单价与销售数据分开，单独存储。这时要是想汇总销售额，可以使用组合函数功能来实现。

1 在销售统计表的下方输入相关计算数据模型，完善表格。

2 选中C17单元格，输入销售额计算公式“=SUMPRODUCT(N(OFFSET($C$2,MATCH($E$3:$E$15,$A$3:$A$15,0),)),G3:G15)”。

3 按下Enter键后，即可看到C17单元格显示了总销售额的计算结果。

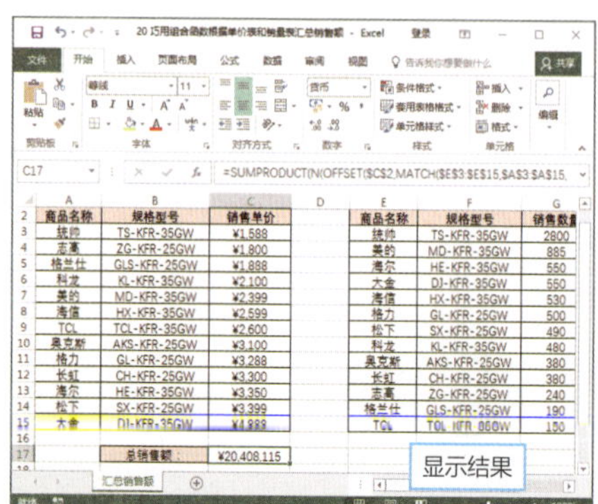

Hint

公式说明

在“=SUMPRODUCT(N(OFFSET($C$2,MATCH($E$3:$E$15,$A$3:$A$15,0),)),G3:G15)”公式中，首先应用MATCH函数将空调销量表中的商品名称和价格表中的商品名称进行匹配，然后使用OFFSET函数根据匹配的结果引用相应的单价，再将单价与对应的销量相乘，最后使用SUMPRODUCT函数进行汇总。

Question 219

Level ◆◆◆

2016 2013 2010

快速统计满足条件的销售数量

实例 应用SUMPRODUCT函数统计销售数量

制作完成销售统计表后，如果需要根据复杂的条件统计数量时，使用SUMPRODUCT函数比较方便快捷的。下面介绍在销售统计表中，统计海信电视销售量数量大于等于5的次数。

❶ 打开工作表，选中L3单元格，打开“插入函数”对话框，选择SUMPRODUCT函数选项。

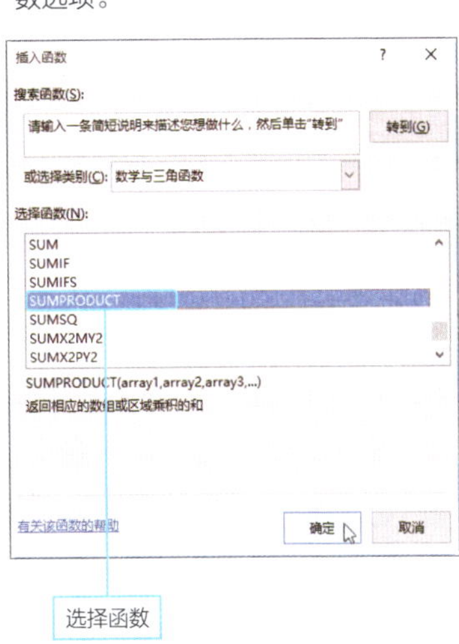

❷ 打开“函数参数”对话框，在Array1文本框中输入“(G3:G17>=5)*(K3:K17="海信")”。

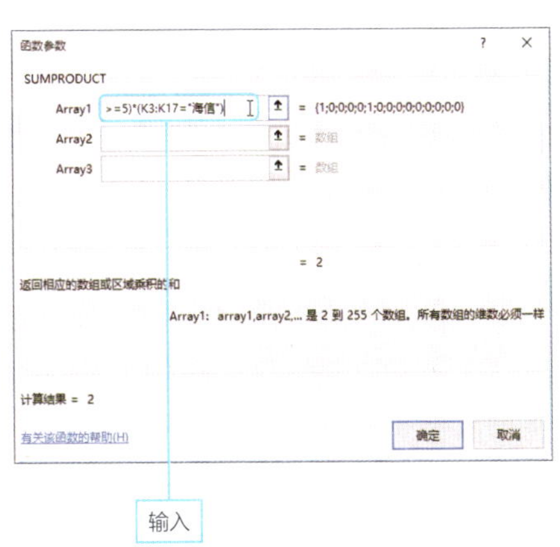

❸ 单击“确定”按钮返回工作表中，可见海信电视单次销售数量大于等于5的次数为2。

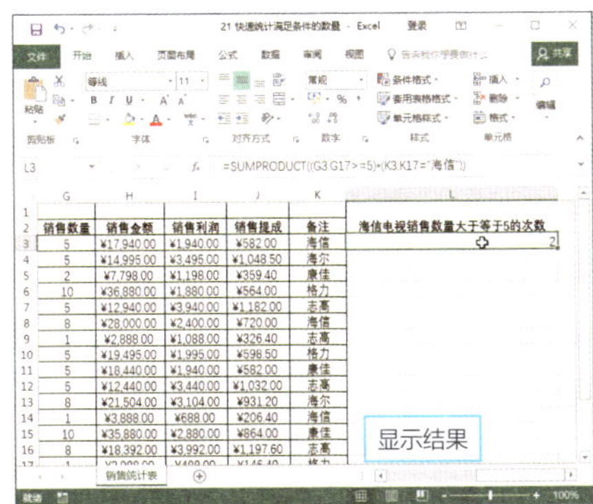

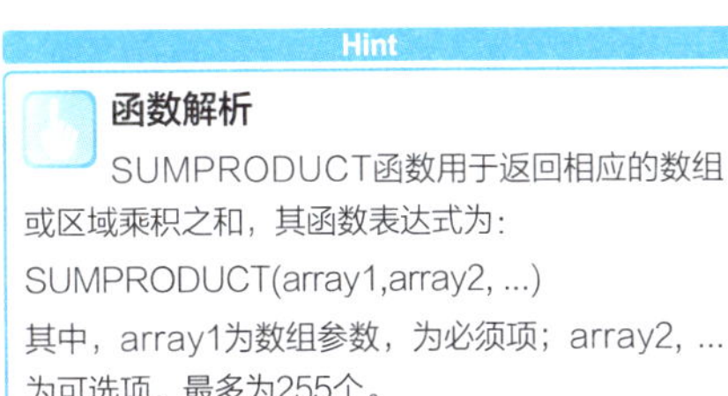

Hint

函数解析

SUMPRODUCT函数用于返回相应的数组或区域乘积之和，其函数表达式为：

SUMPRODUCT(array1,array2, ...)

其中，array1为数组参数，为必须项；array2, ...为可选项，最多为255个。

Question 220

巧用组合函数将销售额以“万元”为单位显示

语音视频教学220

Level ◆◆◆

2016 2013 2010

实例 以“万元”为单位统计销售额

在制作大额度的财务报表时，为了便于准确地读取数据，我们可以使用“万元”单位来表示金额，以减少金额显示位数。

例：在销售统计表中，以“万元”为单位来显示销售金额和销售总金额。

1 在E2单元格中输入销售额的计算公式“=ROUND(SUMPRODUCT(C2,D2)/10000,0)”。

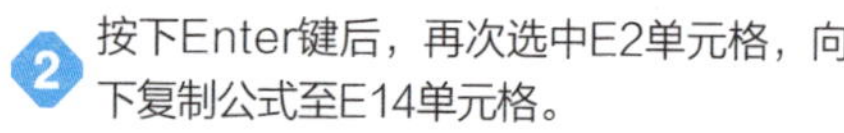

2 按下Enter键后，再次选中E2单元格，向下复制公式至E14单元格。

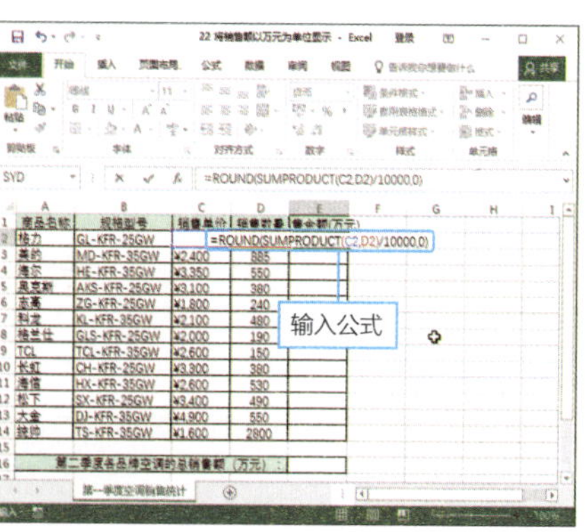

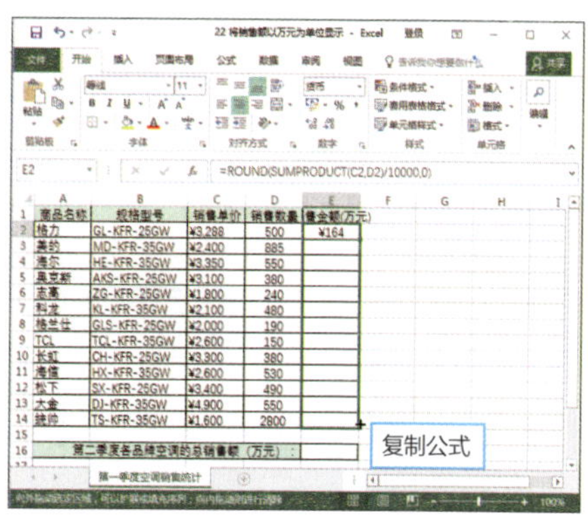

3 然后选中E16单元格，输入总金额的计算公式“=SUM(E2:E14)”，并按下Enter键执行计算。

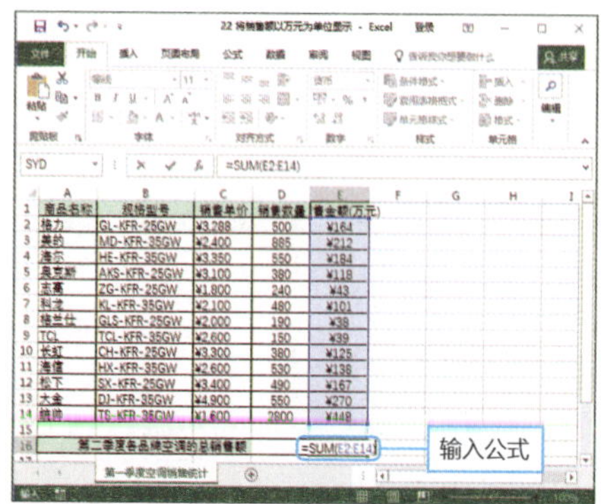

Hint

公式说明

在“=ROUND(SUMPRODUCT(C3,D3)/100000,0))”公式中，先使用SUMPRODUCT函数根据商品的单价和数量计算出销售金额，然后将销售额除以10000，得到以万元为单位的销售金额。最后再使用ROUND函数将销售额四舍五入为整数显示。

“=SUM(E3:E15)”公式用于计算所有品牌空调的总销售额。

Question 221

● Level ◆◆◇

2016 2013 2010

巧用函数对满足双重条件的数据进行求和

语音视频教学221

实例	汇总某一品牌商品的销售额

在进行销售分析时，有时需要从报表中提取某个商品对应某个品牌的销售金额，这时可以先将这些数据从繁杂的报表中提取出来，再进行求和。例：汇总海尔热水器的销售金额，下面介绍两种操作方法。

1 通过辅助列计算。在销售统计表右侧新增一列，并输入列标题“是否满足条件”。

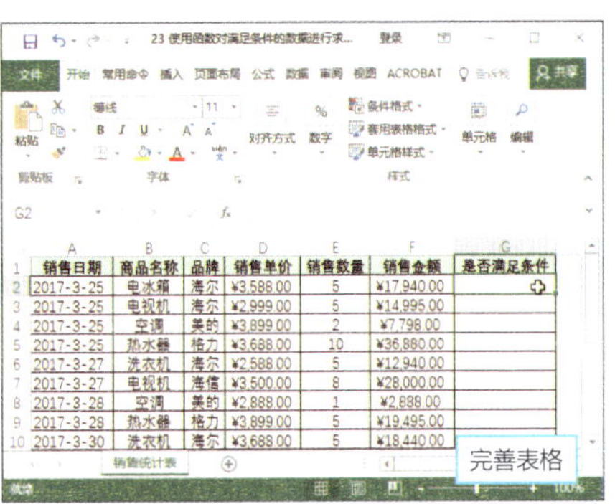

2 选中G2单元格，输入“=IF(AND(B2="热水器",C2="海尔"),"是","否")”公式。

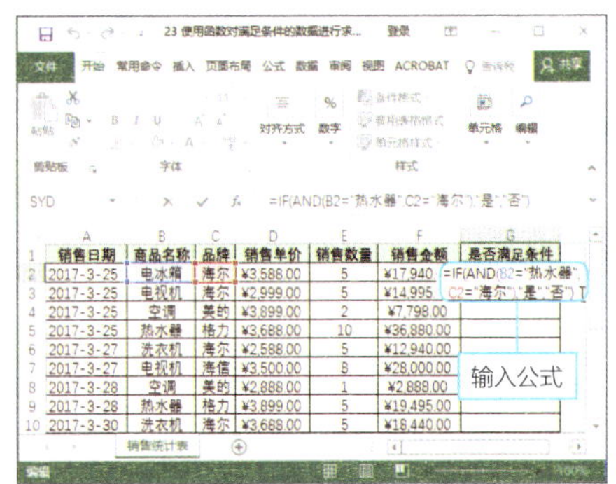

3 然后选中G2单元格，将公式填充至G16单元格。

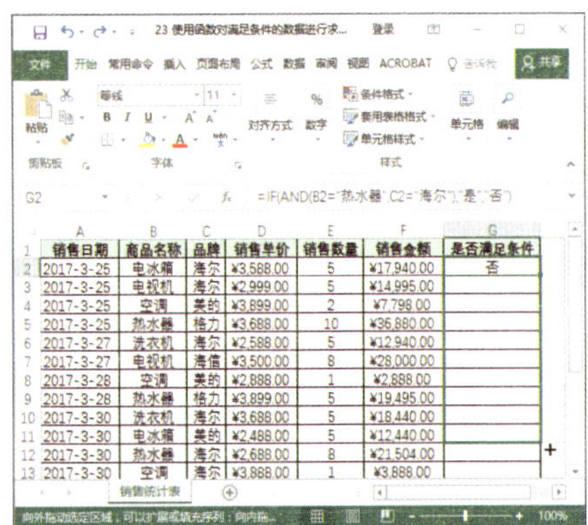

4 选中F18单元格，输入总金额的计算公式“=SUMIF(G2:G16,"是",F2:F16)”。

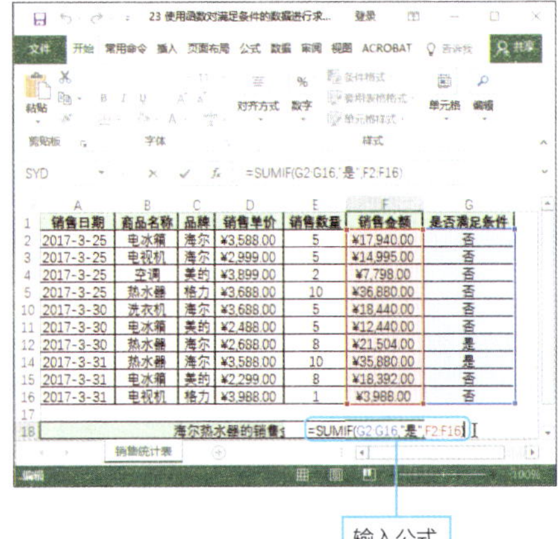

5 按下Enter键，即可看到F18单元格显示了海尔热水器总销售金额。

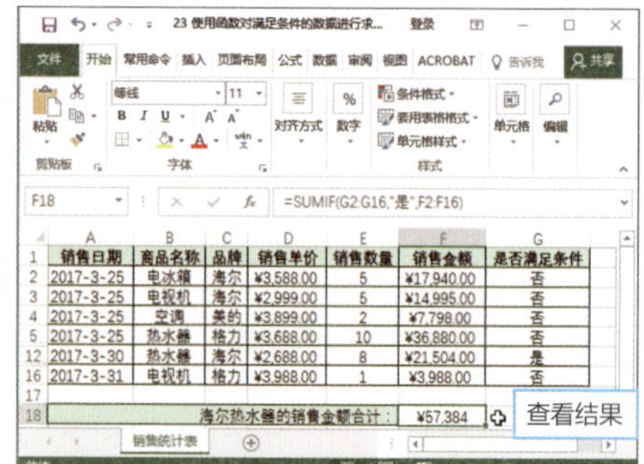

Hint

公式说明

在“=IF(AND(B2="热水器",C2="海尔"),"是","否")”公式中，先使用AND函数提取条件，再使用IF函数判断是否满足条件。

在“=SUMIF(G2:G16,"是",F2:F16)”公式中，使用SUMIF函数计算在G2:G16单元格区域中结果为“是”所对应的F2:F16单元格区域中数据的和。

6 通过筛选功能计算。打开工作表，切换至“数据”选项卡，单击“筛选”按钮。

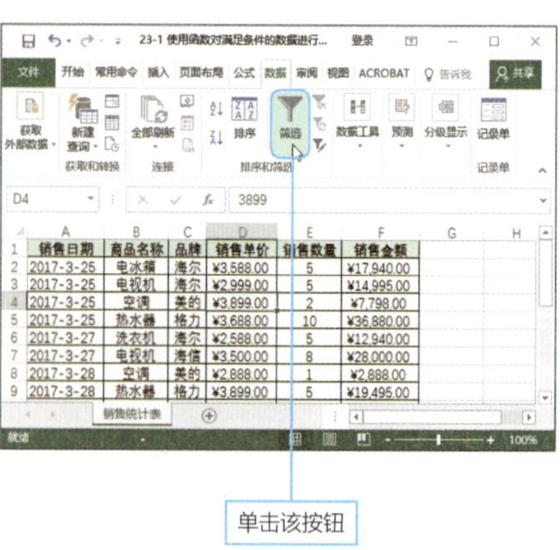

7 单击“商品名称”筛选按钮，在列表中勾选“热水器”复选框。

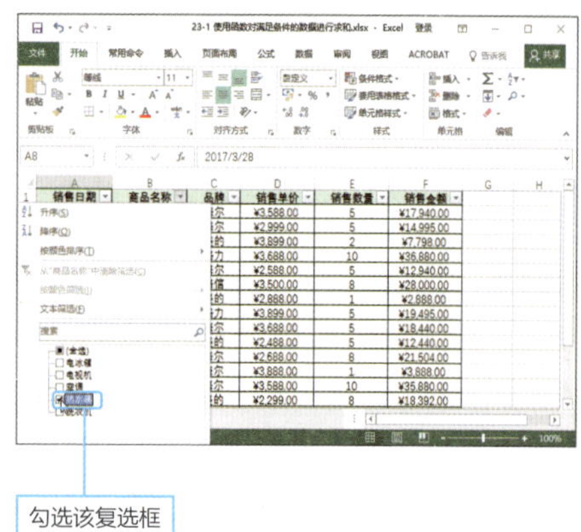

8 单击“品牌”筛选按钮，在列表中勾选“海尔”复选框。

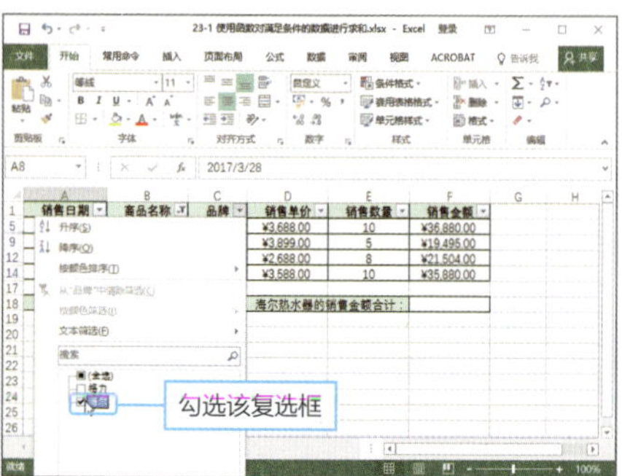

9 在F18单元格输入公式“=SUM(F12,F14)”后，按Enter键，可以看到两种方法计算结果是一样的。

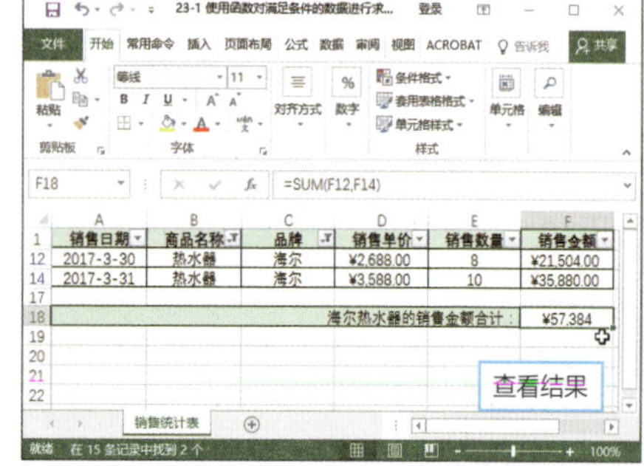

Question 222

轻松获取商品的最新零售价

语音视频教学222

Level ◆◆◆

2016 2013 2010

实例　巧用SUBSTITUTE函数查找最新零售价并显示价格

某大型超市因为不定期对产品进行促销活动，所以价格变化比较频繁，在庞大的零售价更新表中，如何才能快速查看某产品的最新价格呢？例：在零售价更新表中查看“皇家贵宾幼犬3KG”狗粮的最新价格。

1 打开工作表，选中F2单元格并输入公式“=COUNTA(A2:E2)”，按Enter键执行计算。

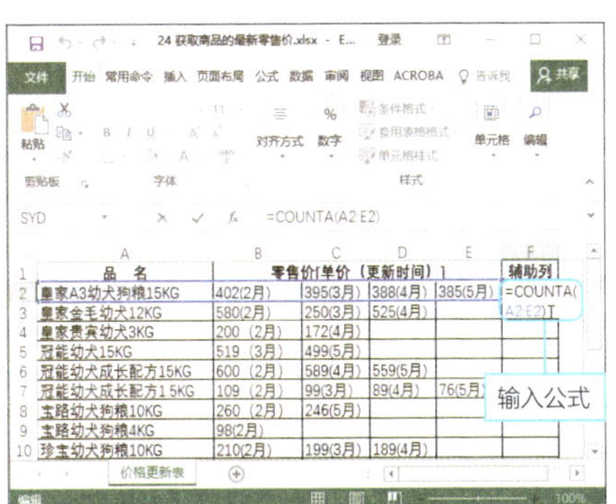

2 再次选中F2单元格，向下复制公式至F13单元格，查看计算结果。

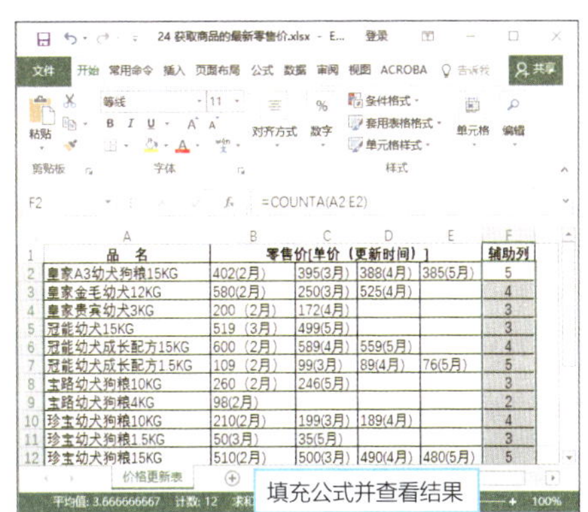

3 然后选中B16单元格，输入计算公式并按下Enter键执行计算。

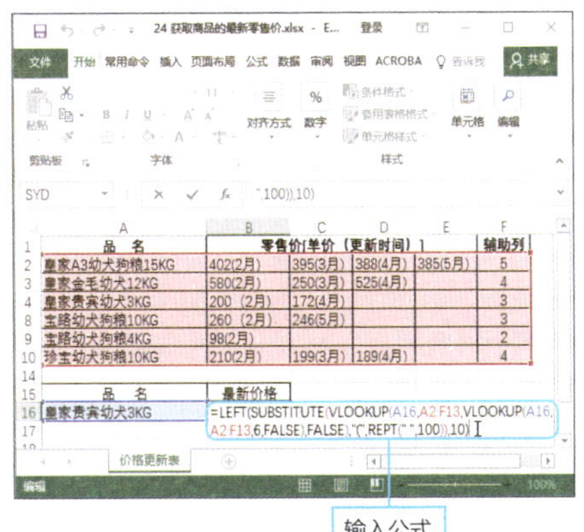

4 返回工作表，查看皇家贵宾幼犬3KG狗粮的最新价格。

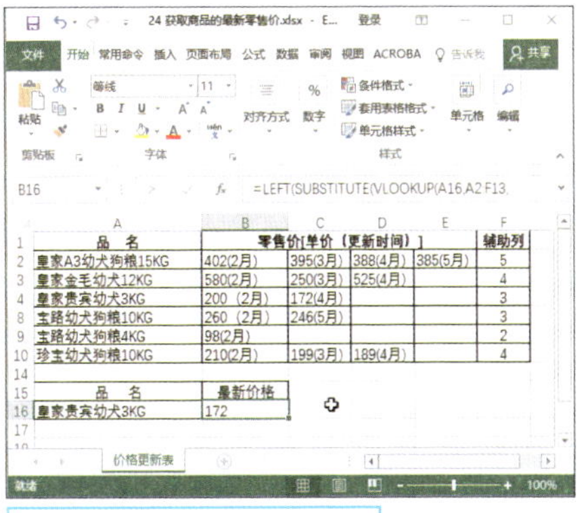

Question

223 轻松统计各个利润区间商品的数量

Level ◆◆◆

2016 2013 2010

实例 巧用FREQUENCY函数统计数量

在分析产品销售数量和利润的时候，可以通过各个利润区间的商品数量来分析商品的盈利点，也可以以此为依据调整采购商品的型号和数量，从而提高整体的盈利能力。

1 打开工作表，在B19:B22单元格区域填写分割点数据。

完善表格

2 选中C19:C23单元格区域，输入公式“=FREQUENCY($G$3:$G$17,$B$20:$B$24)”。

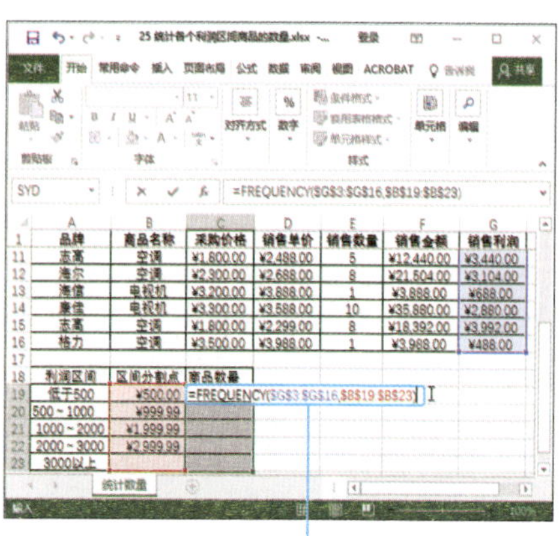

3 按Ctrl+Shift+Enter组合键执行计算，然后将公式填充至C24单元格，查看统计后的结果。

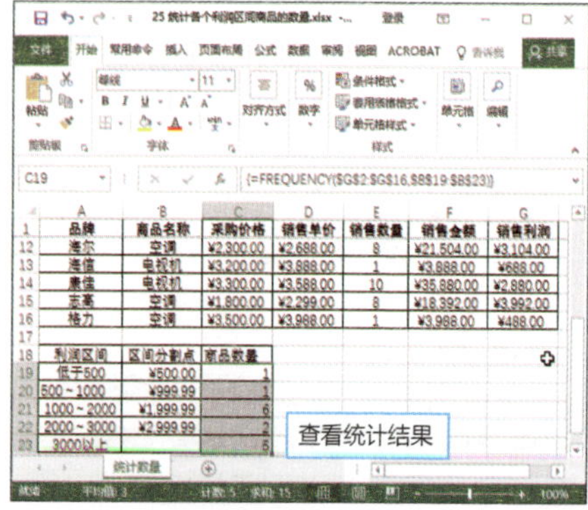

Hint

函数解析

FREQUENCY函数用于计算数值在某个区域内出现的频率，然后返回一个垂直数组，其函数表达式为：

FREQUENCY(data_array,bins_array)

其中，data_array是一个数组或对一组数值的引用，bins_array是一个区间数组。

Question 224

统计空调和热水器的销售额

Level ◆◆◆

2016 2013 2010

实例 巧用SUMIF函数统计空调和热水器的销售额

某家电市场统计出本月家电销售记录，现在财务人员需要计算各品牌空调和热水器的销售总额。我们该如何操作才能快速地计算出结果呢?

1 打开工作表，选中D22单元格并输入“=SUM(SUMIF(A3:A22,"*"&{"空调","热水器"},D3:D22))”公式，按Enter键执行计算。

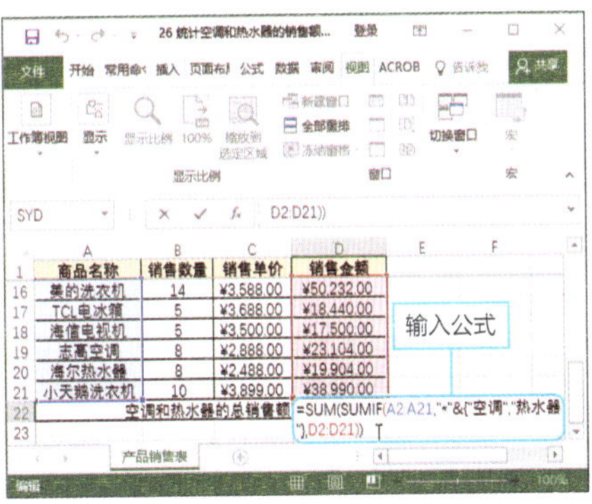

2 返回工作表，查看空调和热水器总销售额的计算结果。

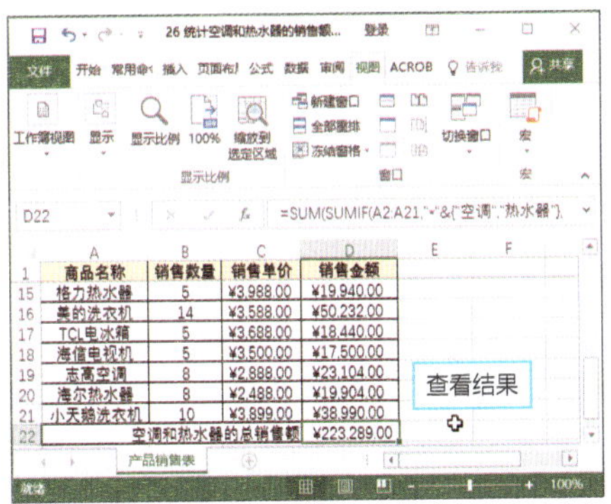

Hint

公式解析

在“=SUM(SUMIF(A3:A22,"*"&{"空调","热水器"},D3:D22))”公式中，先使用SUMIF函数分别将各品牌的空调和热水器进行分类汇总，然后使用SUM函数将得到的结果相加，就可以得出各品牌空调和热水器的销售总额了。

Hint

使用FIND函数求解

选中D23单元格输入“=SUM(IF(IFERROR(FIND({"空调","热水器"},A2:A21),0), D2:D21))”公式，按Ctrl+Shift+ Enter组合键。

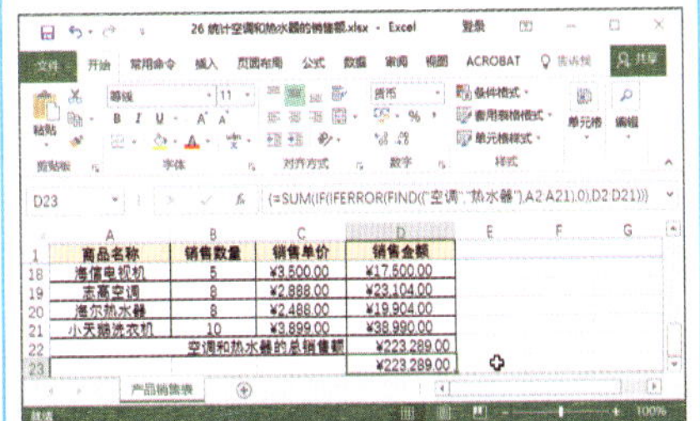

Question 225

Level ◆◆◆

2016 2013 2010

打折期间总营业额的计算

语音视频
教学225

实例 巧用MMULT函数计算打折期间的总营业额

某商场在元旦期间为了吸引顾客，会对服装和鞋全部98折促销，后期以95折再次降价促销，活动结束后需要计算该商场的总销售额。

1. 打开工作表，在E列添加“营业额”栏，合并E3:E15单元格。

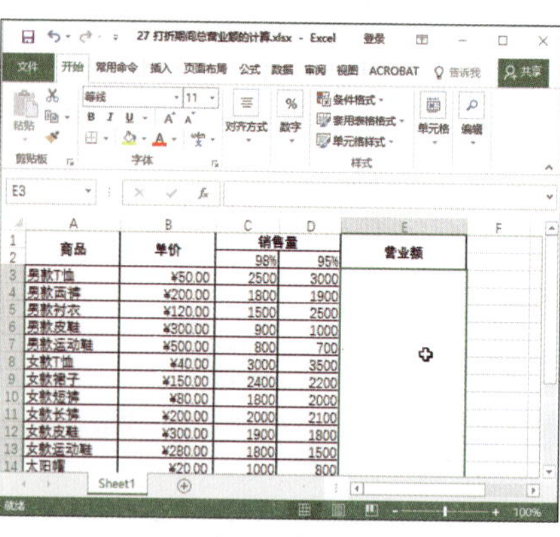

2. 选中E3单元格，输入“=SUMPRODUCT(MMULT(B3:B15,C2:D2),C3:D15)”公式。

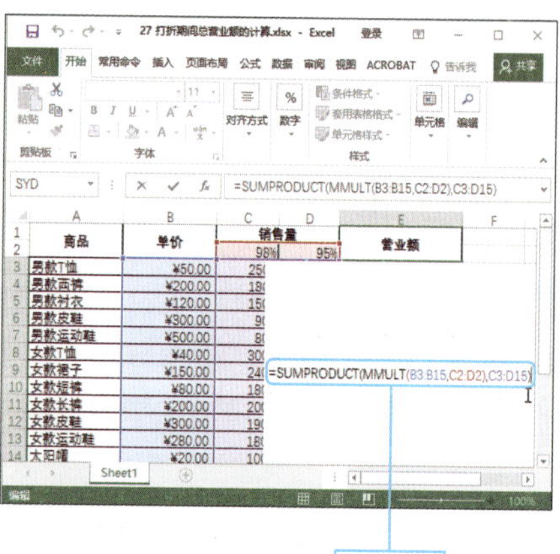

3. 按Enter键，即可计算出各商品在打折期间的总营业额。

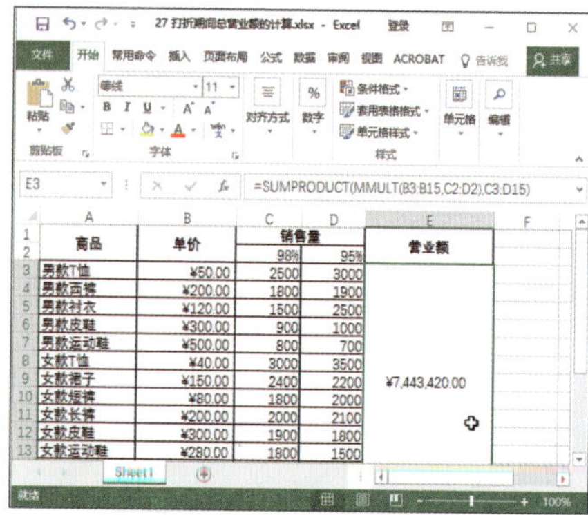

Hint

函数解析

MMULT函数用于返回两个数组的矩阵乘积，其函数表达式为：

MMULT(array1,array2)

其中，array1,array2是要进行矩阵乘法运算的两个数组。

Question 226

巧用OFFSET函数计算制作子母图的相关数据

Level ◆◆◆

2016 2013 2010

实例 计算各地区销售总额和各产品的销售总额

某家电公司主营电脑、数码相机和电视3种产品，全国总共三家分公司，现在统计出三家分公司的销售总额和各产品的销售总额，为制作子母图提供数据支持。

1. 打开工作表，在D3:D6单元格中输入所需的信息，如下图所示。

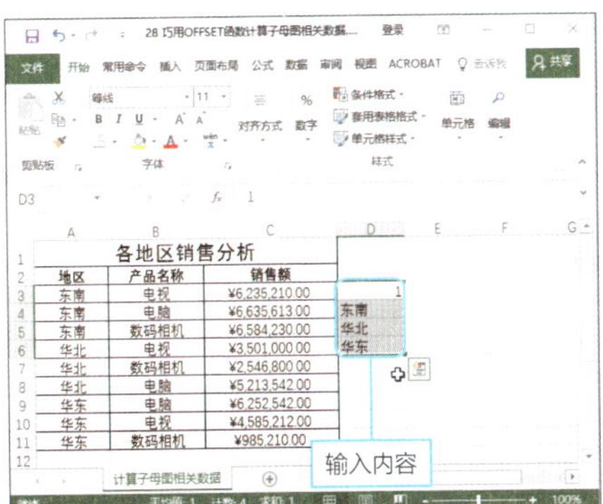

2. 选择E3单元格，输入公式"=CHOOSE(D3,D4,D5,D6)"并按Ctrl+Shift+Enter组合键执行计算。

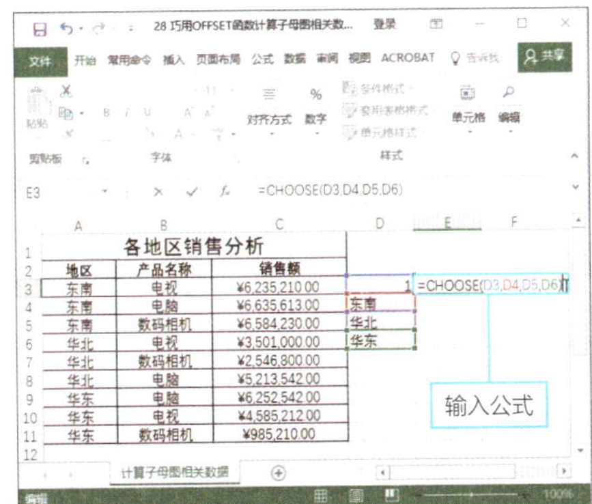

3. 选中E4单元格后，输入"=INDEX($D$4:$D$6,MIN(IF(COUNTIF($E$3:E3,$D$4:$D$6)=0,ROW($A$1:$A$3),5)))"公式并按Ctrl+Shift+Enter组合键执行计算。

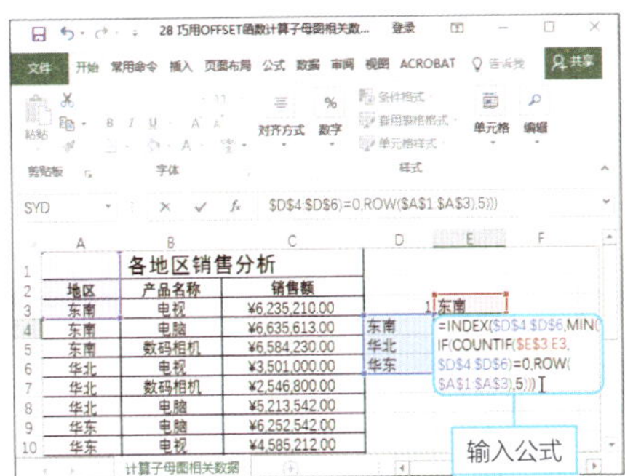

4. 查看第二个地区的名称，然后向下填充公式获取所有地区的名称。

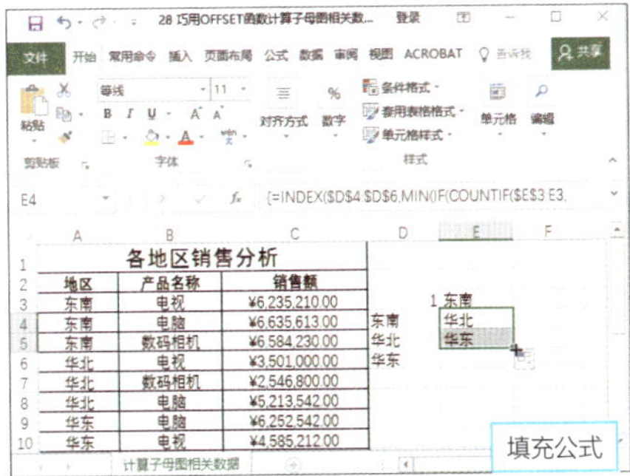

5 选中F3单元格输入“=SUM(OFFSET($C$2,MATCH(E3,$A$3:$A$11,0),,3))”公式。

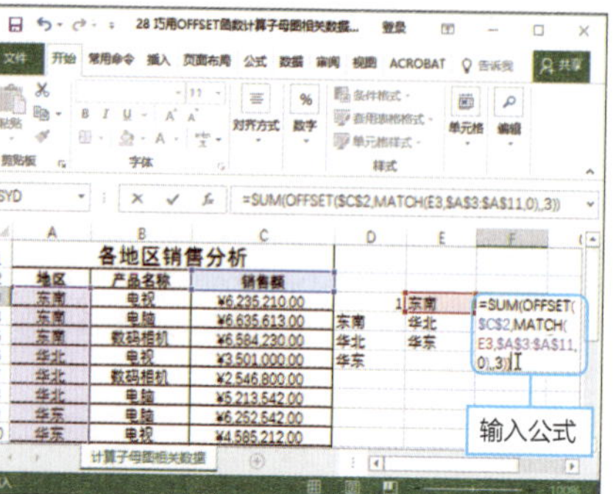

6 按Enter键执行计算，然后向下填充公式并计算出其它地区的销售额。

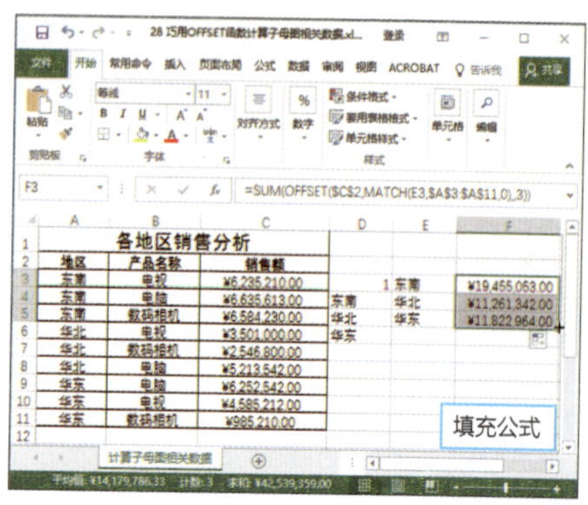

7 选中E7:F9单元格，输入“=OFFSET($A$2, MATCH($E$3,$A$3:$A$11,0), 1, 4, 2)”公式。

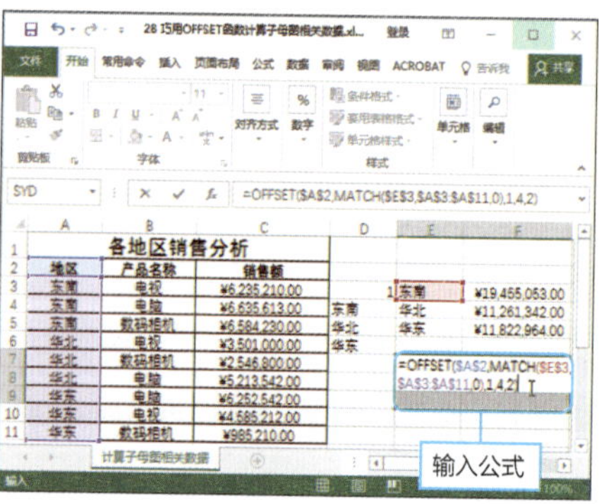

8 按Ctrl+Shift+Enter组合键，获取第一个地区的产品销售情况。

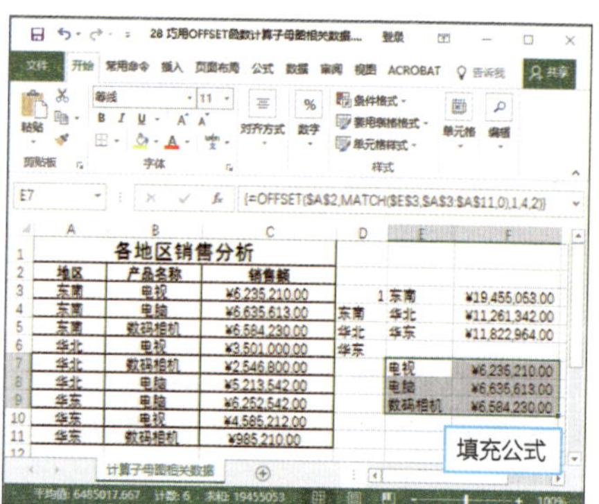

9 选中F10单元格，输入“=SUM(F4:F5)”公式，按Enter键执行计算。

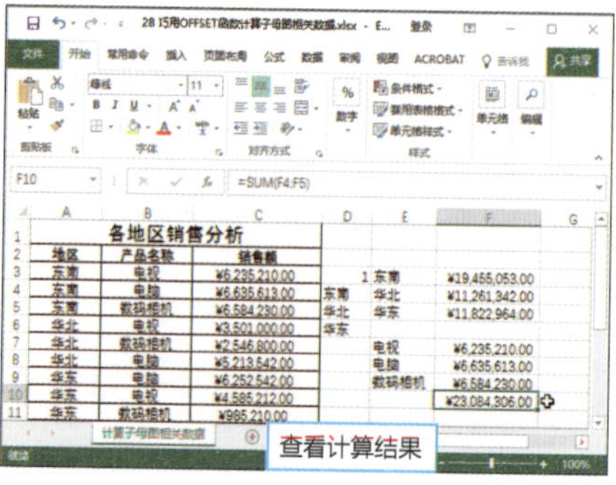

Hint

函数解析

OFFSET函数用于以指定的引用为参照系，通过给定的偏移量得到新的引用，其函数表达式为：OFFSET(reference,rows,cols,height,width)

其中，reference作为偏移量参照系的引用区域，rows为上下偏移的行数，cols为左右偏移的列数，height为高度，width为宽度。

227 灵活应用子母图分析数据

Level ◆◆◆

2016 2013 2010

实例 快速制作各分公司和产品销售总额的子母图

为了更形象地展现出各分公司和各个产品销售总额的关系，财务人员可以根据母图表和子图表的相关数据制作子母图。

例：在报表中插入饼图，并制作子母图图表。

① 选择空白单元格，单击“插入”选项卡中“饼图”下拉按钮，选择相应的饼图选项。

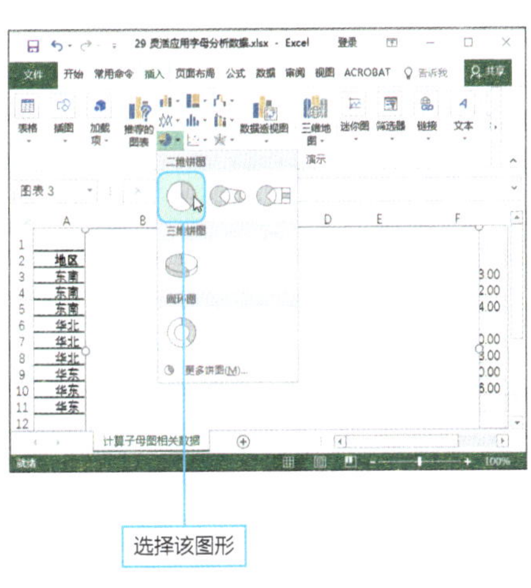

选择该图形

② 选中图表后，单击“图表工具-设计”选项卡中的“选择数据”按钮。

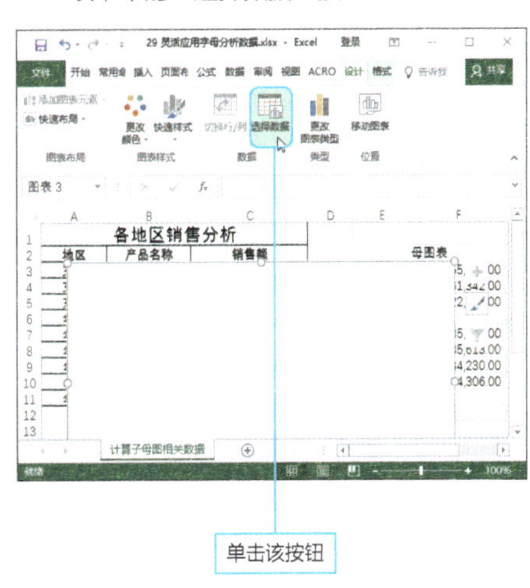

单击该按钮

③ 弹出“选择数据源“对话框，单击“添加”按钮。

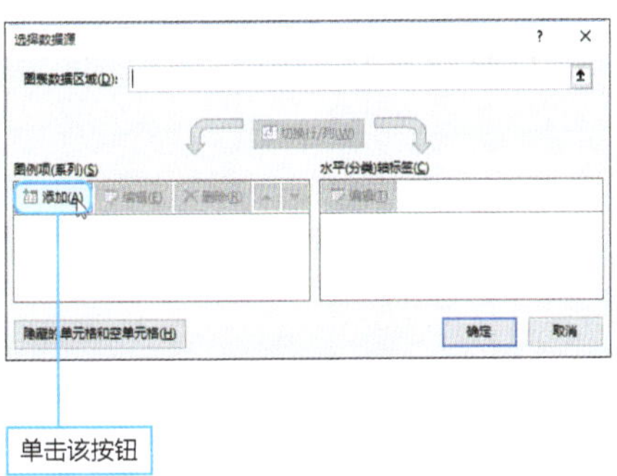

单击该按钮

④ 弹出“编辑数据系列”对话框，设置引用系列名称和系列值后，单击“确定”按钮。

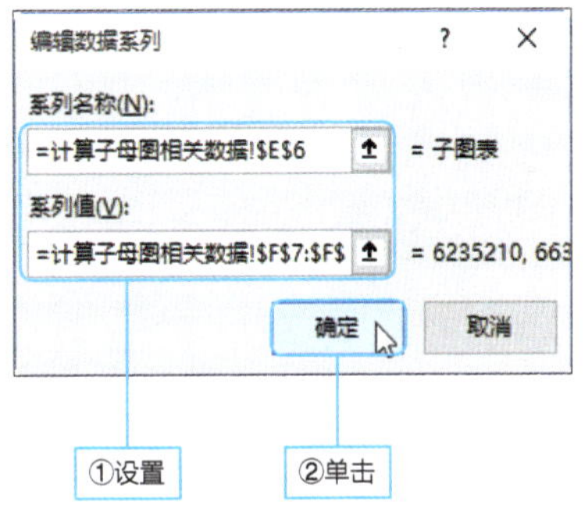

①设置 ②单击

5 按照同样的方法编辑母图表的系列名称和系列值，并单击“确定”按钮。

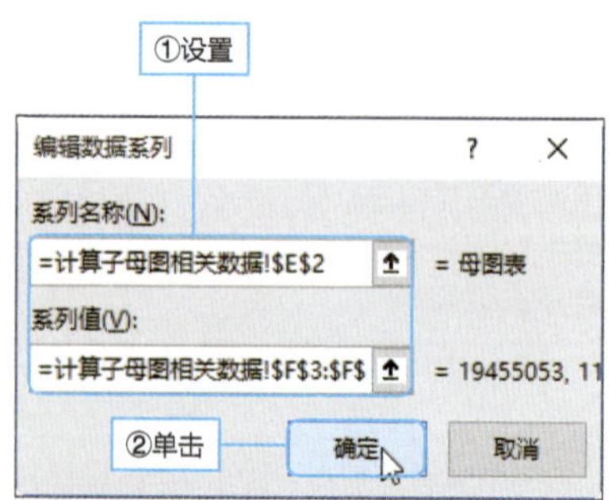

6 查看添加子图表和母表后的效果，现在只能看到子图表。

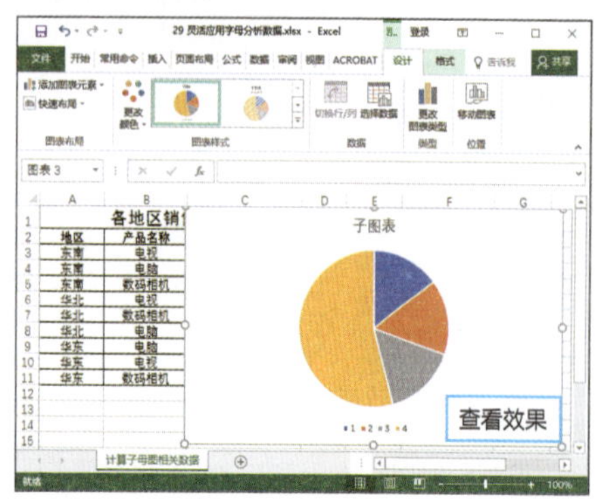

7 双击子图表，打开“设置数据系列格式”窗格，对坐标轴进行设置。

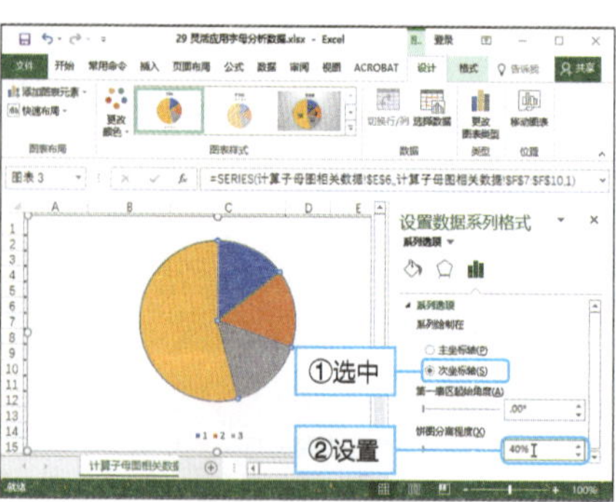

8 设置完成后，可见子图表部份分离并缩小了。

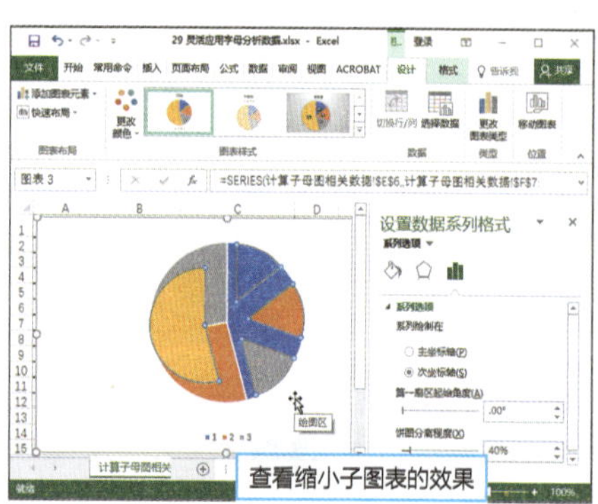

9 选中图表第四部份，在“设置数据点格式”窗口中对图表的填充和边框进行设置。

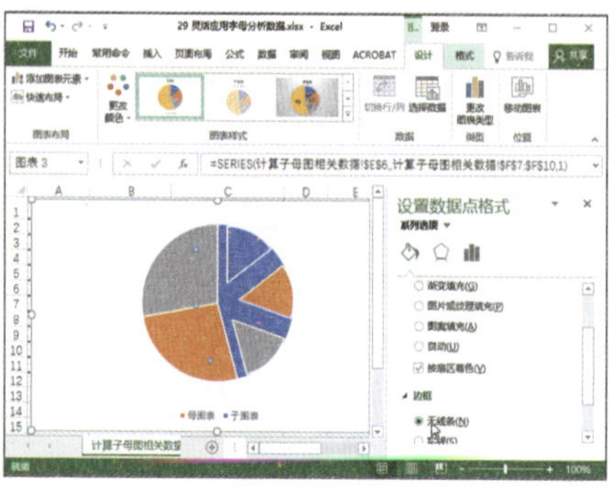

10 设置完成后，看不到子图表中第四部份是因为它被设置为无边框透明的效果。

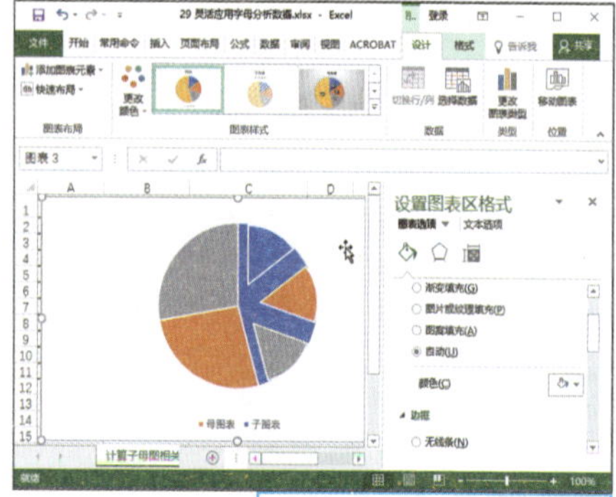

11 将其他3小块饼图拖曳至图表中心，单击“图表工具-设计”选项卡中的“选择数据”按钮。

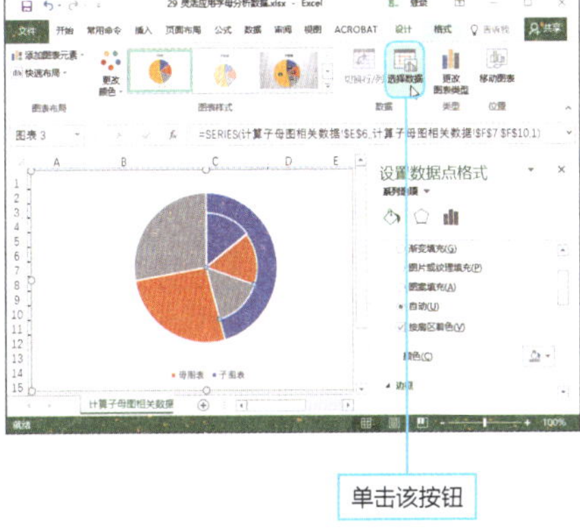

12 弹出“选择数据源”对话框，单击“编辑”按钮。

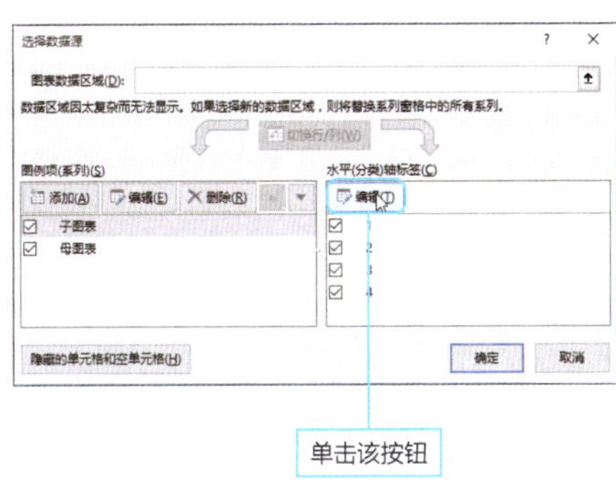

13 弹出“轴标签”对话框，在工作表中引用轴标签区域，设置子图表的系列名称。

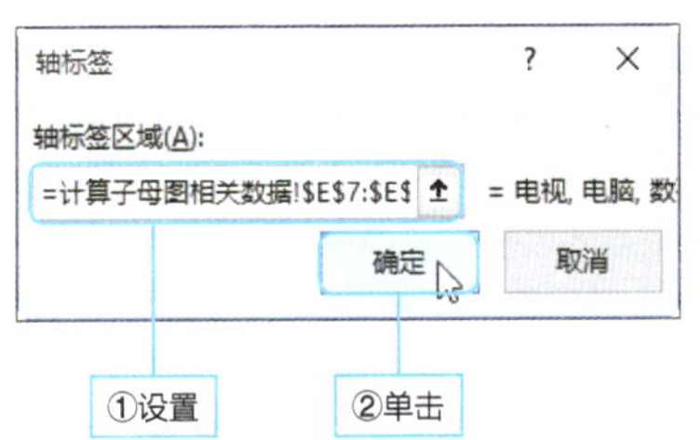

14 返回“选择数据源”对话框，按同样方法设置母图表的系列名称。

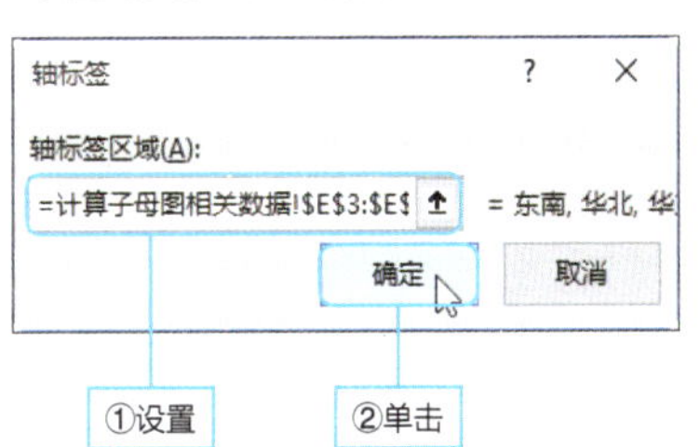

15 选中图表，单击“图表工具-设计”选项卡中的“快速布局”下拉按钮，选择合适的图表布局样式。

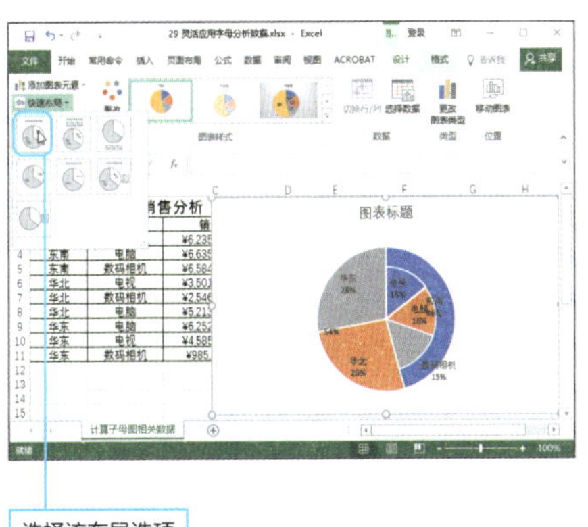

16 为图表填写标题，查看效果，现在只能显示华北地区的各产品销售总额。

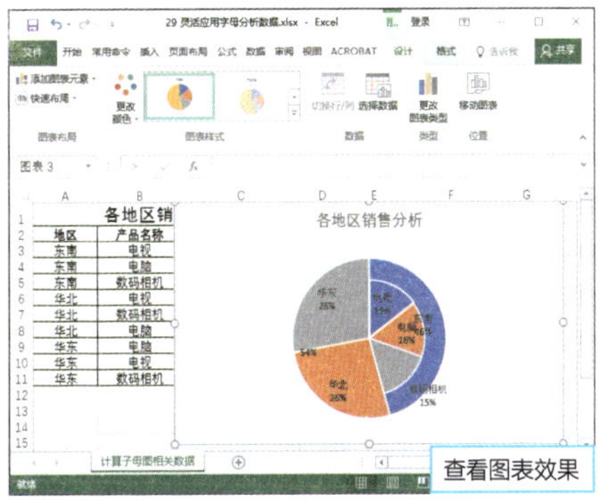

Question

228 原来可以将子母图动态化

Level ◆◆◆

2016 2013 2010

实例 快速为子母图添加"组合框"控件

子母图为静态的图表，只能显示某一地区的产品销售总额和另外两地区的销售总额，我们现在需要为子母图添加"组合框"控件，并进行相应的设置后，使之变为动态子母图。

1. 打开工作表，单击"开发工具"选项卡中的"插入"下拉按钮，选择"组合框"控件选项。

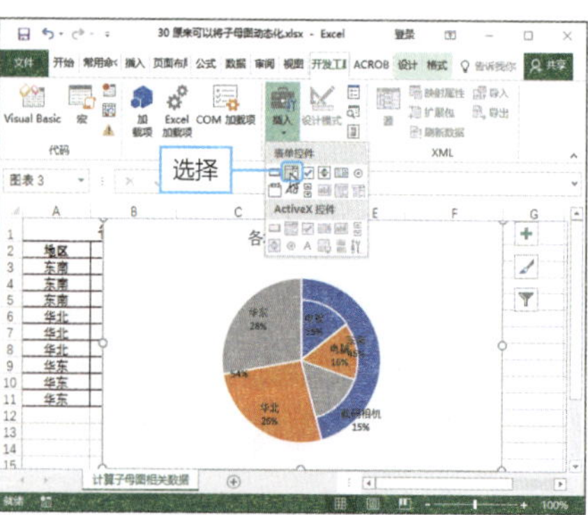

2. 在图表的右上角画组合框，然后右击，在快捷菜单中选择"设置控件格式"命令。

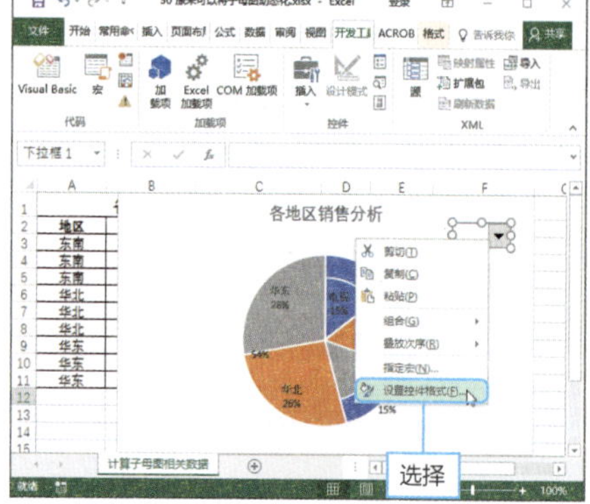

3. 弹出"设置控件格式"对话框，进行相应的设置后，单击"确定"按钮。

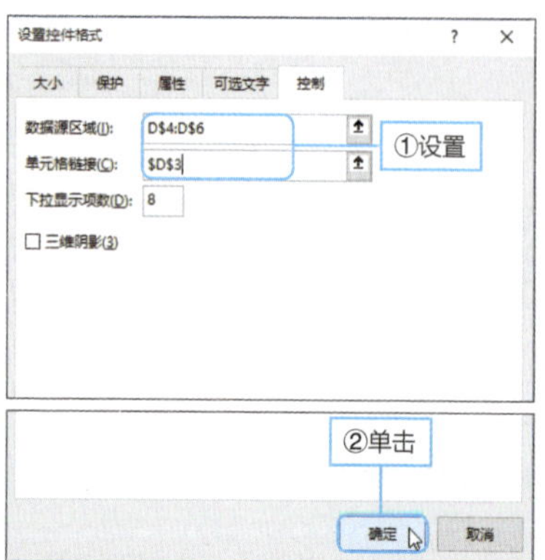

4. 返回工作表，选择不同的地区并查看动态子母图显示效果。

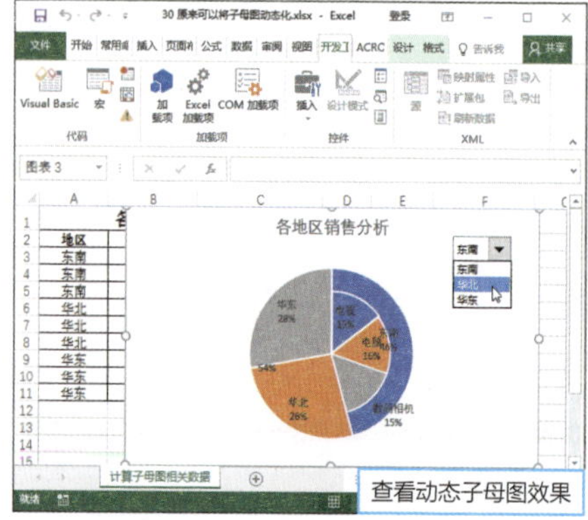

Question 229

轻松获知付款的最后日期

语音视频教学229

Level ◆◆◆

2016 2013 2010

实例 巧用EDATE函数计算付款的最后日期

某公司规定客户在规定的额度内付款账期最长为2个月，现在财务人员需要填写最后付款日期，手动输入的话工作量比较大，而且浪费时间，有什么快捷的方法吗?

❶ 选中H2:H12单元格区域，在“开始”选项卡的“数字格式”列表中，选择“短日期”格式选项。

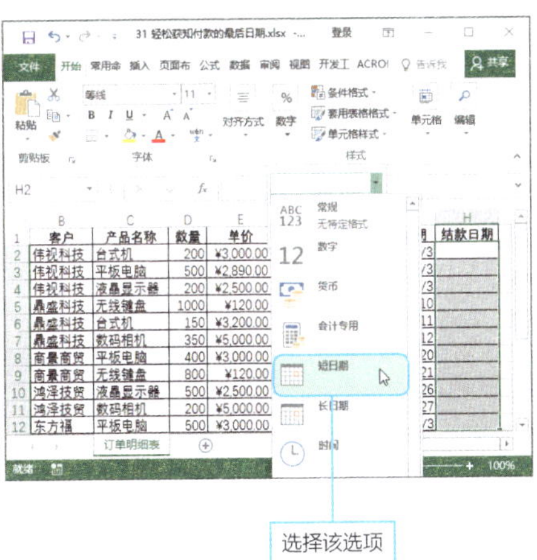

❷ 选中H2单元格输入“=EDATE(G2,1)”公式，按Enter键执行计算。

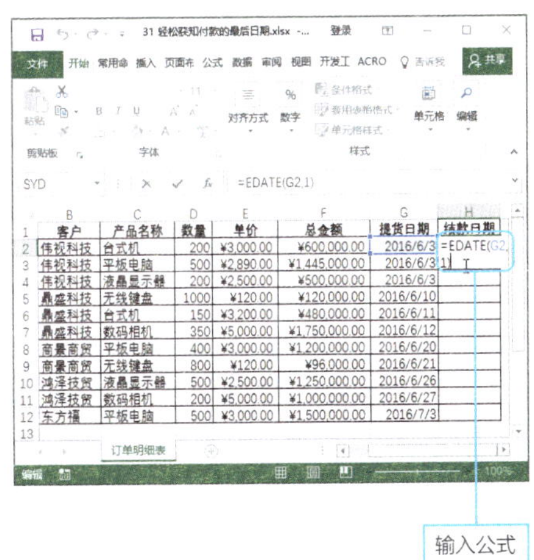

❸ 将公式填充至H12单元格，可计算出自提货日期起1个月后结账的日期。

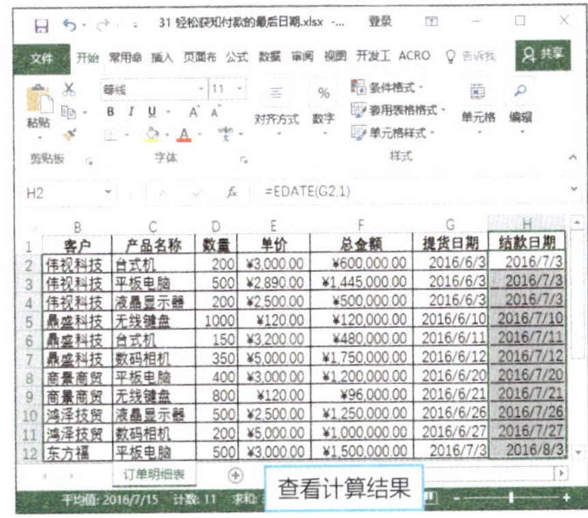

Hint

函数解析

EDATE函数用于返回指定日期之前或之后的几个月的具体日期，语法格式为:

EDATE(start_date,mouths)

其中，start_date表示起始的日期，若输入为非有效日期，则返回错误值；mouths表示之前或之后的月份，为正值表示起始日期之后的日期，为负值表示起始日期之前的日期。

Question

230 快速计算货款的结账日期

语音视频教学230

Level ◆◆◆

2016 2013 2010

实例 巧用EOMONTH函数计算结款期

某公司的货款结款日为提货之后3个月的最后一天，现在财务人员需根据销售明细表计算结款日期。

例：在采购明细表中使用EOMONTH函数快速计算结款日期。

❶ 选中H2单元格，打开“插入函数”对话框，选择EOMONTH函数。

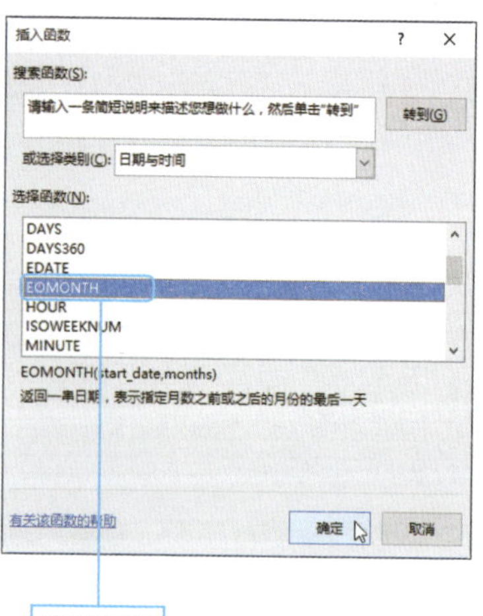

选择该函数

❷ 打开“函数参数”对话框，设置各参数，单击“确定”按钮。

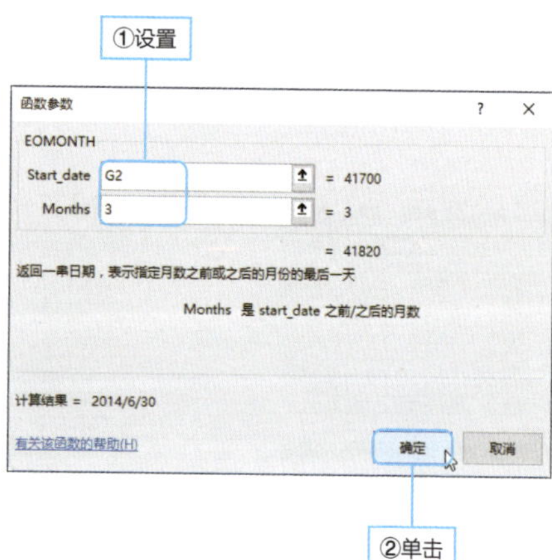

❸ 返工作表中，将公式填充至H12单元格，查看计算的结账日期。

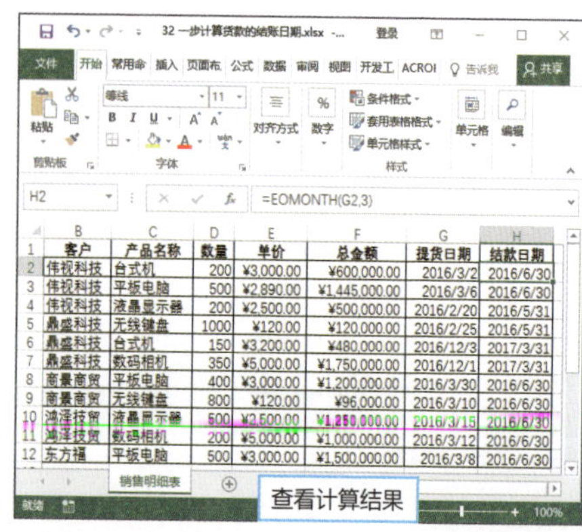

H2 =EOMONTH(G2,3)

	B	C	D	E	F	G	H
1	客户	产品名称	数量	单价	总金额	提货日期	结款日期
2	伟视科技	台式机	200	¥3,000.00	¥600,000.00	2016/3/2	2016/6/30
3	伟视科技	平板电脑	500	¥2,890.00	¥1,445,000.00	2016/3/6	2016/6/30
4	伟视科技	液晶显示器	200	¥2,500.00	¥500,000.00	2016/2/20	2016/5/31
5	鼎盛科技	无线键盘	1000	¥120.00	¥120,000.00	2016/2/25	2016/5/31
6	鼎盛科技	台式机	150	¥3,200.00	¥480,000.00	2016/12/3	2017/3/31
7	鼎盛科技	数码相机	350	¥5,000.00	¥1,750,000.00	2016/12/1	2017/3/31
8	商景商贸	平板电脑	400	¥3,000.00	¥1,200,000.00	2016/3/30	2016/6/30
9	商景商贸	无线键盘	800	¥120.00	¥96,000.00	2016/3/10	2016/6/30
10	鸿泽技贸	液晶显示器	500	¥2,500.00	¥1,250,000.00	2016/3/15	2016/6/30
11	鸿泽技贸	数码相机	200	¥5,000.00	¥1,000,000.00	2016/3/12	2016/6/30
12	东方福	平板电脑	500	¥3,000.00	¥1,500,000.00	2016/3/8	2016/6/30

销售明细表

查看计算结果

Hint

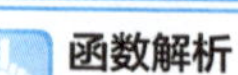

函数解析

EOMONTH函数用于计算指定日期之前或之后的几个月的最后一天的日期，语法格式为：

EOMONTH(start_date,mouths)

其中，start_date表示起始的日期，若输入为非有效日期，则返回错误值；mouths表示之前或之后的月份，为正值表示起始日期之后的日期，为负值表示起始日期之前的日期。

Question 231

在销售明细表中添加结款期限提醒

语音视频教学231

Level ◆◆◆

2016 2013 2010

实例 巧用TODAY函数计算结款期限

某公司在采购货物之后，为了不失公司信誉，到期即给客户结款，需要对结款期限设置提醒。

例：在采购明细表中根据结款日期计算结款的天数，并设置提醒。

1 打开工作表，选中I2单元格，按Ctrl+F3组合键，打开“名称管理器”对话框，然后单击“新建”按钮。

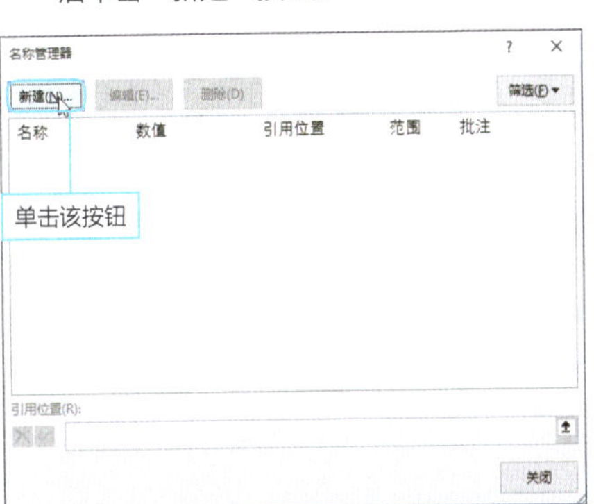

2 弹出“新建名称”对话框，在“名称”文本框中输入“到期天数”，“引用位置”文本框中输入“=采购明细表!H2-TODAY()”。

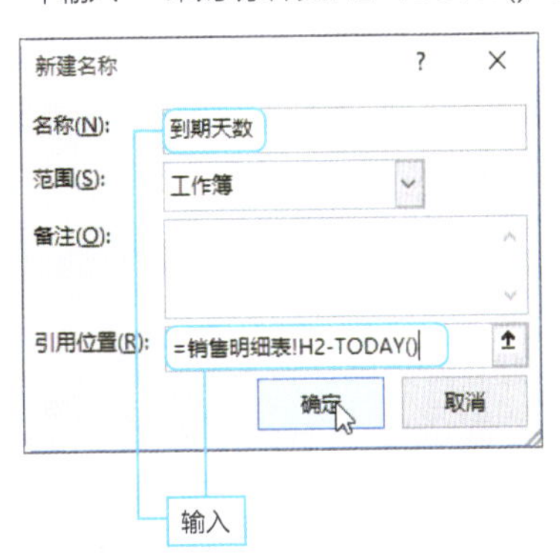

3 单击“确定”按钮后，选中I2单元格输入计算公式后，按Enter键执行计算。

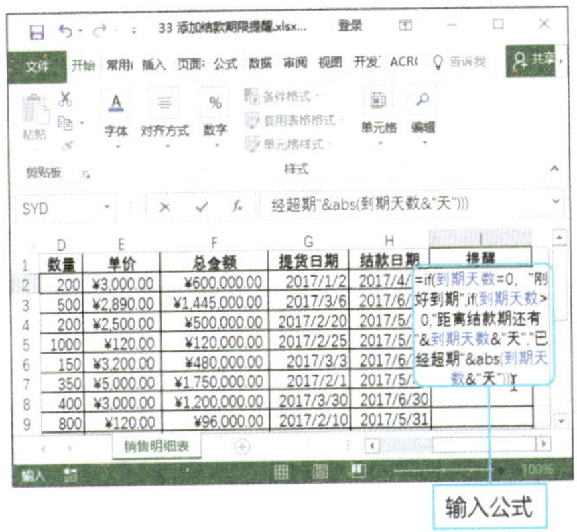

4 向下填充公式，计算其他结款提醒，查看效果。

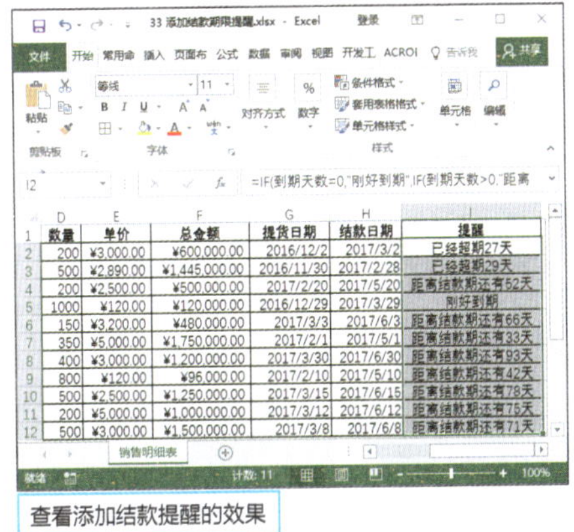

Question 232

快速制作商品标价标签

Level ◆◆◆

2016 2013 2010

实例 巧用OFFSET函数制作商品的标价标签

某超市需要为商品制作标价标签，即商品的名称、价格、条形码以及产地等信息，如何能够根据产品零售价表格制作标价标签呢？
例：制作包括产品名称和零售价的标价标签。

1. 打开工作表，在D2单元格中输入“标价标签”文本。

	A	B	C	D
1		产品零售价		
2	品牌	型号	零售价	标价标签
3	皇家	皇家A3幼犬狗粮15KG	¥402.00	
4	皇家	皇家金毛幼犬12KG	¥580.00	
5	皇家	皇家贵宾幼犬3KG	¥200.00	
6	冠能	冠能幼犬15KG	¥519.00	
7	冠能	冠能幼犬成长配方15KG	¥600.00	
8	冠能	冠能幼犬成长配方1.5KG	¥109.00	

2. 在D3单元格中输入“=OFFSET($B$3, TRUNC (ROW(A2)/2,0)-1,MOD (ROW(A2), 2))”公式。

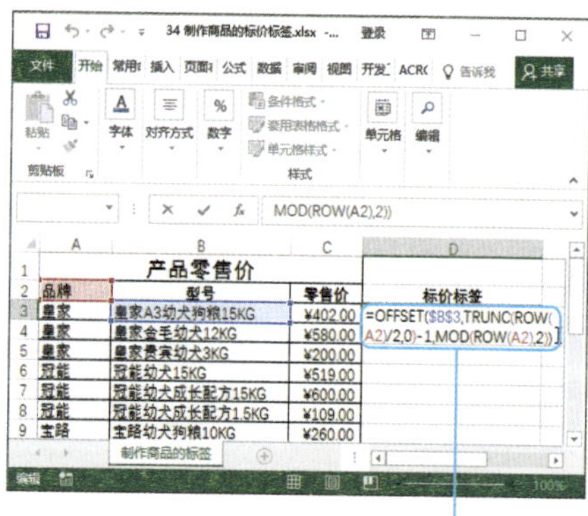

3. 按Enter键执行计算，并向下填充公式至最后一件商品信息对应的单元格。

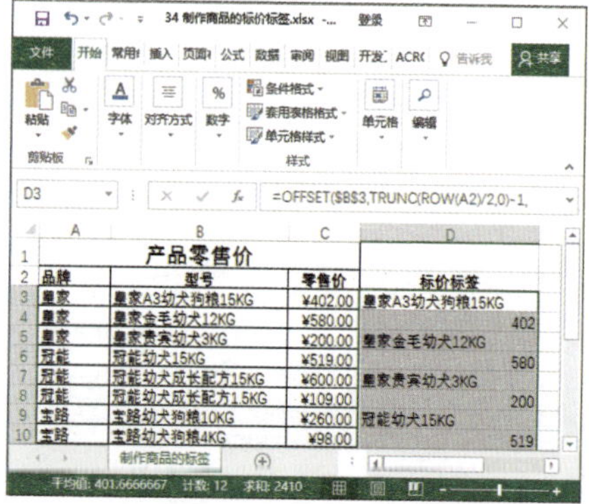

Hint

公式说明

在“=OFFSET($B$3,TRUNC(ROW(A2)/2,0)-1,MOD(ROW(A2),2))”公式中，使用OFFSET函数以B3单元格为参考系，使用左上角单元格的行号除以2的整数部分作为行数，余数则作为列数，来获取商品的名称和零售价。

创建库存统计表

实例 根据采购统计表和销售统计表创建库存统计表

Level 

2016 2013 2010

库存统计表表现一定期间内商品的入库、出库和结余情况，我们可以通过库存统计表合理调整下一个期间订货方案，从而使库存储备保持在最经济合理的状态。

最终效果

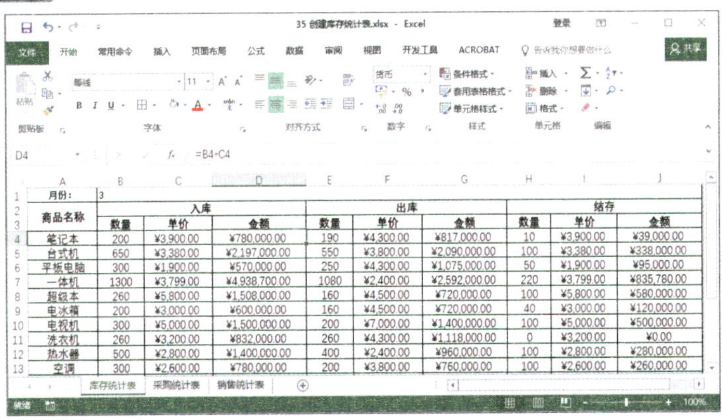

月份：	3								
商品名称	入库			出库			结存		
	数量	单价	金额	数量	单价	金额	数量	单价	金额
笔记本	200	¥3,900.00	¥780,000.00	190	¥4,300.00	¥817,000.00	10	¥3,900.00	¥39,000.00
台式机	650	¥3,380.00	¥2,197,000.00	550	¥3,800.00	¥2,090,000.00	100	¥3,380.00	¥338,000.00
平板电脑	300	¥1,900.00	¥570,000.00	250	¥4,300.00	¥1,075,000.00	50	¥1,900.00	¥95,000.00
一体机	1300	¥3,799.00	¥4,938,700.00	1080	¥2,400.00	¥2,592,000.00	220	¥3,799.00	¥835,780.00
超级本	260	¥5,800.00	¥1,508,000.00	160	¥4,500.00	¥720,000.00	100	¥5,800.00	¥580,000.00
电冰箱	200	¥3,000.00	¥600,000.00	160	¥4,500.00	¥720,000.00	40	¥3,000.00	¥120,000.00
电视机	300	¥5,000.00	¥1,500,000.00	200	¥7,000.00	¥1,400,000.00	100	¥5,000.00	¥500,000.00
洗衣机	260	¥3,200.00	¥832,000.00	260	¥4,300.00	¥1,118,000.00	0	¥3,200.00	¥0.00
热水器	500	¥2,800.00	¥1,400,000.00	400	¥2,400.00	¥960,000.00	100	¥2,800.00	¥280,000.00
空调	300	¥2,600.00	¥780,000.00	200	¥3,800.00	¥760,000.00	100	¥2,600.00	¥260,000.00

1. 打开新工作表，构建表格框架并填写标题，设置字体、字号和对齐方式。

2. 按Ctrl键选中表格内所有“单价”和“金额”列单元格并设置为“货币”格式。

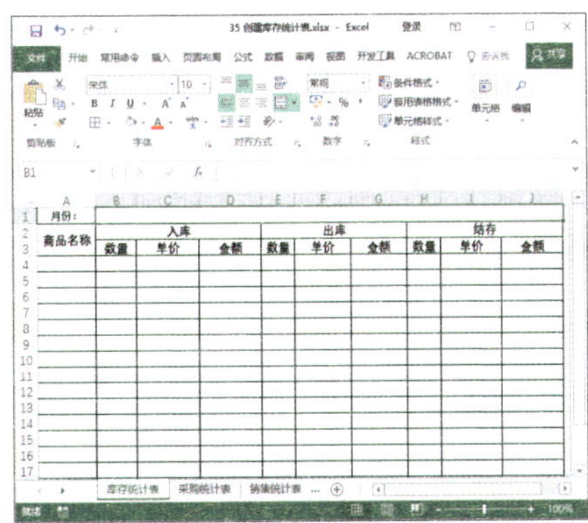

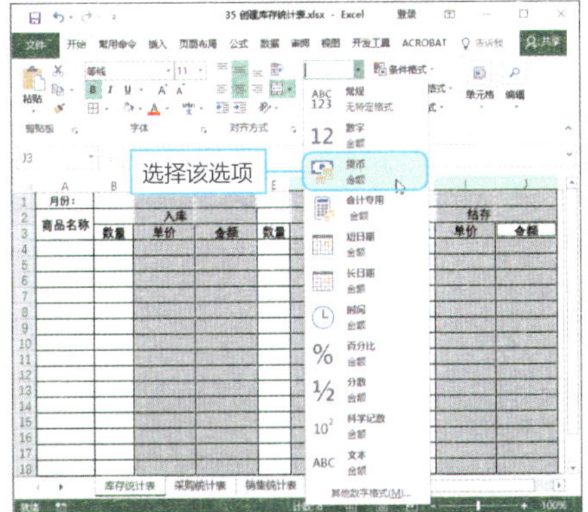

3 选中B1单元格并输入“=IF(A4="","",MONTH(A4))”公式，按Enter键。

4 选中A4单元格并输入“=采购统计表!B2”公式，按Enter键引用采购统计表B2单元格中的数据。

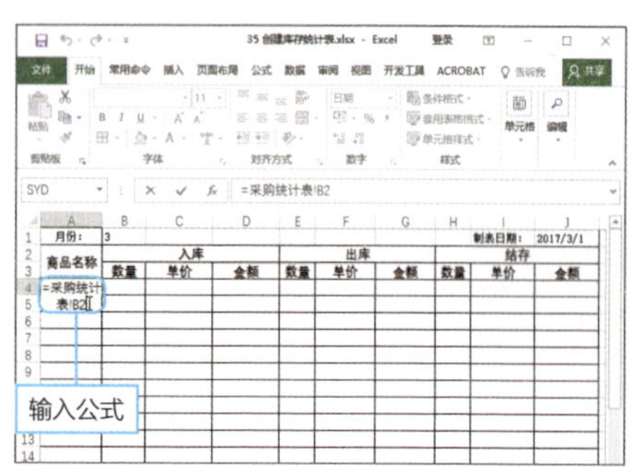

5 选中B4单元格并输入“=采购统计表!E2”公式，按Enter键引用采购统计表E2中的数据。

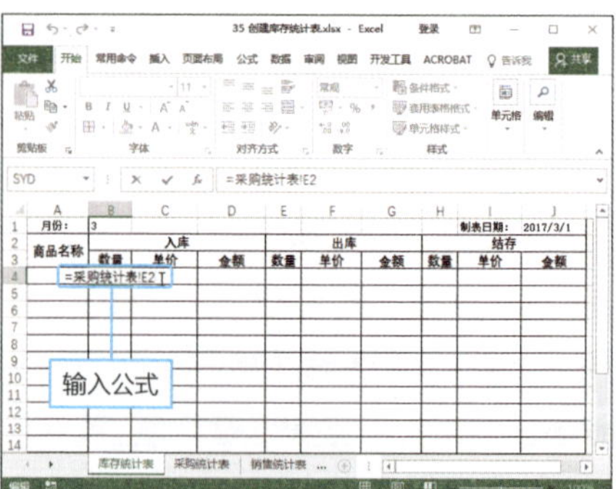

6 选中C4单元格并输入“=采购统计表!D2”公式，按Enter键引用采购统计表D2单元格中的数据。

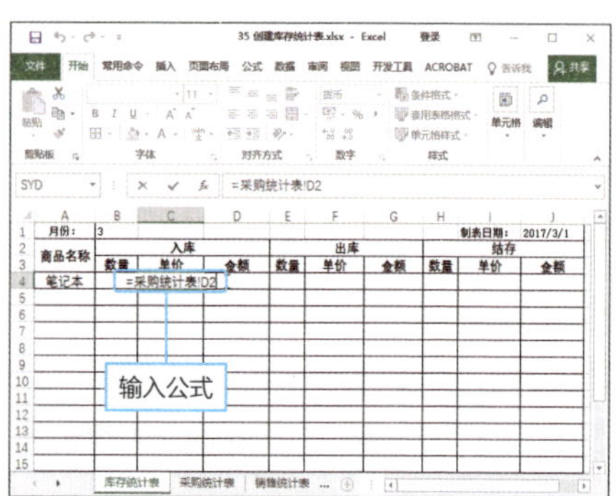

7 选中D4单元格并输入“=C4*B4”公式，按Enter键查看计算结果。

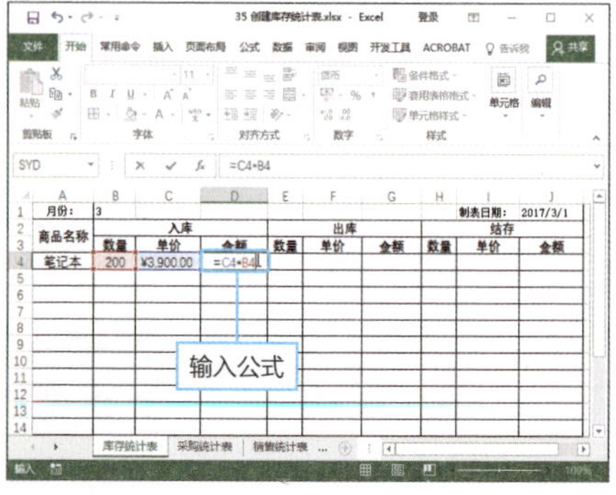

8 选中E4单元格并输入“=SUMIF(销售统计表!$B$3:$B$43,A5,销售统计表!$E$3:$E$43)”公式，按Enter键计算结果。

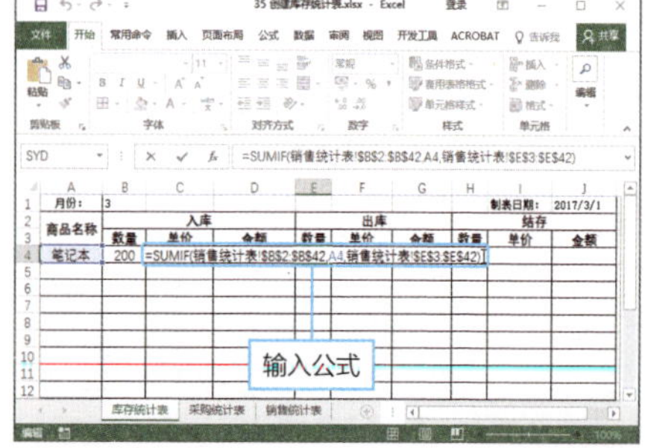

9 选中F4单元格并输入“=销售统计表!D2”公式，按Enter键引用销售统计表中的数据。

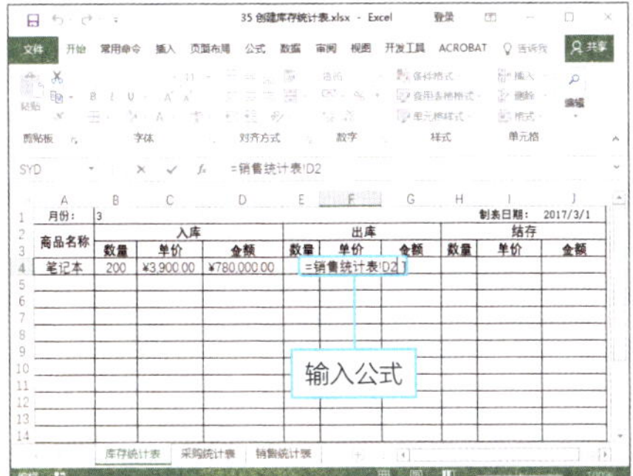

10 选中G4单元格并输入“=F4*E4”公式，按Enter键计算出库金额。

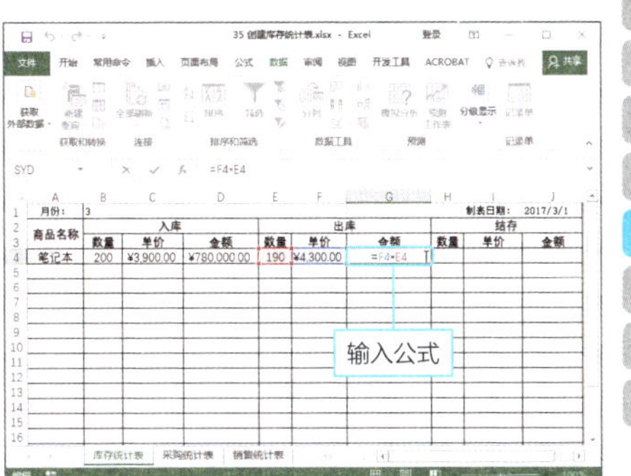

11 选中H4单元格并输入“=B5-E5”公式，按Enter键执行计算。

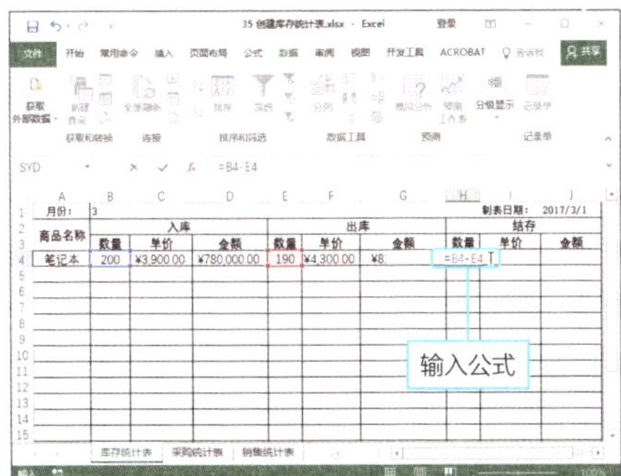

12 选中I4单元格并输入“=C4”公式，按Enter键执行计算。

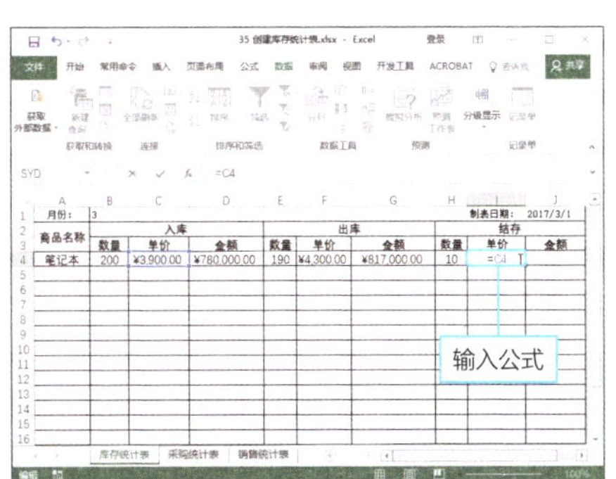

13 选中J4单元格输入“=I4*H4”公式，按Enter键执行计算。

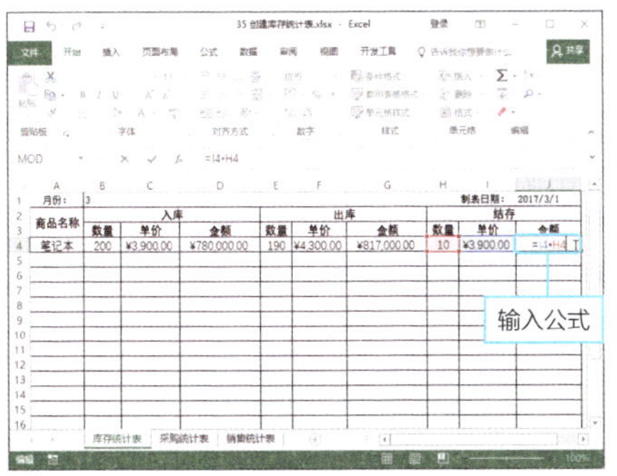

14 选中A4:J18单元格区域，单击“开始”选项卡下的“填充”下拉按钮，选择“向下”选项。

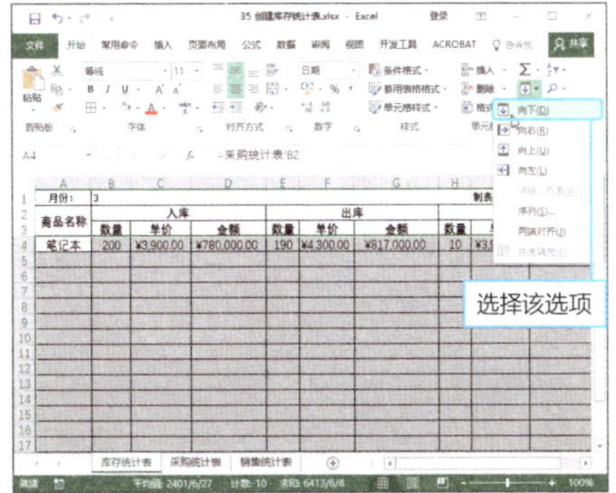

Question 234

看一眼便可获知库存量信息

Level ◆◆◆

2016 2013 2010

实例 根据库存量的不同显示不同的信息

某家电市场为了不影响企业正常经营，同时又不会造成产品大量积压，现在需要对库存量进行控制，即设置不同数量时显示不同的图标来管理，使库存显示得更加形象、直观。

最终效果

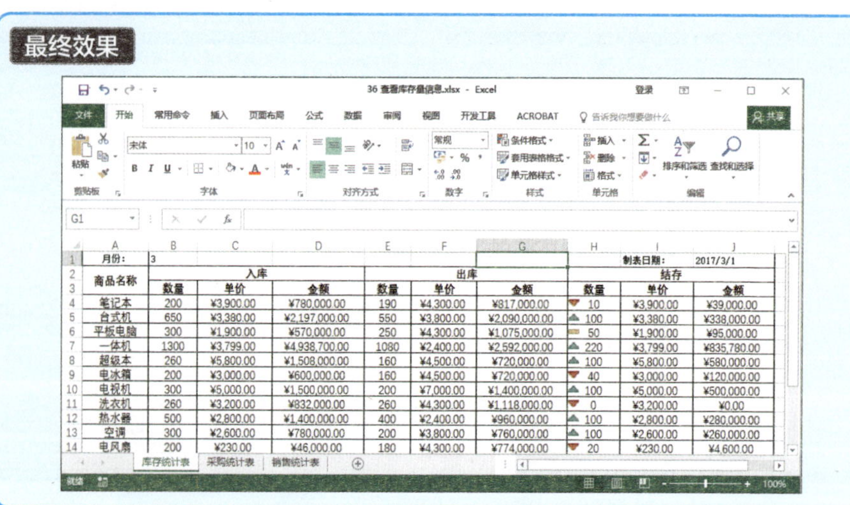

月份：	3							制表日期：	2017/3/1
商品名称	入库			出库			结存		
	数量	单价	金额	数量	单价	金额	数量	单价	金额
笔记本	200	¥3,900.00	¥780,000.00	190	¥4,300.00	¥817,000.00	10	¥3,900.00	¥39,000.00
台式机	650	¥3,380.00	¥2,197,000.00	550	¥3,800.00	¥2,090,000.00	100	¥3,380.00	¥338,000.00
平板电脑	300	¥1,900.00	¥570,000.00	250	¥4,300.00	¥1,075,000.00	50	¥1,900.00	¥95,000.00
一体机	1300	¥3,799.00	¥4,938,700.00	1080	¥2,400.00	¥2,592,000.00	220	¥3,799.00	¥835,780.00
超级本	260	¥5,800.00	¥1,508,000.00	160	¥4,500.00	¥720,000.00	100	¥5,800.00	¥580,000.00
电冰箱	200	¥3,000.00	¥600,000.00	160	¥4,500.00	¥720,000.00	40	¥3,000.00	¥120,000.00
电视机	300	¥5,000.00	¥1,500,000.00	200	¥7,000.00	¥1,400,000.00	100	¥5,000.00	¥500,000.00
洗衣机	260	¥3,200.00	¥832,000.00	260	¥4,300.00	¥1,118,000.00	0	¥3,200.00	¥0.00
热水器	500	¥2,800.00	¥1,400,000.00	400	¥2,400.00	¥960,000.00	100	¥2,800.00	¥280,000.00
空调	300	¥2,600.00	¥780,000.00	200	¥3,800.00	¥760,000.00	100	¥2,600.00	¥260,000.00
电风扇	200	¥230.00	¥46,000.00	180	¥4,300.00	¥774,000.00	20	¥230.00	¥4,600.00

1. 打开工作表，选中H4:H18单元格区域，单击“开始”选卡下“条件格式”下拉按钮，选择“新建规则”选项。

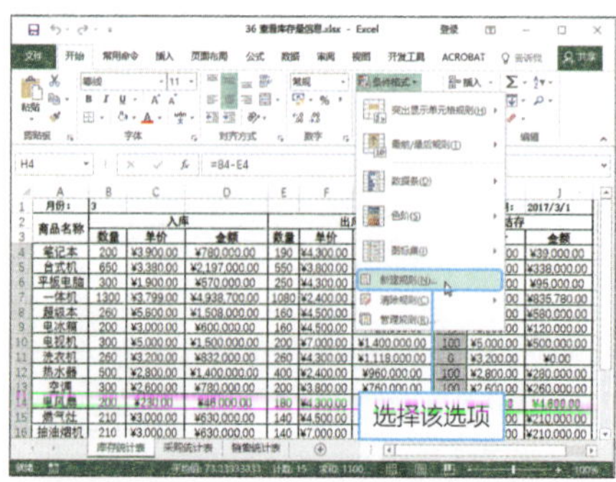

2. 弹出“新建格式规则”对话框，选择“格式样式”为“图标集”，然后对“图标”和“值”进行设置，单击“确定”按钮。

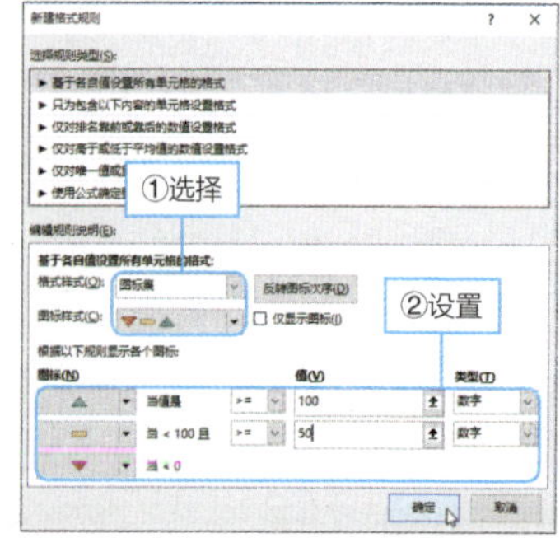

Question 235

统计满足条件库存商品的个数

语音视频教学235

Level ◆◆◆

2016 2013 2010

实例 统计库存量大于50小于100的数量

在库存统计表中，如果用户希望统计出商品在指定范围内的库存数量，例如在库存统计表中统计出库存量大于50小于100的数量，该如何操作呢？

1 打开工作表，在E19:F20单元格区域中输入相关数据，完善表格。

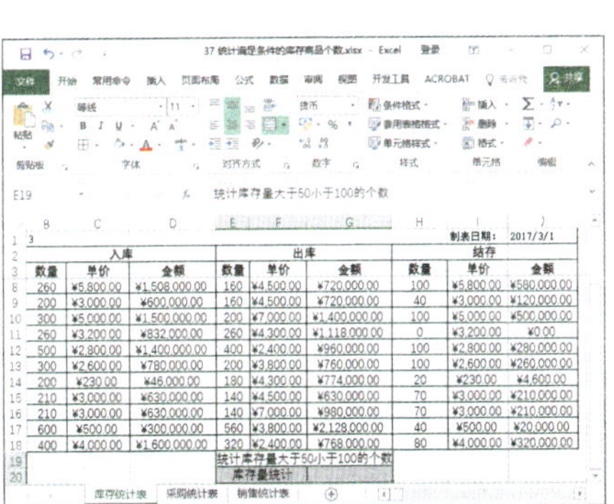

完善表格

2 在G20单元格中输入“=COUNTIF(H:H,">50")-COUNTIF(H:H,">100")”公式，计算满足条件单元格个数。

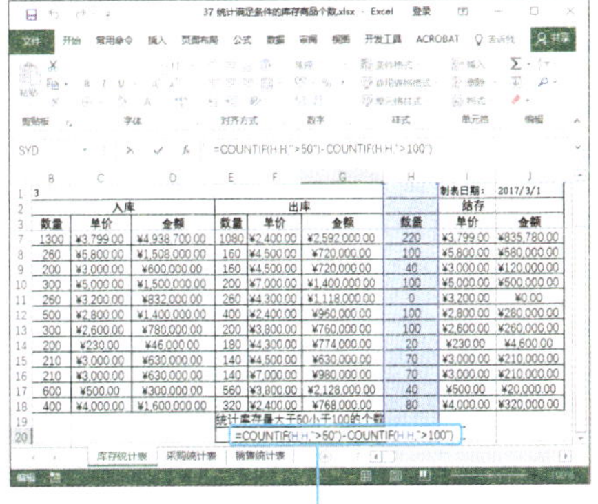

输入公式

3 按Enter键执行计算，在G20单元格中显示有8个商品满足指定条件。

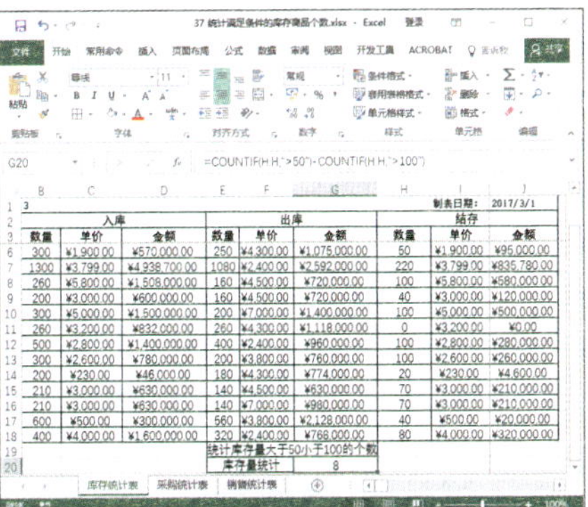

Hint

公式说明

在本案例的“=COUNTIF(H:H,">50")-COUNTIF(H:H,">100")”公式中，首先使用COUNTIF函数统计出库存量大于50的商品个数，然后统计大于100的商品个数，最后两者相减即可得出大于50小于100的商品个数。

Question **236**

Level ◆◆◆

2016 2013 2010

让系统自己判断是否需要进货

语音视频教学236

实例 巧用CHAR函数设置判断结果

某家电市场在库存管理制度中规定库存数量以100为基数，某商品库存量大于100时，不需要订货，小于100时，可以适当补充库存。

例：在库存统表中判断各商品是否需要进货。

1. 打开工作表，添加“是否进货”列并选中，单击“开始”选项卡中“自动换行”按钮。

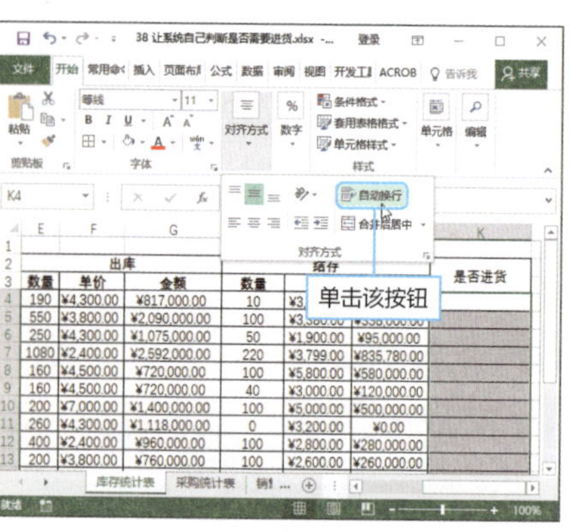

2. 选中K4单元格并输入公式，按Enter键执行计算，并显示判断结果。

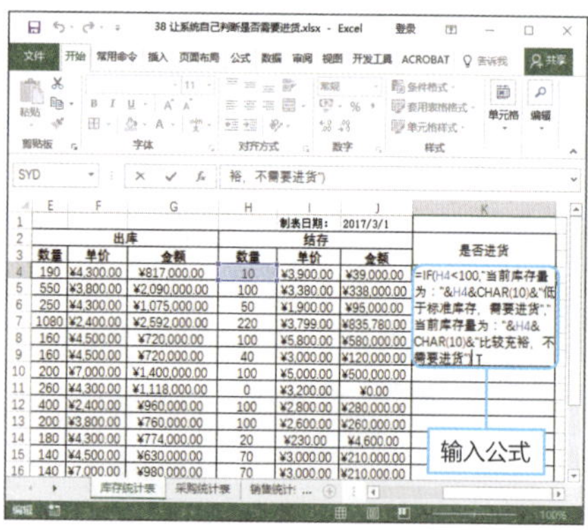

3. 向下填充公式至K18单元格并查看计算结果，即可判断所有商品是否需要进货。

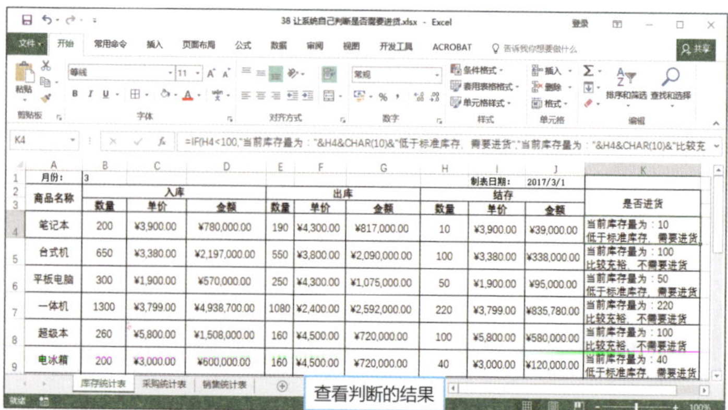

Question

轻松获取产品包装尺寸

Level

2016 2013 2010

实例 巧用FIND函数获取产品包装尺寸并计算库存体积

某家电市场将要大量到货，产品外包装尺寸采用“长*宽*高”记录，现在库房管理人员提前规划产品的合理堆放，需要先计算出产品总共体积，我们有什么快速的方法计算吗?

最终效果

H15 =SUM(H2:H14)

	A	B	C	D	E	F	G	H
1	产品名称	产品数量	产品规格	长（米）	宽（米）	高（米）	体积（立方米）	总体积（立方米）
2	笔记本	200	0.5*0.3*0.1	0.5	0.3	0.1	0.02	4
3	台式机	650	1.0*0.9*0.7	1	0.9	0.7	0.63	409.5
4	平板电脑	300	0.3*0.2*0.1	0.3	0.2	0.1	0.01	3
5	一体机	1300	1.5*1.3*0.8	1.5	1.3	0.8	1.56	2028
6	超级本	260	0.3*0.2*0.1	0.3	0.2	0.1	0.01	2.6
7	电冰箱	200	2.1*1.5*1.4	2.1	1.5	1.4	4.41	882
8	电视机	300	2.5*1.8*1.1	2.5	1.8	1.1	4.95	1485
9	洗衣机	260	1.9*1.8*1.6	1.9	1.8	1.6	5.47	1422.2
10	热水器	500	1.8*1.6*1.3	1.8	1.6	1.3	3.74	1870
11	空调	300	1.2*0.9*0.8	1.2	0.9	0.8	0.86	258
12	电风扇	200	1.1*0.8*0.6	1.1	0.8	0.6	0.53	106
13	燃气灶	210	1.1*0.9*0.8	1.1	0.9	0.8	0.79	165.9
14	抽油烟机	210	0.9*0.8*0.6	0.9	0.8	0.6	0.43	90.3
15	总共体积（立方米）							8726.5

库存规格管理

1. 打开工作表，选中D2单元格并输入“=LEFT(C,FIND("*",C2)-1)*1”公式，按Enter键计算产品包装的高度。

2. 选中E2单元格并输入“=MID(C2,FIND("*",C2)+1,FIND("*",C2,FIND("*",C2)+1)-FIND("*",C2)-1)*1”公式，按Enter键执行计算。

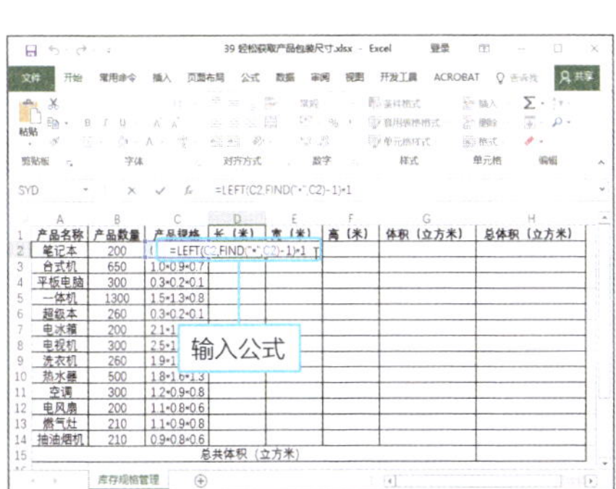

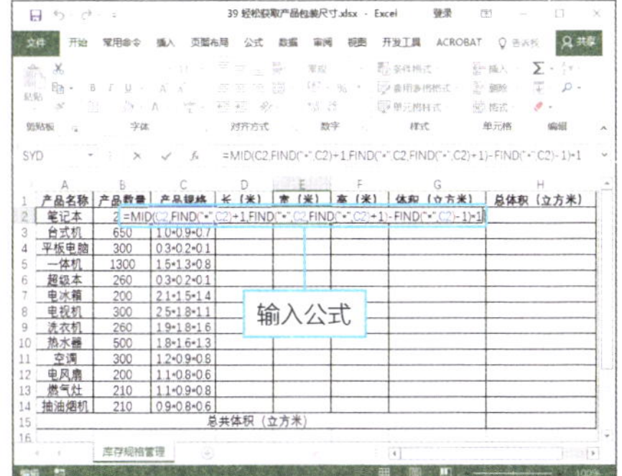

3 选中F2单元格并输入“=RIGHT (C2, LEN(C2)-FIND("*",C2,FIND("*", C2)+1))*1”公式，按Enter键执行计算。

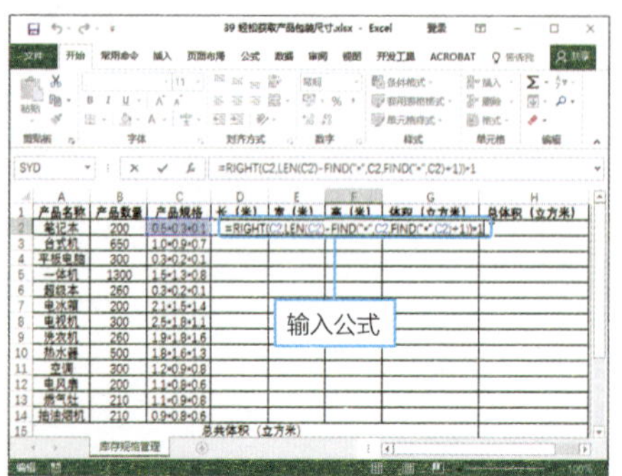

4 选中G2单元格并输入“=ROUND(PRODUCT(D2:F2),2)”公式，按Enter键执行计算。

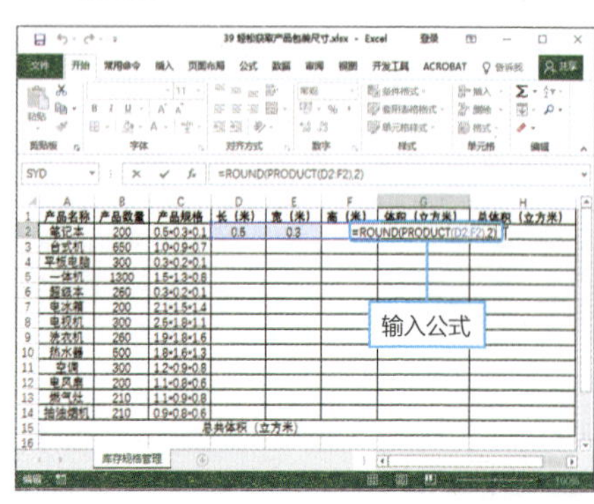

5 选中H3单元格并输入“=B3*G3”公式，按Enter键执行计算。

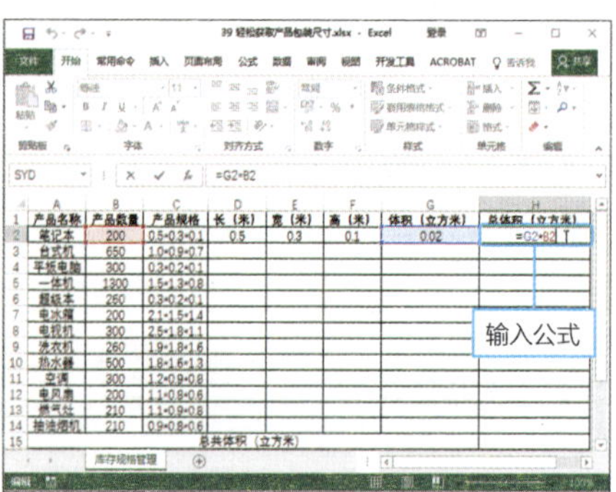

6 选中D3:H15单击格区域，在“开始”选项卡的“填充”列表中选择“向下”选项。

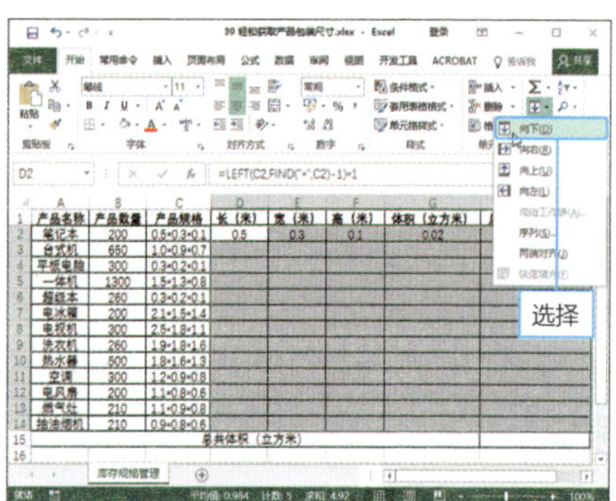

7 选中H16单元格并输入“=SUM(H3:H15)”公式，按Enter键计算总体积。

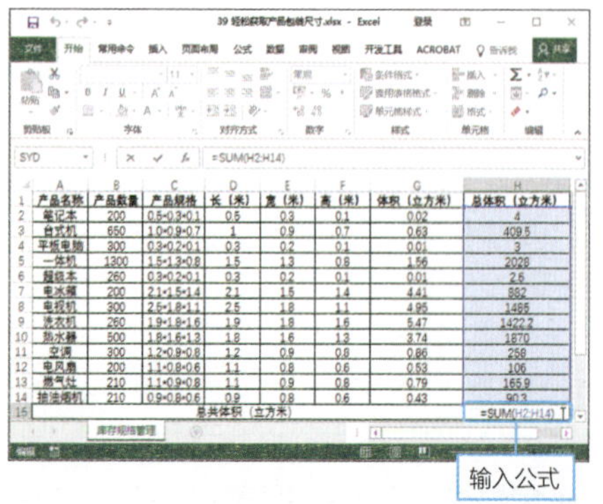

Hint

函数解析

FIND函数用于对原始数据中某个字符串进行定位，以确定其位置，其函数表达式为：

FIND(find_text,within_text,start_num)

其中，find_text是要查找的字符串，within_text是包含要查找关键字的单元格，start_num用于指定开始进行查找的字符数。

Question

238 自动记录入库时间

Level ◆◆◆

2016 2013 2010

实例　在入库记录表中设置入库时间自动记录

在库存管理中，所有商品出入库都必须有详细的记录，包括商品名称、数量和出入库时间等等，为了节省时间成本，我们可以把出入库的时间设置自动记录。

1. 打开工作表后，打开“Excel选项”对话框，在“公式”选项面板中进行相应的设置，单击“确定”按钮。

①勾选
②输入
③单击

2. 选中E2单元格输入“=IF(ISBLANK(A2),"",IF(E2="",NOW(),E2))”公式，按Enter键。

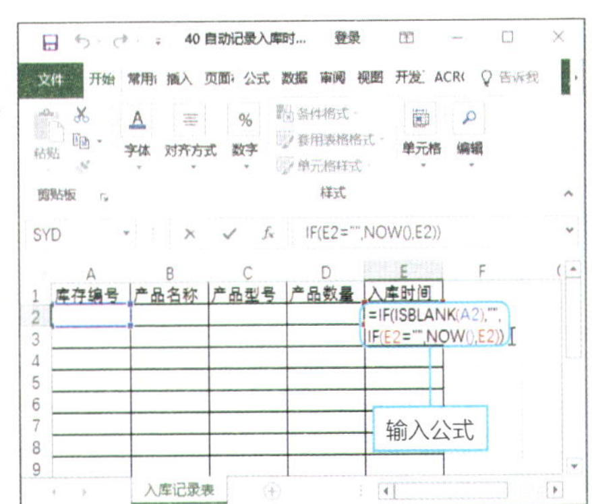

3. 选中E3单元格，将光标移至单元格右下角按住鼠标左键向下拖动填充公式。

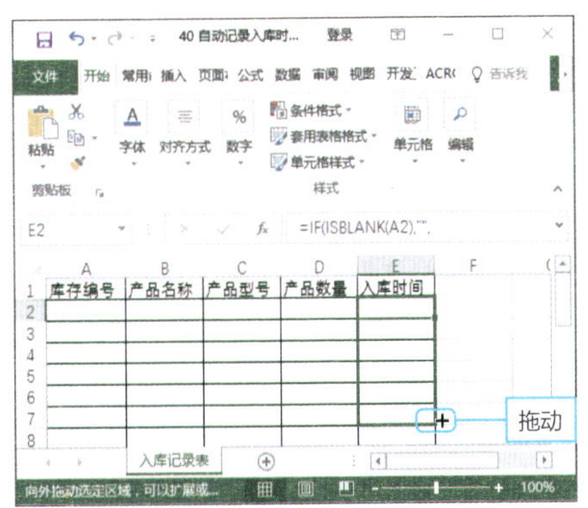

4. 然后在入库记录中输入数据，入库时间会自动记录，查看效果。

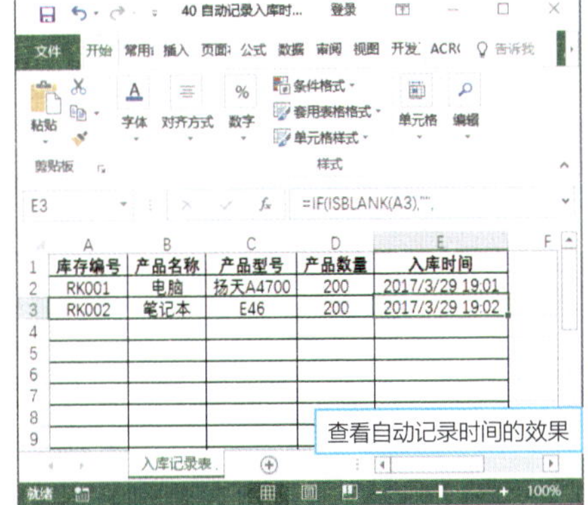

Question

239 查询不同仓库的库存数量

● Level ◆◆◆

2016 2013 2010

实例 巧用INDIRECT函数引用数据

某家电市场，将各个地区的库存统计表使用不同的工作表进行存储，现在要求新建一个工作表，输入产品名称可以自动显示各地区库存数量，以方便宏观的管理。

1 新建仓储查询工作表，选中A3单元格，单击“数据”选项卡中“数据验证”按钮。

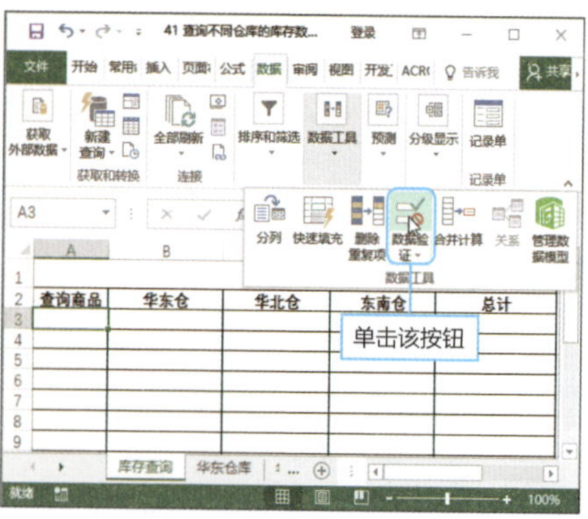

2 弹出“数据验证”对话框，对验证条件进行设置后，单击“确定”按钮。

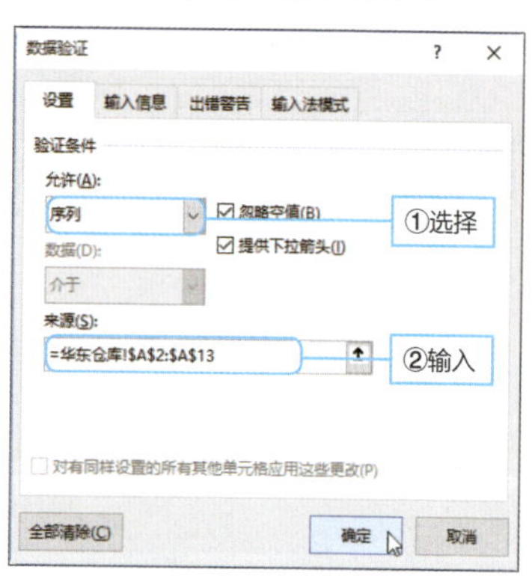

3 选中B3单元格，单击“公式”选项卡中的“定义名称”按钮。

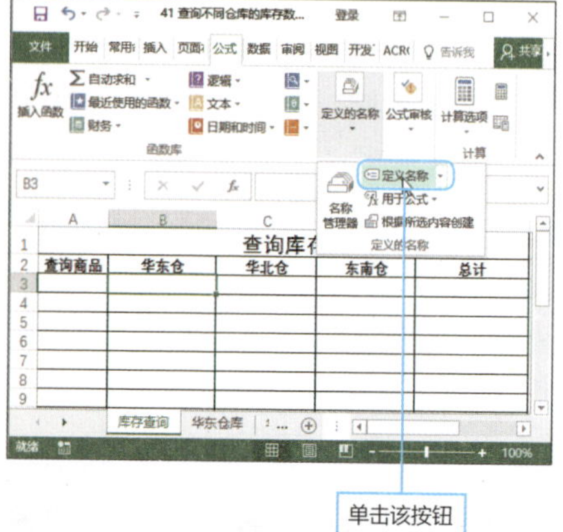

4 弹出“新建名称”对话框，在“引用位置”文本框中输入“=INDIRECT(仓储查询!B$2&"!$A$3:$D$14")”公式。

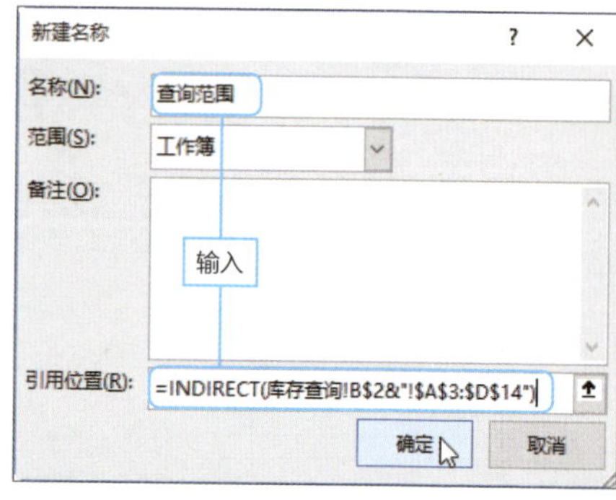

5 选中B3单元格并输入“=IFERROR(VLOOKUP($A3,查询范围,2),"")”公式。

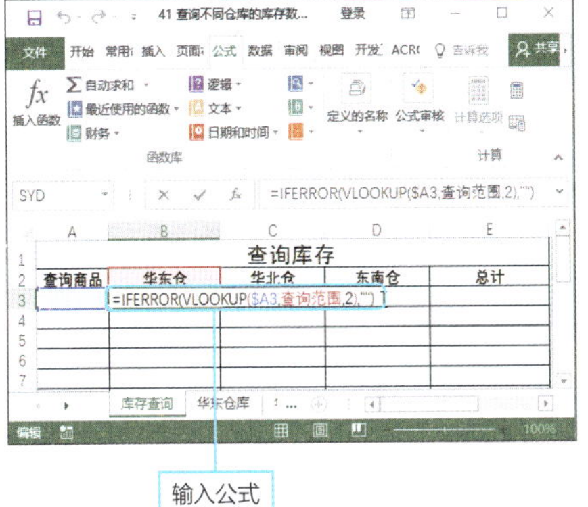

6 将光标移至B3单元格右下角，按住鼠标左键拖动至D3单元格，填充公式。

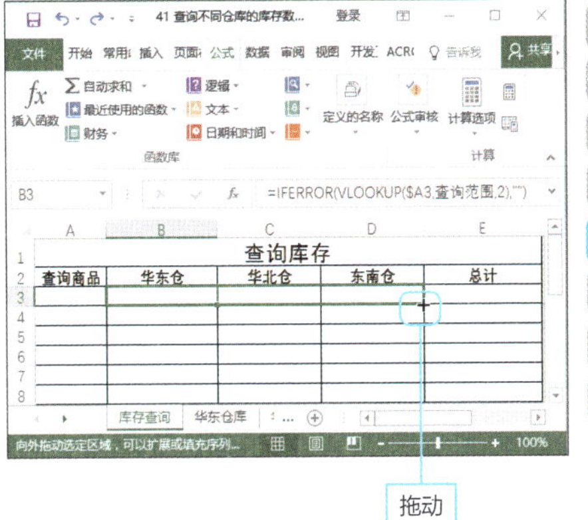

7 选中E3单元格并输入“=IF(SUM(B3:D3),SUM(B3:D3),"")”公式，按Enter键。

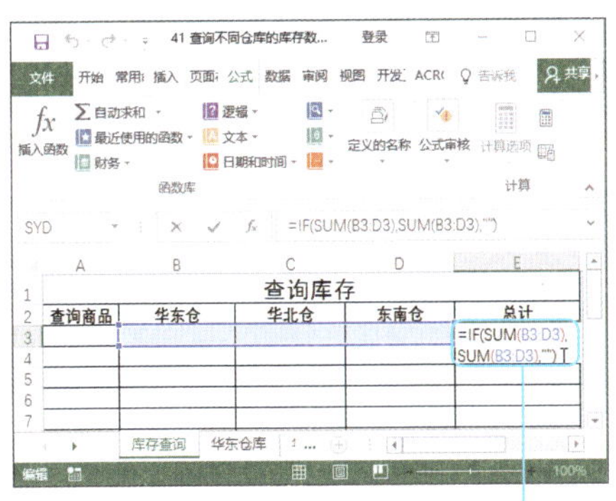

8 选中A3:E3单元格区域，拖动填充柄至A14:E14单元格，向下填充公式。

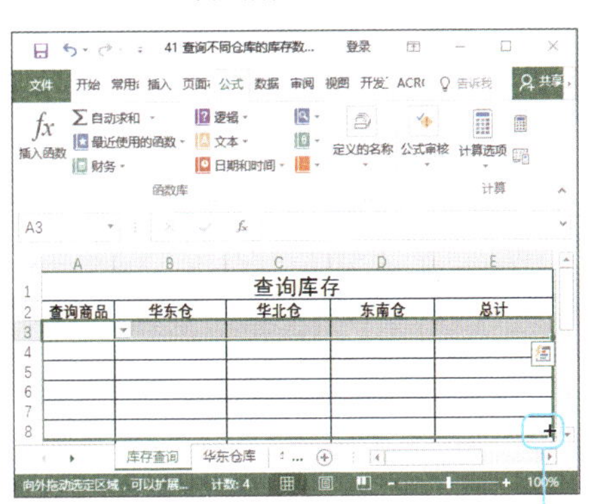

9 选回工作表中，选择不同的商品名称，然后查看效果。

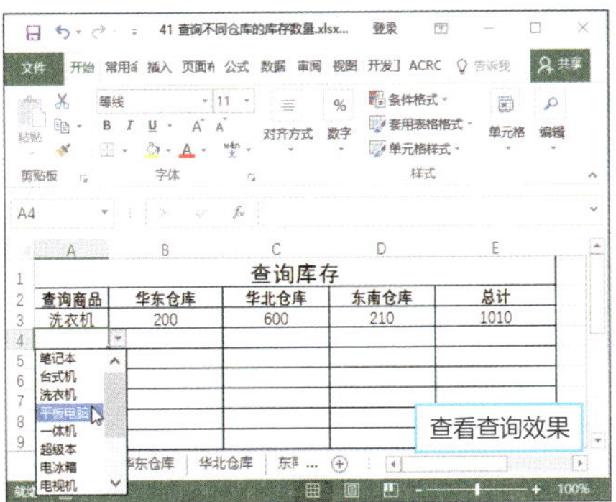

Hint

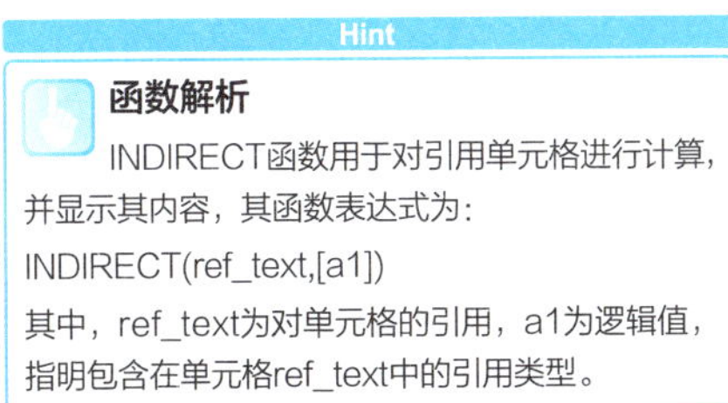

函数解析

INDIRECT函数用于对引用单元格进行计算，并显示其内容，其函数表达式为：

INDIRECT(ref_text,[a1])

其中，ref_text为对单元格的引用，a1为逻辑值，指明包含在单元格ref_text中的引用类型。

Question

240 构建商品价格表

Level ◆◆◆

2016 2013 2010

实例 创建某家电市场五一期间的价格记录表

某家电市场五一期间为了吸引顾客，搞促销活动，现在活动结束了，财务人员需要创建五一期间的价格记录表来合算成本和利润。

例：构建商品价格表并计算商品的均价。

最终效果

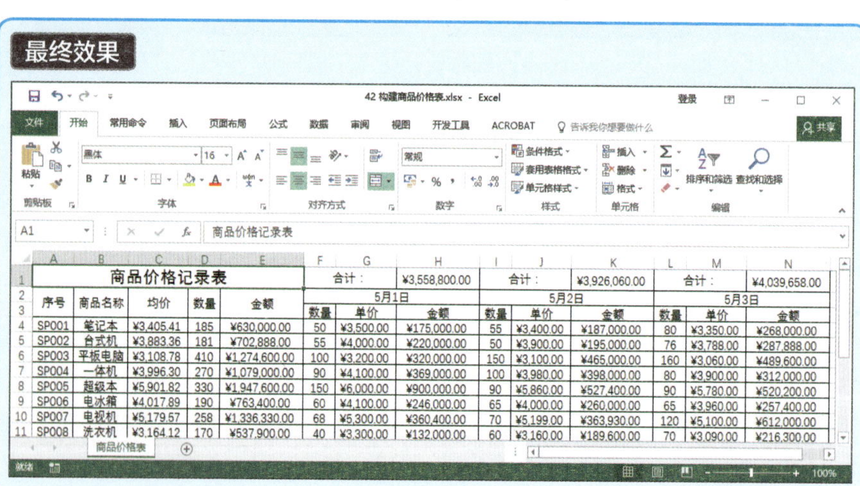

1. 打开新工作表，制作表格框架，设置表格标题的字体样式，填写商品名称、销售数量和单价。

2. 选中H4单元格并输入“=F4*G4”公式，按Enter键执行计算。

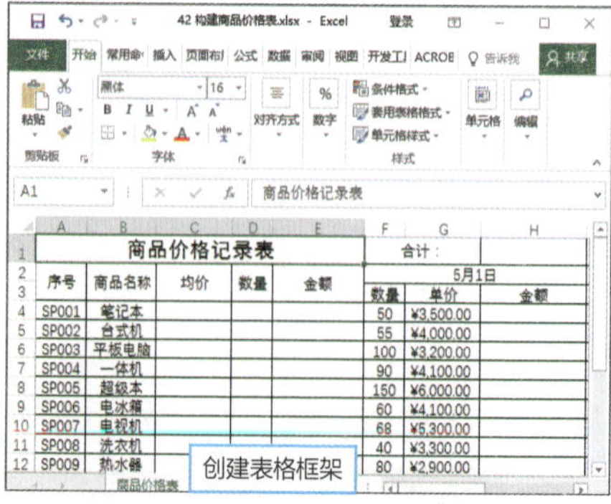

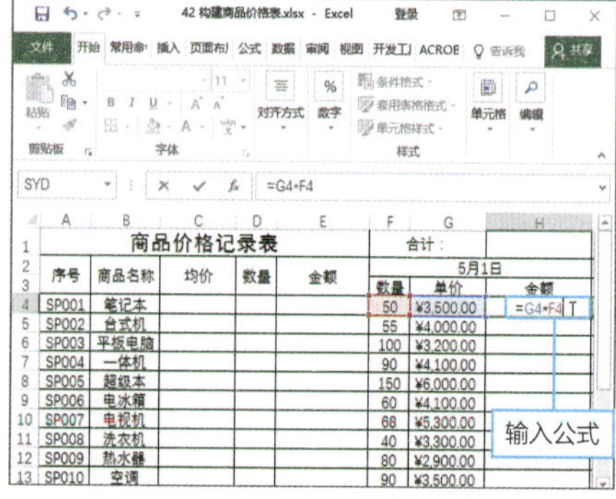

3 选中H1单元格并输入"=SUM(H4:H16)"公式，按照同样方法制作2日和3日区域。

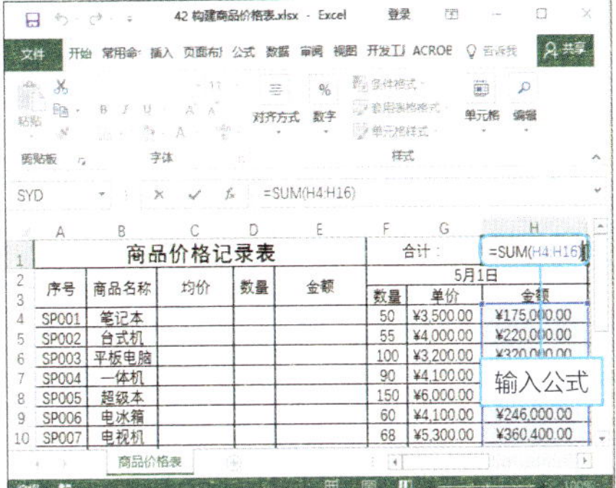

4 选中E4单元格并输入"=H4+K4+N4"公式，并按Enter键查看计算结果。

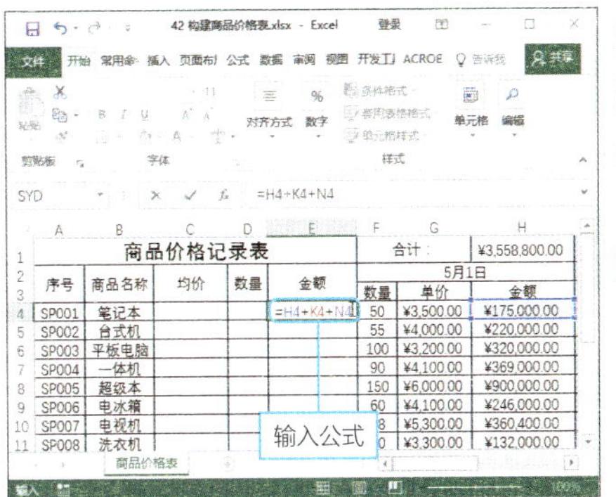

5 选中D4单元格并输入"=F4+I4+L4"公式，按Enter键执行计算。

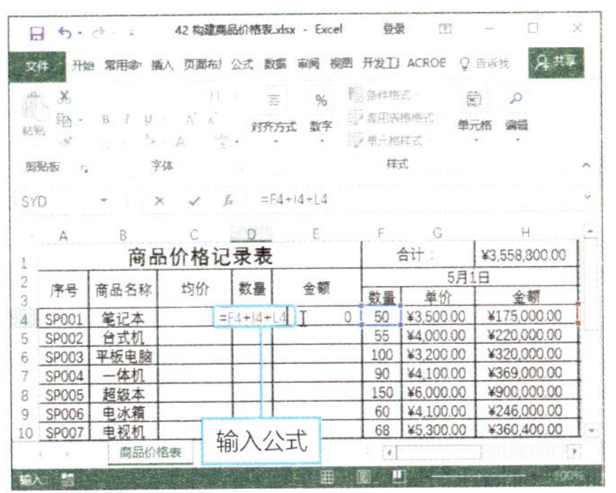

6 选中C4单元格并输入"=E4/D4"公式，按Enter键执行计算。

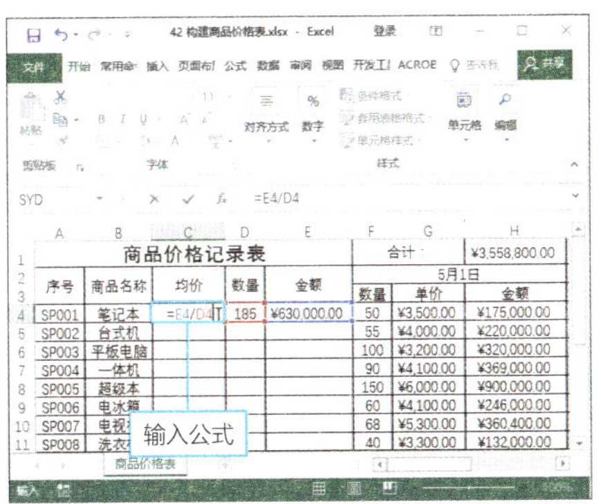

7 选中C4:E16单元格区域，单击"开始"选项卡中"填充"下拉按钮，选择"向下"选项。

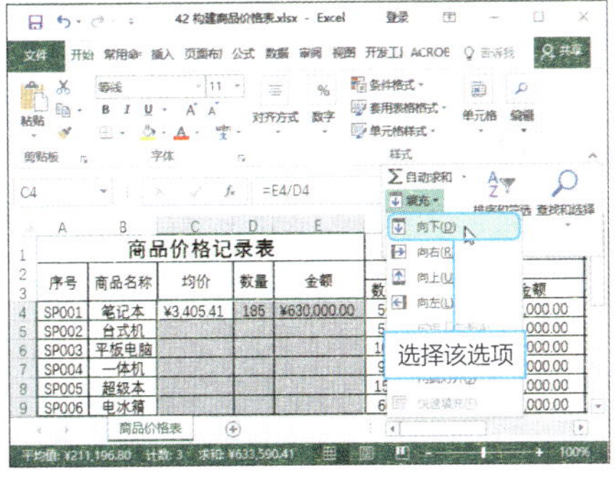

8 选中C4单元格，在"冻结窗格"下拉列表中选择"冻结拆分窗格"选项。

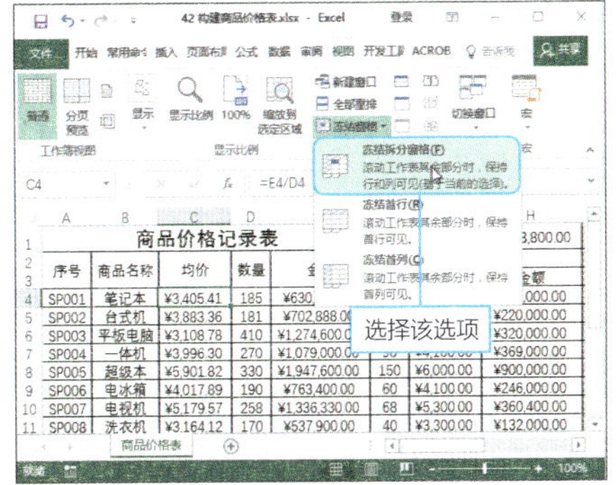

Question 241

• Level ◆◆◆

2016 2013 2010

合并计算各仓库的商品数量

实例 根据各分仓库汇总商品的数量

某家电商场有3个库房，财务人员每天都收到3份格式一样的库存表，需要将三张表格汇总为一张工作表。最快的方法是使用合并计算功能，下面介绍具体操作方法。

1 打开工作表，选中A2单元格，单击“数据”选项卡中“合并计算”按钮。

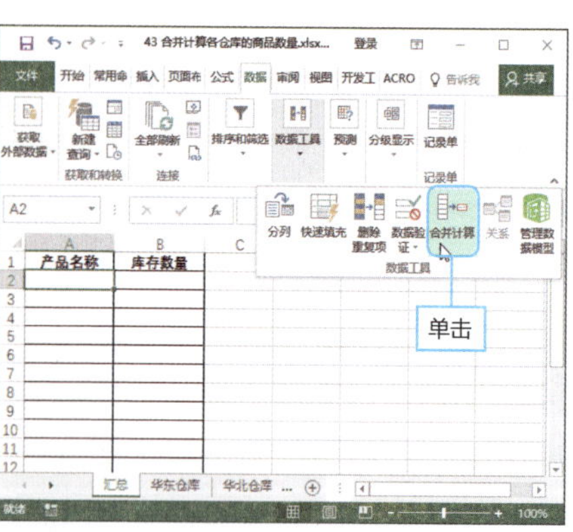

2 打开“合并计算”对话框，单击“引用位置”折叠按钮，选择引用区域。

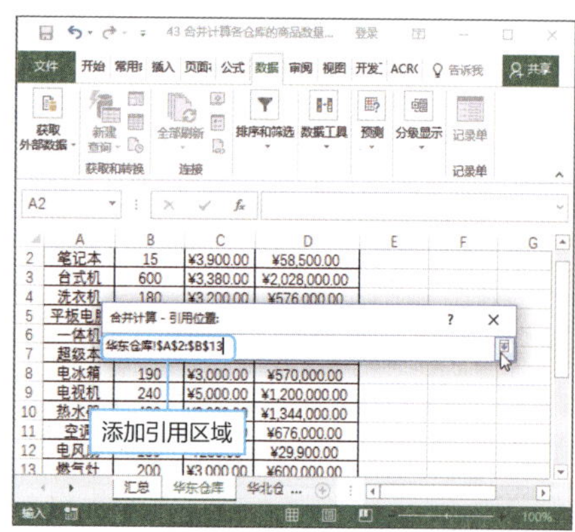

3 返回“合并计算”对话框，单击“添加”按钮，按照同样方法添加其他区域。

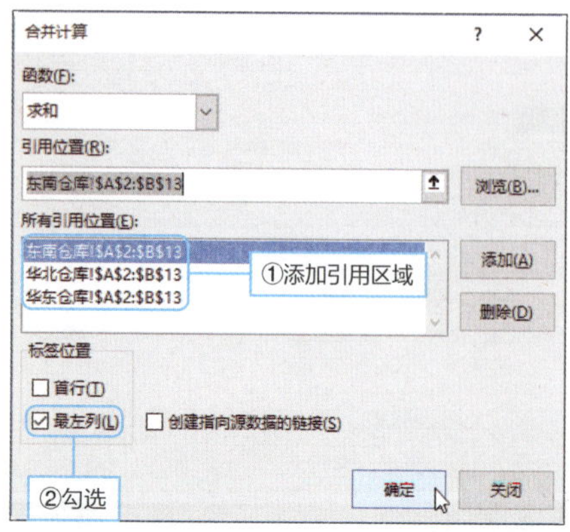

4 单击“确定”按钮返回工作表中，可见汇总各商品的库存数量。

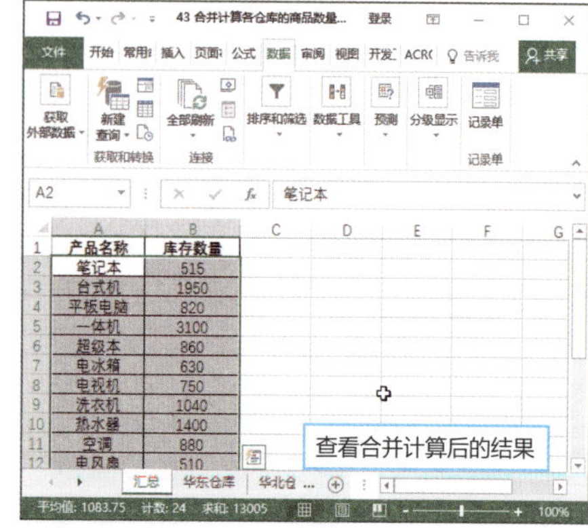

Question 242

直观展示各仓库商品数量

语音视频教学242

Level ◆◆◆

2016 2013 2010

实例 在库存表中创建柱形图

在分析各种数据时，最形象、最直观的数据展示方式是图表。财务人员汇总了各仓库的数据后，可以创建柱形图，使用图表来展示各种数据。

1 打开工作表，选中表格内任意单元格，在“插入”选项卡中选择所需柱形图样式。

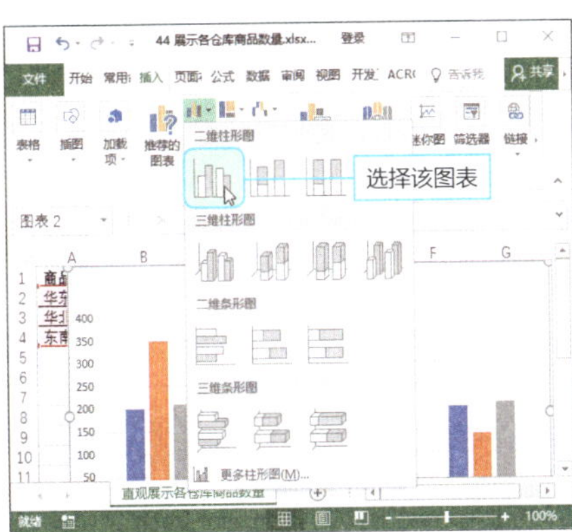

2 返回工作表中，为表格插入柱形图，输入图表标题。

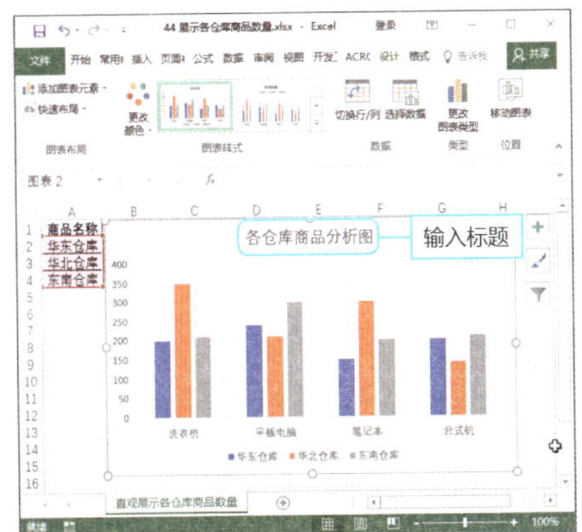

3 在“图表工具-设计”选项卡中，选择“数据表>显示图例项标示”选项。

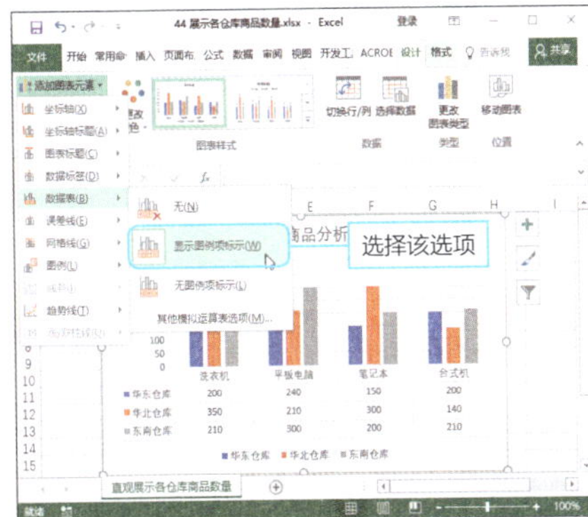

4 设置完成后，可见各仓库的商品数量通过柱形图很形象地展示出来。

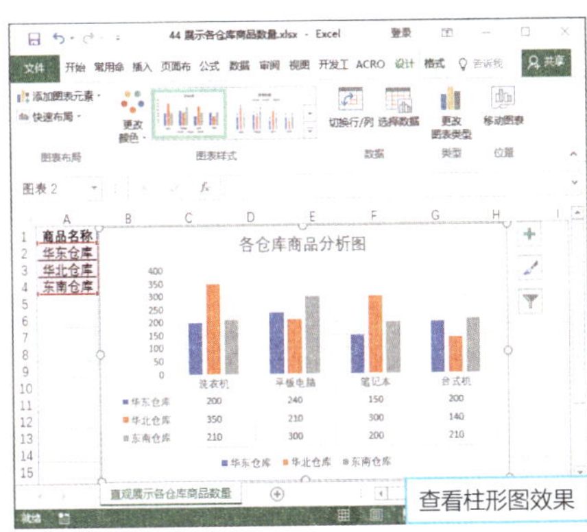

Question

243 快速标记库存最多的5种商品

● Level ◆◆◆

2016 2013 2010

实例 使用“条件格式”功能标记数据

分析库存统计表时，对于库存量的分析是必不可少，如本案例中，要标记出库存量最多的5种商品，只需使用“条件格式”功能即可快速完成操作。

1 打开工作表，选中H4:H18单元格区域，在“条件格式”列表中选择相应选项。

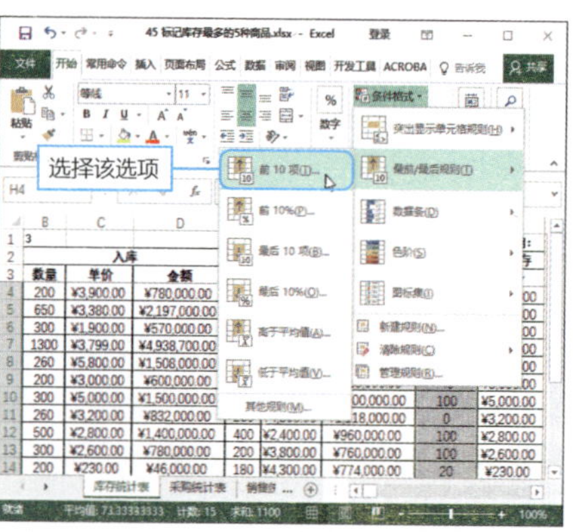

2 打开“前10项”对话框，在该对话框中进行相关设置。

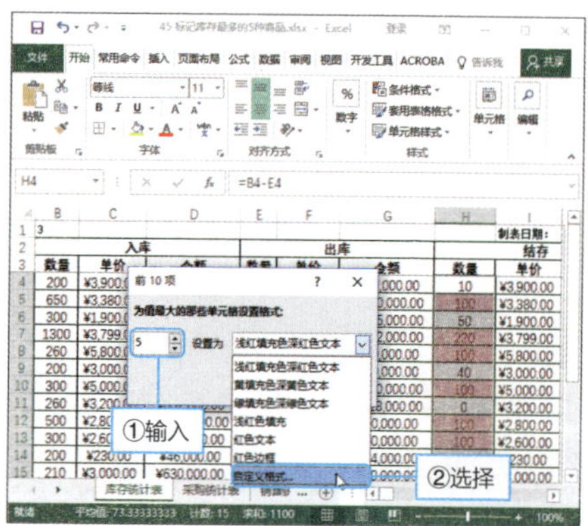

3 弹出“设置单元格格式”对话框，设置字体、边框和填充格式。

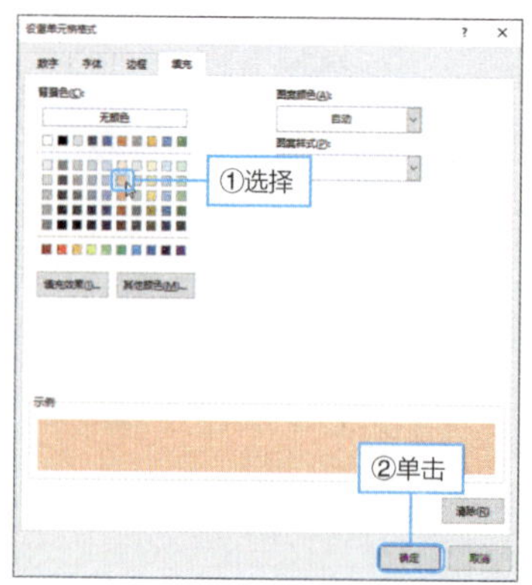

4 单击“确定”按钮返回工作表，查看标记的最终效果。

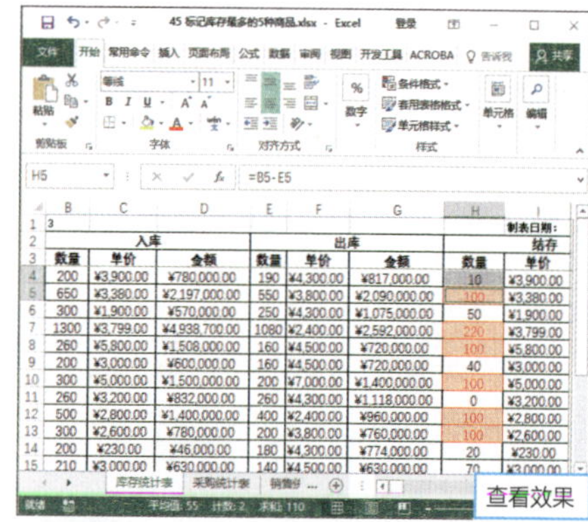

第8章 244~278

Excel在企业薪酬管理中的应用技巧

- 创建员工信息表
- 删除员工信息表中相同身份证号码的记录
- 快速计算员工工龄
- 根据身份证号码快速计算员工年龄
- 从身份证号码中提取员工的性别
- 根据身份证号码快速计算员工的退休日期
- 根据身份证号码提取员工的出生日期

Question

244 创建员工信息表

语音视频教学244

• Level ◆◆◆

2016 2013 2010

实例 快速编制员工信息表

员工信息表是薪酬管理中的基础表格，主要记录员工基本信息，如姓名、职位、基本工资等等。员工信息表是企业必不可少表格之一，信息量比较大，也是管理员工的依据。

1 打开新的工作表，制作“员工信息表”的表头和基本框架。

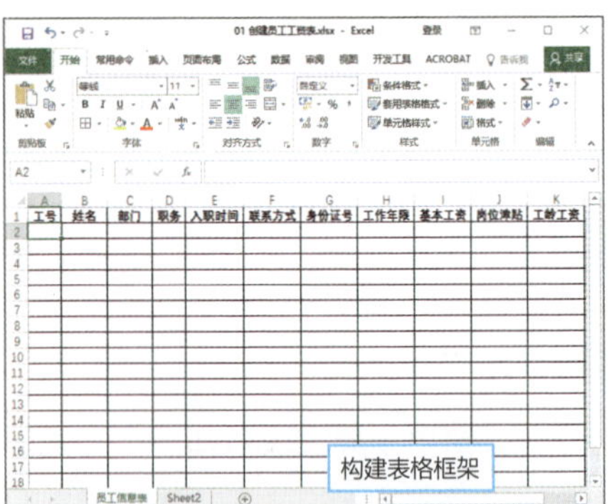

2 选中“工号”列，按Ctrl+1组合键，打开“设置单元格格式”对话框并进行相应的设置。

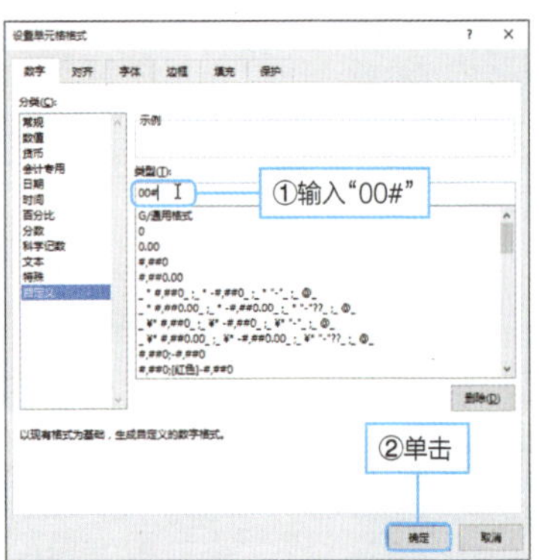

3 选中“部门”列，单击“数据”选项卡中“数据验证”按钮，在“数据验证”对话框中设置验证条件。

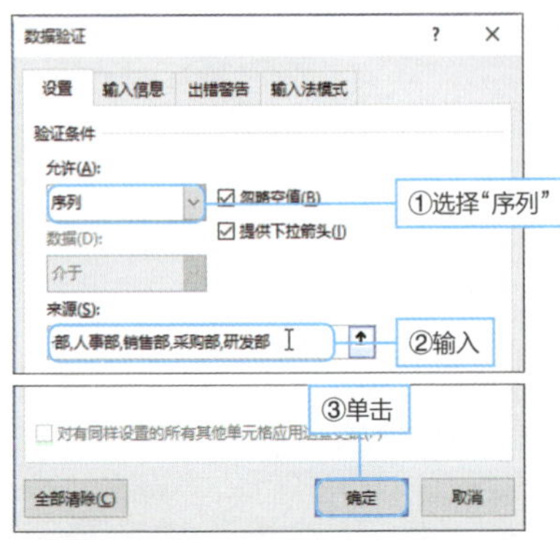

4 选中“入职时间”列，按Ctrl+1组合键，打开“设置单元格格式”对话框并进行相应的设置。

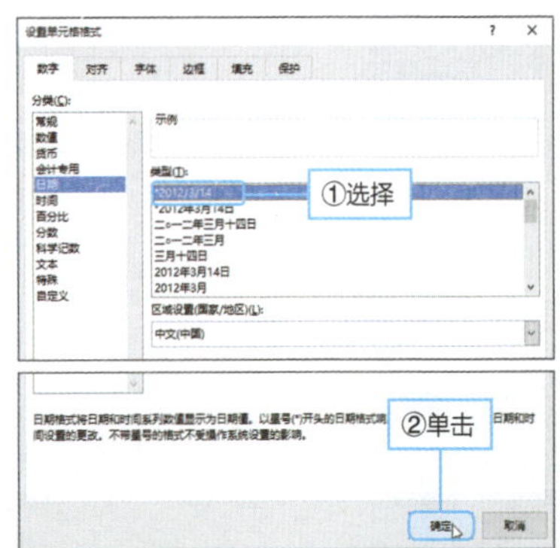

5 选中“身份证号”列，按Ctrl+1组合键，打开“设置单元格格式”对话框并进行相应的设置。

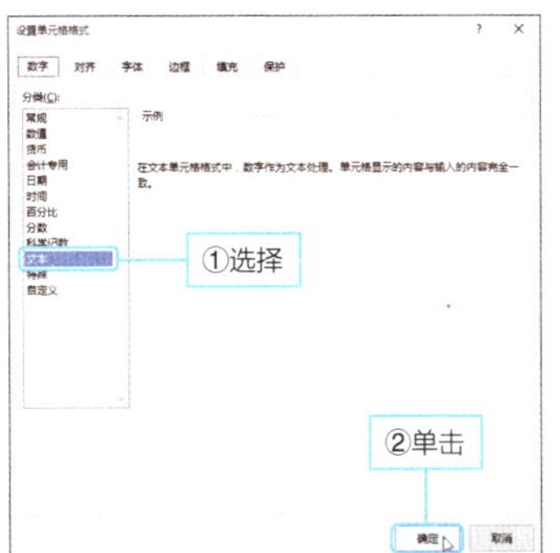

6 选中“身份证号”列，打开“数据验证”对话框，在“设置”选项卡中验证条件设置。

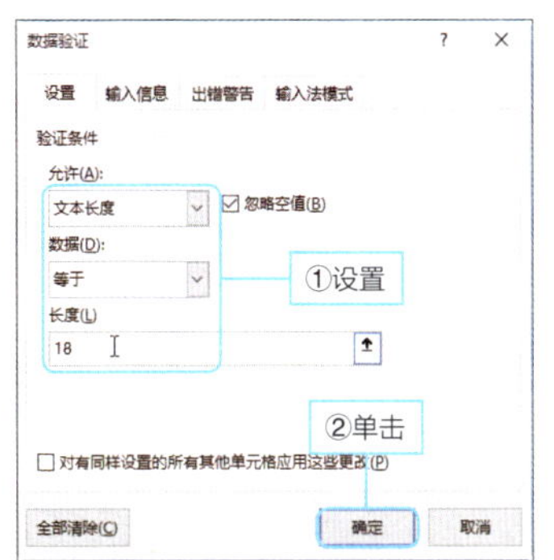

7 切换至“输入信息”选项卡，在“标题”和“输入信息”文本框中输入相关信息。

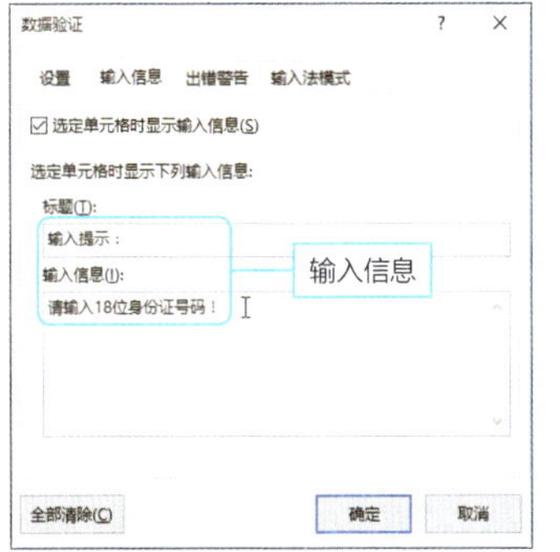

8 切换至“出错警告”选项卡中，在“标题”和“错误信息”文本框中输入相关信息。

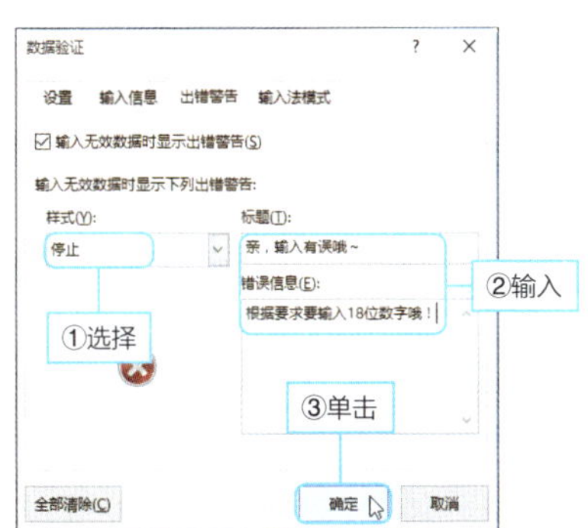

9 选中I2:L18单元格区域，按Ctrl+1组合键，打开“单元格格式”对话框并进行相应的设置。

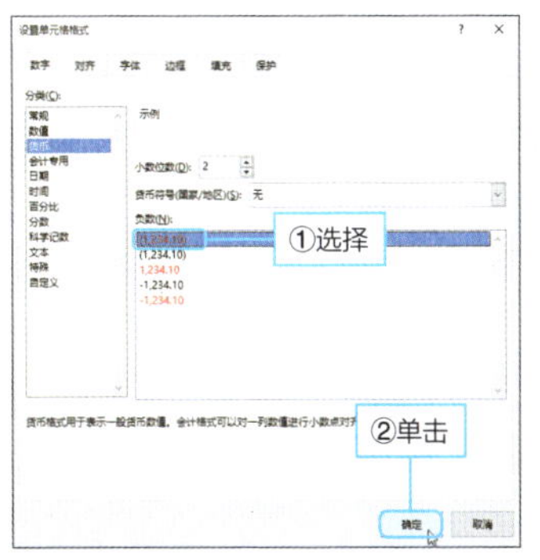

10 返回工作表中，输入员工的相关数据，查看效果。

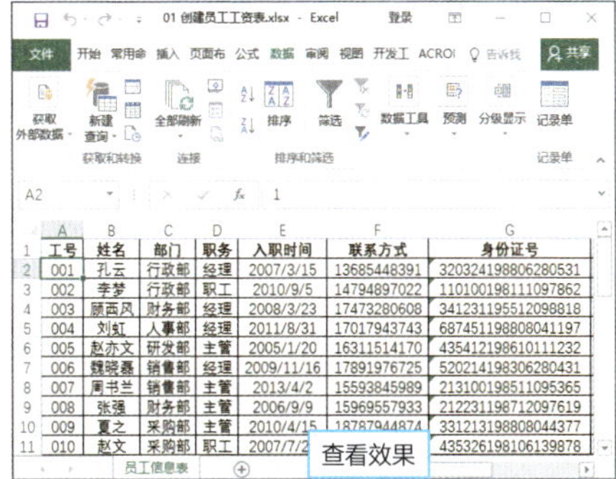

工号	姓名	部门	职务	入职时间	联系方式	身份证号
001	孔云	行政部	经理	2007/3/15	13685448391	320324198806280531
002	李梦	行政部	职工	2010/9/5	14794897022	110100198111097862
003	顾西风	财务部	经理	2008/3/23	17473280608	341231195512098818
004	刘虹	人事部	经理	2011/8/31	17017943743	687451198808041197
005	赵亦文	研发部	主管	2005/1/20	16311514170	435412198610111232
006	魏晓磊	销售部	经理	2009/11/16	17891976725	520214198306280431
007	周书兰	销售部	主管	2013/4/2	15593845989	213100198511095365
008	张强	财务部	主管	2006/9/9	15969557933	212231198712097619
009	夏之	采购部	主管	2010/4/15	18787944874	331213198808044377
010	赵文	采购部	职工	2007/7/2	[illegible]	435326198106139878

Question **245**

● Level ◆◆◆

2016 2013 2010

删除员工信息表中相同身份证号码的记录

实例 快速删除表格中输入重复的记录

在编制员工信息表时，由于员工信息比较多，难免有输入重复的情况，下面介绍删除姓名和身份证号码都一样的记录的操作方法。

1 打开工作表，选中表内单元格，单击“数据”选项卡中“删除重复项”按钮。

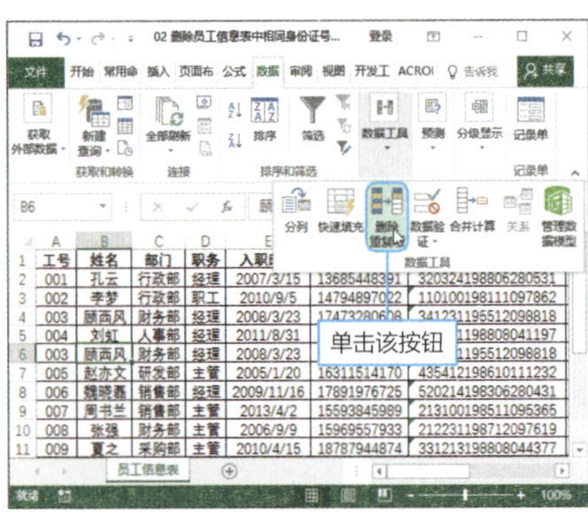

2 弹出“删除重复项”对话框，在“列”区域勾选“姓名”和“身份证号”复选框。

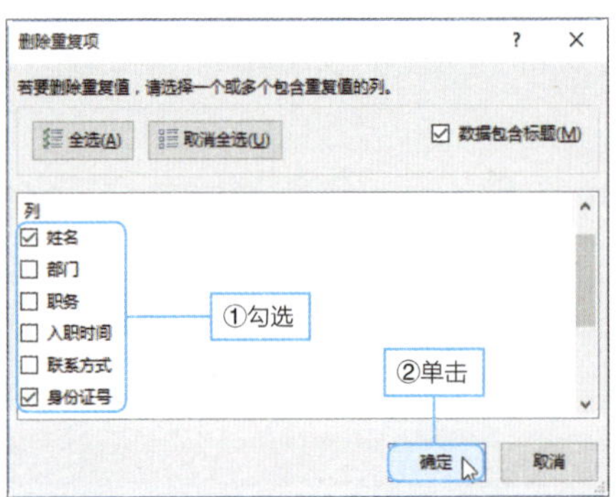

3 弹出Microsoft Excel提示对话框，显示删除的结果和保留的唯一值。

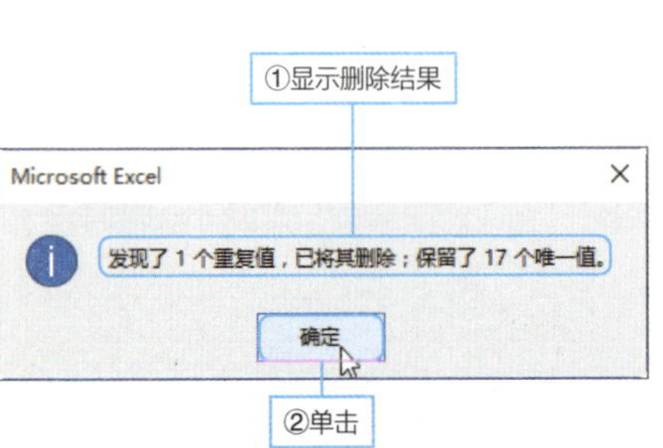

4 单击“确定”按钮后返回工作表中，查看删除后的效果。

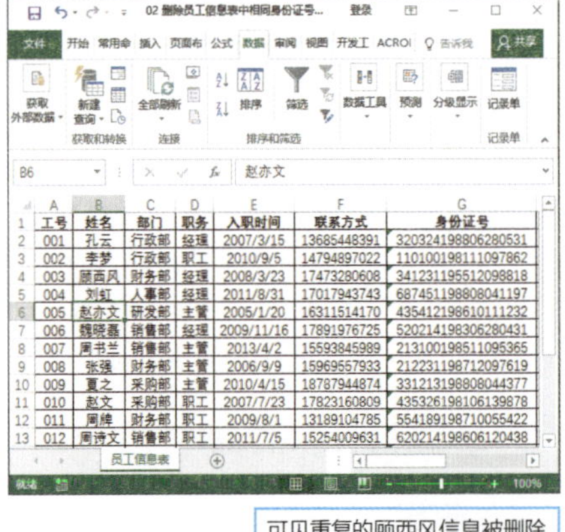

Question

246 快速计算员工工龄

Level ◆◆◆

2016 2013 2010

实例 巧用DAYS360函数计算员工工龄

工龄是指职工以工资收入为生活资料的全部工作时间，工龄的长短标志着职工参加工作时间的长短，在工资管理中工龄越长工龄工资也越多。

1 打开工作表，选中H2单元格，输入公式"=FLOOR(DAYS360(E2,TODAY())/365,1)"。

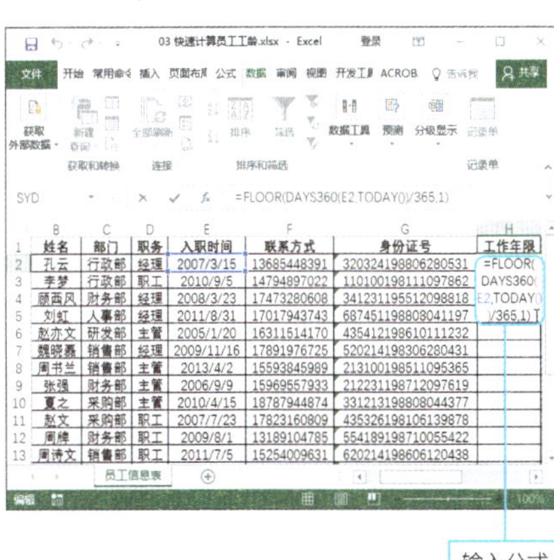

2 按Enter键执行计算，然后将公式填充至H18单元格。

填充公式

3 返回工作表中，查看计算员工工龄的结果。

	姓名	部门	职务	入职时间	联系方式	身份证号	工作年限
2	孔云	行政部	经理	2007/3/15	13685448391	320324198806280531	9
3	李梦	行政部	职工	2010/9/5	14794897022	110100198111097862	6
4	顾西风	财务部	经理	2008/3/23	17473280608	341231195512098818	8
5	刘红	人事部	经理	2011/8/31	17017943743	687451198808041197	5
6	赵亦文	研发部	主管	2005/1/20	16311514170	435412198610111232	12
7	魏晓磊	销售部	经理	2009/11/16	17891976725	520214198306280431	7
8	周书兰	销售部	主管	2013/4/2	15593845989	213100198511095365	3
9	张强	财务部	主管	2006/9/9	15969557933	212231198712097619	10
10	夏之	采购部	主管	2010/4/15	18787944874	331213198808044377	6
11	赵文	采购部	职工	2007/7/23	17823160809	435326198106139878	9
12	周牌	财务部	职工	2009/8/1	13189104785	554189198710055422	7
13	周诗文	销售部	职工	2011/7/5	15254009631	620214198606120438	5

查看计算工龄的结果

Hint

函数解析

DAYS360函数是根据一年360天的历法传回两个日期之间的天数，其函数表达式为：

DAYS360(start_date,end_date,method)

其中，start_date为起始日期；end_date为结束日期；method是一个逻辑值。

Question 247

Level ◆◆◆

2016 2013 2010

根据身份证号码快速计算员工年龄

语音视频教学247

实例 巧用YEAR函数计算员工年龄

员工的年龄是员工信息的基本要素，根据员工身份证号码该如何用函数计算员工的年龄呢？

例：根据身份证号码，使用YEAR函数计算员工年龄。

1 打开工作表，选中H2单元格并输入公式“=YEAR(TODAY())-VALUE(MID(G2,7,4))”。

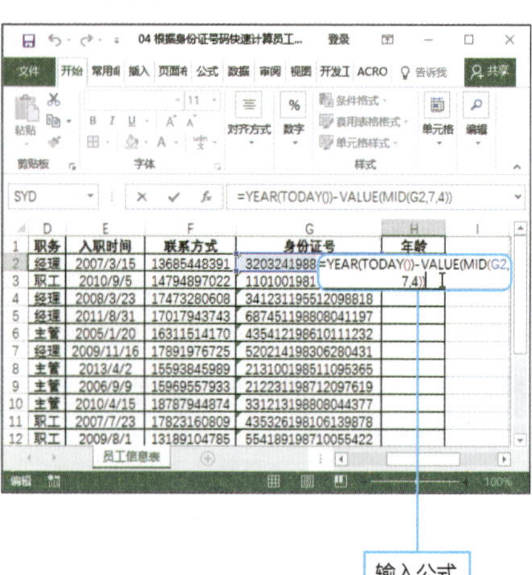

输入公式

2 按Enter键执行计算，将光标移至H2单元格右下角并双击。

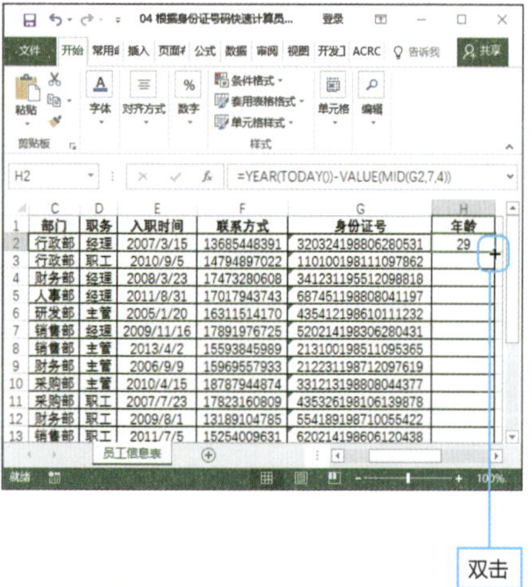

双击

3 即可查看根据身份证号码计算员工年龄的结果。

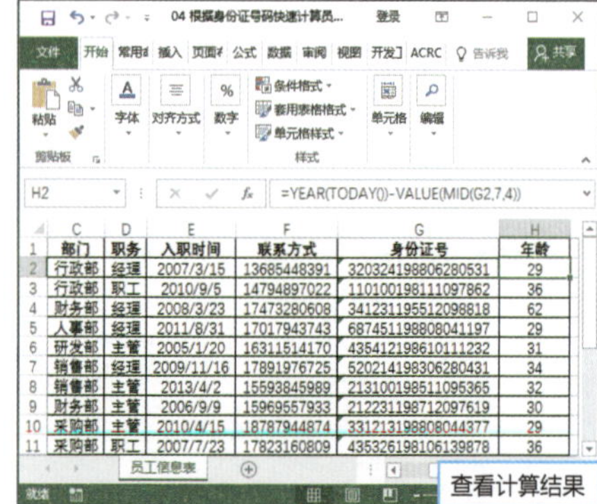

查看计算结果

Hint

日期函数

日期函数包括DAY函数、MONTH函数和YEAR函数，它们分别表示返回指定日期的天数、月份和年份。

Question 248

从身份证号码中提取员工的性别

Level ◆◆◆

2016 2013 2010

实例 使用函数提取员工的性别

身份证号码的第17位表示性别，男性用奇数表示，女性用偶数表示。用户可以使用函数提取员工性别，具体操作如下。

1 打开工作表，选中C2单元格，打开“插入函数”对话框，选择IF函数。

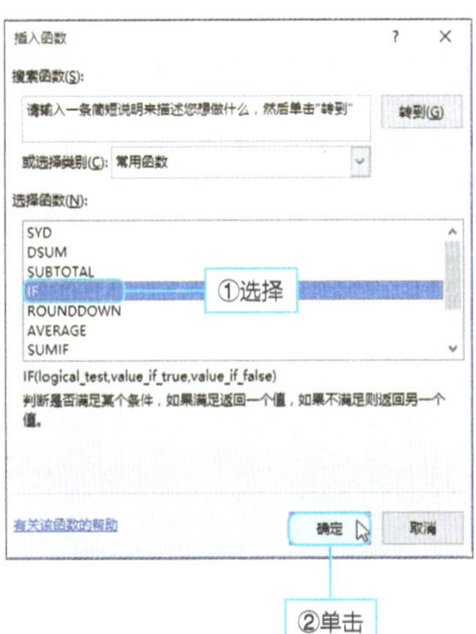

2 打开“函数参数”对话框，设置各参数后，单击“确定”按钮。

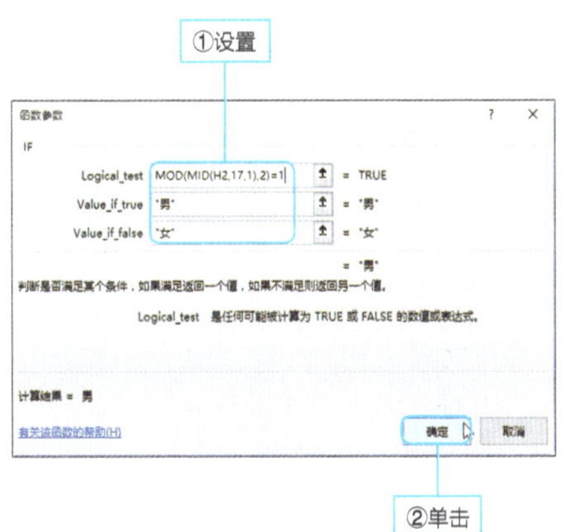

3 返回工作表中，将公式填充至C18单元格，查看计算员工性别的结果。

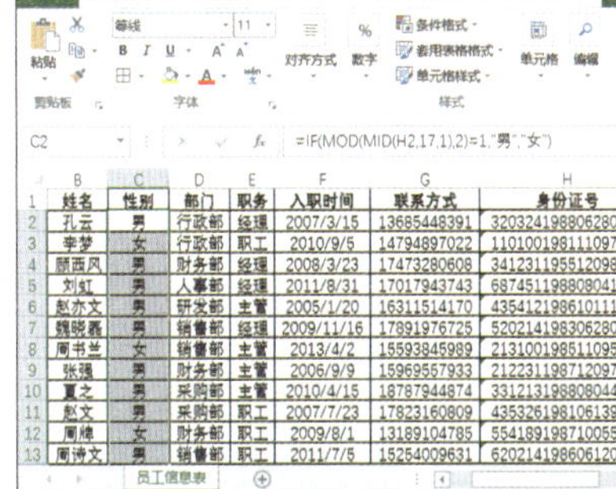

	B	C	D	E	F	G	H
1	姓名	性别	部门	职务	入职时间	联系方式	身份证号
2	孔云	男	行政部	经理	2007/3/15	13685448391	320324198806280531
3	李梦	女	行政部	职工	2010/9/5	14794897022	110100198111097862
4	顾西风	男	财务部	经理	2008/3/23	17473280608	341231195512098818
5	刘红	男	人事部	经理	2011/8/31	17017943743	687451198808041197
6	赵亦文	男	研发部	主管	2005/1/20	16311514170	435412198610111232
7	魏晓磊	男	销售部	经理	2009/11/16	17891976725	520214198306280431
8	周书兰	女	销售部	主管	2013/4/2	15593845989	213100198511095365
9	张强	男	财务部	主管	2006/9/9	15969557933	212231198712097619
10	夏之	男	采购部	主管	2010/4/15	18787944874	331213198808044377
11	赵文	男	采购部	职工	2007/7/23	17823160809	435326198106139878
12	周烨	女	财务部	职工	2009/8/1	13189104785	554189198710055422
13	周诗文	男	销售部	职工	2011/7/5	15254009631	620214198606120438

Hint

公式说明

在“=IF(MOD(MID(H2,17,1),2)=1,"男","女")”公式中，首先使用MID函数提取身份证号码中第17数字，然后再使用MOD函数判断提取的数字的奇偶性，最后使用IF函数判断结果是男还是女。

Question 249

根据身份证号码快速计算员工的退休日期

● Level ◆◆◆

2016 2013 2010

实例 巧用DATE函数计算员工的退休日期

职工退休年龄是指法律所规定的职工在一定的年龄之后不应当继续从事工作，国家法定的企业职工退休年龄是男职工年满60周岁，女职工年满55周岁。

① 打开工作表，选中H2:H18单元格区域，单击“开始”选项卡中“数字格式”下三角按钮，选择“短日期”选项。

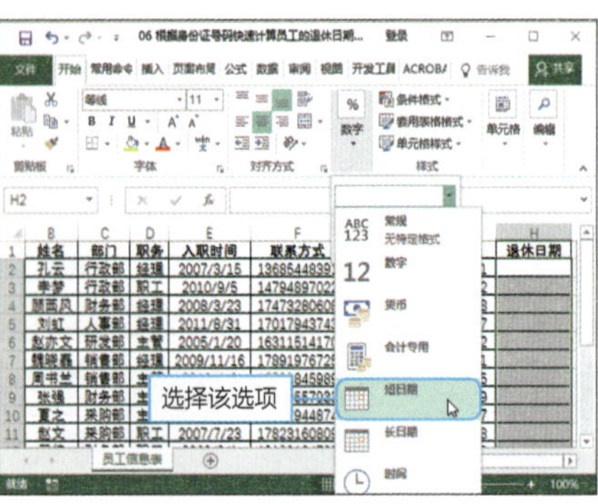

② 选中I2单元格，输入公式“=DATE(VALUE(MID(H2, 7,4))+(C2="男")*5+55,VALUE (MID(H2,11,2)),VALUE (MID(H2,13,2))+1)”。

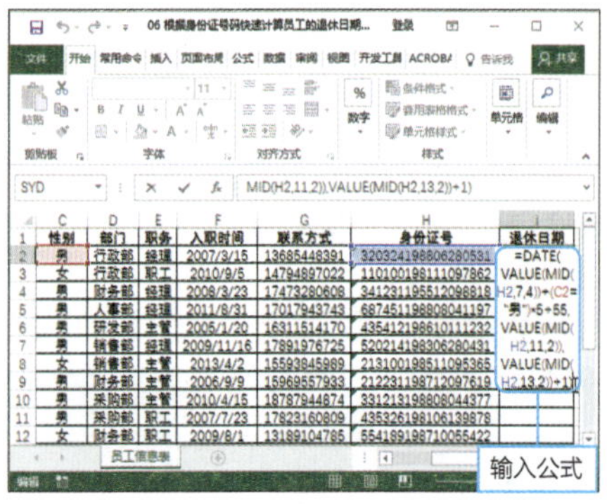

③ 按Enter键执行计算，然后将公式填充至I18单元格，查看员工退休日期。

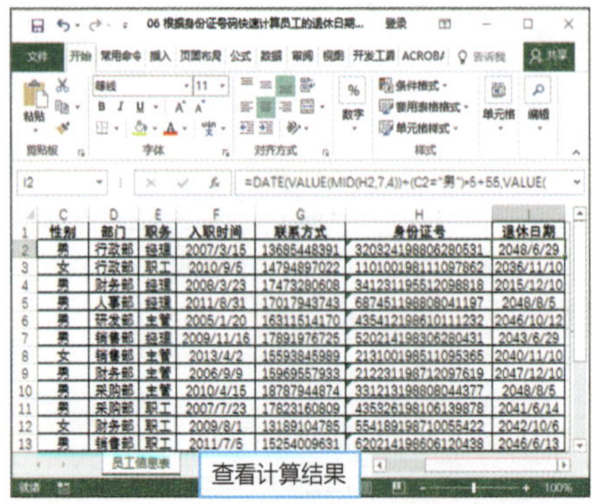

Hint

函数解析

DATE函数用于返回代表特定日期的序列号，其函数表达式为：

DATE(year,month,day)

其中，year参数为一到四位数字，month为一个整数或负整数，表示一年中从1月到12月的各个月，day为一个正整数或负整数，表示一月中从1日到31日的各天。

Question 250

根据身份证号码提取员工的出生日期

语音视频教学250

Level ◆◆◆

2016 2013 2010

实例 使用函数计算员工的出生日期

企事业单位对每位员工都有生日福利，财务人员要根据身份证号码统计员工的出生日期。如果手动提取，工作效率太低，使用函数计算只需要十几秒即可。

1 打开工作表，选中I2单元格，输入公式“TEXT(MID(H2,7,8),"0-00-00")”，按Enter键执行计算。

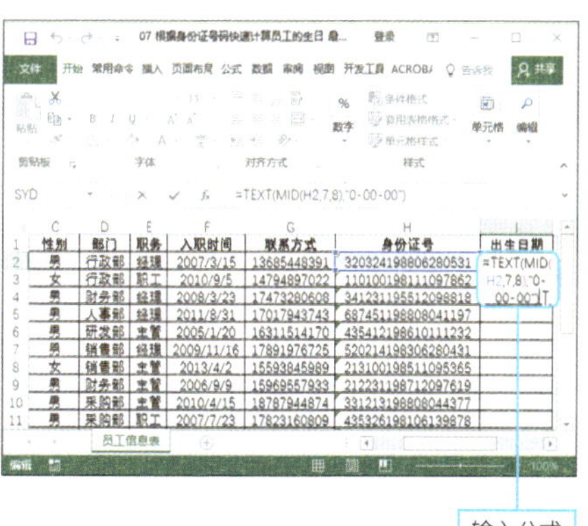

输入公式

2 选中I2单元格，然后将该公式填充至I18单元格。

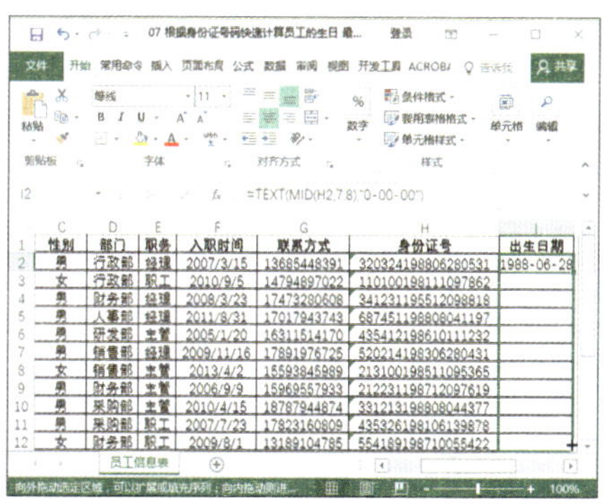

填充公式

3 即可查看员工的退休日期。

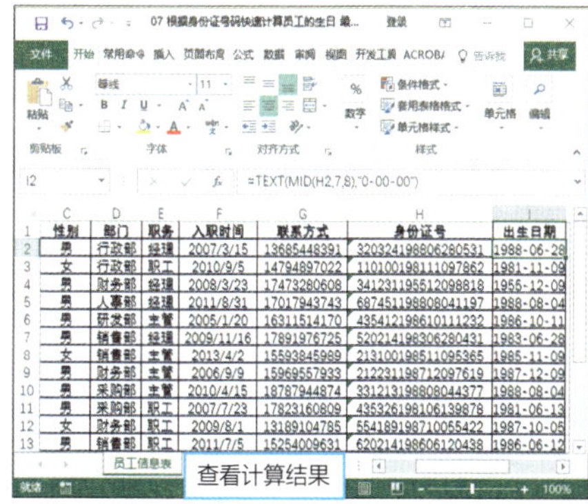

性别	部门	职务	入职时间	联系方式	身份证号	出生日期
男	行政部	经理	2007/3/15	13685448391	320324198806280531	1988-06-28
女	行政部	职工	2010/9/5	14794897022	110100198111097862	1981-11-09
男	财务部	经理	2008/3/23	17473280608	341231195512098818	1955-12-09
男	人事部	经理	2011/8/31	17017943743	687451198808041197	1988-08-04
男	研发部	主管	2005/1/20	16311514170	435412198610111232	1986-10-11
男	销售部	经理	2009/11/16	17891976725	520214198306280431	1983-06-28
女	销售部	主管	2013/4/2	15593845989	213100198511095365	1985-11-09
男	财务部	主管	2006/9/9	15969557933	212231198712097619	1987-12-09
男	采购部	主管	2010/4/15	18787944874	331213198808044377	1988-08-04
男	采购部	职工	2007/7/23	17823160809	435326198106139878	1981-06-13
女	财务部	职工	2009/8/1	13189104785	554189198710055422	1987-10-05
男	销售部	职工	2011/7/5	15254009631	620214198606120438	1986-06-12

查看计算结果

Hint

函数解析

TEXT函数用于将数值转换为文本，可使用特殊格式字符串指定格式，其函数表达式为：

TEXT(value,format_text)

其中，value为数值、计算结果为数值的公式或是对数值的单元格引用，是必需项；format_text用于指定格式代码。

Question **251**

Level ◆◆◆

2016 2013 2010

计算员工基本工资、岗位津贴和工龄工资

实例 巧用IF函数快速计算员工工资

企业的员工工资制度很严密，各部门的基本工资、各岗位的岗位津贴和不同工龄的工资都是按照规定的标准执行的。因为员工人数比较多，手工输入比较繁琐，我们可以使用IF函数来快速进行计算?

1. 打开工作表，选中I3单元格，输入计算基本工资的公式，按Enter键计算。

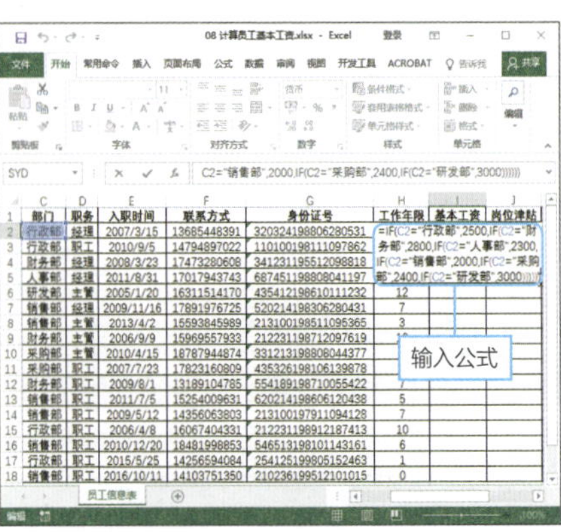

2. 选中J2单元格，输入计算岗位津贴的公式，按Enter键执行计算。

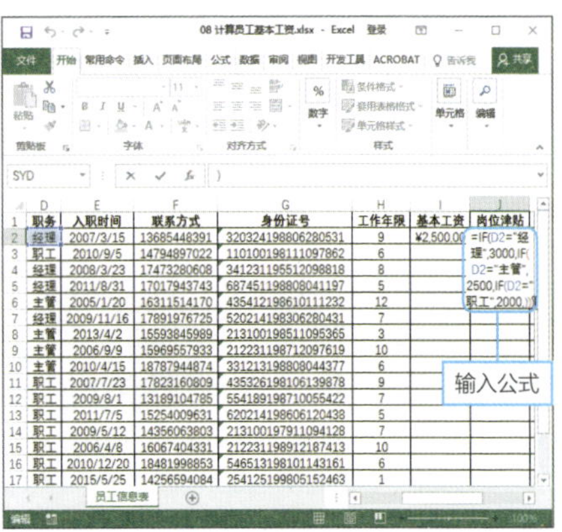

3. 选中K2单元格，输入计算工龄工资的公式，按Enter键执行计算。

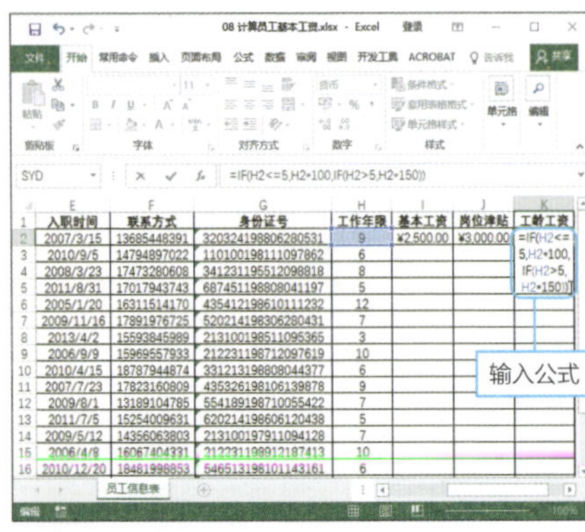

4. 选中I2:K2单元格区域，将公式填充至K18单元格，查看计算员工工资的结果。

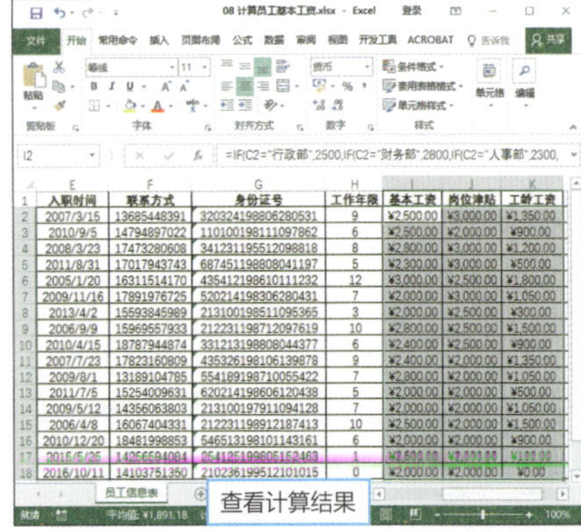

Question

252

迅速计算出工资总和

语音视频教学252

Level ◆◆◆

2016 2013 2010

实例　巧用SUM函数计算实发工资总额

在计算出员工各种基本工资之后，需要得出员工总的工资，此时使用SUM函数是最好的选择。

例：在员工信息表中分别计算出各个员工的工资总额和实发工资的总额。

1. 打开工作表，选中L2单元格，输入公式“=SUM(I2:K2)”，按Enter键执行计算。

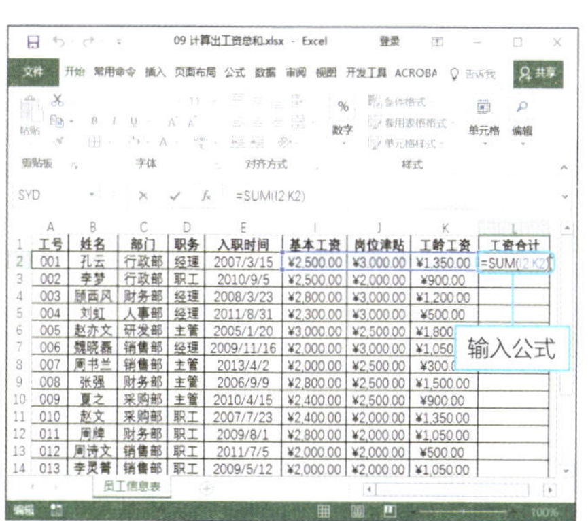

2. 选中L2单元格，将公式填充至L18单元格，查看计算结果。

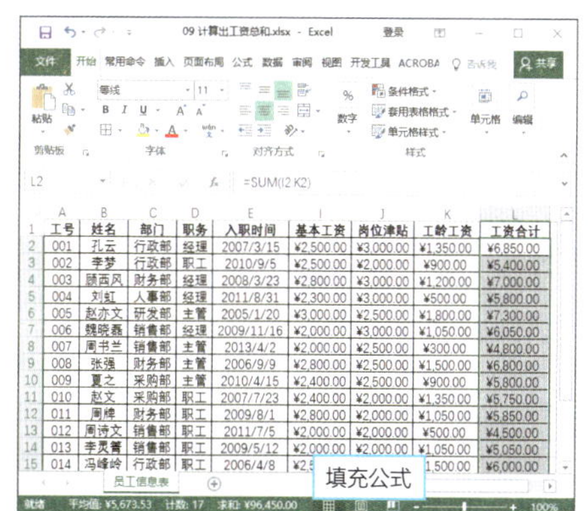

3. 在L19单元格内输入“=SUM(L2:L18)”公式，按Enter键执行计算。

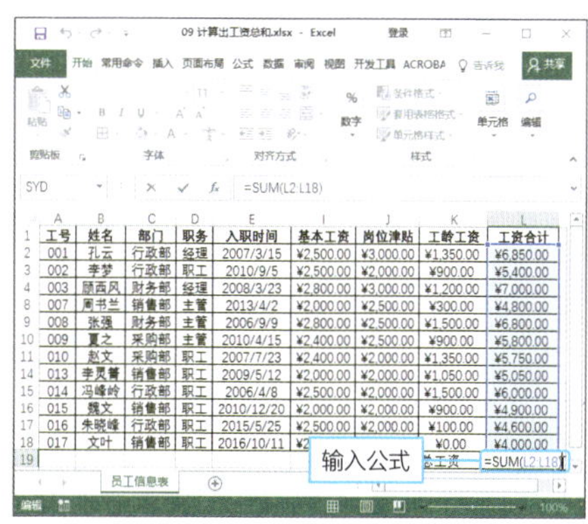

4. 返回工作表，查看计算员工的实发工资和总工资的结果。

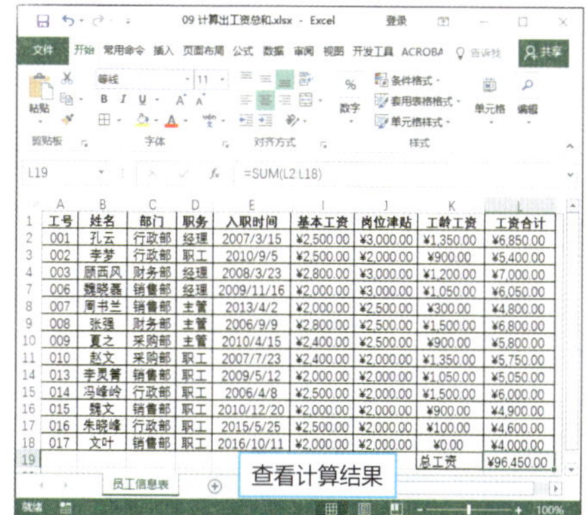

Question 253

轻松计算各部门工资的总额

语音视频教学253

Level ◆◆◆

2016 2013 2010

实例 巧用SUMIF函数汇总不同部门的工资

查看工资表时，如果需要分类查看各部门工资总和或是各个职位工资总和时，我们该如何快速分类并汇总到一起呢？
例：在员工信息表中，计算出各部门工资总和。

① 打开工作表，选中D21单元格并输入"=SUMIF(C3:C17,C21,K3:K17)"公式。

输入公式

② 按Enter键执行计算，然后将公式填充至D26单元格。

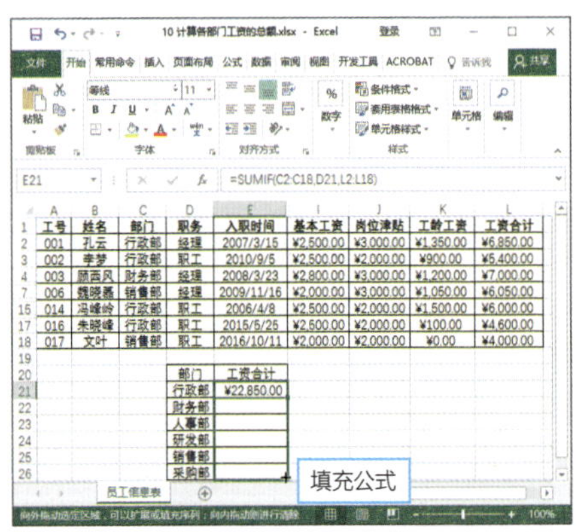

③ 填充公式并计算结果后，返回工作表中查看计算后的结果。

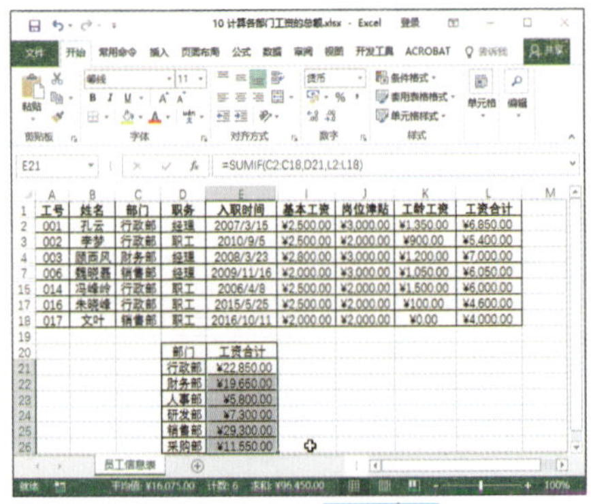

查看结果

Hint

函数解析

SUMIF函数用于根据指定条件对若干单元格、区域或引用求和，其函数表达式为：
SUMIF(range,criteria,sum_range)
其中，range为条件区域，是条件判断的单元格区域；criteria是求和条件，由数字、逻辑表达式等组成的判定条件；sum_range为实际求和区域，为需要求和的单元格、区域或引用。

为员工的联系方式进行保密设置

Level ◆◆◆

2016 2013 2010

实例 用4个星号代替手机号后4位

企业在统计员工信息时，为了保证信息的安全，常常需要将联系方式和身份证号隐藏一部分。下面介绍用星号代替部分手机号的方法，用户也可以按照该方法隐藏其他重要的信息。

1 打开工作表，在“联系方式”列右侧插入一列并进行命名。

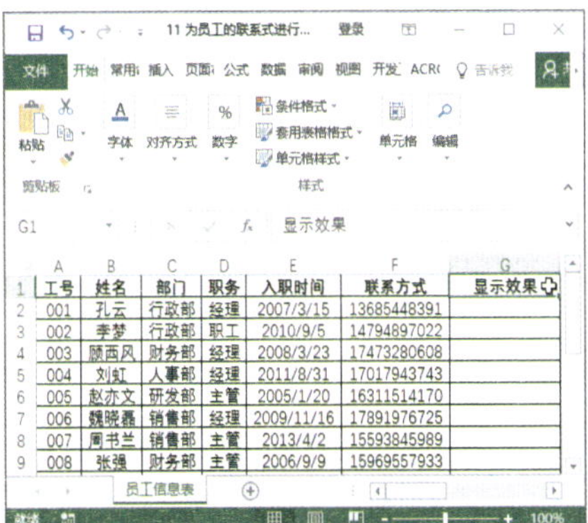

2 选中G2单元格，输入公式“=REPLACE(F2,8,4,"****")”，按Enter键。

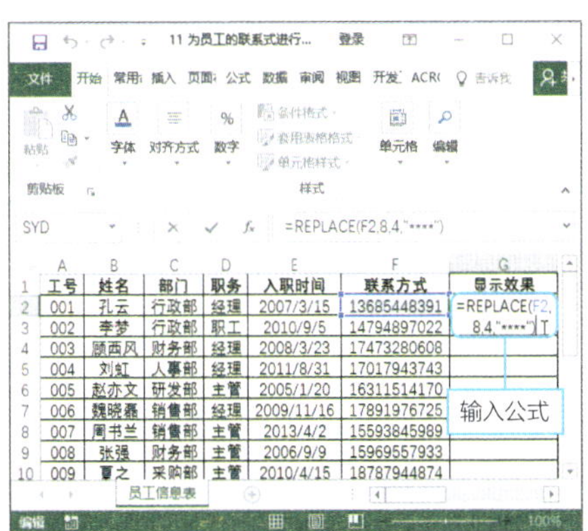

3 将公式填充至G18单元格，查看保护员工联系方式的效果。

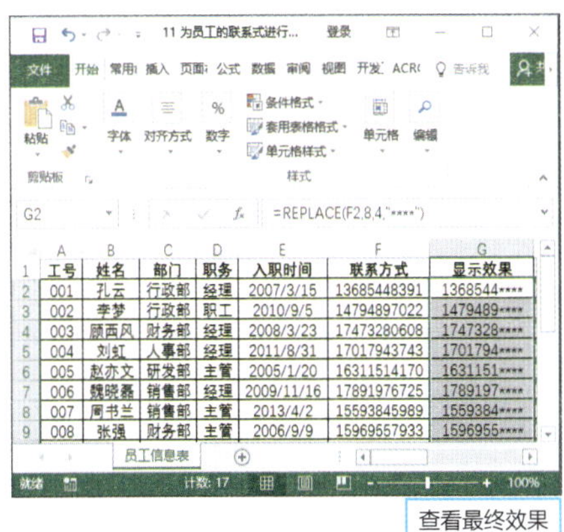

Hint

函数解析

REPLACE函数返回字符串，将指定数量的字符串替换为另一个字符串，其函数表达式为：

REPLACE(old_text,start_num,num_chars,new_text)

其中，old_text表示需要替换的字符串；start_num为在old_text中替换的开始位置；num_chars表示替换的字符的数量；new_text表示新的文本。

Question 255

巧用SUMPRODUCT函数计算计件工资总额

Level ◆◆◆

2016 2013 2010

实例 已知产品件数和单价计算工资总和

一般工厂的工资都是计件制度，员工参于生产有可能是一种或多种产品，计算工资的时候需要分别计算并求和。

例：戴可欣一个月生产四种产品，按计件算出他一个月资总额。

1 打开工作表，选中D6单元格，打开“插入函数”对话框，选择SUMPRODUCT函数选项。

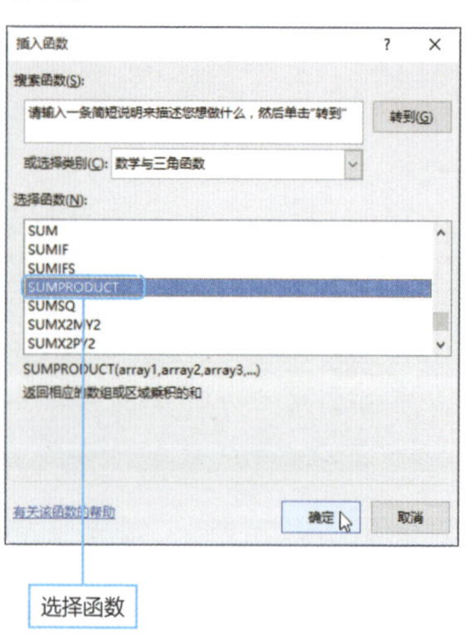

2 打开“函数参数”对话框，设置参数后，单击“确定”按钮。

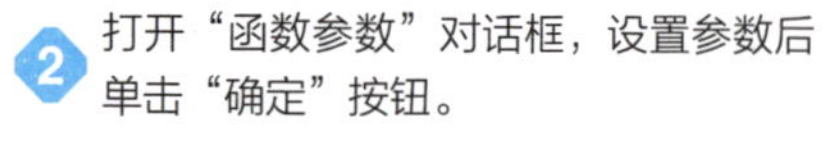

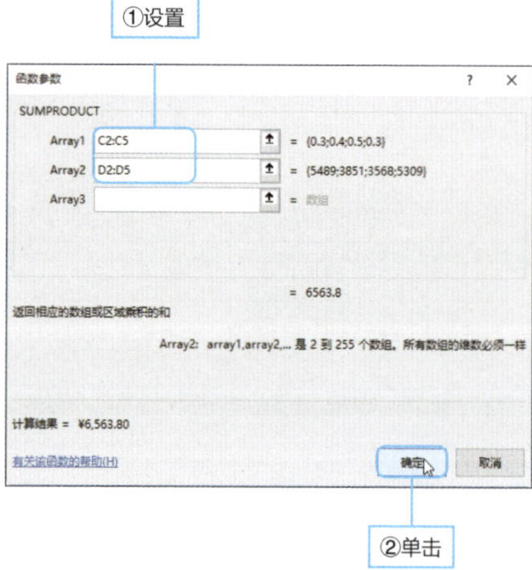

3 返回工作表中，在D6单元格中计算出戴可欣当月的工资。

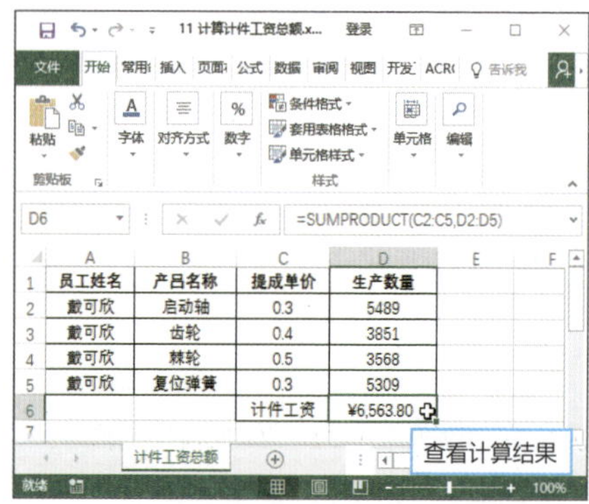

	A	B	C	D
1	员工姓名	产品名称	提成单价	生产数量
2	戴可欣	启动轴	0.3	5489
3	戴可欣	齿轮	0.4	3851
4	戴可欣	棘轮	0.5	3568
5	戴可欣	复位弹簧	0.3	5309
6			计件工资	¥6,563.80

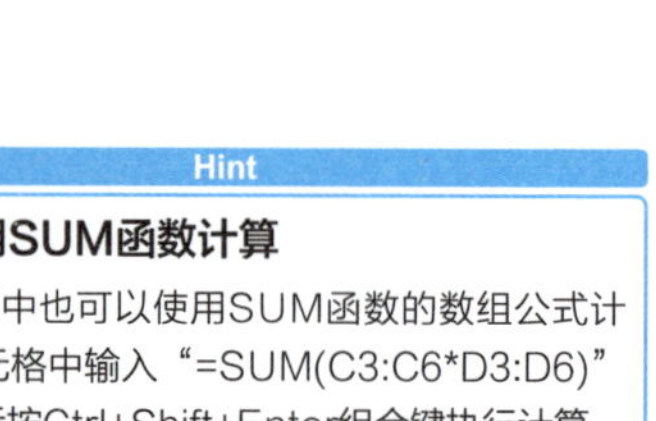

Hint

使用SUM函数计算

本例中也可以使用SUM函数的数组公式计算，在单元格中输入“=SUM(C3:C6*D3:D6)”公式，然后按Ctrl+Shift+Enter组合键执行计算，两种方法的结果是一样的。

Question 256

Level ◆◆◆

2016 2013 2010

巧妙将计件工资设为整数

语音视频教学256

实例　使用函数将计件工资四舍五入计提为整数

工厂技工的工资制度为计件工资，计算出的计件工资若包含多位小数，会为工资发放带来不便。这时可以对计件工资进行四舍五入为整数，具体操作如下。

1. 打开工作表，选中E2单元格并输入“=ROUND(D2,0)”公式，按Enter键。

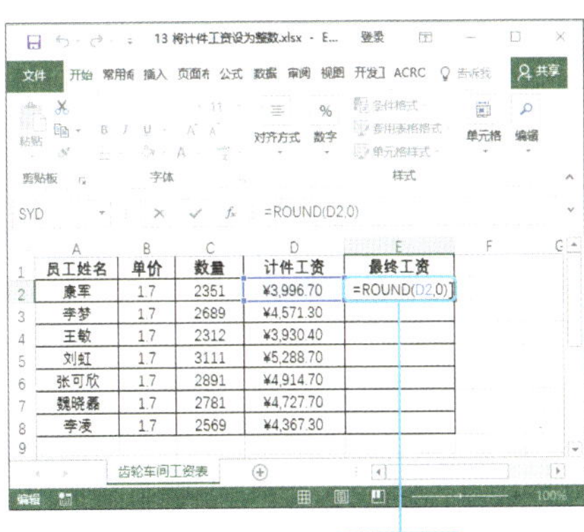

2. 将光标移至E2单元格右下角拖动填充柄到E8单元格，填充公式并计算。

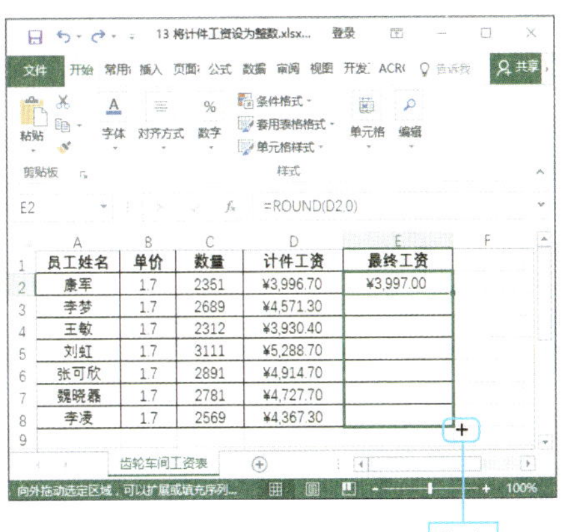

3. 操作完成后，可见员工的计件工资均四舍五入为整数。

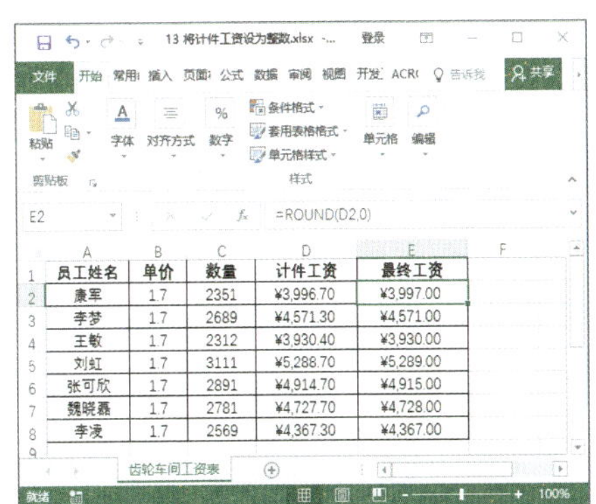

Hint

函数解析

ROUND函数用于返回按指定位数进行四舍五入的数值，其函数表达式为：

ROUND(number,num_digits)

其中，number为必需项，需要四舍五入的数据或单元格的引用；num_digits为必需项，保留的小数位数，按此位数对number数字进行四舍五入。

Question

257

Level ◆◆◆

2016 2013 2010

快速计算员工退休日期的星期值

语音视频教学257

实例 使用WEEKDAY函数计算星期值

财务人员已经计算出员工的退休日期，为了能够更好地为员工办理退休手续，先查看员工退休日期是否是周末，可以提前准备。下面介绍计算日期星期值的方法。

1 打开工作表，选中J2单元格输入“="星期"&NUMBERSTRING (WEEKDAY (I2,2),1)”公式。

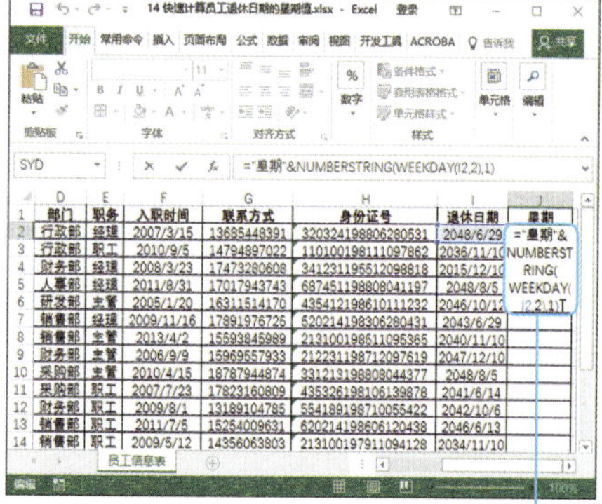

输入公式

Hint

公式说明

在计算星期值的“="星期"&NUMBERSTRING(WEEKDAY(I2,2),1)”公式中，首先使用WEEKDAY函数计算出员工退休日期的星期值，然后使用NUMBERSTRING函数将小写数字转换为大写的，最后在结果前添加“星期”文本即可。

2 将光标移至J2单元格右下角，拖动填充柄到J18单元格，填充公式并计算。

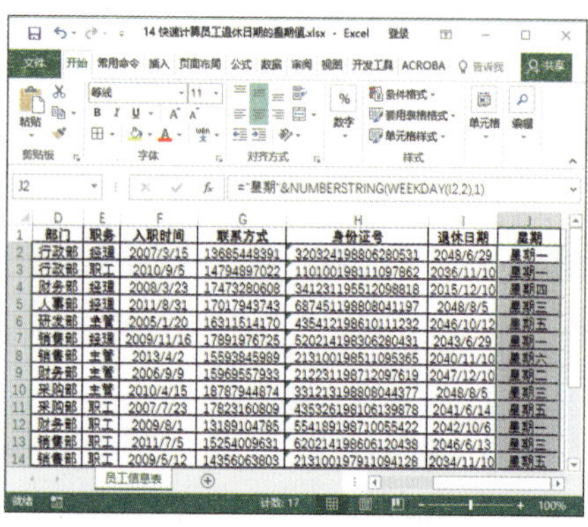

查看计算星期值的计算结果

Hint

函数解析

WEEKDAY函数返回1~7的整数，表示星期几，其函数表达式为：

WEEKDAY(serial_number,return_type)

其中serial_number为需要返回星期几的日期，return_type为返回值类型的数字。

258 创建年假统计表

语音视频教学258

● Level ◆◆◇

2016 2013 2010

实例　构建年假统计表并使用IF函数计算员工年假天数

在企业中，员工所休的年假天数和员工的工作年限有直接关系，员工工作年限越长年假天数就越多，反之则相反。一般，年假统计表是企业必不可少的表格之一，下面介绍具体创建方法。

1 创建表格框架并填写标题，选中A2单元格输入“=员工信息表!A2”公式。

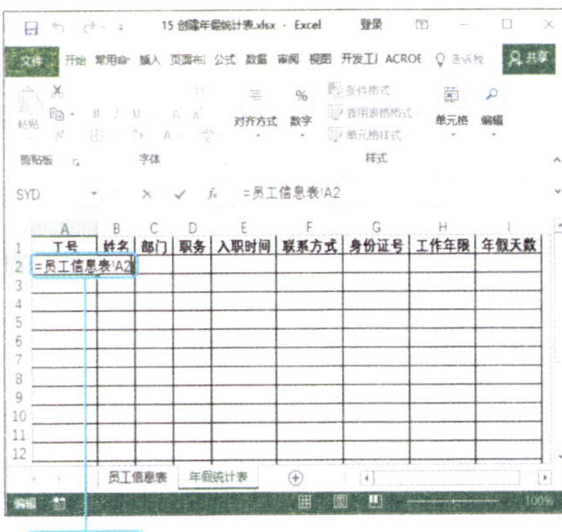

2 按Enter键后，将A2单元格公式填充至G18单元格。

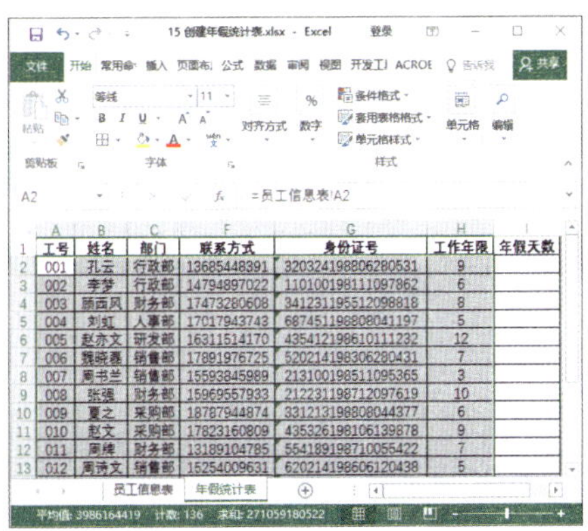

3 选中I2单元格并输入“=IF(H2<=5,H2*2,IF(H2>=5,H2*3,0))”公式。

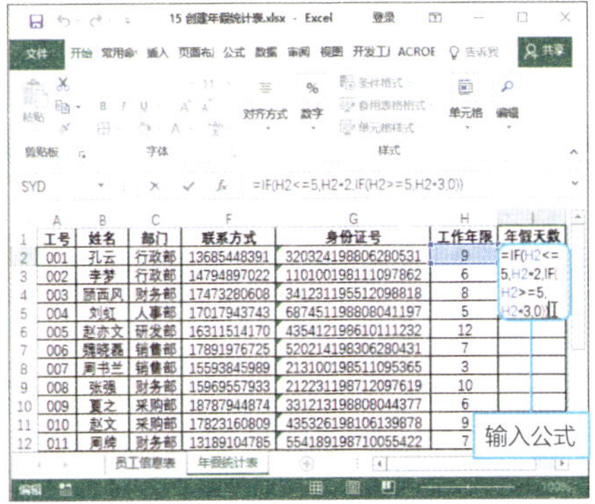

4 按Enter键后，将公式填充至I18单元格，可见计算出员工的年假天数。

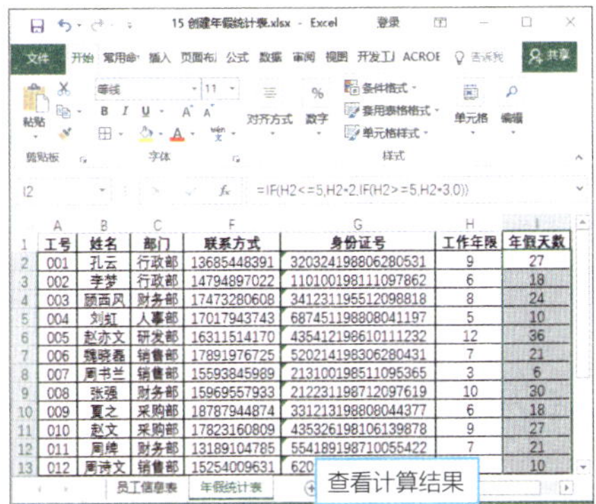

Question

259 创建员工保险福利统计表

语音视频教学259

Level ◆◆◆

2016 2013 2010

实例 构建表格并计算出员工应扣的保险金额

跟据劳动法，企业必须为员工缴纳三险，即养老保险、医疗保险和失业保险。住房公积金不是法定必缴的，五险一金都是由企业和个人共同缴纳的保费。

1. 打开工作表，根据要求制作表格框架，并设置字体和边框。

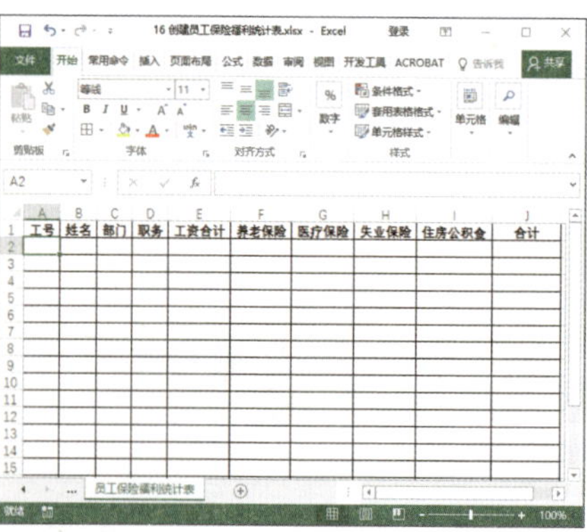

构建表格模型

2. 选中A2单元格，输入“=员工信息表!A2”公式，按Enter键执行计算。

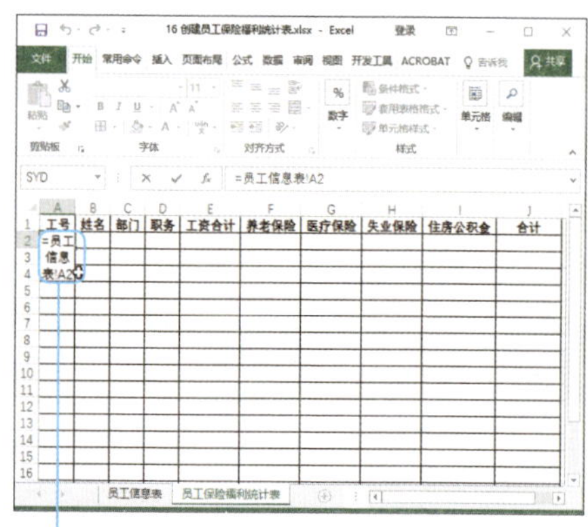

输入公式

3. 按照同样的方法，引用相关记录，并填充整个表格。

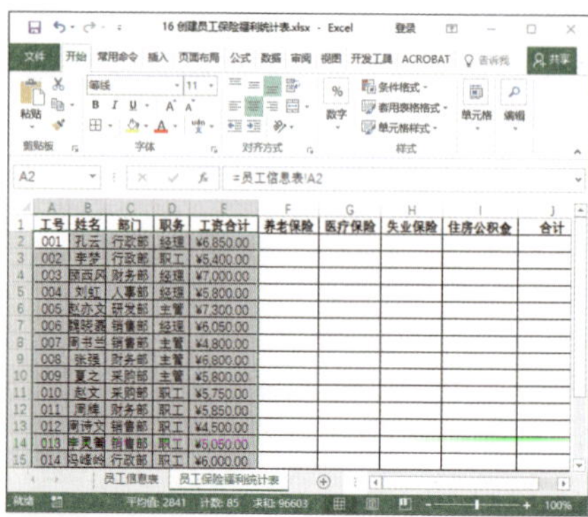

4. 选中F2单元格并输入“=E2*0.08”公式，按Enter键计算结果。

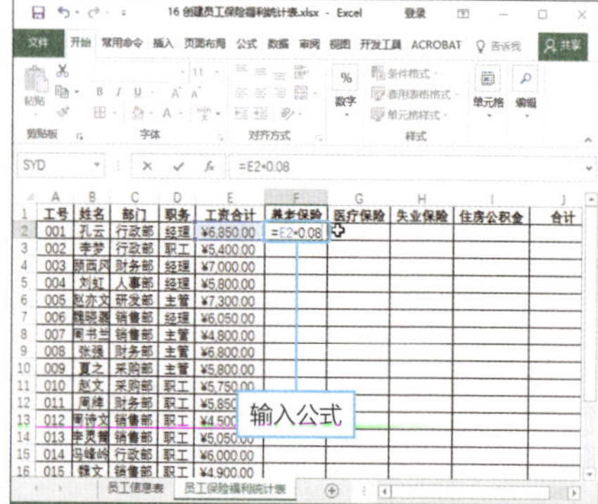

5 选中G2单元格并输入“=E2*0.02”公式，并按Enter键计算结果。

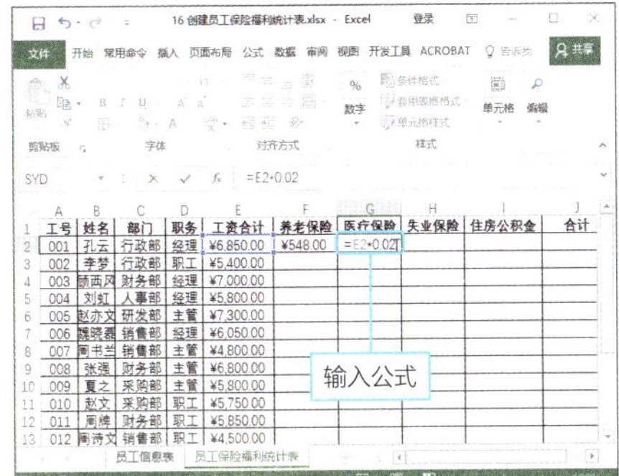

6 选中H2单元格并输入“=E2*0.01”公式，按Enter键计算结果。

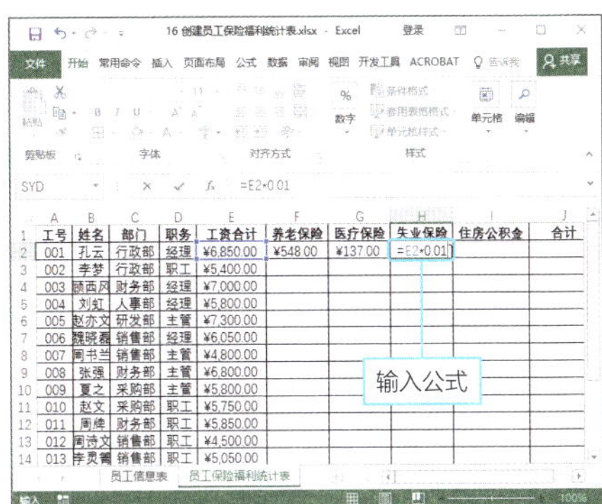

7 选中I2单元格并输入“=E2*0.035”公式，按Enter键计算结果。

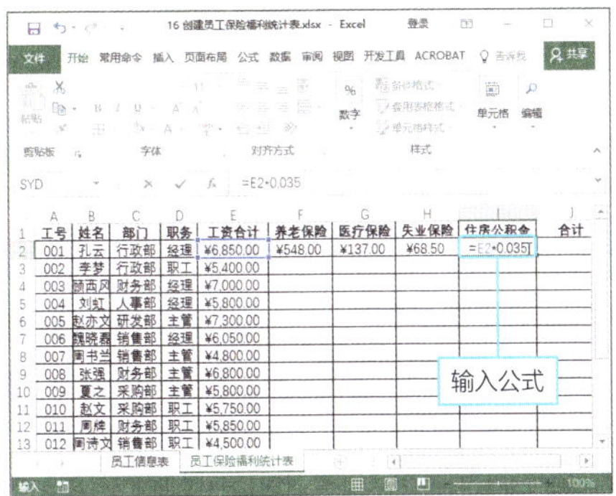

8 选中J2单元格并输入“=SUM(F2:I2)”公式，按Enter键计算结果。

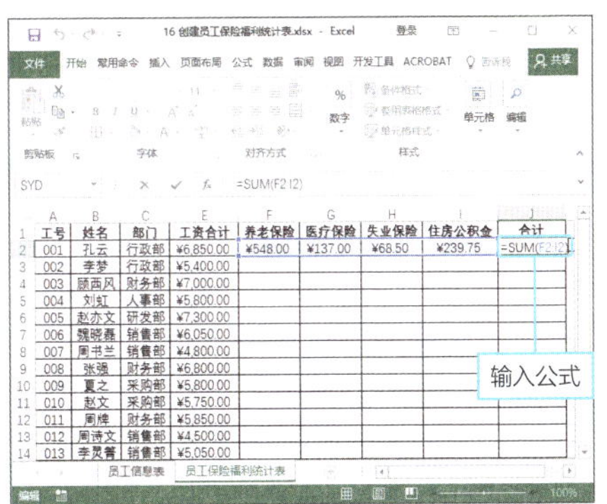

9 选中F2:J18单元格区域，单击“开始”选项卡中“填充”下拉按钮，选择“向下”选项。

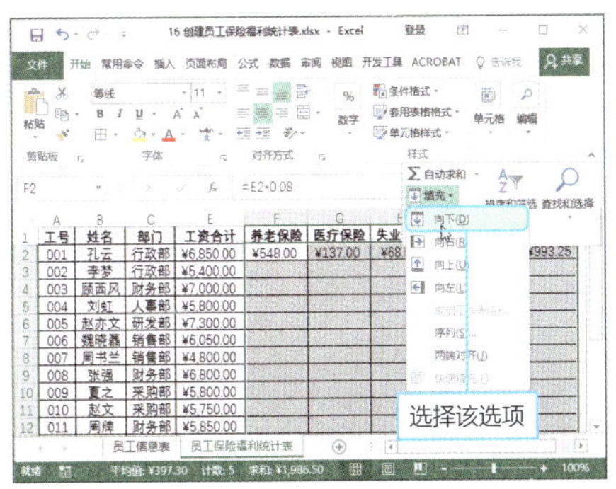

10 向下填充公式并执行计算，查看填充后的效果。

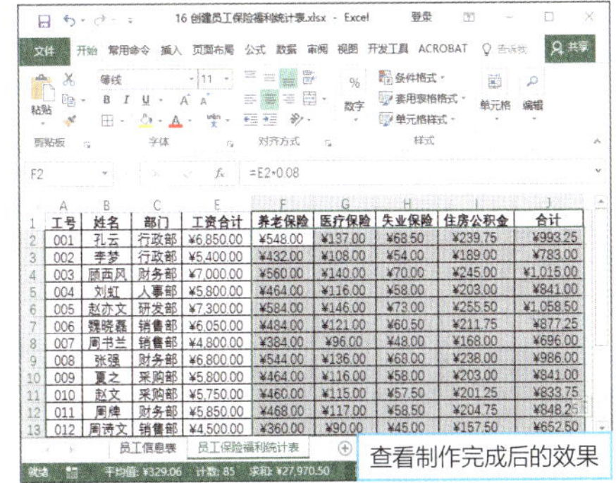

Question

260 构建个人所得税计算表

● Level ◆◆◆

2016 2013 2010

实例 创建表格并使用VLOOKUP函数计算个人所得税

我国个人所得税征收采用超额累时税率和比例税率两种计算方法，本例题采用超额累进税率的计算方法，跟据个人所得税税率计算员工应缴纳个人所得税税额。

1 打开新工作表，构建表格框架并设置标题格式，创建个人所得税税率表。

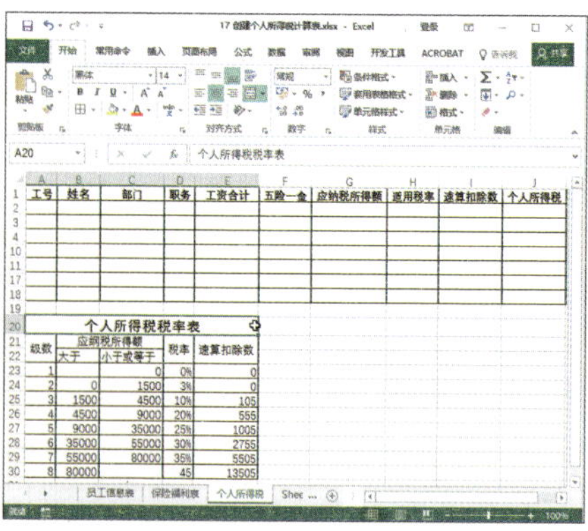

构建表格模型

2 选中A2单元格并输入“=保险福利表!A2”公式，按Enter键。

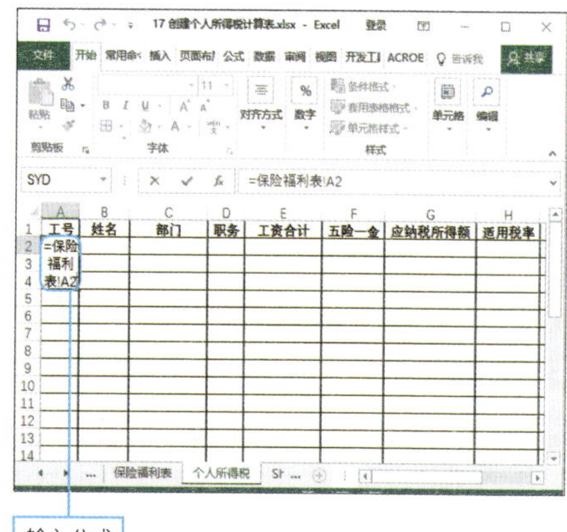

输入公式

3 按照同样方法引用相关内容并填充个人所得税计算表。

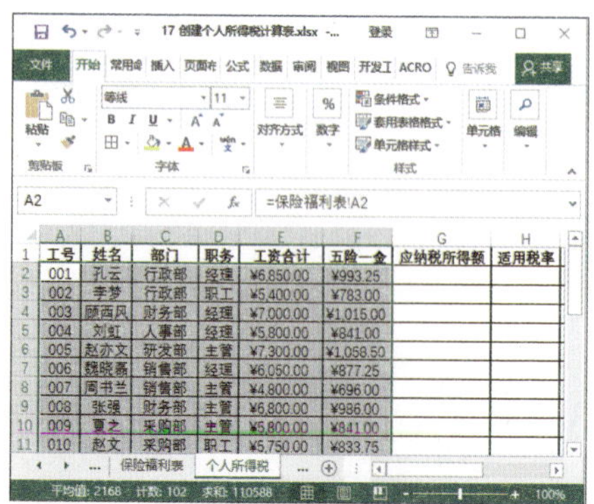

4 选中G2单元格并输入公式“=IF(E2-F2>3500,E2-F2-3500,0)”。

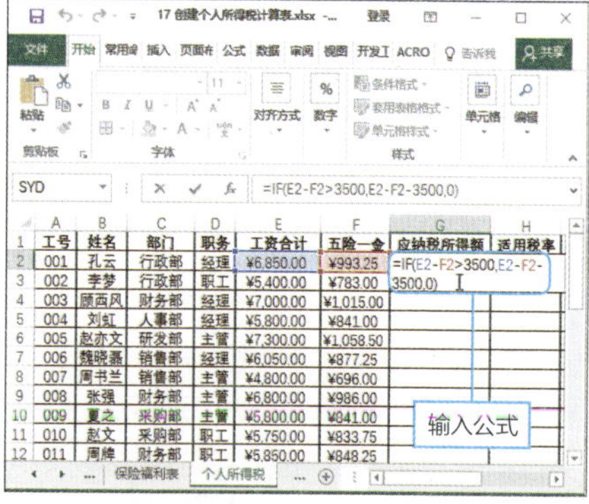

输入公式

5 选择H2单元格输入“=VLOOKUP(G2,$B$23:$E$30,3,TRUE)”公式，按Enter键执行计算。

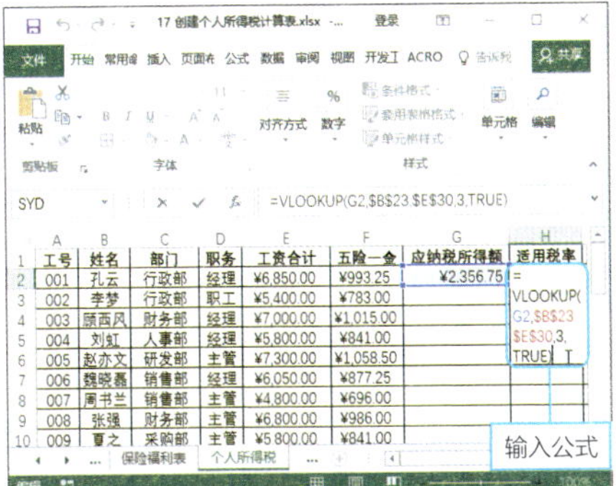

6 选择I2单元格并输入“=VLOOKUP(G2,$B$23:$E$30,4,TRUE)”公式，按Enter键执行计算。

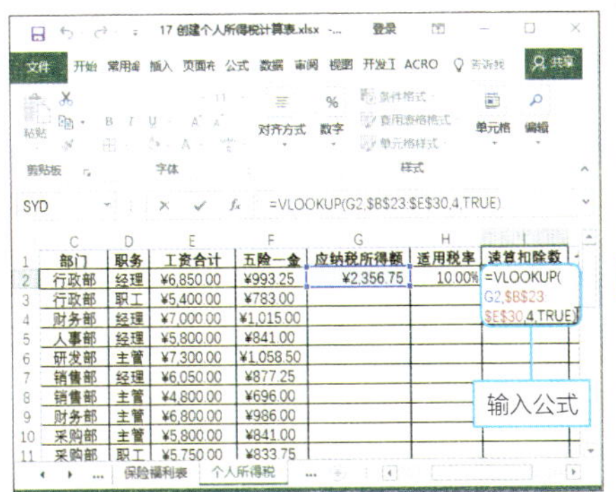

7 选择J2单元格并输入“=G2*H2-I2”公式，按Enter键。

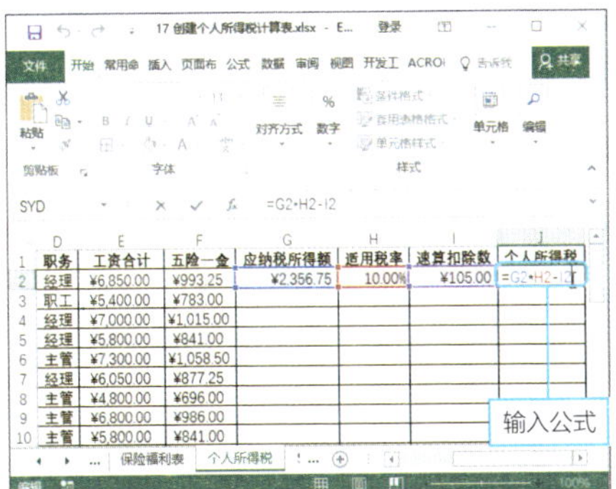

8 选中G2:J18单元格区域，在“填充”列表中选择“向下”选项。

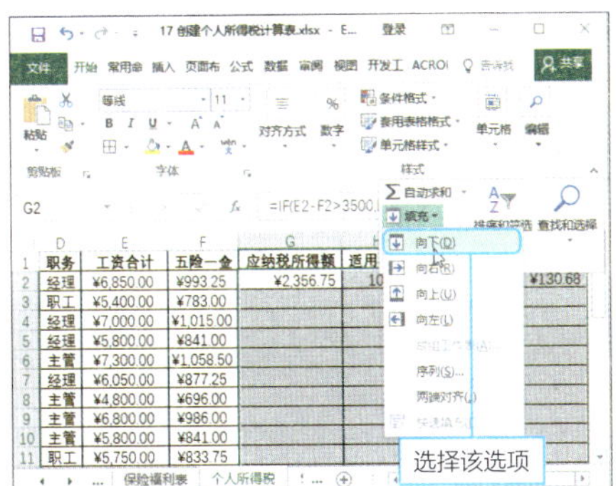

9 向下填充公式并执行计算，然后查看填充的结果。

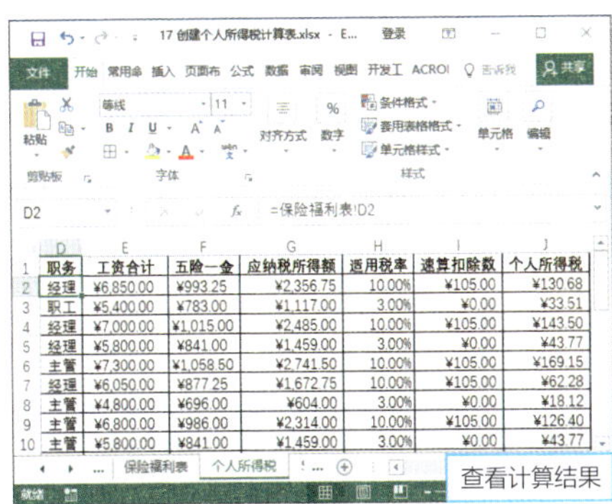

Hint

引用工作簿中的数据

引用同一工作簿不同工作表中的数据时，格式为：工作表名称+“!”+单元格或单元格区域。若需要跨工作簿引用数据时，如果已经打开引用的工作簿，则格式为：[工作簿名称.xlsx]+工作表名称+“!”+单元格或单元格区域；如果未打开引用 的工作簿，则格式为：引用工作簿的路径+[工作簿名称.xlsx]+工作表名称+“!”+单元格或单元格区域。

Question

261 快速计算不同百分比提成工资

• Level ◆◆◆

2016 2013 2010

实例 巧用IF函数按照百分比计算提成工资

某公司针对销售部的提成工资是按利润的百分比提的，本月利润小于10000时提成工资为1000；本月利润大于10000，小于等于20000时按利润的13%提成；本月利润大于20000时按18%提成。

1 打开工作表，选中F2单元格，然后输入计算提成的公式，并按Enter键执行计算。

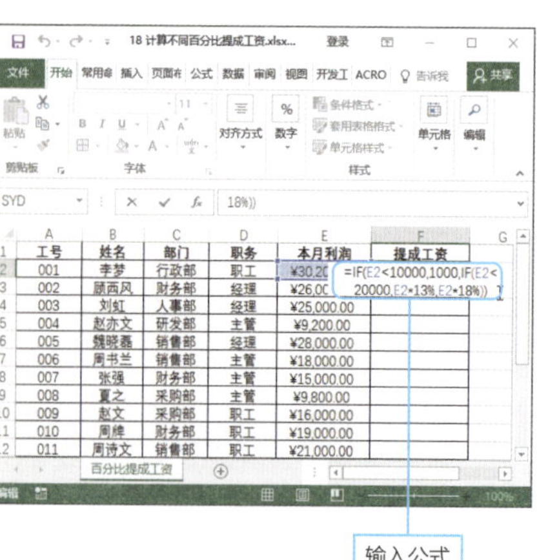

2 将光标移至F2单元格右下角并双击，填充公式并计算结果。

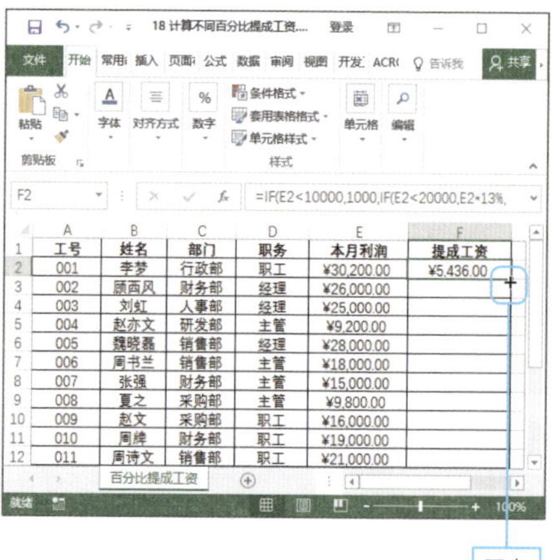

3 返回工作表中，查看按照不同百分比计算出的提成结果。

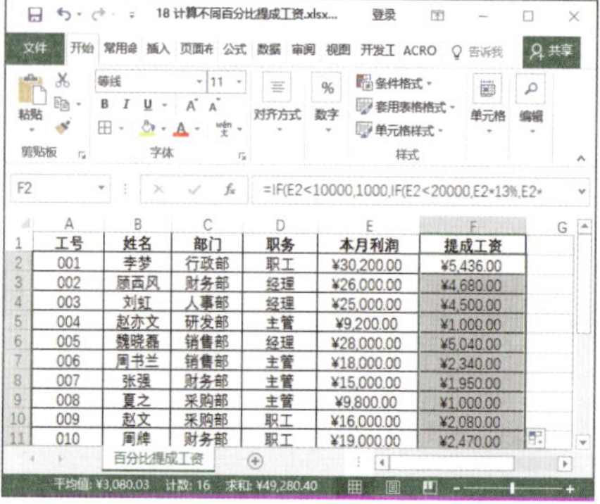

Hint

函数的嵌套

在Excel中函数的嵌套级别最多可以有7层，如果超过7层在计算的时候就会出现错误，在使用IF函数进行嵌套时，可以将IF函数嵌套到第2个或者第3个参数中，甚至可以在两参数中都嵌套函数。

Question **262**

按整数的倍数计算提成工资

语音视频教学262

实例　按500元提成60元计算员工提成工资

Level ◆◆◆

2016 2013 2010

某公司对销售员提成方法是每500元利润提成60元，利润不足500元的忽略不计，现在财务人员需要计算出每位员工的提成工资。

例：按照上面所述，使用FLOOR函数快速计算提成工资。

① 打开工作表，选中F2单元格并输入公式“=FLOOR(E2,500)/500*60”，按Enter键执行计算。

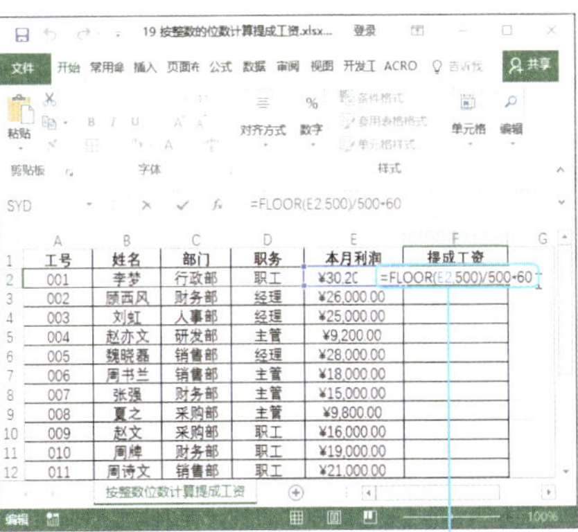

	A	B	C	D	E	F
1	工号	姓名	部门	职务	本月利润	提成工资
2	001	李梦	行政部	职工	¥30,20	=FLOOR(E2,500)/500*60
3	002	顾西风	财务部	经理	¥26,000.00	
4	003	刘虹	人事部	经理	¥25,000.00	
5	004	赵亦文	研发部	主管	¥9,200.00	
6	005	魏晓磊	销售部	经理	¥28,000.00	
7	006	周书兰	销售部	主管	¥18,000.00	
8	007	张强	财务部	主管	¥15,000.00	
9	008	夏之	采购部	主管	¥9,800.00	
10	009	赵文	采购部	职工	¥16,000.00	
11	010	周牌	财务部	职工	¥19,000.00	
12	011	周诗文	销售部	职工	¥21,000.00	

输入公式

② 按住F2单元格右下角填充柄拖动至F18单元格，填充公式并计算结果。

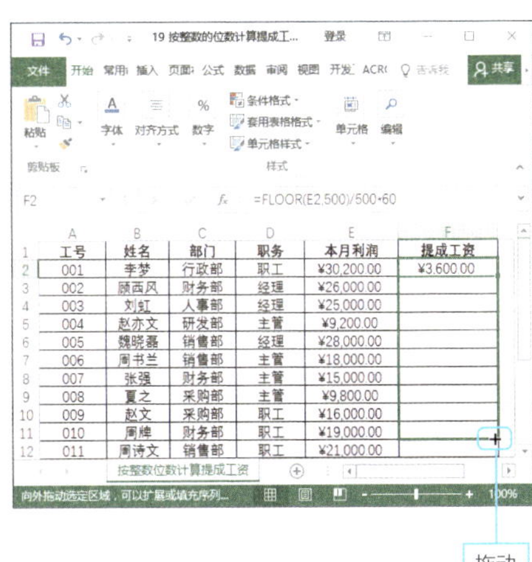

	A	B	C	D	E	F
1	工号	姓名	部门	职务	本月利润	提成工资
2	001	李梦	行政部	职工	¥30,200.00	¥3,600.00
3	002	顾西风	财务部	经理	¥26,000.00	
4	003	刘虹	人事部	经理	¥25,000.00	
5	004	赵亦文	研发部	主管	¥9,200.00	
6	005	魏晓磊	销售部	经理	¥28,000.00	
7	006	周书兰	销售部	主管	¥18,000.00	
8	007	张强	财务部	主管	¥15,000.00	
9	008	夏之	采购部	主管	¥9,800.00	
10	009	赵文	采购部	职工	¥16,000.00	
11	010	周牌	财务部	职工	¥19,000.00	
12	011	周诗文	销售部	职工	¥21,000.00	

拖动

③ 返回工作表，查看按照利润整数的位数计算员工提成结果。

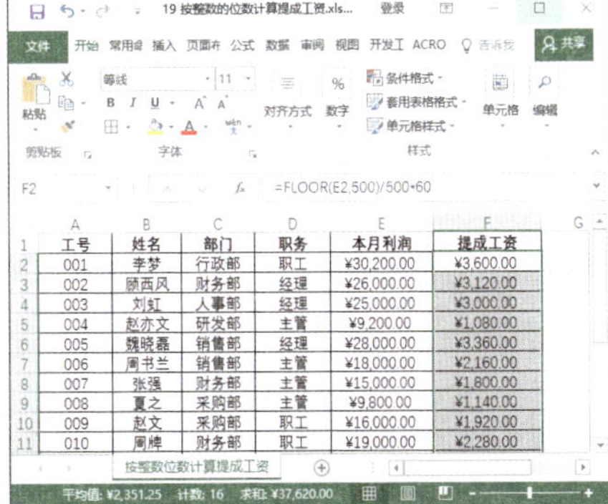

	A	B	C	D	E	F
1	工号	姓名	部门	职务	本月利润	提成工资
2	001	李梦	行政部	职工	¥30,200.00	¥3,600.00
3	002	顾西风	财务部	经理	¥26,000.00	¥3,120.00
4	003	刘虹	人事部	经理	¥25,000.00	¥3,000.00
5	004	赵亦文	研发部	主管	¥9,200.00	¥1,080.00
6	005	魏晓磊	销售部	经理	¥28,000.00	¥3,360.00
7	006	周书兰	销售部	主管	¥18,000.00	¥2,160.00
8	007	张强	财务部	主管	¥15,000.00	¥1,800.00
9	008	夏之	采购部	主管	¥9,800.00	¥1,140.00
10	009	赵文	采购部	职工	¥16,000.00	¥1,920.00
11	010	周牌	财务部	职工	¥19,000.00	¥2,280.00

Hint

函数解析

FLOOR函数用于返回参数不大于基数的最大整数，其函数表达式为：

FLOOR(number,significancel)

其中，number为要四舍五入的数值，可以是引用的单元格；significance为四舍五入的基数。

Question 263

计算等额多梯度提成方式的提成工资

Level ◆◆◇

2016 2013 2010

实例 使用CHOOSE函数求提成工资

某公司针对销售员采用等额多梯度的提成方式，即以10000元为阶梯利润，做得越多提成的百分点就越高，以此来激励销售人员。

例：使用CHOOSE函数计算等额多梯度提成方式的提成工资。

1. 打开工作表，选中F2单元格并输入“=IF(INT(E2/10000)<4,CHOOSE(INT(E2/10000)+1,15%,18%,20%,23%),28%)*E2”公式。

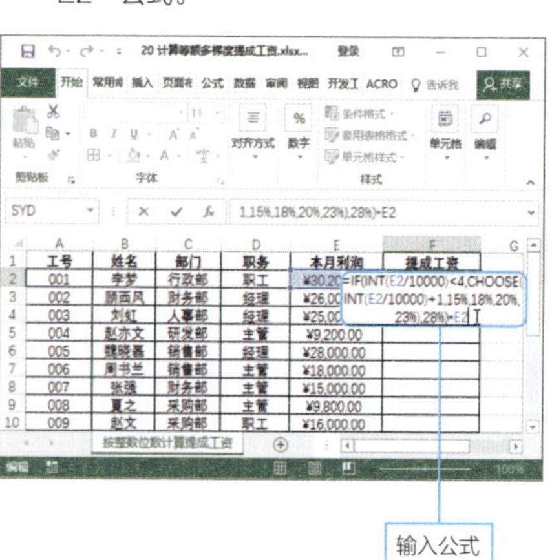

2. 按Enter键，将光标移到F2单元格右下角，按住鼠标左键拖动至F18单元格。

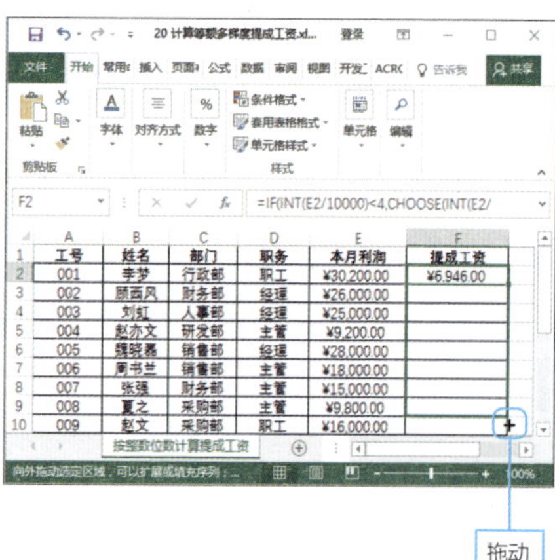

3. 填充公式并执行计算，返回工作表中，查看计算结果。

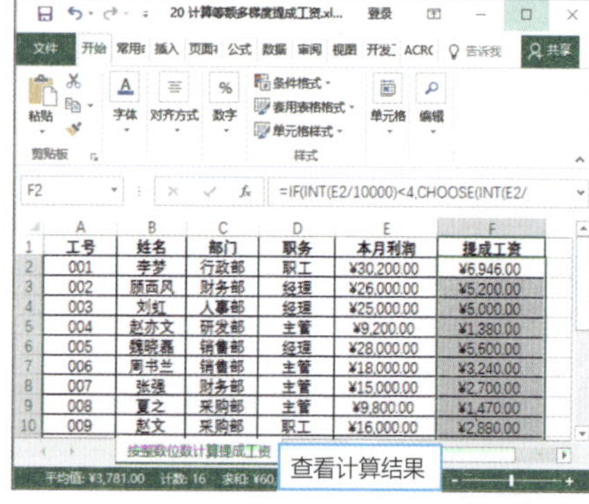

Hint

函数解析

CHOOSE函数用于从参数列表中选择并返回一个值，其函数表达式为：

CHOOSE(index_num,value1,value2,…)

其中，index_num为必要参数，为数值表达式或字段，value1,value2,为后续值是可选项。

Level

2016 2013 2010

计算不等额多梯度提成方式的提成工资

实例　使用VLOOKUP函数计算提成工资

某公司的提成方式比较特殊，针对销售人员的提成是多梯度的，但不是等额的，我们用什么函数可以实现此要求呢？

例：使用VLOOKUP函数按不等额多梯度计算出提成工资。

1. 打开工作表，在A19:C26单元格区域内输入提成梯度表。

2. 选中F2单元格，输入“=VLOOKUP(E2,$A$21:$C$26,3,TRUE)*E2”公式。

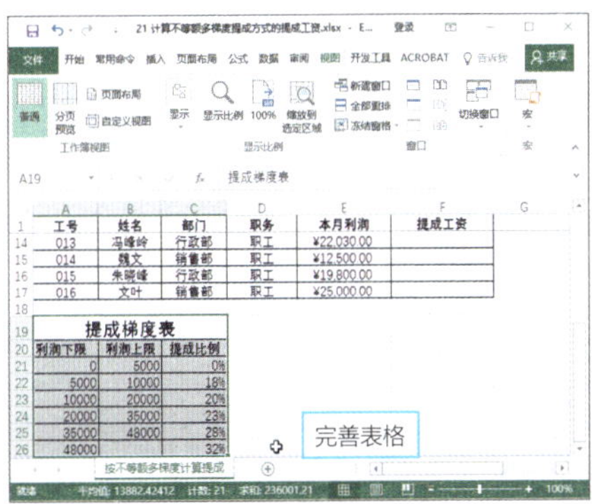

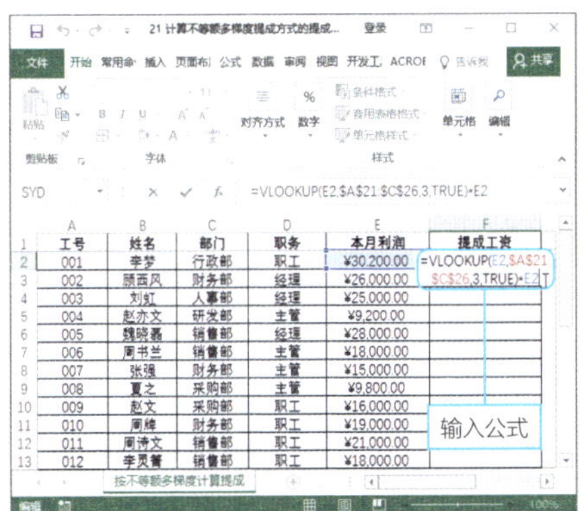

3. 选中F2单元格，将公式填充至F17单元格。

4. 填充公式后，可见计算出按不等额多梯度提成的员工工资。

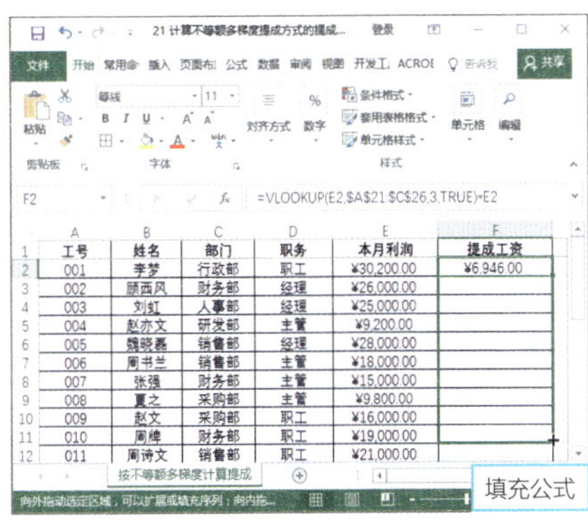

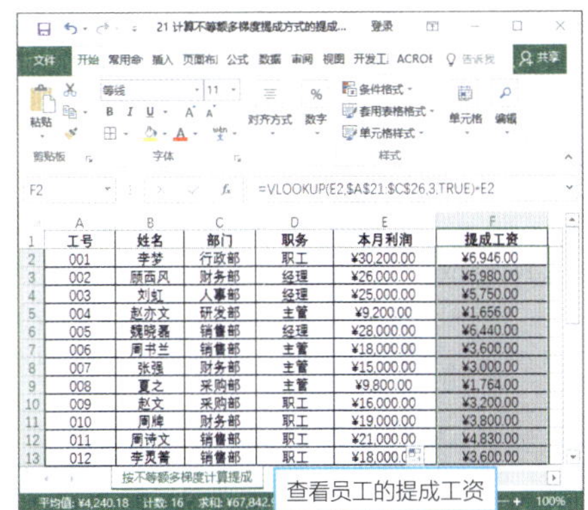

Question 265

快速对数据进行分析

● Level ◆◆◆

2016 2013 2010

实例 使用“快速分析”工具分析数据

Excel为用户提供了“快速分析”工具，选中某单元格区域时，通过“快速分析”工具对所选内容进行分析操作，如添加图表、表格以及汇总计算等。

1 打开工作表，选中I2:K18单元格区域，单击右下角的“快速分析”按钮。

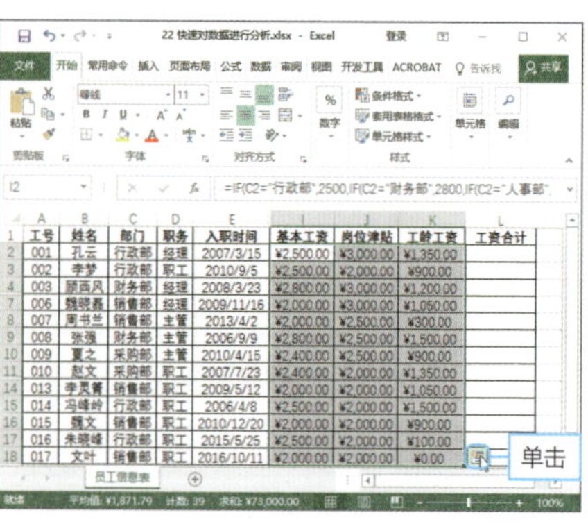

2 切换至“汇总”选项卡，选择“求和”选项，在单元格区域右侧进行求和计算。

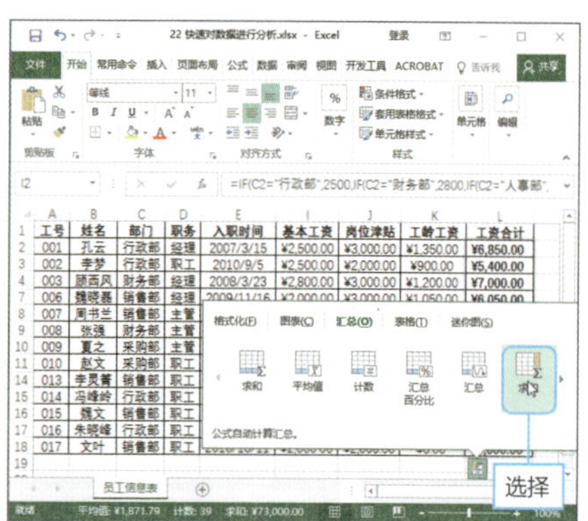

3 选中I2:L18单元格区域，在“快速分析”列表中选择“平均值”选项。

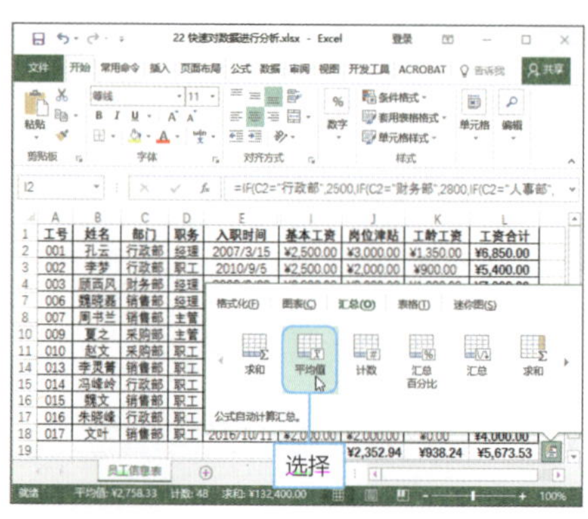

4 返回工作表中，查看I2:L18单元格区域的平均值结果。

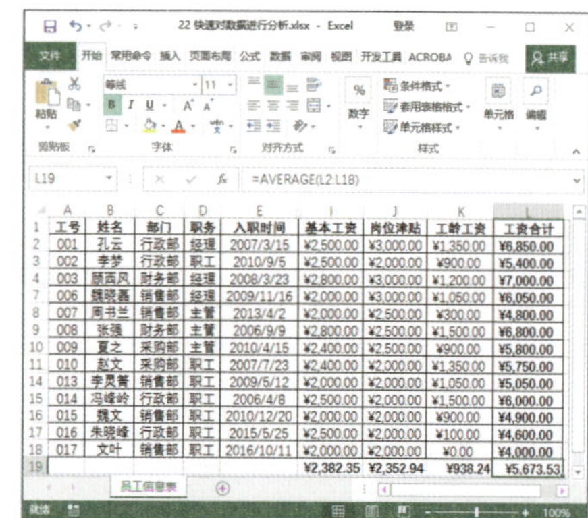

Question 266

在员工提成表中查找重复值

Level ◆◆◆

2016 2013 2010

实例 使用函数在提成表中查找重复的员工记录

在员工提成表创建过程中，有可能重复输入员工的记录，用户可以使用函数对提成表中的员工进行排查，找出重复的记录。

1 打开工作表，在E列添加辅助列，用于存放查找的记录。

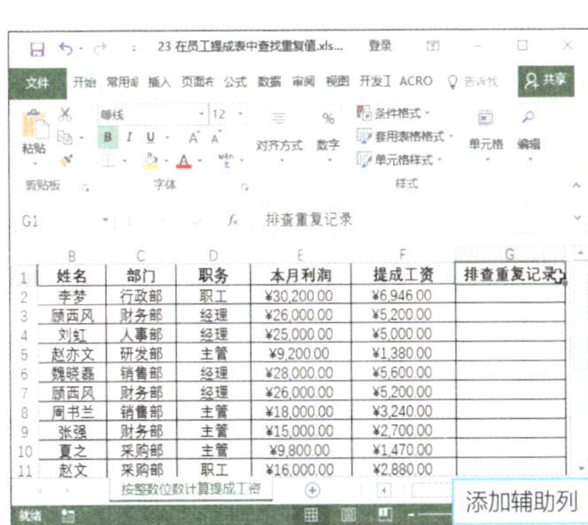

2 选中G2单元格，打开“插入函数”对话框，选择IF函数。

3 打开“函数参数”对话框，设置各参数，然后单击“确定”按钮。

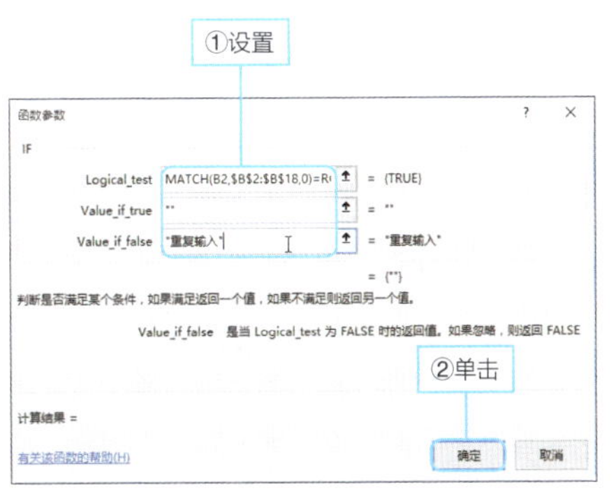

4 返回工作表中，将公式填充至G18单元格，查看排查的结果。

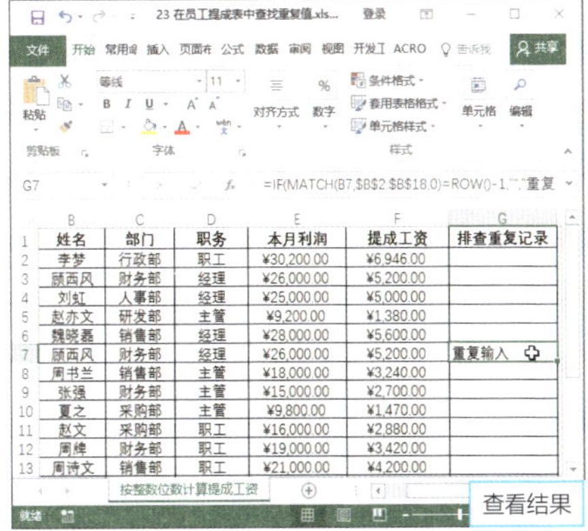

Question 267

● Level ◆◆◆

2016 2013 2010

创建考勤汇总表

实例 构建考勤表并计算应扣总额

考勤表是根据员工实际考勤数据统计而来的，主要记录一段时间内员工的迟到、病假、事假等情况，通过考勤表信息可以监督员工的出勤情况。

最终效果

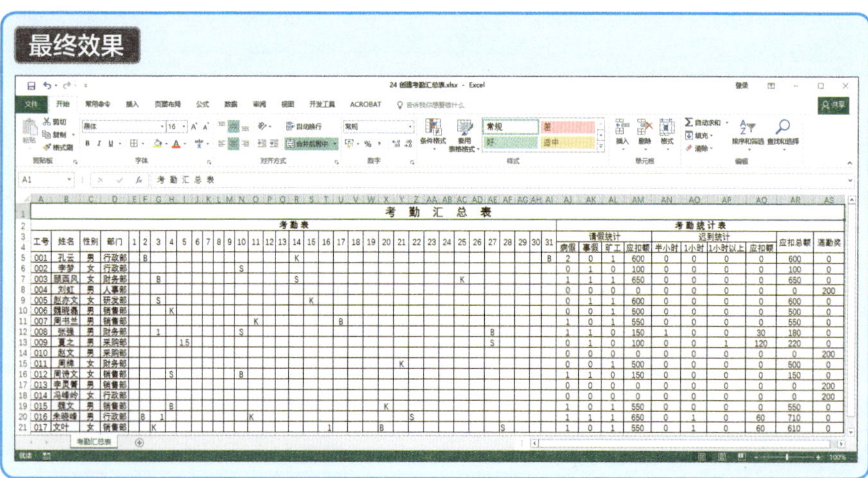

1 打开新工作表，制作表格框架，输入表格标题并设置字体格式后，填写员工信息。

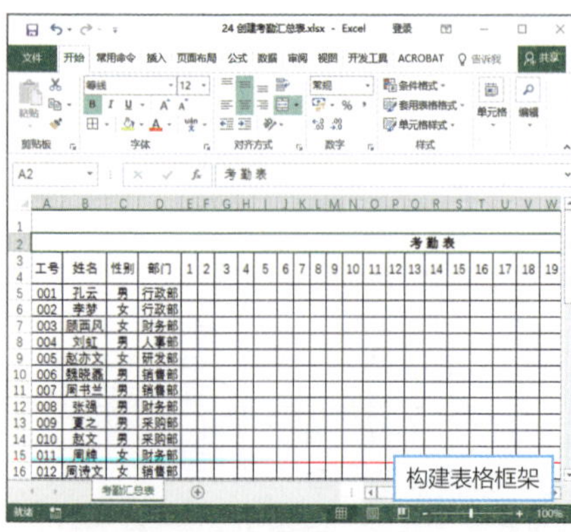

2 填写员工出勤情况，其中B代表病假，S代表事假，K代表旷工，数字代表请假时间。

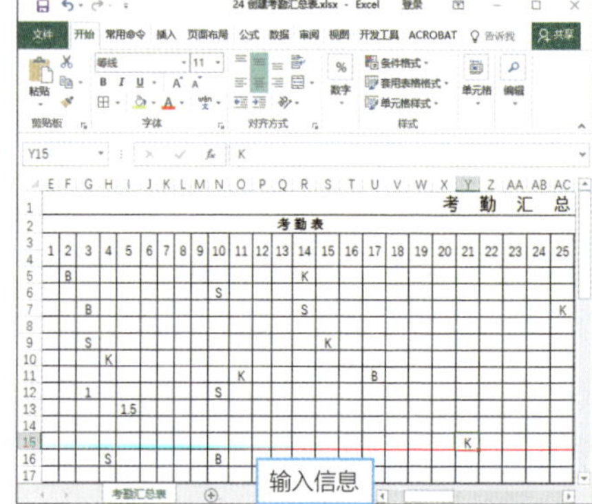

3 选中AJ5单元格并输入“=COUNTIF(E5:AI5,"B")”公式，按Enter键执行计算。

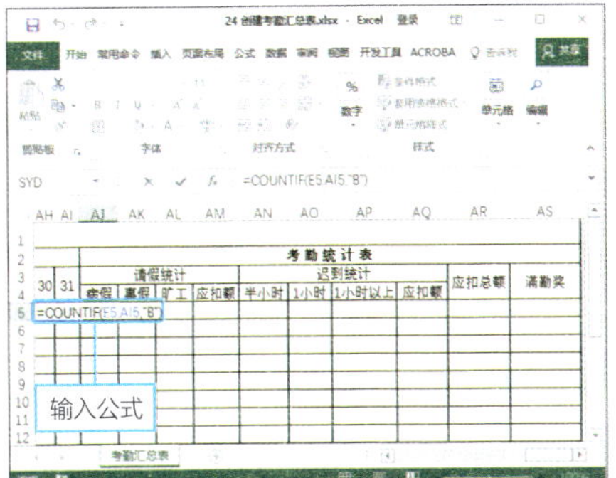

4 选中AK5单元格并输入“=COUNTIF(E5: AI5,"S")”公式，按Enter键得出计算结果。

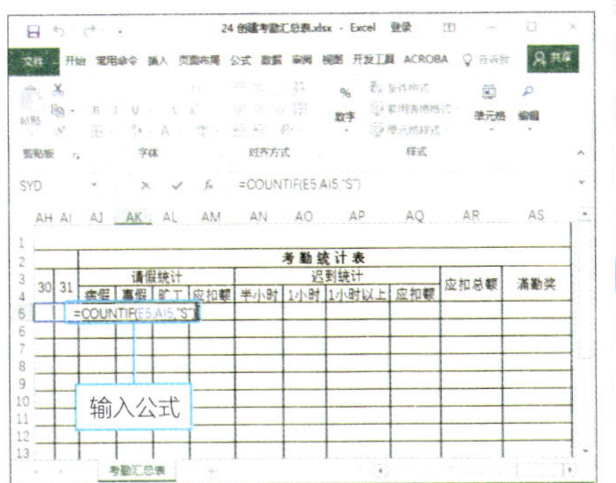

5 选中AL5单元格并输入“=COUNTIF(E5: AI5,"K")”公式，按Enter键执行计算。

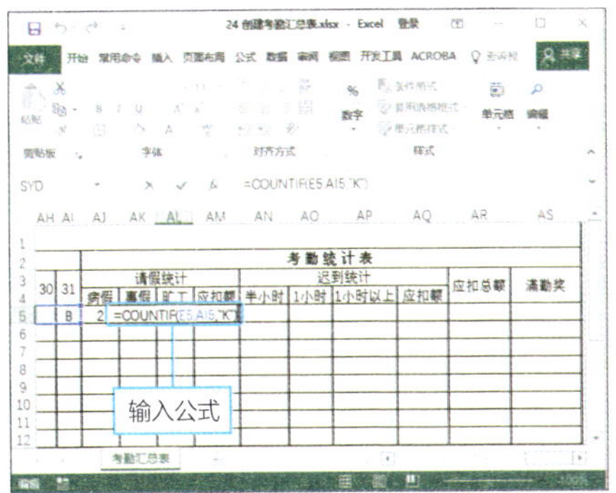

6 选中AM5单元格，输入“=AJ5*50+AK5*100+ AL5*500”公式。

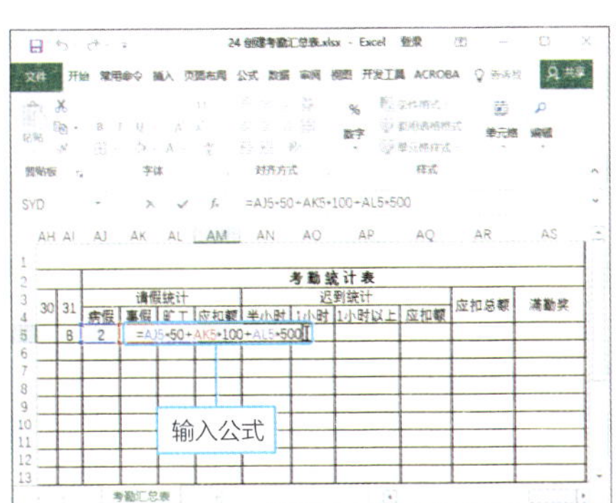

7 选中AN5单元格并输入“=COUNTIF(E5:AI5,"0.5")”公式，按Enter键得出计算结果。

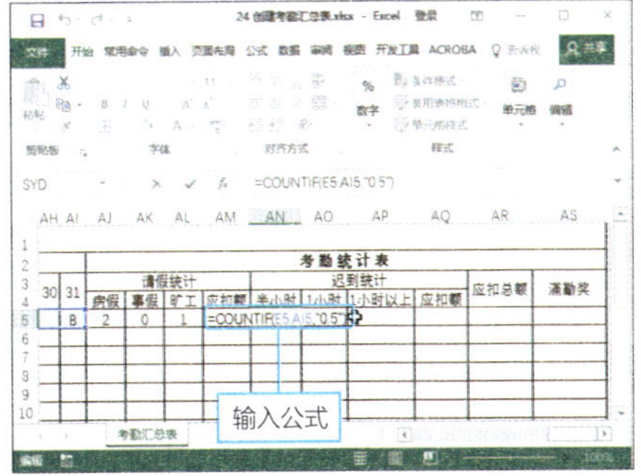

8 选中AO5单元格并输入“=COUNTIF(E5: AI5,"1")”公式，按Enter键得出计算结果。

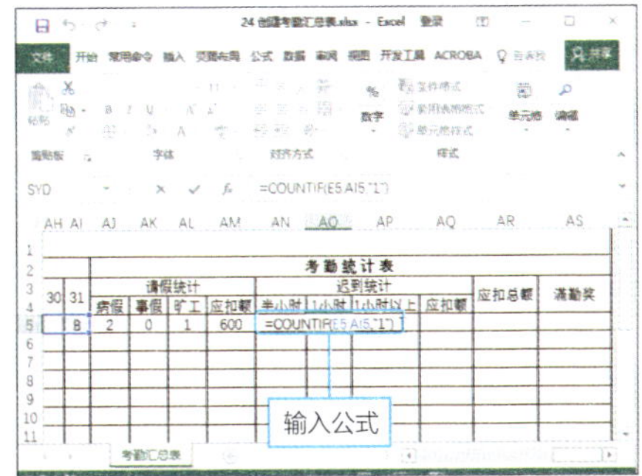

9 选中AP5单元格并输入“=COUNTIF(E5:AI5,"1.5")”公式，按Enter键查看计算结果。

10 选中AQ5单元格并输入“=AN5*30+AO5*60+AP5*120”公式，按Enter键执行计算。

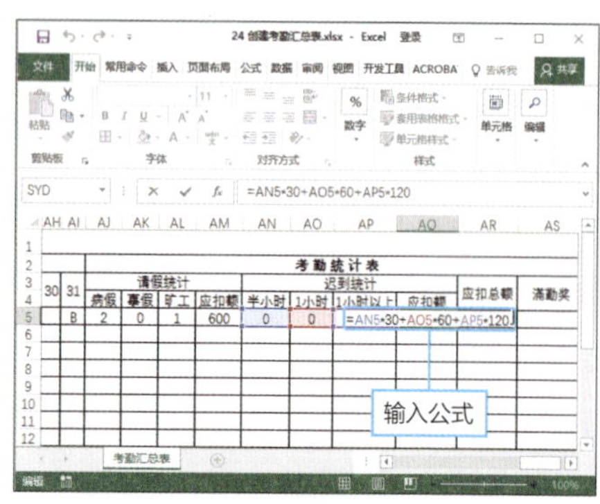

11 选中AR5单元格并输入“=AM5+AQ5”公式，按Enter键执行计算。

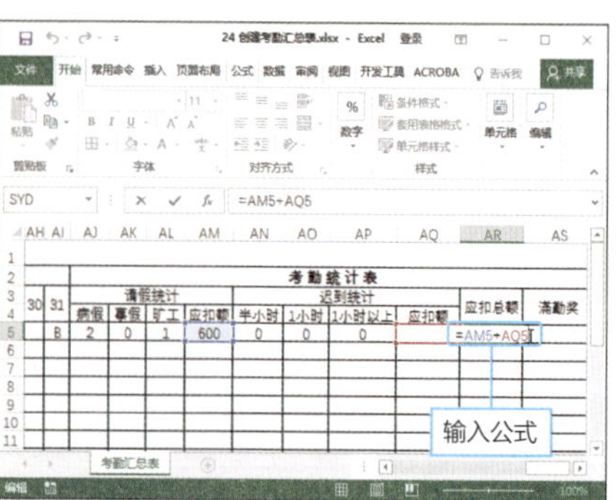

12 选中AS5单元格并输入“=IF(AR5=0,200,"")”公式，按Enter键执行计算。

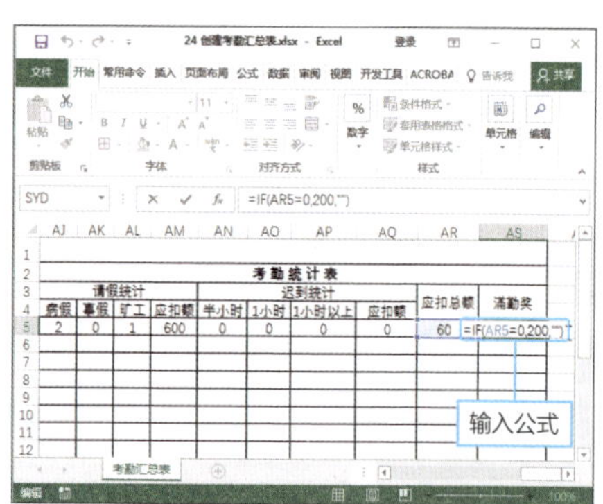

13 选中AJ5:AS5单元格区域，在“填充”下拉列表中选择“向下”选项。

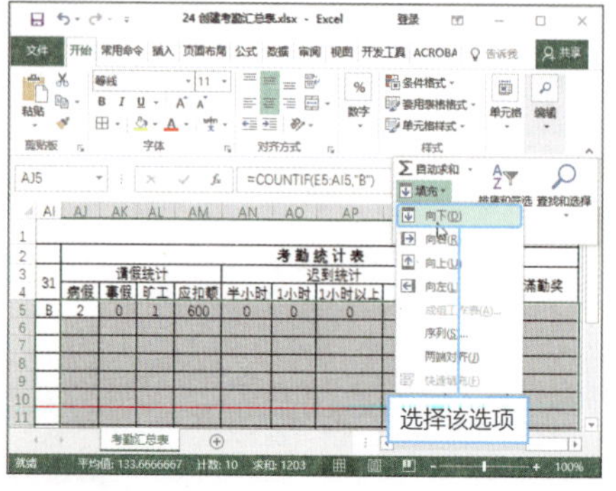

14 公式填充完成，返回工作表中，查看计算结果。

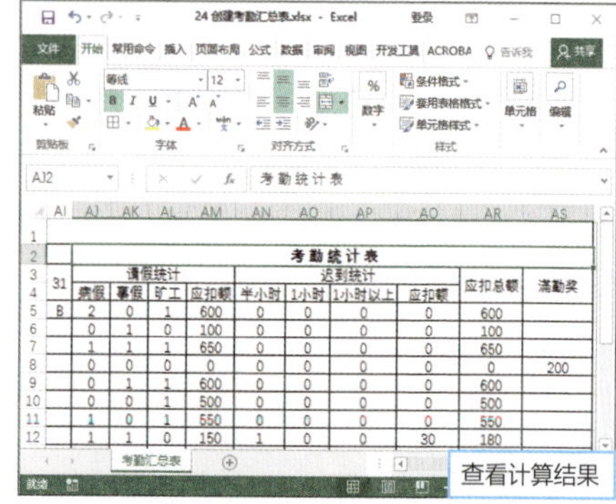

Level ◆◆◆

创建薪酬表

语音视频
教学268

实例　构建薪酬表并计算实发工资

薪酬表是记录员工的所有收入和应扣除项目，得出的实发工资是员工实际领到手的工资。薪酬表是企业薪酬管理中必不可少的表格之一，下面介绍具体创建方法。

最终效果

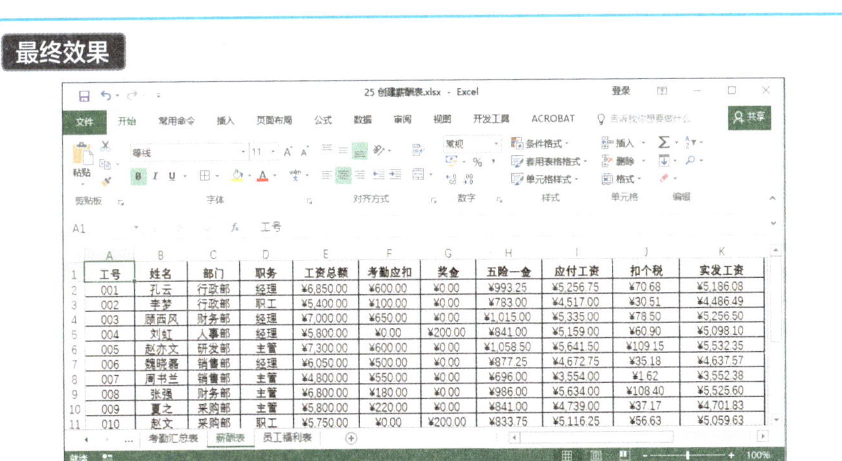

工号	姓名	部门	职务	工资总额	考勤应扣	奖金	五险一金	应付工资	扣个税	实发工资
001	孔云	行政部	经理	¥6,850.00	¥600.00	¥0.00	¥993.25	¥5,256.75	¥70.68	¥5,186.08
002	李梦	行政部	职工	¥5,400.00	¥100.00	¥0.00	¥783.00	¥4,517.00	¥30.51	¥4,486.49
003	顾西风	财务部	经理	¥7,000.00	¥650.00	¥0.00	¥1,015.00	¥5,335.00	¥78.50	¥5,256.50
004	刘虹	人事部	经理	¥5,800.00	¥0.00	¥200.00	¥841.00	¥5,159.00	¥60.90	¥5,098.10
005	赵亦文	研发部	主管	¥7,300.00	¥600.00	¥0.00	¥1,058.50	¥5,641.50	¥109.15	¥5,532.35
006	魏晓磊	销售部	经理	¥6,050.00	¥500.00	¥0.00	¥877.25	¥4,672.75	¥35.18	¥4,637.57
007	周书兰	销售部	主管	¥4,800.00	¥550.00	¥0.00	¥696.00	¥3,554.00	¥1.62	¥3,552.38
008	张强	财务部	主管	¥6,800.00	¥180.00	¥0.00	¥986.00	¥5,634.00	¥108.40	¥5,525.60
009	夏之	采购部	主管	¥5,800.00	¥220.00	¥0.00	¥841.00	¥4,739.00	¥37.17	¥4,701.83
010	赵文	采购部	职工	¥5,750.00	¥0.00	¥200.00	¥833.75	¥5,116.25	¥56.63	¥5,059.63

1. 打开新工作表，制作表格框架，填写表格标题内容和科目后，设置字体格式。

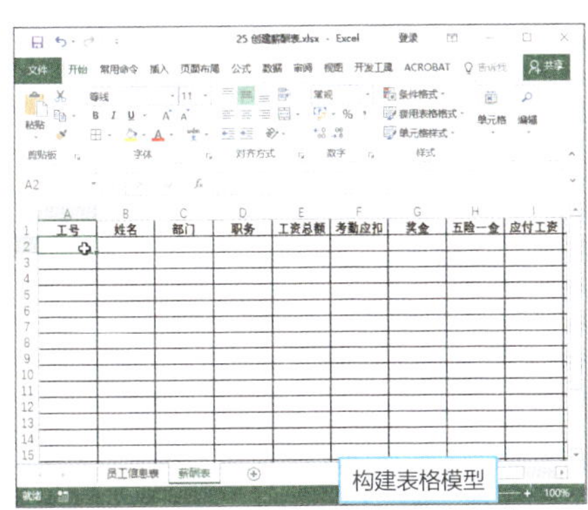

2. 选中E2:K18单元格区域，设置单元格格式为“货币”。

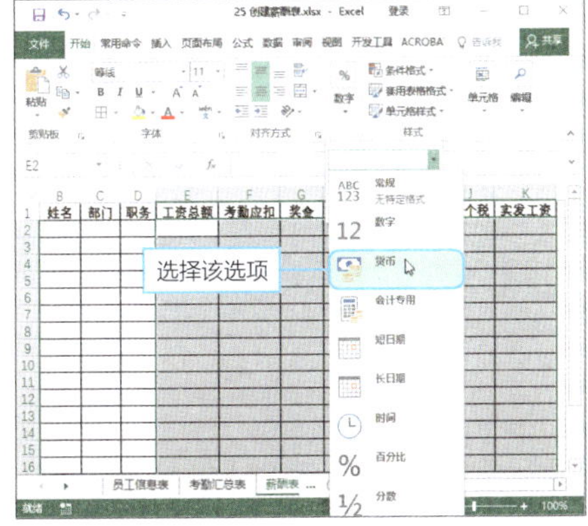

3 选中A2:A18单元格区域，打开“设置单元格格式”对话框，进行相应的设置。

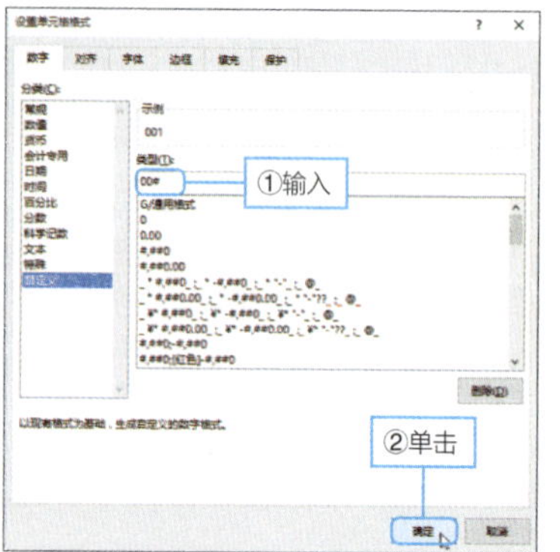

4 选中A2单元格并输入“=员工信息表!A2”公式，按Enter键。

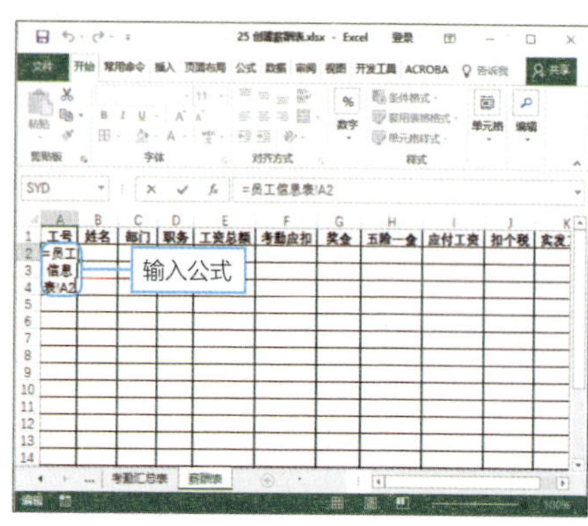

5 选中A2单元格，将公式填充至D2单元格，引用“员工信息表”中的数据。

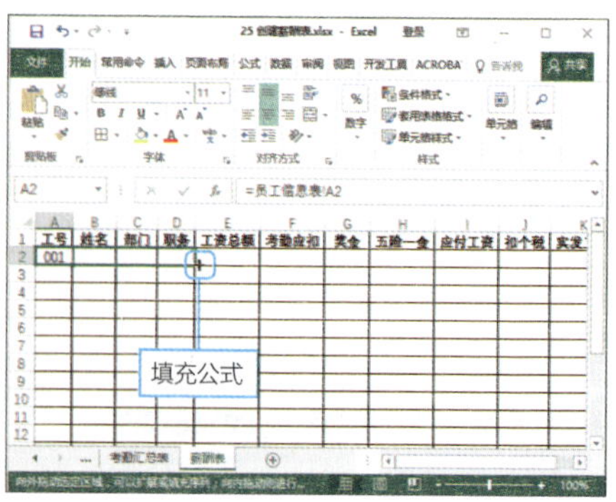

6 选中E2单元格并输入“=员工信息表!L2”公式，按Enter键执行计算。

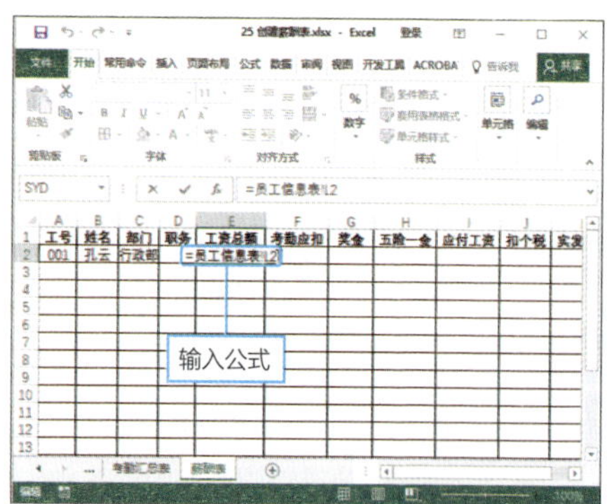

7 选中F2单元格并输入“=考勤汇总表!AR5”公式，按Enter键执行计算。

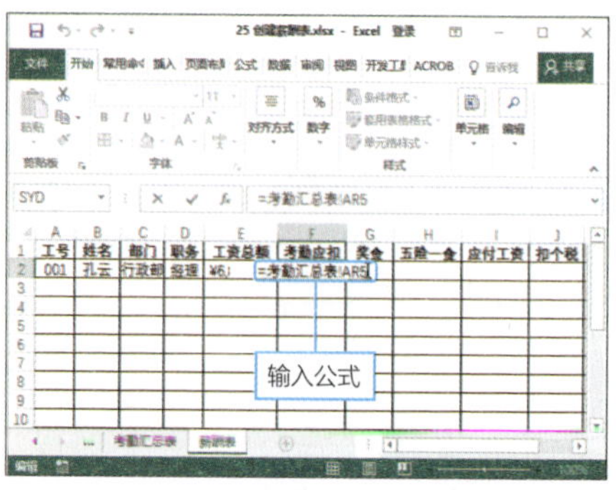

8 选中G2单元格并输入“=考勤汇总表!AS5”公式，按Enter键执行计算。

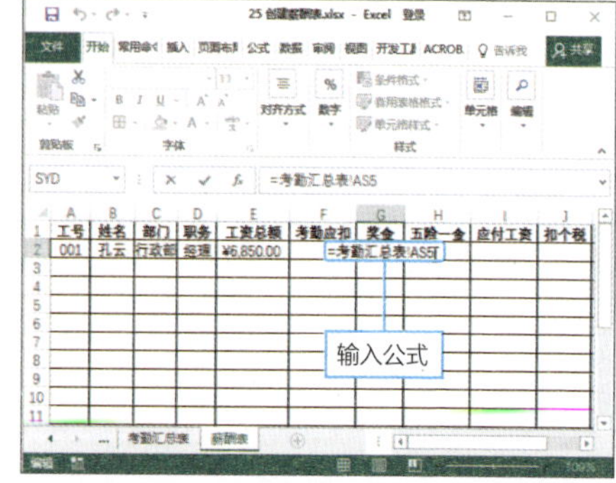

9 选中H2单元格并输入“=员工福利表!J2”公式，按Enter键执行计算。

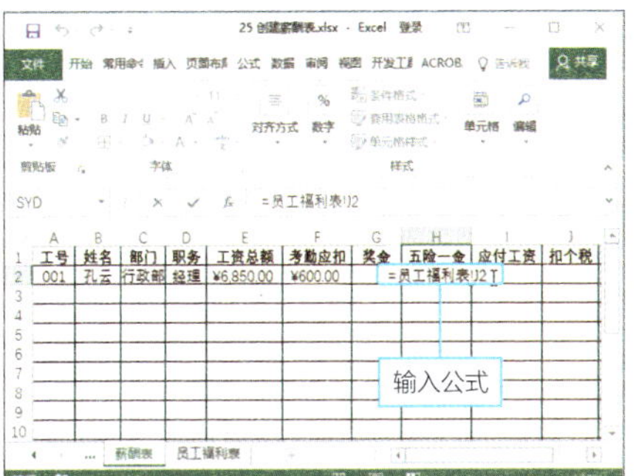

10 选中I2单元格输入“=E2-F2+G2-H2”公式，按Enter键执行计算。

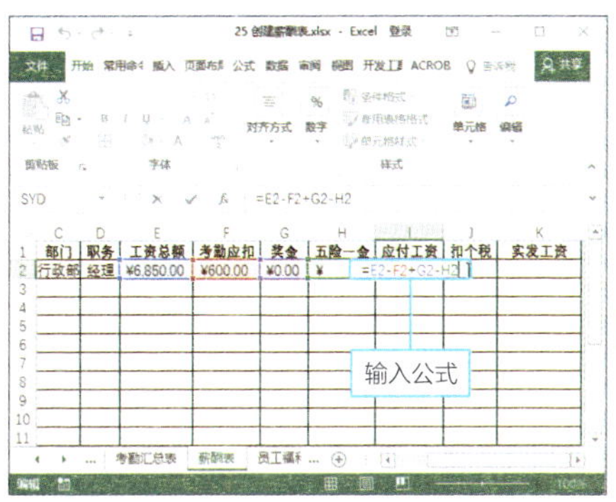

11 在M1:Q11单元格区域构建“个人所得税税率表”表格。

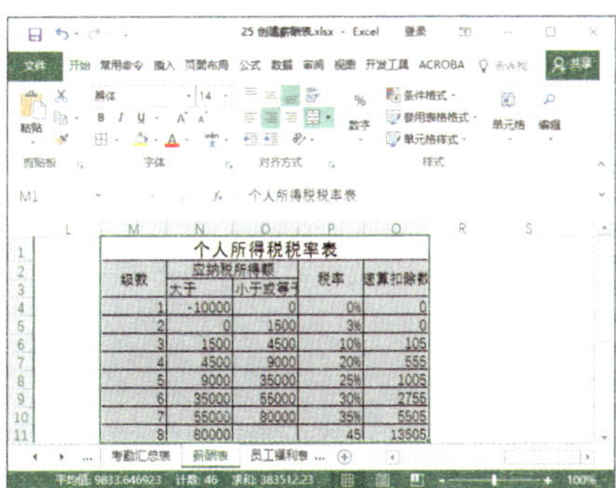

12 选中J2单元格，输入计算个人所得税的公式，按Enter键执行计算。

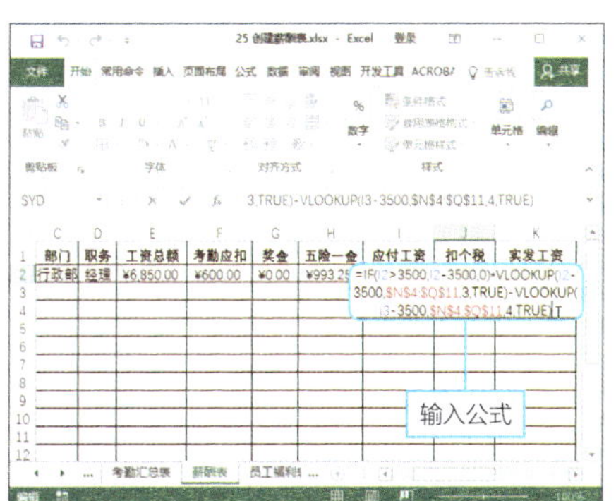

13 选中K3单元格并输入“=I2-J2”公式，按Enter键执行计算。

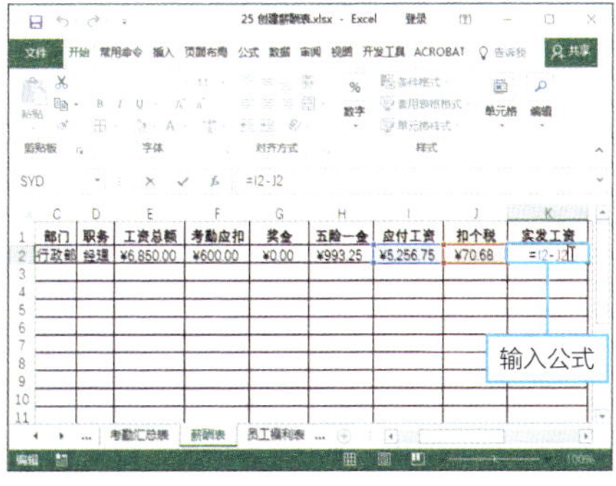

14 选中A2:K18单元格区域，在“填充”下拉列表中选择“向下”选项。

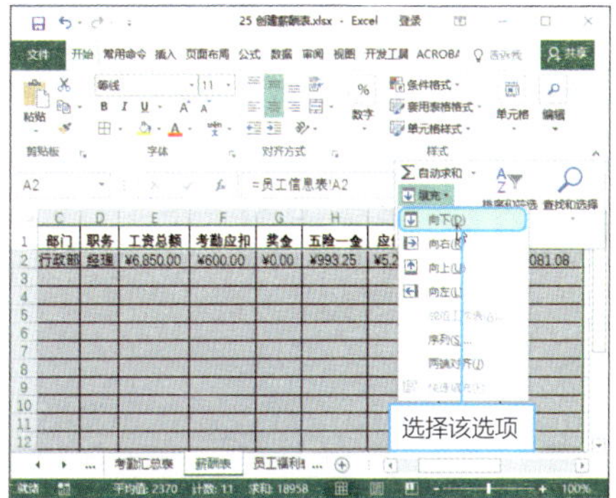

Question

269 快速制作批量工资条

• Level ◆◆◆

2016 2013 2010

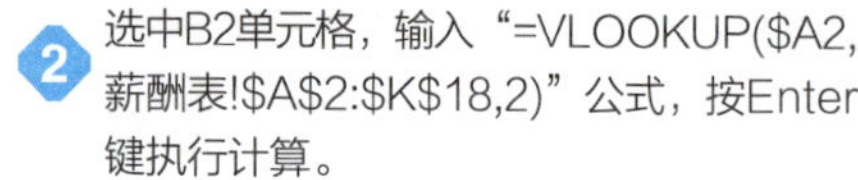

实例 巧用VLOOKUP函数制作批量工资条

制作工资条是财务人员的一项重要工作，如果逐个填写或录入工资条，不但浪费大量时间而且还比较繁琐，如果使用VLOOKUP函数会大大提高工作效率。

1 打开新工作表，根据“薪酬表”制作工资条的表头，设置表格的字体、对齐方式和边框。

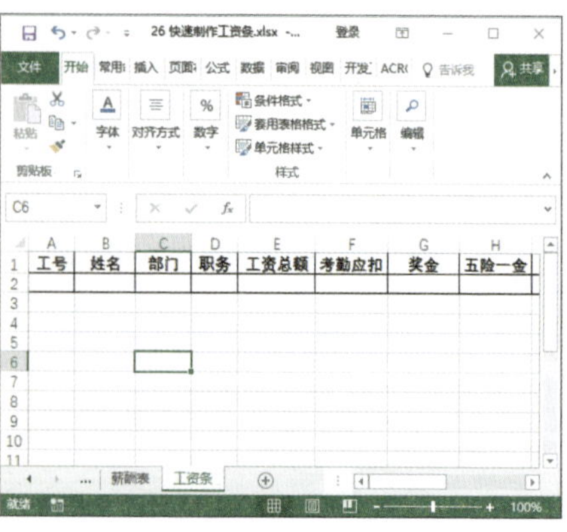

2 选中B2单元格，输入“=VLOOKUP($A2,薪酬表!$A$2:$K$18,2)”公式，按Enter键执行计算。

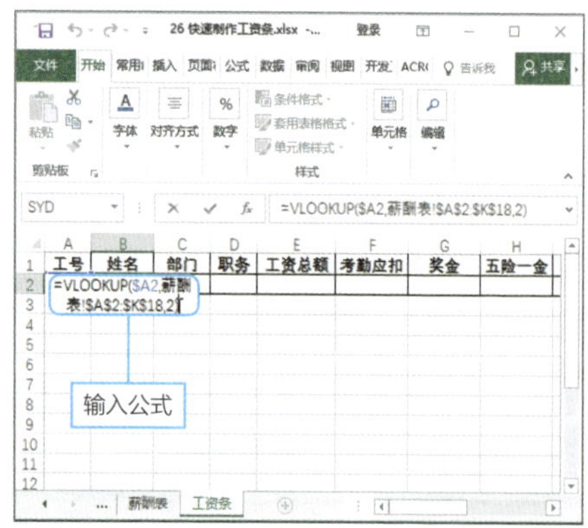

3 将公式填充至K2单元格，然后根据需要修改函数第3个参数。

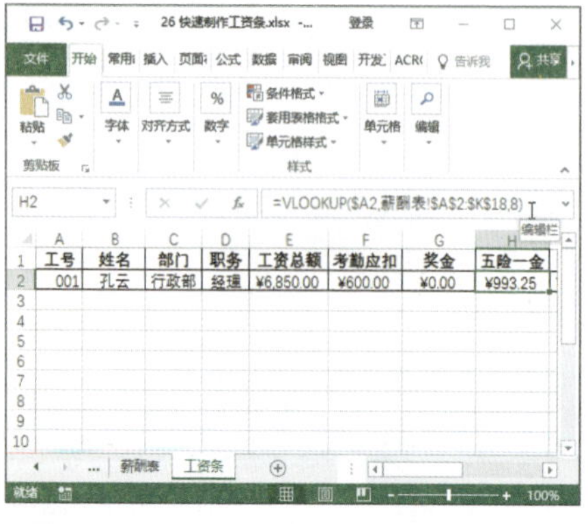

4 选中A1:L3单元格区域，拖动填充柄向下填充公式，即可完成工资条的制作。

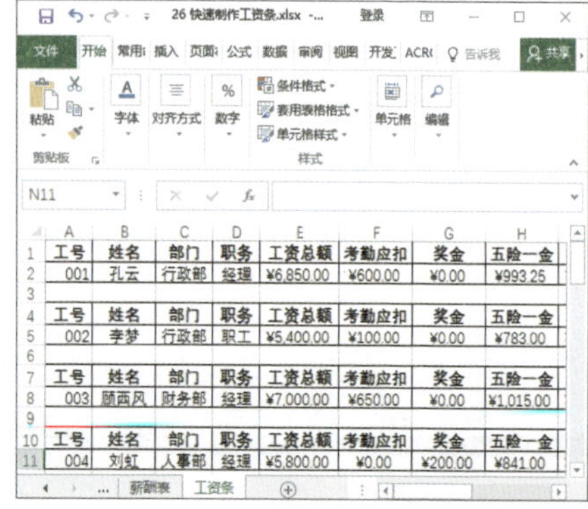

Question 270

巧按顺序查看薪酬表中的数据

语音视频教学270

Level ◆◆◆

2016 2013 2010

实例　对薪酬表进行排序

薪酬表制作完成后，用户需要按一定的顺序查看数据，此时使用“排序”功能即可。

例：在薪酬表中按部门升序排序，然后再按工资总额降序排序。

1 打开工作表，选中表格内任意单元格，单击“数据”选项卡中“排序”按钮。

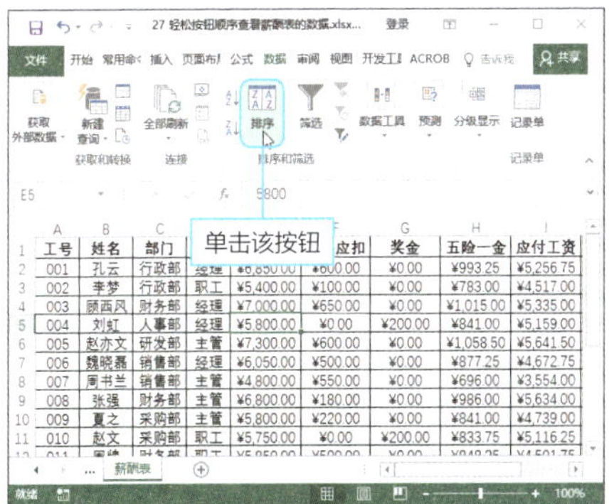

2 打开“排序”对话框，设置“主要关键字”为“部门”，次序为“升序”，单击“添加条件”按钮。

3 设置“次要关键字”为“工资总额”，次序为“降序”，单击“确定”按钮。

4 设置完成后，返回工作表中，查看排序后的薪酬表。

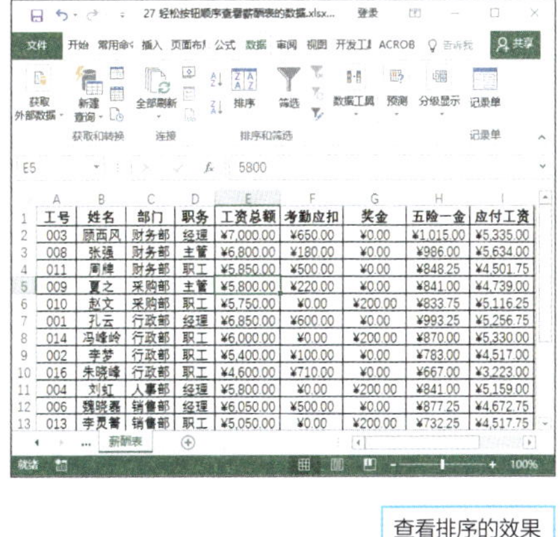

Question

271 筛选薪酬表中的数据

● Level ◆◆◆

2016 2013 2010

实例 使用筛选功能查看薪酬表中的所需记录

在企业费用支出中，职工的薪酬占管理费用中的大部份，体现了对薪酬管理的重要性，我们可以通过筛选功能查看分析薪酬表中的数据。

1 打开工作表，选中表内任意单元格，单击“数据”选项卡中的“高级”按钮。

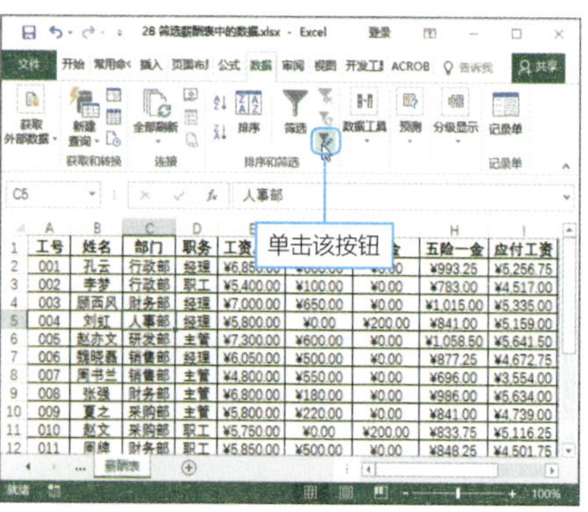

2 打开“高级筛选”对话框，单击“条件区域”折叠按钮。

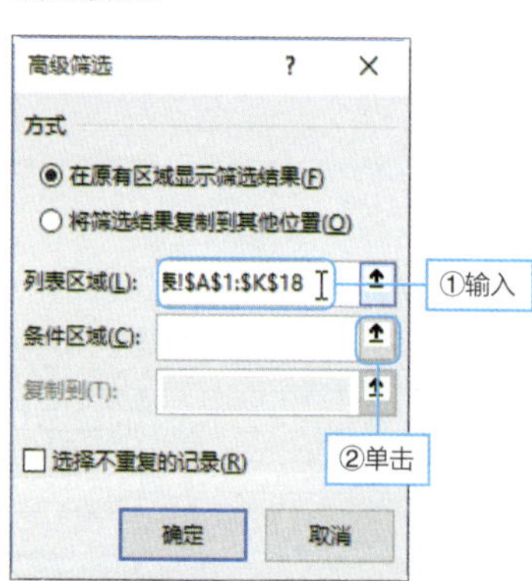

3 返回工作表中，选中设置条件区域的单元格后，再次单击折叠按钮。

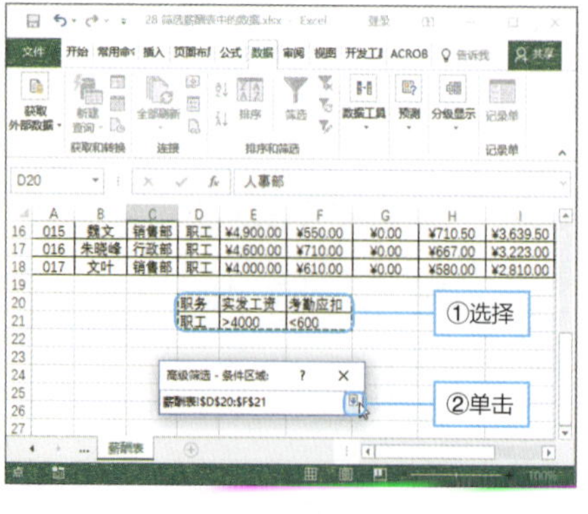

4 单击“确定”按钮，返回工作表中查看筛选出符合条件的员工信息。

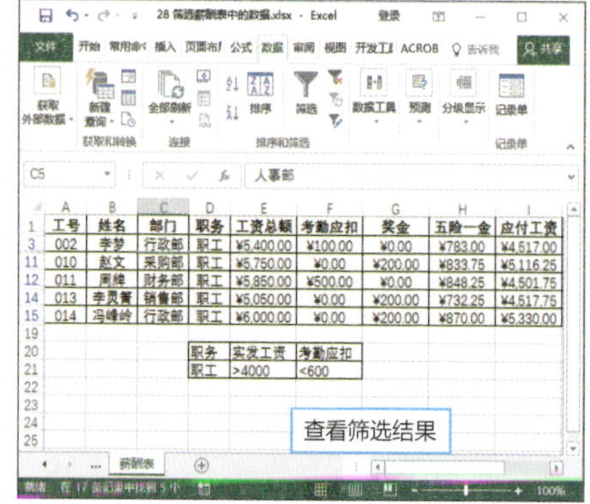

汇总各部门不同职务员工的工资

语音视频教学272

2016 2013 2010

实例　对“部门”和“职务”字段进行分类汇总

分析员工薪酬时，通常需要对某些特定的群体进行汇总，进一步查看员工工资的比例。

例：在薪酬表中，对“部门”和“职务”字段进行嵌套分类汇总。

最终效果

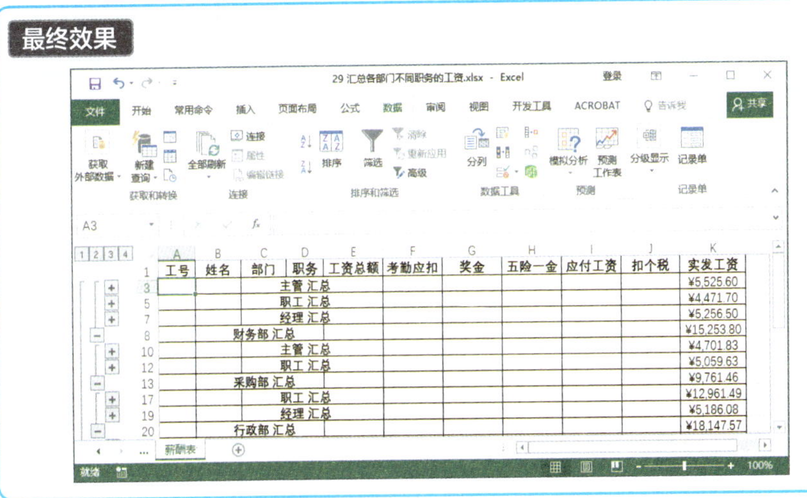

1 打开薪酬表，选中表格内任意单元格，单击“数据”选项卡中“排序”按钮。

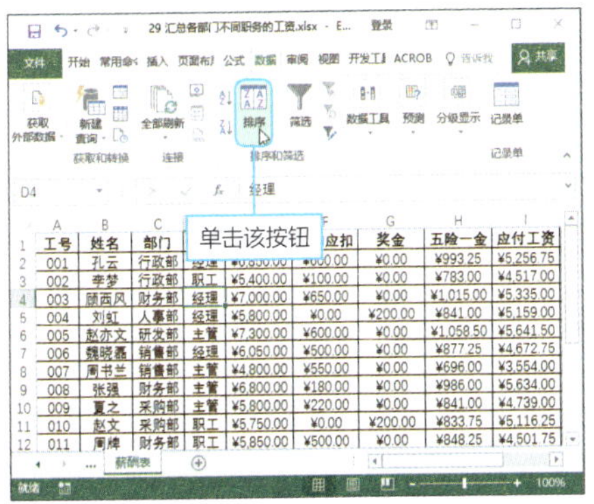

2 打开“排序”对话框，设置“主要关键字”为“部门”，次序为“升序”，单击“添加条件”按钮。

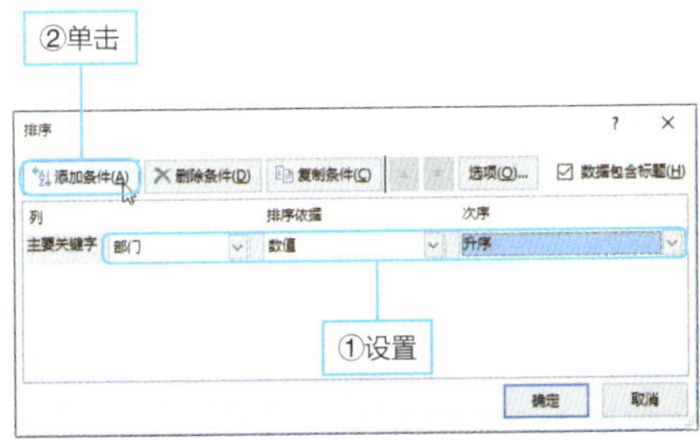

1 2 3 4 5 6 7 8 9 10
Excel在企业薪酬管理中的应用技巧

3 再设置“次要关键字”为“职务”，次序为“降序”，然后单击“确定”按钮。

①设置

②单击

4 返回工作表中，查看排序效果。

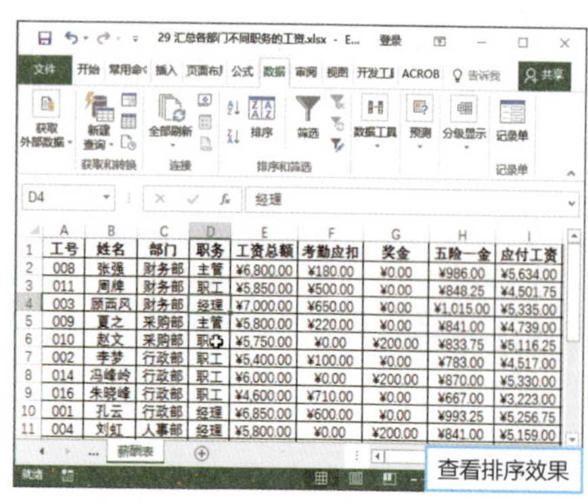

5 然后单击“数据”选项卡中“分类汇总”按钮。

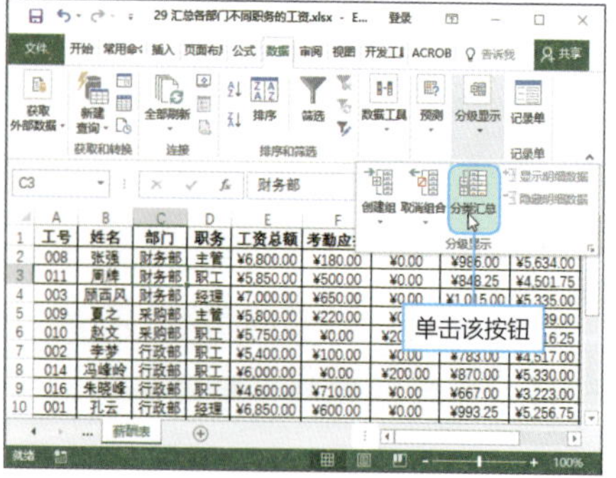

6 打开“分类汇总”对话框，进行相应的设置后，单击“确定”按钮。

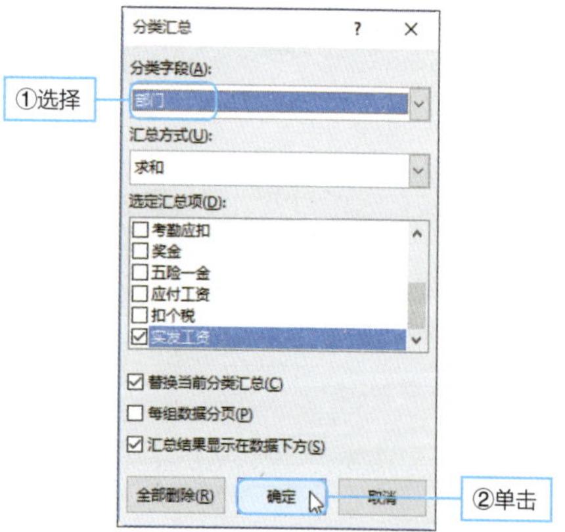

7 再次打开“分类汇总”对话框，在“分类字段”列表中选择“职务”选项，取消勾选“替换当前分类汇总”复选框，最后单击“确定”按钮即可。

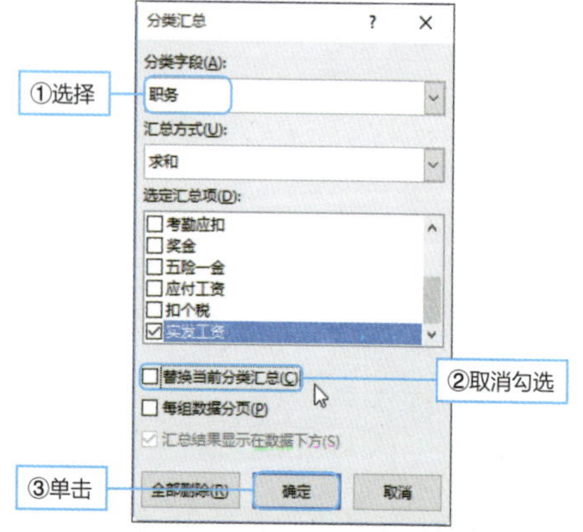

Question 273

● Level ◆◆◆

2016 2013 2010

轻松查看实发工资约为4500的员工信息

实例　使用LOOKUP函数进行模糊查找

在进行薪酬数据分析时，用户若需要查找近似值，可使用LOOKUP函数进行模糊查找。例如，在薪酬表进中，查找实发工资小于但最接近4500的员工的相关信息。

① 打开工作表，选中“实发工资”列任意单元格，单击“数据”选项卡中“升序”按钮。

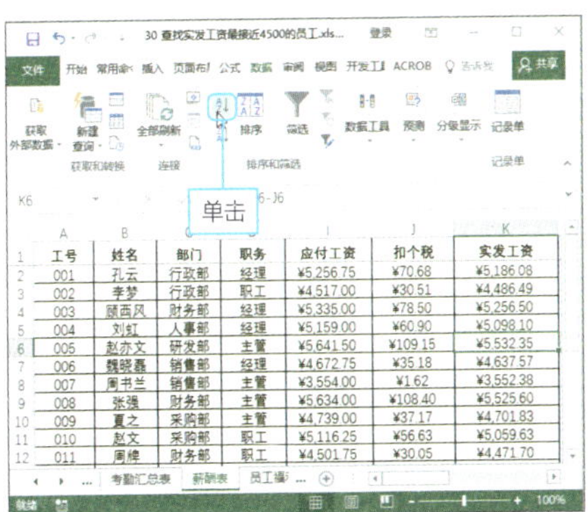

	工号	姓名	部门	职务	应付工资	扣个税	实发工资
2	001	孔云	行政部	经理	¥5,256.75	¥70.68	¥5,186.08
3	002	李梦	行政部	职工	¥4,517.00	¥30.51	¥4,486.49
4	003	顾西风	财务部	经理	¥5,335.00	¥78.50	¥5,256.50
5	004	刘虹	人事部	经理	¥5,159.00	¥60.90	¥5,098.10
6	005	赵亦文	研发部	主管	¥5,641.50	¥109.15	¥5,532.35
7	006	魏晓磊	销售部	经理	¥4,672.75	¥35.18	¥4,637.57
8	007	周书兰	销售部	主管	¥3,554.00	¥1.62	¥3,552.38
9	008	张强	财务部	主管	¥5,634.00	¥108.40	¥5,525.60
10	009	夏之	采购部	主管	¥4,739.00	¥37.17	¥4,701.83
11	010	赵文	采购部	职工	¥5,116.25	¥56.63	¥5,059.63
12	011	周律	财务部	职工	¥4,501.75	¥30.05	¥4,471.70

② 选中B21单元格，输入公式“=LOOKUP($A$21,$K$2:$K$18,B2:B18)”，按Enter键。

=LOOKUP($A$21,$K$2:$K$18,B2:B18)

	工号	姓名	部门	职务	应付工资	扣个税	实发工资
11	009	夏之	采购部	主管	¥4,739.00	¥37.17	¥4,701.83
12	010	赵文	采购部	职工	¥5,116.25	¥56.63	¥5,059.63
13	004	刘虹	人事部	经理	¥5,159.00	¥60.90	¥5,098.10
14	001	孔云	行政部	经理	¥5,256.75	¥70.68	¥5,186.08
15	014	冯峰岭	行政部	职工	¥5,330.00	¥78.00	¥5,252.00
16	003	顾西风	财务部	经理	¥5,335.00	¥78.50	¥5,256.50
17	008	张强	财务部	主管	¥5,634.00	¥108.40	¥5,525.60
18	005	赵亦文	研发部	主管	¥5,641.50	¥109.15	¥5,532.35

实发工资	姓名	部门	职务
=LOOKUP($A$21,$K$2:$K$18,B2:B18)			

单击该按钮

③ 将该公式填充至D21单元格，查看李灵菁的工资为4487.22，是最接近4500的员工。

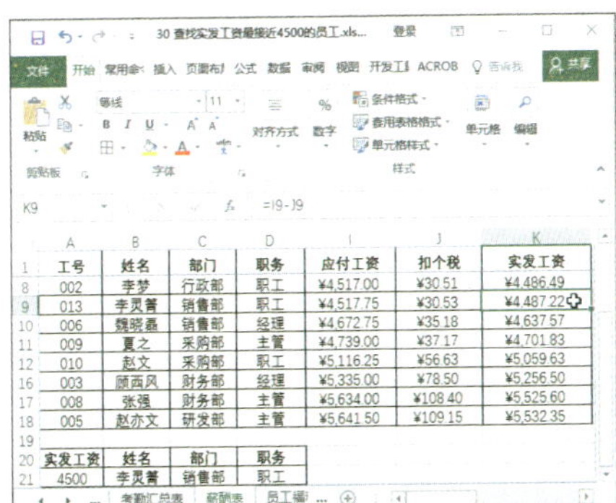

	工号	姓名	部门	职务	应付工资	扣个税	实发工资
8	002	李梦	行政部	职工	¥4,517.00	¥30.51	¥4,486.49
9	013	李灵菁	销售部	职工	¥4,517.75	¥30.53	¥4,487.22
10	006	魏晓磊	销售部	经理	¥4,672.75	¥35.18	¥4,637.57
11	009	夏之	采购部	主管	¥4,739.00	¥37.17	¥4,701.83
12	010	赵文	采购部	职工	¥5,116.25	¥56.63	¥5,059.63
16	003	顾西风	财务部	经理	¥5,335.00	¥78.50	¥5,256.50
17	008	张强	财务部	主管	¥5,634.00	¥108.40	¥5,525.60
18	005	赵亦文	研发部	主管	¥5,641.50	¥109.15	¥5,532.35

实发工资	姓名	部门	职务
4500	李灵菁	销售部	职工

Hint

函数解析

LOOKUP函数用于返回向量或数组中的数值，本案例主要介绍向量形式。语法格式：

LOOKUP(lookup_value,lookup_vector,result_vector)

其中lookup_value表示第一个向量所要查找的数值；lookup_vector 表示包含一行或一列的区域；result_vector表示包含一行或一列的区域，与lookup_vector大小必须相同。

Question 274

快速查找实发工资中第3个最小值

语音视频教学274

Level ◆◆◆

2016 2013 2010

实例 使用函数计算倒数第3的实发工资

在薪酬表中，用户如果需要查找出数据区域中倒数第3的数值，可以使用SMALL函数快速计算出结果。

1 打开工作表，选中K19单元格，打开“插入函数”对话框，选择SMALL函数。

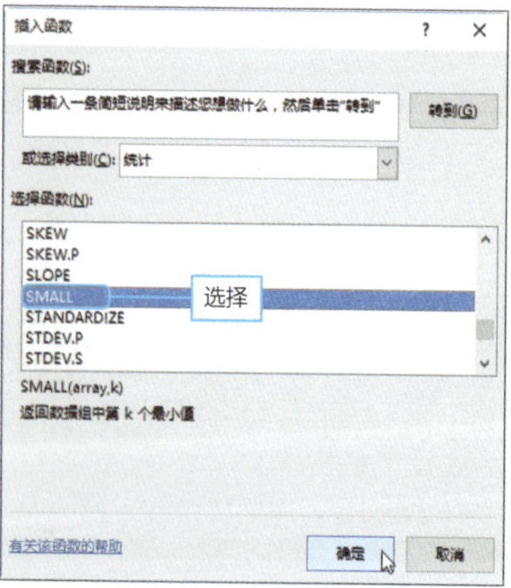

2 打开“函数参数”对话框，在Array文本框中输入K2:K18，在K文本框中输入3，单击“确定”按钮。

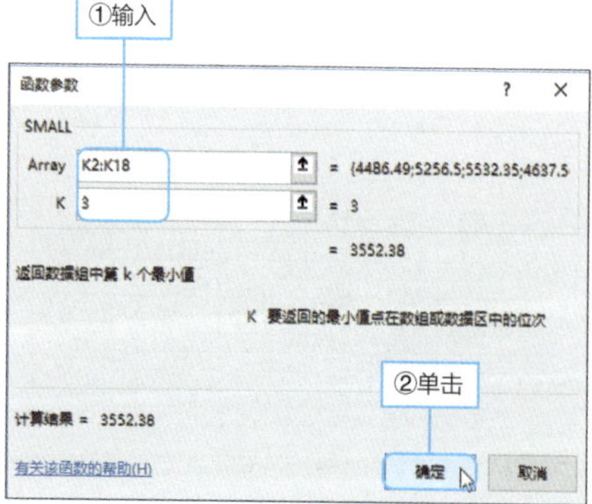

3 返回工作表中，可见计算出实发工资最小的第3个值为3552.38。

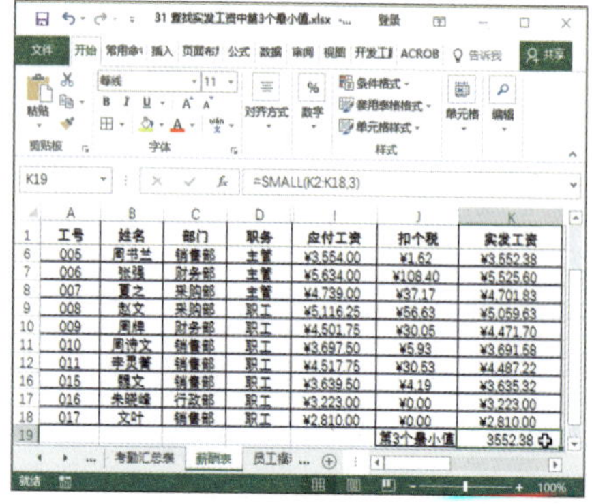

	A	B	C	D	I	J	K
1	工号	姓名	部门	职务	应付工资	扣个税	实发工资
6	005	周书兰	销售部	主管	¥3,554.00	¥1.62	¥3,552.38
7	006	张强	财务部	主管	¥5,634.00	¥108.40	¥5,525.60
8	007	夏之	采购部	主管	¥4,739.00	¥37.17	¥4,701.83
9	008	赵文	采购部	职工	¥5,116.25	¥56.63	¥5,059.63
10	009	周烽	财务部	职工	¥4,501.75	¥30.05	¥4,471.70
11	010	周诗文	销售部	职工	¥3,697.50	¥5.93	¥3,691.58
12	011	李灵箐	销售部	职工	¥4,517.75	¥30.53	¥4,487.22
16	015	魏文	销售部	职工	¥3,639.50	¥4.19	¥3,635.32
17	016	朱晓峰	行政部	职工	¥3,223.00	¥0.00	¥3,223.00
18	017	文叶	销售部	职工	¥2,810.00	¥0.00	¥2,810.00
19						第3个最小值	3552.38

Hint

函数解析

SMALL函数用于返回数据中第K个最小的数值。语法格式：SMALL(array,k)

其中array表示需要查找第K个最小值的数组或数值数据区域；k表示从小到大返回的位置。

Question 275

● Level ◆◆◆

2016 2013 2010

快速突显员工工龄大于10年的记录

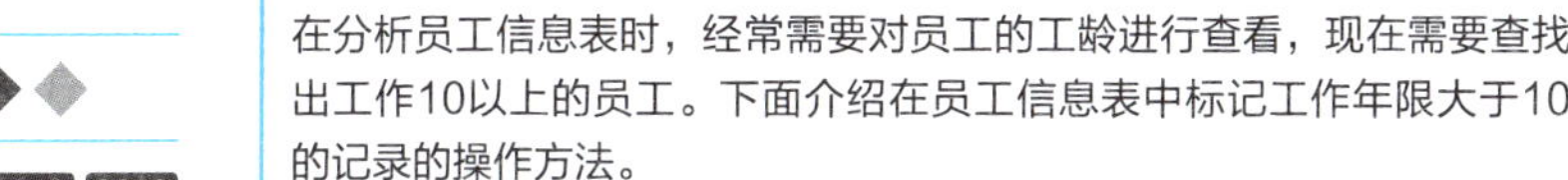

实例 使用“条件格式”功能突显满足条件的记录

在分析员工信息表时，经常需要对员工的工龄进行查看，现在需要查找出工作10以上的员工。下面介绍在员工信息表中标记工作年限大于10的记录的操作方法。

1 打开工作表，选中H2:H18单元格区域，单击“开始”选项卡中“条件格式”下三角按钮，选择“突出显示单元格规则>大于”选项。

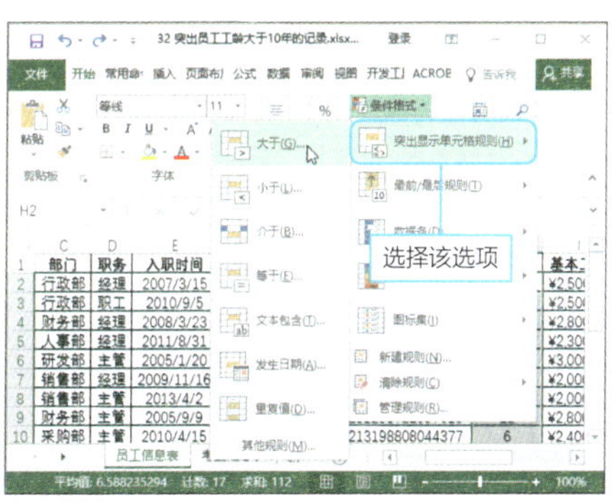

2 打开“大于”对话框，在数值框中输入10，在“设置为”列表中选择“自定义格式”选项。

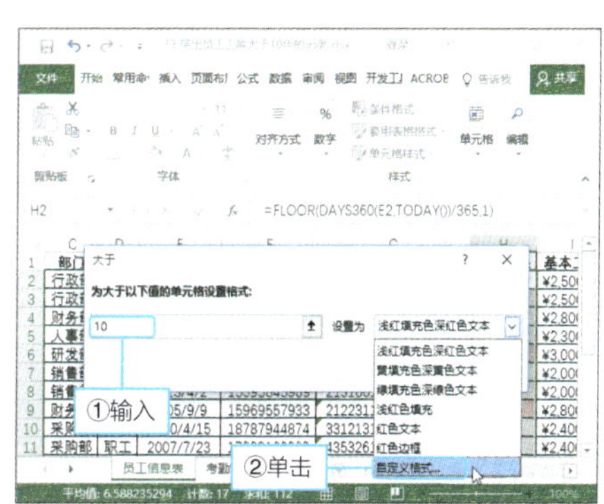

3 打开“设置单元格格式”对话框，设置字体格式和填充颜色后，单击“确定”按钮。

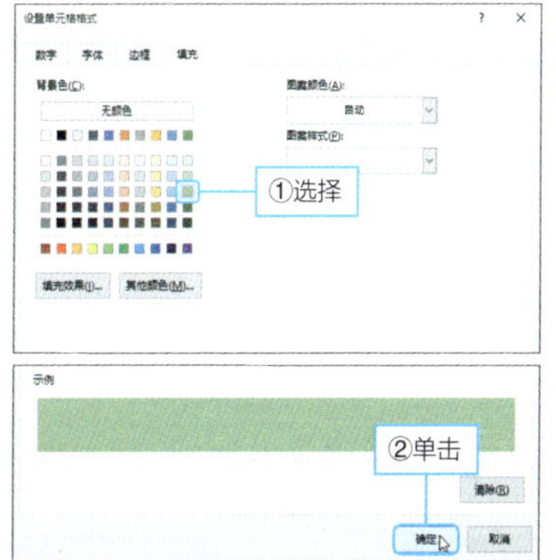

4 返回工作表中，查看标记工作年限大于10年的记录。

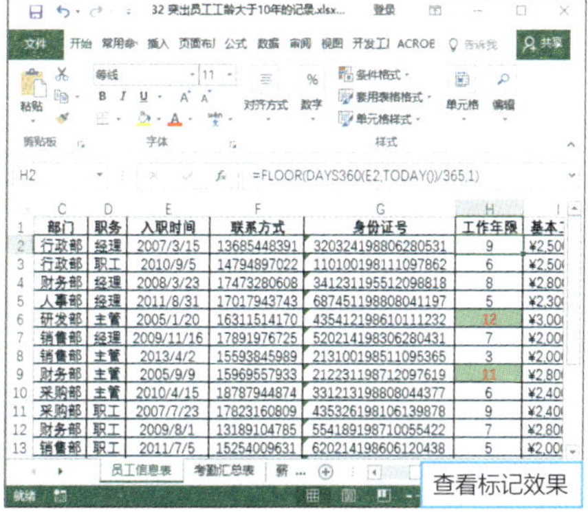

Question 276

Level ◆◆◆

2016 2013 2010

突出显示小于平均工资4/5的记录

实例 巧用AVERAGE函数计算平均工资

在分析员工工资时，用户为了了解员工的工资水平情况，不仅需要查看高工资情况，也需要查看低工资。

例：查看低于平均工资4/5的员工记录，并标记出来。

1 打开工作表，选中K2:K18单元格，在“条件格式”下拉列表中选择“新建规则”选项。

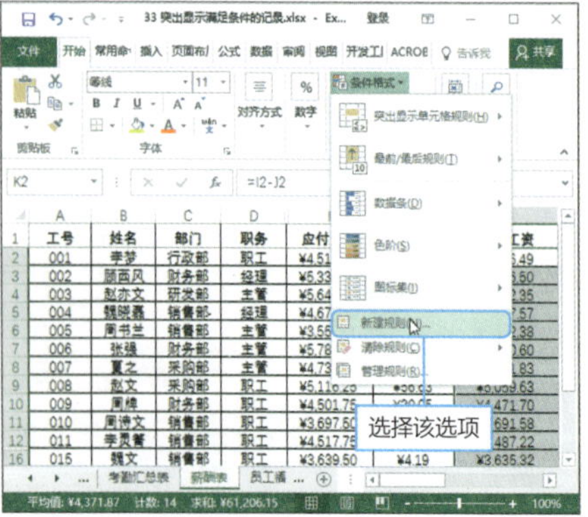

2 弹出“新建格式规则”对话框，对规则进行设置后，单击“格式”按钮。

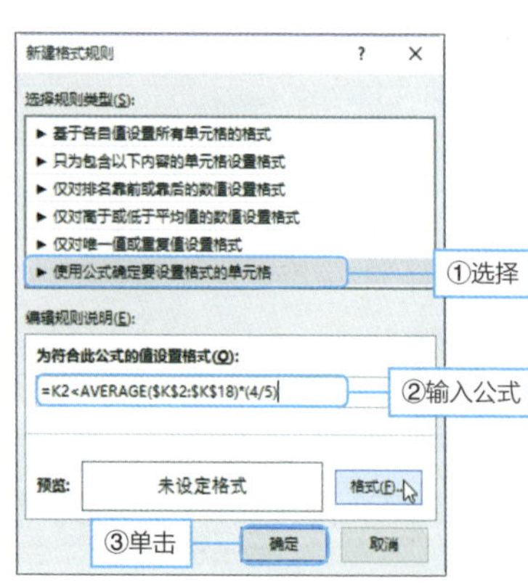

3 弹出“设置单元格格式”对话框，设置字体格式和填充颜色后，单击“确定”按钮。

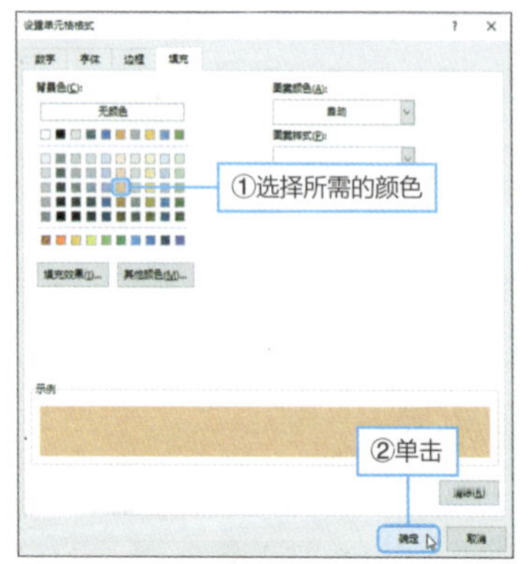

4 返回工作表中，查看标记出小于平均值4/5的记录。

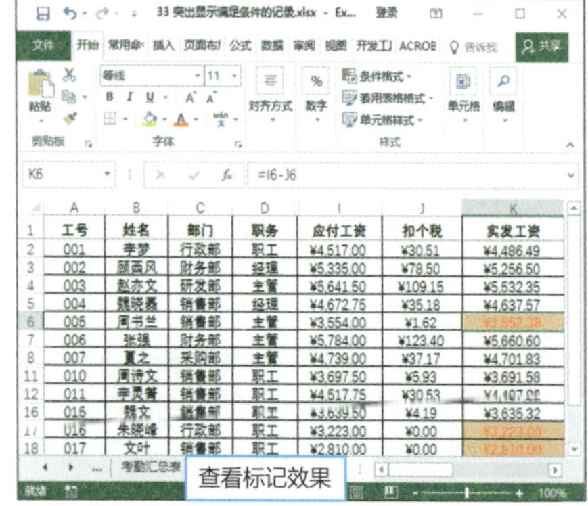

Question

277

使用数据透视表多角度分析薪酬数据

语音视频教学277

实例 插入数据透视表和数据透视图

Level ◆◆◆

2016 2013 2010

用户可以运用数据透视表详细地分析、汇总薪酬数据，然后通过数据透视图直观地展现出来。下面介绍对薪酬表中部门、职务、工资总额、应付工资和实发工资进行分析的方法。

最终效果

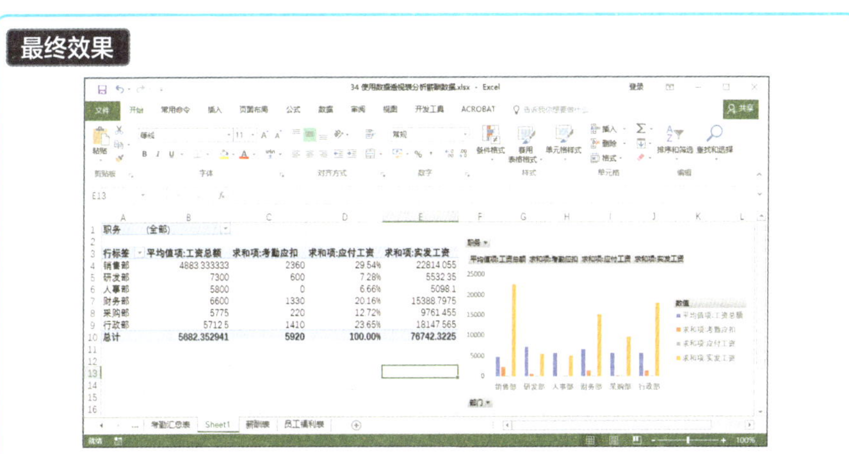

1 打开薪酬表，选中表内任意单元格，单击“插入”选项卡中“数据透视表”按钮。

单击该按钮

2 弹出“创建数据透视表”对话框，单击“确定”按钮返回工作表中，将打开“数据透视表字段”导航窗格。

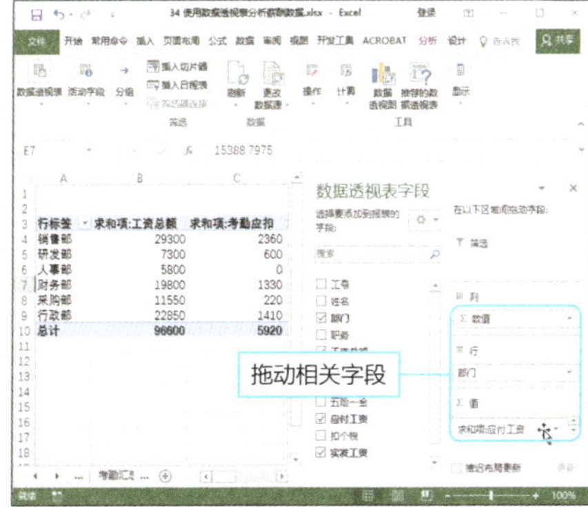

3 在数据透视表中双击“求和项：工资总额”字段，弹出“值字段设置”对话框。

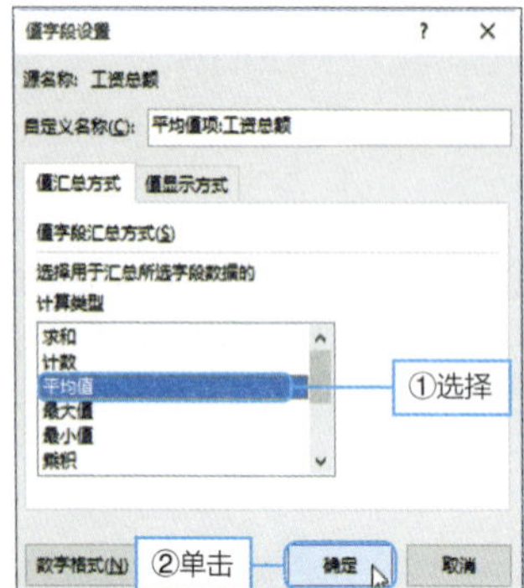

4 双击“求和项：应付工资”字段，在弹出的“值字段设置”对话框中进行相应的设置。

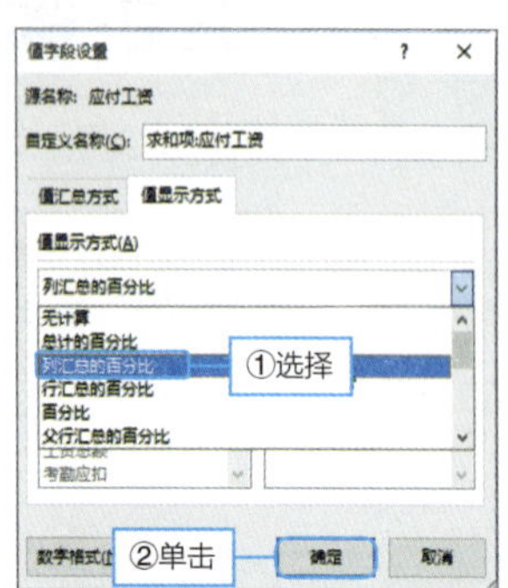

5 返回创建的数据透视表中，可见工资总额更改为平均值和应付工资显示百分比的效果。

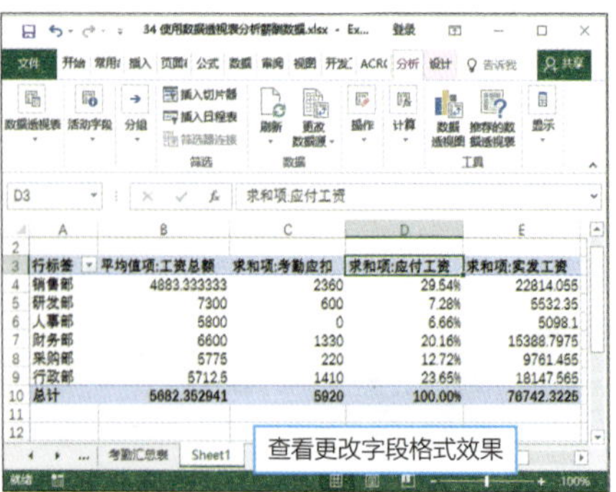

6 在“数据透视表字段”导航窗格中，将“职务”字段拖至“筛选”区域，进行筛选操作。

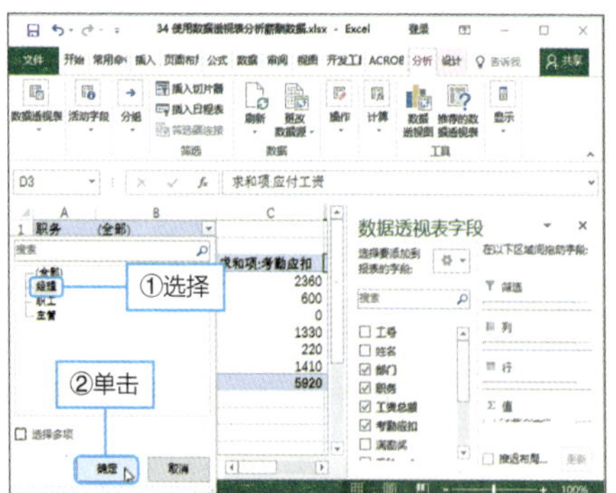

7 撤销筛选操作，单击“数据透视表工具-分析”选项卡中“数据透视图”按钮。

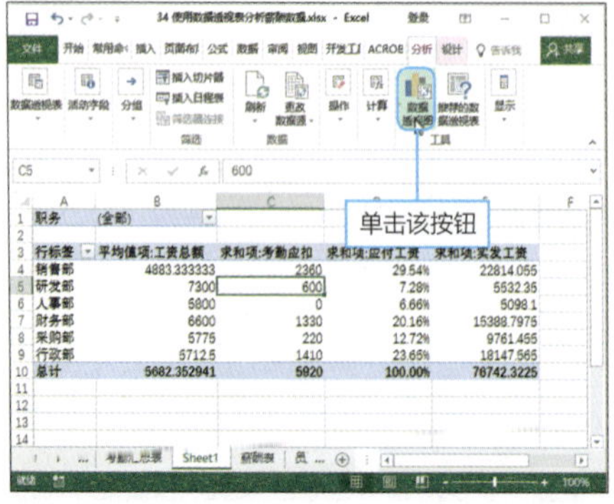

8 弹出“插入图表”对话框，选择所需的图表样式，单击“确定”按钮即可。

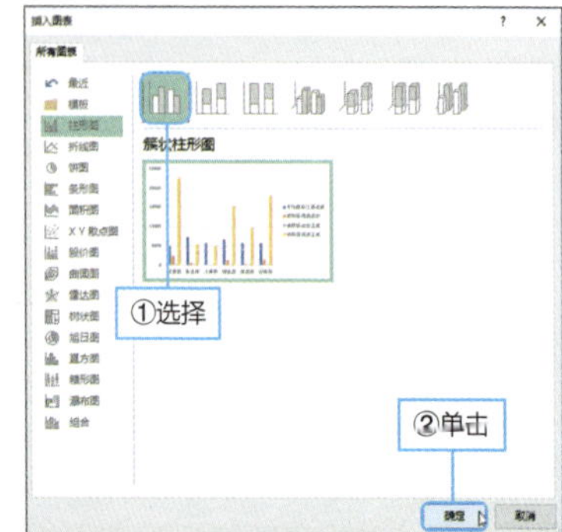

Question

278 轻松汇总员工的加班费

Level ◆◆◆

2016 2013 2010

实例　巧用FLOOR函数计算加班费

某企业规定的下班时间是16:30分，如果有的员工需要加班，超过半小时算加班，不超过不计算，企业规定加班1小时加班费为10元，计算员工的加班费。

1. 打开工作表，根据相关信息制作加班统计表，并输入员工信息。

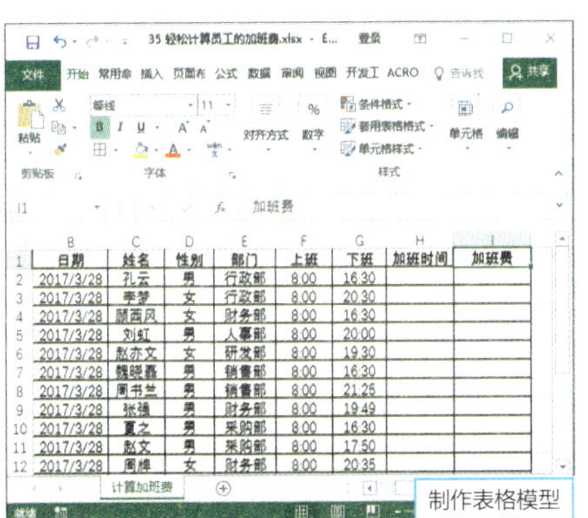

2. 选中H2单元格，输入计算加班时间的公式“=FLOOR((G2-"16:30")*24,0.5)”。

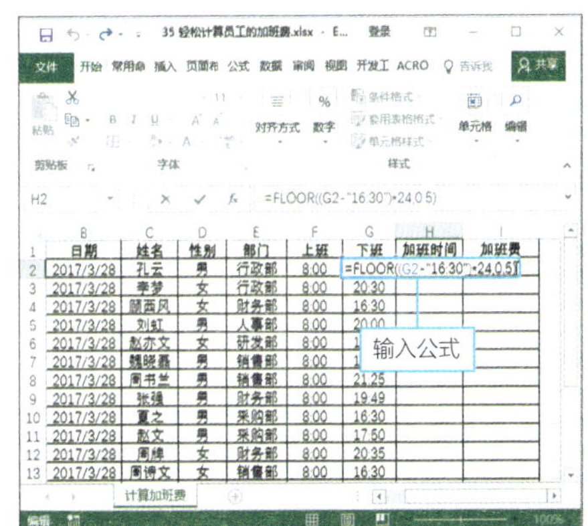

3. 选中I2单元格，输入计算加班费的公式“=IF(H2=0,"",H2*10)”后，按Enter键。

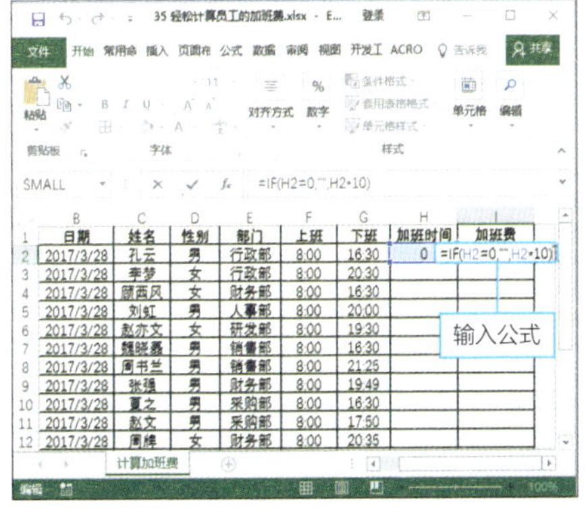

4. 选中H2:I2单元格区域，将公式填充至I18单元格，查看员工加班费的计算结果。

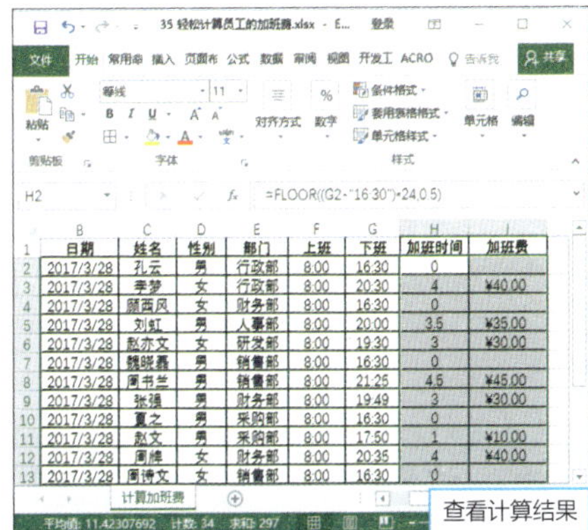

1 2 3 4 5 6 7 8 9 10
Excel在企业薪酬管理中的应用技巧

第9章 279~318

Excel在会计报表管理中的应用技巧

Question 279

● Level ◆◆◆

2016 2013 2010

按一级名称汇总金额数据

语音视频教学279

实例 通过分类汇总快速计算金额

查看财务报表时，当需要计算出各科目的总金额时，若同一报表中相同的科目名称很多，分别计算出总和然后再分类，在Excel中可以通过分类汇总一步实现。

① 打开工作表，选中“一级名称”列任意单元格，单击“数据”选项卡中“升序”按钮。

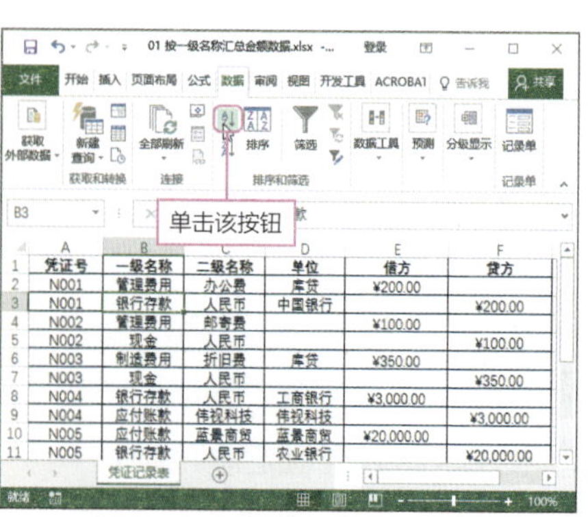

② 在“数据”选项卡中，单击“分类显示”选项组“分类汇总”按钮。

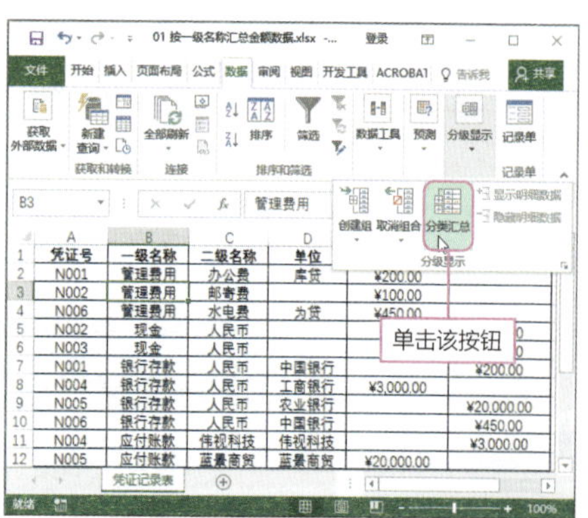

③ 弹出“分类汇总”对话框，在进行相应的设置后，单击“确定”按钮。

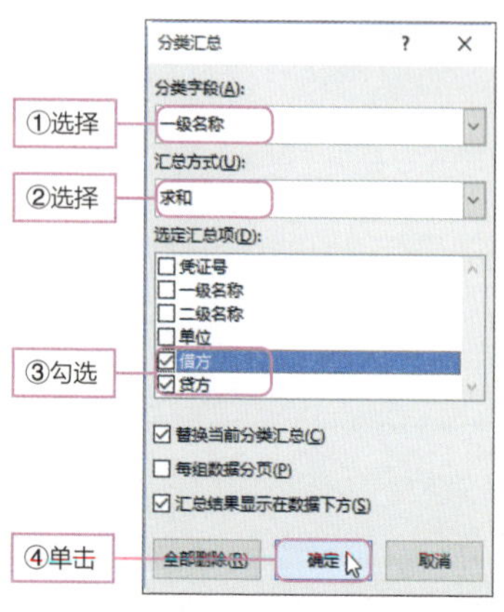

④ 返回工作表，在表格左侧将出现分类级别按钮，单击即可显示或隐藏数据。

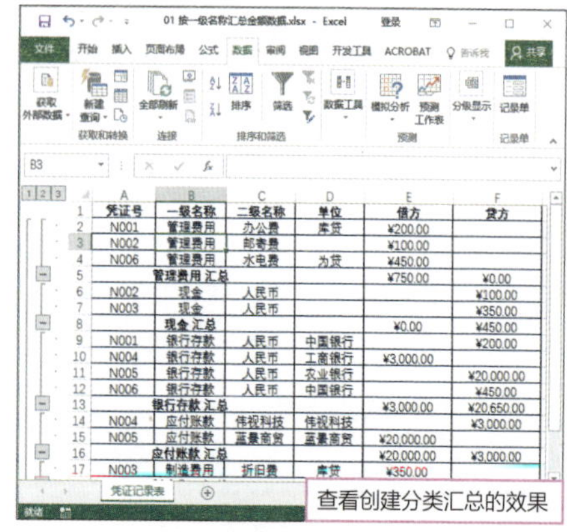

Question 280

按照部门和职务进行分类汇总

Level

2016 2013 2010

实例 嵌套分类汇总的使用

查看财务报表时，有时需要同时查看两组不同科目的分类总和，即对同一表格进行两次分类汇总。系统默认后添加的汇总要替换前面的汇总，我们该如何处理呢?

1 打开工作表，选中表格中任意单元格，单击“数据”选项卡中“排序”按钮。

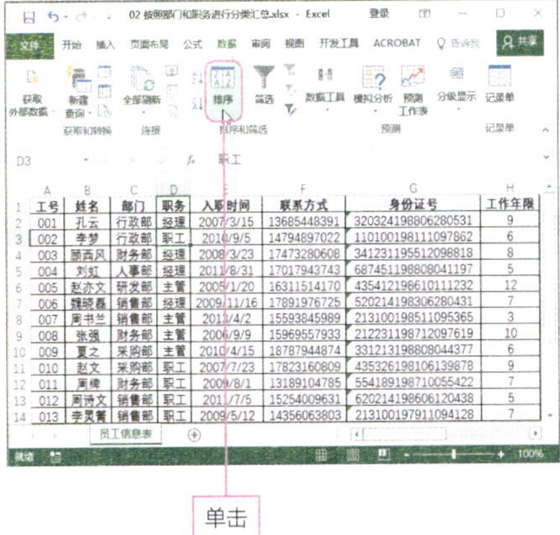

2 打开“排序”对话框，在“主要关键字”列表中选择“部门”选项，设置“次序”为“升序”，然后单击“添加条件”按钮。

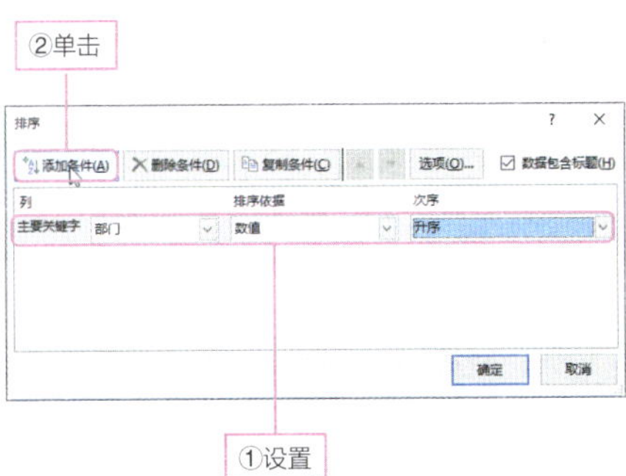

3 添加“次要关键字”选项并设置为“职务”，设置“次序”为“降序”，单击“确定”按钮。

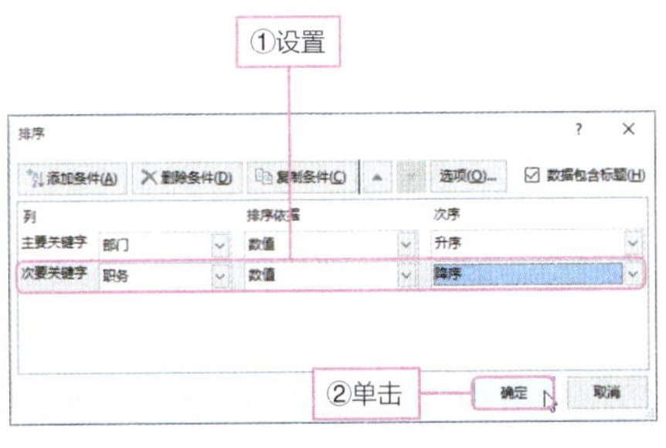

4 排序完成后，单击“数据”选项卡中“分类汇总”按钮。

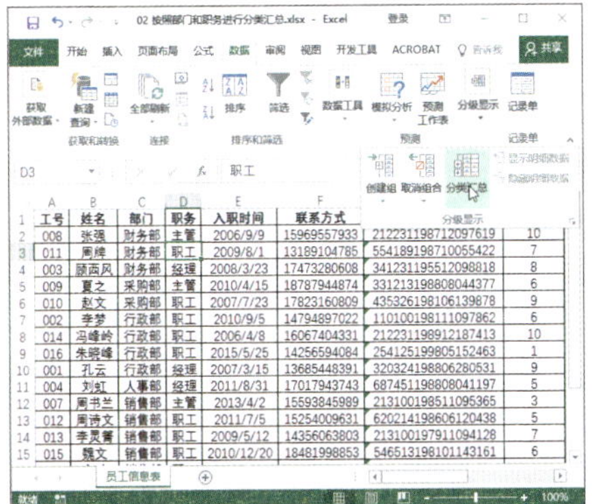

5 打开“分类汇总”对话框，进行相应的设置后，单击“确定”按钮。

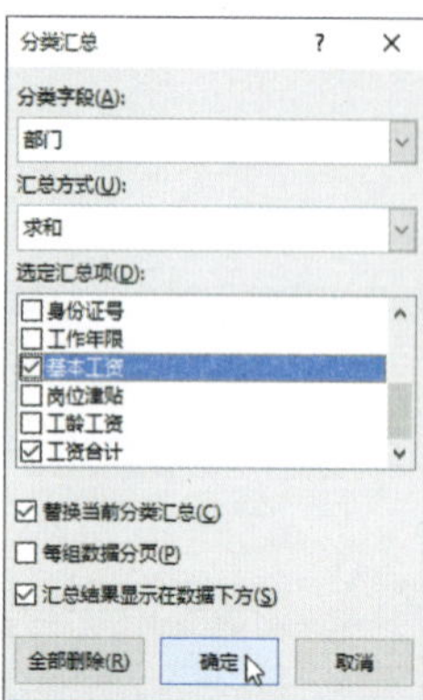

6 返回工作表中，查看按“部门”字段进行分类汇总的效果。

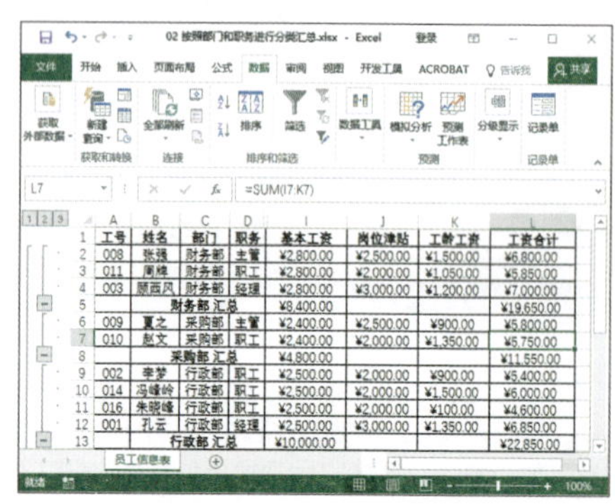

7 再次打开“分类汇总”对话框，设置分类字段为“职务”，汇总方式为“平均值”。

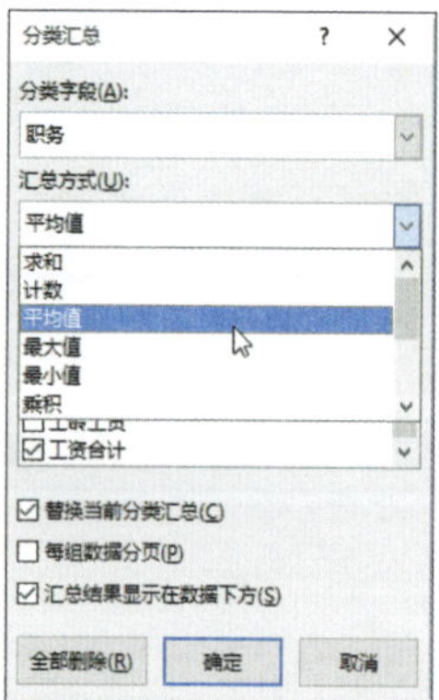

8 然后取消勾选“替换当前分类汇总”复选框，单击“确定”按钮。

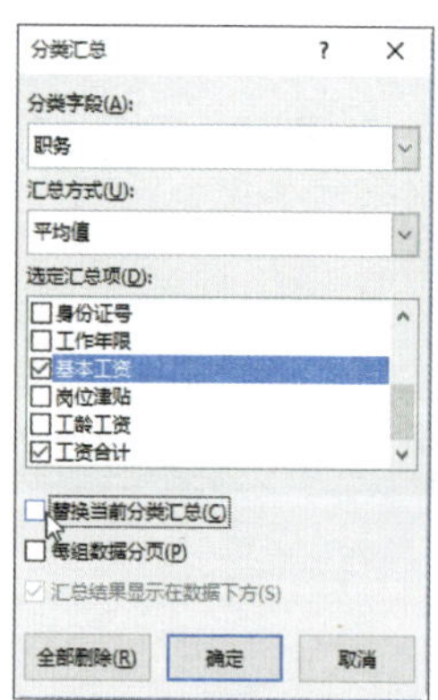

9 返回工作表中，查看按部门和职务进行分类汇总的结果。

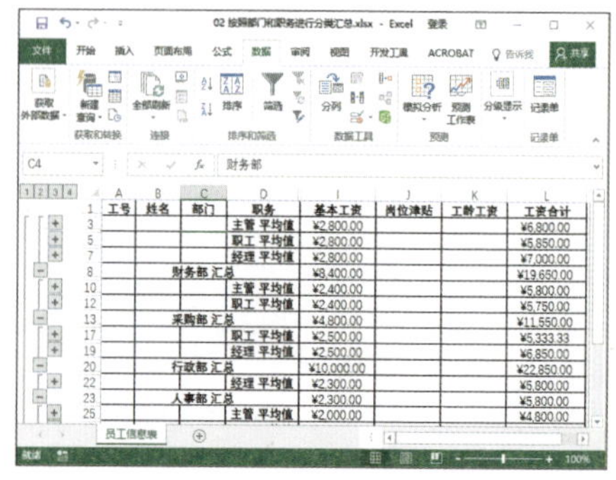

Hint

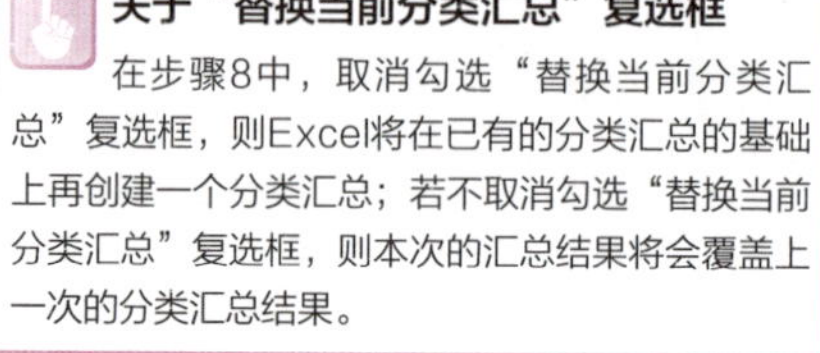

关于“替换当前分类汇总”复选框

在步骤8中，取消勾选“替换当前分类汇总”复选框，则Excel将在已有的分类汇总的基础上再创建一个分类汇总；若不取消勾选“替换当前分类汇总”复选框，则本次的汇总结果将会覆盖上一次的分类汇总结果。

Level ◆◆◆

按产品名称分页打印汇总数据

语音视频教学281

实例 使用“分类汇总”功能将各产品分别打印在不同的工作表中

在采购统计表中按产品名称分类汇总，在打印的时候将会按照自然分页进行打印。如果需要将各产品的采购数据分开打印，用户该如何操作呢？下面介绍具体操作方法。

1 打开工作表，选中“产品名称”列任意单元格，单击“数据”选项卡下“升序”按钮。

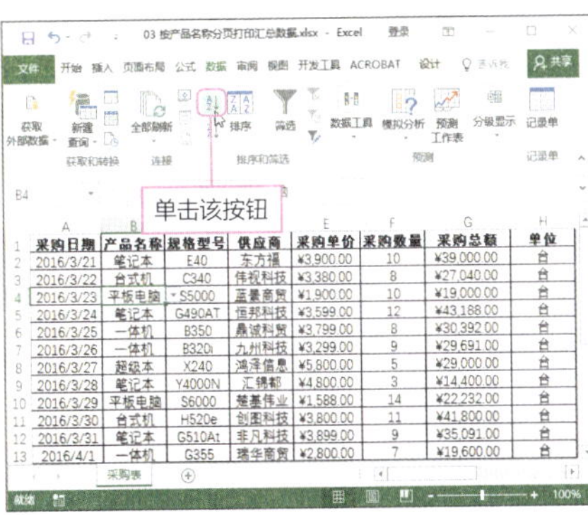

2 接着单击“数据”选项卡中“分类汇总”按钮。

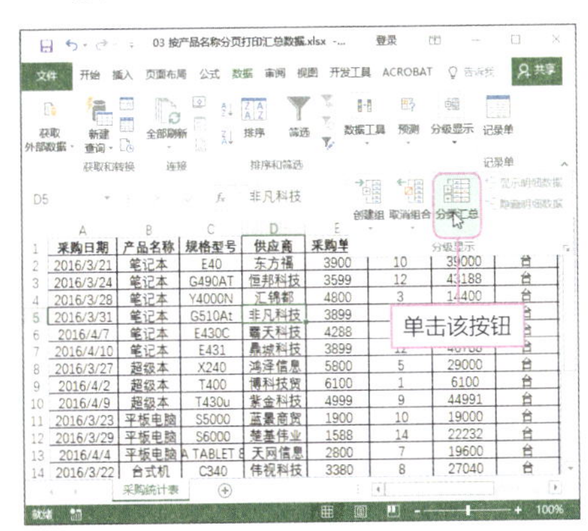

3 弹出“分类汇总”对话框，在其中进行相应的设置，然后单击“确定”按钮。

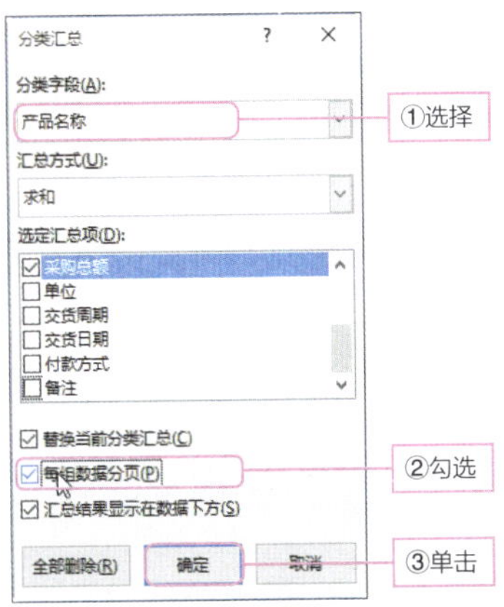

4 返回工作表，单击“文件”标签，选择“打印”选项，查看分页打印效果。

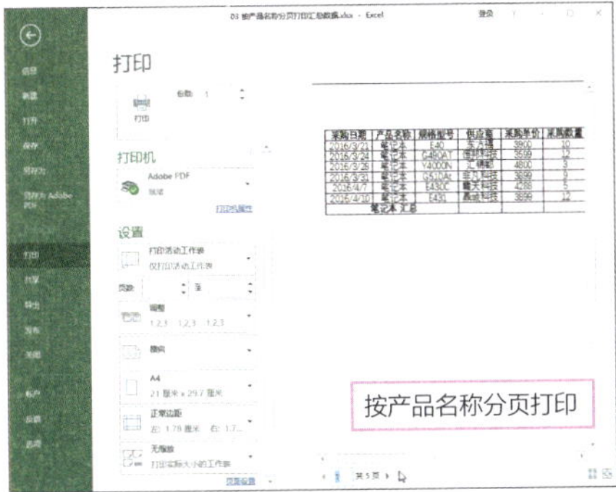

Question

282 复制分类汇总的结果有妙招

Level ◆◆◆

2016 2013 2010

实例 使用复制粘贴方法复制分类汇总结果

在对数据进行分类汇总操作后，若需要将汇总的数据复制到新工作表中，如果直接复制和粘贴将得到表格中的全部数据。这时用户在操作之前需要进行简单的设置，以实现只复制分类汇总的结果。

1. 打开工作表，选中表格中任意单元格，切换至“开始”选项卡，单击“查找和选择”下三角按钮，选择“定位条件”选项。

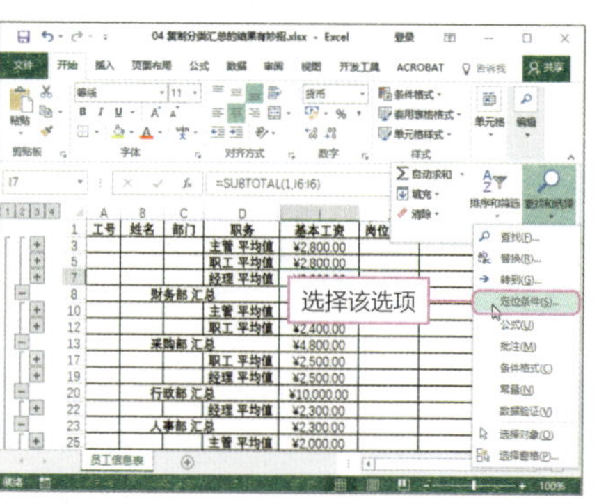

2. 打开“定位条件”对话框，在“选择”选项区域中选中“可见单元格”单选按钮，单击“确定”按钮。

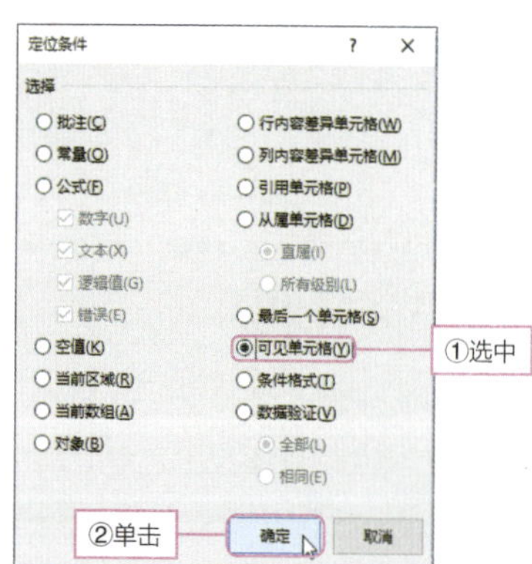

3. 返回工作表中，可见已经选中可见的单元格，按Ctrl+C组合键进行复制操作，单元格都被滚动的虚线选中。

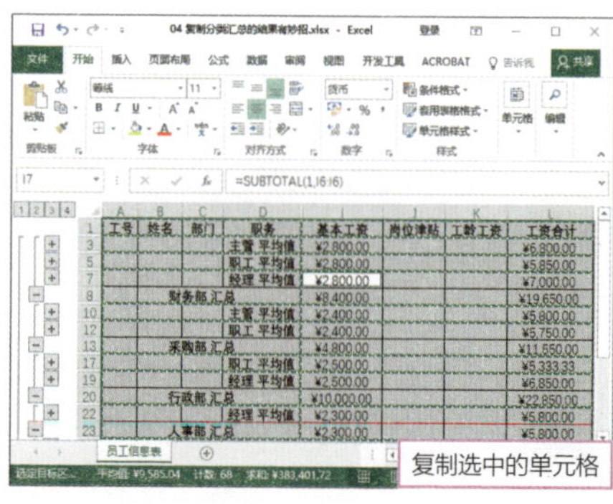

4. 新建工作表，选择需要粘贴的位置，按Ctrl+V组合键执行粘贴操作，即可复制出分类汇总的结果。

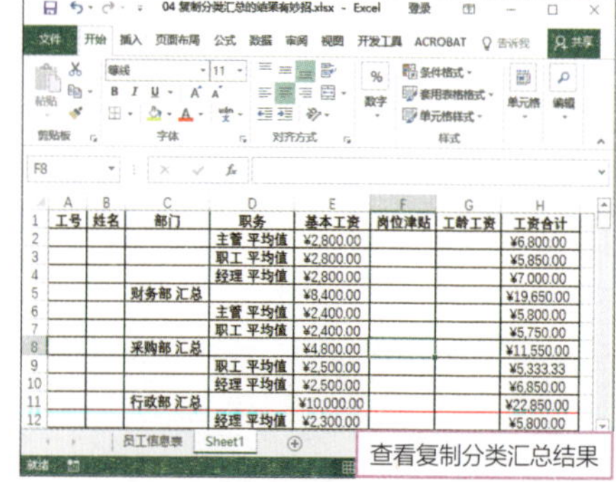

轻松清除分级显示

语音视频
教学283

Level

2016 2013 2010

实例 分类汇总数据但不显示分级

对数据进行分类汇总操作后，如果需要隐藏工作表左侧的分级按钮，又必须保留汇总的数据，这时用户可以清除分级显示，具体操作介绍如下。

1. 打开工作表，单击“数据”选项卡中“取消组合”下拉按钮，选择“清除分级显示”选项。

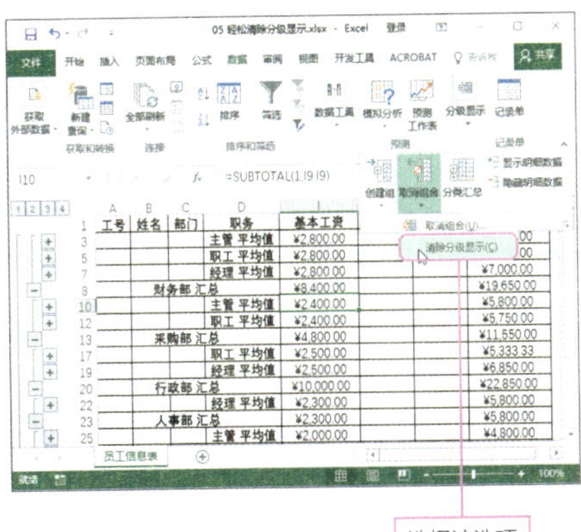

选择该选项

2. 返回工作表中，可见工作表左侧分级已经被清除，汇总数据还在。

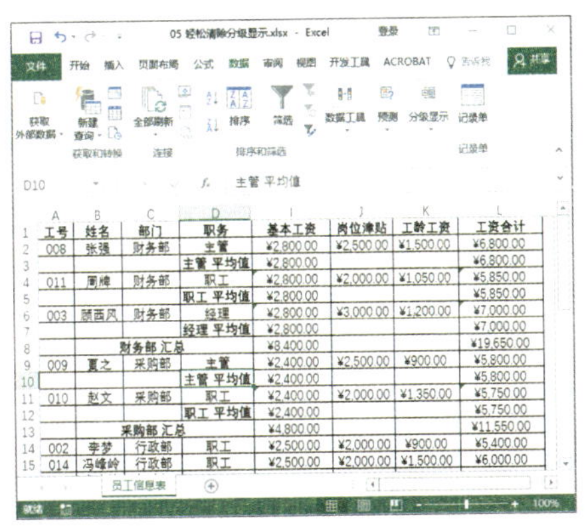

查看清除分级显示的效果

3. 若需要显示分级，则单击“分级显示”选项组的对话框启动器按钮，打开“设置”对话框，单击“创建”按钮即可。

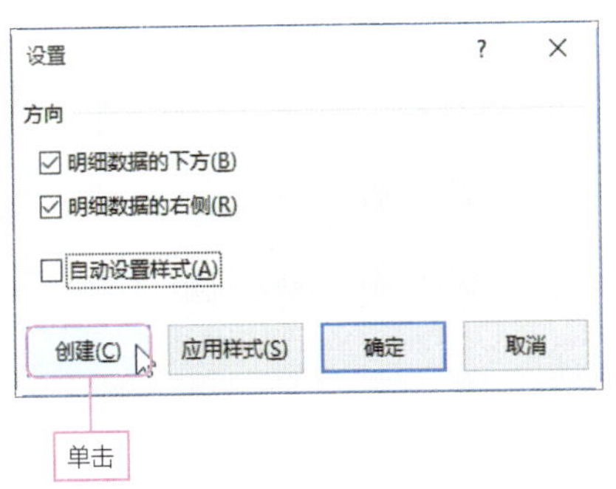

单击

Hint

删除分类汇总的方法

清除分级显示，依旧保存汇总的数据，若删除分类汇总则恢复到执行分类汇总前状态，删除分类汇总的方法如下：

在“数据”选项卡中单击“分类汇总”按钮，打开“分类汇总”对话框，单击“全部删除”按钮，即可删除工作表中所有的分类汇总。

Question

284

● Level ◆◆◆

2016 2013 2010

将分公司的销售额在季度表中单独汇总

实例　按位置合并计算不同表格中的数据

在制作财务报表时，经常会把不同工作表中数据汇总到一个工作表中并求和或平均值等。例如，我们用什么方法去实现将分公司的1月～3月的销售总额在第一季度表中单独汇总，下面介绍方法。

1 打开工作表，选中C2:C6单元格区域，单击“数据”选项卡中“合并计算”按钮。

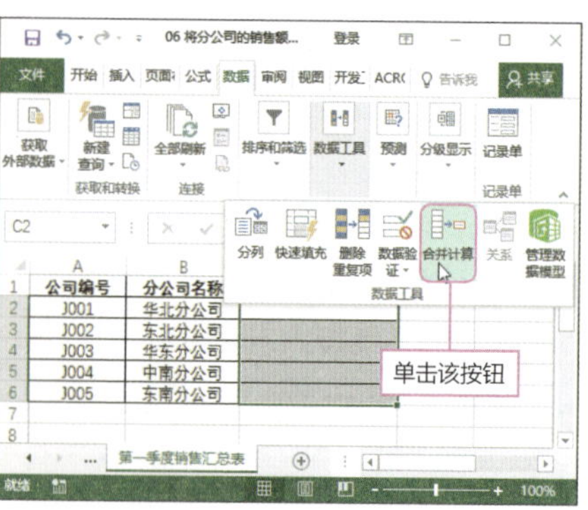

2 弹出“合并计算”对话框，单击“引用位置”右侧的折叠按钮。

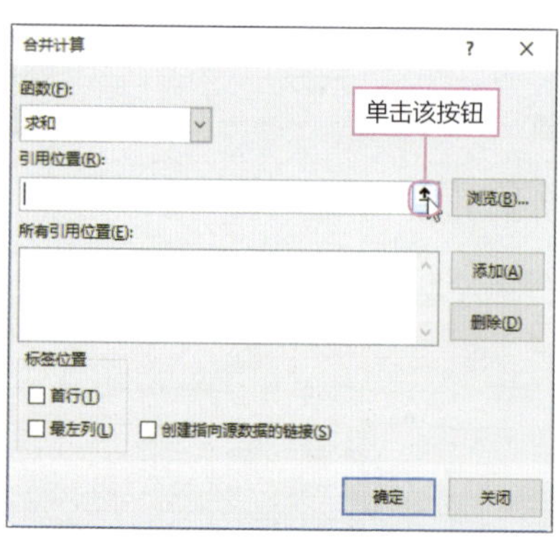

3 切换至“1月份销售统计”工作表，选中C2:C6单元格区域，单击“折叠”按钮返回“合并计算”对话框，单击“添加”按钮。

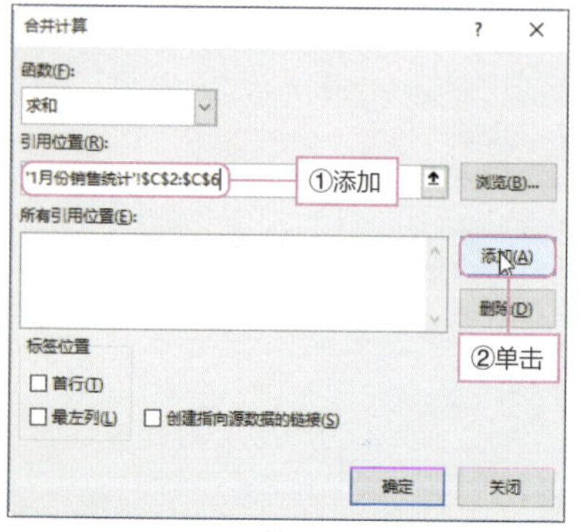

4 按照同样方法添加所有需要合并计算的数据，然后单击“确定”按钮，返回工作表中查看效果。

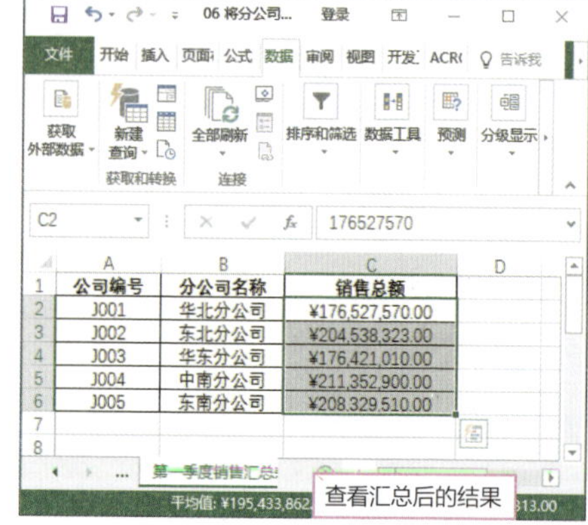

轻松汇总销售员各产品型号的销量

语音视频教学285

Level ◆◆◆

2016 2013 2010

实例　分类合并计算不同表格中的数据

销售经理每月都需要汇总销量统计表，在制作表格时，员工的姓名和产品型号的位置都不一样，现在需要在1、2、3月销售表中记录员工的销售情况，将3张工作表中的数据汇总到一起。

1. 打开工作表，选中A1:F7单元格区域，单击“数据”选项卡中“合并计算”按钮。

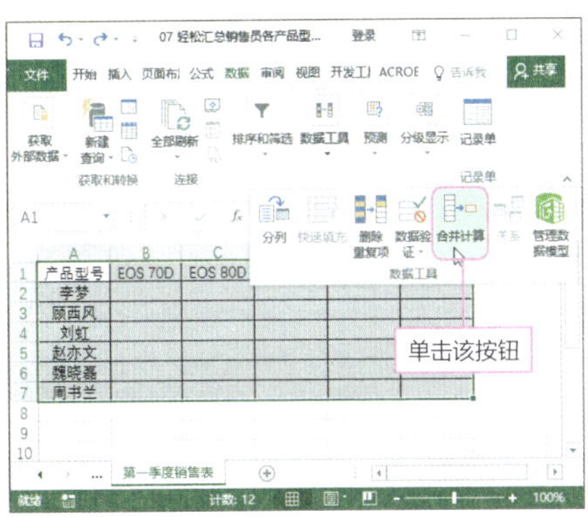

2. 弹出“合并计算”对话框，单击“引用位置”右侧的“折叠”按钮，选择需要引用的单元格区域。

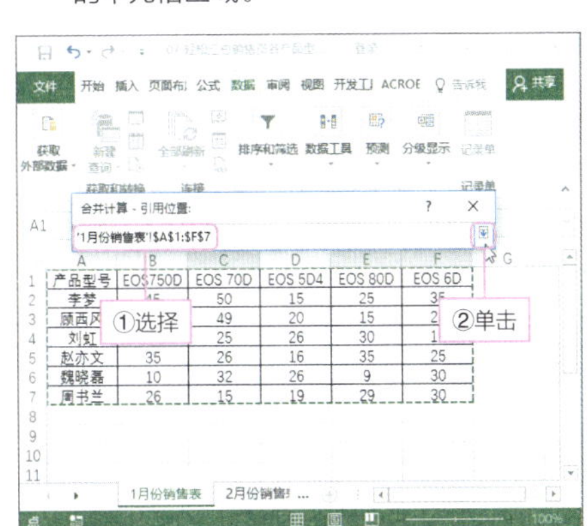

3. 按照同样方法，添加所有需要合并数据的单元格区域，然后勾选“首行”和“最左列”复选框。

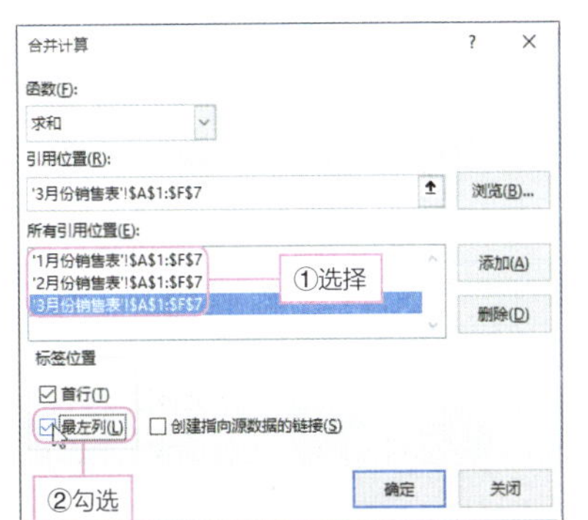

4. 单击“确定”按钮，返回工作表，查看合并计算后的效果。

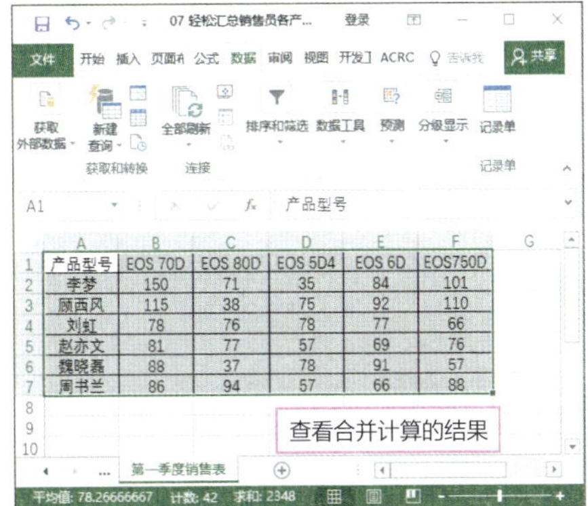

产品型号	EOS 70D	EOS 80D	EOS 5D4	EOS 6D	EOS750D
李梦	150	71	35	84	101
顾西风	115	38	75	92	110
刘虹	78	76	78	77	66
赵亦文	81	77	57	69	76
魏晓磊	88	37	78	91	57
周书兰	86	94	57	66	88

Question

286

轻松比较两次库存统计数据

语音视频教学286

● Level ◆◆◆

2016 2013 2010

实例	分类合并计算不同表格中的数据

某家电市场每天都需要清查库存，库房管理人员和财务人员统计各产品的库存数量必须一样，否则核查库存工作就不算完成。下面介绍使用合并计算功能快速核查库存统计结果。

1 打开工作表，选中A1单元格，单击“数据”选项卡中“合并计算”按钮。

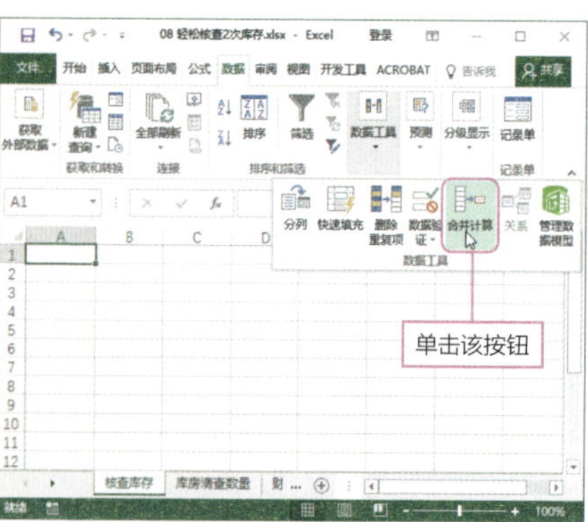

2 在打开的对话框中，添加引用单元格区域，并勾选“首行”和“最左列”复选框。

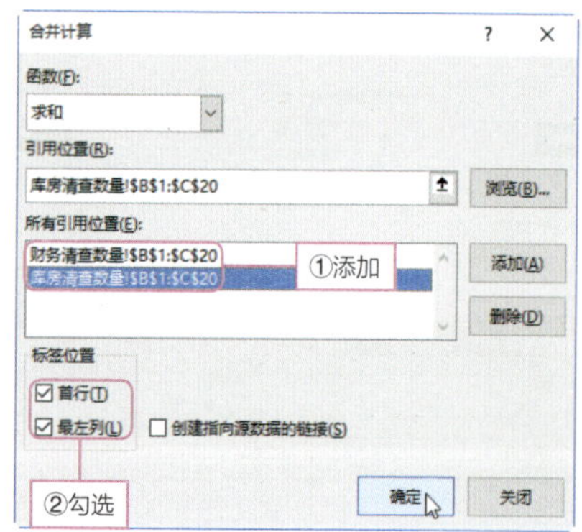

3 设置表格格式后，选中D2单元格并输入公式“=IF(B2=C2,"正确","请再核查")”。

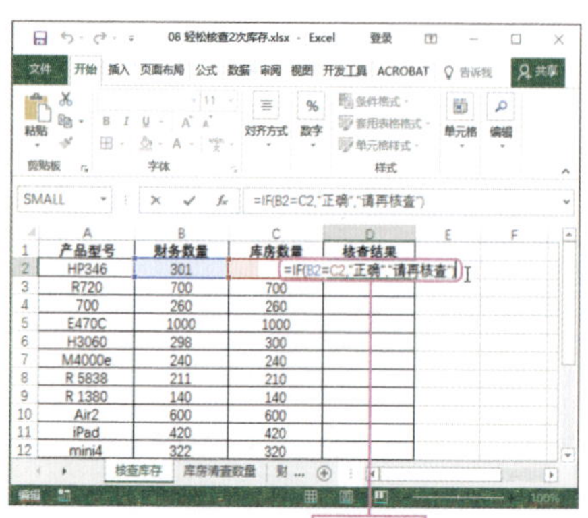

输入公式

4 填充公式后，若两次数量不一致，则显示“请再核查”的提示。

产品型号	财务数量	库房数量	核查结果
HP346	301	300	请再核查
R720	700	700	正确
700	260	260	正确
E470C	1000	1000	正确
H3060	298	300	请再核查
M4000e	240	240	正确
R 5838	211	210	请再核查
R 1380	140	140	正确
Air2	600	600	正确
iPad	420	420	正确
mini4	322	320	请再核查

查看核查库存的结果

突出显示小于10的销售数量

语音视频教学287

实例 通过“条件格式”功能突出显示所需数值

财务报表中的数据都很庞大，在分析财务数据时，如果只想查看大于或小于某数据范围的记录时就非常困难。这时我们可以为数据设置条件格式，来突出显示所需要的数据。

1. 打开工作表，选中B2:F7单元格区域，单击“开始”选项卡中的“条件格式”下拉按钮，选择“突出显示单元格规则>小于”选项。

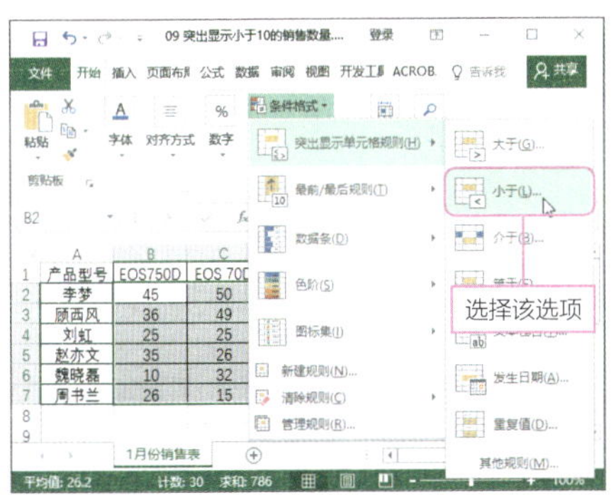

2. 弹出“小于”对话框，在“为小于以下值的单元格设置格式”数值框中输入10，在下拉列表中选择“自定义格式”选项。

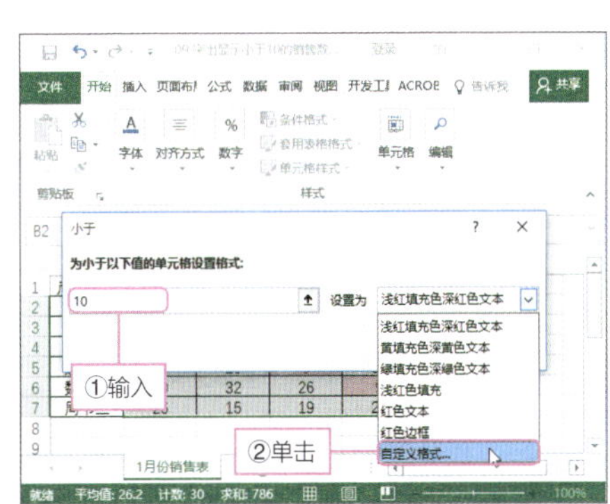

3. 打开“设置单元格格式”对话框，设置符合条件单元格的格式。

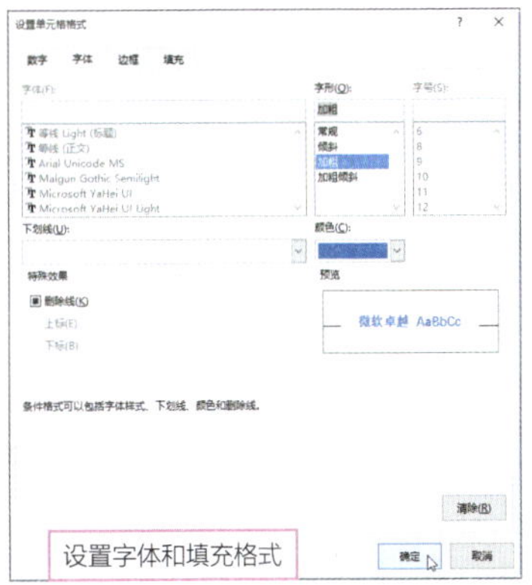

4. 依次单击“确定”按钮，返回工作表中，可见销量小于10的单元格已被标记出来。

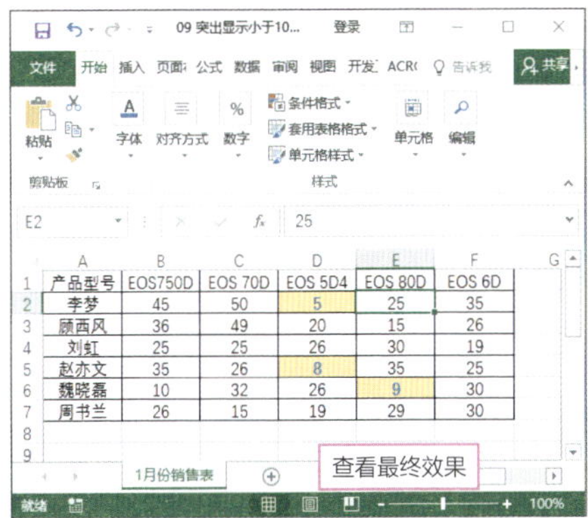

Question 288

Level ◆◆◆

2016 2013 2010

快速标记重复的身份证号码

实例 使用条件格式突出重复值

在制作财务报表时，难免会出现输入错误的情况，有时会输入重复的数据。下面介绍如何标记出输入重复的身份证号码的单元格。

1 打开工作表，选中G2:G18单元格区域，单击“开始”选项卡中的“条件格式”下拉按钮，选择“突出显示单元格规则>重复值”选项。

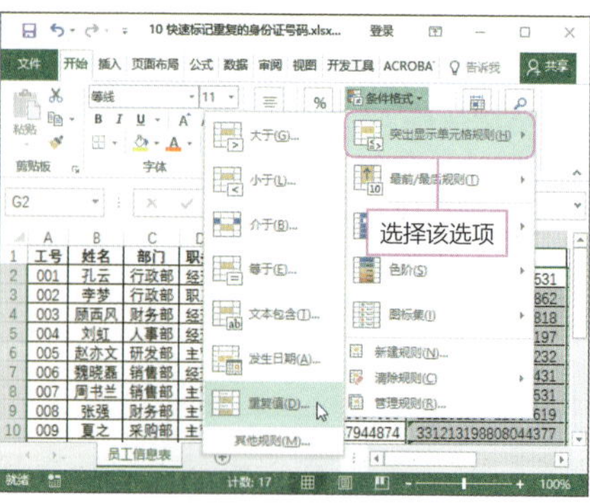

2 弹出“重复值”对话框，单击“设置为”下三角按钮，在下拉列表中选择“浅红色填充”选项，单击“确定”按钮。

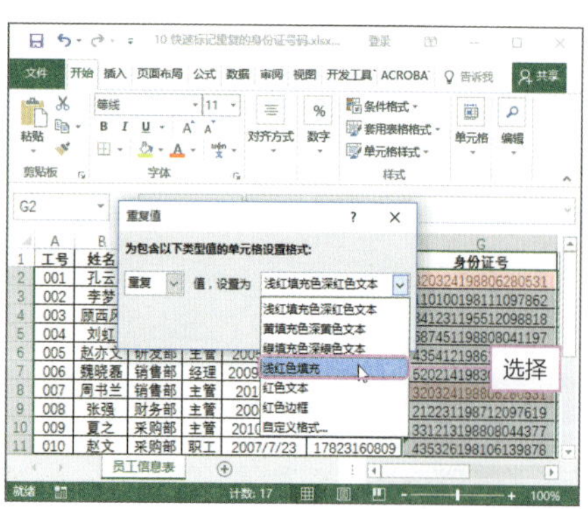

3 返回工作中，可以看到Excel已经标记出重复的身份证号所在的单元格，并填充浅红色。

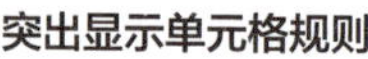

Hint

突出显示单元格规则

在“条件格式>突出显示单元格规则”列表中，我们可以选择大于、小于、介于、等于、文本包含、发生日期和重复值选项，来突出显示满足条件的单元格。

用户也可以选择“其他规则”选项，在打开的“新建格式规则”对话框中设置自己的规则，以及满足更多规则的单元格格式。

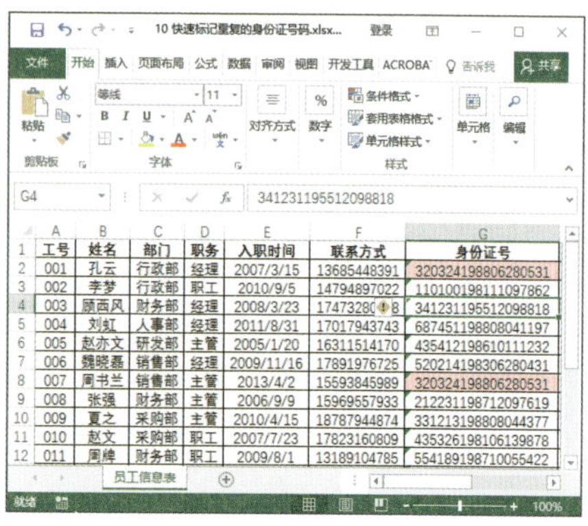

查看效果

快速突出显示空调销售额最高的单元格

2016 2013 2010

实例　突出显示销售金额最高的前3位

如果需要突出销售金额最高的前3位，使用筛选和排序功能，将会改变原有报表的顺序，筛选功能还会隐藏一些数据。现在我们可以使用条件格式功能，快速准确地完成操作。

1 打开工作表，选中E2:E14单元格区域，单击“条件格式”下三角按钮，在下拉列表中选择“最前/最后规则>前10项”选项。

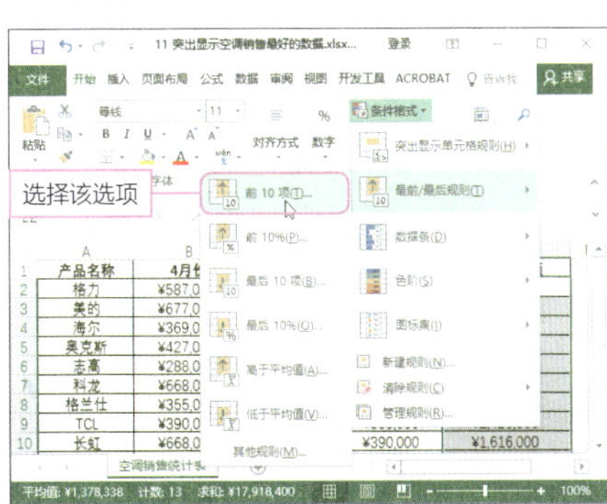

2 弹出“前10项”对话框，在“为值最大的那些单元格设置格式”数值框中输入3，在下拉列表中选择“自定义格式”选项。

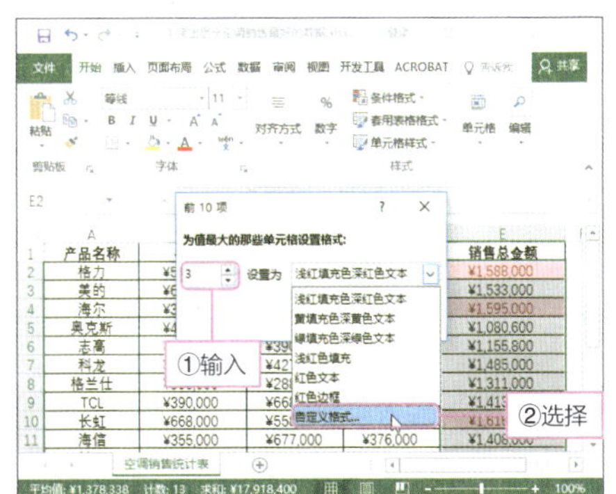

3 弹出“设置单元格格式”对话框，设置字体和边框格式，单击“确定”按钮。

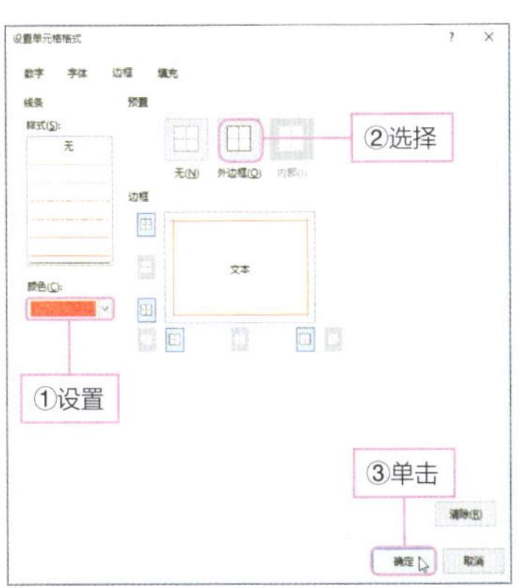

4 返回工作表，可见标记出销售金额前3名的单元格，并应用了自定义的格式。

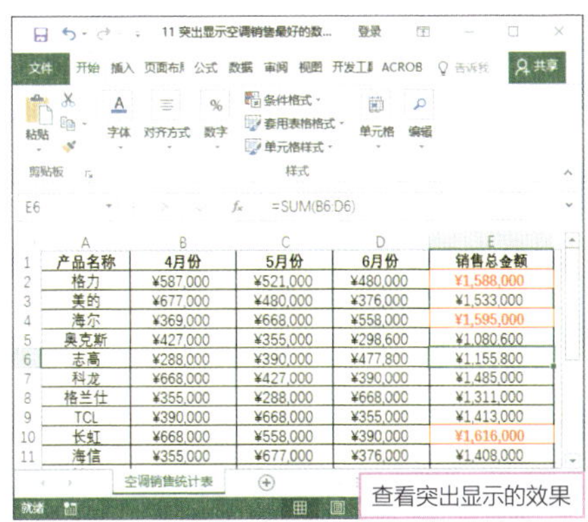

产品名称	4月份	5月份	6月份	销售总金额
格力	¥587,000	¥521,000	¥480,000	¥1,588,000
美的	¥677,000	¥480,000	¥376,000	¥1,533,000
海尔	¥369,000	¥668,000	¥558,000	¥1,595,000
奥克斯	¥427,000	¥355,000	¥298,600	¥1,080,600
志高	¥288,000	¥390,000	¥477,800	¥1,155,800
科龙	¥668,000	¥427,000	¥390,000	¥1,485,000
格兰仕	¥355,000	¥288,000	¥668,000	¥1,311,000
TCL	¥390,000	¥668,000	¥355,000	¥1,413,000
长虹	¥668,000	¥558,000	¥390,000	¥1,616,000
海信	¥355,000	¥677,000	¥376,000	¥1,408,000

1 2 3 4 5 6 7 8 9 10 Excel在会计报表管理中的应用技巧

Question **290**

● Level ◆◆◆

2016 2013 2010

使用数据条展示单元格中数据的大小

语音视频教学290

实例 用数据条的长短显示销量情况

在分析财务数据的时候，由于数字比较多，所以很难直观比较出大小，我们可以通过数据条的长短来表示数据的大小。
例：为1月份产品销量统计表中的数据添加数据条。

最初效果

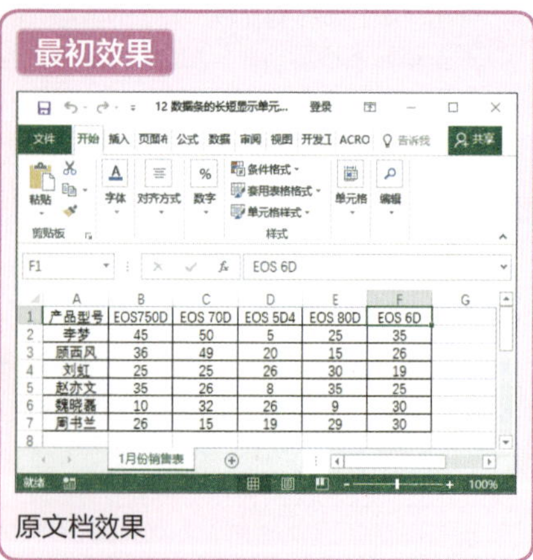

产品型号	EOS750D	EOS 70D	EOS 5D4	EOS 80D	EOS 6D
李梦	45	50	5	25	35
顾西风	36	49	20	15	26
刘红	25	25	26	30	19
赵亦文	35	26	8	35	25
魏晓磊	10	32	26	9	30
周书兰	26	15	19	29	30

原文档效果

最终效果

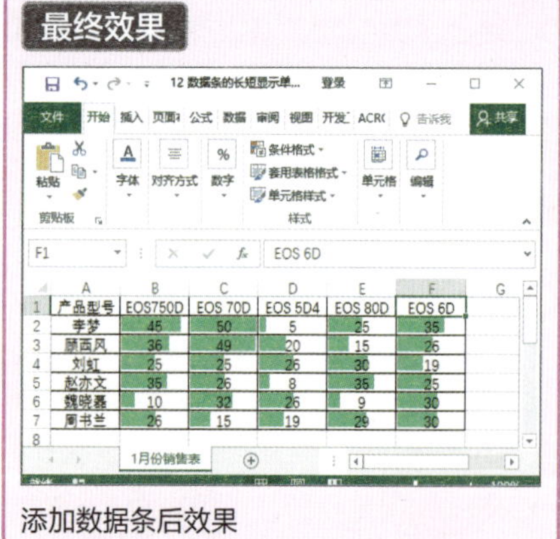

产品型号	EOS750D	EOS 70D	EOS 5D4	EOS 80D	EOS 6D
李梦	45	50	5	25	35
顾西风	36	49	20	15	26
刘红	25	25	26	30	19
赵亦文	35	26	8	35	25
魏晓磊	10	32	26	9	30
周书兰	26	15	19	29	30

添加数据条后效果

打开工作表，选中需要添加数据条的单元格区域，单击“开始”选项卡中的“条件格式”下三角按钮，选择“数据条>绿色数据条件”选项即可。

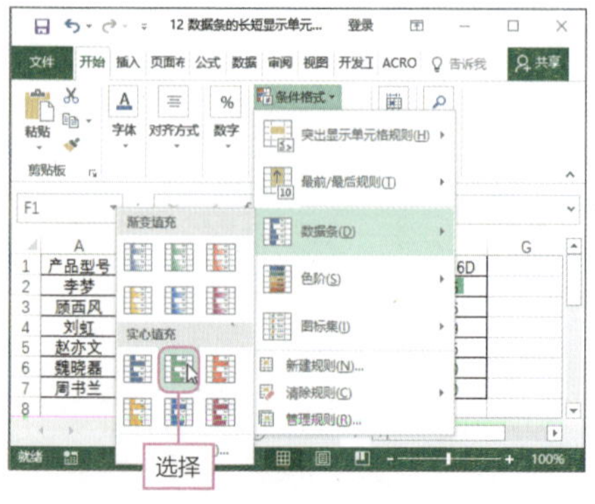

Hint

快速分析工具

用户也可使用快速分析工具设置条件格式，选中单元格区域后，单击右下角“快速分析”按钮，在“格式化”选项卡下，包括数据条、色阶、图标集、大于、前10%和清除格式选项，根据需要进行选择。

为某一范围内数据应用数据条

语音视频教学291

Level

实例 为总工资大于6000的数据应用数据条

用户在分析数据时，可以从众多的数据中单独分析某范围的数据，例如，用户可以对总工资大于6000的单元格应用数据条，从而只查看这一范围的数据大小。

1. 打开工作表，选中L2:L18单元格区域，单击“条件格式”下三角按钮，在下拉列表中选择“数据条>其他规则”选项。

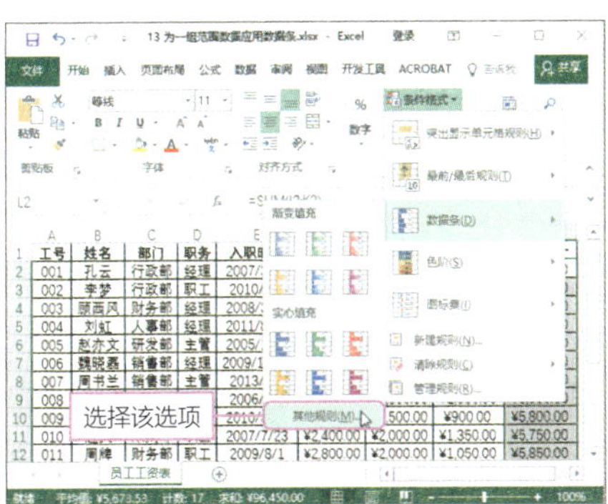

2. 弹出“新建格式规则”对话框，在“最小值”列设置类型为“数字”，在“值”数值框中输入6000。

3. 在“条形图外观”区域，设置数据条的颜色和边框样式，单击“确定”按钮。

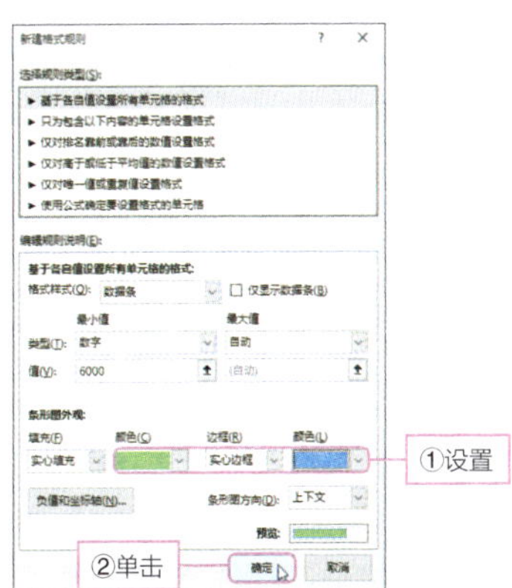

4. 返回工作表，查看为工资大于6000的单元格应用数据条的效果。

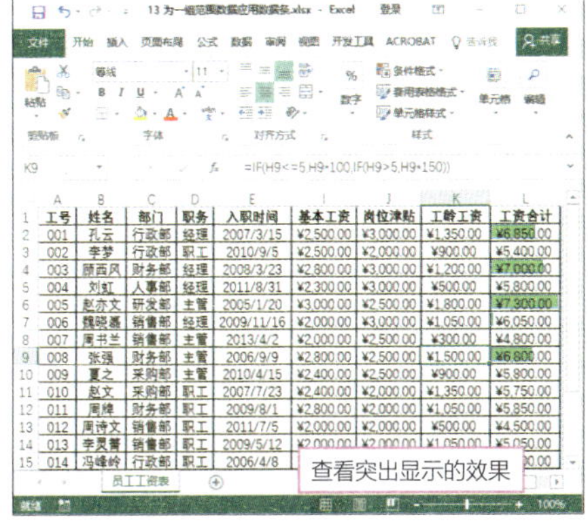

Question
292 突出显示高于平均基本工资的记录

Level ◆◆◇

2016 2013 2010

实例 使用色阶填充高于平均基本工资的记录

分析员工基本工资表时，需要查看工资高于平均值的员工记录，我们有多种方法显示该记录，下面介绍使用色阶填充显示高于平均基本工资员工信息的操作方法。

1 打开工作表，选中I2:I18单元格区域，在“开始”选项卡下的“条件格式”下拉列表中，选择“色阶>其他规则”选项。

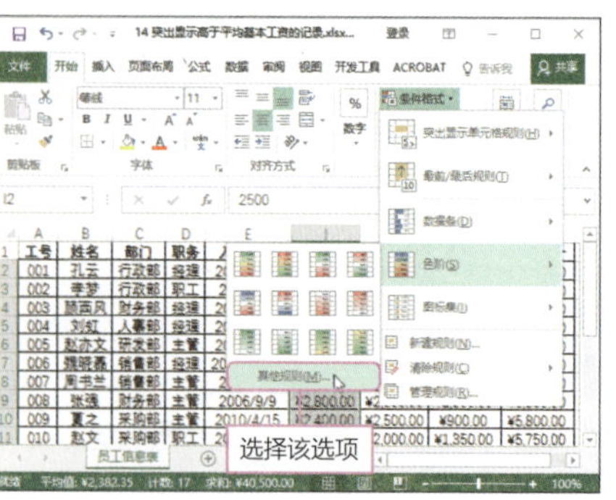

2 弹出“新建格式规则”对话框，在其中进行设置后，单击“格式”按钮。

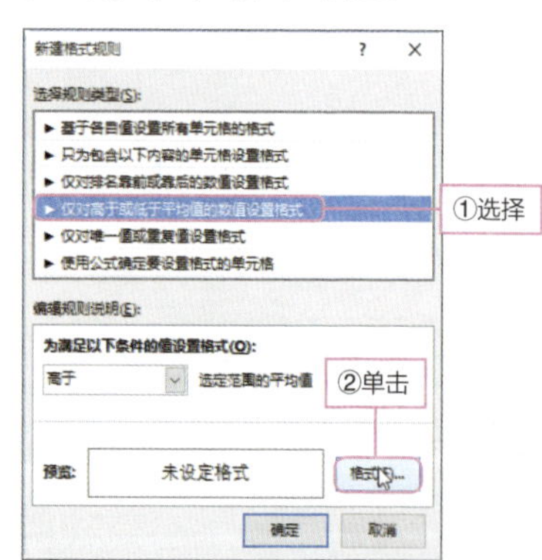

3 弹出“设置单元格格式”对话框，在“填充”选项卡中选择所需的颜色。

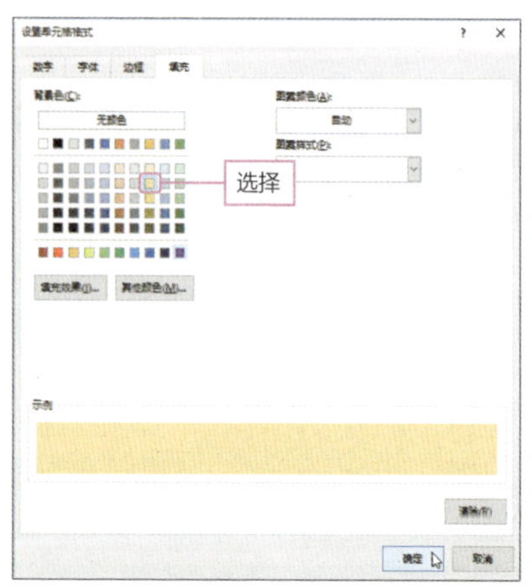

4 依次单击“确定”按钮，返回工作表，查看突出显示高于平均值的效果。

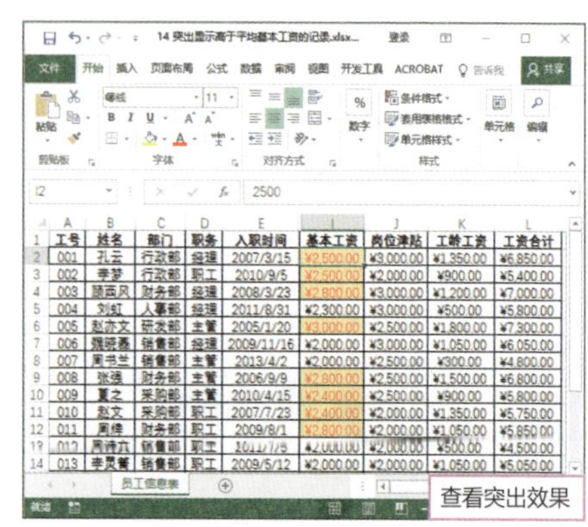

Question

293 应用图标集标识销售任务的完成状态

Level ◆◆◆

2016 2013 2010

实例　利用图标集来标记状态

利用图标集可以在单元格内加上各式各样的图标，下面介绍应用图标集标识当销售净利润大于或等于100000为超额完成销售任务；大于等于50000，小于100000为完成任务；小于50000为未完成任务。

① 选中F2:F16单元格区域，在“开始”选项卡下单击“条件格式”按钮，在下拉列表中选择“图标集>其他规则”选项。

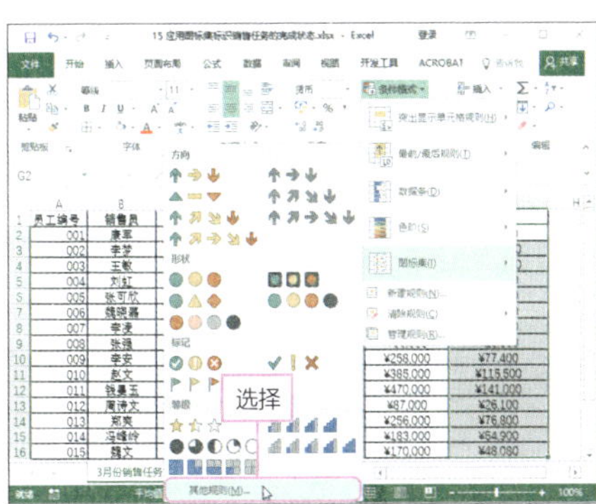

② 打开“新建格式规则”对话框，设置图标样式和数据范围后，单击“确定”按钮。

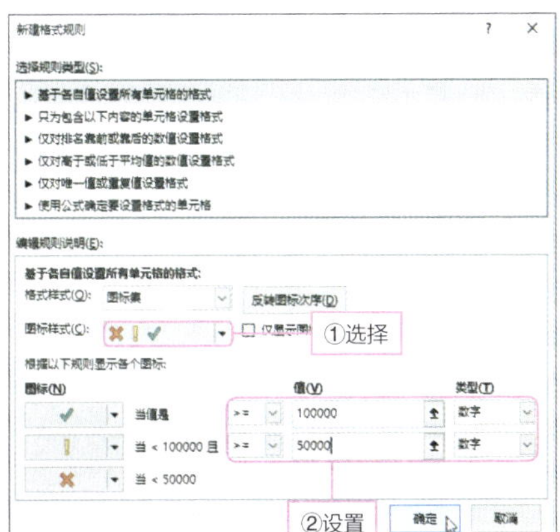

③ 返回工作表中，查看为利润的完成情况标记的效果。

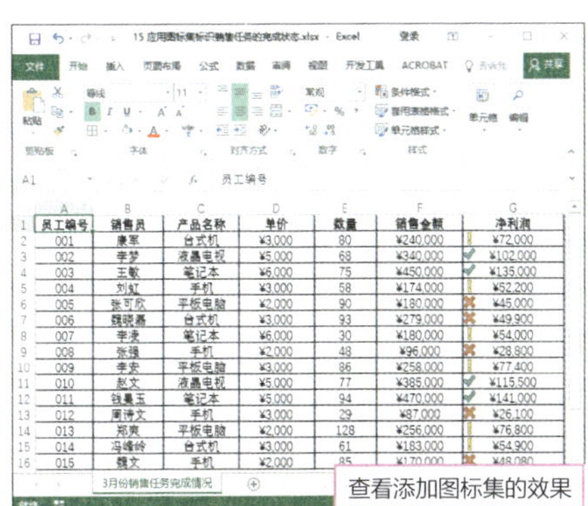

Hint

图标集的类型

Excel 2016中提供了方向、形状、标记和等级4个大类的图标集。

3个图标的图标集，表示3个等级的数据的好、中、差或是最大值、中间值和最小值；

4个图标的图标集，将数据区域的数字按小于25%、小于50%、小于75%、小于100%划分为四个等级进行显示；

5个图标的图标集，将数据区域的数字按小于20%、小于40%、小于60%、小于80%、小于100%划分为5个等级进行显示。

Question

294 快速清除工作表中的条件格式

● Level ◆◆◆

2016 2013 2010

实例 清除条件格式的方法

用户使用各种条件格式分析完数据后，需要将表格恢复到原始的状态时，可以在“条件格式规则管理器”对话框中删除规则，或使用“清除规则”命令删除条件格式。

① 在对话框中删除。打开工作表，选中任意单元格，在“开始”选项卡下单击“条件格式”下三角按钮，在下拉列表中选择“管理规则”选项。

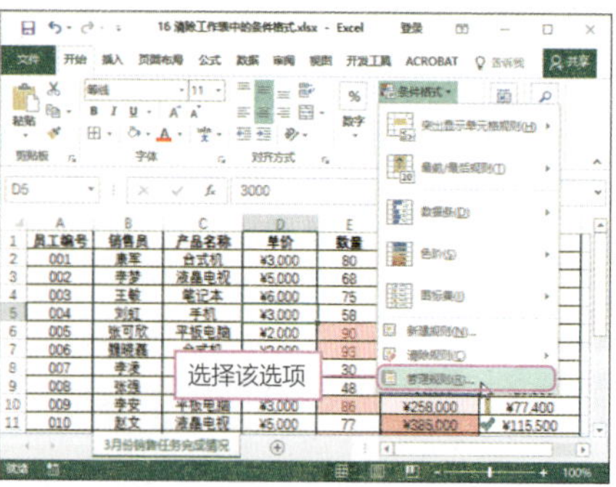

② 打开“条件格式规则管理器”对话框，在“显示其格式规则”列表中选择“当前工作表”，选择要删除的条件格式选项，单击“删除规则”按钮即可。

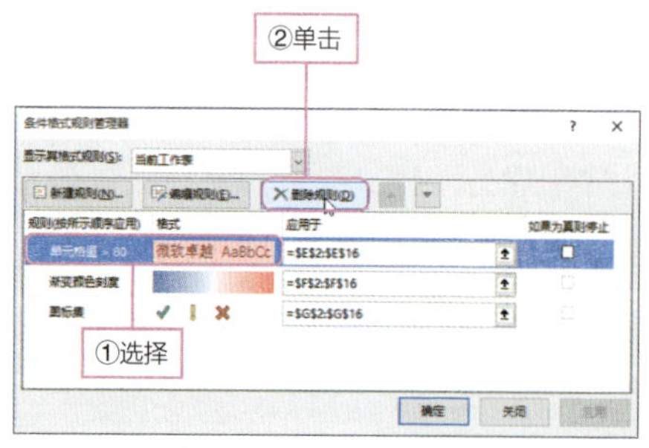

③ 使用命令删除。选择需要清除格式的单元格区域，在“条件格式”列表中选择“清除规则>清除所选单元格的规则”选项。

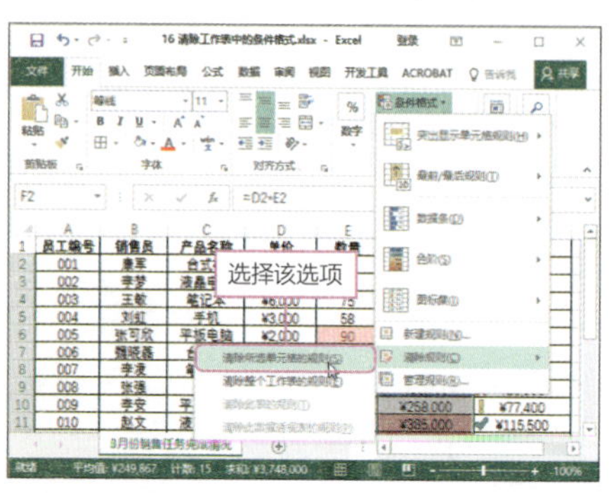

④ 返回工作表中，可见工作表中的条件格式被删除了，只保留数据。

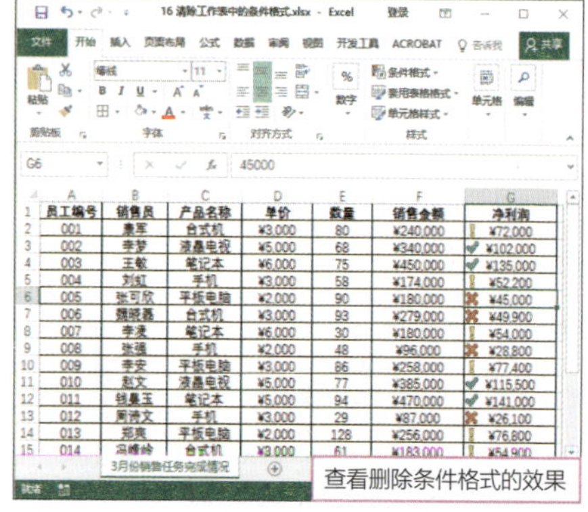

轻松调整条件格式的优先级

实例　条件格式的管理

如果同一单元格区域应用了两个以上的条件格式时，执行条件格式要分优先级别，若多个条件格式应用在相同单元格区域，设置优先级别没有变化，就需要配合“如果为真则停止”复选框的使用。

1. 打开工作表，选中需要进行条件格式管理的单元格区域，在“开始”选项下单击“条件格式”下三角按钮，在下拉列表中选择“管理规则”选项。

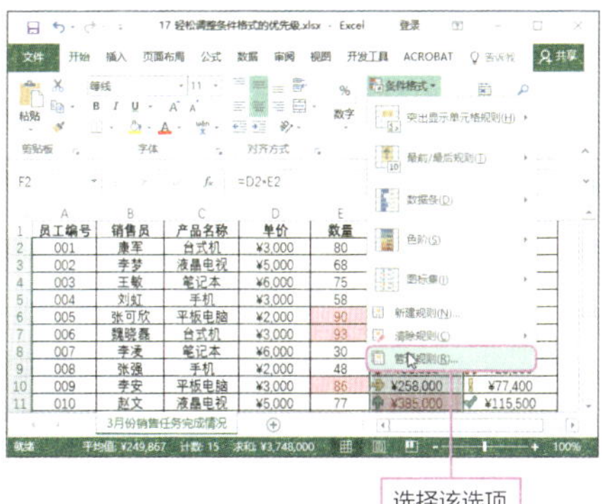

选择该选项

2. 打开“条件格式规则管理器”对话框，选择“前5个”条件格式，然后单击“上移”按钮。

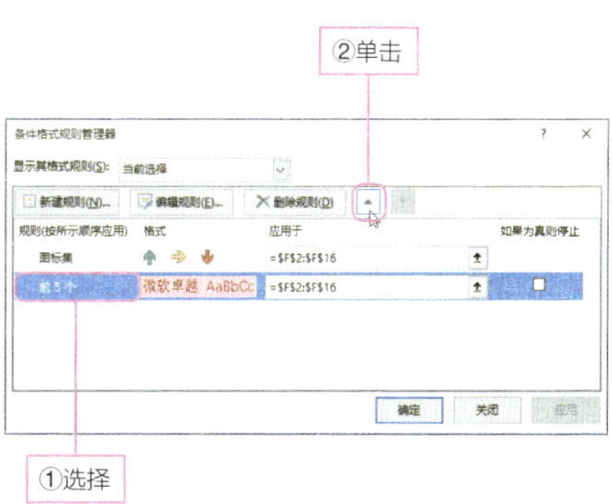

②单击

①选择

3. 勾选“前5个”选项右侧的“如果为真则停止”复选框，单击“确定”按钮，返回工作表中查看效果。

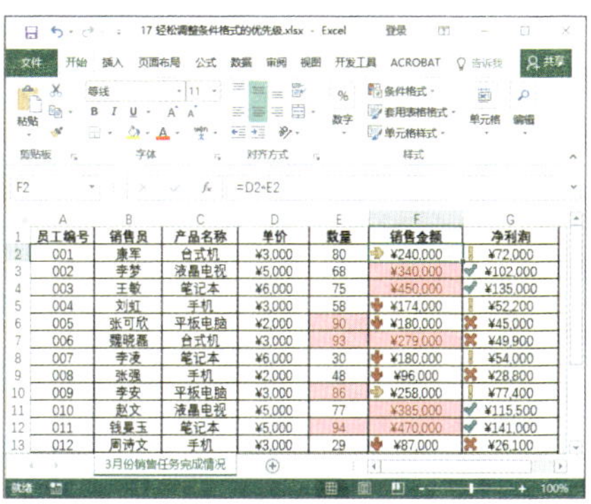

如果为真则停止

当某区域设置多个条件时，优先级最高的规则先执行，然后再执行下一个规则，直至结束，若某规则开启“如果为真则停止”功能，一旦满足该规则，不再执行在其级别后的规则。

本案例中，F3、F4、F7、F11和F12单元格满足“前5个”条件规则之后，不再执行“图标集”的条件规则了。

Question

296 轻松标记员工任务完成情况

语音视频教学296

● Level ◆◆◆

2016 2013 2010

实例 使用“新建规则”功能标记单元格区域

在技巧293中，使用图标集标记员工任务的完成情况，本技巧使用“新建规则”功能进行标记，使结果更明确。例如，销售人员每月都是有销售利润的任务的，大于等于50000，为完成任务；小于50000则未完成任务。

1 打开工作表，复制“净利润”列，选中H2:H16单元格区域，在“条件格式”列表中选择“新建规则”选项。

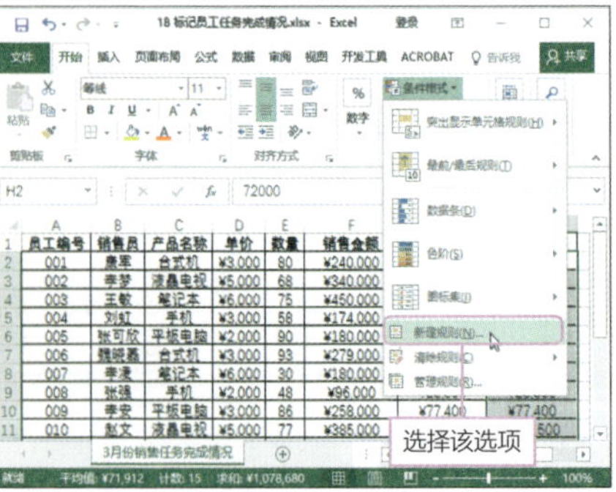

2 打开“新建格式规则”对话框，选择“只为包含以下内容的单元格设置格式”选项，进行相应的设置后，单击“格式”按钮。

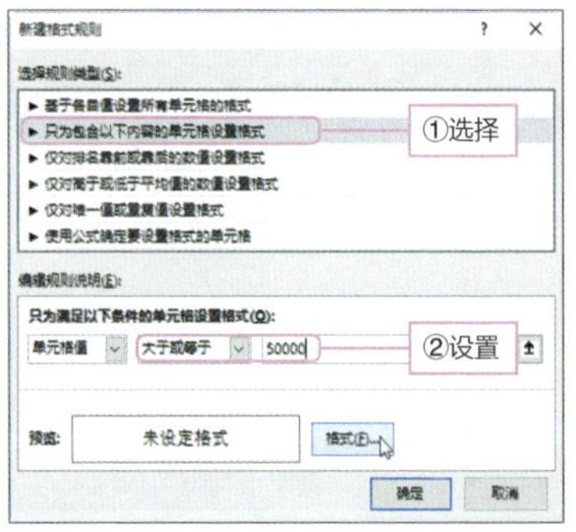

3 打开“设置单元格格式”对话框，在“数字”选项卡下进行自定义设置，然后设置字体和填充颜色。

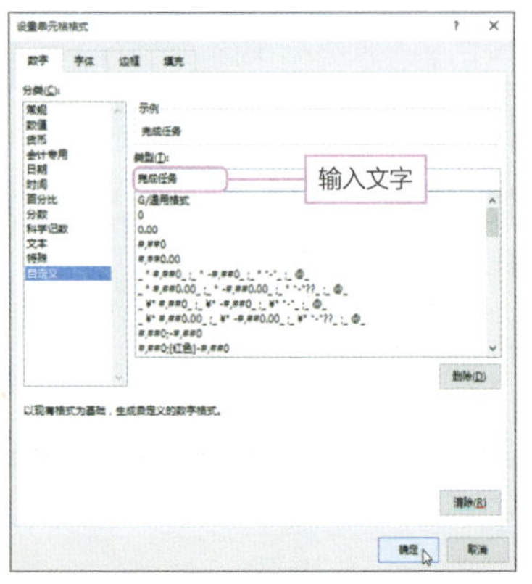

4 根据相同的方法设置“未完成任务”单元格的规则格式，查看最终效果。

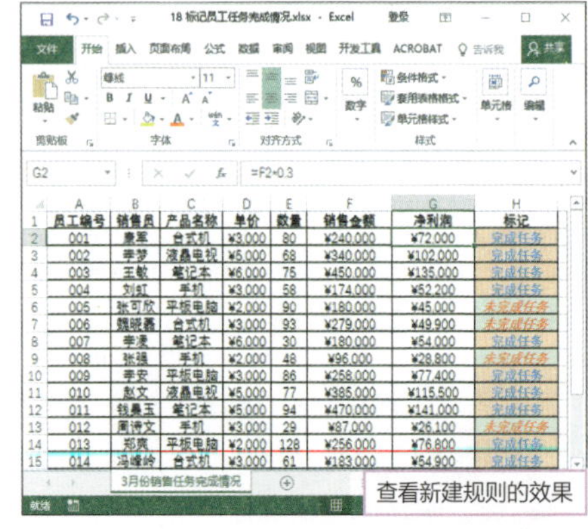

Question 297

快速统计各部门固定资产的累计折旧

语音视频教学297

Level ◆◆◆

2016 2013 2010

实例　创建数据透视表的方法

数据透视表是一交互式的Excel表格，对处理大量数据的汇总和分析起到重要的作用。下面介绍在固定资产表中，创建数据透视表的两种方法。

❶ 根据表格创建透视表。打开工作表，选中表格内任意单元格，切换至“插入”选项卡，单击“表格”选项组中“数据透视表”按钮。

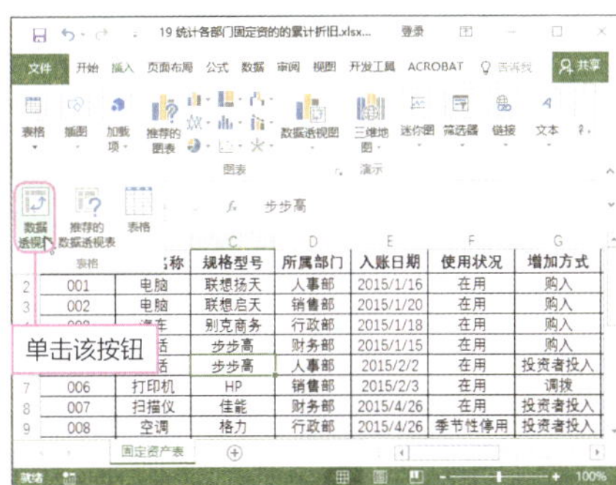

❷ 打开“创建数据透视表”对话框，单击“确定”按钮，在新工作表中创建空白透视表，然后在“数据透视表字段”窗格中进行相应的设置。

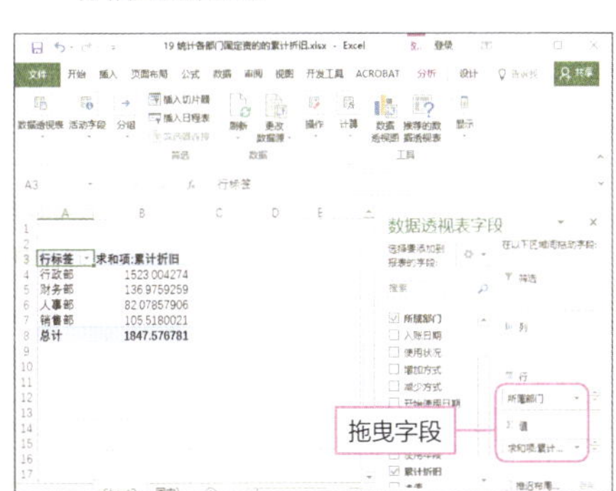

❸ 使用推荐的透视表。切换至“插入”选项卡，单击“表格”选项组中“推荐的数据透视表”按钮。

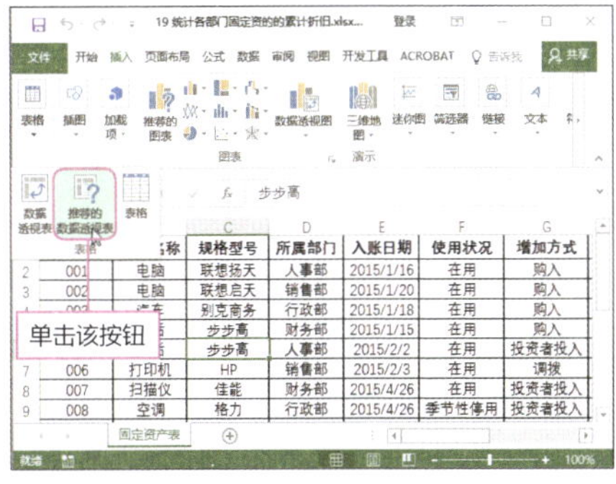

❹ 打开“推荐的数据透视表”对话框，在左侧列表中选择合适的数据透视表，单击“确定”按钮。

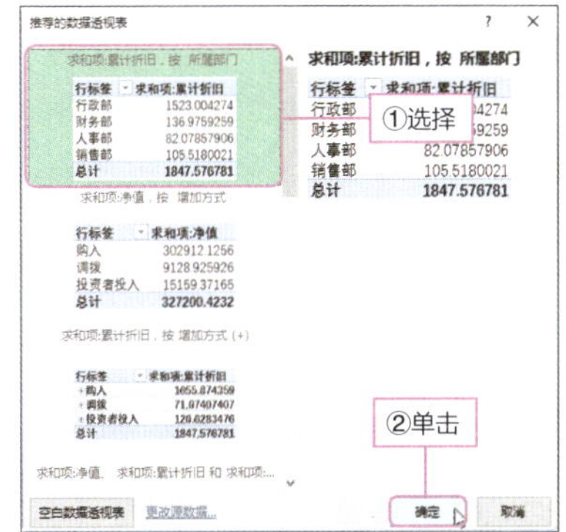

Question

298 隐藏各部门汇总数据有绝招

语音视频教学298

● Level ◆◆◆

2016 2013 2010

实例 隐藏汇总数据的方法

数据透视表会根据字段对数据进行汇总，默认情况下显示在汇总数据的下方，如果不需要显示汇总的数据，是不能执行删除操作的，所以只能将其隐藏。

1. 选中需要隐藏的单元格，如A4单元格，切换至“数据透视表-分析”选项卡，单击“活动字段”选项组中“字段设置”按钮。

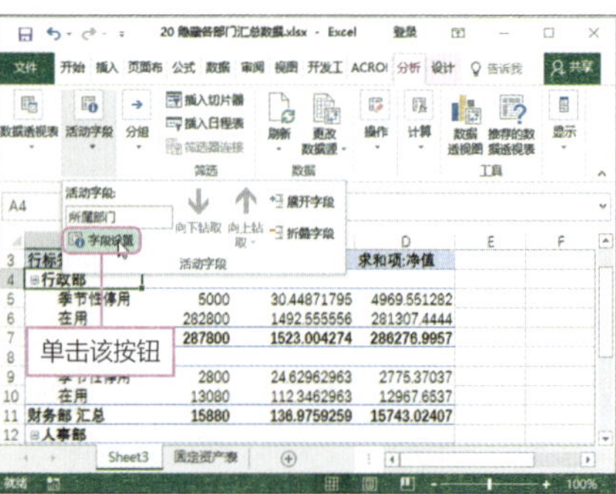

2. 打开“字段设置”对话框，在“分类汇总”选项区域选中“无”单选按钮。

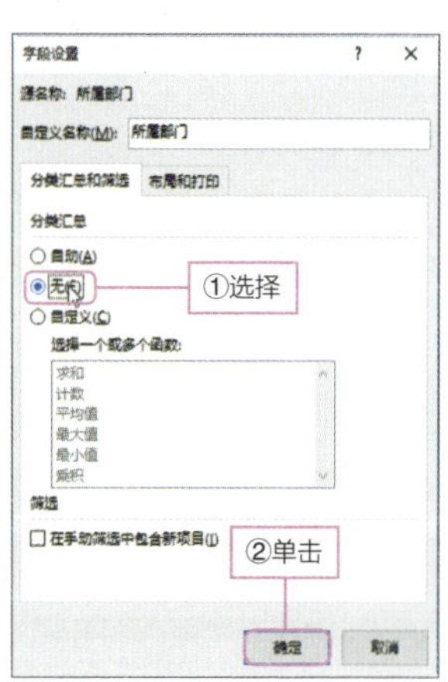

3. 单击“确定”按钮，返回透视表中，可见各部门的汇总数据隐藏起来了。

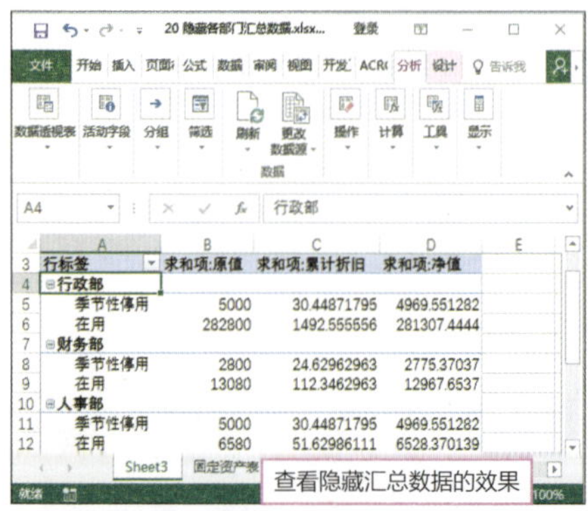

Hint

隐藏汇总数据的其他方法

隐藏汇总数据除了以上介绍的方法外，还有以下两种：一是快捷菜单法，选中需要隐藏的字段单元格，单击鼠标右键，在快捷菜单中选择“分类汇总‘字段名’”命令。

另一种方法是，切换至“数据透视表工具-设计”选项卡，单击“布局”选项组中的“分类汇总”下三角按钮，在下拉列表中选择“不显示分类汇总”选项。

快速设置计算方式并修改字段名

Level ◆◆◆

2016 2013 2010

实例　在“值字段设置”对话框中设置汇总方式

在创建数据透视表时，将数值类型字段拖曳至“值”区域，系统默认的计算类型是求和，并且生成的新字段名为“求和项：字段名”。用户可以根据不同需要更改计算方式和修改字段名。

1 打开数据透视表，选中B5单元格，切换至“数据透视表-分析”选项卡，单击“活动字段”选项组中“字段设置”按钮。

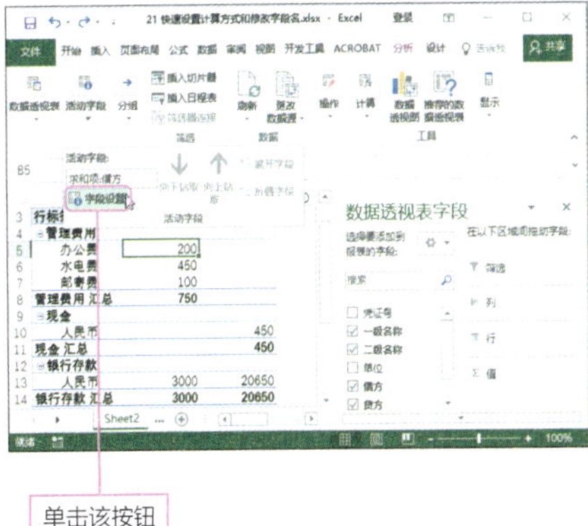

2 打开“字段设置”对话框，在“值汇总方式”选项卡中选择“平均值”选项，在“自定义名称”文本框中输入名称。

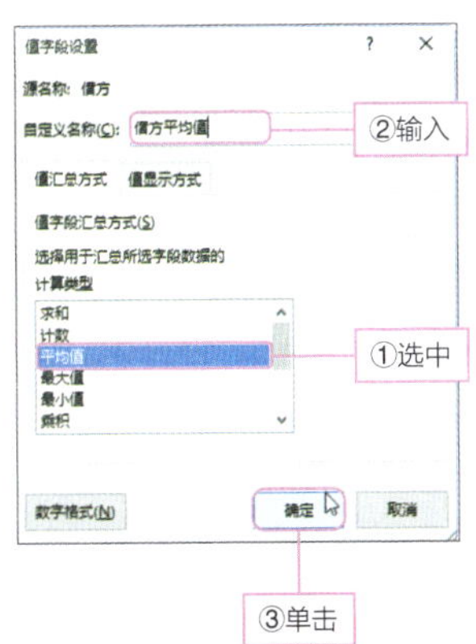

3 字段名称是唯一的，返回工作表中，查看设置汇总方式和修改名称的效果。

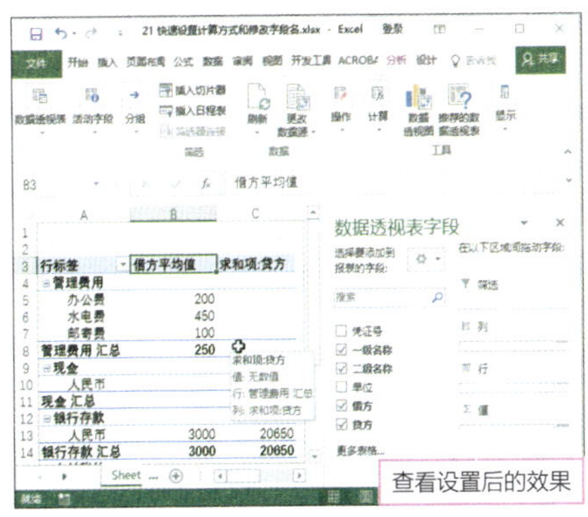

Hint

删除字段的方法

数据透视表中的数据是不能使用Delete键删除的，如需要删除某字段，则选中该字段，单击鼠标右键，在快捷菜单中选择“删除‘字段名’”命令即可。

除此之外，还可以在“数据透视表字段”窗格中删除，在窗格中选中字段并单击，在快捷菜单中选择“删除字段”命令即可。

Question 300

原来值的显示方式也可以修改

语音视频教学300

● Level ◆◆◆

2016 2013 2010

实例 将“求和项：工资合计”修改来百分比显示方式

用户在数据透视表中分析数据时，有时单纯的数据显示不了相互的关系，如果将其以百分比的方式显示，一眼就能看出其中的关系了。例：在员工工资表中创建数据透视表后，将工资合计的值以百分比方式显示。

1 打开工作表，选中D5单元格，单击鼠标右键，在快捷菜单中选择“值显示方式>总计的百分比”命令。

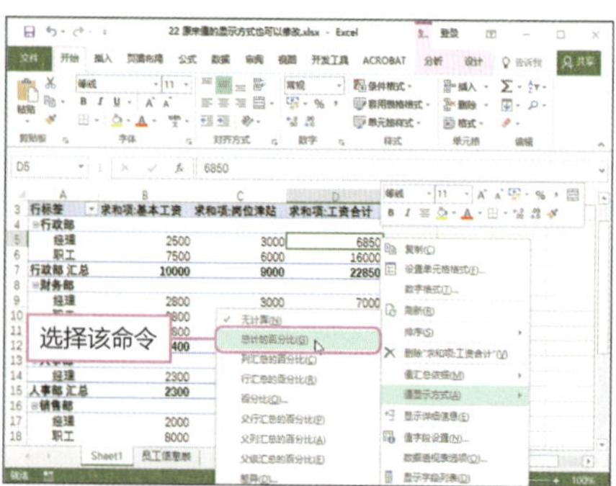

2 返回工作表中，可见工资合计以百分比显示，各部门所占比例很直观地显示出来。

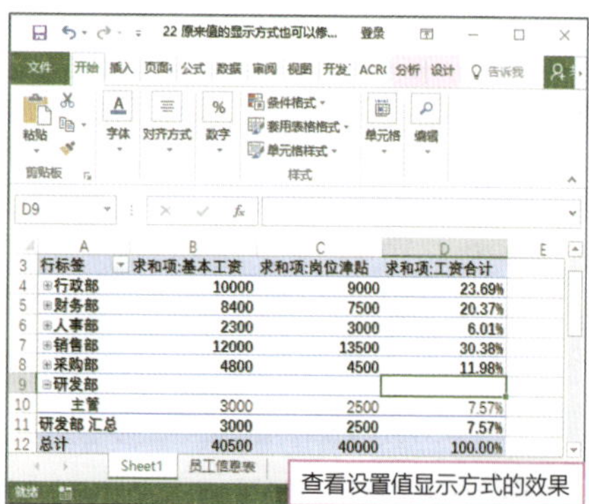

3 也可在“值字段设置”对话框设置，选中B5单元格，打开该对话框，切换至“值显示方式”选项卡，选择“总计的百分比”选项。

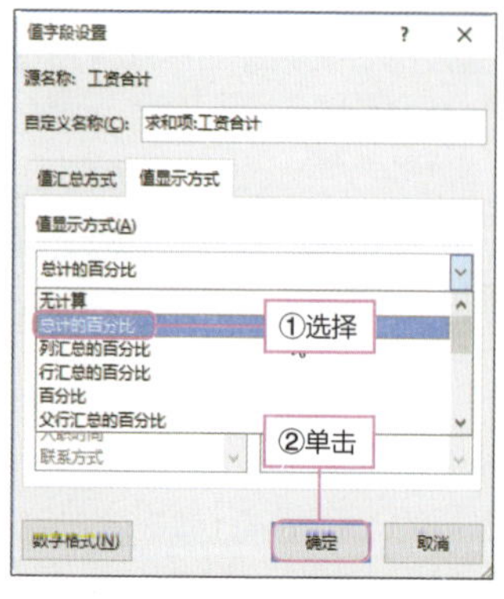

Hint

刷新数据透视表的方法

当源数据发生变化时，需要刷新才能更新数据透视表。下面介绍两种操作方法：

手动刷新：选中数据透视表，切换至“数据透视表工具-分析”选项卡，单击“数据”选项组中“刷新”按钮即可。

自动刷新：选中数据透视表，切换至“数据透视表工具-分析”选项卡，单击“选项”按钮，打开“数据透视表选项”对话框，在“数据”选项卡中勾选“打开文件时刷新数据”复选框，单击“确定”按钮。

Question **301**

Level ◆◆◆

2016 2013 2010

在数据透视表中添加计算字段计算税金率

实例 快速在数据透视表中添加字段并设置计算方法

目前数据透视表的值包含“实发工资”和“扣个税”字段，现在需要分析交税的税率。如何在数据透视表中添加字段并设置自动计算呢？下面将具体介绍操作方法。

1 打开数据透视表并选中，单击“数据透视表工具-分析”选项卡中“字段、项目和集”下拉按钮，选择“计算字段”命令。

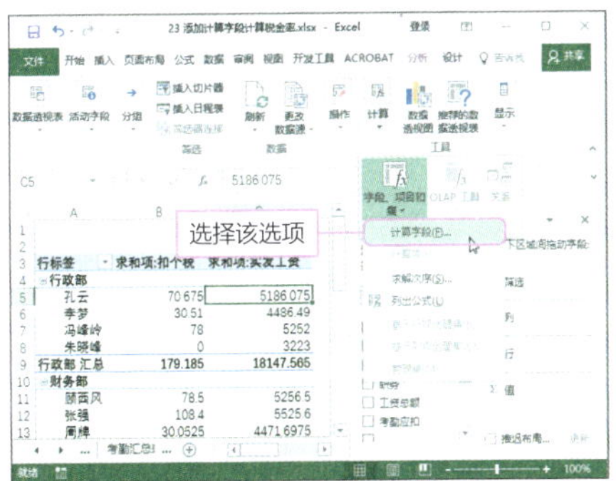

2 弹出“插入计算字段”对话框，在“名称”文本框中输入“税金率”，在“公式”文本框中输入“= 扣个税/ 实发工资”。

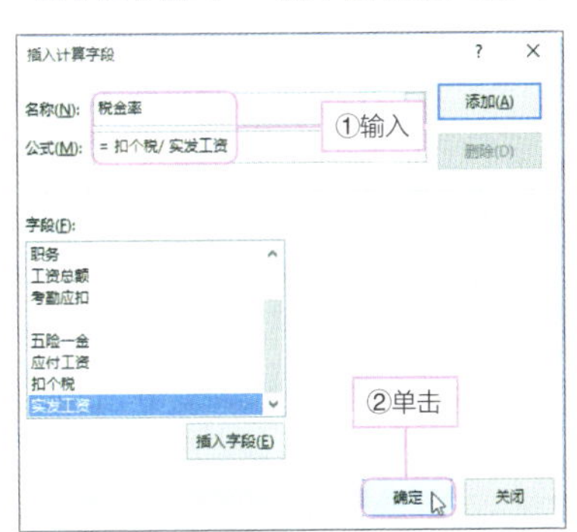

3 单击“确定”按钮，数据透视表中增加一列“求和项：税金率”。

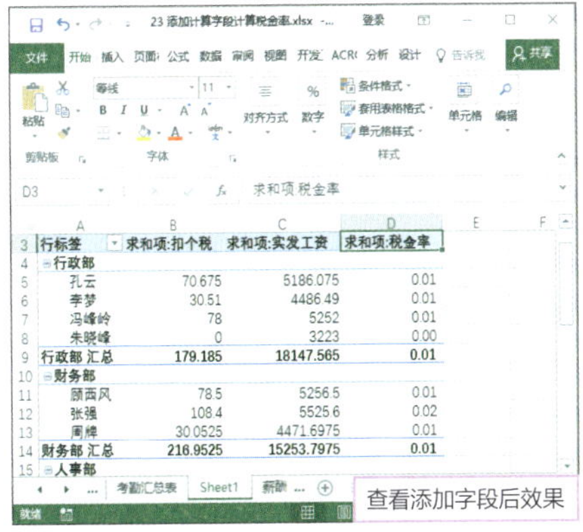

行标签	求和项:扣个税	求和项:实发工资	求和项:税金率
行政部			
孔云	70.675	5186.075	0.01
李梦	30.51	4486.49	0.01
冯峰岭	78	5252	0.01
朱晓峰	0	3223	0.00
行政部 汇总	179.185	18147.565	0.01
财务部			
顾西风	78.5	5256.5	0.01
张强	108.4	5525.6	0.02
周樺	30.0525	4471.6975	0.01
财务部 汇总	216.9525	15253.7975	0.01
人事部			

查看添加字段后效果

4 选中该单元格区域，设置数据格式为百分比，查看显示效果。

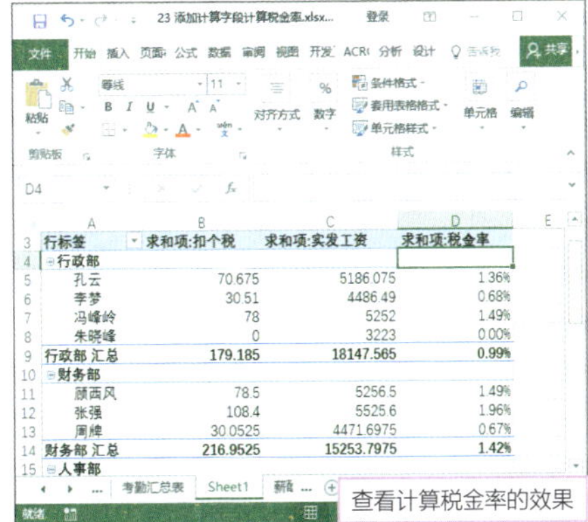

行标签	求和项:扣个税	求和项:实发工资	求和项:税金率
行政部			
孔云	70.675	5186.075	1.36%
李梦	30.51	4486.49	0.68%
冯峰岭	78	5252	1.49%
朱晓峰	0	3223	0.00%
行政部 汇总	179.185	18147.565	0.99%
财务部			
顾西风	78.5	5256.5	1.49%
张强	108.4	5525.6	1.96%
周樺	30.0525	4471.6975	0.67%
财务部 汇总	216.9525	15253.7975	1.42%
人事部			

查看计算税金率的效果

Question

302 在数据透视表中分析数据

语音视频教学302

● Level ◆◆◆

2016 2013 2010

实例 对数据透视表中的数据进行排序

在数据透视表中也可以对数据排序，但是排序的结果和普通表格有点区别。下面介绍在员工工资表的数据透视表中，对实发工资进行排序，并查看在数据透视表中排序的结果有什么不同。

1. 打开数据透视表，选中C5单元格，单击“数据”选项卡中“升序”按钮。

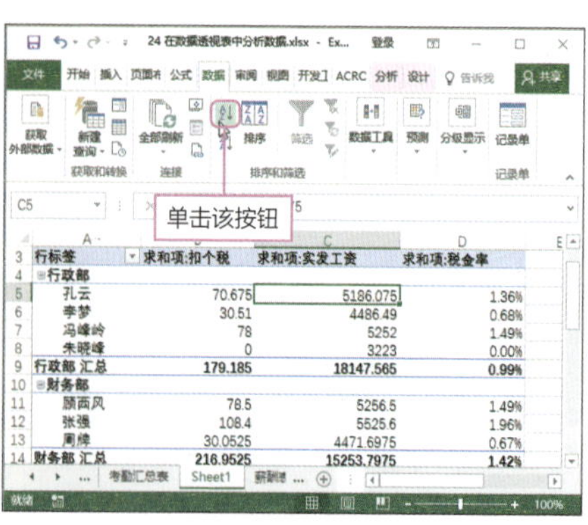

2. 返回工作表中，可见员工的工资按升序排序，各部门顺序不变。

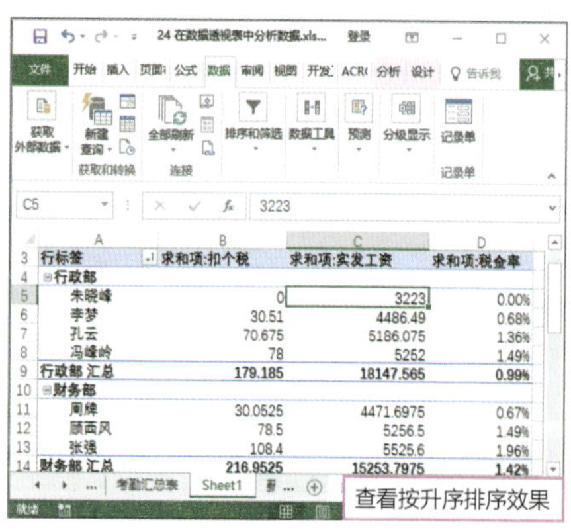

3. 选中C9单元格，然后单击“数据”选项卡中“降序”按钮。

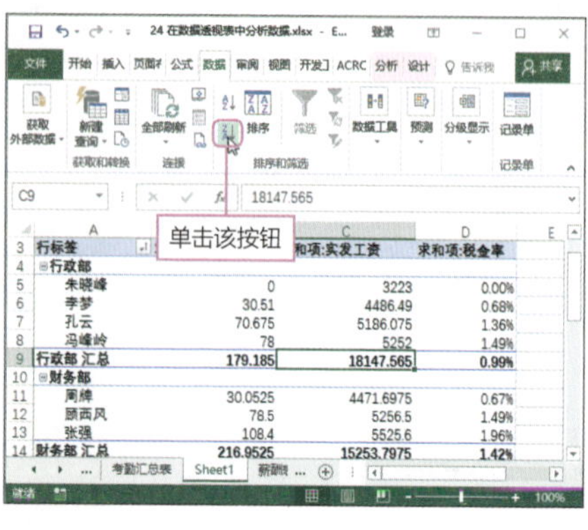

4. 返回工作表中，可见各部门按照降序排序，而员工还是按升序排序的。

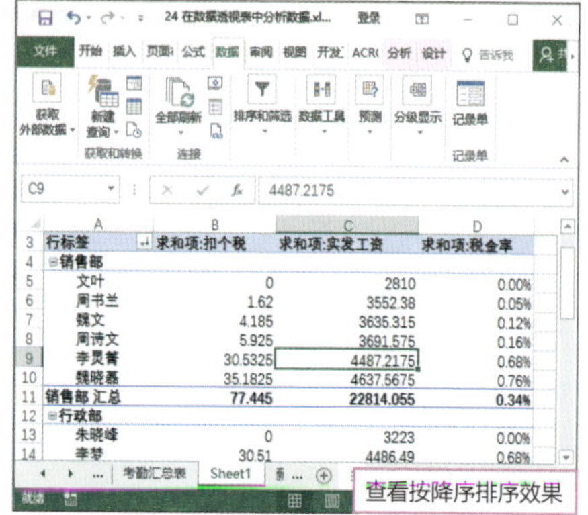

将各部门的信息分页显示

语音视频
教学303

实例　在数据透视表中快速分页显示部门信息

Level

2016 2013 2010

在数据透视表中分页显示就是根据某字段，将该字段包含的数据分别在不同的工作表中显示，方便查看数据。

1. 在“数据透视表字段”窗格中，将“部门”字段，拖曳至“筛选”区域。

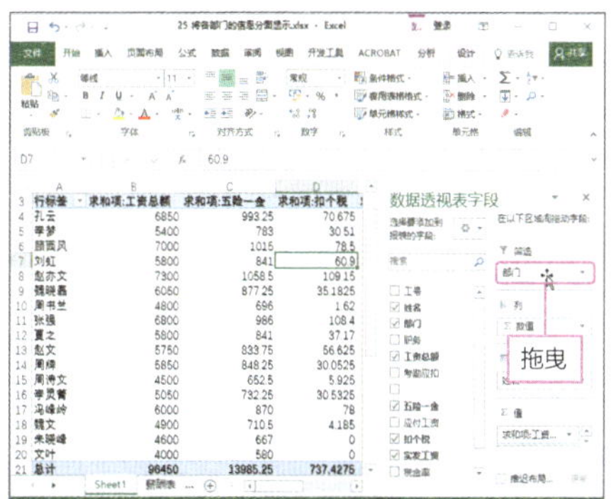

2. 在“数据透视表工具-分析”选项卡的“选项”列表中，选择“显示报表筛选页”选项。

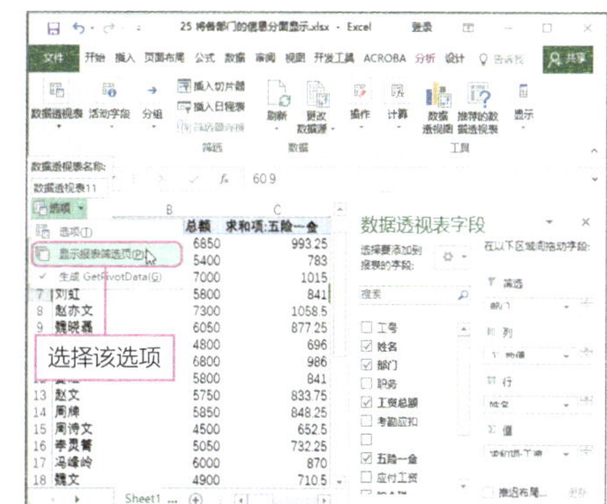

3. 打开“显示报表筛选页”对话框，在“选定要显示的报表筛选页字段”区域选择“部门”字段，单击“确定”按钮。

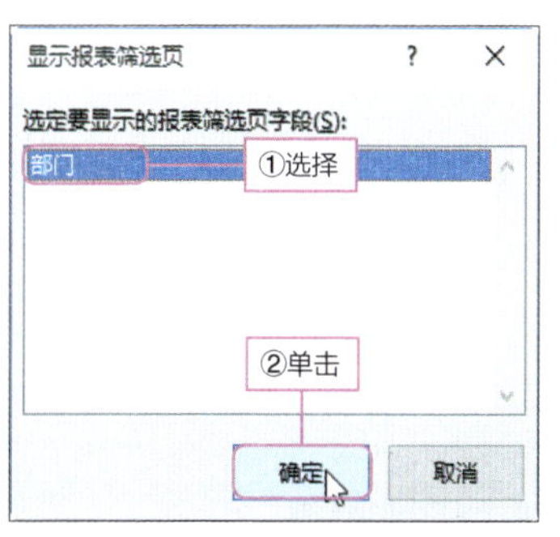

4. 返回工作表中，可见按部门命名工作表中显示该部门相关信息。

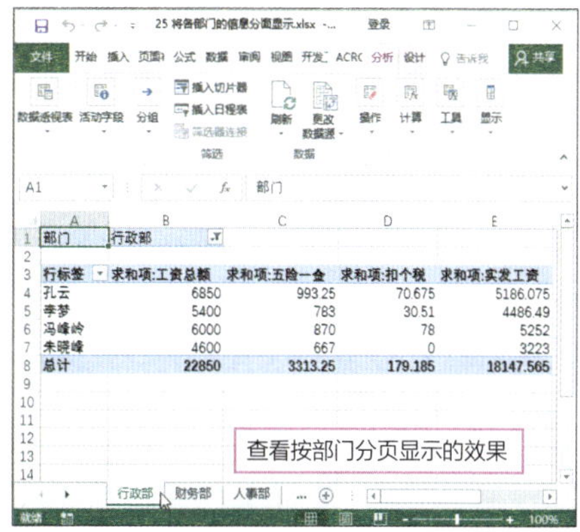

Question

304 根据需要调整数据透视表的布局

● Level ◆◆◆

2016 2013 2010

实例 设置数据透视表布局样式

创建数据透视表之后，我们可以根据需要对数据透视表的布局进行调整，比如以表格形式显示报表、添加空行、创建分类汇总等。

1 打开工作表，选中数据透视表，切换到"数据透视表工具-设计"选项卡，在"报表布局"列表中选择"以表格形式显示"选项。

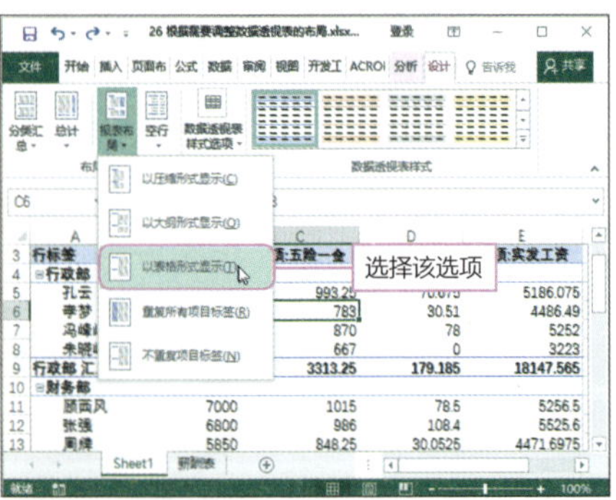

2 单击"分类汇总"下三角按钮，选择"在组的底部显示所有分类汇总"选项，设置在组的底部显示所有分类汇总。

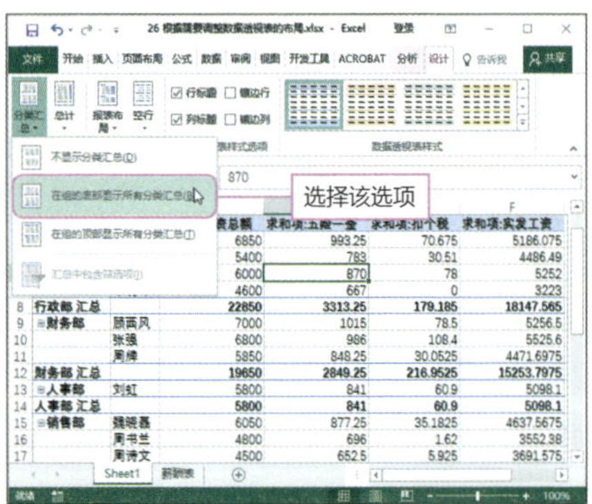

3 单击"空行"按钮，在下拉列表中选择"在每个项目后插入空行"选项。

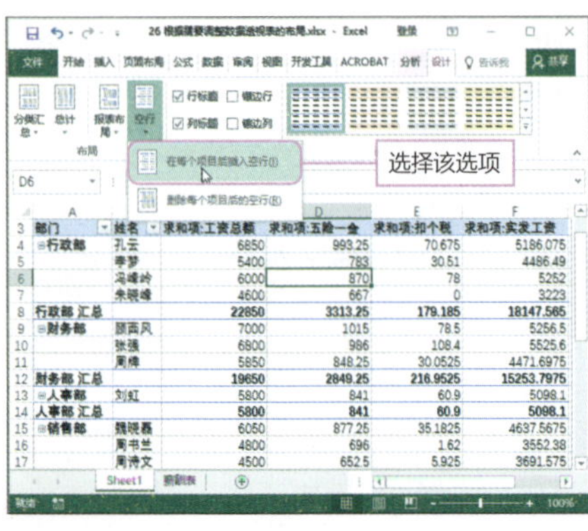

4 返回工作表中，查看设置数据透视表布局的效果。

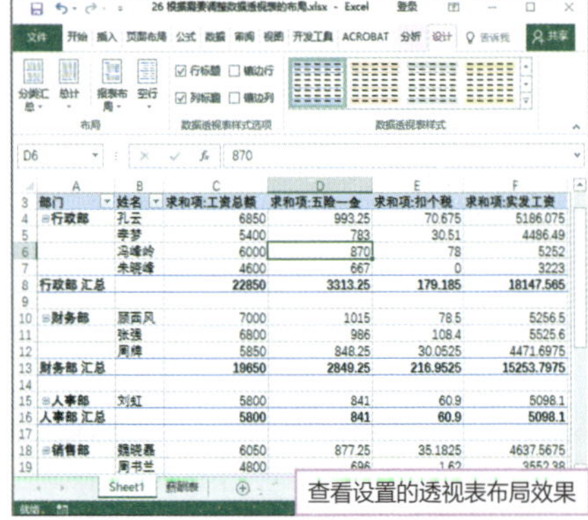

305 启用经典透视表布局并调整字段位置

Level ◆◆◆

2016 2013 2010

语音视频教学305

实例 启用经典数据透视表布局

数据透视表中的字段是不可以通过拖曳的方法更改字段的位置的，但启用经典的数据透视表布局后，可以拖动字段并生成新的数据透视表。

1 打开工作表，选中数据透视表，切换到“数据透视表工具-分析”选项卡，在“数据透视表”选项组中单击“选项”按钮。

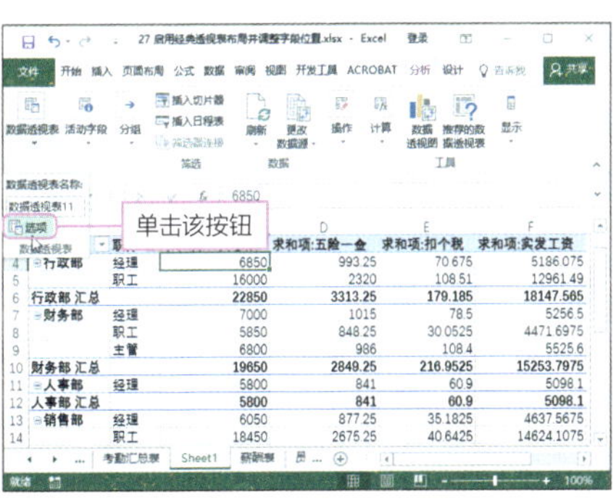

2 打开“数据透视表选项”对话框，切换至“显示”选项卡，勾选“经典数据透视表布局”复选框，单击“确定”按钮。

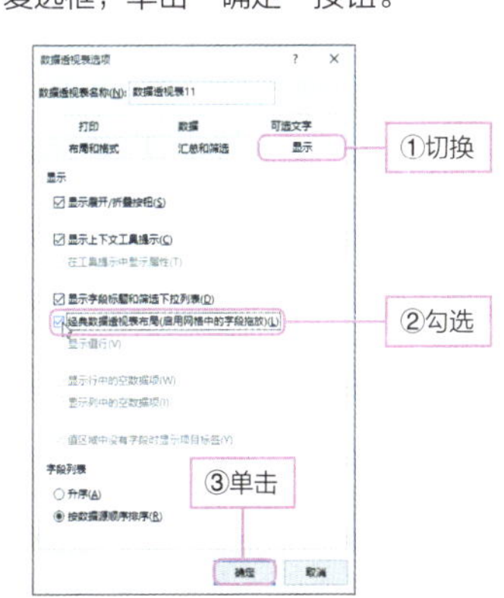

3 返回透视表中，将光标移至字段上会出现十字方向箭头，按住鼠标左键拖曳至合适位置。

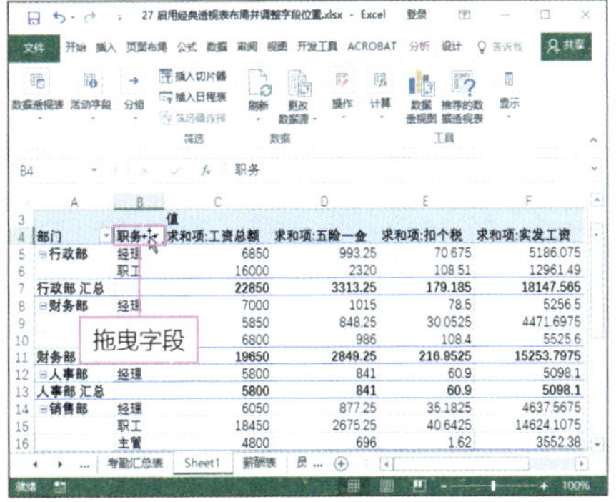

4 将“职务”拖曳至“部门”字段前，然后查看数据透视表的效果。

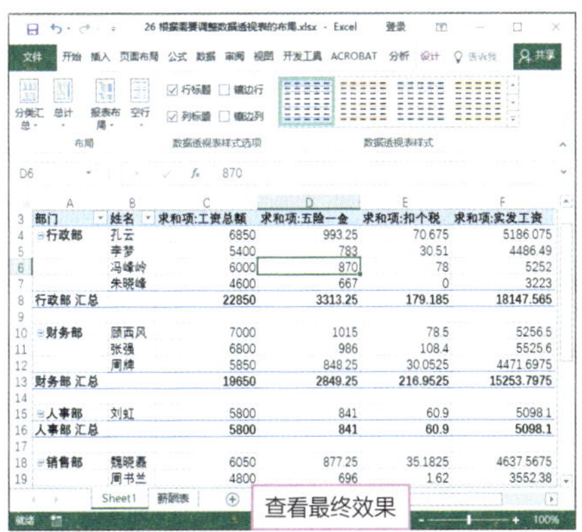

Question **306**

● Level ◆◆◆

2016 2013 2010

在数据透视表中快速显示新员工信息

语音视频教学306

实例 使用更改数据源功能添加新员工信息

数据透视表创建完成后，如果源数据增加或减少了，用户可以通过更改数据源功能，创建新的数据透视表。例如企业为人事部招聘两名新员工，具体信息已经录入表格中，现需要在数据透视表中显示。

1 打开工作表，选中数据透视表，切换到“数据透视表工具-分析”选项卡，在“数据”选项组中单击“更改数据源”按钮。

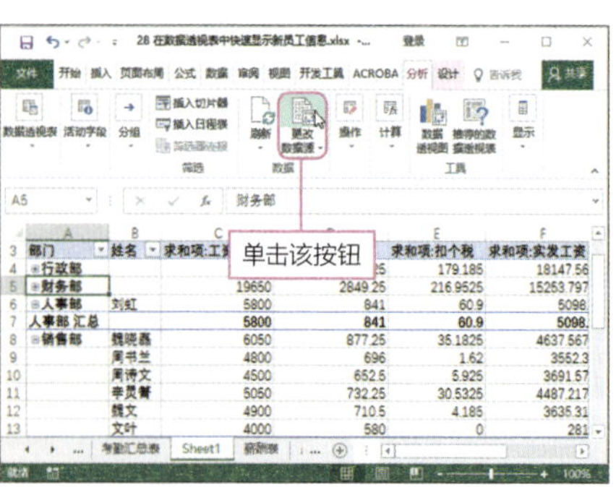

2 打开“更改数据透视表数据源”对话框，单击“表/区域”折叠按钮，返回工作表选中源数据区域，单击折叠按钮。

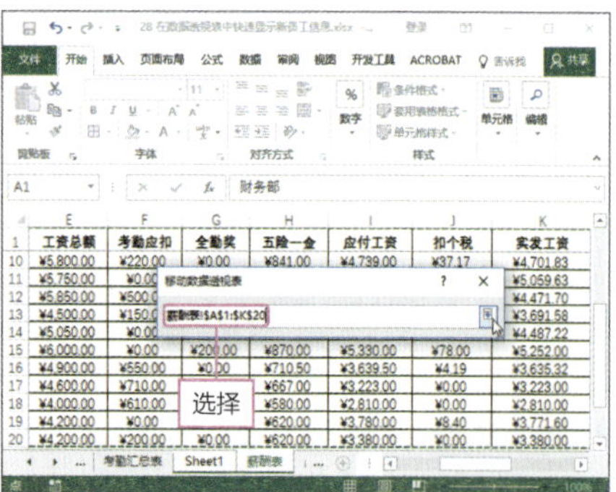

3 返回“移动数据透视表”对话框中，可见显示刚才选中的单元格区域，然后单击“确定”按钮。

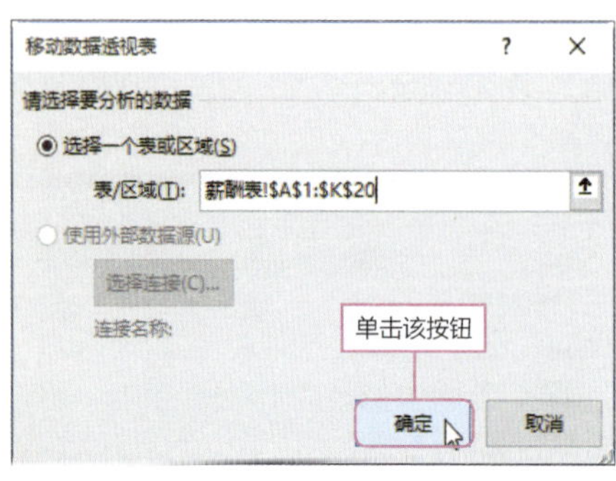

4 返回数据透视表中，可见人事部显示两位新员工的信息。

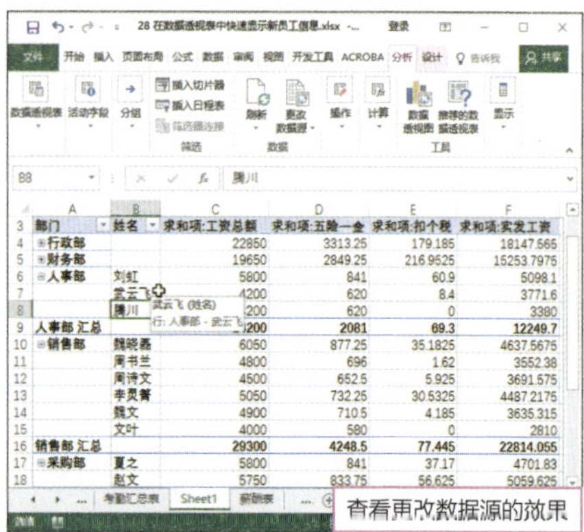

Question 307

按月统计入职员工的信息

Level ◆◆◆

2016 2013 2010

实例 在数据透视表中按月份进行分组

数据透视表可以根据项目进行分组，对同类型的进行组合将更容易分析数据。对日期型数据进行分组，可按秒、分、小时、日、月、季度和年进行分组。下面介绍按月进行分组的方法。

1 打开工作表，选中日期所在的单元格，切换到“数据透视表工具-分析”选项卡，在“分组”选项组中单击“分组选择”按钮。

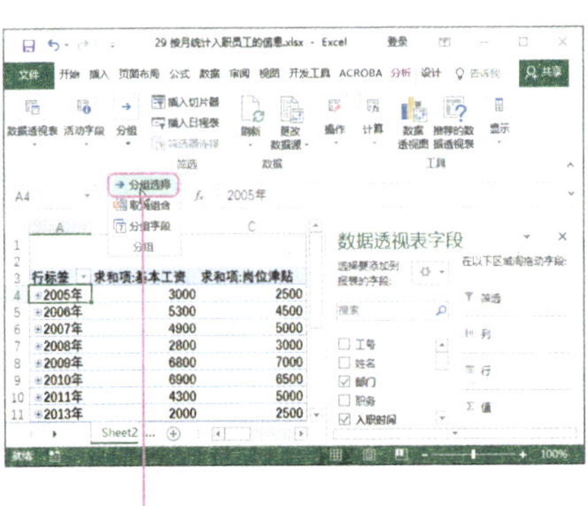

2 打开“组合”对话框，显示透视表中起始日期和终止日期，在“步长”列表框中选择“月”选项，单击“确定”按钮。

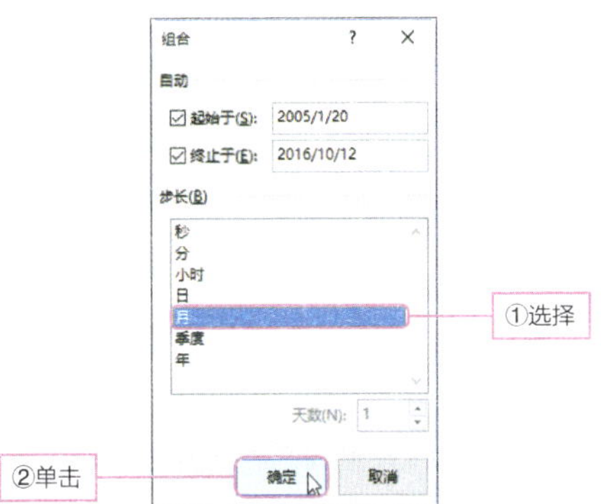

3 返回工作表中，入职日期字段只显示月份，并统计每月入职员工的信息。

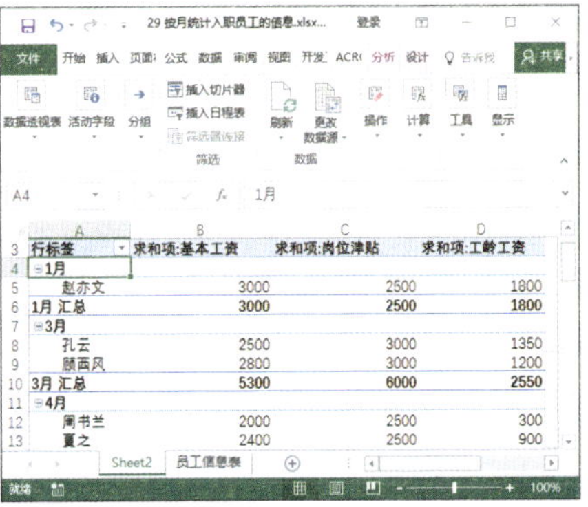

Hint

取消分组的方法

下面介绍两种取消分组的方法，第一种，选中需要取消分组的单元格，切换至“数据透视表工具>分析”选项卡，在“分组”选项组中单击“取消组合”按钮即可。

第二种方法，选中单元格，单击鼠标右键，在快捷菜单中选择“取消组合”命令。

Question 308

快速让数据透视表更迷人

语音视频教学308

Level ◆◆◆

2016 2013 2010

实例 为数据透视表应用样式

Excel为数据透视表提供了80多种透视表样式，用户可以根据需要直接套用，即可方便快捷地美化数据透视表。此外用户还可根据个人审美不同，设置不同的数据透视表样式。

1 打开工作表，选中透视表内任意单元格，切换到“数据透视表工具-设计”选项卡，单击“数据透视表样式”选项组中“其他”下三角按钮。

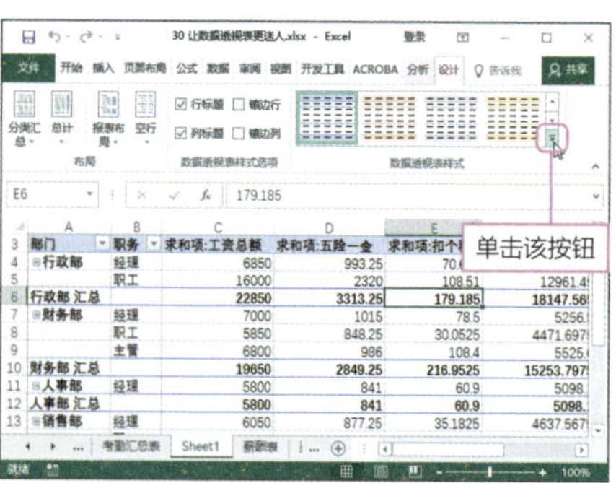

2 在打开的样式库中选择合适的透视表样式，如选择“浅绿 数据透视表样式中等深浅14”选项后，查看效果。

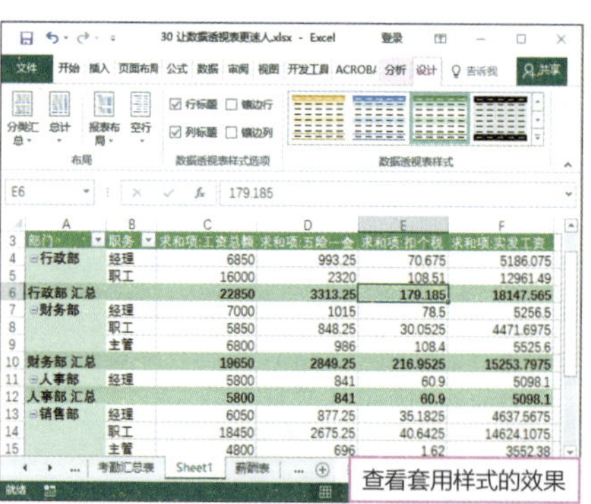

3 用户还可以自定义透视表的样式，选中透视表中任意单元格，在样式库中选择“新建数据透视表格式”选项。

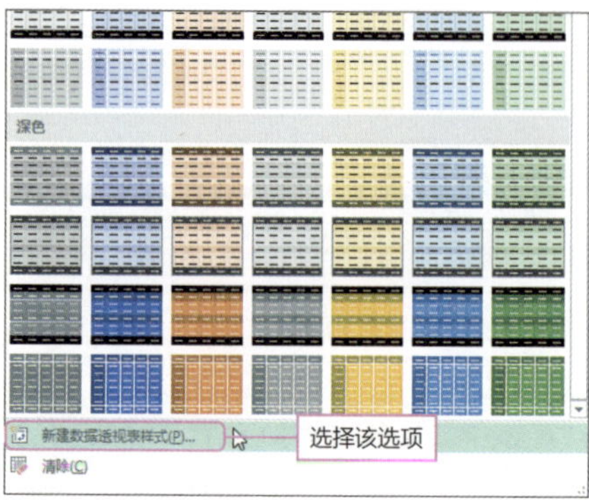

4 打开“新建数据透视表样式”对话框，在“表元素”列表框中选择“第一列”选项，然后单击“格式”按钮。

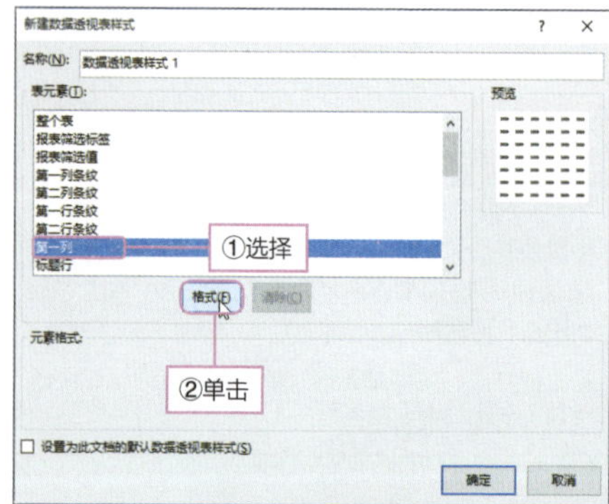

5 打开“设置单元格格式”对话框，设置字体格式和填充颜色，单击“确定”按钮。

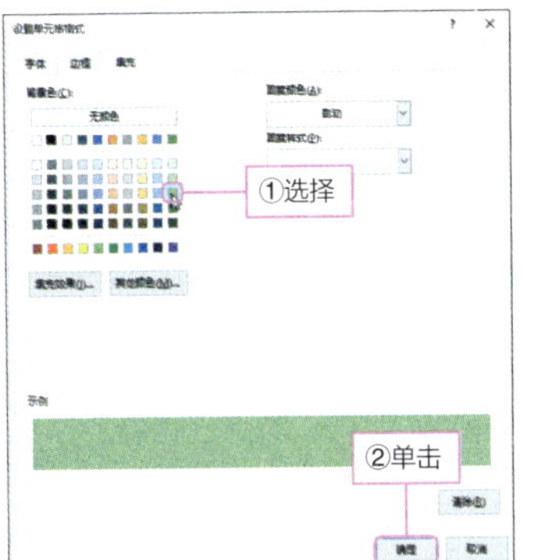

6 返加上级对话框中，选中“标题行”选项，再次单击“格式”按钮。

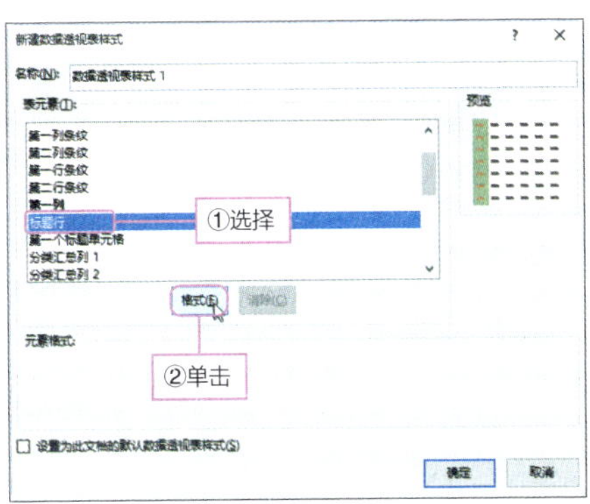

7 在打开的“设置单元格格式”对话框中，设置标题行的字体格式和填充颜色。

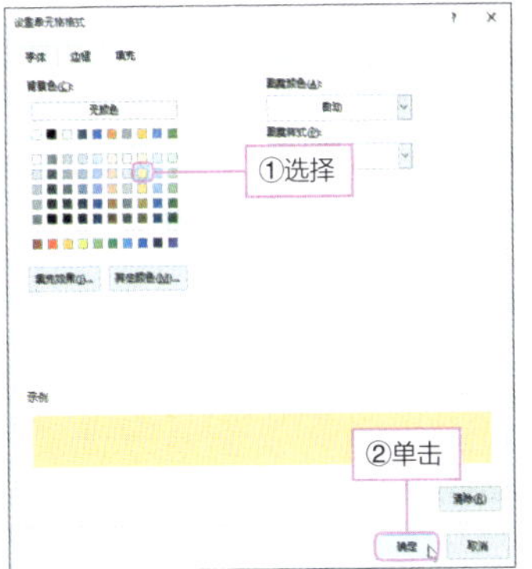

8 按照相同的方法设置其他表元素的格式，设置完成后，单击“确定”按钮。

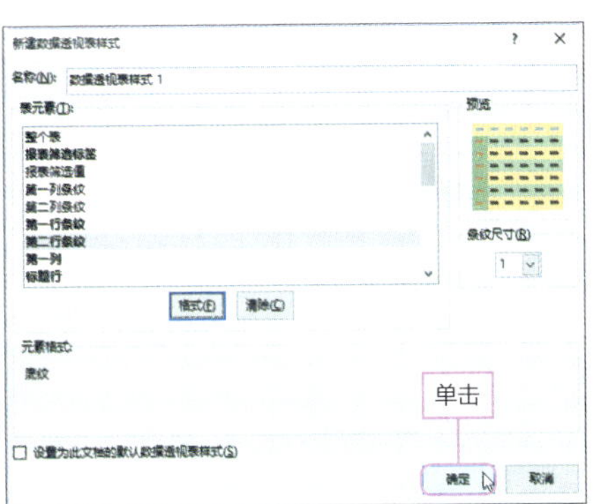

9 返回工作表，单击“数据透视表样式”选项组中“其他”按钮，选择自定义样式。

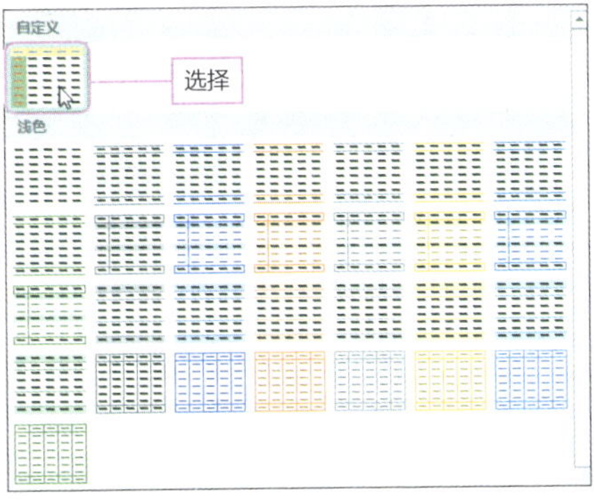

10 返回工作表中，查看数据透视表应用自定义样式的效果。

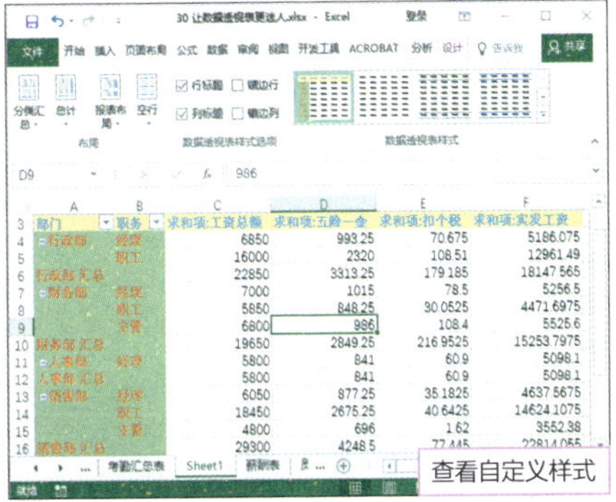

Question 309

查看某段签订时间内的产品采购数量和次数

● Level ◆◆◆

2016 2013 2010

实例 为数据透视表添加筛选器

在采购统计表中，如果只想查看某个时间段的订单数量和订单次数，该如何操作呢？

例：查看2013年6月11日到6月27日的订单数量和订单次数。

1 打开工作表，创建数据透视表，拖曳2次“采购数量”字段至“值”区域，选中C3单元格右击，选择“值汇总依据>计数”命令。

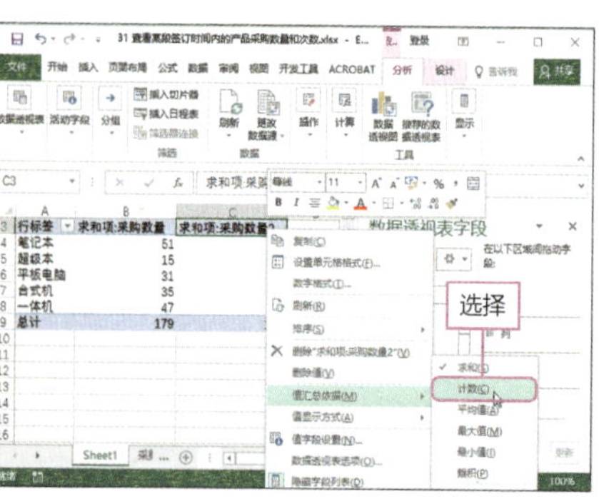

2 打开“数据透视表字段”导航窗格，将“采购日期”拖动到“筛选”区域。

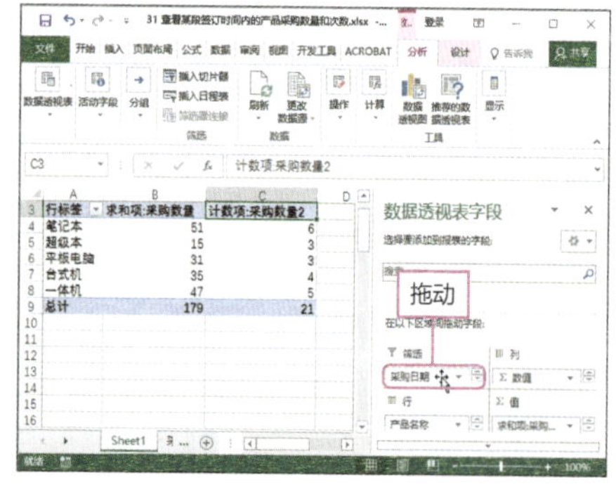

3 单击“采购日期”右侧下三角按钮，选择3月份中下旬的日期，单击“确定”按钮。

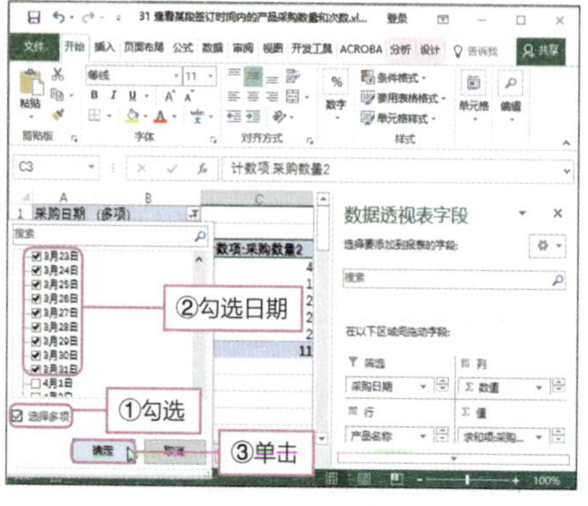

4 返回数据透视表中，可见统计出在3月中下旬产品采购数量和次数。

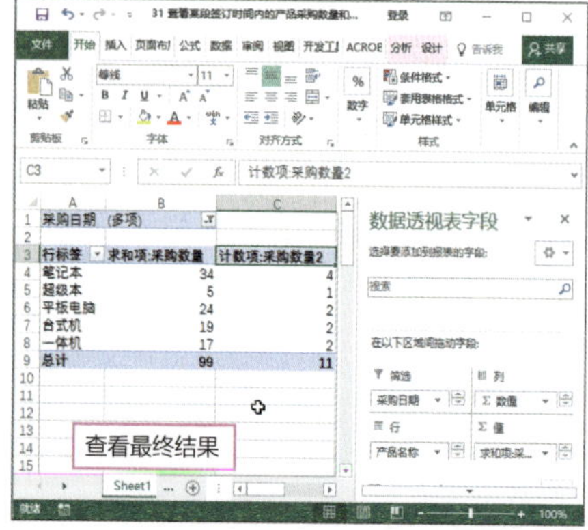

使用交叉透视表统计各分公司各产品销售额的排名

语音视频
教学310

● Level

2016 2013 2010

实例　使用数据透视表计算排名

在数据透视表中可以快速筛选和比较数据，在财务报表中使用数据透视表中分析数据时，配合数据透视图能更直观地展示各数据。

例：统计各分公司各产品的销售额后，通过数据透视表进行排名。

1 打开工作表，选中工作表内任意单元格，单击“插入”选项卡中的“数据透视图”按钮。

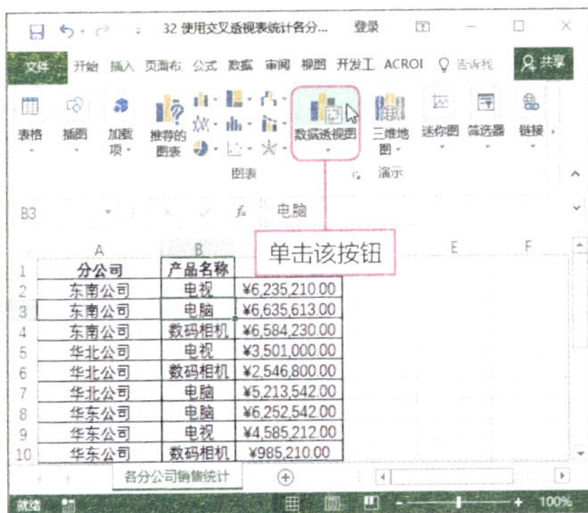

2 弹出“创建数据透视图”对话框，单击“确定”按钮。

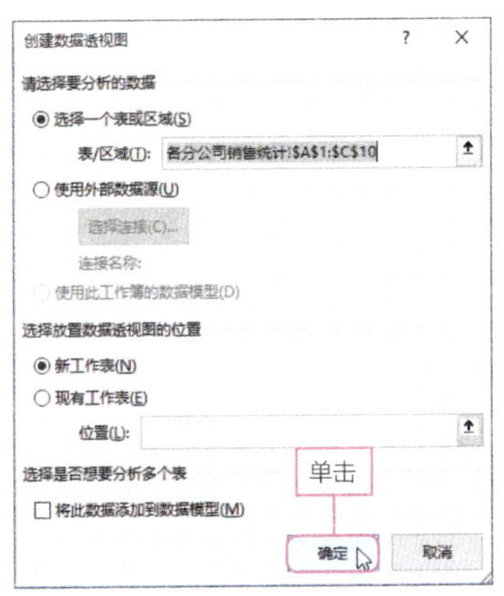

3 在新工作表中创建空白数据透视表和透视图，在“数据透视图字段”导航窗格中，将“选择要添加到报表的字段”列表框中的“分公司”、“产品名称”和“销售总额”字段分别拖动到“轴（类别）”、“图列（系列）”和“值”区域。

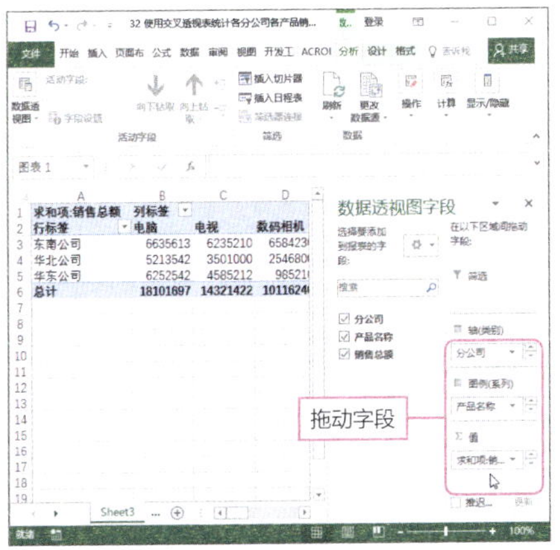

4 查看数据透视表和透视图，可见各个员工销售额和产品的销售额都汇总了。

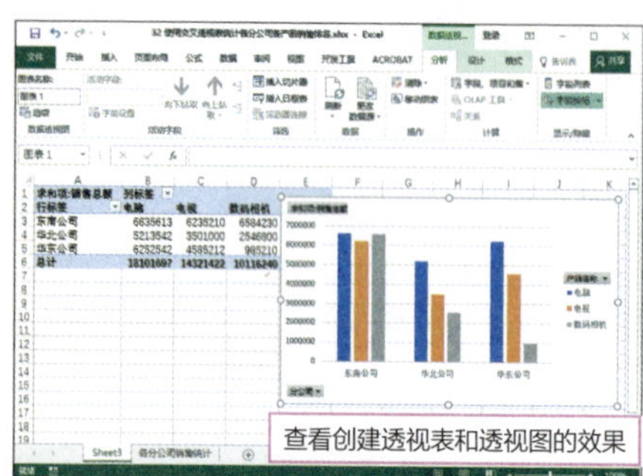

5 单击“求和项：销售额”下三角按钮，选择“值字段设置”命令。

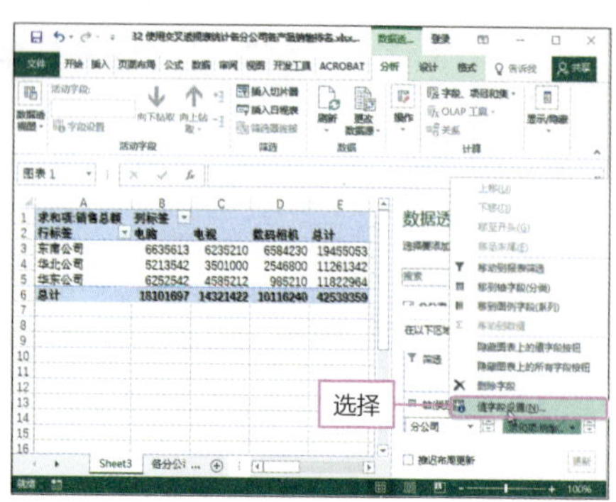

6 弹出“值字段设置”对话框，在“自定义名称”文本框中输入“销售总额排名”文字。

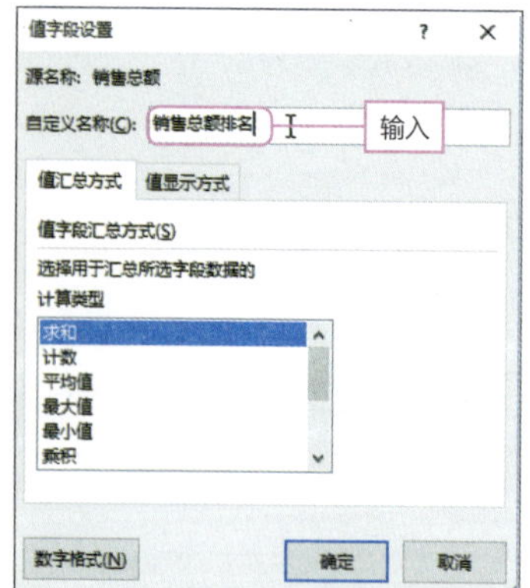

7 切换至“值显示方式”选项卡，设置“值显示方式”为“升序排列”。

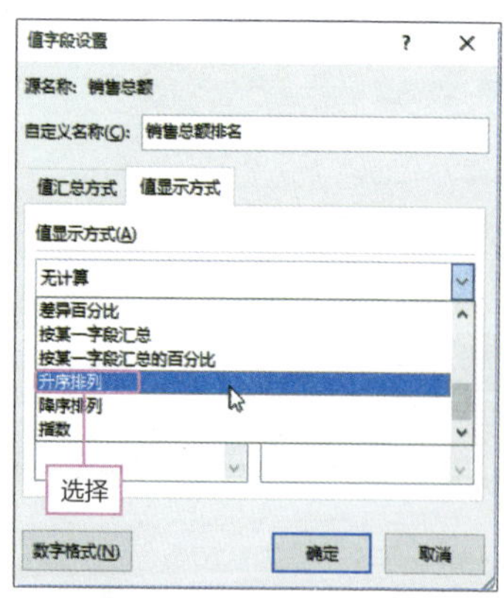

8 单击“确定”按钮，返回工作表中，可见数据透视表和透视图显示了排名情况。

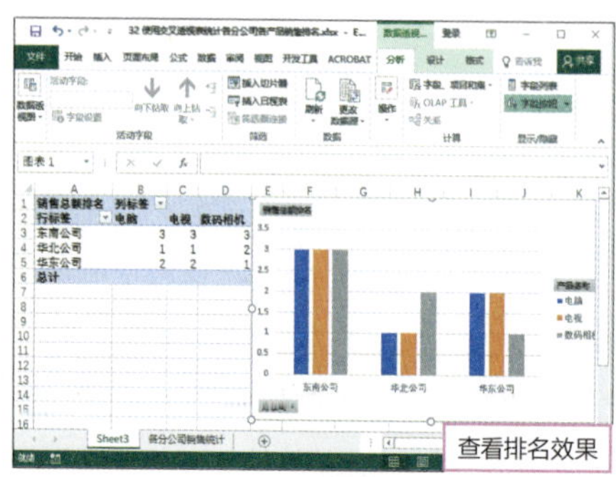

Hint

调整数据透视图的大小

创建数据透视图后，可以根据版面需要调整其大小，选中透视图，其四周将出现8个控制点，将光标移动至任意一个控制点，光标将变为双向箭头，然后按住鼠标左键进行拖曳即可。

用户还可进行精确调整，选中数据透视图后，切换至“数据透视图工具-格式”选项卡，在“大小”选项组中设置数据透视图高度和宽度的值。

Question 311

Level ◆◆◆

2016 2013 2010

根据数据源快速构建销售额分析图

实例 使用数据透视图构建新表格

分析财务报表时，当只需要对报表中几个字段进行分析时，如果能把这几个字段单独制作成一个表格会更有利于数据分析。下面介绍在销售分析表中分析产品名称和销售额的关系。

1 打开工作表，选中表内单元格，单击“插入”选项卡中的“数据透视图”按钮。

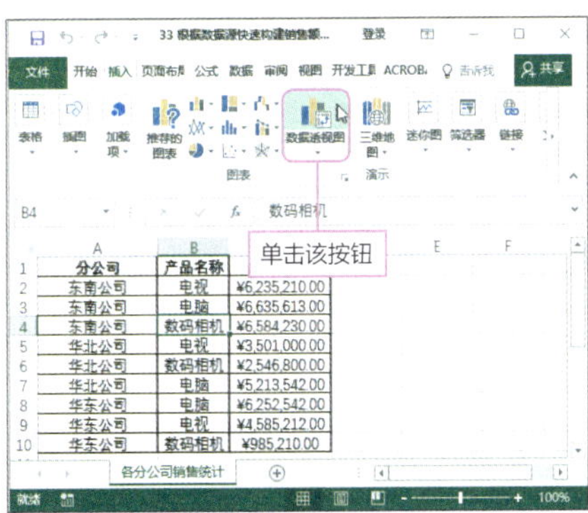

2 弹出“创建数据透视图”对话框，单击“确定”按钮。

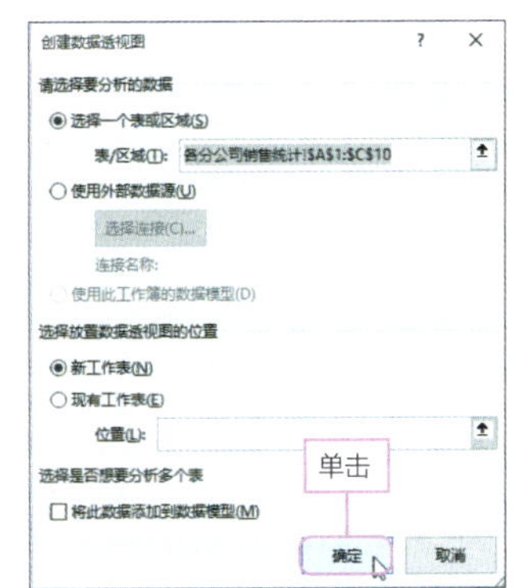

3 打开新的工作表，在工作表的右侧打开“数据透视图字段”导航窗口，选择所需字段，进行相应的设置。

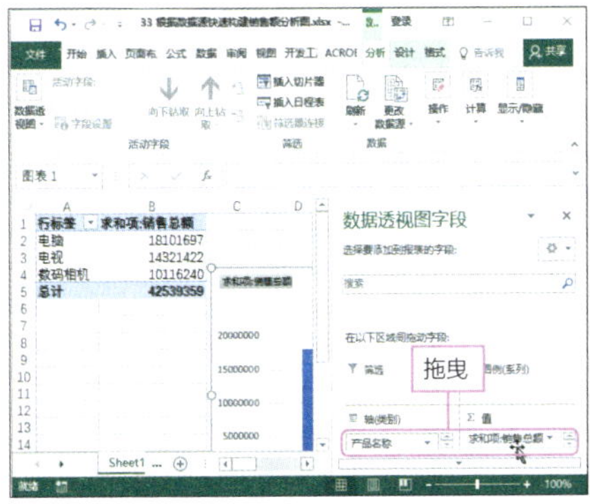

4 在新的工作表中将对选择的字段进行汇总求和，而且显示了数据透视图。

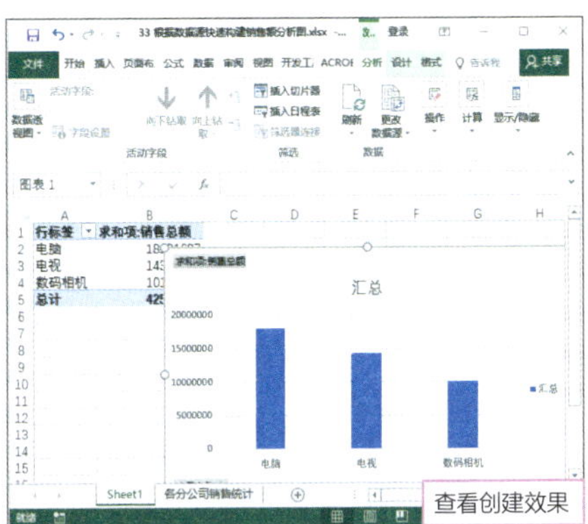

Question

312

统计所有产品的采购数量和次数

● Level ◆◆◆

2016 2013 2010

实例 使用数据透视图统计产品采购数量和采购次数

根据采购明细表分析客户对哪种产品需求量大和哪种产品客户订购次数比较频繁时，在不改变原文件的情况下可以快速统计出来吗？使用数据透视表可以很好地完成这项任务。

1 选中工作表中的单元格，单击“插入”选项卡下的“数据透视图”按钮，弹出“创建数据透视图”对话框。

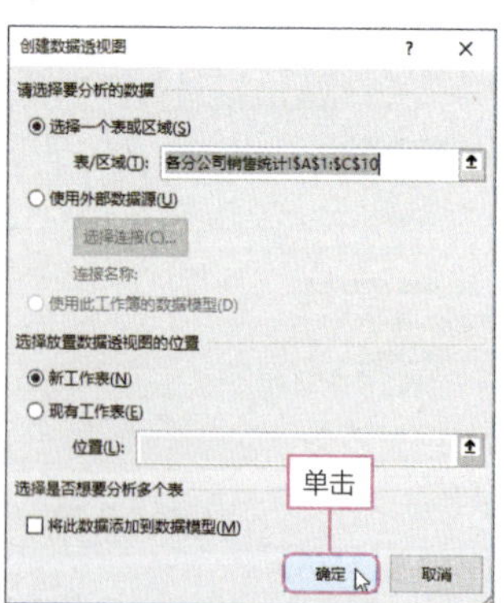

2 Excel将自动创建新的工作表，在“数据透视表字段”导航窗口中进行相应的设置。

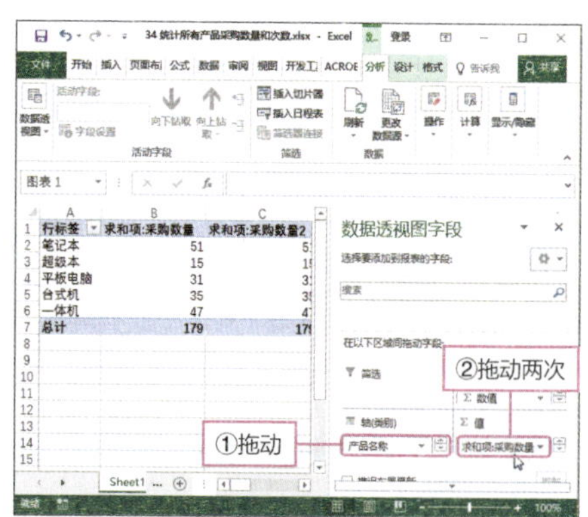

3 单击“求和项：采购数量2”，选择“值字段设置”命令，在打开的“值字段设置”对话框中对汇总方式进行设置。

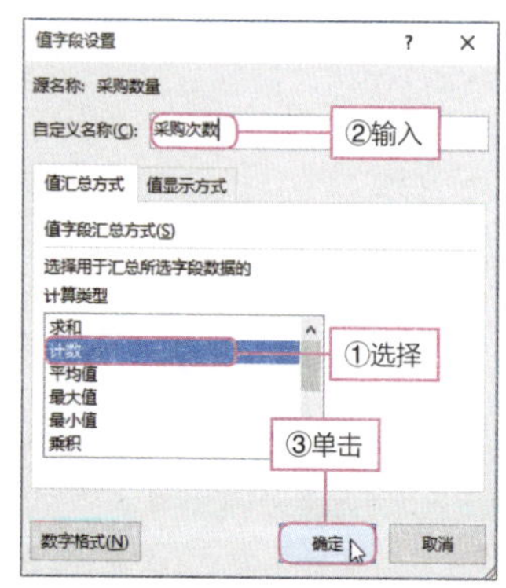

4 选中图表，单击“数据透视图工具-设计”选项卡中“快速布局”下拉按钮，选择所需的布局样式选项。

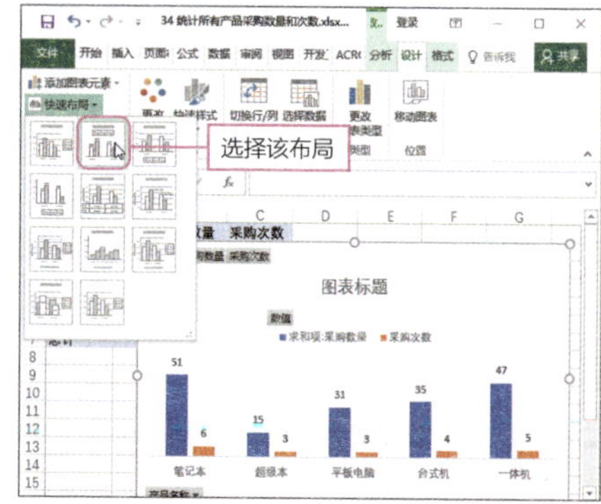

5 为图表添加标题，然后单击“图表样式”选项组的“其它”按钮，选择合适的样式。

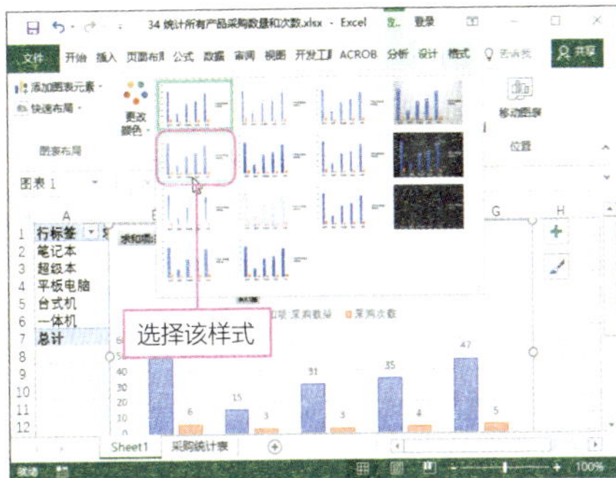

6 选中“订单次数”柱形图并右击，在快捷菜单中选择“设置数据系列格式”命令。

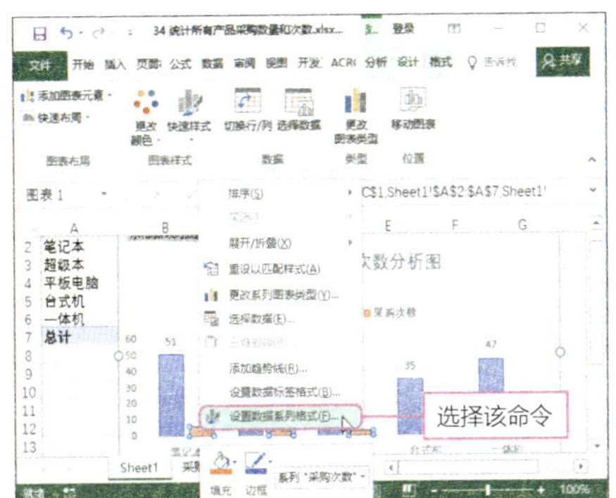

7 弹出“设置数据系列格式”导航窗格，选择“次坐标轴”单选按钮。

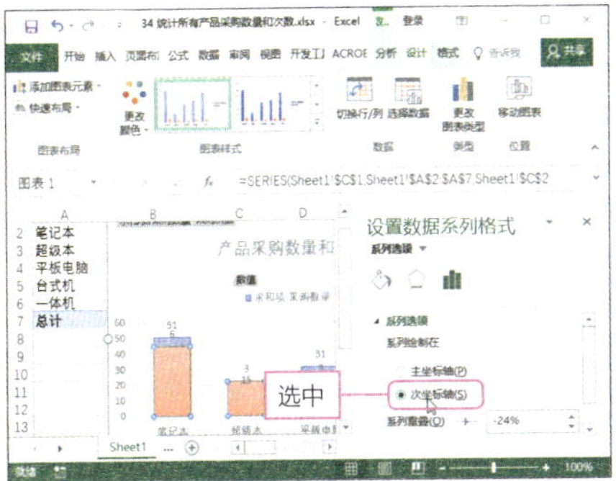

8 选中“订单次数”柱形图并右击，在快捷菜单中选择“更改系列图表类型”命令。

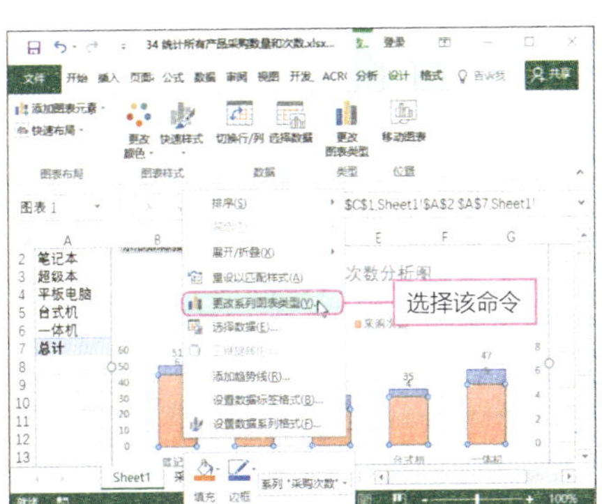

9 弹出“更改图表类型”对话框，选择所需的图表。

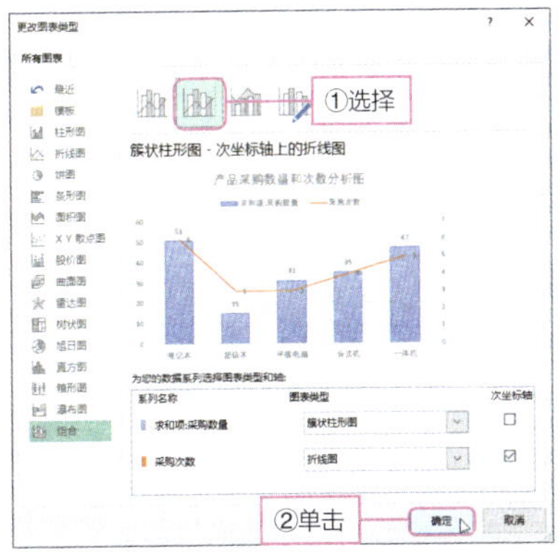

10 单击“确定”按钮，查看数据透视表和数据透视图效果。

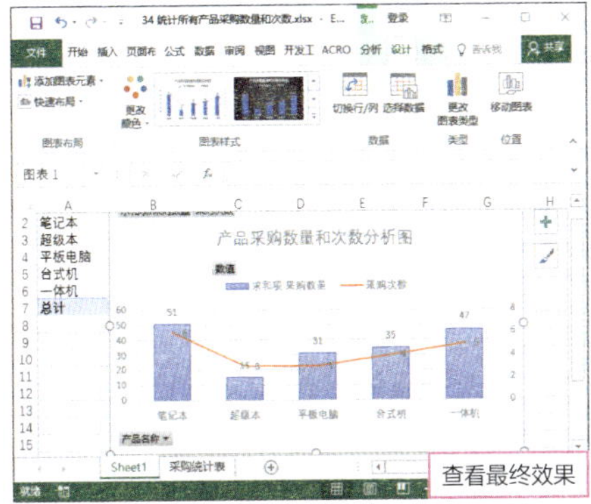

Question

313 快速突出显示数据透视图中指定的数据系列

语音视频
教学313

● Level ◆◆◆

2016 2013 2010

实例 设置数据透视图中系列的格式

数据透视图创建完成后，各数据系列可以根据需要设置格式，用户也可只为某一个系列设置格式，以达到突出显示的效果。

1. 打开工作表，选中东南公司的电脑系列，单击鼠标右键，在快捷菜单中选择“设置数据点格式”命令。

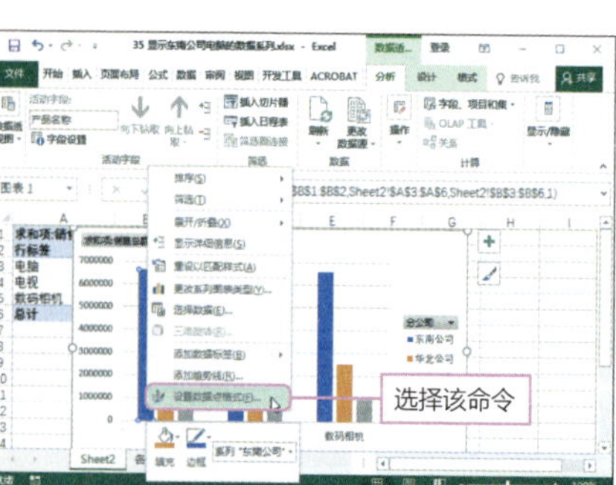

2. 打开“设置数据点格式”导航窗格，在“填充与线条”选项区域设置数据系列的填充颜色和边框样式。

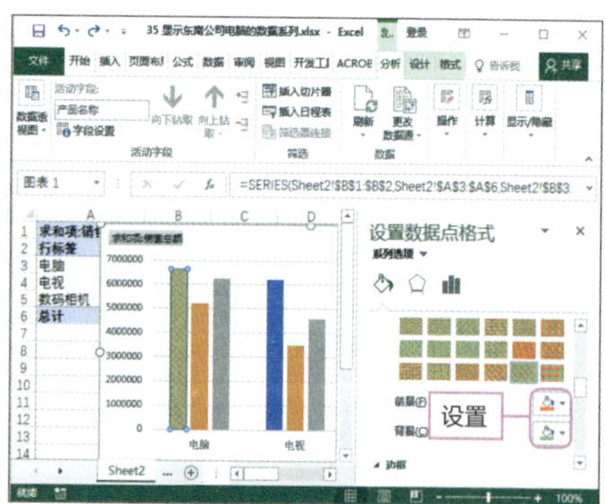

3. 切换至“效果”选项，设置数据系列的发光效果。

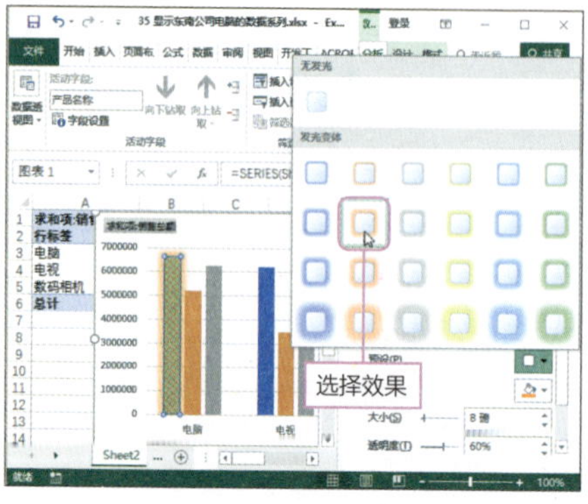

4. 返回数据透视图中，可见东南公司的电脑数据系列的柱形图被设置得与众不同，很突出。

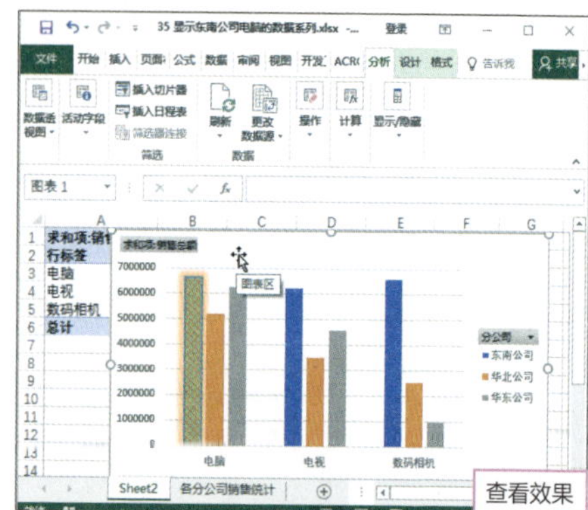

Question

314 在数据透视图中筛选数据

语音视频教学314

Level ◆◆◆

2016 2013 2010

实例　筛选出报表中华北和华东公司电视和数码相机的数据

在数据透视图中可以执行筛选操作，筛选出需要分析的数据，并且直接在图中反映，在相应的数据透视表中显示筛选的数据，以达到图文并茂的效果，增加说服力。

1 打开工作表，在透视图中单击“产品名称”下三角按钮，勾选相应复选框。

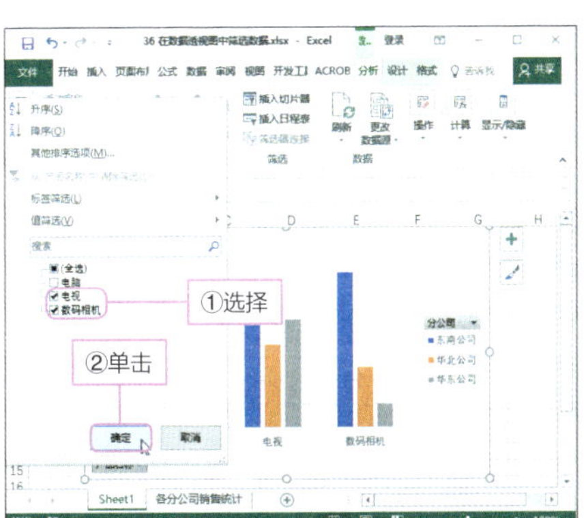

2 单击“分公司”下三角按钮，在列表中勾选相应复选框。

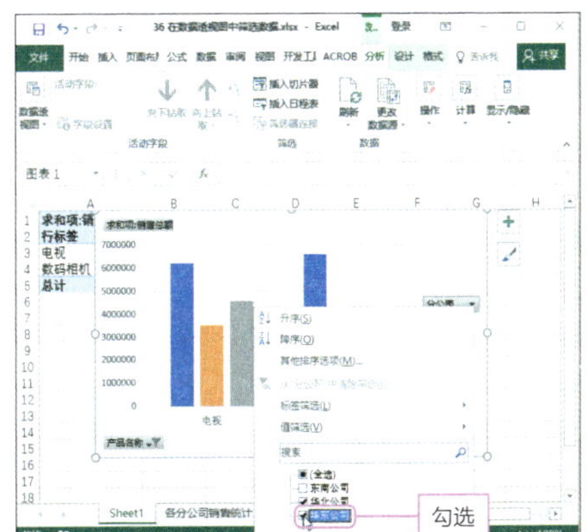

3 返回工作表中，可见数据透视表和透视图中只显示筛选出的数据。

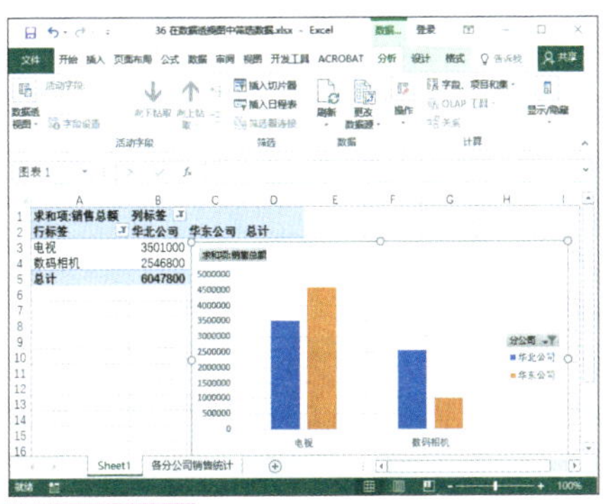

查看筛选的效果

Hint

更改数据透视图的类型

数据透视图也是可以根据需要更改类型，具体操作介绍如下：选中透视图，切换至“数据透视图工具--设计”选项卡，单击“类型”选项组中的“更改图表类型”按钮，打开“更改图表类型”对话框，选择合适的图表类型，然后单击“确定”按钮即可。

Question 315

为数据透视图设置艺术效果

Level ◆◆◆

2016 2013 2010

实例 美化数据透视图

在工作表中创建数据透视图后，我们还可以根据需要为数据透视图设置艺术效果，使创建的数据透视图更美观。

1. 打开工作表，选中数据透视图，单击"图表样式"选项组中"其他"按钮，选择所需的样式。

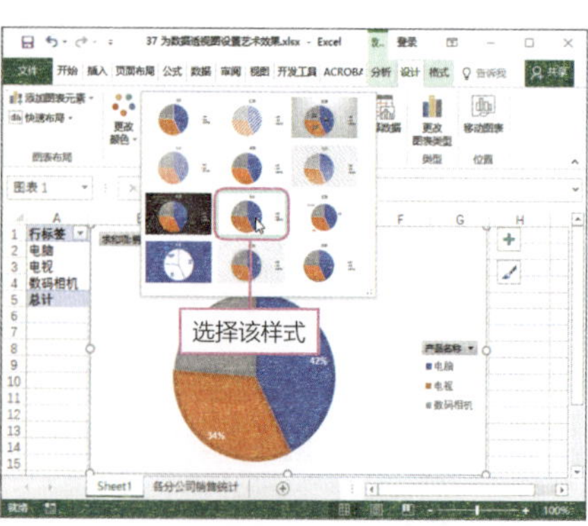

2. 选中图表标题，设置字体样式，并在"艺术字样式"选项组中设置效果。

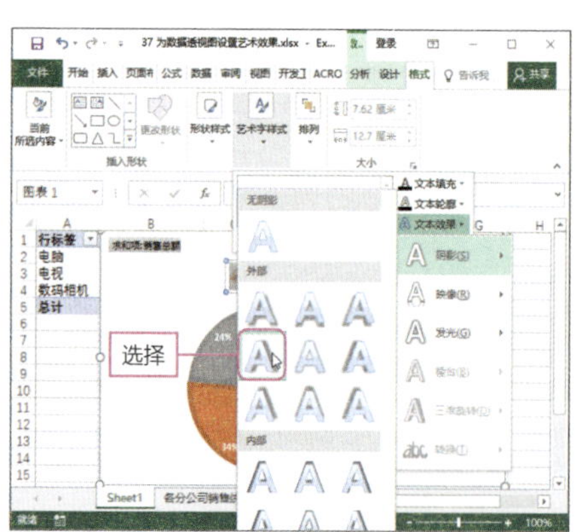

3. 打开"设置图表区格式"导航窗格，选中"图片或纹理填充"单选按钮，单击"文件"按钮。

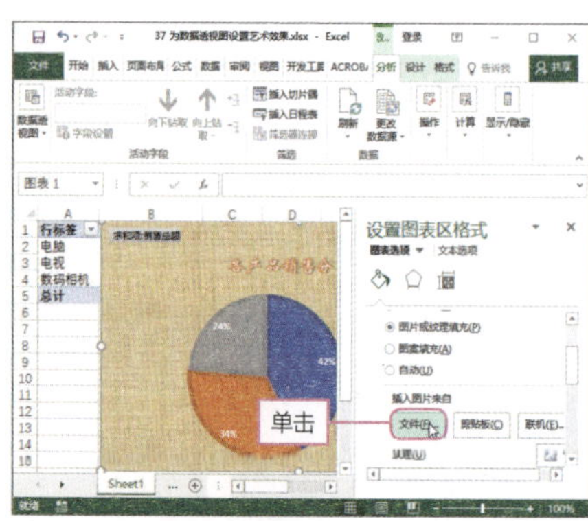

4. 在打开的对话框中选择要插入的图片，返回工作表中查看富有艺术气息的数据透视图效果。

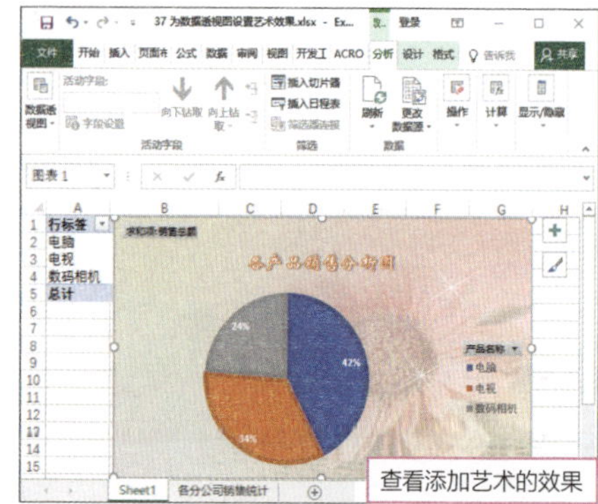

Question 316

快速创建切片器并筛选数据

Level ◆◆◆

2016 2013 2010

实例　为数据透视表添加切片器

在财务报表中插入切片器，可以利用它快速、直观地筛选出所需的数据，因为切片器的功能很强大，熟练掌握后可以大大提高工作效率。

1. 选中数据透视表，单击“数据透视表工具-分析”选项卡中“插入切片器”按钮。

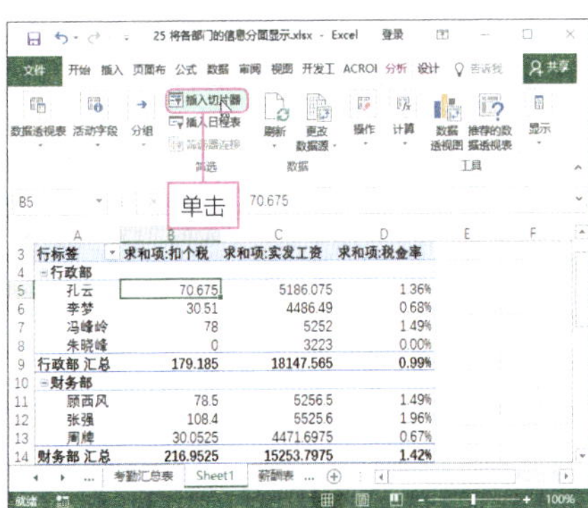

2. 弹出“插入切片器”对话框，勾选需要插入切片器的科目复选框，单击“确定”按钮。

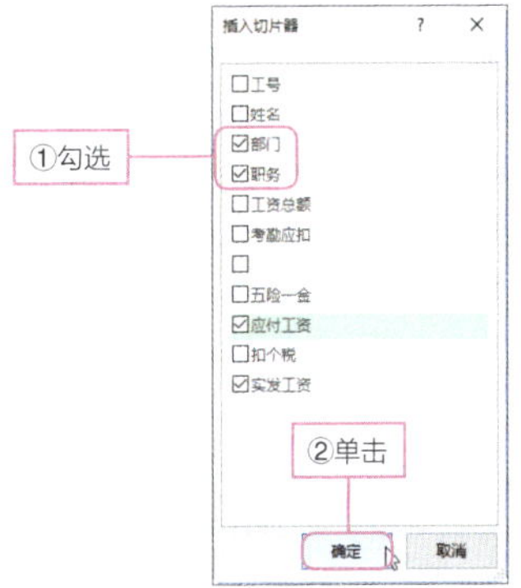

3. 返回工作表，可见浮动于透视表上显示的切片器，整齐地排列着。

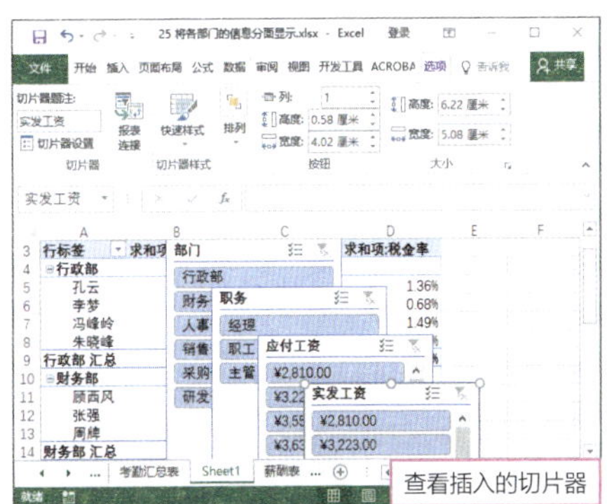

4. 选中“部门”切片器，单击“排列”选项组中“上移一层”下拉按钮，选择“置于顶层”选项。

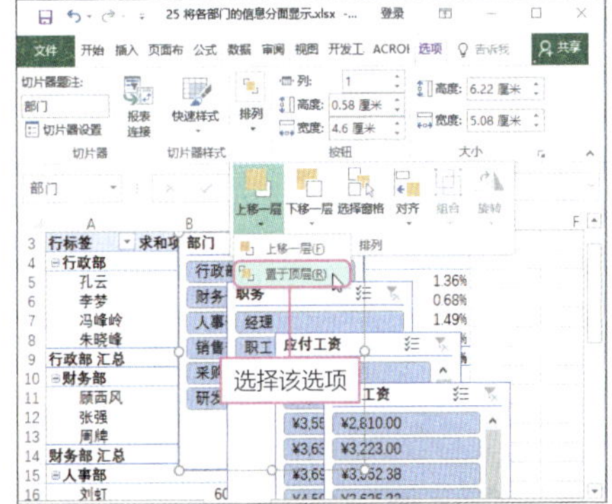

5 可见“部门”切片器移至最顶层，按Ctrl键选择需要筛选出的部门。

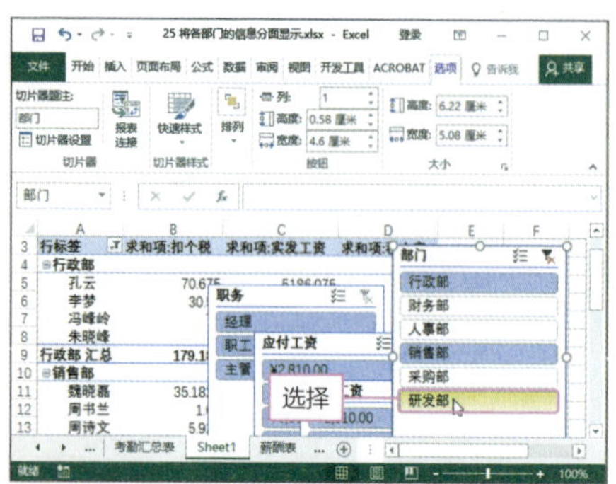

6 返回工作表中，可见筛选出选中部门的相关信息。

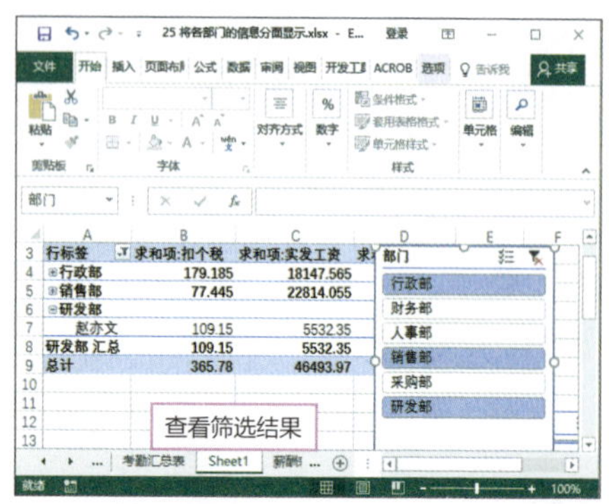

7 如果需要清除筛选结果，只需单击切片器右上角的“清除筛选器”按钮即可。

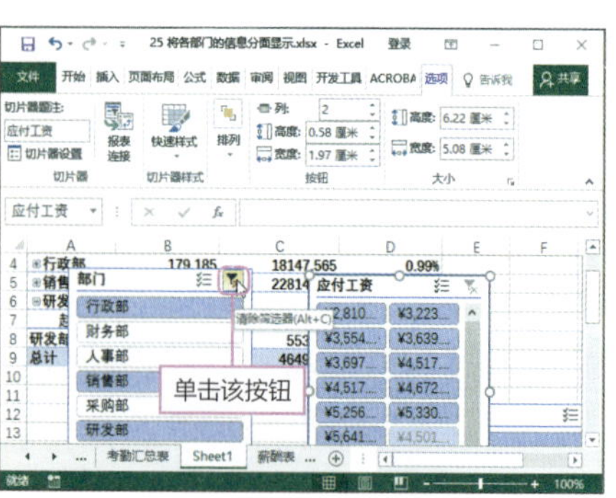

8 选中“应付工资”切片器，在“切片器工具-选项”选项卡中，对切片器的大小进行设置。

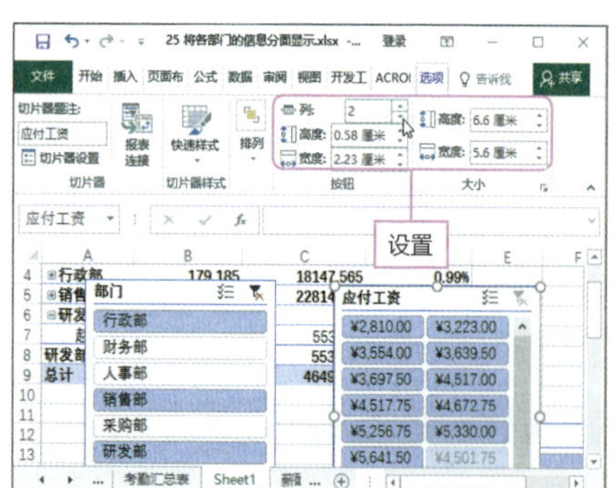

9 选中“部门”切片器，单击“切片器样式”选项组中“其他”下三角按钮，在列表中选择所需切片器样式。

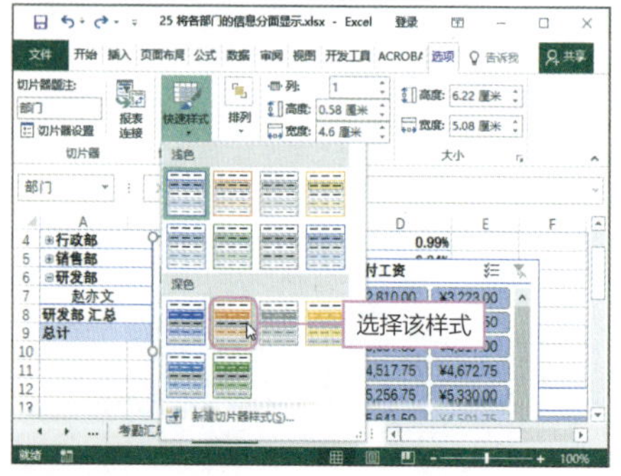

10 返回工作表中，可见切片器应用了选中的样式。

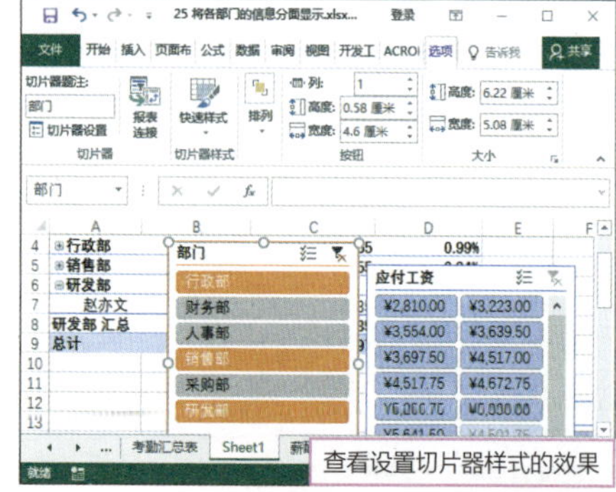

Question 317

● Level ◆◆◆

2016 2013 2010

快速为切片器起名字

语音视频教学317

实例　更改切片器的名称

切片器是一种以图形化的筛选方式为数据透视表中字段创建的字段选取器，若要修改切片器的名称，用户可以通过以下方法实现。

例：将“姓名”切片器更改为“员工姓名”切片器。

1. 选择“姓名”切片器，切换至“切片器工具-选项”选项卡，单击“切片器设置”按钮。

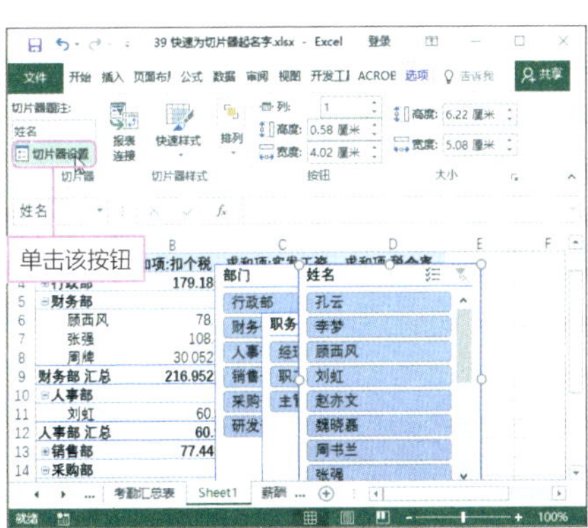

2. 打开“切片器设置”对话框，在“标题”文本框中输入切片器名称，单击“确定”按钮。

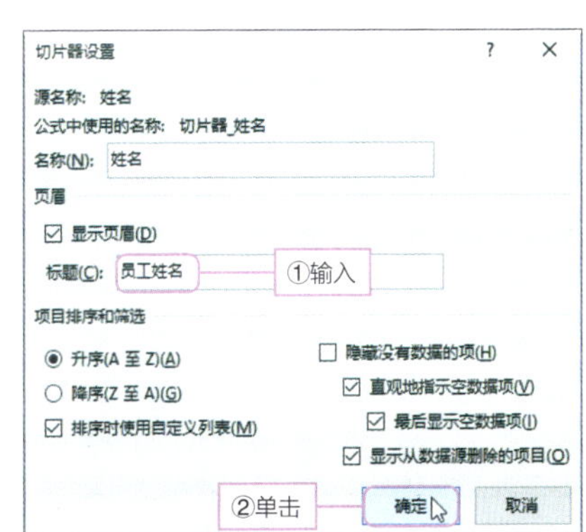

3. 返回工作表中，查看更改切片器名称的效果。

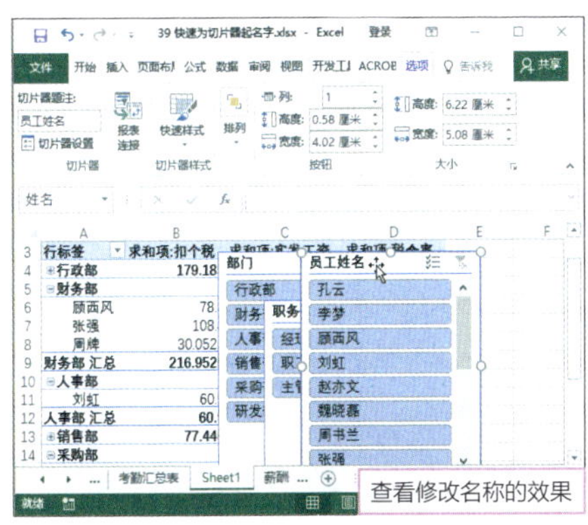

Hint

隐藏切片器

若需要隐藏切片器，则选中切片器，切换至“切片器工具-选项”选项卡，单击“排列”选项组中“选择窗格”按钮，打开“选择”窗格，单击切片器名称右侧的眼睛图标，即可隐藏或显示切片器。

若需删除切片器，则选中切片器，直接按下键盘上的Delete键即可。

Question

318 日程表的应用

Level ◆◆◆

2016 2013 2010

实例 插入日程表并筛选日期

日程表是Excel新增的功能，对日期格式字段的筛选是非常有效的，弥补了数据透视表中不能对日期格式进行筛选的不足，下面将介绍日程表的插入、筛选以及应用样式等操作。

1 打开工作表，切换至“插入”选项卡，单击“筛选器”选项组中“日程表”按钮。

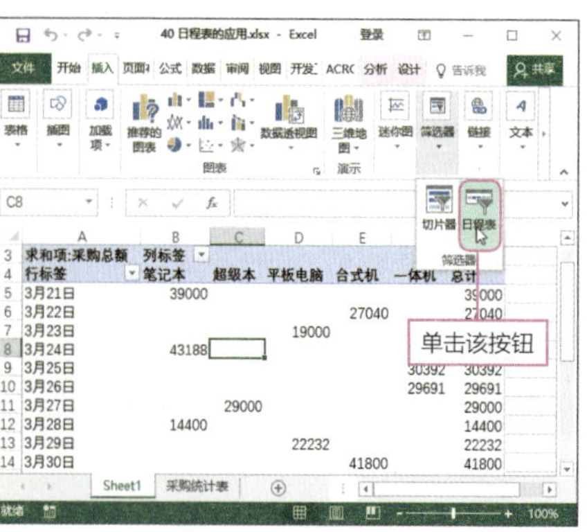

2 打开“插入日程表”对话框，勾选相应的复选框，单击“确定”按钮。

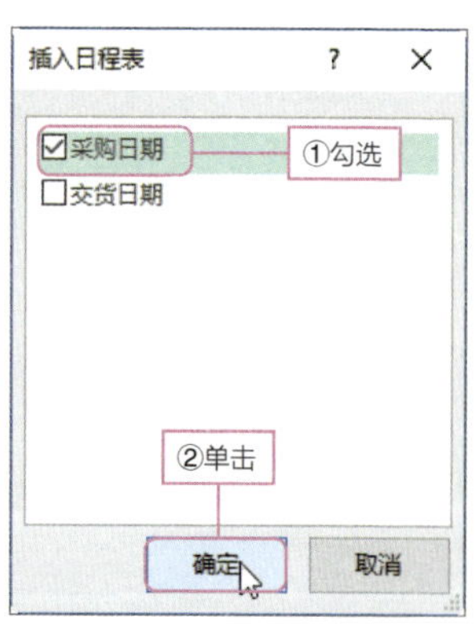

3 返回工作表中，可见创建的“采购日期”日程表。

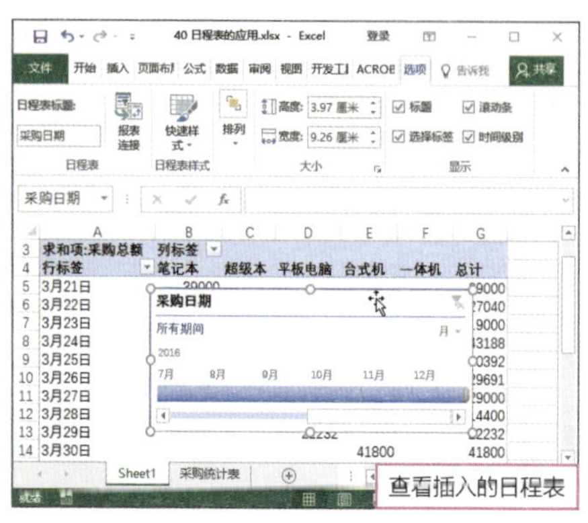

4 在日程表中，单击对应的模块，即可筛选所需的日期数据，例如，单击“4月”模块。

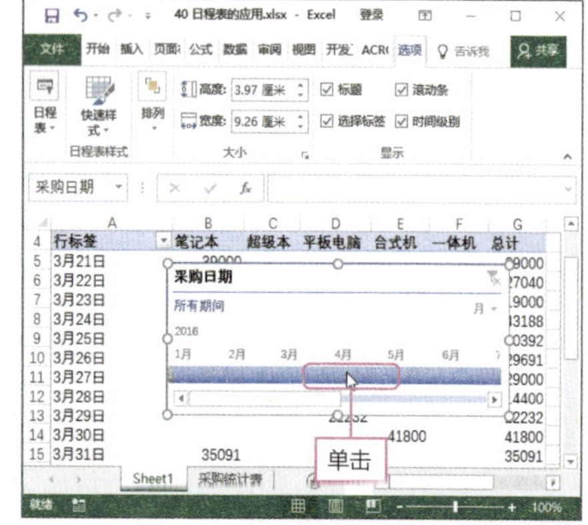

5 返回数据透视表中，可见只显示4月份采购记录。

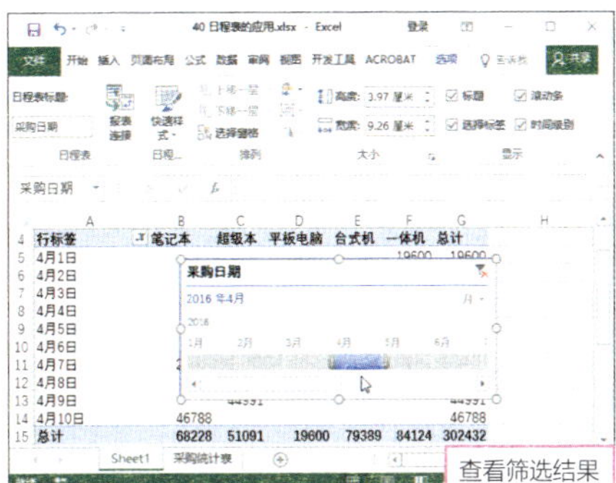

6 如果需要清除筛选结果，只需单击日程表右上角“清除筛选器”按钮即可。

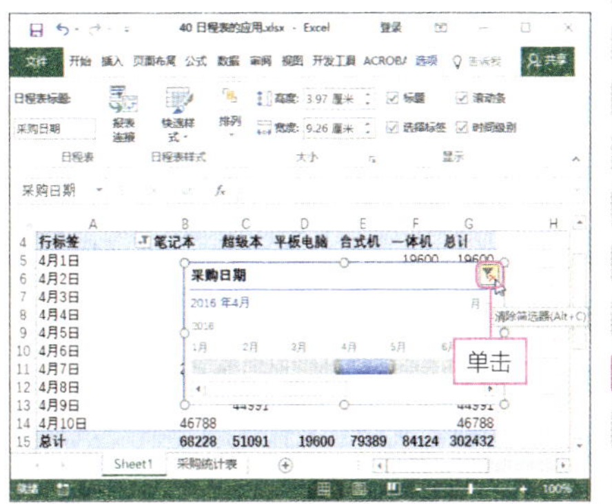

7 日程表提供不同类型的筛选条件，单击右上角下三角按钮，在列表中进行选择。

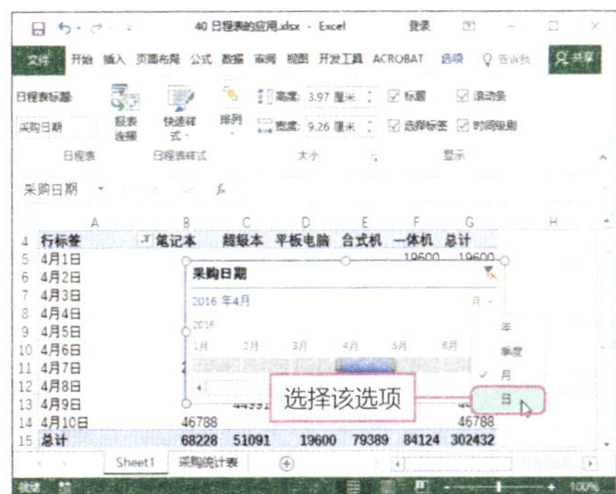

8 在日程表中，选中需要筛选的日期模块，即可筛选出以日为单位的数据。

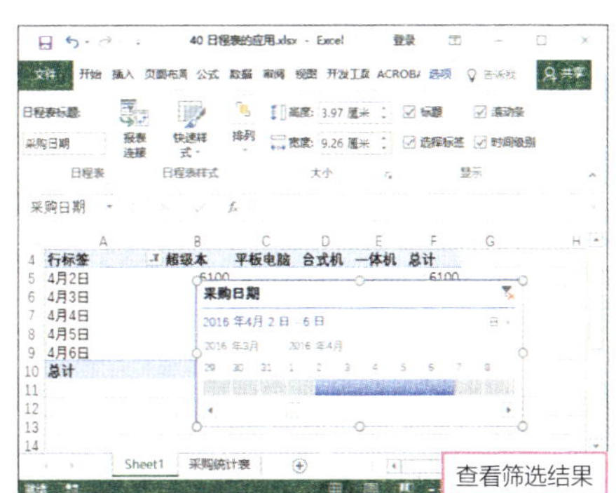

9 选中日程表，单击“日程表样式”选项组中“其他”下三角按钮，在列表中选择所需的样式。

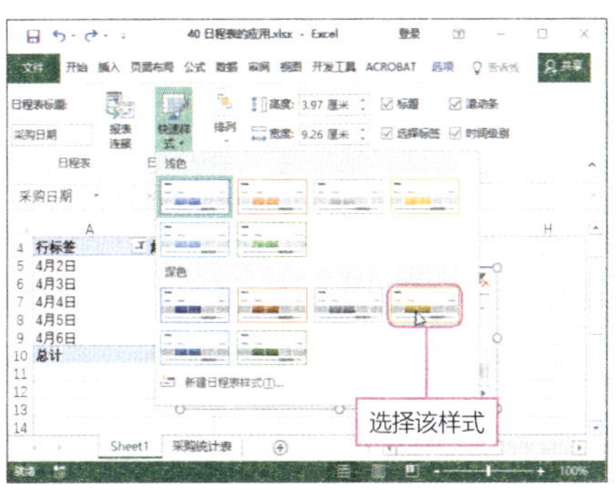

10 返回工作表中，可见日程表应用了选中的样式。

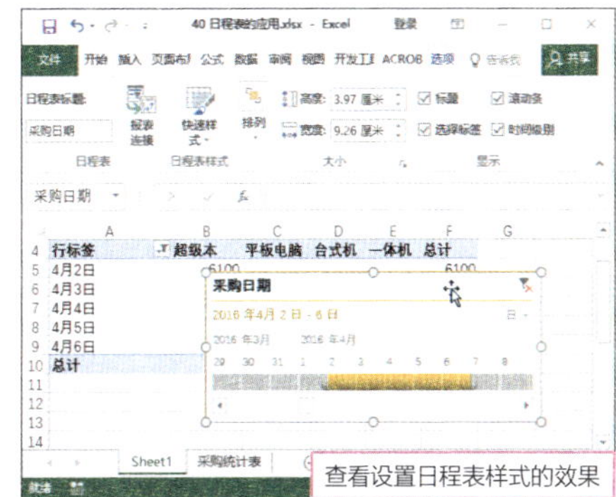

第10章 319~343

各类报表的打印与输出技巧

- 打印指定区域的技巧
- 轻松打印相同工作表中不连续的区域
- 在打印的多页报表的每页都添加表头
- 使用分页符手动为待打印的报表分页
- 将多页显示的库存统计表打印到一页上
- 在打印工作表时不打印图表
- 批注也能轻松打印

Question 319

打印指定区域的技巧

Level ◆◆◆

2016 2013 2010

实例 打印财务报表中部分内容

在财务报表的打印输出时，默认是对工作表中的所有内容进行打印。但有时根据需要只打印工作表的部分时，我们需要对打印的区域进行设置，快速打印指定区域。

最初效果

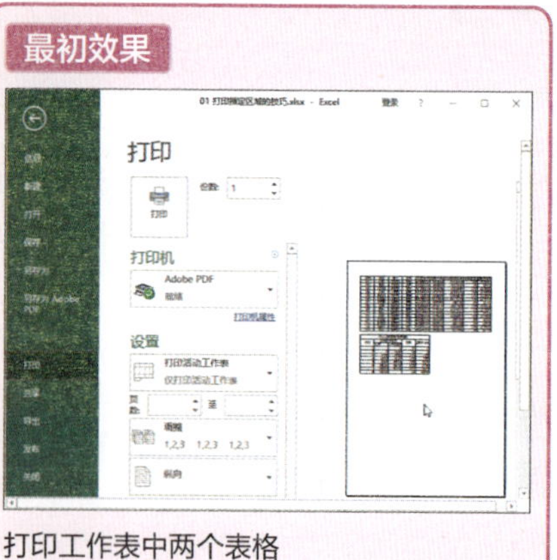

打印工作表中两个表格

最终效果

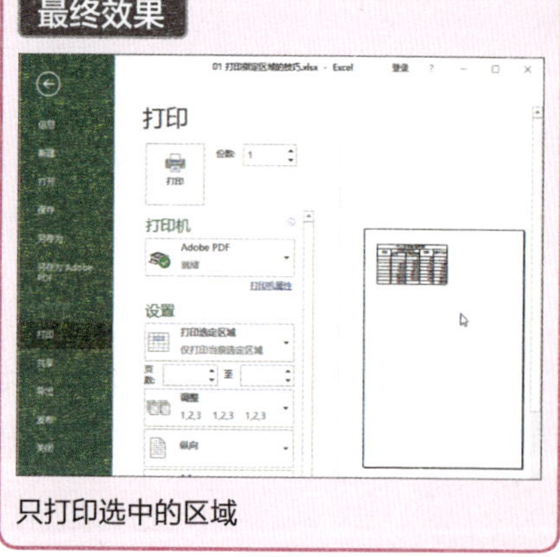

只打印选中的区域

1 打开工作表，选中需要打印的单元格区域，单击“文件”标签。

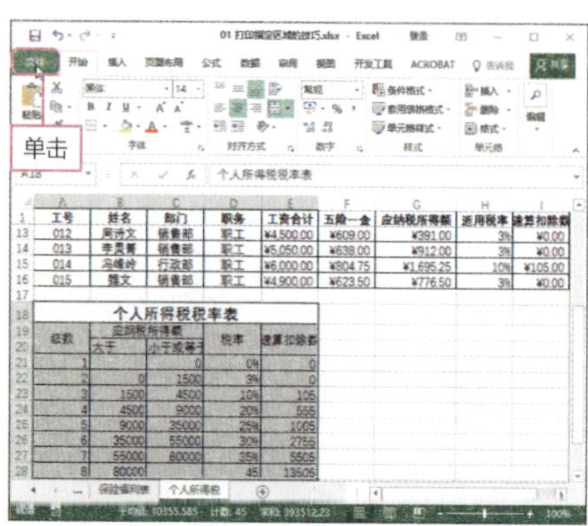

2 选择“打印”选项，设置打印区域为“打印选定区域”。

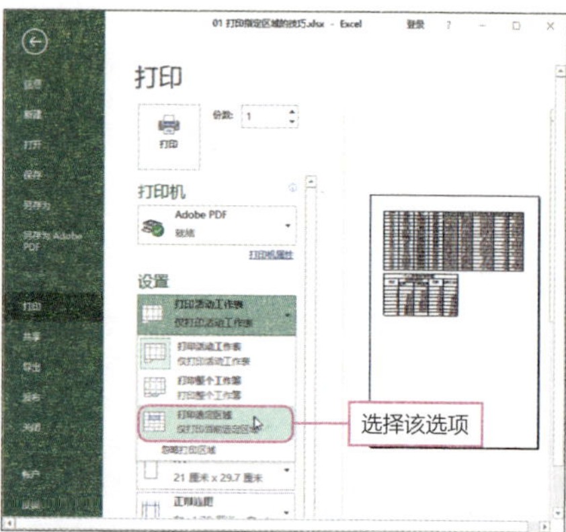

轻松打印相同工作表中不连续的区域

语音视频
教学320

实例　在库存统计表中打印指定产品的信息

2016 2013 2010

当需要打印同一页的不连续区域时，如果直接选择指定的表格区域进行打印时，Excel会将各个表格区域打印到不同的页上，这时可以使用隐藏不需要的行进行打印的方法，打印不连续的单元格区域。

1 打开工作表，按住Ctrl键选中不需要打印的行，单击鼠标右键，选择“隐藏”命令。

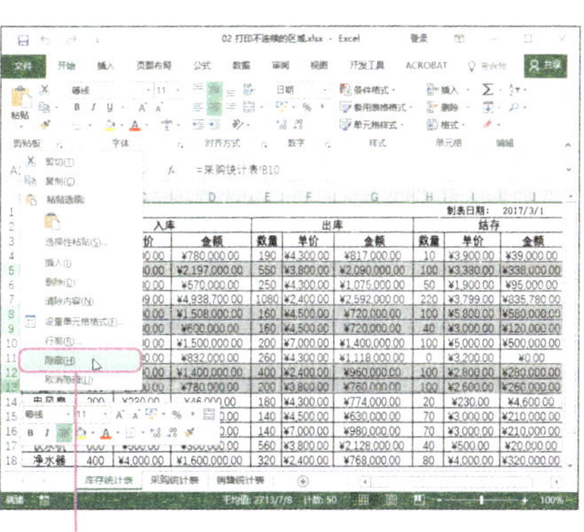

选择该命令

2 选中隐藏后的单元格区域，在“打印区域”列表中选择“设置打印区域”选项。

选择该选项

3 进入打印模式，在右侧预览区域可见只打印隐藏后的单元格区域。

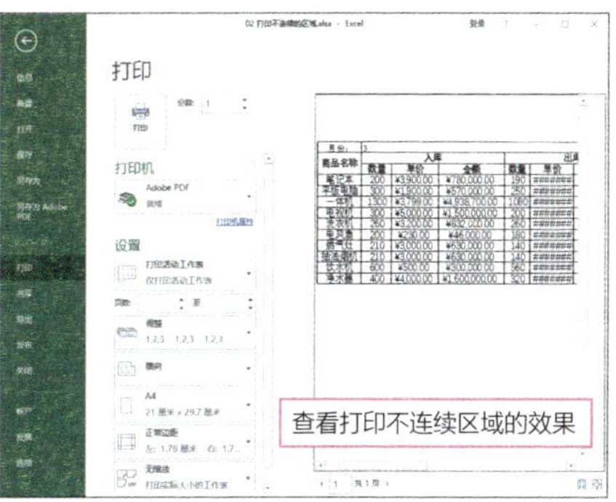

查看打印不连续区域的效果

Hint

使用照相机打印不连续区域

打开“Excel选项”对话框，切换至“快速访问工具栏”选项面板，选择“从下列位置选择命令”列表框中选择“照相机”选项，添加至快速访问工具栏，选中需要打印的部分区域，单击“照相机”按钮，将拍照的结果整齐放在一起，然后执行打印操作即可。

Question

321

● Level

◆◆◆

2016 2013 2010

在打印的多页报表的每页都添加表头

语音视频教学321

实例 在打印的多页薪酬表的每页都添加表头

当财务报表中记录较多，需要分多页打印时，为了便于查看数据，需要在每页的起始位置都添加财务报表的表头。

1. 打开工作表，切换至“页面布局”选项卡，单击“页面设置”选项组对话框启动器按钮。

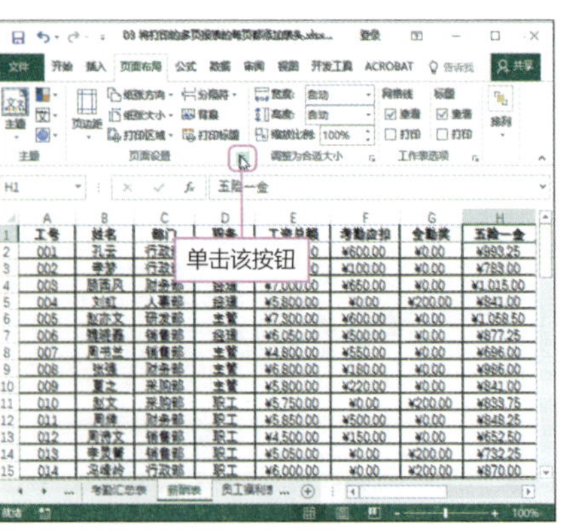

2. 在打开的“页面设置”对话框中，单击“顶端标题行”右侧的折叠按钮。

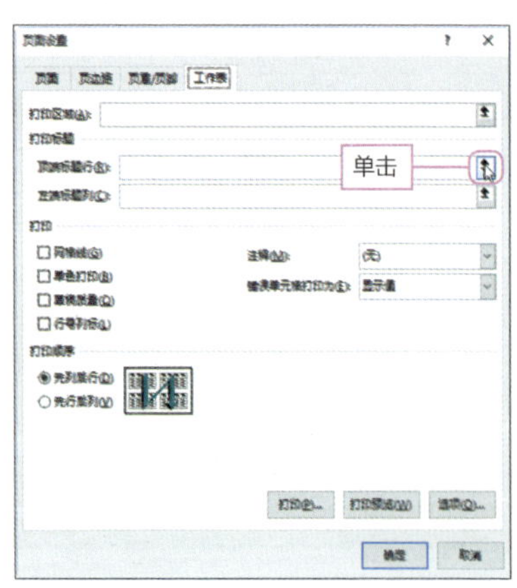

3. 返回工作表中，选中标题的第一行，单击折叠按钮。

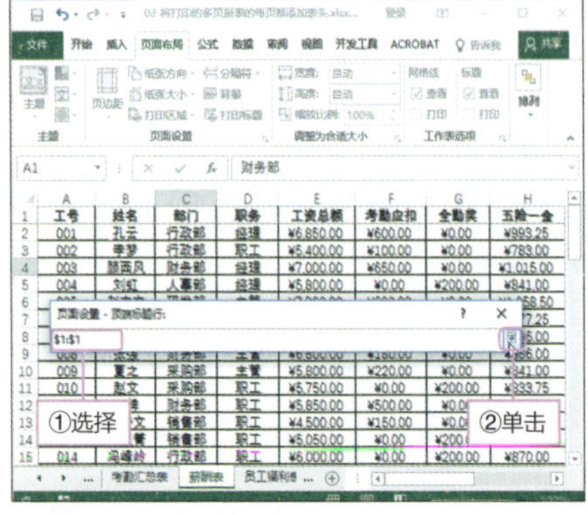

4. 返回工作表中，进入打印模式，切换至打印表格的第二页，可见显示了表格标题。

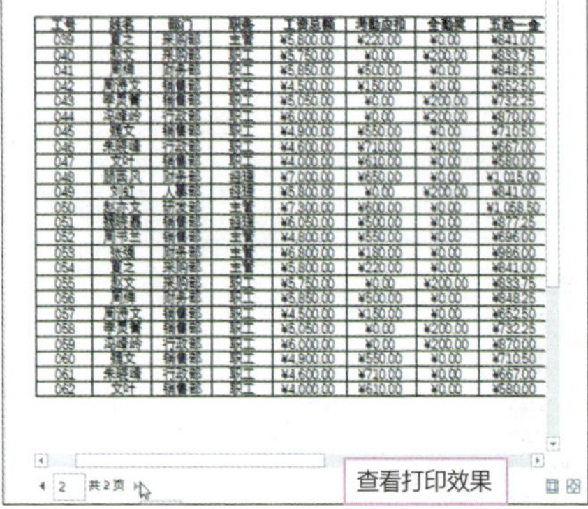

Question

322 使用分页符手动为待打印的报表分页

语音视频教学322

Level ◆◆◆

2016 2013 2010

实例　使用分页符将个人所得税表分页打印

在打印报表时，如果不设置分页符，Excel将默认打印整个工作表，并根据页面能容纳的内容，自动插入分页符。我们可以根据需要设置分页符，按指定位置分页打印。

1 打开工作表，选中K17单元格，单击“页面设置”选项组中“分隔符”下拉按钮。

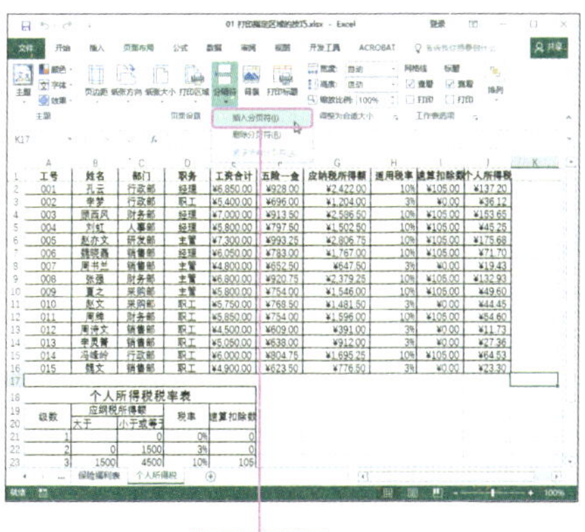

选择该选项

2 进入打印模式，可见工作表中数据被分别打印在不同页面。

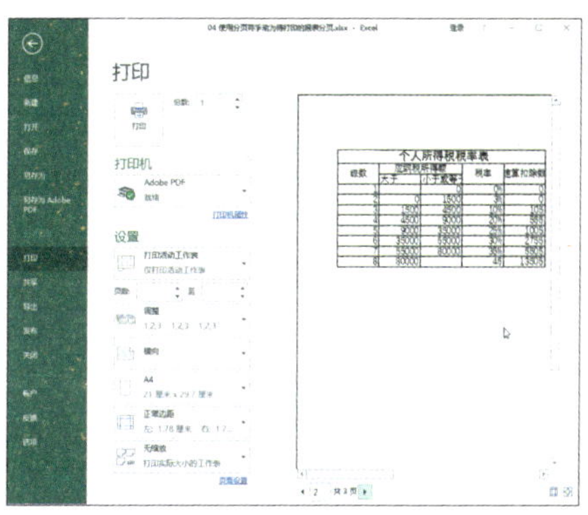

查看打印效果

3 如果不需要分页打印，单击“分隔符”下三角按钮，选择“删除分页符”选项。

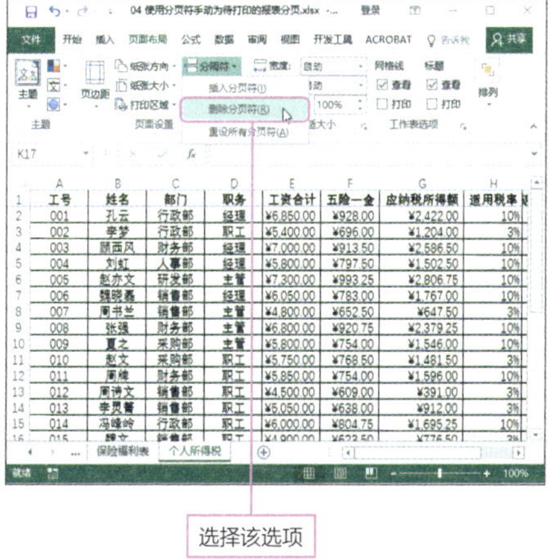

选择该选项

Hint

分页符分隔工作表位置说明

使用分页符手动将打印的工作表分页，首先在工作表中选择一个需要分页的位置，然后以选中该单元格的左上角为界，将工作表分为4个部分。

Question 323

将多页显示的库存统计表打印到一页上

● Level ◆◆◆

2016 2013 2010

实例 设置打印的方向为横向

对于工资表、销售统计表、采购统计表等财会报表，页面通常都比较大，当需要将报表内容打印出来时，通常会出现一页打印不完全的问题。下面介绍如何将多页显示的销售统计表打印到一页上。

1. 打开工作表，执行“文件>打印”操作，在打印预览区域中可以看到该报表打印在2页上。

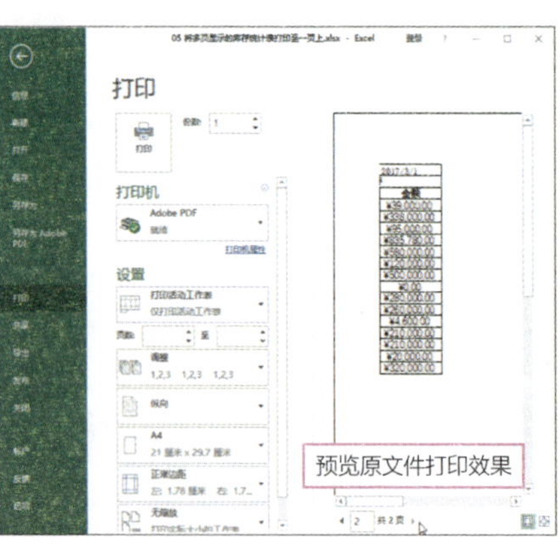

2. 进入打印模式，在“设置”区域，设置打印的方向为“横向”。

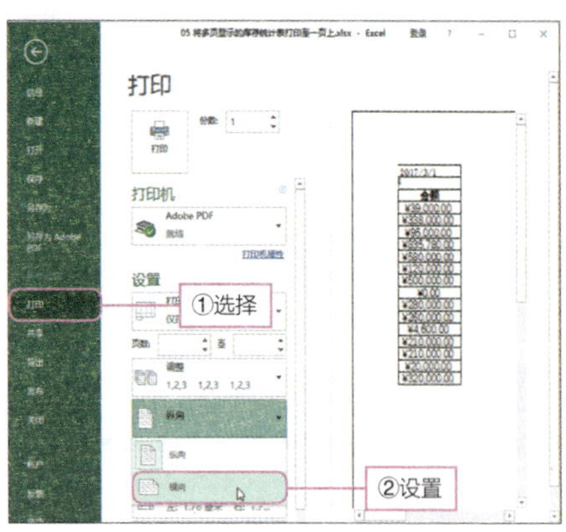

3. 在打印预览区域，可见库存统计表所有数据打印在同一页工作表上。

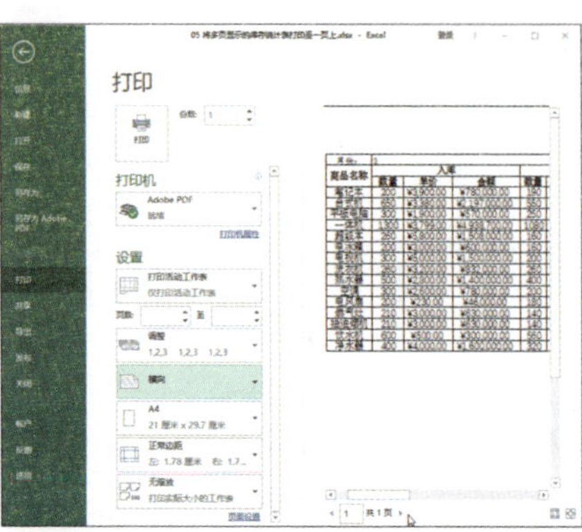

Hint

手动调整页边距的方法

手动调整页边距也可将工作表打印在一页上，执行“文件/打印”操作，在打印预览区域中单击右下角的“显示页边距”按钮，这时，预览框中将出现表示页边距的虚线。将鼠标指向虚线，当指针变为十字形状时，拖动鼠标调整各边的页边距，调至合适位置，可以看到表格已经缩放在一页里打印了。

Question 324

● Level ◆◆◆

2016 2013 2010

在打印工作表时不打印图表

实例　设置打印时特定图表不被打印

工作表中包含图表时，在默认情况下，图表也会被打印出来，如果用户并不需要打印图表，可以先进行相应的设置然后再打印。

例：在各部门费用表中，只打印表格，不打印饼图。

最初效果

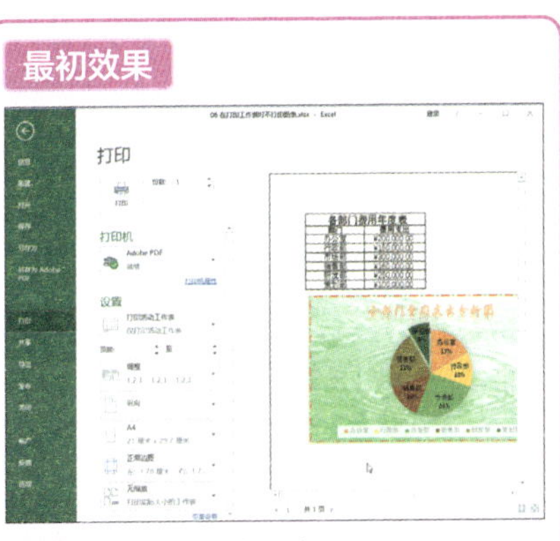

设置前图表会被打印出来

最终效果

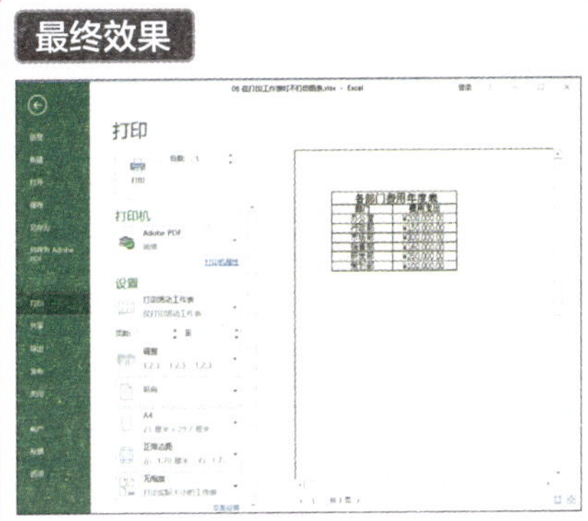

设置后报表中的图表已隐藏

1. 打开工作表，选中图表并右击，在弹出的快捷菜单中选择“设置图表区域格式”命令。

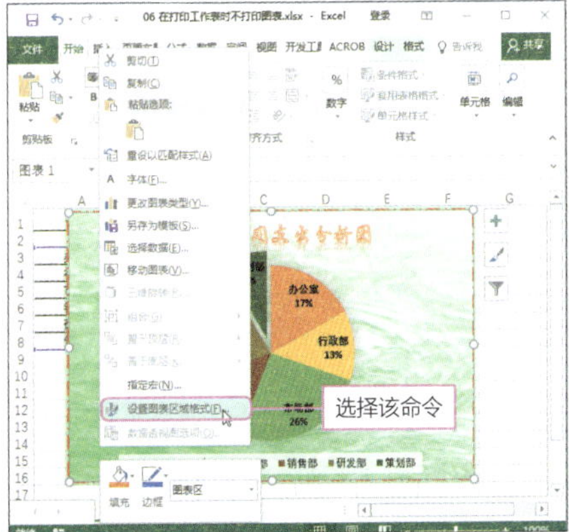

2. 打开“设置图表区域格式”窗格导航，取消勾选“打印对象”复选框。

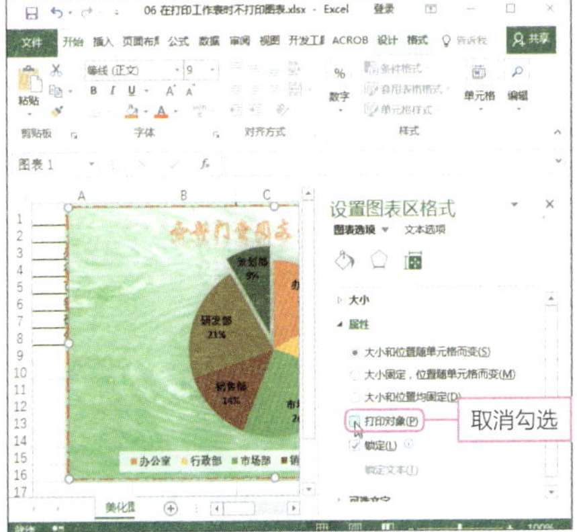

Question 325

批注也能轻松打印

Level ◆◆◆

2016 2013 2010

实例 将应收账款报表中的批注打印出来

在打印报表时，批注默认是不被打印出来的。若需要打印批注，用户可以在“页面设置”对话框中进行相应的设置，使批准也能被打印出来。

最初效果

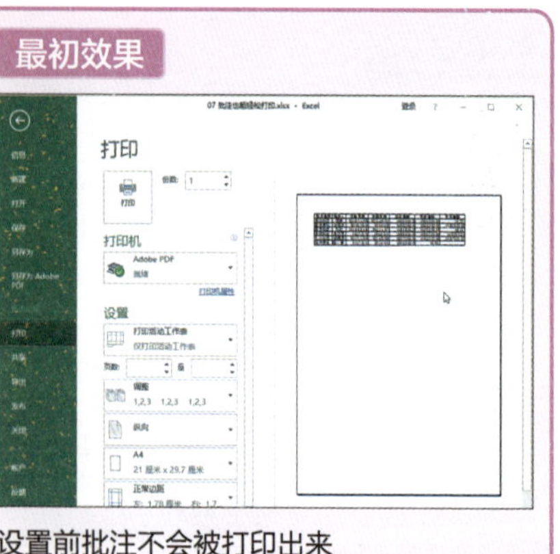

设置前批注不会被打印出来

最终效果

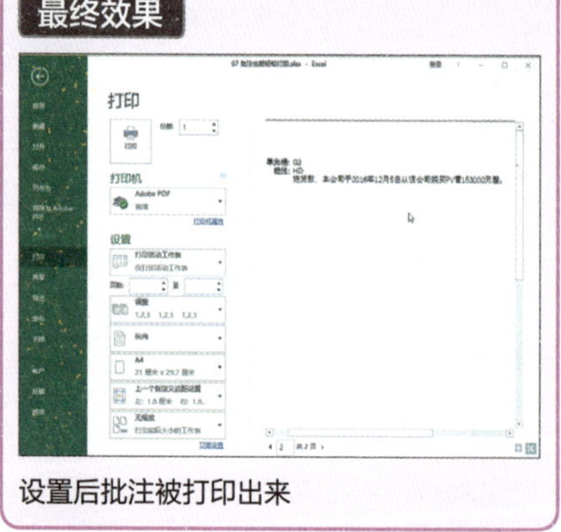

设置后批注被打印出来

1. 打开工作表，切换至“页面布局”选项卡，单击“页面设置”选项组中的对话框启动器按钮。

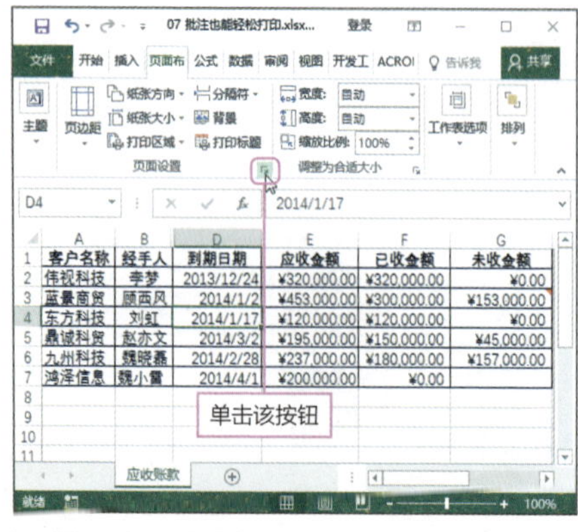

2. 打开“页面设置”对话框，切换至“工作表”选项卡，单击“注释”右侧下拉按钮，在列表中选择“工作表末尾”选项。

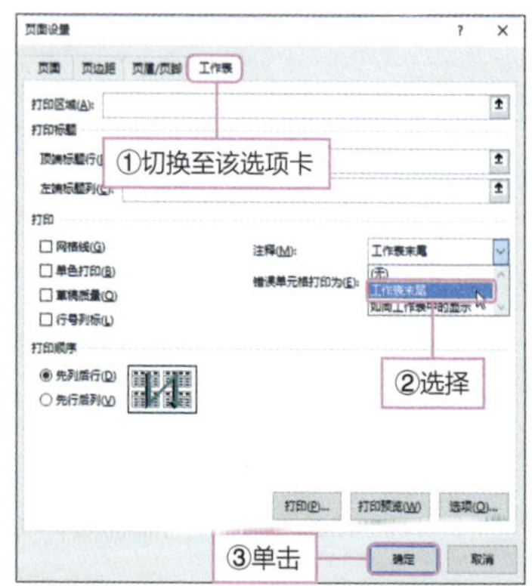

Question
326 行号列标也能被打印

Level ◆◇◇

2016 2013 2010

实例 将报表中的行号列标打印出来

默认情况下，打印工作表时行号列标是不打印出来的，但有时为了更方便地查看报表中的数据，我们可以设置将行号列标也打印出来。Excel提供了自动打印行号列标的功能，具体操作如下。

1 打开工作表，切换至“页面布局”选项卡，单击“页面设置”选项组对话框启动器按钮。

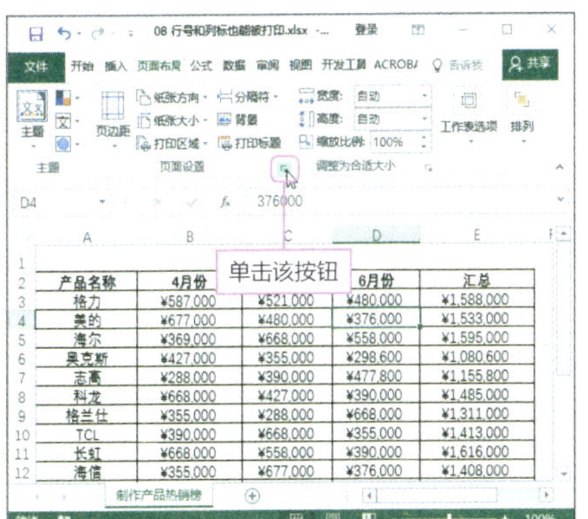

2 在打开的“页面设置”对话框中，勾选“行号列标”复选框后，单击“打印预览”按钮。

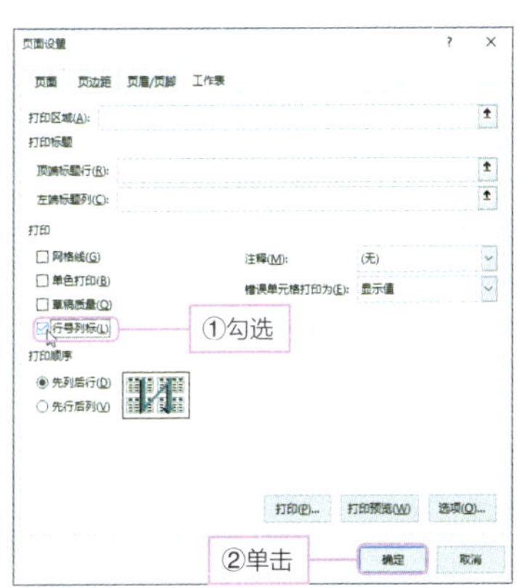

3 在打开的“打印”面板的打印预览区域，查看报表的行号列表被打印出来的效果。

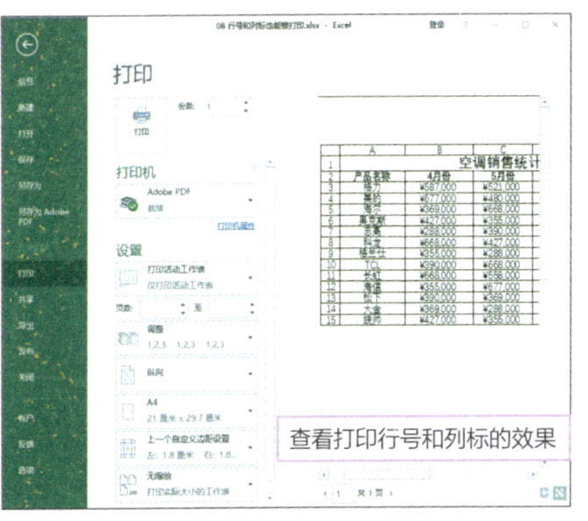

Hint

打印网格线的方法

下面介绍2种打印网格线的方法，第一种，打开工作表，切换至“页面布局”选项卡，单击“页面设置”选项组的对话框启动器按钮，打开“页面设置”对话框，切换至“工作表”选项卡，在“打印”选项组中勾选“网格线”复选框，单击“确定”按钮即可。

第二种，切换至“页面布局”选项卡，在“工作表选项”选项组中勾选“网格线”区域的“打印”复选框即可。

Question

327 禁止打印单元格的颜色和底纹

语音视频教学327

● Level ◆◆◆

2016 2013 2010

实例 单色打印报表

为了突出某些单元格的重要性，或者与其他单元格区域有所区别，我们可以为这些单元格区域添颜色、底纹或背景等效果。在打印输出时，我们可以设置禁止打印单元格的颜色和底纹。

最初效果

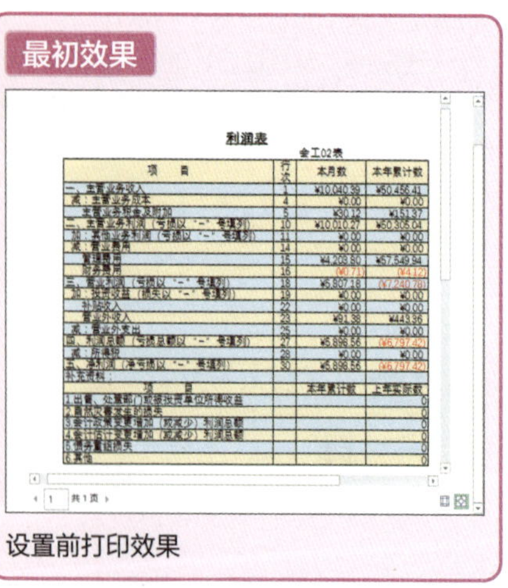

设置前打印效果

最终效果

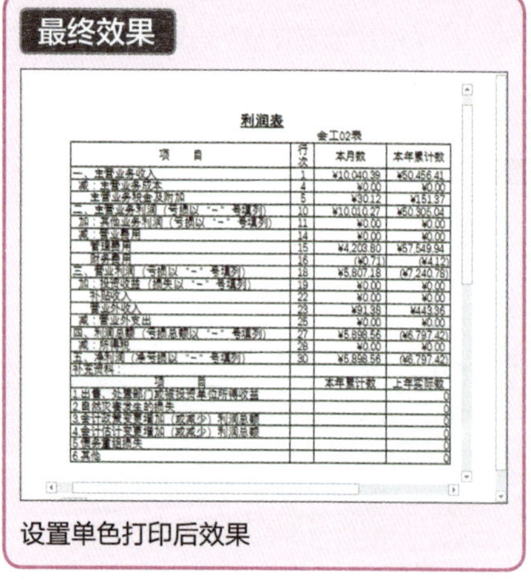

设置单色打印后效果

1. 切换至“页面布局”选项卡，单击“页面设置”选项组的对话框启动器按钮。

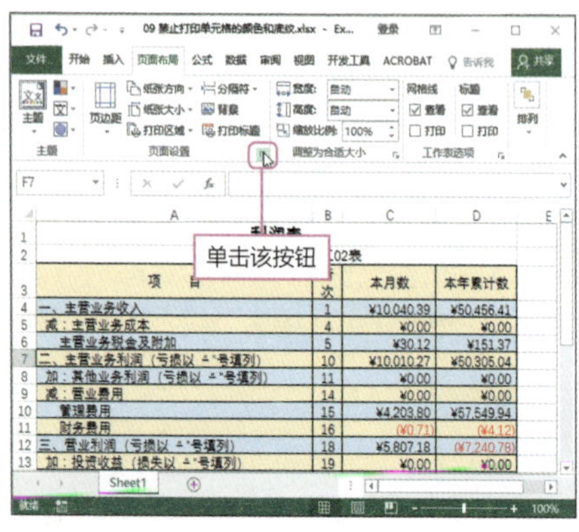

2. 在打开的“页面设置”对话框中，勾选“单色打印”复选框后，单击“打印预览”按钮。

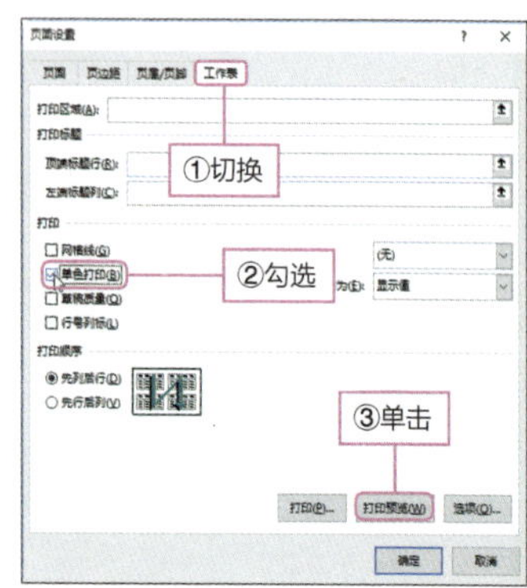

Question

328 设置居中打印现金日记账

语音视频
教学328

Level ◆◆◆

2016 2013 2010

实例　让工作表居中打印

当报表数据较少时，如果直接打印，这些内容可能会打印在纸张的顶端，看起来很不美观。但是如果人工调整又会非常麻烦，这时用户可以设置工作表居中打印。

最初效果

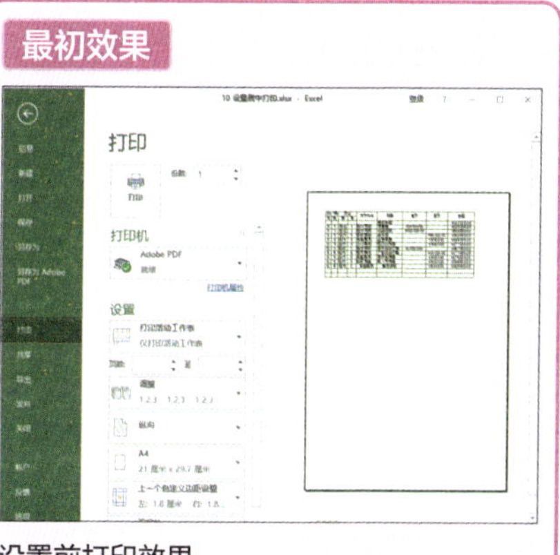

设置前打印效果

最终效果

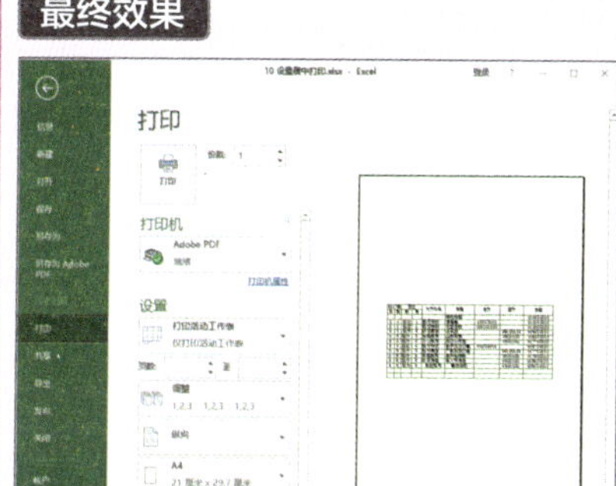

设置居中打印后效果

❶ 切换至“页面布局”选项卡，单击“页面设置”选项组的对话框启动器按钮。

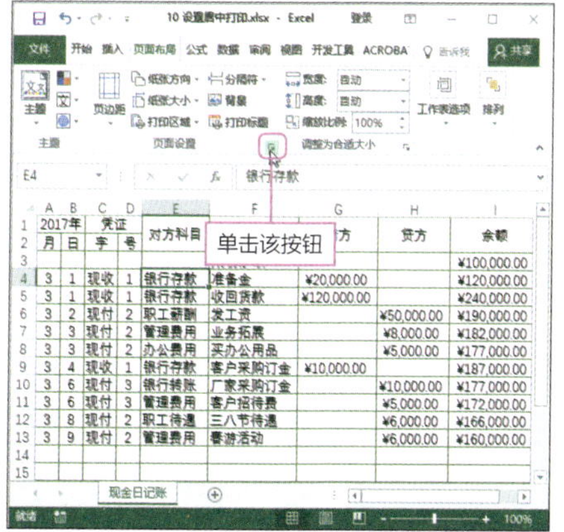

❷ 在打开的“页面设置”对话框中，设置居中打印方式后，单击“打印预览”按钮。

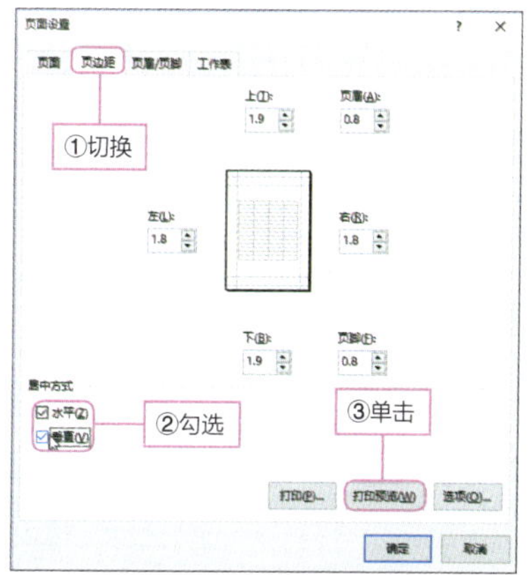

Question 329

为报表添加水印效果

● Level ◆◆◆

2016 2013 2010

实例 在现金日记账中添加“内部文档 请勿外流”水印

Excel没有Word中直接提供水印的功能，要想给报表添加水印效果，可以先将需要的水印效果制作成图片，然后通过在页眉中插入图片的方式插入水印效果。

1 切换至“页面布局”选项卡，单击“页面设置”选项组对话框启动器按钮。

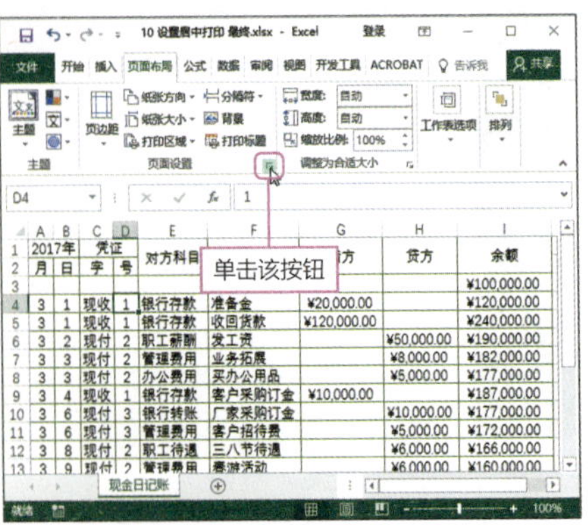

2 在“页面设置”对话框中，切换至“页眉/页脚”选项卡，单击“自定义页眉”按钮。

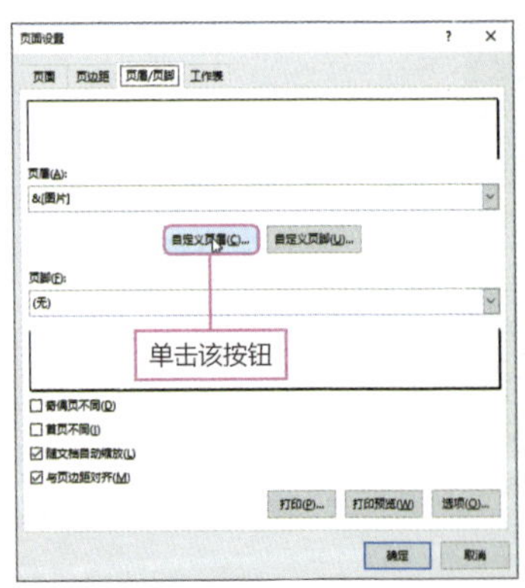

3 在“页眉”对话框中，将文本插入点定位到“中”文本框，单击“插入图片”按钮。

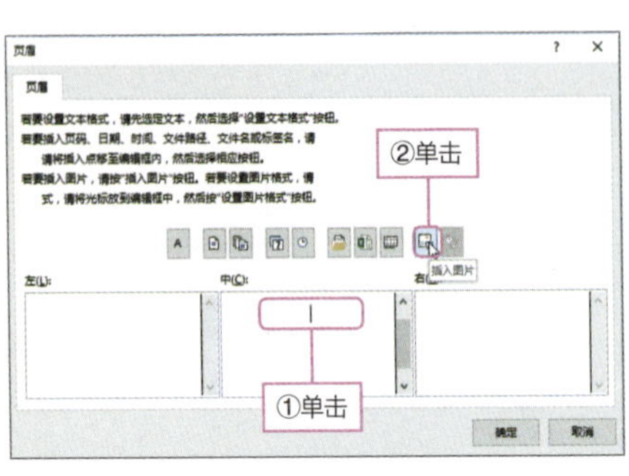

4 在打开的“插入图片”面板中单击“浏览”链接，打开“插入图片”对话框。

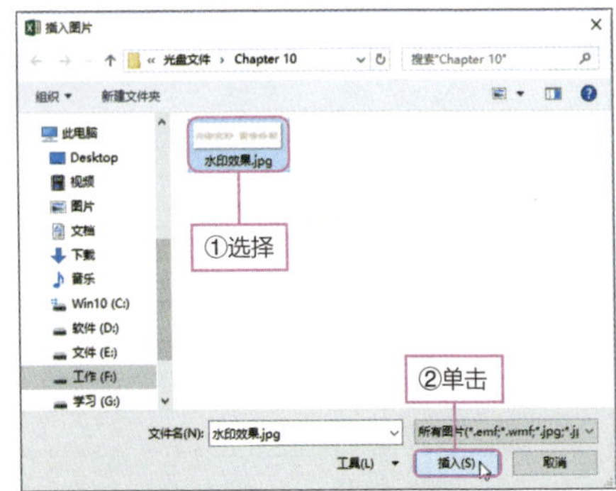

5 单击“确定”按钮，返回工作表，在“视图”选项卡下单击“页面布局视图”按钮。

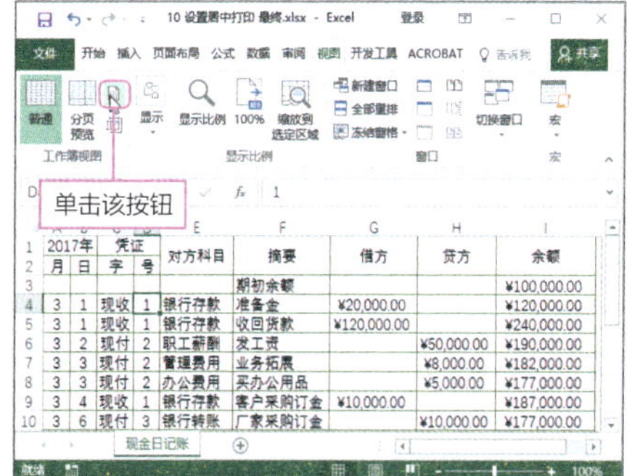

6 在页眉区域通过换行调整水印图片的位置，单击“设置图片格式”按钮。

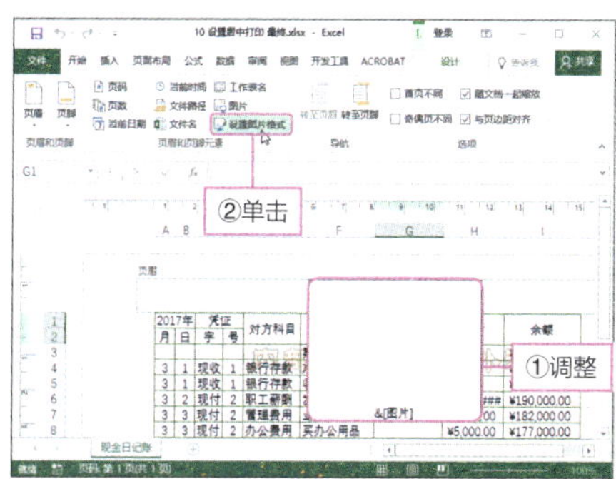

7 在打开的“设置图片格式”对话框，设置水印图片的大小。

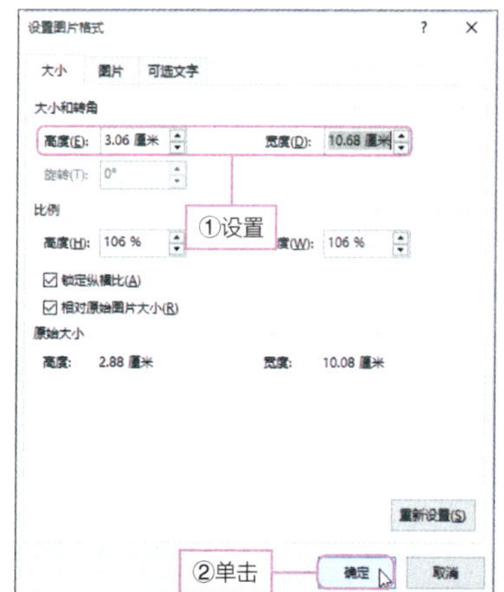

8 返回工作表后，单击“视图”选项卡中“普通”按钮，进入普通视图。

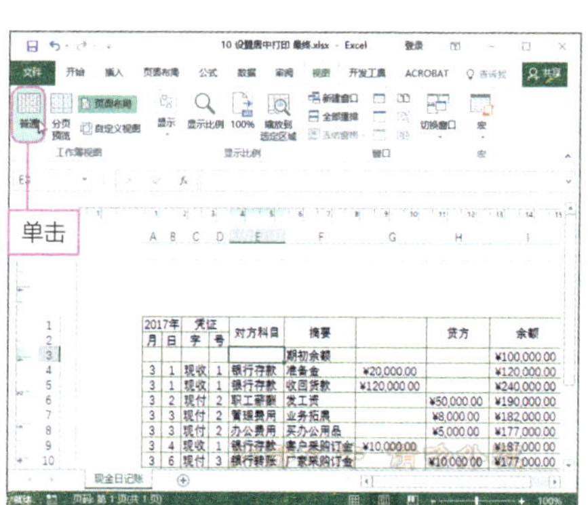

9 返回工作表中，进入打印模式，查看打印预览的效果。

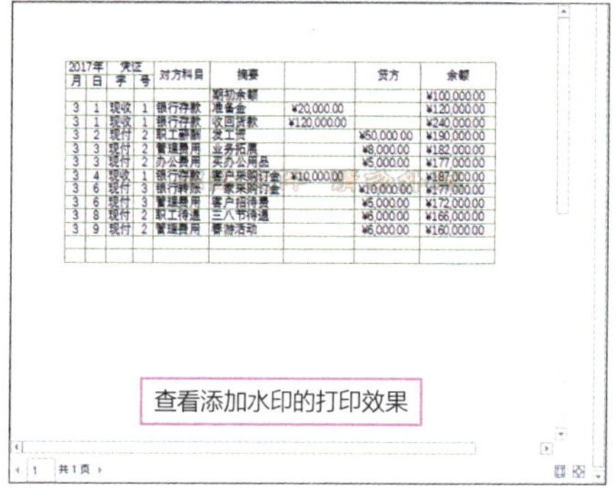

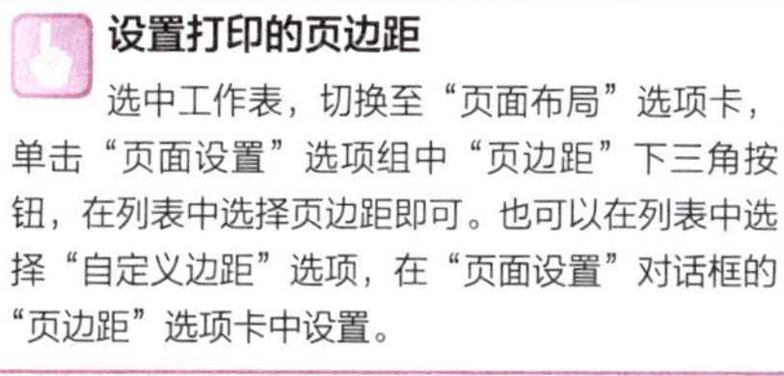

Hint

设置打印的页边距

选中工作表，切换至“页面布局”选项卡，单击“页面设置”选项组中“页边距”下三角按钮，在列表中选择页边距即可。也可以在列表中选择“自定义边距”选项，在“页面设置”对话框的“页边距”选项卡中设置。

Question

330 设置打印背景图片

语音视频教学330

Level ◆◆◆

2016 2013 2010

实例 将整幅图片设置为打印区域并添加背景然后打印

在Excel中，为了增加报表的美观性，我们可以将选定的图片设置为打印区域的背景，并进行打印。

例：在员工福利表中添加背景图片并打印。

1. 后添加背景法：选择需要打印的单元格区域，单击快速访问工具栏中“照相机”按钮。

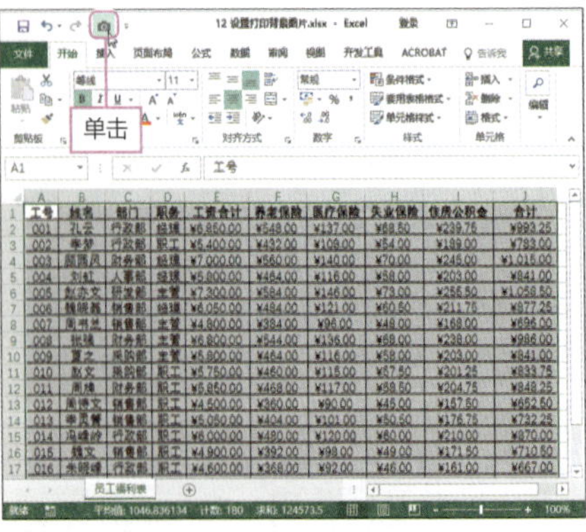

2. 打开新工作表，粘贴照片后，单击鼠标右键，在菜单中选择“设置图片格式”命令。

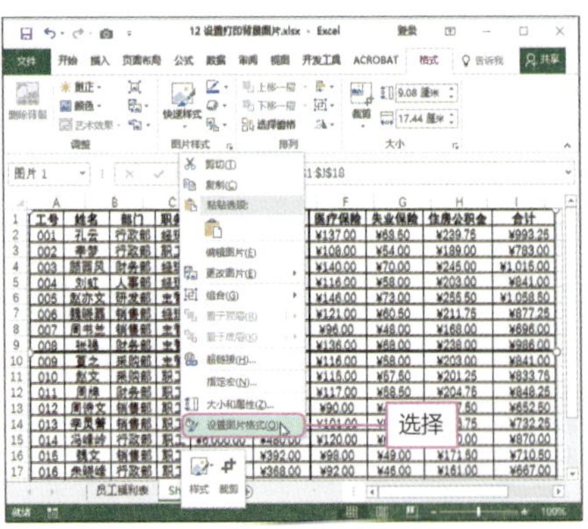

3. 打开“设置图片格式”导航窗格，在“填充与线条”选项卡下进行相应的设置。

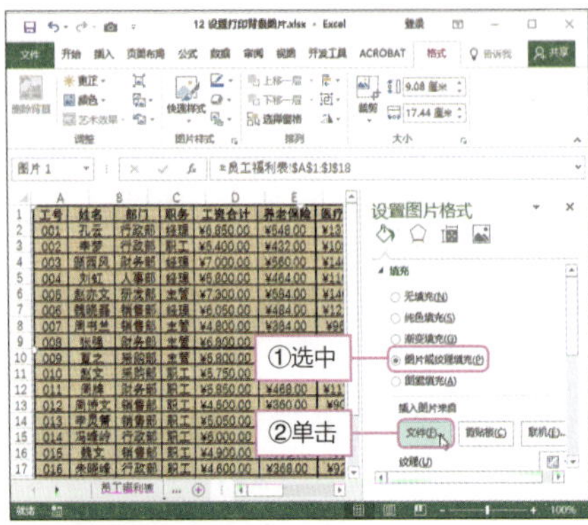

4. 打开“插入图片”对话框，选择合适的背景图片，单击“插入”按钮。

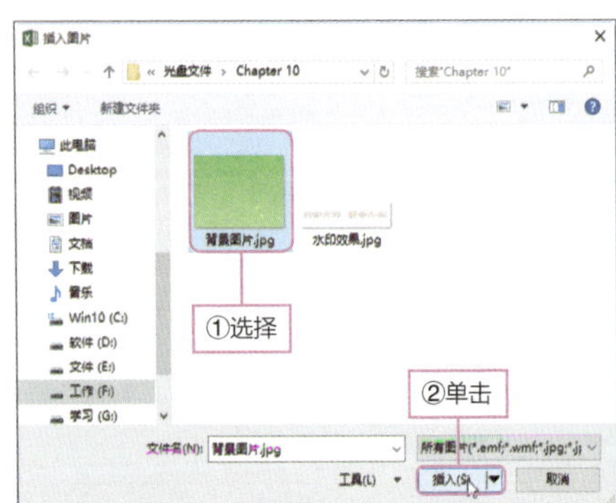

5 返回工作表中，进入打印预览模式，可见已经打印出背景图片。

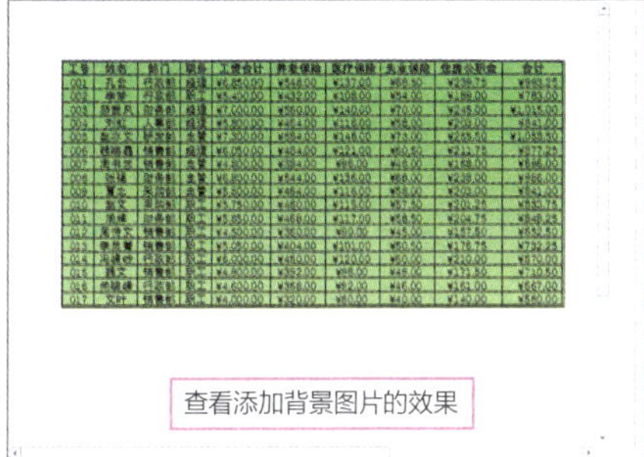

6 先添加背景图片：切换至“页面布局”选项卡，单击“页面设置”选项组中的“背景”按钮。

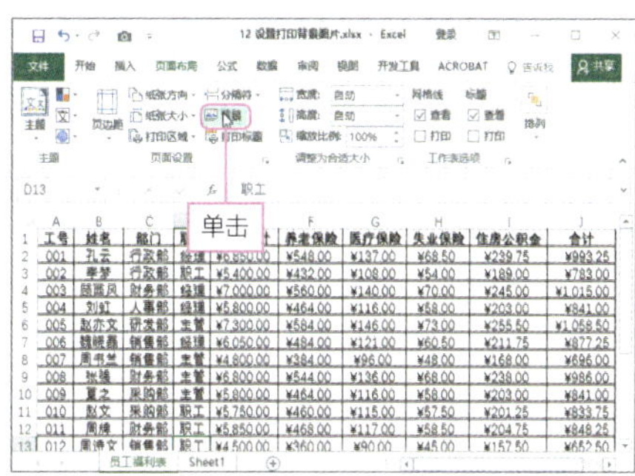

7 打开“插入图片”对话框，单击“来自文件”右侧的“浏览”链接。

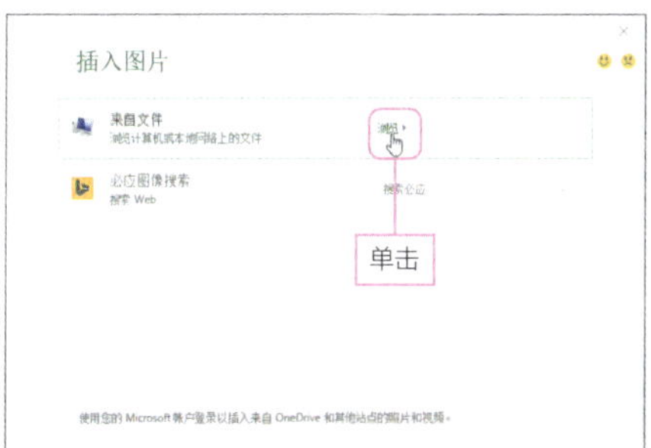

8 打开“插入图片”对话框，选择背景图片，单击“插入”按钮。

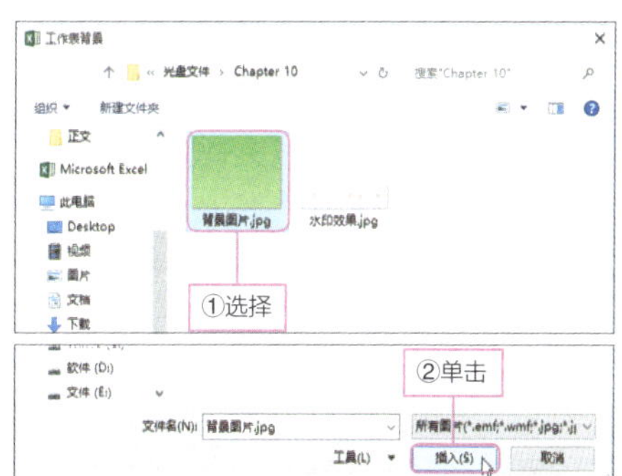

9 返回工作表中，执行“文件>打印”操作，在打印预览区域可见不能打印背景图片。

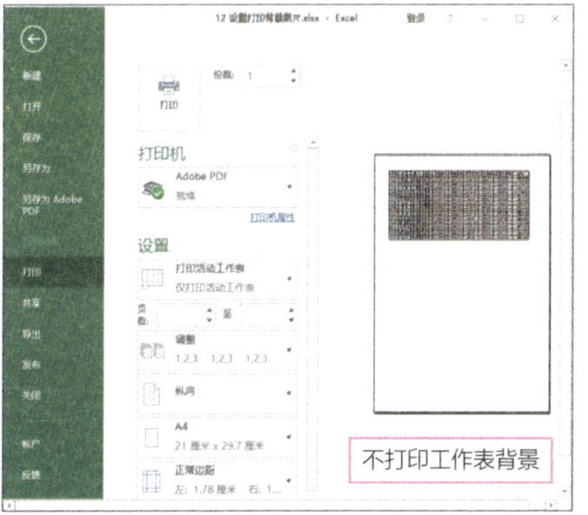

10 选中需要打印的区域，单击快速访问栏中“照相机”按钮，保存图片后，再进行打印即可。

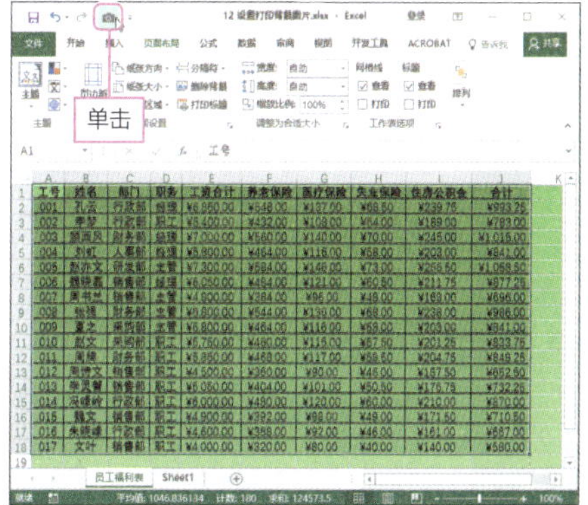

Question

331 一次性将多个工作表同时打印

语音视频教学331

● Level ◆◆◆

2016 2013 2010

实例 同时打印工作簿中某两个工作表

当需要打印一个工作簿中多个工作表时，用户可以调整好各工作表的打印选项，一次性将所有报表都打印出来，提高工作效率。

例：在薪酬表中同时打印员工信息表和员工福利表。

❶ 打开工作表，按住Ctrl键选中需要打印的工作表标签。

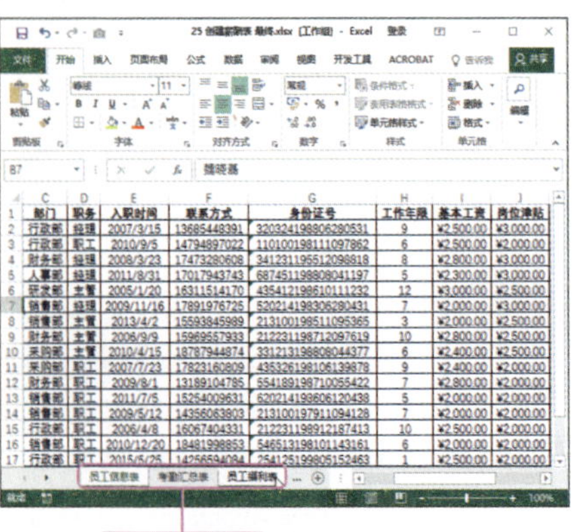

	C	D	E	F	G	H	I	J
1	部门	职务	入职时间	联系方式	身份证号	工作年限	基本工资	岗位津贴
2	行政部	经理	2007/3/15	13685448391	320324198806280531	9	¥2,500.00	¥3,000.00
3	行政部	职工	2010/9/5	14794897022	110100198111097862	6	¥2,500.00	¥2,000.00
4	财务部	经理	2008/3/23	17473280608	341231195512096818	8	¥2,800.00	¥3,000.00
5	人事部	经理	2011/8/31	17017943743	687451198808041197	5	¥2,300.00	¥3,000.00
6	研发部	主管	2005/1/20	16311514170	435412198610111232	12	¥3,000.00	¥2,500.00
7	销售部	经理	2009/11/16	17891976725	520214198306280431	7	¥2,000.00	¥3,000.00
8	销售部	主管	2013/4/2	15593845989	213100198511095365	3	¥2,000.00	¥2,500.00
9	财务部	主管	2006/9/9	15969557933	212231198712097619	10	¥2,800.00	¥2,500.00
10	采购部	主管	2010/4/15	18787944874	331213198808044377	6	¥2,400.00	¥2,500.00
11	采购部	职工	2007/7/23	17823160809	435326198106139878	9	¥2,400.00	¥2,000.00
12	财务部	职工	2009/8/1	13189104785	554189198710055422	7	¥2,800.00	¥2,000.00
13	销售部	职工	2011/7/5	15254009631	620214198606120438	5	¥2,000.00	¥2,000.00
14	销售部	职工	2009/5/12	14356063803	213100197911094128	7	¥2,000.00	¥2,000.00
15	行政部	职工	2006/4/8	16067404331	212231198912187413	10	¥2,500.00	¥2,000.00
16	销售部	职工	2010/12/20	18481998853	546513198101143161	6	¥2,000.00	¥2,000.00
17	行政部	职工	2015/5/25	14256594084	254125199805152463	1	¥2,500.00	¥2,000.00

按 Ctrl 键选中

❷ 执行"文件>打印"操作，在预览区域可见选中的工作表被打印。

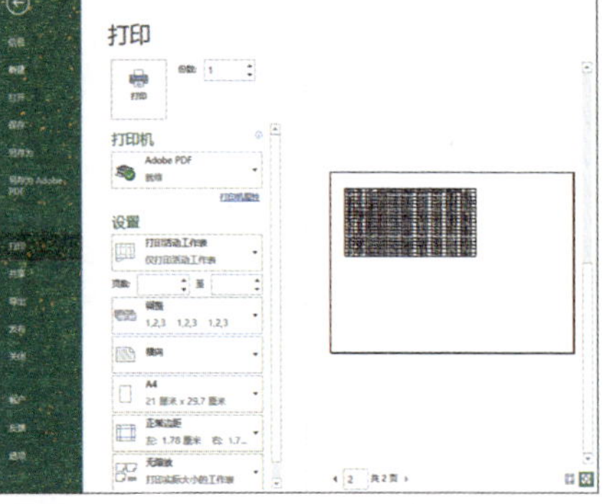

选中的工作表被打印

❸ 若打印工作簿中所有工作表，则进入打印模式，设置打印范围为打印整个工作簿。

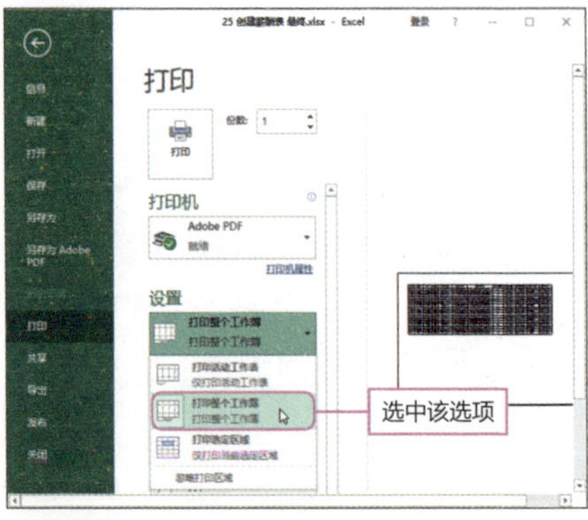

Hint

一次性打印多个工作表/簿说明

在打印多个工作表时，我们不仅可以打印连续的工作表，还可以按住Ctrl键，单击选择不连续的工作表标签，选择多个工作表时，标题栏中出现"[工作组]"字样，表明工作表被分组。

一次性打印多个工作簿时，打印的是每个工作簿最后保存时的活动工作表，而不是每个工作簿中所有的工作表都打印出来。

Question

332 为财务报表添加公司名称和页码

语音视频
教学332

Level ◆◆◆

2016 2013 2010

实例 为多页的固定资产清单插入页码和公司名称

在打印一些大型的财务报表前，为了使报表显得更专业，也为了方便后续的查看，我们可以为报表添加公司名称和页码。

例：在固定资产表中插入页眉和页脚。

1. 打开工作表，打开“页面设置”对话框，单击“页眉/页脚”选项卡中“自定义页眉”按钮。

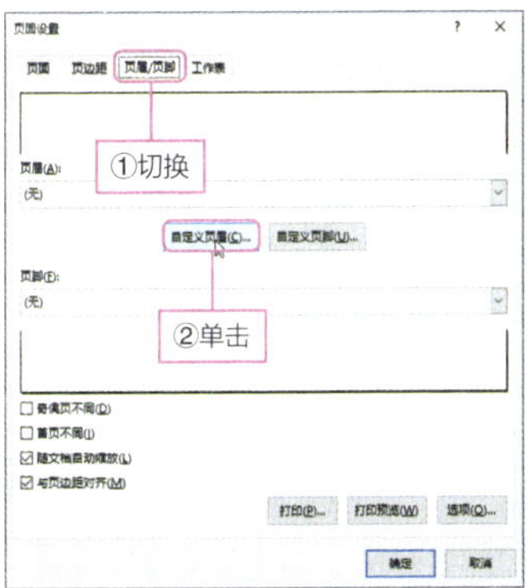

2. 打开“页眉”对话框，将光标插入点定位到“中”文本框中，然后输入公司名称，最后单击“确定”按钮。

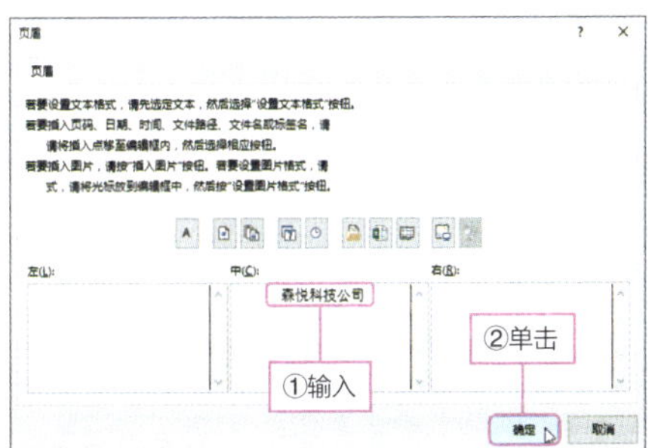

3. 返回“页面设置”对话框，单击“页脚”下三角按钮，选择页脚样式。

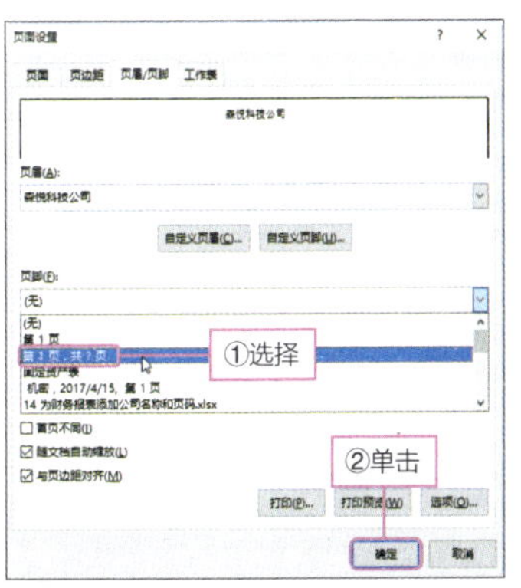

4. 返回工作表，单击“视图”选项卡下的“页面布局”按钮，查看设置的页眉页脚效果。

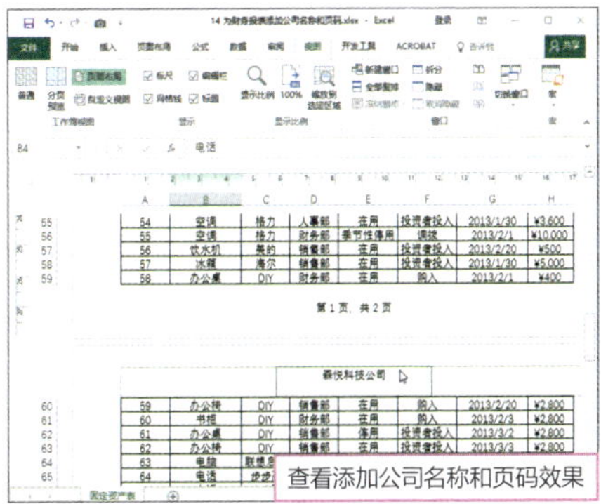

查看添加公司名称和页码效果

Question 333

Level ◆◆◆

2016 2013 2010

为财务报表添加公司Logo

语音视频教学333

实例 一招搞定在报表每页打印公司Logo

在打印财务报表时，如果将公司的Loge也打印出来，会使报表看上去更专业，更能提升企业形象。

例：为财务收据添加公司LOGO。

1. 打开工作表，单击“页面布局”选项卡下“页面设置”选项组的对话框启动器按钮。

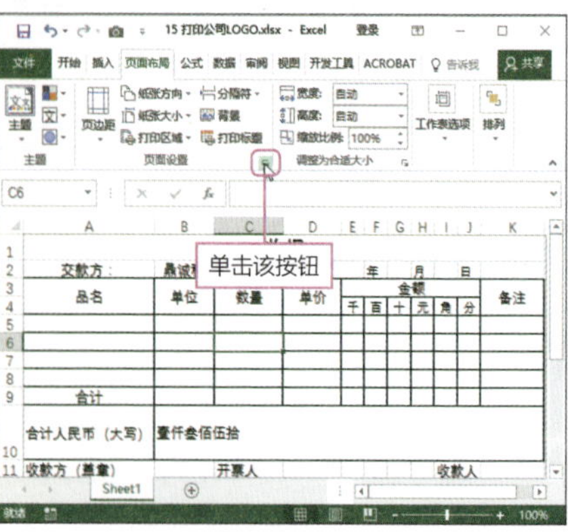

2. 在打开的“页面设置”对话框中单击“自定义页眉”按钮。

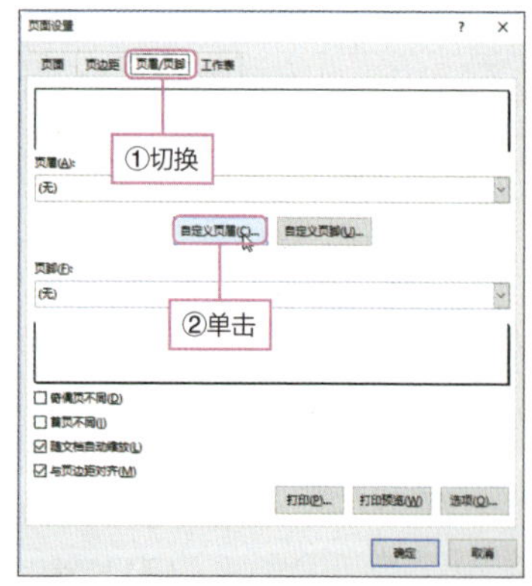

3. 打开“页眉”对话框，将光标插入点定位到“左”文本框中，单击“插入图片”按钮。

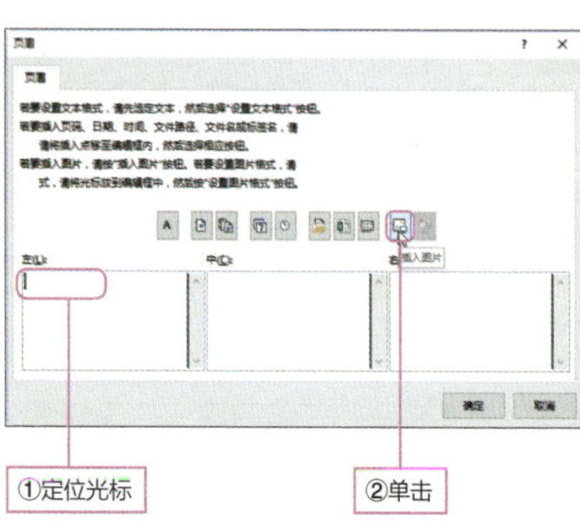

4. 打开“插入图片”面板，单击“浏览”按钮，打开“插入图片”对话框。

5 返回"页眉"对话框，单击"设置图片格式"按钮。

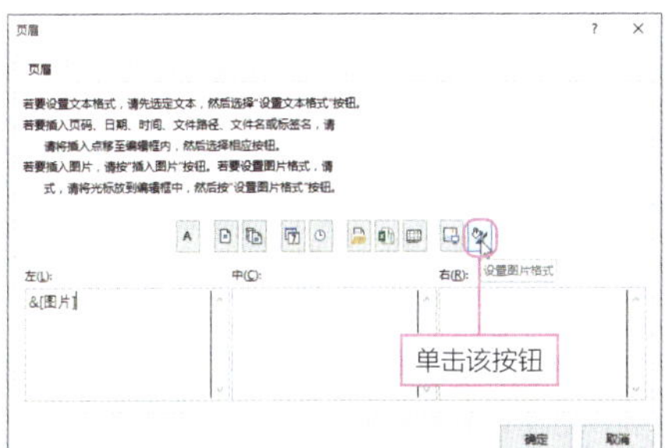

6 在打开的"设置图片格式"对话框中，设置插入的Logo图片的大小等属性。

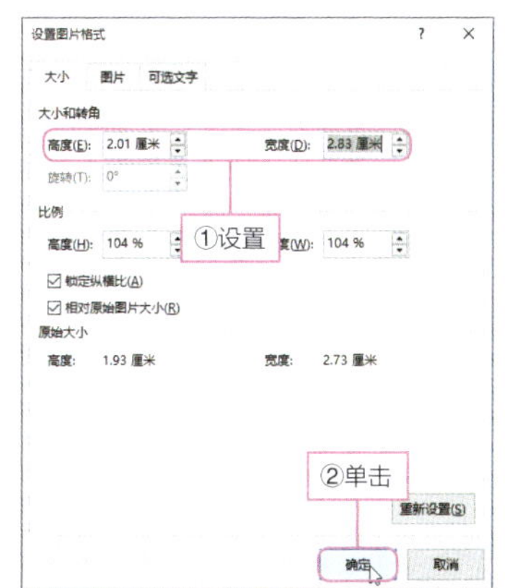

7 返回到"页面设置"对话框，预览插入的Logo效果后，单击"确定"按钮。

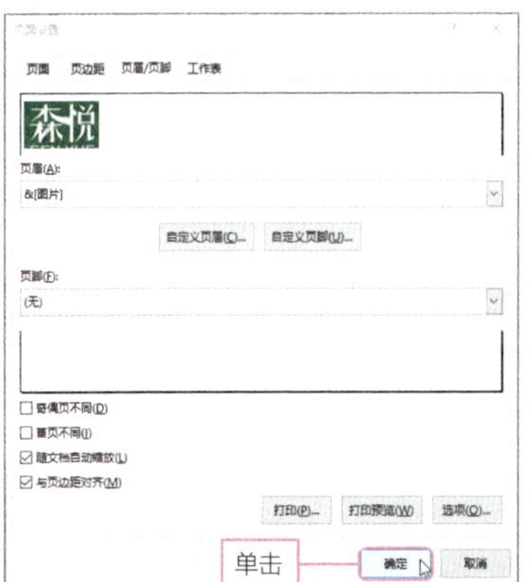

8 返回工作表中，单击"视图"选项卡下的"页面布局"按钮，设置页眉的位置。

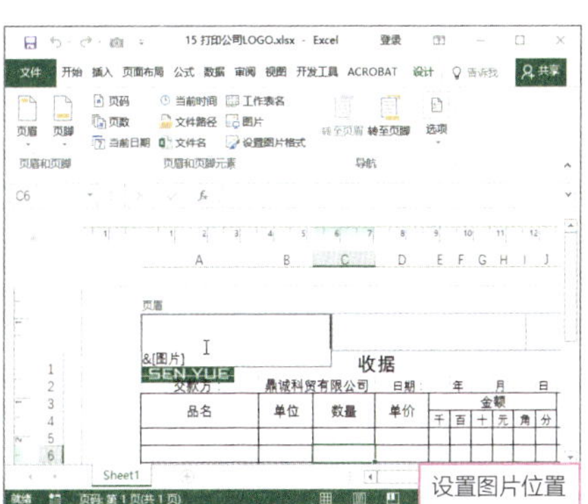

9 设置完成后，单击"工作簿视图"选项组中"普通"按钮，然后选择"文件>打印"选项，在"打印"选项面板右侧的预览区域查看最终的打印效果。

Question 334

根据需要巧妙添加打印日期

语音视频教学334

● Level ◆◆◆

2016 2013 2010

实例 在页脚中插入打印日期

在打印财务报表时，为了区分不同时间和日期，或显示打印报表的时效性，用户可以在页眉或页脚添加日期，并且打印时会自动更新。
例：为员工福利表，添加打印日期。

1 打开工作表，单击“页面布局”选项卡下“页面设置”选项组的对话框启动器按钮。

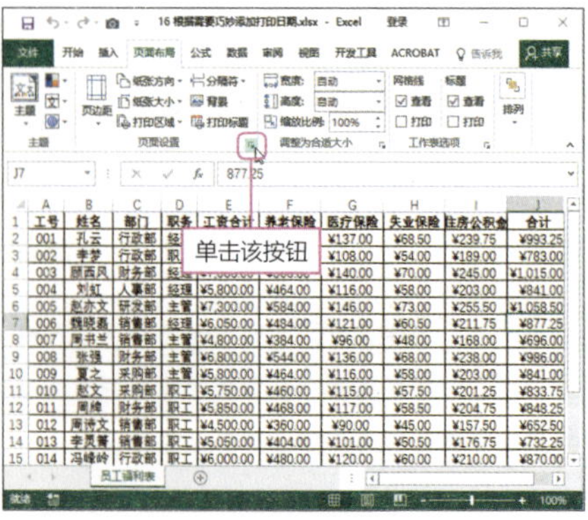

2 在打开的“页面设置”对话框中，单击“自定义页脚”按钮。

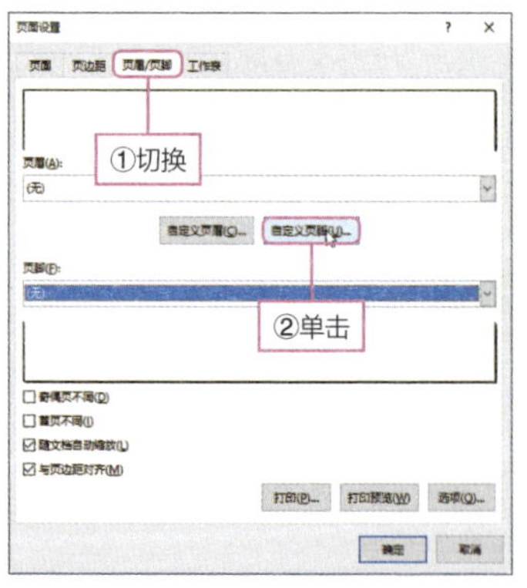

3 打开“页脚”对话框，将光标插入点定位到“右”文本框中，单击“插入日期”按钮。

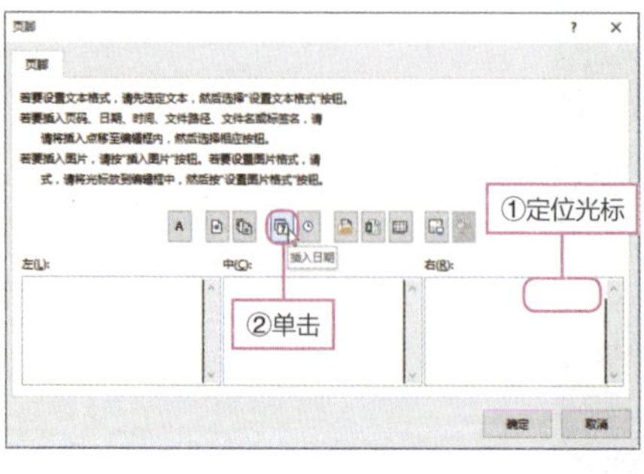

4 单击“确定”按钮，返回工作表中，选择“文件>打印”选项，查看添加日期的打印效果。

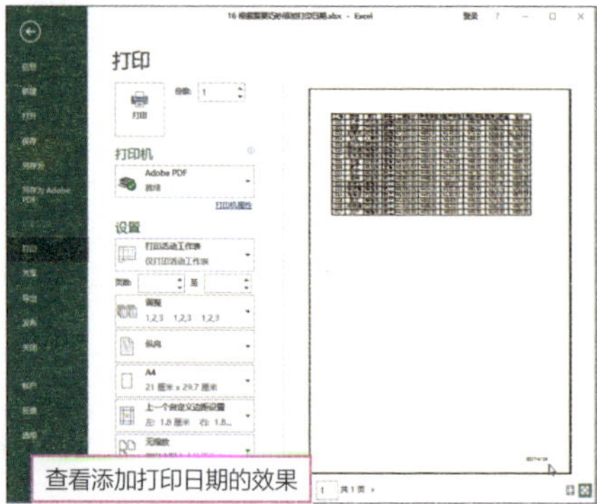

在页眉页脚中打印出文件名称

Level ◆◆◆

2016 2013 2010

实例 在利润表的页眉中插入文件名称

在打印文件前，我们不仅可以在页眉页脚中插入文件路径，还可以根据需要添加要打印报表的文件名称，以方便查找。下面介绍两种插入文件名称的方法。

1 在功能区中设置。打开工作表，在“视图”选项卡下，单击“页面布局”按钮，对工作表的页眉页脚进行编辑。

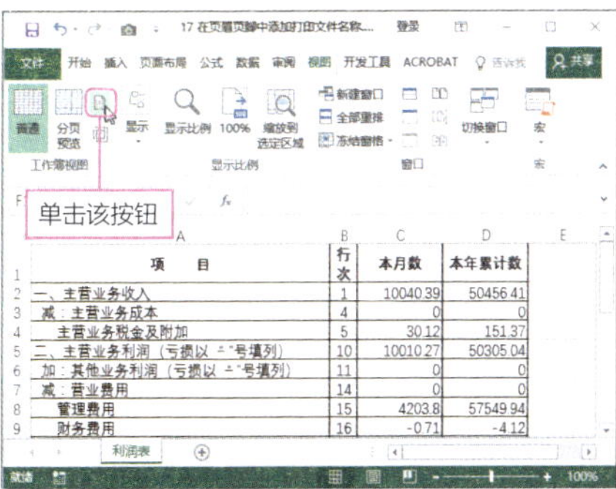

2 选择插入文件路径的页眉位置，单击“页眉和页脚工具>设计”选项卡下的“文件名”按钮，即可将文件名称插入页眉中。

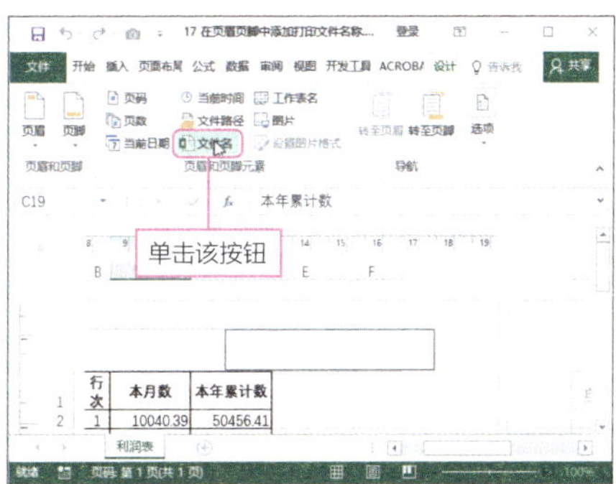

3 在“页眉”对话框中设置。按前面介绍的方法打开“页眉”对话框，选择插入文件名称的位置后，单击“插入文件名”按钮。

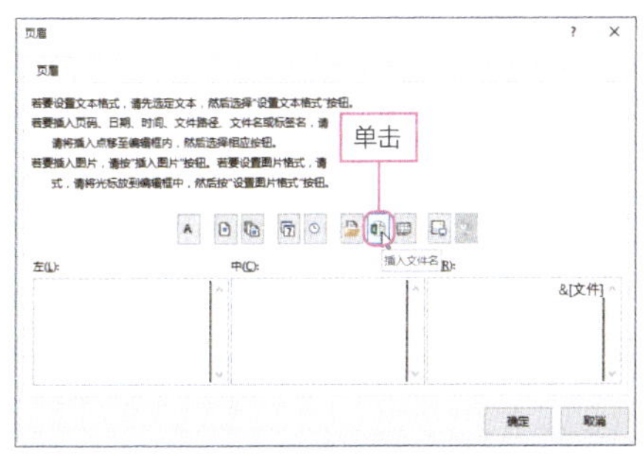

4 单击“确定”按钮返回工作表中，选择“文件>打印”选项，查看添加文件名的打印效果。

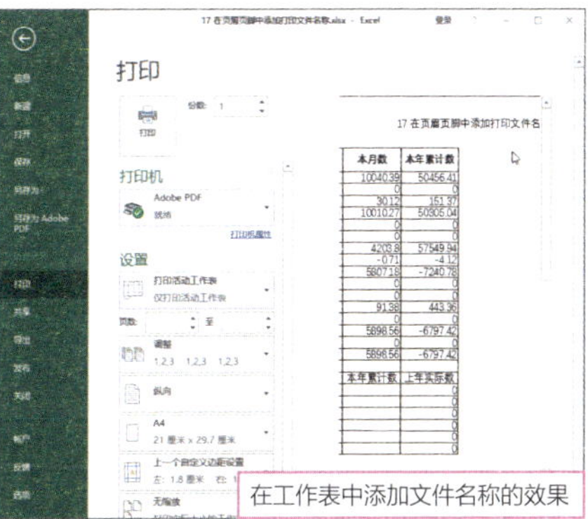

Question 336

设置奇偶页不同的页眉页脚

Level ◆◆◆

2016 2013 2010

实例 设置奇偶页不同的页眉效果

Excel工作表中的页眉或页脚可以设置为首页不同、奇偶页不同或者首页、奇数页和偶数页均不同等几种形式，下面介绍设置页眉或页脚奇偶页不同的操作方法。

1 打开工作表，打开“页面设置”对话框，切换至“页眉/页脚”选项卡并进行相应的设置。

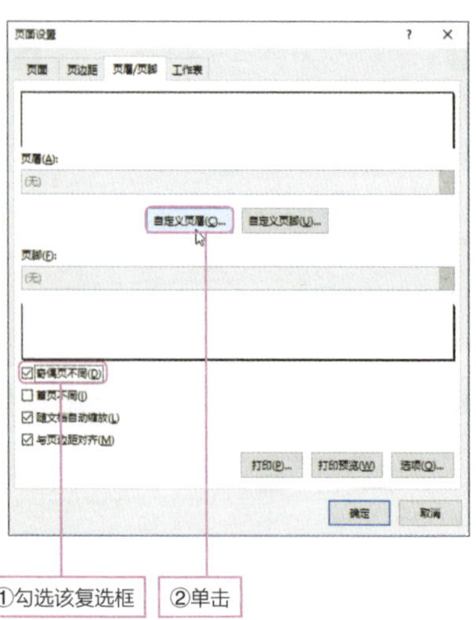

2 在打开的“页眉”对话框中，设置奇数页的页眉样式。

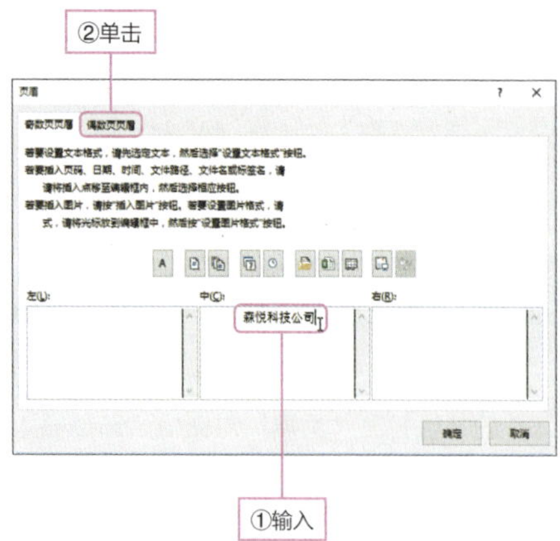

3 切换至“偶数页页眉”选项卡，设置偶数页页眉为当前时间。

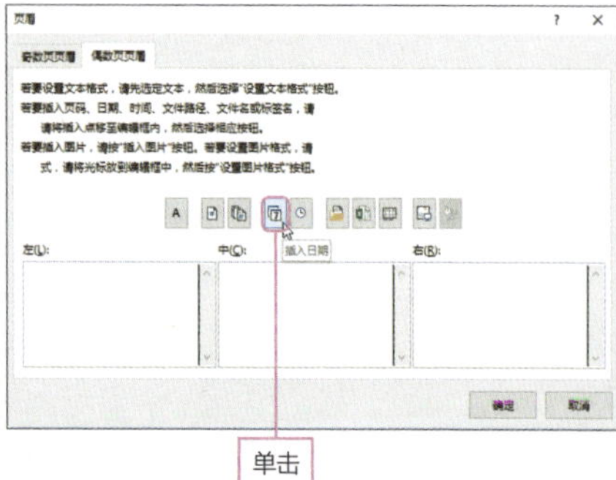

Hint

设置首页不同功能

在“页面设置”对话框中，勾选“首页不同”复选框后，单击“自定义页眉”按钮，在打开的“页眉”对话框中设置首页的页眉样式即可。

Level ◆◆◆

2016 2013 2010

克隆同类报表的页面设置

实例 快速复制指定工作表的页面设置到其他工作表

在Excel工作簿中设置好工作表的页面格式，如页眉、页脚、页边距等，若其他工作表也需要进行同样的页面设置时，逐个进行设置显得有些繁琐，这时可以复制页面设置至其他工作表。

1. 打开工作表，选择已设置好页面的工作表标签，按住Ctrl键逐一选择其他工作表。

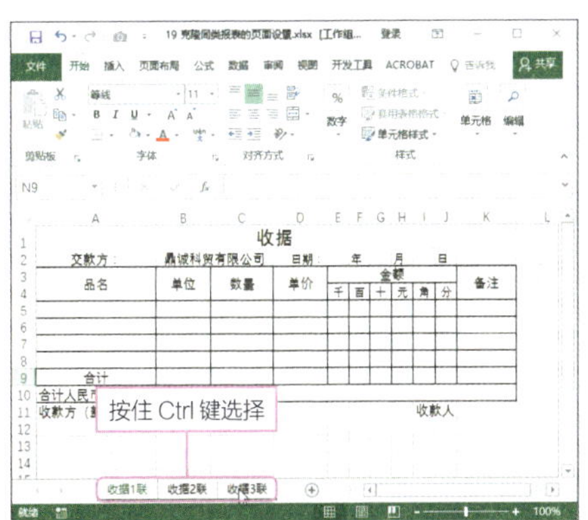

2. 选中的工作表成为一个工作组，单击“页面设置”选项组的对话框启动器按钮。

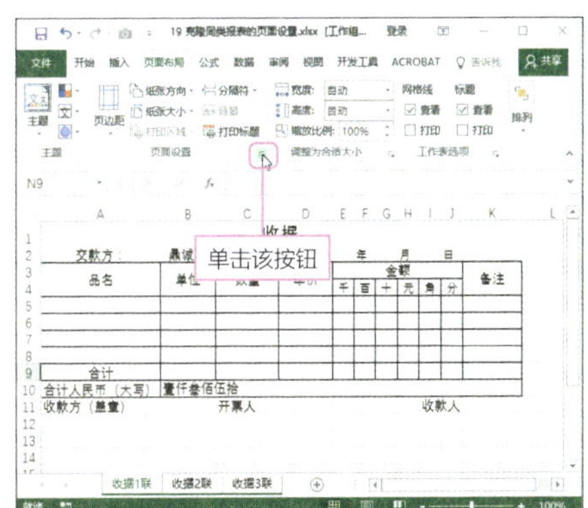

3. 在打开的“页面设置”对话框中直接单击“确定”按钮，即可克隆报表页面设置。

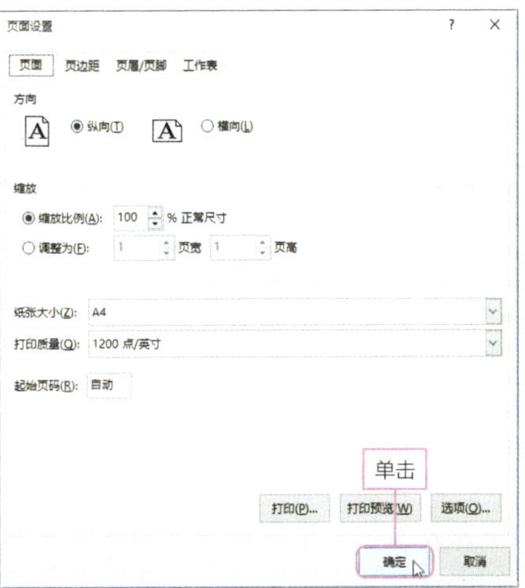

Hint

取消工作表组合

如果工作簿中的所有工作表都被设置为一个工作组，只需单击其中任意工作表即可取消工作表组合。如果该工作组外还有其他工作表，选择其他不在工作组中的工作表即可。这一步比较重要，因为如果不取消工作表组合，那么对其中一个工作表的操作会影响到同组的其他工作表，产生一些无谓的错误。

Question 338

让Excel自动保存编辑的数据

语音视频教学338

Level ◆◆◆

2016 2013 2010

实例 设置自动保存时间间隔

为了防止突发事件造成数据的丢失，我们可以应用Excel的自动保存功能，设置自动保存时间间隔，避免工作成果的损失。

1 单击“文件”标签，选择“选项”选项，打开“Excel选项”对话框。

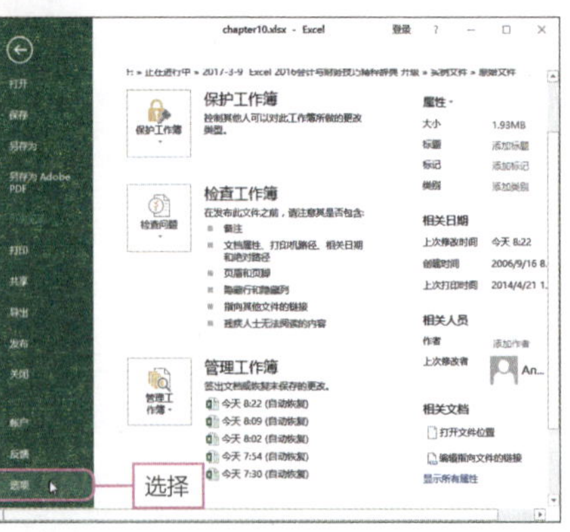

2 在打开的对话框中，切换至“保存”选项面板进行设置。

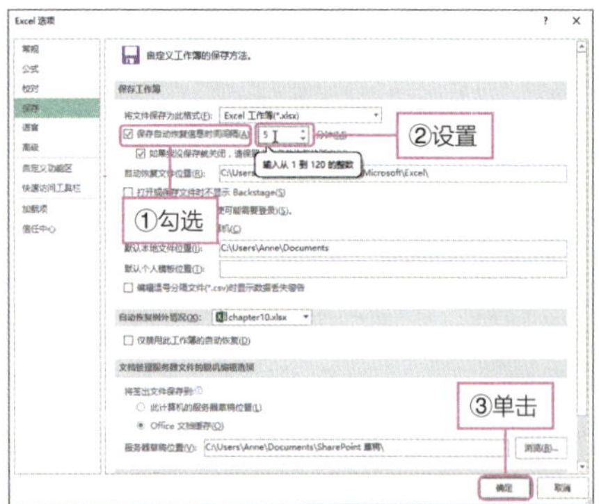

3 在“信息”选项面板，查看当前文档按照设置的时间间隔自动保存所生成的历史版本。

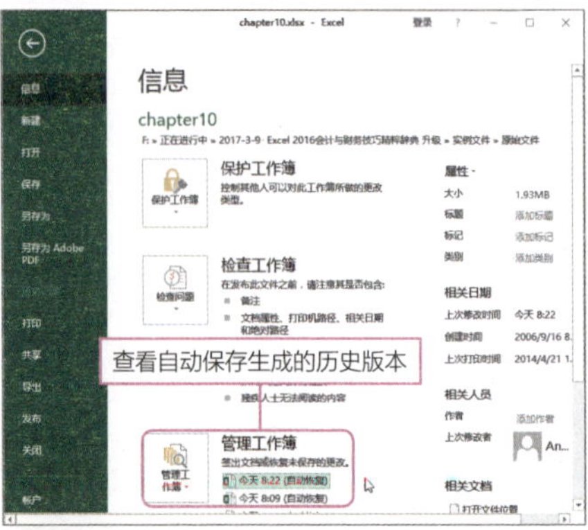

Hint

设置合适的自动保存时间间隔

自动保存时间间隔并非越短越好，间隔时间越短，保存次数越多，可能会影响到我们正常的Excel操作，一般10-20分钟即可。

只有在Excel程序窗口被激活的状态下，计时器才会工作。即在文档发生新的修改后，系统内部的计时器开始启动，到达指定的时间间隔后发生一次自动保存动作。如果打开文档后，文档并没有发生新的修改变化，则不会激活计时器。

使用受保护视图打开不安全的报表

Level

2016 2013 2010

实例　设置Excel的信任中心

为了尽可能保护计算机的安全，存在安全隐患的工作簿都会在受保护的视图中打开，此时大多数编辑功能都将被禁用，以便降低可能发生的任何危险。

1 打开工作表，选择“文件>选项”选项，打开“Excel选项”对话框。

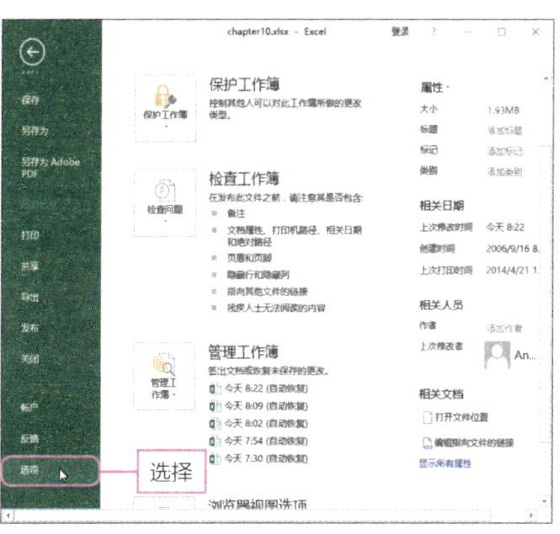

2 切换至“信任中心”选项面板，单击“信任中心设置”按钮。

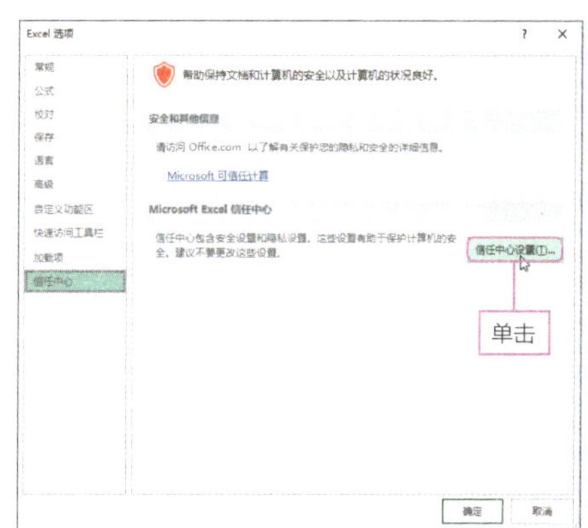

3 切换至“受保护的视图”选项面板，勾选相应的复选框。

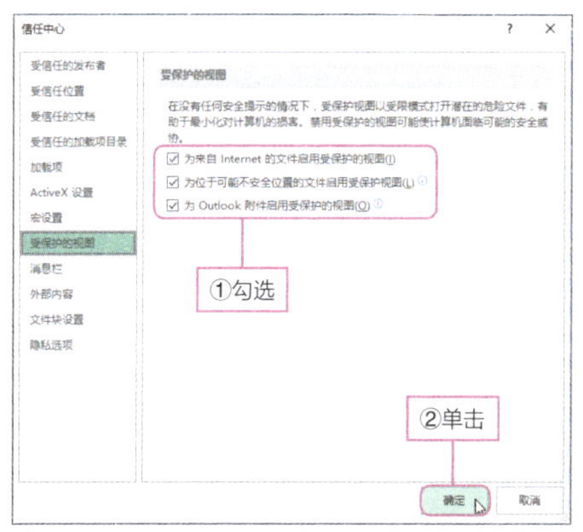

Hint

关于受保护视图

“受保护视图”是Excel最重要的安全性改进。当你在打开一个网络文档时，Excel会自动进入只读状态，同时最顶部标签栏会弹出一个黄色提醒，告知文档可能存在的威胁。出于安全性方面的考虑，“受保护视图”下的文档默认都会以只读模式运行，需要时只需单击“启用编辑”按钮即可。

Question

340 快速设置Excel文档信任区域

语音视频教学340

● Level

2016 2013 2010

实例 设置Excel文档信任区域的方法

将Excel文档存储在受信任区域，如果再次打开该文档，信任中心安全功能是不会检查该文件了，如果不设置受信任区域，对文件进行检查，导致操作速度变慢。

① 打开工作表，选择“文件>选项”选项，打开“Excel选项”对话框。

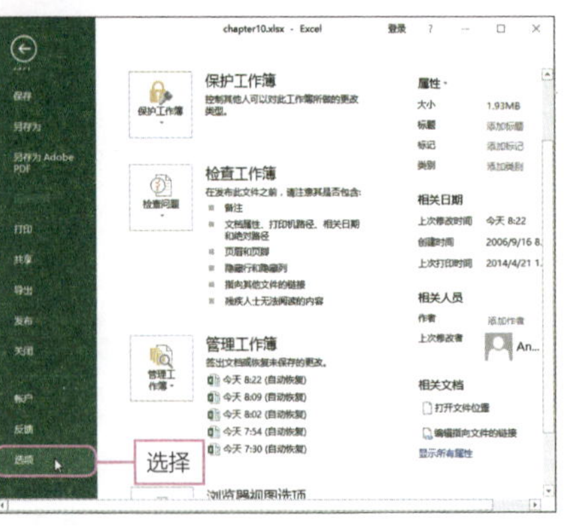

② 切换至“信任中心”选项面板，单击“信任中心设置”按钮。

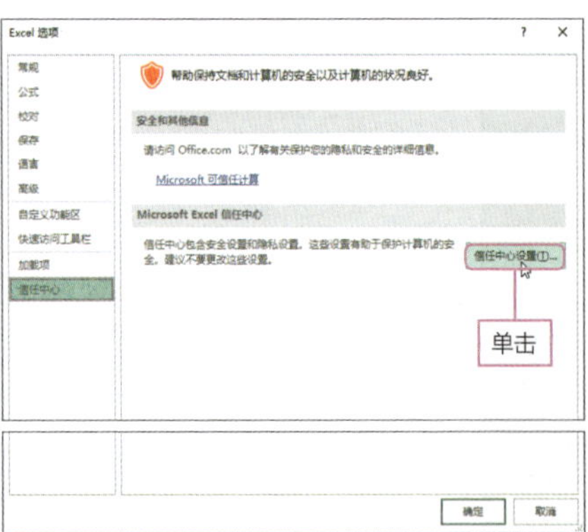

③ 在打开的对话框中，切换至“受信任位置”选项面板，设置受信任区域。

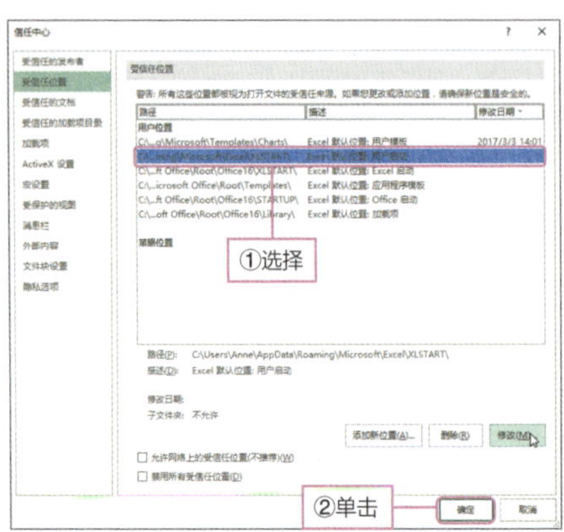

④ 打开“Microsoft Office受信任位置”对话框，单击“浏览”按钮重新设置路径，设置完成后，单击“确定”按钮即可。

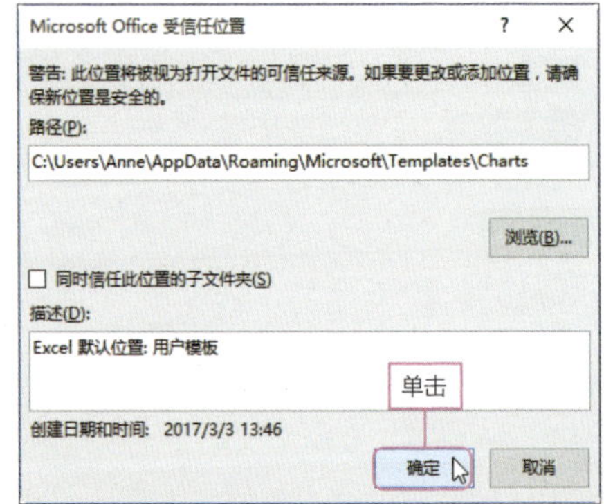

Question
341

● Level ◆◆◇

2016 2013 2010

快速创建共享工作簿

语音视频教学341

实例　将利润表设置为共享工作簿

应用Excel的共享功能可以让多人同进打开并编辑共享工作簿，提高工作效率，也可以让多人在工作中更便捷地沟通，下面介绍创建共享工作簿的具体操作方法。

1 打开工作表，单击“审阅”选项卡中“共享工作簿”按钮。

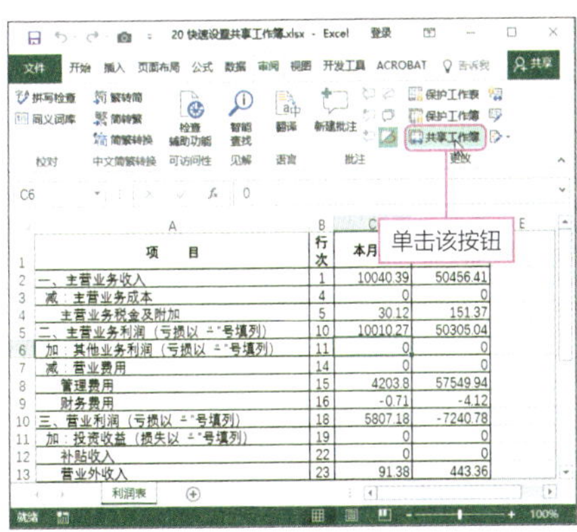

2 在打开的对话框中，勾选“允许多用户同时编辑，同时允许工作簿合并”复选框。

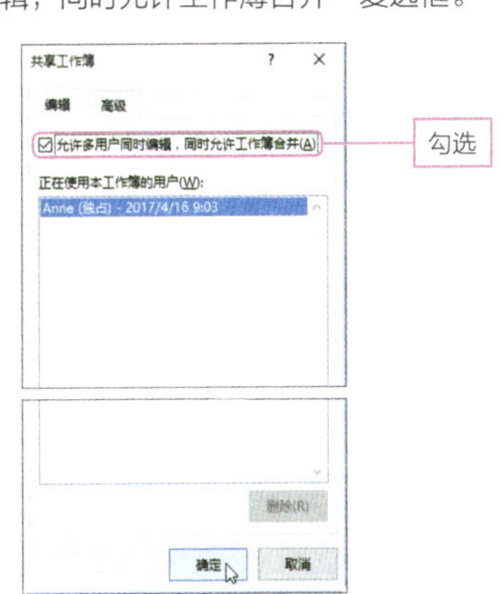

3 切换至“高级”选项卡，设置自动更新的时间间隔。

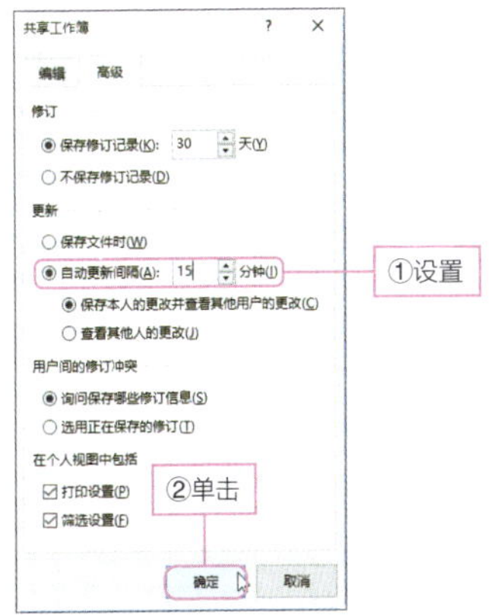

4 打开系统提示对话框，单击“确定”按钮，返回工作表，在工作簿名称后显示共享字样。

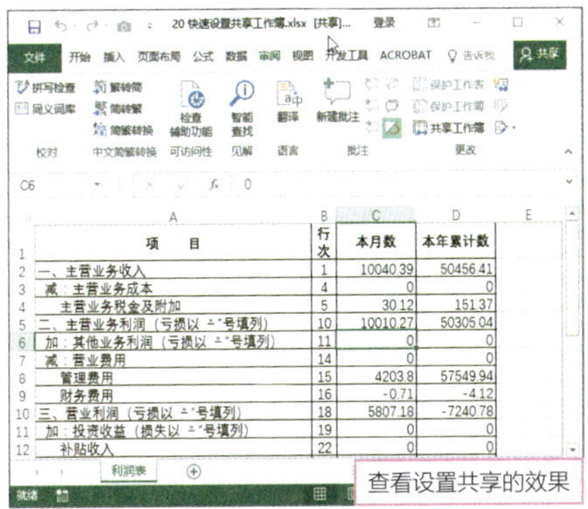

Question 342

快速将工作表输出为PDF格式文件

● Level ◆◆◆

2016 2013 2010

实例 将保险福利工作表保存为PDF格式

在日常办公中，为了保护传阅的报表不被他人修改，我们可以将报表保存为PDF格式的文件，具体操作方法如下。

① 打开需要保存为PDF格式的工作表后，单击“文件”标签。

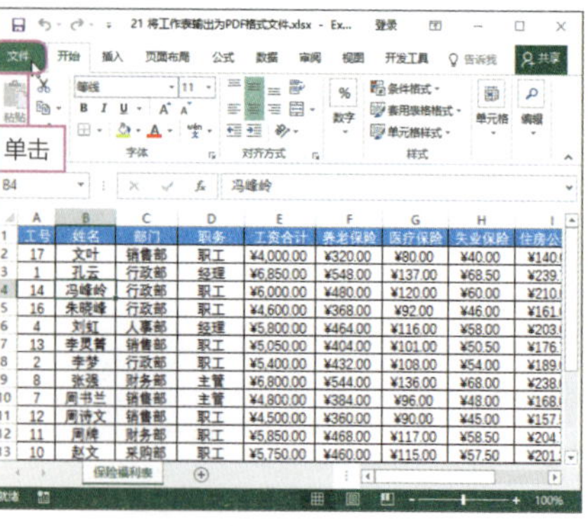

② 然后选择“导出”选项，单击“创建PDF/XPS文档>创建PDF/XPS”按钮。

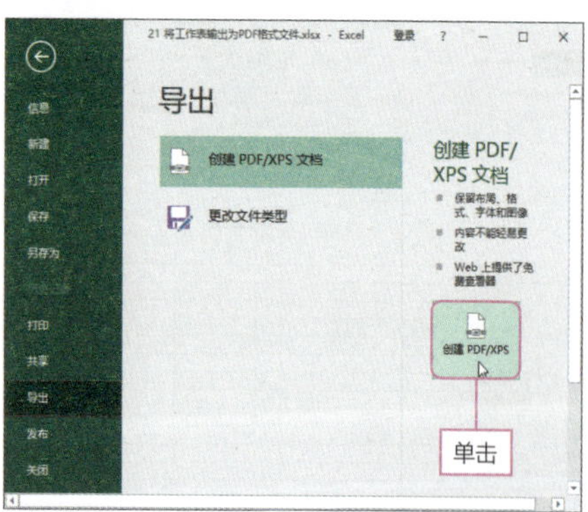

③ 在打开的“发布为PDF/XPS”对话框中，选择文件的保存位置，并输入文件名后，单击“发布”按钮。

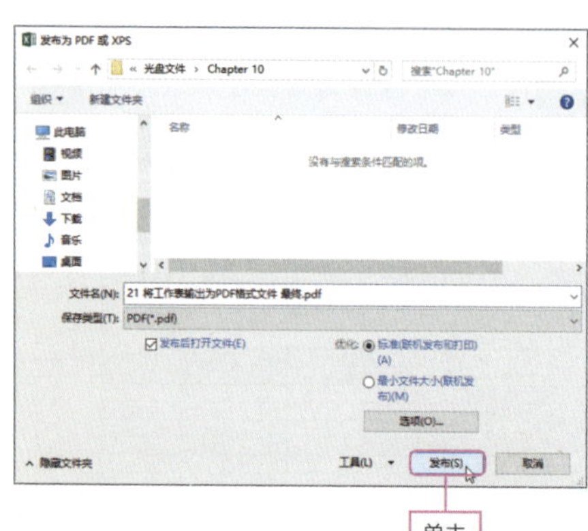

④ 稍等片刻即可自动打开将报表转换为PDF格式的文件。

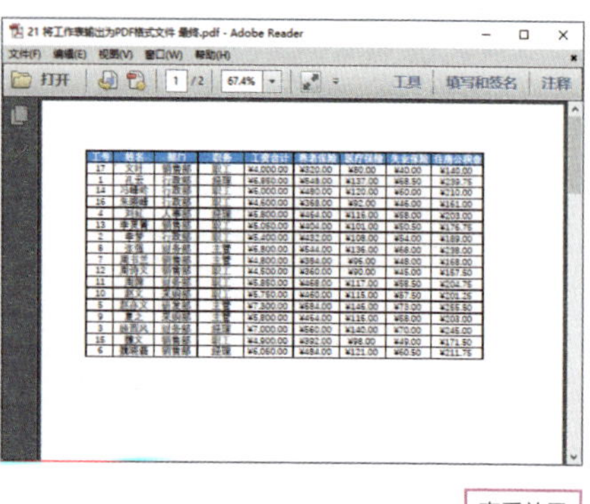

Question

343 快速将报表保存为网页格式

语音视频教学343

Level ◆◆◇

2016 2013 2010

实例 将保险福利工作表输出为HTM格式

在Excel 2016中创建报表后，可以将报表以网络格式输出，以便上传到互联网进行更多应用，具体操作方法如下。

① 打开需要保存为网页格式的工作表，单击“文件”标签。

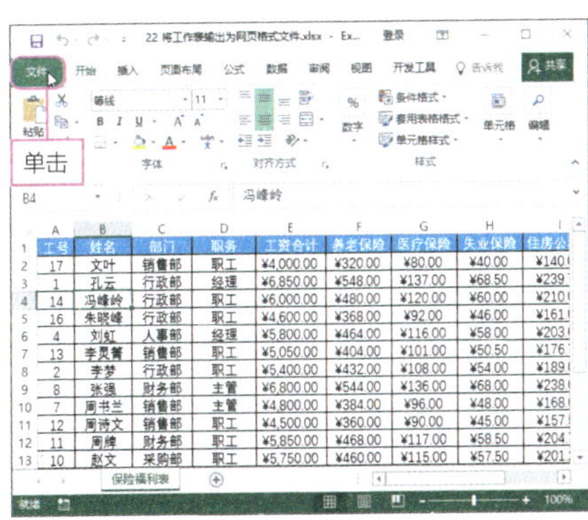

② 然后选择“另存为”选项，在“另存为”选项列表中选择“浏览”选项。

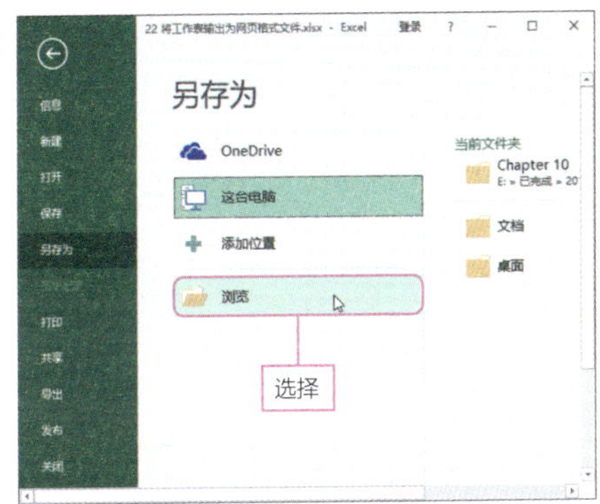

③ 在打开的“另存为”对话框中，选择文件的保存位置，并输入文件名后，单击“保存类型”下三角按钮，选择“网页”选项。

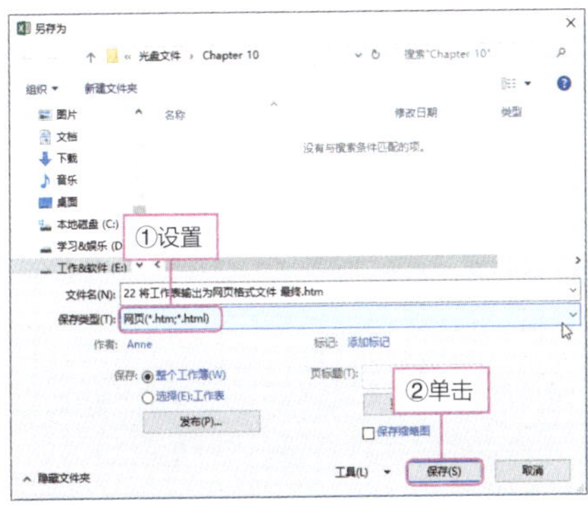

④ 单击“保存”按钮后，将弹出Microsoft Excel提示框，单击“是”按钮。在文件保存位置找到保存的网页格式文件，双击即可打开。

工号	姓名	部门	职务	工资合计	养老保险	医疗保险	失业保险	住房公积金	合计
17	文叶	销售部	职工	¥4,000.00	¥320.00	¥80.00	¥40.00	¥140.00	¥580.00
1	孔云	行政部	经理	¥6,850.00	¥548.00	¥137.00	¥68.50	¥239.75	¥993.25
14	冯峰岭	行政部	职工	¥6,000.00	¥480.00	¥120.00	¥60.00	¥210.00	¥870.00
16	朱晓峰	行政部	职工	¥4,600.00	¥368.00	¥92.00	¥46.00	¥161.00	¥667.00
4	刘虹	人事部	经理	¥5,800.00	¥464.00	¥116.00	¥58.00	¥203.00	¥841.00
13	李灵菁	销售部	职工	¥5,050.00	¥404.00	¥101.00	¥50.50	¥176.75	¥732.25
2	李梦	行政部	职工	¥5,400.00	¥432.00	¥108.00	¥54.00	¥189.00	¥783.00
8	张强	财务部	主管	¥6,800.00	¥544.00	¥136.00	¥68.00	¥238.00	¥986.00
7	周书兰	销售部	主管	¥4,800.00	¥384.00	¥96.00	¥48.00	¥168.00	¥696.00
12	周诗文	销售部	职工	¥4,500.00	¥360.00	¥90.00	¥45.00	¥157.50	¥652.50
11	周婵	财务部	职工	¥5,850.00	¥468.00	¥117.00	¥58.50	¥204.75	¥848.25
10	赵文	采购部	职工	¥5,750.00	¥460.00	¥115.00	¥57.50	¥201.25	¥833.75
5	赵亦文	研发部	主管	¥7,300.00	¥584.00	¥146.00	¥73.00	¥255.50	¥1,058.50
9	夏之	采购部	主管	¥5,800.00	¥464.00	¥116.00	¥58.00	¥203.00	¥841.00
3	顾西风	财务部	经理	¥7,000.00	¥560.00	¥140.00	¥70.00	¥245.00	¥1,015.00
15	魏文	销售部	职工	¥4,900.00	¥392.00	¥98.00	¥49.00	¥171.50	¥710.50
6	魏晓磊	销售部	经理	¥6,050.00	¥484.00	¥121.00	¥60.50	¥211.75	¥877.25

保险福利表

查看效果

必会Excel操作快捷键

1. 功能键

按　键	功能描述
F1	显示“Excel帮助”任务窗格 按Ctrl+F1组合键，将显示或隐藏功能区 按Alt+F1组合键，可创建当前区域中数据的嵌入图表
F2	编辑活动单元格并将插入点放在单元格内容的结尾。如果禁止在单元格中进行编辑，它也会将插入点移到编辑栏中 按Shift+F2组合键，可添加或编辑单元格批注
F3	显示“粘贴名称”对话框，仅当工作簿中存在名称时才可用 按Shift+F3组合键，将显示“插入函数”对话框
F4	重复上一个命令或操作（如有可能） 按Ctrl+F4组合键，可关闭选定的工作簿窗口 按Alt+F4组合键，可关闭Excel
F5	显示“定位”对话框 按Ctrl+F5组合键，可恢复选定工作簿窗口的窗口大小
F6	在工作表、功能区、任务窗格和缩放控件之间切换 按Shift+F6组合键，可以在工作表、缩放控件、任务窗格和功能区之间切换
F7	显示“拼写检查”对话框，以检查活动工作表或选定范围中的拼写 如果工作簿窗口未最大化，则按Ctrl+F7组合键，可对该窗口执行“移动”命令 使用箭头键移动窗口，并在完成时按Enter键或按Esc键取消
F8	打开或关闭扩展模式。在扩展模式中，“扩展选定区域”将出现在状态行中，并且按箭头键可扩展选定范围
F9	计算所有打开的工作簿中的所有工作表 按Shift+F9组合键，可计算活动工作表 按Ctrl+Alt+F9组合键，可计算所有打开工作簿中的所有工作表，不管它们自上次计算以来是否已更改
F10	打开或关闭按键提示（按 Alt 也能实现同样目的） 按Shift+F10组合键，可显示选定项目的快捷菜单 按Ctrl+F10组合键，可最大化或还原选定的工作簿窗口

（续表）

按　键	功能描述
F11	在单独的图表工作表中创建当前范围内数据的图表 按Shift+F11组合键，可插入一个新工作表 按Alt+F11组合键，可打开Microsoft Visual Basic For Applications编辑器，在该编辑器中通过Visual Basic for Applications（VBA）来创建宏
F12	显示“另存为”对话框

2. “Ctrl+数字”组合键

组合键	功能描述
Ctrl+1	显示“设置单元格格式”对话框
Ctrl+2	应用或取消加粗格式设置
Ctrl+3	应用或取消倾斜格式设置
Ctrl+4	应用或取消下划线
Ctrl+5	应用或取消删除线
Ctrl+6	在隐藏对象和显示对象之间切换
Ctrl+8	显示或隐藏大纲符号
Ctrl+9	隐藏选定的行
Ctrl+0	隐藏选定的列

3. “Ctrl+字母”组合键

组合键	功能描述
Ctrl+A	选择整个工作表 如果工作表包含数据，则按Ctrl+A将选择当前区域，再次按Ctrl+A将选择整个工作表 当插入点位于公式中某个函数名称的右边时，则会显示“函数参数”对话框
Ctrl+B	应用或取消加粗格式设置
Ctrl+C	复制选定的单元格
Ctrl+D	使用“向下填充”命令，将选定范围内最顶层单元格的内容和格式复制到下面的单元格中
Ctrl+F	显示“查找和替换”对话框，其中的“查找”选项卡处于选中状态 按Shift+F5组合键，也会显示此选项卡，而按Shift+F4组合键，则会重复上一次“查找”操作 按 Ctrl+Shift+F组合键，将打开“设置单元格格式”对话框，其中的“字体”选项卡处于选中状态

（续表）

组合键	功能描述
Ctrl+G	显示“定位”对话框 按F5也会显示此对话框
Ctrl+H	显示“查找和替换”对话框，其中的“替换”选项卡处于选中状态
Ctrl+I	应用或取消倾斜格式设置
Ctrl+K	为新的超链接显示“插入超链接”对话框，或为选定的现有超链接显示“编辑超链接”对话框
Ctrl+L	显示“创建表”对话框
Ctrl+N	创建一个新的空白工作簿
Ctrl+O	显示“打开”对话框以打开或查找文件 按Ctrl+Shift+O组合键，可选择所有包含批注的单元格
Ctrl+P	在Microsoft Office Backstage视图 中显示“打印”选项面板。按Ctrl+Shift+P组合键，将打开“设置单元格格式”对话框，其中的“字体”选项卡处于选中状态
Ctrl+R	使用“向右填充”命令，将选定范围最左边单元格的内容和格式复制到右边的单元格中
Ctrl+S	使用当前文件名、位置和文件格式保存活动文件
Ctrl+T	显示“创建表”对话框
Ctrl+U	应用或取消下划线 按Ctrl+Shift+U组合键，将在展开和折叠编辑栏之间切换
Ctrl+V	在插入点处插入剪贴板的内容，并替换任何所选内容。只有在剪切或复制了对象、文本或单元格内容之后，才能使用此快捷键 按Ctrl+Alt+V组合键，可显示“选择性粘贴”对话框。只有在剪切或复制了工作表或其他程序中的对象、文本或单元格内容后此快捷键才可用
Ctrl+W	关闭选定的工作簿窗口
Ctrl+X	剪切选定的单元格
Ctrl+Y	重复上一个命令或操作（如有可能）
Ctrl+Z	使用“撤消”命令来撤消上一个命令或删除最后键入的内容

4. “Ctrl+Shift+ ”组合键

组合键	功能描述
Ctrl+Shift+(	取消隐藏选定范围内所有隐藏的行
Ctrl+Shift+&	将外框应用于选定单元格
Ctrl+Shift+_	从选定单元格删除外框
Ctrl+Shift+~	应用“常规”数字格式
Ctrl+Shift+$	应用带有两位小数的“货币”格式（负数放在括号中）

（续表）

组合键	功能描述
Ctrl+Shift+%	应用不带小数位的“百分比”格式
Ctrl+Shift+ ^	应用带有两位小数的科学计数格式
Ctrl+Shift+#	应用带有日、月和年的“日期”格式
Ctrl+Shift+@	应用带有小时和分钟以及 AM 或 PM 的“时间”格式
Ctrl+Shift+!	应用带有两位小数、千位分隔符和减号（-）（用于负值）的“数值”格式
Ctrl+Shift+*	选择环绕活动单元格的当前区域（由空白行和空白列围起的数据区域）在数据透视表中，它将选择整个数据透视表
Ctrl+Shift+:	输入当前时间
Ctrl+Shift+"	将值从活动单元格上方的单元格复制到单元格或编辑栏中
Ctrl+Shift+加号（+）	显示用于插入空白单元格的“插入”对话框

附录② 财务报表中常用函数汇总

1. 财务函数

函数名称	功能描述
ACCRINT函数	返回定期支付利息的债券应计利息
ACCRINTM函数	返回在到期日支付利息的债券应计利息
AMORDEGRC函数	返回使用折旧系数的每个记帐期的折旧值
AMORLINC函数	返回每个记帐期的折旧值
COUPDAYBS函数	返回从付息期开始到结算日之间的天数
COUPDAYS函数	返回包含结算日的付息期天数
COUPDAYSNC函数	返回从结算日到下一付息日之间的天数
COUPNCD函数	返回结算日之后的下一个付息日
COUPNUM函数	返回结算日和到期日之间的应付利息次数
COUPPCD函数	返回结算日之前的上一付息日

（续表）

函数名称	功能描述
CUMIPMT函数	返回两个付款期之间累积支付的利息
CUMPRINC函数	返回两个付款期之间为贷款累积支付的本金
DB函数	使用固定余额递减法，返回一笔资产在给定期间内的折旧值
DDB函数	使用双倍余额递减法或其他指定方法，返回一笔资产在给定期间内的折旧值
DISC函数	返回债券的贴现率
DOLLARDE函数	将以分数表示的价格转换为以小数表示的价格
DOLLARFR函数	将以小数表示的价格转换为以分数表示的价格
DURATION函数	返回定期支付利息的债券的每年期限
EFFECT函数	返回年有效利率
FV函数	返回一笔投资的未来值
FVSCHEDULE函数	返回应用一系列复利率计算的初始本金的未来值
INTRATE函数	返回完全投资型债券的利率
IPMT函数	返回一笔投资在给定期间内支付的利息
IRR函数	返回一系列现金流的内部收益率
ISPMT函数	计算特定投资期内要支付的利息
MDURATION函数	返回假设面值为¥100的有价证券的Macauley修正期限
MIRR函数	返回正和负现金流以不同利率进行计算的内部收益率
NOMINAL函数	返回年度的名义利率
NPER函数	返回投资的期数
NPV函数	返回基于一系列定期的现金流和贴现率计算的投资净现值
ODDFPRICE函数	返回每张票面为¥100且第一期为奇数的债券的现价
ODDFYIELD函数	返回第一期为奇数债券的收益
ODDLPRICE函数	返回每张票面为¥100且最后一期为奇数的债券的现价
ODDLYIELD函数	返回最后一期为奇数的债券的收益

（续表）

函数名称	功能描述
PMT函数	返回年金的定期支付金额
PPMT函数	返回一笔投资在给定期间内偿还的本金
PRICE函数	返回每张票面为¥100且定期支付利息的债券的现价
PRICEDISC函数	返回每张票面为¥100的已贴现债券的现价
PRICEMAT函数	返回每张票面为¥100且在到期日支付利息的债券的现价
PV函数	返回投资的现值
RATE函数	返回年金的各期利率
RECEIVED函数	返回完全投资型债券在到期日收回的金额
SLN函数	返回固定资产的每期线性折旧费
SYD函数	返回某项固定资产按年限总和折旧法计算的每期折旧金额
TBILLEQ函数	返回国库券的等价债券收益
TBILLPRICE函数	返回面值¥100的国库券的价格
TBILLYIELD函数	返回国库券的收益率
VDB函数	使用余额递减法，返回一笔资产在给定期间或部分期间内的折旧值
XIRR函数	返回一组现金流的内部收益率，这些现金流不一定定期发生
XNPV函数	返回一组现金流的净现值，这些现金流不一定定期发生
YIELD函数	返回定期支付利息的债券的收益
YIELDDISC函数	返回已贴现债券的年收益，例如短期国库券
YIELDMAT函数	返回在到期日支付利息的债券的年收益

2. 统计函数

函数名称	功能描述
AVEDEV函数	返回数据点与它们的平均值的绝对偏差平均值
AVERAGE函数	返回其参数的平均值
AVERAGEA函数	返回其参数的平均值，包括数字、文本和逻辑值

（续表）

函数名称	功能描述
AVERAGEIF函数	返回区域中满足给定条件的所有单元格的平均值（算术平均值）
AVERAGEIFS函数	返回满足多个条件的所有单元格的平均值（算术平均值）
BETA.DIST函数	返回Beta累积分布函数
BETA.INV函数	返回指定Beta分布的累积分布函数的反函数
BINOM.DIST函数	返回二项式分布的概率值
BINOM.INV函数	返回使累积二项式分布小于或等于临界值的最小值
CHISQ.DIST函数	返回累积Beta概率密度函数
CHISQ.DIST.RT函数	返回 x2分布的单尾概率
CHISQ.INV函数	返回累积Beta概率密度函数
CHISQ.INV.RT函数	返回 x2分布的单尾概率的反函数
CHISQ.TEST函数	返回独立性检验值
CONFIDENCE.NORM函数	返回总体平均值的置信区间
CONFIDENCE.T函数	返回总体平均值的置信区间（使用学生的t分布）
CORREL函数	返回两个数据集之间的相关系数
COUNT函数	计算参数列表中数字的个数
COUNTA函数	计算参数列表中值的个数
COUNTBLANK函数	计算区域内空白单元格的数量
COUNTIF函数	计算区域内符合给定条件的单元格的数量
COUNTIFS函数	计算区域内符合多个条件的单元格的数量
COVARIANCE.P函数	返回协方差（成对偏差乘积的平均值）
COVARIANCE.S函数	返回样本协方差，即两个数据集中每对数据点的偏差乘积的平均值
DEVSQ函数	返回偏差的平方和
EXPON.DIST函数	返回指数分布
F.DIST函数	返回F概率分布

（续表）

函数名称	功能描述
F.DIST.RT函数	返回F概率分布
F.INV函数	返回F概率分布的反函数
F.INV.RT函数	返回F概率分布的反函数
F.TEST函数	返回F检验的结果
FISHER函数	返回Fisher变换值
FISHERINV函数	返回Fisher变换的反函数
FORECAST函数	返回沿线性趋势的值
FREQUENCY函数	以垂直数组的形式返回频率分布
GAMMA.DIST函数	返回γ分布
GAMMA.INV函数	返回γ累积分布函数的反函数
GAMMALN函数	返回γ函数的自然对数，Γ(x)
GAMMALN.PRECISE函数	返回γ函数的自然对数，Γ(x)
GEOMEAN函数	返回几何平均值
GROWTH函数	返回沿指数趋势的值
HARMEAN函数	返回调和平均值
HYPGEOM.DIST函数	返回超几何分布
INTERCEPT函数	返回线性回归线的截距
KURT函数	返回数据集的峰值
LARGE函数	返回数据集中第k个最大值
LINEST函数	返回线性趋势的参数
LOGEST函数	返回指数趋势的参数
LOGNORM.DIST函数	返回对数累积分布函数
LOGNORM.INV函数	返回对数累积分布的反函数
MAX函数	返回参数列表中的最大值
MAXA函数	返回参数列表中的最大值，包括数字、文本和逻辑值

（续表）

函数名称	功能描述
MEDIAN函数	返回给定数值集合的中值
MIN函数	返回参数列表中的最小值
MINA函数	返回参数列表中的最小值，包括数字、文本和逻辑值
MODE.MULT函数	返回一组数据或数据区域中出现频率最高或重复出现的数值的垂直数组
MODE.SNGL函数	返回在数据集内出现次数最多的值
NEGBINOM.DIST函数	返回负二项式分布
NORM.DIST函数	返回正态累积分布
NORM.INV函数	返回标准正态累积分布的反函数
NORM.S.DIST函数	返回标准正态累积分布
NORM.S.INV函数	返回标准正态累积分布函数的反函数
PEARSON函数	返回Pearson乘积矩相关系数
PERCENTILE.EXC函数	返回某个区域中的数值的第k个百分点值，此处的k的范围为0到1（不含0和1）
PERCENTILE.INC函数	返回区域中数值的第k个百分点的值
PERCENTRANK.EXC函数	将某个数值在数据集中的排位作为数据集的百分点值返回，此处的百分点值的范围为0到1（不含0和1）
PERCENTRANK.INC函数	返回数据集中值的百分比排位
PERMUT函数	返回给定数目对象的排列数
POISSON.DIST函数	返回泊松分布
PROB函数	返回区域中的数值落在指定区间内的概率
QUARTILE.EXC函数	基于百分点值返回数据集的四分位，此处的百分点值的范围为0到1（不含0和1）
QUARTILE.INC函数	返回一组数据的四分位点
RANK.AVG函数	返回一列数字的数字排位
RANK.EQ函数	返回一列数字的数字排位

（续表）

函数名称	功能描述
RSQ函数	返回Pearson乘积矩相关系数的平方
SKEW函数	返回分布的不对称度
SLOPE函数	返回线性回归线的斜率
SMALL函数	返回数据集中的第k个最小值
STANDARDIZE函数	返回正态化数值
STDEV.P函数	基于整个样本总体计算标准偏差
STDEV.S函数	基于样本估算标准偏差
STDEVA函数	基于样本（包括数字、文本和逻辑值）估算标准偏差
STDEVPA函数	基于总体（包括数字、文本和逻辑值）计算标准偏差
STEYX函数	返回通过线性回归法预测每个x的y值时所产生的标准误差
T.DIST函数	返回学生的t分布的百分点（概率）
T.DIST.2T函数	返回学生的t分布的百分点（概率）
T.DIST.RT函数	返回学生的t分布
T.INV函数	返回作为概率和自由度函数的学生t分布的t值
T.INV.2T函数	返回学生的t分布的反函数
TREND函数	返回沿线性趋势的值
TRIMMEAN函数	返回数据集的内部平均值
T.TEST函数	返回与学生的t检验相关的概率
VAR.P函数	计算基于样本总体的方差
VAR.S函数	基于样本估算方差
VARA函数	基于样本（包括数字、文本和逻辑值）估算方差
VARPA函数	计算基于总体（包括数字、文本和逻辑值）的标准偏差
WEIBULL.DIST函数	返回Weibull分布
Z.TEST函数	返回z检验的单尾概率值

3. 日期与时间函数

函数名称	功能描述
DATE函数	返回特定日期的序列号
DATEVALUE函数	将文本格式的日期转换为序列号
DAY函数	将序列号转换为月份日期
DAYS360函数	以一年360天为基准计算两个日期间的天数
EDATE函数	返回用于表示开始日期之前或之后月数的日期的序列号
EOMONTH函数	返回指定月数之前或之后的月份的最后一天的序列号
HOUR函数	将序列号转换为小时
MINUTE函数	将序列号转换为分钟
MONTH函数	将序列号转换为月
NETWORKDAYS函数	返回两个日期间的全部工作日数
NETWORKDAYS.INTL函数	使用参数指明周末的日期和天数，从而返回两个日期间的全部工作日数
NOW函数	返回当前日期和时间的序列号
SECOND函数	将序列号转换为秒
TIME函数	返回特定时间的序列号
TIMEVALUE函数	将文本格式的时间转换为序列号
TODAY函数	返回今天日期的序列号
WEEKDAY函数	将序列号转换为星期日期
WEEKNUM函数	将序列号转换为代表该星期为一年中第几周的数字
WORKDAY函数	返回指定的若干个工作日之前或之后的日期的序列号
WORKDAY.INTL函数	使用参数指明周末的日期和天数，从而返回指定的若干个工作日之前或之后的日期的序列号
YEAR函数	将序列号转换为年
YEARFRAC函数	返回代表start_date和end_date之间整天天数的年分数

4. 查找与引用函数

函数名称	功能描述
ADDRESS函数	以文本形式将引用值返回到工作表的单个单元格
AREAS函数	返回引用中涉及的区域个数
CHOOSE函数	从值的列表中选择值
COLUMN函数	返回引用的列号
COLUMNS函数	返回引用中包含的列数
GETPIVOTDATA函数	返回存储在数据透视表中的数据
HLOOKUP函数	查找数组的首行，并返回指定单元格的值
HYPERLINK函数	创建快捷方式或跳转，以打开存储在网络服务器、Intranet或Internet上的文档
INDEX函数	使用索引从引用或数组中选择值
INDIRECT函数	返回由文本值指定的引用
LOOKUP函数	在向量或数组中查找值
MATCH函数	在引用或数组中查找值
OFFSET函数	从给定引用中返回引用偏移量
ROW函数	返回引用的行号
ROWS函数	返回引用中的行数
RTD函数	从支持COM自动化的程序中检索实时数据
TRANSPOSE函数	返回数组的转置
VLOOKUP函数	在数组第一列中查找，然后在行之间移动以返回单元格的值